家事事件手続
書式体系 I

梶村太市・石田賢一・石井久美子 [編]

［第2版］

青林書院

第2版はしがき

　本書は，平成26（2014）年8月に刊行した梶村太市＝石田賢一＝石井久美子共編『家事事件手続書式体系Ⅰ・Ⅱ』（以下「旧版」という）の改訂版＝第2版である。この第2版では，旧版と比較して，以下の点が新しく加わった。

　第1に，新しい手続項目の取り込み，旧版刊行以降の重要性に鑑み，次の項目を増補した。

　①　成年被後見人に宛てた郵便物等の配達の嘱託（回送嘱託）手続

　②　成年被後見人に宛てた郵便物等の配達の嘱託の取消手続

　③　成年被後見人に宛てた郵便物等の配達の嘱託（回送嘱託）の変更手続

　④　成年被後見人の死亡後の死体の火葬又は埋葬に関する契約の締結その他相続財産の保存に必要な行為（死後事務）についての許可手続

　⑤　遺産の仮分割の仮処分

　第2に，新判例等の取り込み，旧版刊行後に現れた重要な判決例や審判例を取り込んだ。

　第3に，新法令の取り込み，旧版刊行後に改正された民法総則編・債権編（及び相続編），家事事件手続法，人事訴訟法等の内容を取り込んだ。

　なお，旧版と比較すると，執筆者に若干の変更がある。また，執筆者のお一人である伊藤孝一先生（元横浜地裁小田原支部主任書記官）が平成29年12月13日に逝去されたため，編者の石井久美子が引き継ぎ改訂等の作業を担当したことを付記する。

　平成25年1月1日に制定された家事事件手続法は今年で5年を経過したわけで，この時期に第2版を刊行できたことを喜びたい。本書が旧版にも増して，広く活用され，実務の向上に寄与することを期待したい。

　旧版と同様，第2版も，青林書院編集部の宮根茂樹氏にお世話になった。

　なお，本書式集に関する各事件及び各手続に関しては，株式会社テイハン2018年発行の梶村太市著『家事事件手続法規逐条解説Ⅰ巻』（順次Ⅱ巻，Ⅲ巻を発行予定）に詳しく説明されているので，併せ参照されたい。

　　平成30（2018）年7月

ii　第2版はしがき

編者

梶　村　太　市

石　田　賢　一

石　井　久美子

凡　例

I　本書の構成

(1)　本書第 I 巻は第 1 編から第 3 編までを扱う。第 1 編「総論」では，家事事件の概要，家事事件と訴訟との関係，家事手続案内について，第 2 編「各種書式の概説」では，家事審判事件の申立て・家事審判手続の概要，家事調停事件の申立て・家事調停手続の概要及び履行の確保について，それぞれ概括的な解説を行う。書式実例編の冒頭をなす第 3 編「各種審判手続の書式実例」では，家事審判事件に関する申立手続の内容と書式例をまとめた。

(2)　本書第 II 巻は第 4 編から第11編までを扱う。第 4 編「各種調停手続の書式実例」，第 5 編「当事者参加の書式実例」，第 6 編「家事抗告等及び再審の書式実例」，第 7 編「雑事件の書式実例」，第 8 編「その他立件不要の手続の書式実例」，第 9 編「民事執行関係訴訟の訴状の書式実例」，第10編「その他の各種参考書式実例」では，各種手続ごとの内容を詳しく解説し，末尾に書式例を掲載した。第11編「付録資料」では，「親族・親等図」，「審判を受ける者となるべき者一覧表」，「保全処分一覧表（保全処分に関連する裁判を含む）」など，家事事件手続において有益な資料を集めた。

II　書式例について

(1)　上記各種手続における書式例（記載例）は，原則として，裁判所所定の定型用紙を用いて示したが，定型外の用紙やその他のものもある。なお，家事審判事件の申立てには最高裁判所家庭局が制定した「家事審判申立書」があるが，その見本については第 I 巻30〜31頁に掲載しているので参照されたい。

(2)　定型用紙は，できる限り現実の体裁・レイアウトに従って作成したが，紙面の都合上，余白を省略したり，大きさを変えたりしている。

III　法令について

(1)　各法令は平成30年 7 月現在成立のものによった（未施行のものを含む）。
　　直近の法律改正のうち，家事事件手続法の改正を伴う主なものは，
　　①人事訴訟法等の一部を改正する法律（平成30年 4 月25日法律第20号）
　　②民法及び家事事件手続法の一部を改正する法律（平成30年 7 月13日法律第

iv　凡　　例

72号）であるが，これらの内容については，適宜の箇所で必要最小限度の範囲で反映させている。

　　なお，②の法律改正は「平成30年民法等改正」等と呼称した（カッコ内略語としては「改正民」等を用いている）。

(2)　カッコ内における法令条項の引用は，原則として次のように行った。

　(a)　同一法令の場合は「・」で，異なる法令の場合は「，」で併記した。それぞれ条・項・号を付し，「第」の文字は省略した。

　(b)　主要な法令名については，次の略語を用いた。

　　■法令名略語例

　　医療観察　　心神喪失等の状態で重大な他害行為を行った者の医療及び観察等に関する法律

　　外国法人等登記　外国法人の登記及び夫婦財産契約の登記に関する法律

　　家手　　　　家事事件手続法

　　家手規　　　家事事件手続規則

　　旧家審　　　（旧）家事審判法

　　旧家審規　　（旧）家事審判規則

　　刑　　　　　刑法

　　戸　　　　　戸籍法

　　戸規　　　　戸籍法施行規則

　　厚年　　　　厚生年金保険法

　　国籍　　　　国籍法

　　国年　　　　国民年金法

　　後見登記　　後見登記等に関する法律

　　裁　　　　　裁判所法

　　参与規　　　参与員規則

　　児童虐待　　児童虐待の防止等に関する法律

　　児福　　　　児童福祉法

　　人訴　　　　人事訴訟法

　　人保　　　　人身保護法

　　人保規　　　人身保護規則

　　生活保護　　生活保護法

　　性同一性障害　性同一性障害者の性別の取扱いの特例に関する法律

　　精保　　　　精神保健及び精神障害者福祉に関する法律

　　知障　　　　知的障害者福祉法

凡　例　*v*

中小承継	中小企業における経営の承継の円滑化に関する法律
通則法	法の適用に関する通則法
任意後見	任意後見契約に関する法律
破	破産法
非訟	非訟事件手続法
不登	不動産登記法
不登令	不動産登記令
法務大臣権限	国の利害に関係のある訴訟についての法務大臣の権限等に関する法律
民	民法
民執	民事執行法
民執規	民事執行規則
民訴	民事訴訟法
民訴規	民事訴訟規則
民訴費	民事訴訟費用等に関する法律
民調	民事調停法
民保	民事保全法
民保規	民事保全規則
老福	老人福祉法

Ⅳ　判例・文献について

(1)　判例の引用は次の〔例〕にように表記し，略語は「判例・文献等略語例」によった。

　　〔例〕昭和62年9月2日，最高裁判所大法廷判決，最高裁判所民事判例集41巻6号1423頁──────→最〔大〕判昭62・9・2民集41巻6号1423頁

(2)　文献の引用に際し，一部の雑誌については「判例・文献等略語例」の略語を用いた。

■判例・文献等略語例

大	大審院
最	最高裁判所
〔大〕	大法廷
高	高等裁判所
控	控訴院
地	地方裁判所

家	家庭裁判所
支	支部
判	判決
決	決定
審	審判
民録	大審院民事判決録
民集	最高裁判所（大審院）民事判例集
刑集	最高裁判所（大審院）刑事判例集
裁判集民事	最高裁判所裁判集民事
東高民時報	東京高等裁判所民事判決時報
高民集	高等裁判所民事判例集
下民集	下級裁判所民事裁判例集
裁時	裁判所時報
家月	家庭裁判月報
家裁資料	家庭裁判資料
金法	金融法務事情
ジュリ	ジュリスト
新聞	法律新聞
判時	判例時報
判タ	判例タイムズ
評論	法律〔学説判例〕評論全集

編集者・執筆者一覧

■編集者

梶村　太市（弁護士）（弁護士法人早稲田大学リーガルクリニック所属）

石田　賢一（元小樽簡易裁判所判事）

石井久美子（元横浜家庭裁判所川崎支部庶務課長）

■執筆者 （執筆順）

梶村　太市（上掲）

石田　賢一（上掲）

門脇　　功（元仙台地方裁判所民事首席書記官）

奥山　　史（札幌地方裁判所事務局人事課長）

前島　憲司（弁護士）

石井久美子（上掲）

野地　一雄（横浜地方裁判所主任書記官）

山崎　郁雄（横浜簡易裁判所主任書記官）

中村平八郎（元横浜家庭裁判所家事訟廷管理官）

植田　智洋（横浜地方裁判所書記官）

原田　和朋（横浜家庭裁判所横須賀支部書記官）

長谷川智之（横浜家庭裁判所書記官）

峰野　　哲（最高裁判所裁判官付秘書官）

大澤　清美（横浜家庭裁判所書記官）

小林　敦子（横浜家庭裁判所小田原支部主任書記官）

太田　伸司（元横浜家庭裁判所主任書記官）

芝口　祥史（弁護士）

遠藤　鈴枝（熱海簡易裁判所判事）

石倉　　航（最高裁判所事務総局家庭局第二課調査員）

五十部鋭利（横浜家庭裁判所相模原支部書記官）

堀口　洋一（横浜地方裁判所主任書記官）

関根　直樹（静岡地方裁判所沼津支部書記官）

viii　編集者・執筆者一覧

渡邊　裕之（横浜家庭裁判所書記官）

緑川　正博（千葉家庭裁判所市川出張所主任書記官）

杉山　麻美（静岡地方裁判所書記官）

小林　洋介（東京地方裁判所事務局用度課調達係長）

島　　義和（横浜家庭裁判所書記官）

高橋　清志（徳島家庭裁判所事務局次長）

竹ノ内幸治（横浜家庭裁判所書記官）

平本美枝子（元千葉家庭裁判所家事首席書記官）

黒田　　哲（最高裁判所書記官）

赤坂　　剛（東京地方裁判所民事訟廷管理官）

伊藤　孝一（元横浜地方裁判所小田原支部主任書記官）

天谷　英之（鎌倉簡易裁判所主任書記官兼庶務課長）

目　　次（第Ⅰ巻）

第2版はしがき
凡　　例
編集者・執筆者一覧

第1編　総　　論

第1章　家事事件の概要……………………………………〔梶村　太市〕……　*3*
第1節　家事事件の意義と性質……………………………………………　*3*
Ⅰ　意　　義………………………………………………………………　*3*
Ⅱ　性　　質………………………………………………………………　*5*
Ⅲ　家事事件の機能………………………………………………………　*5*
Ⅳ　本書で対象とする事件分野…………………………………………　*5*
第2節　家事事件の類型……………………………………………………　*6*
Ⅰ　家事審判事件の概要(1)──別表第1審判事件……………………　*6*
Ⅱ　家事審判事件の概要(2)──別表第2審判事件……………………　*12*
Ⅲ　家事調停事件の概要…………………………………………………　*13*
第2章　家事事件と訴訟との関係……………………………〔梶村　太市〕……　*16*
第1節　家事審判と訴訟との関係…………………………………………　*16*
Ⅰ　家事審判事項の限定性………………………………………………　*16*
Ⅱ　審判前の保全処分の限定性…………………………………………　*17*
第2節　家事調停と訴訟・民事調停との関係……………………………　*18*
Ⅰ　調停前置主義…………………………………………………………　*18*
Ⅱ　受訴裁判所の職権付調停……………………………………………　*19*
Ⅲ　家事調停と民事調停との関係………………………………………　*19*
第3章　家事手続案内………………………………………〔梶村　太市〕……　*20*
第1節　家事手続案内の意義と性質………………………………………　*20*
第2節　家事手続案内の限界………………………………………………　*20*

第2編　各種書式の概説

第1章　家事審判事件の申立て………………………………〔石田　賢一〕……　*25*
第1節　審判・審判に代わる裁判…………………………………………　*25*
Ⅰ　審　　判………………………………………………………………　*25*
Ⅱ　審判に代わる裁判……………………………………………………　*26*
第2節　申立ての概要………………………………………………………　*27*
Ⅰ　申立ての方式…………………………………………………………　*27*
Ⅱ　申立ての補正…………………………………………………………　*29*
Ⅲ　申立書の却下命令……………………………………………………　*33*
Ⅳ　申立ての変更…………………………………………………………　*33*

Ⅴ	申立ての費用——申立手数料……………………………………	35
Ⅵ	申立手続費用…………………………………………………………	35
Ⅶ	手続上の救助…………………………………………………………	35

第3節　管　　轄………………………………………………………… 38
　　Ⅰ　概　　説………………………………………………………… 38
　　Ⅱ　管轄に関する諸原則…………………………………………… 38

第2章　家事審判手続の概説 ………………………〔門脇　功〕…… 43

第1節　審判機関………………………………………………………… 43
　　Ⅰ　裁　判　官……………………………………………………… 43
　　Ⅱ　参　与　員……………………………………………………… 43
第2節　家事審判事件における当事者など…………………………… 44
　　Ⅰ　別表第1に掲げる審判事件の当事者………………………… 44
　　Ⅱ　別表第2に掲げる審判事件の当事者………………………… 44
　　Ⅲ　当事者参加……………………………………………………… 44
　　Ⅳ　利害関係参加…………………………………………………… 45
　　Ⅴ　家事審判事件の代理人………………………………………… 46
　　Ⅵ　補　佐　人……………………………………………………… 47
第3節　審判手続の排除・受継………………………………………… 47
　　Ⅰ　審判手続からの排除…………………………………………… 47
　　Ⅱ　受　　継………………………………………………………… 48
第4節　記録の閲覧・謄写……………………………………………… 49
第5節　手続の期日……………………………………………………… 50
　　Ⅰ　期　　日………………………………………………………… 50
　　Ⅱ　電話会議・テレビ会議システムによる手続………………… 51
第6節　事実の調査及び証拠調べ……………………………………… 52
　　Ⅰ　家庭裁判所の事実の調査……………………………………… 52
　　Ⅱ　家庭裁判所調査官による事実の調査………………………… 53
　　Ⅲ　医師である裁判所技官の診断………………………………… 53
　　Ⅳ　証拠調べ………………………………………………………… 54
第7節　家事審判の手続における子の意思の把握等………………… 55
第8節　別表第2に掲げる審判事件の手続の特則…………………… 55
　　Ⅰ　合意管轄………………………………………………………… 56
　　Ⅱ　家事審判申立書の写しの送付………………………………… 56
　　Ⅲ　陳述の聴取……………………………………………………… 57
　　Ⅳ　審問の期日の立会権…………………………………………… 57
　　Ⅴ　事実の調査の通知……………………………………………… 58
　　Ⅵ　審理の終結……………………………………………………… 58
第9節　中間決定………………………………………………………… 59
第10節　家事審判手続の終了 ………………………………………… 59
　　Ⅰ　審判（認容・却下）…………………………………………… 60
　　Ⅱ　調停成立等（別表第2に掲げる審判事件）………………… 60
　　Ⅲ　審判申立ての取下げ…………………………………………… 60
　　Ⅳ　審判申立ての取下げの擬制…………………………………… 62
　　Ⅴ　当事者の死亡…………………………………………………… 63

目　　次（第Ⅰ巻）　*xi*

第11節　審判の結果		63
Ⅰ　審判の結果		63
Ⅱ　審判の発効		64
Ⅲ　告知方法		65

第3章　家事調停事件の申立て〔門脇　功〕　66

第1節　申立ての概要		66
Ⅰ　申立書の方式（申立書の記載事項等）		66
Ⅱ　申立ての補正		67
Ⅲ　申立書の却下命令		67
Ⅳ　申立ての変更		68
Ⅴ　申立費用		68
Ⅵ　手続費用		69
Ⅶ　手続上の救助		70
Ⅷ　管　　轄		71
第2節　申立書の写しの送付等		73

第4章　家事調停手続の概説〔門脇　功〕　75

第1節　調停機関		75
Ⅰ　調停委員会		75
Ⅱ　裁判官による単独調停		76
Ⅲ　家事調停官		77
Ⅳ　高等裁判所が調停を行う場合の調停機関		77
第2節　家事調停事件における当事者など		78
Ⅰ　家事調停事件の当事者		78
Ⅱ　家事調停事件の手続代理人		80
Ⅲ　補佐人		80
Ⅳ　当事者参加		81
Ⅴ　利害関係参加		81
第3節　家事調停手続の排除・受継		81
Ⅰ　家事調停手続からの排除		81
Ⅱ　受　　継		81
第4節　記録の閲覧・謄写		82
第5節　調停期日		83
Ⅰ　調停期日		84
Ⅱ　電話会議・テレビ会議システムによる手続		84
第6節　事実の調査及び証拠調べ		84
Ⅰ　家庭裁判所の事実の調査		85
Ⅱ　調停機関の事実の調査		85
Ⅲ　裁判官の事実の調査		85
Ⅳ　家事調停委員の事実の調査		86
Ⅴ　裁判所書記官の事実の調査		86
Ⅵ　家庭裁判所調査官の事実の調査		87
Ⅶ　医師である裁判所技官の診断		87
Ⅷ　証拠調べ		87
第7節　調停前の処分		88

xii　目　　次（第Ⅰ巻）

第8節　家事調停手続の終了……………………………………………… *89*
　Ⅰ　調停の成立…………………………………………………………… *89*
　Ⅱ　家事事件手続法277条（合意に相当する）審判………………… *92*
　Ⅲ　家事事件手続法284条（調停に代わる）審判…………………… *95*
　Ⅳ　調停不成立…………………………………………………………… *98*
　Ⅴ　調停をしない措置…………………………………………………… *99*
　Ⅵ　調停申立ての取下げ……………………………………………… *100*
　Ⅶ　当事者の死亡……………………………………………………… *101*
第5章　履行の確保………………………………………〔門脇　　功〕…… *102*
　第1節　履行勧告…………………………………………………………… *102*
　Ⅰ　履行勧告の対象事件……………………………………………… *103*
　Ⅱ　申出権利者………………………………………………………… *103*
　Ⅲ　申出方法…………………………………………………………… *103*
　Ⅳ　添付書類…………………………………………………………… *104*
　Ⅴ　義務の履行状況の調査及び履行の勧告………………………… *104*
　第2節　履行命令…………………………………………………………… *105*
　Ⅰ　審判の発効………………………………………………………… *106*
　Ⅱ　審判の告知………………………………………………………… *107*

第3編　各種審判手続の書式実例

第1章　成年後見・保佐・補助に関する審判事件及び任意後見契約法に規定
　　　する審判事件……………………………………………………… *111*
　第1　後見開始の手続……………………………………〔奥山　　史〕…… *111*
　　【書式1】後見開始申立書(*115*)
　第2　渉外後見開始の手続(1)──事件本人が韓国籍の場合
　　　…………………………………………………………〔前島　憲司〕…… *116*
　　【書式2】渉外後見開始申立書(1)──本人が韓国籍の場合(*119*)
　第3　渉外後見開始の手続(2)──事件本人がフィリピン籍の場合
　　　…………………………………………………………〔前島　憲司〕…… *120*
　　【書式3】渉外後見開始申立書(2)──本人がフィリピン籍の場合(*122*)
　第4　成年後見監督人（保佐監督人，補助監督人）の選任手続──新任の場合
　　　…………………………………………………………〔奥山　　史〕…… *123*
　　【書式4】成年後見監督人の選任審判申立書(*125*)
　第5　成年後見人（成年後見監督人，保佐人，保佐監督人，補助人，補助監督人，
　　　任意後見監督人）の選任手続(1)──欠員補充の場合 ……〔奥山　　史〕…… *126*
　　【書式5】成年後見人の選任審判申立書──欠員補充の場合(*129*)
　　【書式6】任意後見監督人の欠員補充審判申立書(*130*)
　第6　成年後見人（成年後見監督人，保佐人，保佐監督人，補助人，補助監督人，
　　　任意後見監督人）の選任手続(2)──増員の場合 ………〔奥山　　史〕…… *131*
　　【書式7】成年後見人の選任審判申立書──増員の場合(*134*)
　　【書式8】任意後見監督人の増員審判申立書(*135*)
　第7　成年被後見人（被保佐人，被補助人）の居住用不動産処分の許可手続

目　次（第Ⅰ巻）　*xiii*

　　　　　　　　　　……………………………………………〔奥山　　史〕…… *136*
　　【書式 9 】成年被後見人の居住用不動産処分許可審判申立書(*138*)
第 8 　成年被後見人（未成年被後見人）に関する特別代理人選任手続(1)——遺産分
　　割の場合………………………………………………〔奥山　　史〕…… *139*
　　【書式10】特別代理人選任申立書(1)——遺産分割の場合(*141*)
第 9 　成年被後見人（未成年被後見人）に関する特別代理人選任手続(2)——後見人
　　の債務につき被後見人所有不動産に抵当権を設定する場合
　　　　　　　　　　……………………………………………〔奥山　　史〕…… *142*
　　【書式11】特別代理人選任申立書(2)——後見人の債務につき被後見人不動
　　　　　　　産に抵当権を設定する場合(*143*)
第10　成年後見人（成年後見監督人，保佐人，保佐監督人，補助人，補助監督人，
　　任意後見監督人）に対する報酬付与手続………………〔石井　久美子〕…… *144*
　　【書式12】成年後見人に対する報酬付与を求める審判申立書(*147*)
第11　成年後見人に宛てた郵便物等の配達の嘱託（回送嘱託）の手続
　　　　　　　　　　……………………………………………〔野地　一雄〕…… *148*
　　【書式13】郵便物等の配達の嘱託（回送嘱託）を求める審判申立書(*156*)
第12　成年後見人に宛てた郵便物等の配達の嘱託の取消手続
　　　　　　　　　　……………………………………………〔野地　一雄〕…… *158*
　　【書式14】郵便物等の配達の嘱託（回送嘱託）の取消しを求める審判申立
　　　　　　　書(*161*)
第13　成年後見人に宛てた郵便物等の配達の嘱託（回送嘱託）の変更手続
　　　　　　　　　　……………………………………………〔野地　一雄〕…… *162*
　　【書式15】郵便物等の配達の嘱託（回送嘱託）の変更を求める審判申立書
　　　　　　　(*164*)
第14　成年被後見人の死亡後の死体の火葬又は埋葬に関する契約の締結その他相続
　　財産の保存に必要な行為（死後事務）についての許可手続
　　　　　　　　　　……………………………………………〔野地　一雄〕…… *165*
　　【書式16】成年被後見人の死亡後の死体の火葬又は埋葬に関する契約の締
　　　　　　　結その他相続財産の保存に必要な行為（死後事務）についての
　　　　　　　許可を求める審判申立書(*170*)
第15　成年後見人（成年後見監督人，保佐人，保佐監督人，補助人，補助監督人，
　　任意後見監督人）の辞任………………………………〔奥山　　史〕…… *172*
　　【書式17】成年後見人の辞任許可審判申立書(*174*)
第16　成年後見人（保佐人，補助人）の解任………………〔奥山　　史〕…… *175*
　　【書式18】成年後見人の解任審判申立書(*177*)
第17　成年後見監督人（保佐監督人，補助監督人，任意後見監督人）の解任手続
　　　　　　　　　　……………………………………………〔奥山　　史〕…… *178*
　　【書式19】成年後見監督人の解任審判申立書(*180*)
第18　成年後見（未成年後見）に関する財産の目録の作成期間の伸張手続
　　　　　　　　　　……………………………………………〔奥山　　史〕…… *181*
　　【書式20】成年後見に関する財産目録の作成期間の伸長審判申立書(*182*)
第19　成年後見人（保佐人，補助人）の権限の行使についての定めの手続(1)——共
　　同行使の定めの場合…………………………………〔奥山　　史〕…… *183*
　　【書式21】数人の成年後見人の権限の行使についての定めの審判申立書(1)

　　　　　　　　　　　　——共同行使の場合(185)
第20　成年後見人（保佐人，補助人）の権限の行使についての定めの手続(2)——分
　　　掌の定めの場合……………………………………………〔奥山　　史〕……　*186*
　　　【書式22】数人の成年後見人の権限の行使についての定めの審判申立書(2)
　　　　　　　　——分掌の定めの場合(187)
第21　成年後見監督人（保佐監督人，補助監督人，任意後見監督人）の権限の行使
　　　についての定めの手続——分掌の定めの場合…………〔奥山　　史〕……　*188*
　　　【書式23】数人の成年後見監督人の権限の行使の定めの審判申立書——分
　　　　　　　　掌の定めの場合(189)
第22　成年後見人（成年後見監督人，保佐人，保佐監督人，補助人，補助監督人，
　　　任意後見監督人）の権限の行使についての定めの取消手続
　　　……………………………………………………………〔奥山　　史〕……　*190*
　　　【書式24】数人の成年後見人の権限行使の定めの取消審判申立書(192)
第23　成年後見（保佐，補助）の事務の監督手続……………〔奥山　　史〕……　*193*
　　　【書式25】成年後見の事務監督の審判申立書(194)
第24　第三者が成年被後見人（未成年被後見人）に与えた財産の管理者の選任手続
　　　……………………………………………………………〔奥山　　史〕……　*195*
　　　【書式26】第三者が成年被後見人に与えた財産の管理者の選任審判申立書
　　　　　　　　(196)
第25　成年後見（保佐，補助，未成年後見）に関する管理計算の期間の伸張手続
　　　……………………………………………………………〔奥山　　史〕……　*197*
　　　【書式27】成年後見に関する管理計算の期間の伸張審判申立書(198)
第26　後見開始（保佐開始，補助開始）の審判の取消手続‥〔奥山　　史〕……　*199*
　　　【書式28】後見開始審判の取消審判申立書(202)
　　　【書式29】保佐開始審判の取消審判申立書(203)
　　　【書式30】補助開始審判の取消審判申立書(204)
第27　保佐開始の審判手続………………………………………〔奥山　　史〕……　*205*
　　　【書式31】保佐開始及び代理権付与の審判申立書(208)
第28　保佐人の同意を得なければならない行為の定めの手続
　　　……………………………………………………………〔奥山　　史〕……　*209*
　　　【書式32】保佐人の同意権拡張審判申立書(212)
第29　保佐人（補助人）の代理権の付与を定める手続………〔奥山　　史〕……　*213*
　　　【書式33】保佐人に対する代理権付与の審判申立書(215)
第30　保佐人（補助人）の同意に代わる許可手続……………〔奥山　　史〕……　*216*
　　　【書式34】保佐人の同意に代わる許可審判申立書(217)
第31　臨時保佐人の選任手続……………………………………〔奥山　　史〕……　*218*
　　　【書式35】臨時保佐人の選任審判申立書(220)
第32　補助開始の手続……………………………………………〔奥山　　史〕……　*221*
　　　【書式36】補助開始及び同意権付与・代理権付与の審判申立書(224)
第33　補助人の同意を得なければならない行為の定めの手続
　　　……………………………………………………………〔奥山　　史〕……　*225*
　　　【書式37】補助人の同意を得なければならない行為の定めの審判申立書
　　　　　　　　(227)
第34　臨時補助人選任の手続……………………………………〔奥山　　史〕……　*228*

目　次（第Ⅰ巻）　**xv**

　　【書式38】臨時補助人の選任審判申立書(229)
　第35　任意後見契約の効力を発生させるための任意後見監督人選任手続
　　　………………………………………………………〔奥山　　史〕……　230
　　【書式39】任意後見監督人選任審判申立書──新任の場合(234)
　第36　任意後見人の解任…………………………………〔奥山　　史〕……　235
　　【書式40】任意後見人の解任審判申立書(237)
　第37　任意後見監督人の職務に関する処分手続………〔奥山　　史〕……　238
　　【書式41】任意後見監督人の職務に関する処分の審判申立書(240)
　第38　任意後見契約の解除についての許可……………〔奥山　　史〕……　241
　　【書式42】任意後見契約の解除についての許可審判申立書(243)

第2章　未成年後見に関する審判事件…………………………………　244
　第1　養子の離縁後に未成年後見人となるべき者の選任手続
　　　………………………………………………………〔山崎　郁雄〕……　244
　　【書式43】養子の離縁後に未成年後見人となるべき者の選任審判申立書
　　　(247)
　第2　未成年後見人の選任手続…………………………〔山崎　郁雄〕……　248
　　【書式44】未成年後見人選任審判申立書(254)
　第3　渉外未成年後見人の選任手続──未成年者が韓国籍の場合
　　　………………………………………………………〔山崎　郁雄〕……　255
　　【書式45】渉外未成年後見人選任審判申立書(258)
　第4　未成年後見監督人の選任手続──新任の場合………〔山崎　郁雄〕……　259
　　【書式46】未成年後見監督人の選任審判申立書(262)
　第5　未成年後見人（未成年後見監督人）の選任手続(1)──欠員補充の場合
　　　………………………………………………………〔山崎　郁雄〕……　263
　　【書式47】未成年後見人の選任審判申立書(1)──欠員補充の場合(266)
　第6　未成年後見人（未成年後見監督人）の選任手続(2)──増員の場合
　　　………………………………………………………〔山崎　郁雄〕……　267
　　【書式48】未成年後見人の選任審判申立書(2)──増員の場合(270)
　第7　未成年後見人（未成年後見監督人）の辞任許可手続
　　　………………………………………………………〔山崎　郁雄〕……　271
　　【書式49】未成年後見人（未成年後見監督人）の辞任許可審判申立書
　　　(273)
　第8　未成年後見人の解任手続…………………………〔山崎　郁雄〕……　274
　　【書式50】未成年後見人の解任審判申立書(277)
　第9　未成年後見監督人の解任手続……………………〔山崎　郁雄〕……　278
　　【書式51】未成年後見監督人の解任審判申立書(280)
　第10　未成年後見の事務の監督手続……………………〔山崎　郁雄〕……　281
　　【書式52】未成年後見事務監督処分審判申立書(283)
　第11　未成年後見人（未成年後見監督人）に対する報酬の付与手続
　　　………………………………………………………〔山崎　郁雄〕……　284
　　【書式53】未成年後見人（未成年後見監督人）に対する報酬付与を求める
　　　審判申立書(286)

第3章　不在者の財産管理事件………………………………………　287
　第1　不在者の財産管理人の選任手続…………………〔中村　平八郎〕……　287

xvi　目　　次（第Ⅰ巻）

　　　【書式54】不在者財産管理人選任審判申立書(1)(*291*)
　　第2　不在者（韓国籍）財産管理人の選任………………〔中村　平八郎〕……　*293*
　　　【書式55】不在者財産管理人選任審判申立書(2)──不在者が韓国籍の場合
　　　　(*295*)
　　第3　不在者の財産目録作成・財産の状況報告・管理の計算命令手続
　　　　………………………………………………………〔中村　平八郎〕……　*297*
　　　【書式56】不在者の財産目録作成・財産の状況報告・管理の計算命令の審
　　　　判申立書(*299*)
　　第4　権限外行為許可手続……………………………………〔中村　平八郎〕……　*300*
　　　【書式57】不在者の財産管理人に対する権限外行為許可審判申立書(*302*)
　　第5　財産管理人に対する担保提供命令…………………〔中村　平八郎〕……　*303*
　　　【書式58】不在者の財産管理人に対する担保提供命令審判申立書(*304*)
　　第6　不在者財産管理人に対する報酬付与手続…………〔中村　平八郎〕……　*305*
　　　【書式59】不在者の財産管理人に対する報酬付与審判申立書(*307*)
第4章　失踪の宣告に関する審判事件………………………………………………　*308*
　　第1　失踪宣告の手続(1)──普通失踪の場合………………〔植田　智洋〕……　*308*
　　　【書式60】失踪宣告審判申立書(1)──普通失踪の場合(*312*)
　　第2　失踪宣告の手続(2)──危難失踪の場合………………〔植田　智洋〕……　*313*
　　　【書式61】失踪宣告審判申立書(2)──危難失踪の場合(*316*)
　　第3　失踪宣告の手続(3)──未帰還者の場合………………〔植田　智洋〕……　*317*
　　　【書式62】失踪宣告審判申立書(3)──未帰還者の場合(*320*)
　　第4　失踪宣告の手続(4)──不在者が外国人の場合………〔前島　憲司〕……　*321*
　　　【書式63】失踪宣告審判申立書(4)──不在者が外国籍の場合(*322*)
　　第5　失踪宣告の取消手続……………………………………〔植田　智洋〕……　*323*
　　　【書式64】失踪宣告の取消審判申立書(*326*)
第5章　婚姻等に関する審判事件……………………………………………………　*327*
　第1節　別表第1に掲げる審判事件………………………………………………　*327*
　　第1　夫婦財産契約による財産の管理者の変更手続…………〔植田　智洋〕……　*327*
　　　【書式65】夫婦財産契約による財産の管理者の変更審判申立書(*330*)
　　第2　夫婦財産契約による財産の管理者の変更及び共有財産分割請求手続
　　　　………………………………………………………………〔植田　智洋〕……　*331*
　　　【書式66】夫婦財産契約による財産の管理者の変更及び共有財産の分割請
　　　　求審判申立書(*334*)
　第2節　別表第2に掲げる審判事件………………………………………………　*335*
　　第1　子の監護者の指定及び子の引渡しを求める審判手続
　　　　………………………………………………………………〔原田　和朋〕……　*335*
　　　【書式67】子の監護者の指定及び子の引渡しを求める審判申立書(*340*)
第6章　親子に関する審判事件………………………………………………………　*341*
　　第1　嫡出否認の訴え（調停）の特別代理人の選任手続
　　　　………………………………………………………………〔長谷川　智之〕……　*341*
　　　【書式68】特別代理人の選任審判申立書(1)──嫡出否認の場合(*343*)
　　第2　子の氏の変更許可………………………………………〔長谷川　智之〕……　*344*
　　　【書式69】子の氏変更を求める審判申立書(*346*)
　　第3　養子縁組をするについての許可手続(1)──未成年者を養子とする場合

························〔長谷川　智之〕····　*347*
　　　【書式70】養子縁組許可審判申立書(1)──未成年者を養子とする場合
　　　　　（*349*）
　　第4　養子縁組をするについての許可手続(2)──後見人が被後見人を養子とする場
　　　　合···〔峰野　　哲〕····　*350*
　　　【書式71】養子縁組許可審判申立書(2)──後見人が被後見人を養子とする
　　　　　場合（*352*）
　　第5　渉外養子縁組をするについての許可手続──フィリピン人未成年者を養子と
　　　　する場合····································〔峰野　　哲〕····　*353*
　　　【書式72】渉外養子縁組許可審判申立書──フィリピン人未成年者を養子
　　　　　とする場合（*355*）
　　第6　死後離縁をするについての許可手続···············〔峰野　　哲〕····　*356*
　　　【書式73】死後離縁の許可審判申立書（*359*）
　　第7　特別養子縁組の成立手続·······················〔大澤　清美〕····　*360*
　　　【書式74】特別養子縁組審判申立書（*365*）
　　第8　特別養子縁組の離縁手続·······················〔小林　敦子〕····　*367*
　　　【書式75】特別養子縁組の離縁審判申立書（*371*）

第7章　親権に関する審判事件···································　*372*
　第1節　別表第1に掲げる審判事件·····························　*372*
　　第1　子に関する特別代理人選任の手続(1)──親権者と子の利益相反行為の場合
　　　　（子の所有不動産に抵当権を設定する場合）·········〔峰野　　哲〕····　*372*
　　　【書式76】子に関する特別代理人選任審判申立書(1)──親権者と子の利益
　　　　　相反行為の場合（子の所有不動産に抵当権を設定する場合）
　　　　　（*376*）
　　第2　子に関する特別代理人選任の手続(2)──同一親権に服する子相互間の利益相
　　　　反行為の場合（遺産分割協議の場合）···············〔峰野　　哲〕····　*377*
　　　【書式77】子に関する特別代理人選任審判申立書(2)──同一親権に服する
　　　　　子相互間の利益相反行為の場合（遺産分割協議の場合）（*378*）
　　第3　第三者が子に与えた財産の管理者の選任手続·········〔小林　敦子〕····　*379*
　　　【書式78】第三者が子に与えた財産の管理者の選任を求める審判申立書
　　　　　（*383*）
　　第4　親権喪失の手続·······························〔小林　敦子〕····　*384*
　　　【書式79】親権喪失を求める審判申立書（*389*）
　　第5　親権停止の手続·······························〔小林　敦子〕····　*390*
　　　【書式80】親権停止を求める審判申立書（*394*）
　　第6　管理権喪失の手続·····························〔小林　敦子〕····　*395*
　　　【書式81】管理権喪失を求める審判申立書（*399*）
　　第7　親権（管理権）喪失の審判の取消手続···············〔石井　久美子〕····　*400*
　　　【書式82】親権喪失審判の取消審判申立書（*403*）
　　第8　親権停止の審判の取消手続···················〔石井　久美子〕····　*404*
　　　【書式83】親権停止審判の取消審判申立書（*407*）
　　第9　親権（管理権）辞任の許可手続···············〔石井　久美子〕····　*408*
　　　【書式84】親権辞任の許可審判申立書（*410*）
　　第10　親権（管理権）回復の許可手続···············〔石井　久美子〕····　*411*

xviii　目　　次（第Ⅰ巻）

【書式85】親権回復の許可審判申立書(413)

第2節　別表第2に掲げる審判事件………………………………………………　414

第1　親権者の指定手続(1)──養子の離縁後に親権者となるべき者を指定する場合
……………………………………………………………〔峰野　　哲〕　414

【書式86】親権者指定審判申立書(1)──離縁後に親権者となるべき者を指定する場合(416)

第2　親権者の指定手続(2)──離婚後出生した子の親権者を父に指定する場合
……………………………………………………………〔太田　伸司〕……　417

【書式87】親権者指定審判申立書(2)──離婚後出生した子の親権者を父に指定する場合(420)

第3　親権者の指定手続(3)──父が認知した子の親権者を父に指定する場合
……………………………………………………………〔太田　伸司〕……　421

【書式88】親権者指定審判申立書(3)──父が認知した子の親権者を父に指定する場合(424)

第4　親権者変更の手続(1)──親権者が行方不明の場合 …〔太田　伸司〕……　425

【書式89】親権者変更審判申立書(1)──親権者が行方不明の場合(427)

第5　親権者変更の手続(2)──親権者死亡の場合 ……………〔太田　伸司〕……　428

【書式90】親権者変更審判申立書(2)──親権者死亡の場合(430)

第8章　扶養に関する審判事件……………………………………………………　431

第1節　別表第1に掲げる審判事件………………………………………………　431

第1　扶養義務設定の手続………………………………………〔芝口　祥史〕……　431

【書式91】扶養義務者指定審判申立書──妻の母の扶養義務者に夫を指定する場合(434)

第2節　別表第2に掲げる審判事件………………………………………………　435

第1　扶養の順位決定の手続──養親より実親の扶養の順序を先にする場合
……………………………………………………………〔芝口　祥史〕……　435

【書式92】扶養の順位決定審判申立書──養親より実親の扶養の順位を先にする場合(438)

第2　扶養の順位決定の取消手続………………………………〔芝口　祥史〕……　439

【書式93】扶養の順位決定の取消審判申立書(442)

第9章　推定相続人廃除に関する審判事件………………………………………　443

第1　推定相続人廃除の手続……………………………………〔原田　和朋〕……　443

【書式94】推定相続人の廃除審判申立書(1)──生前の場合(449)

【書式95】推定相続人の廃除審判申立書(2)──遺言の場合(450)

第2　推定相続人廃除の審判の取消手続………………………〔原田　和朋〕……　451

【書式96】推定相続人廃除の審判の取消審判申立書(1)──生前の場合(454)

【書式97】推定相続人廃除の審判の取消審判申立書(2)──遺言による場合(455)

第3　推定相続人廃除の審判確定前の遺産の管理人選任の手続
……………………………………………………………〔遠藤　鈴枝〕……　456

【書式98】推定相続人の廃除の審判確定前の遺産の管理人の選任審判申立書(460)

第10章　相続の承認及び放棄，財産分離に関する事件………………………　461

第1　相続放棄の申述受理の手続……………………………〔石倉　　航〕……　*461*
　　【書式99】相続放棄の申述書(*466*)
第2　相続の限定承認の申述受理の手続……………………〔石倉　　航〕……　*467*
　　【書式100】限定承認の申述書(*471*)
第3　相続の承認・放棄の期間伸長の手続…………………〔石倉　　航〕……　*472*
　　【書式101】相続の承認・放棄の期間伸長の審判申立書(*475*)
第4　涉外相続放棄の申述受理の手続──被相続人が韓国人の場合
　　…………………………………………………………〔遠藤　鈴枝〕……　*476*
　　【書式102】涉外相続放棄の申述書──被相続人が韓国人の場合(*484*)
第5　涉外限定承認の申述受理の手続──被相続人が韓国人の場合
　　…………………………………………………………〔遠藤　鈴枝〕……　*485*
　　【書式103】涉外限定承認の申述書──被相続人が韓国人の場合(*490*)
第6　限定承認をした場合における鑑定人の選任手続(1)──限定承認における条件
　　付債権評価の場合………………………………………〔遠藤　鈴枝〕……　*492*
　　【書式104】鑑定人の選任審判申立書(1)──限定承認における条件付債権
　　　　　　　評価の場合(*494*)
第7　限定承認をした場合における鑑定人の選任手続(2)──限定承認における相続
　　財産評価の場合…………………………………………〔遠藤　鈴枝〕……　*496*
　　【書式105】鑑定人の選任審判申立書(2)──限定承認における相続財産評
　　　　　　　価の場合(*498*)
第8　相続財産の管理人選任手続──相続人による遺産の管理が困難な場合
　　…………………………………………………………〔遠藤　鈴枝〕……　*500*
　　【書式106】相続財産の管理人選任審判申立書──相続人による遺産の管
　　　　　　　理が困難な場合(*504*)
第9　相続放棄取消しの申述を求める手続…………………〔石倉　　航〕……　*506*
　　【書式107】相続放棄取消しの申述書(*508*)
第10　限定承認取消しの申述の受理の手続………………〔石倉　　航〕……　*509*
　　【書式108】限定承認取消しの申述書(*511*)
第11　相続財産分離の手続(1)──第一種の財産分離の場合
　　…………………………………………………………〔石井　久美子〕……　*512*
　　【書式109】相続財産の分離を求める審判申立書(1)──第一種の財産分離
　　　　　　　の場合(*515*)
第12　相続財産分離の手続(2)──第二種の財産分離の場合
　　…………………………………………………………〔石井　久美子〕……　*516*
　　【書式110】相続財産の分離を求める審判申立書(2)──第二種の財産分離
　　　　　　　の場合(*518*)

第11章　遺産分割に関する事件…………………………………………　*519*
第1　遺産の分割禁止を求める手続…………………………〔五十部　鋭利〕……　*519*
　　【書式111】遺産の分割禁止審判申立書(*524*)
第2　遺産の分割の禁止の審判の取消し・変更を求める手続
　　…………………………………………………………〔五十部　鋭利〕……　*526*
　　【書式112】遺産の分割禁止の審判の取消し・変更を求める申立書(*528*)

第12章　相続人不存在に関する審判事件……………………………　*530*
第1　相続財産管理人の選任手続(1)──相続人不存在の場合

xx 目　次（第Ⅰ巻）

　　　　　　　　　　　　　　　　　　　　　　　　　〔原田　和朋〕…… *530*
　　　【書式113】相続財産管理人選任申立書──相続人不存在の場合(*533*)
　　第2　渉外相続人不存在の場合における相続財産管理人選任手続──被相続人が韓
　　　　国人の場合……………………………………………〔遠藤　鈴枝〕…… *535*
　　　【書式114】渉外相続財産管理人選任申立書──韓国籍の被相続人の相続
　　　　　人不存在の場合(*540*)
　　第3　鑑定人選任手続──相続人不存在における存続期間不確定債権評価の場合
　　　　　…………………………………………………………〔遠藤　鈴枝〕…… *542*
　　　【書式115】鑑定人選任審判申立書──相続人不存在における存続期間不
　　　　　確定債権評価の場合(*544*)
　　第4　相続人捜索の公告手続………………………………〔原田　和朋〕…… *546*
　　　【書式116】相続人捜索の公告を求める審判申立書(*548*)
　　第5　相続財産管理人の権限外行為の許可手続…………〔原田　和朋〕…… *549*
　　　【書式117】相続財産管理人の権限外行為許可を求める審判申立書(*551*)
　　第6　特別縁故者に対する相続財産の分与手続…………〔原田　和朋〕…… *552*
　　　【書式118】特別縁故者に対する相続財産の分与を求める審判申立書(*556*)
　　第7　相続財産管理人に対する報酬付与手続……………〔原田　和朋〕…… *557*
　　　【書式119】相続財産管理人に対する報酬付与審判申立書(*558*)

第13章　遺言・遺留分に関する事件……………………………………… *559*
　　第1　遺言の確認を求める手続……………………………〔堀口　洋一〕…… *559*
　　　【書式120】遺言の確認申立書(*562*)
　　第2　包括遺贈放棄の申述受理を求める手続……………〔堀口　洋一〕…… *563*
　　　【書式121】包括遺贈放棄の申述書(*565*)
　　第3　遺言書の検認を求める手続…………………………〔堀口　洋一〕…… *566*
　　　【書式122】遺言書検認申立書(*569*)
　　第4　渉外遺言書の検認手続──遺言者が韓国人の場合……〔前島　憲司〕…… *570*
　　　【書式123】渉外遺言書の検認を求める審判申立書(*573*)
　　第5　遺言執行者の選任を求める手続……………………〔堀口　洋一〕…… *574*
　　　【書式124】遺言執行者の選任審判申立書(*578*)
　　第6　死因贈与執行者の選任を求める手続………………〔堀口　洋一〕…… *579*
　　　【書式125】死因贈与執行者選任審判申立書(*581*)
　　第7　遺言執行者の解任を求める手続……………………〔堀口　洋一〕…… *582*
　　　【書式126】遺言執行者の解任審判申立書(*585*)
　　第8　遺言執行者の辞任の許可を求める手続……………〔堀口　洋一〕…… *586*
　　　【書式127】遺言執行者の辞任許可審判申立書(*588*)
　　第9　負担付遺贈遺言の取消しを求める手続……………〔堀口　洋一〕…… *589*
　　　【書式128】負担付遺贈遺言の取消審判申立書(*591*)
　　第10　遺留分を算定するための財産の価額を定める場合における鑑定人の選任
　　　　　…………………………………………………………〔遠藤　鈴枝〕…… *592*
　　　【書式129】鑑定人選任申立書──遺留分算定の場合(*594*)
　　第11　遺留分の放棄許可を求める手続……………………〔堀口　洋一〕…… *596*
　　　【書式130】遺留分の放棄の許可審判申立書(*598*)

第14章　戸籍法及び性同一性障害者の性別の取扱いの特例に関する法律に
　　規定する審判事件…………………………………………………………… *599*

目　　次（第Ⅰ巻）　xxi

第1　氏の変更許可を求める手続(1)──永年使用の場合 ……〔関根　直樹〕……　599
　　【書式131】氏の変更許可審判申立書(1)──永年使用の場合(601)
第2　氏の変更許可を求める手続(2)──珍奇・難読の場合
　　……………………………………………………………〔関根　直樹〕……　602
　　【書式132】氏の変更許可審判申立書(2)──珍奇・難読の場合(604)
第3　氏の変更許可を求める手続(3)──婚氏・縁氏続称者の場合
　　……………………………………………………………〔関根　直樹〕……　605
　　【書式133】氏の変更許可審判申立書(3)──婚氏・縁氏続称者の場合(607)
第4　氏の変更許可を求める手続(4)──外国人父（又は母）の氏へ変更する場合
　　……………………………………………………………〔関根　直樹〕……　608
　　【書式134】氏の変更許可審判申立書(4)──外国人父の氏へ変更する場合
　　　　　　　(610)
第5　氏の変更許可を求める手続(5)──外国人夫（又は妻）の通称氏へ変更する場
　　合………………………………………………………〔関根　直樹〕……　611
　　【書式135】氏の変更許可審判申立書(5)──外国人夫の通称氏へ変更する
　　　　　　　場合(613)
第6　名の変更許可を求める手続(1)──永年使用の場合 …〔関根　直樹〕……　614
　　【書式136】名の変更許可審判申立書(1)──永年使用の場合(616)
第7　名の変更許可を求める手続(2)──同姓同名の場合 ……〔関根　直樹〕……　617
　　【書式137】名の変更許可審判申立書(2)──同姓同名の場合(619)
第8　就籍許可手続(1)──戸籍法110条1項による場合……〔渡邊　裕之〕……　620
　　【書式138】就籍許可審判申立書(1)──戸籍法110条1項による場合(624)
第9　就籍許可手続(2)──日本の領土でなくなった場合 …〔渡邊　裕之〕……　625
　　【書式139】就籍許可審判申立書(2)──日本の領土でなくなった場合(626)
第10　戸籍訂正の許可手続(1)──戸籍の記載に錯誤・遺漏がある場合
　　……………………………………………………………〔渡邊　裕之〕……　627
　　【書式140】戸籍訂正許可審判申立書(1)──戸籍の記載に錯誤がある場合
　　　　　　　(632)
　　【書式141】戸籍訂正許可審判申立書(2)──外国人配偶者の氏名記載に錯
　　　　　　　誤がある場合(633)
　　【書式142】戸籍訂正許可審判申立書(3)──戸籍の記載に遺漏がある場合
　　　　　　　(634)
第11　戸籍訂正の許可手続(2)──創設的届出が無効な場合
　　……………………………………………………………〔渡邊　裕之〕……　635
　　【書式143】戸籍訂正許可審判申立書(4)──創設的届出が無効な場合(637)
第12　戸籍事件についての市町村長の処分に対する不服に関する手続
　　……………………………………………………………〔石井　久美子〕……　638
　　【書式144】市町村長の処分に対する不服に関する審判申立書(641)
第13　性別の取扱いの変更許可手続…………………………〔石井　久美子〕……　642
　　【書式145】性別の取扱いの変更許可審判申立書(1)──男を女に(645)
　　【書式146】性別の取扱いの変更許可審判申立書(2)──女を男に(646)

第15章　厚生年金保険法に規定する審判事件……………………………………　647
第1　請求すべき按分割合に関する処分手続（離婚時年金分割）
　　……………………………………………………………〔石井　久美子〕……　647

【書式147】請求すべき按分割合を求める（年金分割）審判申立書(*652*)

第16章　児童福祉法に規定する審判事件………………………………………　653
第1　児童の里親委託又は福祉施設収容の承認手続…………〔緑川　正博〕……　653
　【書式148】児童の里親委託又は福祉施設収容の承認審判申立書(*655*)
第2　児童の里親委託又は福祉施設収容の期間の更新についての承認手続
　………………………………………………………………〔緑川　正博〕……　656
　【書式149】児童の里親委託又は児童福祉施設入所措置期間の更新につい
　　　ての承認を求める審判申立書（児福28条2項ただし書）(*658*)

第17章　生活保護法に規定する審判事件……………………………………　660
第1節　別表第1に掲げる審判事件…………………………………………………　660
第1　被保護者の保護施設収容の許可手続…………………〔緑川　正博〕……　660
　【書式150】被保護者の保護施設収容の許可を求める審判申立書(*662*)
第2節　別表第2に掲げる審判事件…………………………………………………　663
第1　扶養義務者が負担する費用額確定を求める審判申立て
　………………………………………………………………〔緑川　正博〕……　663
　【書式151】扶養義務者が負担する費用額確定を求める審判申立書(*665*)

第18章　心神喪失等の状態で重大な他害行為を行った者の医療及び観察等に関する法律に規定する審判事件………………………………………　666
第1　保護者選任の手続………………………………………〔緑川　正博〕……　666
　【書式152】保護者選任申立書(*669*)
第2　保護者の順位の変更・保護者選任の手続……………〔緑川　正博〕……　670
　【書式153】保護者の順位の変更及び保護者選任申立書(*673*)

第19章　破産法に規定する審判事件…………………………………………　674
第1　破産手続が開始された場合における夫婦財産契約による財産の管理者変更及び共有財産の分割手続………………………………〔植田　智洋〕……　674
　【書式154】破産手続が開始された場合における夫婦財産契約による財産の管理者変更及び共有財産分割請求審判申立書(*677*)
第2　親権を行う者について破産手続が開始された場合における管理喪失手続
　………………………………………………………………〔小林　敦子〕……　678
　【書式155】管理権喪失を求める審判申立書——親権者破産の場合(*681*)
第3　破産手続における相続の放棄の承認についての申述手続
　………………………………………………………………〔石井　久美子〕……　682
　【書式156】破産管財人からの相続放棄承認の申述書(*684*)

第20章　中小企業における経営の承継の円滑化に関する法律に規定する審判事件………………………………………………………………………　685
第1　遺留分の算定に係る合意の許可手続…………………〔石井　久美子〕……　685
　【書式157】遺留分の算定に係る合意の許可を求める審判申立書(*688*)

書式索引（第Ⅰ巻）

第1編

総　　論

第1章

家事事件の概要

第1節　家事事件の意義と性質

I　意　　義

「家事事件類型別処理系統図」(**図表1**) は，家事事件の類型別事件の分類と類型ごとの手続の概要をフローチャート化したものである。処理手続の違いから分類すると，その類型としては，①別表第1 (旧甲類) 審判事件，②別表第2 (旧乙類) 審判事件，③人事訴訟事件，④民事訴訟事件，⑤審判・訴訟の対象とならない事件，の5類型である。

①は，家事事件手続法別表第1に掲げられた審判類型で，旧家事審判法上の甲類審判事件に該当する。紛争性が希薄で対立当事者を欠き，調停の対象とならない。

②は，家事事件手続法別表第2に掲げられた審判類型で，旧家事審判法上の乙類審判事件に該当する。紛争性が高く対立当事者があり，調停の対象となる。

③は，人事訴訟法2条に掲げられた人事訴訟事件である。

④は，その他一般の民事訴訟事件である。

⑤は，調停の対象にはなるが，審判や訴訟の対象とはならない事件類型である。

広義では，これらのすべてを総称して「家事事件」というが，家事事件手続法1条・39条では，①，②及び③に該当する家事審判及び家事調停に関する事件並びに審判前の保全処分と履行命令，家事事件手続法の規定により審判事件とされたもののみを家事事件と称している。

図表1　家事事件類型別処理系統図

家事事件						
家事審判事件		家事調停事件				
①別表第1（旧甲類）審判事件	②別表第2（旧乙類）審判事件	人事訴訟事件		民事訴訟事件	⑤審判・訴訟の対象とならない事件
		③本来的人訴事件	④一般調停事件		
成年後見，保佐，補助，不在者財産管理，失踪宣告，婚姻等，親子，親権，未成年後見，扶養，推定相続人廃除，相続承認放棄，財産分離，相続人不存在，遺言，遺留分，任意後見，戸籍，児童福祉，保護者選任等	夫婦同居，婚姻費用分担，子の監護（監護者指定，子の引渡し，面会交流，養育費），財産分与，祭祀承継，離縁後の親権者指定，親権者の指定変更，扶養順位決定変更，扶養程度・方法決定変更，遺産分割，遺産分割の禁止，寄与分，年金分割等	婚姻無効取消し，離婚無効取消し，婚姻関係存否確認，嫡出否認，認知，認知無効取消し，父を定める訴え，実親子関係存否確認，養子縁組無効取消し，離縁無効取消し，養親子関係存否確認	離婚，離縁 ／ 離婚慰謝料，婚約内縁不当破棄慰謝料，不倫慰謝料，離婚後の紛争調整，親子間親族間紛争調整，共有物分割，胎児認知，相続回復請求，遺産紛争調整，遺産範囲確認，分割後紛争調整，被認知者価額請求，遺産分割無効確認，遺留分減殺請求等		夫婦関係円満調整，親子間親族間円満調整，婚約履行請求など　具体的権利義務の形成を目的とせず，当事者の任意履行に期待する事項

処理の区分（左から右）：

| ①審判 | 審判取下げ等 | 調停成立 | 調停取下げ | 調停不成立 | 審判 | 調停に代わる | 調停拒否 | 調停取下げ | 審判 | 合意に相当する | 調停不成立 | 審判 | 調停に代わる | 調停成立 | 調停取下げ | 調停拒否 | 調停成立 | 調停取下げ | 調停拒否 | 調停不成立 |

接続の区分：当然移行，（異議），当然移行，（異議），審判申立て，訴え提起，訴え提起（異議），訴え提起，訴え提起，訴え提起（異議），訴え提起，訴え提起

家事審判手続	家裁人事訴訟手続	地裁簡裁民事訴訟手続
審判（認容・却下）	判決（認容・棄却）　訴訟上の和解など	取下げなど

（左右両端：付調停）

即時抗告　　控訴

↓

高　等　裁　判　所

特別抗告・許可抗告　　上告・上告受理申立て・特別上告

↓

最　高　裁　判　所

II 性　　質

家事事件には，一般の財産関係事件と異なり，以下のような特質がある（梶村太市『新版実務講座家事事件法』6頁以下参照）。

① 身分法的性質と実体法・手続法の一体的性質
② 公益的性質
③ 秘密性
④ 裁量性
⑤ 歴史性
⑥ 国際性
⑦ 地域性
⑧ 科学性
⑨ 社会性
⑩ 後見性
⑪ 任意履行性
⑫ 簡易迅速性

III　家事事件の機能

家事事件には，以下のような広汎な機能が期待されている。一般の財産関係事件とは異なる部分がある（梶村・前掲書12頁以下参照）。

① 司法的機能
② 人間関係調整機能
③ 行為規範設定機能
④ 評価規範設定機能
⑤ 強制規範的機能

IV　本書で対象とする事件分野

本書では，利用者の便宜を考慮し，前記家事事件の諸類型のほか，当事者参加，家事抗告等及び再審・雑事件・その他立件不要の手続，民事執行関係訴訟の訴状，その他関連する各種の参考書式を網羅的，総合的に取り上げることとする。

6　第1編　総　　論　第1章　家事事件の概要

第2節　家事事件の類型

I　家事審判事件の概要(1)——別表第1審判事件

　別表第1に掲げる事項についての事件（別表第1事件）は，旧家事審判法時代の甲類審判事件である（現行法では「別表第1審判事件」などともいう）。当事者の自由処分（合意や契約）を認めず，比較的公益性が高く，紛争性も低く，相手方当事者もなく調停による解決もできないのが特色である。司法処分ではあるが，実質的には行政処分に近い。

　なお，下記のうち，58項（夫婦財産契約による財産の管理者の変更等），84項（扶養義務の設定），85項（扶養義務の設定の取消し），86項（推定相続人の廃除）及び87項（推定相続人の廃除の審判の取消し）は，旧家事審判法時代は乙類審判事項とされていたが，家事事件手続法では別表第1事件に移し替えられた。これにより，これらの事件は調停を行うことができないことになった。

(1)　成年後見

(a)　成年後見

【1項】後見開始（民7条）

【2項】後見開始取消し（民10条・19条2項・1項）

【3項】成年後見人選任（民843条1項から3項）

【4項】成年後見人辞任許可（民844条）

【5項】成年後見人解任（民846条）

【6項】成年後見監督人選任（民849条）

【7項】成年後見監督人辞任許可（民852条・844条）

【8項】成年後見監督人解任（民852条・846条）

【9項】成年後見財産目録作成期間伸長（民853条1項・856条）

【10項】成年後見人・成年後見監督人権限行使の定め・取消し（民859条の2第1項・2項等）

【11項】成年被後見人居住用不動産処分許可（民859条の3・852条）

【12項】成年被後見人特別代理人選任（民860条・826条）

【12の2項】成年被後見人に宛てた郵便物等の配達の嘱託及びその嘱託の取消し又は変更（民860条の2第1項・3項及び4項）

【13項】成年後見人・成年後見監督人報酬付与（民862条・852条）

【14項】成年後見事務監督（民863条）

【15項】第三者成年被後見人付与財産管理処分（民869条等）

【16項】成年後見管理計算期間伸長（民870条）

【16の2項】成年被後見人の死亡後の死体の火葬又は埋葬に関する契約の締結その他相続財産の保存についての許可（民873条の2ただし書）

(b) 保　　佐

【17項】保佐開始（民11条）

【18項】保佐人要同意行為の定め（民13条2項）

【19項】保佐人同意に代わる許可（民13条3項）

【20項】保佐開始取消し（民14条1項等）

【21項】保佐人要同意行為の定めの取消し（民14条2項）

【22項】保佐人選任（民876条の2第1項・2項等）

【23項】保佐人辞任許可（民876条の2第2項等）

【24項】保佐人解任（民876条の2第2項等）

【25項】臨時保佐人選任（民876条の2第3項）

【26項】保佐監督人選任（民876条の3第1項）

【27項】保佐監督人辞任許可（民876条の3第2項等）

【28項】保佐監督人解任（民876条の3第2項等）

【29項】保佐人・保佐監督人権限行使の定め・取消し（民876条の3第2項等）

【30項】被保佐人居住用不動産処分許可（民876条の3第2項等）

【31項】保佐人・保佐監督人報酬付与（民876条の3第2項等）

【32項】保佐人代理権付与（民876条の4第1項）

【33項】保佐人代理権付与取消し（民876条の4第3項）

【34項】保佐事務監督（民876条の5第2項）

【35項】保佐管理計算期間伸長（民876条の5第3項）

(c) 補　　助

【36項】補助開始（民15条1項）

【37項】補助人要同意行為の定め（民17条1項）

【38項】補助人の同意に代わる許可（民17条3項）

【39項】補助開始取消し（民18条1項・3項等）

【40項】補助人要同意行為の定めの取消し（民18条2項）

【41項】補助人選任（民876条の7第1項・2項等）

【42項】補助人辞任許可（民876条の7第2項等）

【43項】補助人解任（民876条の7第2項等）

【44項】臨時補助人選任（民876条の7第3項）

【45項】補助監督人選任（民876条の8第1項）

【46項】補助監督人辞任許可（民876条の8第2項等）

【47項】補助監督人解任（民876条の8第2項等）

【48項】補助人・補助監督人権限行使の定め・取消し（民876条の8第2項等）

【49項】被補助人居住用不動産処分許可（民876条の8第2項等）

【50項】補助人・補助監督人報酬付与（民876条の8第2項等）

【51項】補助人代理権付与（民876条の9第1項）

【52項】補助人代理権付与取消し（民876条の9第2項等）

【53項】補助事務監督（民876条の10第1項等）

【54項】補助管理計算期間伸長（民876条の10第2項等）

(2) 不在者財産管理・失踪宣告

(a) 不在者財産管理

【55項】不在者財産管理処分（民25条から29条）

(b) 失踪宣告

【56項】失踪宣告（民30条）

【57項】失踪宣告取消し（民32条1項）

(3) 婚姻・親子

(a) 婚姻等

【58項】夫婦財産契約財産管理者変更等（民758条2項・3項）

(b) 親子

【59項】嫡出否認訴訟特別代理人選任（民775条）

【60項】子の氏変更許可（民791条1項・3項）

【61項】養子縁組許可（民794条・798条）

【62項】死後離縁許可（民811条6項）

【63項】特別養子縁組成立（民817条の2）

【64項】特別養子縁組離縁（民817条の10第1項）

(4) 親権・未成年後見・扶養

(a) 親権

第2節　家事事件の類型　　*9*

【65項】　子に関する特別代理人選任（民826条）

【66項】　第三者の子への付与財産管理処分（民830条2項から4項）

【67項】　親権喪失・親権停止・管理権喪失（民834条・835条）

【68項】　親権喪失・親権停止・管理権喪失取消し（民836条）

【69項】　親権・管理権辞任・回復許可（民837条）

(b)　未成年後見

【70項】　養子離縁後未成年後見人選任（民811条5項）

【71項】　未成年後見人選任（民840条1項・2項）

【72項】　未成年後見人辞任許可（民844条）

【73項】　未成年後見人解任（民846条）

【74項】　未成年後見監督人選任（民849条）

【75項】　未成年後見監督人辞任許可（民852条等）

【76項】　未成年後見監督人解任（民852条等）

【77項】　未成年後見財産目録作成期間伸長（民853条1項等）

【78項】　未成年後見人・未成年後見監督人権限行使の定め・取消し（民857条の2第2項から4項等）

【79項】　未成年被後見人特別代理人選任（民860条・826条）

【80項】　未成年後見人・未成年後見監督人報酬付与（民862条等）

【81項】　未成年後見事務監督（民863条等）

【82項】　第三者未成年被後見人付与財産管理処分（民869条等）

【83項】　未成年後見管理計算期間伸長（民870条）

(c)　扶　　養

【84項】　扶養義務設定（民877条2項）

【85項】　扶養義務設定取消し（民877条3項）

(5)　**相　　続**

(a)　推定相続人廃除

【86項】　推定相続人廃除（民892条・893条）

【87項】　推定相続人廃除取消し（民894条）

【88項】　推定相続人廃除審判・取消し審判確定前遺産管理処分（民895条）

(b)　相続承認・放棄

【89項】　相続承認・放棄の期間伸長（民915条1項）

【90項】　相続財産保存管理処分（民918条2項・3項等）

10 第1編 総 論 第1章 家事事件の概要

【91項】 限定承認・相続放棄取消し申述受理（民919条4項）

【92項】 限定承認申述受理（民924条）

【93項】 限定承認の場合の鑑定人選任（民930条2項等）

【94項】 限定承認受理の場合の相続財産管理人選任（民936条1項）

【95項】 相続放棄申述受理（民938条）

(c) 財産分離

【96項】 財産分離（民941条1項・950条1項）

【97項】 財産分離請求後の相続財産管理処分（民943条等）

【98項】 財産分離の場合の鑑定人選任（民947条3項等）

(d) 相続人不存在

【99項】 相続人不存在の場合の相続財産管理処分（民952条等）

【100項】 相続人不存在の場合の鑑定人選任（民957条2項等）

【101項】 特別縁故者相続財産分与（民958条の3第1項）

(6) **遺言・遺留分**

(a) 遺 言

【102項】 遺言確認（民976条4項等）

【103項】 遺言書検認（民1004条1項）

【104項】 遺言執行者選任（民1010条）

【105項】 遺言執行者報酬付与（民1018条1項）

【106項】 遺言執行者解任（民1019条1項）

【107項】 遺言執行者辞任許可（民1019条2項）

【108項】 負担付遺贈遺言取消し（民1027条）

(b) 遺 留 分

【109項】 遺留分算定の場合の鑑定人選任（民1029条2項）〈平成30年民法等改正で「遺留分算定のための財産価額を定める場合の鑑定人選任（民1043条2項）」〉

【110項】 遺留分放棄許可（民1043条1項〈平成30年民法等改正で民1049条1項〉）

(7) **任意後見その他**

(a) 任意後見契約法

【111項】 任意後見契約効力発生のための任意後見監督人選任（任意後見4条1項）

【112項】 任意後見監督人が欠けた場合の任意後見監督人選任（任意後見4条4項）

【113項】任意後見監督人を更に選任する場合の任意後見監督人選任（任意後見4条5項）

【114項】後見開始審判等取消し（任意後見4条2項）

【115項】任意後見監督人の職務に関する処分（任意後見7条3項）

【116項】任意後見監督人辞任許可（任意後見7条4項，民844条）

【117項】任意後見監督人解任（任意後見7条4項等）

【118項】任意後見監督人権限行使の定め・取消し（任意後見7条4項等）

【119項】任意後見監督人報酬付与（任意後見7条4項等）

【120項】任意後見人解任（任意後見8条）

【121項】任意後見契約解除許可（任意後見9条2項）

(b)　戸　籍　法

【122項】氏・名の変更許可（戸107条1項・4項・107条の2）

【123項】就籍許可（戸110条1項）

【124項】戸籍訂正許可（戸113条・114条）

【125項】戸籍事件についての市町村長処分に対する不服（戸121条等）

(c)　性同一性障害者性別取扱特例法

【126項】性別取扱変更（性同一性障害3条1項）

(d)　児童福祉法

【127項】都道府県措置承認（児福28条1項1号・2号）

【128項】都道府県措置期間更新承認（児福28条2項）

【128の2項】児童相談所長又は都道府県知事の引き続いての一時保護についての承認（児福33条5項）

(e)　生活保護法等

【129項】施設入所等許可（生活保護30条3項）

(f)　心神喪失等の状態で重大な他害行為を行った者の医療及び観察等に関する法律

【130項】保護者順位変更・保護者選任（医療観察23条の2第2項ただし書・4項）

(g)　破　産　法

【131項】破産手続開始の場合の夫婦財産契約財産管理者変更等（破61条1項等）

【132項】破産手続開始の場合の親権者の管理権喪失（破61条1項等）

12　第1編　総　　論　　第1章　家事事件の概要

【133項】破産手続における相続放棄承認申述受理（破238条2項等）

(h)　中小企業における経営の承継の円滑化に関する法律

【134項】遺留分算定に係る合意許可（中小承継8条1項）

Ⅱ　家事審判事件の概要⑵——別表第2審判事件

　別表第2に掲げる事項についての事件（別表第2事件）は，旧家事審判法時代の乙類審判事件である（現行法では「別表第2審判事件」などともいう）。当事者の自由処分（合意や契約）を認め，比較的公益性が高く，紛争性が顕著で，相手方当事者があり調停で解決ができるのが特色である（調停の対象となる場合の別表第2事件は「別表第2調停事件」などとよばれることもある）。とりわけ透明性の確保と当事者権の保障が要請される。

(1)　婚　姻　等

【1項】同居協力扶助（民752条）

【2項】婚姻費用分担（民760条）

【3項】子の監護に関する処分（民766条2項・3項等）

【4項】財産分与（民768条2項等）

【5項】離婚等の場合の祭祀承継者指定（民769条2項等）

(2)　親子・親権・扶養

(a)　親　　子

【6項】離縁等の場合の祭祀承継者指定（民808条2項等）

(b)　親　　権

【7項】離縁後の親権者指定（民811条4項）

【8項】親権者指定・変更（民819条5項・6項等）

(c)　扶　　養

【9項】扶養順位決定・変更・取消し（民878条・880条）

【10項】扶養程度方法決定・変更・取消し（民879条・880条）

(3)　相続・遺産分割

(a)　相　　続

【11項】相続の場合の祭祀承継者指定（民897条2項）

(b)　遺産分割

【12項】遺産分割（民907条2項）

【13項】遺産分割禁止（民907条3項）

【14項】寄与分（民904条の２第２項）

〈平成30年民法等改正で「【15項】特別寄与に関する処分（民1050条２項）」が追加〉

(4) そ の 他

(a) 厚生年金保険法等

【15項】請求すべき按分割合に関する処分（厚年78条の２第２項等）〈平成30年民法等改正で【16項】に移行〉

(b) 生活保護法等

【16項】扶養義務者の負担すべき費用額の確定（生活保護77条２項等）〈平成30年民法等改正で【17項】に移行〉

Ⅲ　家事調停事件の概要

(1) 家事調停事件の分類

　家事事件手続法244条は，別表第１審判事項についての事件を除き，「人事に関する訴訟事件その他家庭に関する事件」について調停を行う，と規定している。ここでいう家庭に関する事件かどうかを判断するメルクマールとして一般に，①親族又はこれに準ずる者の間という一定の身分関係が存在すること，②その当事者間に紛争が存在すること，③その当事者間に人間関係調整の要求（余地）があること，の３要件が備われば家事調停の対象になると解されている。後述する第１の一般事件はこの観点から家事調停の対象となるかどうかを判断することになる。

　そして，調停手続の進行の違いに応じて，家事調停事件を，第１に一般調停事件（合意が成立すれば調停を成立させることができるものであり，家事事件手続法284条に規定するいわゆる調停に代わる審判をすることができる事件なので，これを単に「284条事件」ということもある），第２に別表第２審判事項についての調停事件（別表第２審判事件を対象とする調停事件で，不成立になると当然に審判手続に移行する），第３に特殊調停事件（一般調停事件に属する離婚・離縁を除く本来的人事訴訟事件で，合意が成立しても調停を成立させることができず，必ず家事事件手続法277条に定めるいわゆる合意に相当する審判をしなければならないもので，これを単に「277条事件」ということもある）に区分される。

(2) 一般調停事件（調停に代わる審判事件，284条事件（図表１④事件））

(a) これにはまず人事訴訟に属する次の２事件がある。

① 離婚事件（夫婦関係調整事件）

② 離縁事件

(b) また，夫婦間の事件で民事訴訟事件に属する以下のような事件がある。

③ 特有財産返還請求事件

④ 慰謝料請求事件

(c) 男女間の事件で民事訴訟事件に属する以下のような事件がある。

⑤ 婚約不当破棄に基づく慰謝料等請求

⑥ 内縁の不当破棄に基づく慰謝料請求

⑦ 結納金返還請求

(d) 親子・親族間の事件で民事訴訟事件に属する以下のような事件がある。

⑧ 胎児認知を求める事件

⑨ 親族間の建物収去土地明渡・建物明渡請求事件

⑩ 親族間の貸金等請求事件

⑪ 親族間の共有物分割申立事件

(e) 相続・遺言に関する事件で民事訴訟に属する事件としては以下のような事件がある。

⑫ 相続回復請求事件

⑬ 遺骨引渡請求事件

⑭ 遺産分割後の被認知者の価額請求事件

⑮ 遺言無効確認請求事件

⑯ 遺留分減殺請求事件

(3) 審判にも訴訟にも属さない任意履行事件（図表1⑤事件）

⑰ 婚約履行請求事件

⑱ 離婚後の紛争調整事件

⑲ 親子間・親族間円満調整申立事件

⑳ 遺産分割後の紛争調整事件

(4) 別表第2審判類型の調停事件（図表1②事件）

これには以下のような旧乙類審判事件のすべてが含まれる。

① 夫婦の同居・協力・扶助申立事件

② 夫婦間の財産管理者の変更及び共有財産の分割申立事件

③ 婚姻費用分担申立事件

④ 子の監護に関する処分申立事件

⑤ 財産分与申立事件

⑥　祭祀承継申立事件

⑦　親権者指定・変更申立事件

⑧　扶養申立事件

⑨　推定相続人及びその廃除申立事件

⑩　寄与分申立事件

⑪　遺産分割申立事件

⑫　請求すべき按分割合に関する処分事件

(5)　**特殊調停事件**（**合意に相当する審判事件，277条事件（図表１③事件）**）

(a)　これには夫婦に関する事件として以下のものがある。

①　婚姻無効事件

②　婚姻取消事件

③　協議離婚無効事件

④　協議離婚取消事件

(b)　実親子関係に属する事件として以下のものがある。

⑤　嫡出子否認事件

⑥　親子関係不存在確認事件

⑦　親子関係存在確認事件

⑧　認知事件

⑨　認知無効事件

⑩　認知取消事件

⑪　父の確定事件

(c)　養親子関係に属する事件として以下のものがある。

⑫　養子縁組無効事件

⑬　養子縁組取消事件

⑭　協議離縁無効事件

⑮　協議離縁取消事件

以上のほか，婚姻関係存否確認事件，養親子関係存否確認事件などがある。

【梶村　太市】

第2章

家事事件と訴訟との関係

第1節　家事審判と訴訟との関係

I　家事審判事項の限定性

　家事審判事項は，前述したように別表第1事件及び別表第2事件に分類されるが，裁判所法31条の3第1項1号は，家庭裁判所は家事事件手続法で定める「家庭に関する事件の審判及び調停」の権限を有すると規定し，しかも家事事件手続法39条が民法の規定を受けて家事審判事項を限定的に列挙して定めているので，家事審判事項は制限的・限定的であり，これらに列挙してある事件のみを家庭裁判所は管轄することができる。

　もとより，以上のことは民法及び家事事件手続法の規定の趣旨を類推適用することをすべて排斥するものではなく，合理的理由があれば類推適用をすることができると解されている。これまでの実務や学説において，例えば婚姻費用分担や財産分与の規定を内縁配偶者にも類推適用しているし，また規定がなくてもいわゆる寄与分による具体的相続分の修正を認め，立法がそれを事後的に追認したことがあったことからも明らかである。

　そして，このように限定的に定められた事項は家庭裁判所の専属的職分管轄に属し，地方裁判所の民事訴訟で処理することができないことはもとより，家庭裁判所に移管された人事訴訟においても，離婚事件の附帯処分として処理することができる場合があることは別として，家事審判事項を独立して処理することはできない。いわば，家事事件手続法は民事・人事の各訴訟法に優先して適用される特別法であるということができる。

　したがって，家事審判事項について独立の訴訟を提起したときは，その訴

訟は不適法となり，この場合移送することはできず，却下すべきであるというのが判例の立場である。

Ⅱ　審判前の保全処分の限定性

昭和55年法律第51号の改正法（昭和56年1月1日施行）によって執行力を明文で認めるなどして発足した審判前の保全処分も，旧家事審判法15条の3第1項，ひいては家事事件手続法105条1項の規定で明らかなように，どのような保全処分が可能であるかは，家事事件手続法に定めるところに委ねられ，ここでもその保全処分（審判）事項は，限定的である。

家事事件手続法で定められた保全処分を分類すると，以下のように4類型に分けられる（梶村太市『新版実務講座家事事件法』79頁以下参照）。

(1)　**第1類型**（財産管理者の選任又は本人の財産管理若しくは本人の監護に関する事項の指示）

この保全処分が認められるのは，以下の審判事件を本案とする場合で，この保全処分の基本規定は家事事件手続法126条1項である。

①　後見開始

②　保佐開始

③　補助開始

④　財産管理者の変更・共有財産の分割

⑤　特別養子縁組

⑥　遺産分割

(2)　**第2類型**（後見・保佐命令）

この保全処分が認められるのは，以下の審判事件を本案とする場合で，その基本規定は家事事件手続法126条2項である。

⑦　後見開始

⑧　保佐開始

⑨　補助開始

(3)　**第3類型**（本人の職務執行停止又は職務代行者選任）

この保全処分が認められるのは，以下の審判事件を本案とする場合で，その基本規定は家事事件手続法174条1項である。

⑩　特別養子縁組・離縁

⑪　親権・管理権の喪失宣告

⑫　後見人・後見監督人・保佐人の解任

⑬　遺言執行者の解任

⑭　親権者の指定・変更

(4)　**第4類型**（仮差押え・仮処分その他の必要な保全処分）

　この保全処分が認められるのは，以下の審判事件を本案とする場合で，その基本規定は家事事件手続法157条1項である。

⑮　夫婦の同居・協力・扶助

⑯　財産管理者の変更・共有財産の分割

⑰　婚姻費用分担

⑱　子の監護

⑲　財産分与

⑳　親権者の指定・変更

㉑　扶養

㉒　遺産分割

第2節　家事調停と訴訟・民事調停との関係

I　調停前置主義

　家事事件手続法244条に規定する家事調停の対象となる事件について民事訴訟や人事訴訟を提起しようとする者は，まずその前に家事調停の申立てをしなければならない（家手257条1項）。その事件について，調停の申立てをすることなく訴えを提起した場合には，裁判所は，事件を調停に付することが適当でないと認めるときを除いて，その事件を家事調停に付さなければならない（同条2項）。これを調停前置主義という。家庭に関する事件は，財産的合理性だけでは律しきれず，身分関係の非合理性や親族関係の安定性の要請からいっても，可能な限り調停による話し合いで解決するのが望ましいからである。

　事件を調停に付するのが適当でないときとしては，①当事者の一方が行方不明であるとき，②当事者の一方に調停に出席する意思がまったくないとき，③双方とも訴訟による解決を強く希望しているとき，④その他調停による解

決を期待できない特別な事情があるときなどの場合がこれに該当すると解されている。

Ⅱ　受訴裁判所の職権付調停

調停前置主義の原則を遵守した場合と否とを問わず，家事調停の対象となる事件に係る訴訟又は家事審判事件が係属している場合には，受訴裁判所は，当事者の意見を聴いて，いつでも，職権でその事件を家事調停に付することができる（家手274条1項）。調停前置主義と同様の考え方に基づくものである。

Ⅲ　家事調停と民事調停との関係

家事調停の対象が「人事に関する訴訟事件その他家庭に関する事件」（家手244条）であるのに対し，民事調停法が規定する民事調停の対象となる事件は，「民事に関する紛争」である（民調1条）。そこで，両者の境界が必ずしも明確でないこともあって，両者の関係を調整するため，特別の規定を設けている。

すなわち，家庭に関する事件で家事調停の対象となる事件以外の事件について，家事調停の申立てを受けた場合には，家庭裁判所は，これを管轄権のある地方裁判所又は簡易裁判所に移送しなければならない（家手246条1項）。家庭裁判所は，家事調停の対象となる事件について調停の申立てを受けた場合において，事件を処理するため必要があると認めるときは，職権で，事件の全部又は一部を管轄権を有する地方裁判所又は簡易裁判所に移送できる（同条2項）。また，事件を処理するため特に必要があると認めるときは，土地管轄の規定にかかわらず，事件の全部又は一部を他の地方裁判所又は簡易裁判所に移送することができる（同条3項）。これとは逆に，家庭に関する事件の範囲に属し，地方裁判所又は簡易裁判所の範囲に属しない事件について民事調停の申立てを受けた場合は，その地方裁判所又は簡易裁判所は，原則としてこれを管轄権のある家庭裁判所に移送しなければならない（民調4条2項）。

【梶村　太市】

第3章

家事手続案内

第1節　家事手続案内の意義と性質

　家事手続案内は，家庭裁判所が司法機関として家事審判や家事調停あるいは人事訴訟等を実施し処理するにあたって，利用者である当事者や関係人に対し，手続問題についてさまざまな疑問に答えるために家事事件受付窓口に常設されている。ベテランの裁判所書記官や家庭裁判所調査官が担当している。

　その性質は，受付事務の一環としての性質を有する。したがって，申立ての当否等事件の内容にわたる事項には踏み込めない。

第2節　家事手続案内の限界

　家事手続案内が受付事務であるとすると，当然のことながら事件の内容について，申立てに理由があるとかないとか，養育費や婚姻費用の額はこれぐらいになるとかいうような判断にわたる事項については，回答することはできない。

　これらの回答を得たい場合には，弁護士等の専門家の判断を仰ぐべく，「法テラス」を利用すべきである。法テラスとは，「日本司法支援センター」の通称（愛称）で，国によって設立された法的トラブル解決のための総合案内所である。法テラスでは，法制度等の情報提供，無料法律相談や弁護士費用等の立替えなどの民事法律扶助，犯罪被害者支援や国選弁護等の刑事関係支援等を全国的に行っている。

法テラスの（サポートダイヤル）は，0570-078374（オナヤミナシ）である。

【梶村　太市】

第 2 編

各種書式の概説

第1節 審判・審判に代わる裁判 *25*

第1章

家事審判事件の申立て

家事事件手続法（平成23年法律第52号。以下「法」という）における家事事件の特徴は，従来の家事事件（家事審判事件，家事調停事件の総称）に比べて裁判所の手続における当事者の権能が強化される（当事者主義的要請）一方で，それには職権探知主義的な一定の制約が課せられている点にある（家手2条参照）。それゆえ，裁判所が判断をする場合も，私人の身分関係について「公益性」の要請を基調としつつ，「後見的機能」を果たすということが強調されている（詳細につき第1編第1章等参照）。

そこで，現行法における家事事件の内容をみると，「家事審判」及び「家事調停」の2類型に分けられるが，より具体的にいえば家事事件手続法は，当事者の身分関係や財産関係の紛争については最も事情の詳しい当事者からの協力（裁判の判断に必要な資料の提供）を得て家庭裁判所が職権探知主義（資料の蒐集に関しては裁判所に主導権を認める）を根底とした判断をするための基本法であるといえる（それぞれの手続関係については第1編第3章「家事手続案内」参照）。

第1節 審判・審判に代わる裁判

I 審 判

⑴ はじめに

家事事件手続法39条は，これまで家事審判法（昭和22年法律第152号。以下「旧法」という）の甲類と乙類に定められていた家事審判事件について，「別表第1及び別表第2に掲げる事項」と「法第2編に定める事項」が審判事項で

あるとしている。前者の審判事項はそれぞれの別表により明らかであるが，後者の審判事項は各条文を見なければ明確ではないから，便宜上後者の審判事項を羅列する必要があり，次に掲げる。

(2) 家事事件手続法39条の「第2編」に定める審判事項

同条の定める審判事項は，次のとおりである。

① 遺産分割禁止の審判取消し又は変更に関する事項（家手197条）

② 各種審判前の保全処分に関する事項（保全処分により選任した職務代行者の改任及び事情変更による審判前の保全処分の取消しを含む。家手112条・126条・127条・134条・135条・143条・144条・157条・158条・166条・174条・175条・181条・187条・200条・215条・（平成30年民法等改正で216条5項も）・225条・239条・242条3項→家手158条及び174条を準用する部分に限る）

③ 各種管理者の改任（家手125条1項→家手134条6項・143条6項・158条3項・173条・180条・189条2項・194条8項・200条3項（平成30年民法等改正で4項に移行）・201条10項・202条3項・208条において準用する場合を含む）

④ 財産管理者の選任その他の財産の管理に関する処分の取消しに関する事項（家手125条7項→家手173条・180条・194条8項・201条10項・202条3項及び208条において準用する場合を含む。家手147条・189条3項）

⑤ 即時抗告が不適法で不備を補正できないことが明らかなときの原裁判所のなす却下の審判（家手87条3項）

Ⅱ 審判に代わる裁判

家庭裁判所は，家事審判事件が裁判をするのに熟したとき（その趣旨は民事訴訟法243条1項に定める趣旨と同じように「事件担当裁判官が，それ以上当事者の攻撃防御を展開させても新たな判断事実が現れないとの心証に達した場合」であろう）には，審判書を作成して審判することになるが（家手73条1項・76条1項），即時抗告をすることができないものについては，家事審判の申立書又は調書に主文を記載して，審判書の作成に代えることができる（家手76条1項ただし書）。

高等裁判所が，抗告審として即時抗告を審理した結果は，決定で裁判をする（家手91条1項）。そして，即時抗告が理由あるものと認める場合には，旧法では審判を取り消して事件を家庭裁判所に差し戻すのを原則としていたが，家事事件手続法では，家事審判事件について，原則として自ら審判に代わる裁判をしなければならないとされた（家手91条2項）。

また，第一審裁判所である家庭裁判所の審判事件が抗告され，高等裁判所に抗告事件が係属する場合，緊急を要する保全処分事件（家手105条２項）や推定相続人の廃除の審判又はその取消しの審判の確定前の遺産の管理に関する処分の審判事件（家手189条１項）及び財産分離の請求後の相続財産の管理に関する処分の審判事件（家手202条１項２号）などの家事審判の手続を高等裁判所が第一審として行う場合がある。この場合，高等裁判所が第一審の裁判所としてこれらに事件について審判に代わる裁判を行う（家手84条参照）。

第２節　申立ての概要

Ⅰ　申立ての方式

(1)　家事審判申立書の提出

　家事審判の申立ては，家事審判申立書を家庭裁判所に提出してしなければならない（家手49条１項）。旧法当時認められていた「口頭による申立て」（旧家審規３条）は現行法のもとでは許されていない（ただし，後述する家事審判申立書のひな形（フォーマット）には「準口頭」とした枠が設けられている点からすれば，この扱いも予定しているものと解される）。この扱いは，いかにも当事者の利便を排除したような感じがする。しかし，簡易裁判所において認められている口頭受理の制度（民訴271条）は「国民が利用しやすく」かつ「当事者間の紛争を簡易・迅速に解決する」趣旨であったし，家庭裁判所においても旧法時には同趣旨で明文化されていたはずであるが，実務においては，家庭裁判所の口頭申立制度は利用度が少なく，その有効な活用がほとんど見られていないという実情にあった。もともと口頭主義（訴訟行為の面からみて手続関係人の行為は口頭でなされることを重視する立場）の長所は，手続関係者の真意把握に長ずるものであるが，その反面において冗長に流れて時間的ロスが生じるおそれも考えられる。そこで，法は書面申立制度を採用して手続のスタートを認め，手続の明確化や脱落又は忘却を防ぐという利点を尊重したものと考えられる。もちろん，法は口頭主義を排除したものではなく，家庭裁判所が必要と認める場合は事件の関係人（当事者，家事事件手続法41条や42条の参加人，その他事件の結果について直接又は間接的に法律上・事実上の利害関係を有するなどの者）を呼び出

すことができるわけであり，口頭主義によることの機能的役割を定めている（家手51条。これらの詳細につき本編第2章第2節等参照）。

⑵　申立書の記載事項

　家事事件手続法は，49条2項において家事審判申立書に記載すべき事項を規定している（なお具体的な各種審判申立書の内容については第3編において明らかにされる）。

　⒜　当事者及び法定代理人（家手49条2項1号）　　家事審判申立書に記載しなければならない事項として手続の能動的行為主体である当事者の表示が記載要件とされている。当事者に法定代理人がある場合も同様である。家事審判手続において相手方がある事件については，やはり当事者として記載しなければならない。当事者や法定代理人の表示は，本籍・住所・連絡先・氏名及び生年月日・職業などによって特定して記載することになろう（その具体的記載方法は第3編参照）。

　旧法時においても申立人の住所・氏名は家事審判申立書の必要的記載事項とされていた（旧家審7条，旧非訟9条1項）。手続の申立人である者や相手方が特定されていなければ家庭裁判所も手続の進行に支障をきたすため，申立ての段階で明確にすべきとした趣旨であり，家事事件手続法49条もこの立場をとっている。

　⒝　申立ての趣旨及び理由（家手49条2項2号）　　本来，申立ての趣旨とその理由は区別できるものであろうから，これを厳格に規定したものと解されるが，事件によっては，判然と区別されないまま申立てに及ぶ場合も想定されよう。例えば，申立人の居住地区に同姓同名の者が住んでおり，申立人と混同されるのを避けるために審判申立書を作成することがある。このような場合に，審判申立書に記載した内容が「氏の変更」を求める趣旨なのか，又は「名の変更」を求める趣旨なのかが判然とせず，結論として生活環境の不都合の点のみが強調されているようなときには，裁判長は違法な申立てとして直ちに却下できるかが問題となる。しかし，その場合は後述する補正手続をして処理すべきであろう。

⑶　審判事項が同種・同一である場合の申立て（家手49条3項）

　複数の事項について審判を求める場合，これらについての家事審判の手続が同種であり，これらの事項が同一の事実上及び法律上の原因に基づくときは，それらを一括して申し立てることが可能である。これはもっぱら審理を

する裁判所側の訴訟経済の面から認められたものであるが，その場合は1つの申立てによることが認められている。

(4) 「家事審判申立書」のひな形（フォーマット）

家事審判の申立てについては，裁判所は，「家事審判申立書」のひな形（フォーマット）を用意している（裁判所ホームページの「申立て等で使う書式」に掲載されているほか，受付窓口等で入手可能）。申立人はこの用紙の交付を受けて必要事項を記載し，関係添付資料（書類）を添えて提出すれば申立手続をすることができる（各種申立てごとの必要な記載事項及び必要添付資料，又は申立書附票などについては第3編以下の「書式実例」に示されている箇所を参照されたい）。そのフォーマットを示せば，**図表1**の「家事審判申立書」のとおりである。もっとも，事件数の多い一部の申立てについてはさらに専用の定型用紙が用意されている（ただし，裁判所によりレイアウトや記載事項が異なる場合がある）。

「家事審判申立書」は2枚の用紙でできており（**図表1**参照），ふつうはそのまま使用すればよいが，当該事件の当事者が3人以上の場合には，**図表2**のような「当事者目録」を2枚目に挿入して使用することもある（**図表2**は一般用。遺産用「当事者等目録」などを使用することもある）。この申立書を含め各種書式の記載例を第3編以下で扱うが，紙幅の都合により余白を省略したり大きさを変えたりして掲載していることを了承されたい。また，先述したように，書式のレイアウト等が裁判所によって異なる場合があることも十分に承知しておかれたい。

II　申立ての補正

(1) 家事審判申立書の補正手続（家手49条4項）

家事審判申立書に前述した記載要件に不備があったり，欠缺があった場合，家庭裁判所の裁判長は申立人に対して，相当な期間を定めてそれらの不備等を完全なものにするように命ずることができる。これは，裁判長の審判申立書に対する審査権であり，本来，職権調査事項であると解される。

(2) 補正命令の性質

家事事件手続法49条4項に定める審判申立書の審査は裁判長の権限であり，民事訴訟法上の訴状審査権（民訴137条1項参照）と同種の規定である。したがって，補正の対象となるものは，申立書に記載すべき当事者等の表示が不明確な場合とか，申立ての趣旨・理由が不分明な場合のほか，必要な費用

30　第2編　各種書式の概説　　第1章　家事審判事件の申立て

図表1

受付印	家事審判申立書　事件名（　　　　　　　　　）
	（この欄に申立手数料として1件について800円分の収入印紙を貼ってください。）

収入印紙　　　　　円	（貼った印紙に押印しないでください。）
予納郵便切手　　　円	（注意）登記手数料としての収入印紙を納付する場合は，登記手数料として
予納収入印紙　　　円	の収入印紙は貼らずにそのまま提出してください。

準口頭	関連事件番号　平成　　　年（家　　）第　　　　　　　　　　号

	家庭裁判所 御中 平成　　年　　月　　日	申　立　人 （又は法定代理人など） の記名押印		印

添付書類	（審理のために必要な場合は，追加書類の提出をお願いすることがあります。）

申 立 人	本　籍 （国　籍）	（戸籍の添付が必要とされていない申立ての場合は，記入する必要はありません。） 　　　　都　道 　　　　府　県	
	住　所	〒　　　－　　　　　　　　　　　　　　　電話　　（　　　） 　　　　　　　　　　　　　　　　　　　　　　　　　（　　　　　　方）	
	連絡先	〒　　　－　　　　　　　　　　　　　　　電話　　（　　　） 　　　　　　　　　　　　　　　　　　　　　　　　　（　　　　　　方）	
	フリガナ 氏　名		大正 昭和　　年　　月　　日生 平成 （　　　　　　歳）
	職　業		

※	本　籍 （国　籍）	（戸籍の添付が必要とされていない申立ての場合は，記入する必要はありません。） 　　　　都　道 　　　　府　県	
	住　所	〒　　　－　　　　　　　　　　　　　　　電話　　（　　　） 　　　　　　　　　　　　　　　　　　　　　　　　　（　　　　　　方）	
	連絡先	〒　　　－　　　　　　　　　　　　　　　電話　　（　　　） 　　　　　　　　　　　　　　　　　　　　　　　　　（　　　　　　方）	
	フリガナ 氏　名		大正 昭和　　年　　月　　日生 平成 （　　　　　　歳）
	職　業		

（注）　太枠の中だけ記入してください。
　※の部分は，申立人，法定代理人，成年被後見人となるべき者，不在者，共同相続人，被相続人等の区別を記入してください。

申　立　て　の　趣　旨

申　立　て　の　理　由

32　第2編　各種書式の概説　　第1章　家事審判事件の申立て

図表2

※			
	本　籍	都　道 府　県	
	住　所	〒　　　－	
			（　　　　　　　　方）
	フリガナ 氏　名		大正 昭和　　年　月　　日生 平成 （　　　　　　　歳）
※			
	本　籍	都　道 府　県	
	住　所	〒　　　－	
			（　　　　　　　　方）
	フリガナ 氏　名		大正 昭和　　年　月　　日生 平成 （　　　　　　　歳）
※			
	本　籍	都　道 府　県	
	住　所	〒　　　－	
			（　　　　　　　　方）
	フリガナ 氏　名		大正 昭和　　年　月　　日生 平成 （　　　　　　　歳）
※			
	本　籍	都　道 府　県	
	住　所	〒　　　－	
			（　　　　　　　　方）
	フリガナ 氏　名		大正 昭和　　年　月　　日生 平成 （　　　　　　　歳）

（注）　太枠の中だけ記入してください。※の部分は，申立人，相手方，法定代理人，不在者，共同相続人，被相続人等の区
別を記入してください。

の不足（収入印紙の未納や郵券の不足等）などについても対象となる。

　上記補正命令に従って審判申立書が完成された場合は、それに応じた審判が開始されることになるが、申立人が期間内に補正に従わないときは、裁判長による申立書却下の命令がなされる（後述参照）。

Ⅲ　申立書の却下命令

(1)　申立書却下命令の性質

　審判申立書に前述した記載要件に不備があったり、欠缺があった場合でも、その瑕疵が補正手続によって適法になりうる余地があるのに、申立人がその手続すら懈怠した場合は家事事件手続法49条5項に定める審判申立書の却下命令がなされる。これは、裁判長の申立書審査権に基づく結果の裁判であるからその性質は「命令」であり、事件が裁判するのに熟した場合になされる「審判」（家手73条以下）とは性質を異にする。

　申立書却下の方式は、「不適法却下」とするのが一般であろうが、この裁判に対しては後述するように「即時抗告」が認められているので、簡潔な内容の「理由」が示されることになろう。

　また、その却下命令の告知は相当と認める方法によってなせば足りるものと解される（民訴119条参照）。

(2)　申立書の却下命令に対する不服方法

　家事事件手続法49条6項は、前記却下命令に対する不服方法として即時抗告ができる旨を定めている。審判申立書の記載事項に関する審査権は、裁判長の職権調査事項についての訴訟行為であり、本来、訴訟指揮に基づくものであろう。したがって、この場合の即時抗告は第6編第1章に述べる「審判に対する不服申立て」としての即時抗告とは異質のものである。

Ⅳ　申立ての変更

(1)　申立ての変更の性質

　家事事件手続法50条1項によれば、申立ての基礎に変更がない限り、申立ての趣旨又は理由を変更することができるとしている。ただし、その手続は、71条の規定による審理が終了した後は許されていない（家手188条4項で準用する場合も同様である。家手50条1項ただし書）。

　同趣旨の規定は、民事訴訟法143条の「訴えの変更」手続にも見られ、こ

れと同趣旨にあるものと認められる（秋武憲一編著『概説家事事件手続法』115頁〔竹内純一〕）。つまり，申立ての趣旨の変更とは申立人による審判の対象を変更することである。申し立てた審判の対象が不分明な場合とは異なり，初めから審判の対象が明らかであるが，申立人の意図する内容をより効果的にするためなどの理由により審判の対象を変えることである。例えば，「名の変更」を求める審判申立て（戸107条の2）を「氏の変更」を求める審判の申立て（戸107条1項）に変更するなどである（家手39条・別表第1の122項）。結局，裁判所の既になした審判（＝裁判）の対象について訴訟関係者が同一理由により反対の主張ができなくなるという意味に理解すべきであろう。また申立ての理由の変更とは，申立ての趣旨を理由づける事実関係の変更と見てよいであろう。例えば，氏の変更手続において，近傍に類似する氏名の人物との混同を避けるために申し立てた理由づけを長年使用を理由とする申立ての理由に変更するなどの場合が考えられる。

(2) 申立ての変更の要件

(a) 第1の法律上の要件は，家事事件手続法50条1項によれば，申立ての変更は「申立ての基礎に変更がない」ことを要件としている。この概念は，民事訴訟法上の「請求の基礎」の同一性（民訴143条1項）と類似するが，同様に解すべきものではなかろう。したがって，民事訴訟法上の請求の基礎の同一性とは訴訟物理論と関連して論及されているのに比べて，申立ての基礎の同一性は，もっと緩やかに解して然るべきであって，それは社会生活上の利益という意味で考察されるべきであると考えられる。すなわち，法律的に一方が他方の変形と認められるような場合（前記事例のような「氏」も「名」も，つまるところ特定個人の表示を表す方法の変更であり，その変更による社会生活上の利益が共通している限り申立ての基礎が同一と認めてよいものと考えられる），その要件を充たすことになると思われる。

(b) 第2の要件は，審判事件の審理が終結する前の「申立て変更の申立て」でなければならないとされる（家手50条1項ただし書）。この規定は民事訴訟法上の「口頭弁論の終結に至るまで」と同趣旨である。

(3) 申立ての変更の手続と裁判所の対応

(a) 申立ての変更には，書面主義が要請されているが，審判手続の期日における場合は口頭ですることができる（家手50条2項）。手続の明確性が求められる趣旨であろう。

(b) 「申立て変更の申立て」が不適法である場合，又はこれにより著しく手続が遅滞する場合には，不許可の裁判がなされる（家手50条3項・4項）。それが適法であり，かつ，申立ての要件を充たしているときは，変更した申立ての内容に従った審判がなされる。

V　申立ての費用——申立手数料

家事審判の申立てをする場合は，民事訴訟費用等に関する法律の定めるところにより，所定の手数料を，申立書に収入印紙を貼用して納付する（民訴費1条・8条・別表第1の15項）。その手数料額は，各種申立ての内容によって異なるが，具体的には第3編以下の「書式実例」に示されているコメントを参照されたい。

VI　申立手続費用

(1)　郵便切手の予納
家庭裁判所の各種申立てには，前述した手数料のほかに手続費用を納入する必要がある。これは，主として当事者等への諸連絡や呼出しに要するためのもので，実務では郵便切手を予納する扱いであるが，その数額については各種申立てごとに若干の差異がある。詳細については第3編以下の「書式実例」に示されているコメントを参照されたい。

(2)　官報広告料の予納
事件の種類によっては官報による公告が必要な場合がある。例えば，失踪宣告の公示催告手続等（詳細につき第3編第4章参照）の場合である。予納の方法は家事予納金として，所定の官報広告料に相当する金銭を，「保管金提出書」の交付を受けて必要事項を記載し，現金を添えて裁判所会計事務担当者に提出する扱いである。

VII　手続上の救助

(1)　意　　義
家事事件の申立て等は，本来ならば申立人である当事者が自己の費用と責任において手続することが望ましいが，ときには「手続の準備及び追行に必要な費用を支払う資力がない者又はその支払により生活に著しい支障を生ずる者」がいる場合もある。そのような場合には，裁判所は当事者の申立てに

より手続を救助する裁判ができることとなっている（家手32条）。つまり，経済的に困窮する当事者のために民事訴訟法82条の規定と歩調を合わせて家事事件の場合にも新しく「手続上の救助」という制度を設け，費用支弁の一時猶予を認めたものである。これによって当事者は主体的に手続を追行することが機能的に保証されることになるから，その運用は効率的にすることが望まれる。当事者が貧困等の理由により裁判所の手続を利用することができないとするのは，おおよそ司法先進国としては不合理なことであり，家事事件の場合にも，高額な鑑定費用の負担が困難なために証拠調べの申出を躊躇したり，ときには家事事件の申立てそのものを断念することなどがあってはならないはずである。

以上の理由から，手続上の救助制度の導入は，かねてより望まれていたところであり（秋武編著・前掲書88頁〔高橋信幸〕参照），家事事件の手続にも上記のような制度を取り入れたことはまことに意義あるものと考える。

(2) 要　件

家事事件について手続上の救助を求めるためには，次の要件を充たす必要がある（家手32条）。

(a) 当事者からの申立て　　家庭裁判所が職権で手続上の救助をすることはないから，当事者からの申立てが必要であり，しかも次に述べるように，費用支払能力がないことや，生活困窮の事実を疎明する必要がある（家手規21条2項）。

手続費用救助の申立ては審判係属裁判所にあてて，その申立書には，基本事件の表示（審判事件の事件番号と事件名）をして，申立人名及び以下に述べる要件を申立ての理由として記載し，必要な疎明資料を添付すべきことになる。

(b) 費用支払能力に欠けていること　　家庭裁判所への審判申立てには，民事訴訟の場合のように勝訴の見込みとか，紛争の相手方がいて多額の裁判費用の支出を予定するなどの事態も考えられないから，この要件を充たすような事案は少ないであろう。むしろ，次に述べる生活困窮上の要件とのからみで判断されることになるであろう。

(c) 生活困窮者であること　　家庭裁判所への審判申立てをすることにより，申立人の生活に著しい支障をきたす場合であることが必要である。例えば，扶養すべき未成年者の家族が多数いるとか，生活保護を受けていて日々

の暮らしに余裕がまったくないなどの事情にあれば，この要件が充たされる場合があろう。

(3) 救助規定の適用範囲

手続上の救助は，それが認められれば，これにより当事者は現在の費用を支弁することなく主体的に手続追行をすることが可能となる。

そして，救助制度は別表第2の審判事件により妥当する。つまり，別表第1の審判事件については，前述したように民事訴訟のような対立当事者は考えられないので，仮に手続上の救助が認められても相手方から手続費用の取り立てをすることはないであろう。しかし，手続費用は当事者や審判を受ける者又はこれらに準ずる者等が負担することになっているから（家手28条1項・2項3号），それらの者が前述したような生活困窮者の場合には別表第1の審判においても手続上の救助を認められることになる（秋武編著・前掲書89頁〔高橋信幸〕参照）。

(4) 救助決定

家庭裁判所は，手続上の救助の申立てに理由があり，かつ，相当な疎明が付されているときは，決定をもって「手続上の救助を付与する」旨の判断をする。民事訴訟の場合と異なり，手続費用も低額であろうから，「一部救助」の決定（梶村太市＝石田賢一編『簡裁民事書式体系』143頁・146頁〔眞下裕香〕）をすることはないであろう。

上記の救助決定は，受救助者に対して相当な方法により告知され，原則としてそれにより効力が生じ（民訴119条の準用），救助申立人は手続費用等につき支払猶予を受ける（家手32条2項，民訴83条1項）。

ただし家庭裁判所は，手続上の救助がまったく認められないような事案であるにもかかわらず申し立てられたものと認められる場合や嫌がらせが目的で申し立てられたことが明らかな場合など，審判の申立てその他の手続行為が手続上の不当な権能の行使と認められるときは，救助の申立て自体を却下することができる（家手32条1項ただし書）。

(5) 手続費用の救助と手続費用立替え

手続費用の救助は，前述したように当事者に対する費用の負担を軽減する制度であるが，同じ目的の制度として「手続費用の立替制度」がある（家手30条）。ここに費用の立替えとは，事実の調査，証拠調べ，呼出し，告知その他の家事事件手続に必要な行為に要する費用を裁判所が国庫において立て

替えるというものである。前者が当事者に申立権を認めたのに対して，後者は当事者に申立権がない。もっとも，審判手続の途中で当事者に鑑定費用等の予納資力がない場合には，別に手続費用救助の申立てをして裁判所の判断を求めることは可能である。

第3節　管　　　轄

I　概　　　説

　家事事件（家事審判事件及び家事調停事件。以下単に「家事事件」という場合は，その両者をいう）の申立てについて，家事事件手続法4条以下に管轄に関する総則規定を設けている。

　旧家事審判法は，管轄について総則編に特に定めをしておらず，その性質に反しない限り非訟事件手続法（明治31年法律第14号）第1編の規定（同法2条・3条及び4条）を準用するとしていた。そして，土地管轄に関し家事審判規則や特別家事審判規則に個別的な規定をおいていたが，家事事件手続法は独立立法たる性質を重視し，総則編において管轄に関する原則を定め，各則における管轄の個別規定についてもなお管轄が明確でないときに，総則編の管轄規定を補充的に適用するとの立場をとっており，これは旧法時の見直しをしたものと解される。

II　管轄に関する諸原則

(1)　管轄に関する調査と標準時

　家庭裁判所は，家事事件の申立てがあれば，まず管轄の有無についての調査を職権で行う。そもそも手続法上における管轄は，裁判所間の権原分掌を定めたものであり，それは裁判権や裁判所の事務分配とは異なり，それに違反した場合は後述するように手続法上の効果を伴うものである。

　そして特定の裁判所に管轄があるか否かの調査は，家事事件の申立てがあった時点又は裁判所が職権で手続を開始した時点でしなければならず（管轄の標準時＝家手8条。なお非訟9条参照），その調査は職権探知主義により行われるから，裁判所は管轄に関する事項について職権による証拠調べをするこ

とになる。その意味で民事訴訟法上の管轄に関する調査と同種のものである（民訴14条参照）。

　したがって，その判断については当事者の言い分によらずに裁判所が自ら進んで行うことになるし，当事者からの管轄違反の申立て（家手9条1項の「移送の申立て」とは異なる）があったとしてもそれは職権の発動を促すものと位置づけられることになろう。

(2)　家事事件上の管轄に関する諸原則

　(a)　管轄の専属性　　家事事件における管轄の調査は，公益的・後見的要請から，原則として管轄の専属性が認められる。本来，専属管轄とは裁判所の適正・迅速な事件処理のために高度の公益的要請により特定の裁判所のみが当該事件の処理をなしうるということから認められたものである。すなわち，審判事件に関しては，例えば「子の監護に関する処分」につき異なる管轄区域に当事者が居住する場合などの管轄について家事事件手続法150条4号の規定などのように，事件の種別ごとに土地管轄が定められており（詳細については第3編「書式実例」における各コメントを参照されたい。なお，家事調停事件の管轄につき本編第3章第1節Ⅷ参照），審理する裁判所が決められている。そして，家事事件手続法における総則の規定は，個別の管轄に関する定めに疑義がある場合の補充的意味で理解される。例えば家事事件手続法4条，6条，7条などの規定である。

　そして，家事審判においては民事訴訟法のような「1つの訴えで数個の請求」をする場合のような併合請求による管轄（併合請求における管轄。民訴7条）や，当事者から管轄違いの主張をしない場合の管轄（応訴管轄。民訴12条）などについては性質上から規定化されていない（ただし，家事調停をすることができる事項については「合意管轄」が認められる。家手66条1項）。

　(b)　優先管轄制度　　「優先管轄」とは，家事事件のうち，複数の家庭裁判所に管轄が生ずる場合には，先に申立てを受け，又は職権により，手続を開始した裁判所が優先的に管轄権を有するという制度である（家手5条）。例えば，「婚姻費用分担に関する処分」の審判事件は夫又は妻の住所地を管轄する家庭裁判所に管轄権が生ずる（家手150条3号）などである。旧法時においてもこの制度が認められていたが，それは旧非訟事件手続法3条の準用によっていたのであるが，家事事件手続法は独自に明文化したものである。優先管轄の規定により，移送に関しては，管轄権を有しないこととされた家庭

裁判所は家事事件手続法9条2項1号の適用を受けることになる。

(c) 管轄裁判所の指定制度　「管轄裁判所の指定」とは，家事事件において管轄権を有する裁判所が複数あって，いずれの裁判所が土地管轄を有するかに疑義が生じた場合，又は管轄裁判所において裁判権を行うことができないときは，その管轄裁判所の直近上級の裁判所が申立て又は職権により事件処理をする管轄裁判所を指定できる制度である（家手6条1項・2項）。旧法時においてもとられていた制度であり（旧法7条。旧非訟4条の準用），家事事件手続法においては同趣旨を規定上から明文化したものである。

(d) 管轄家庭裁判所に関する特例　家事事件手続法7条の規定により，他の規定又は他の法令の規定によっても管轄裁判所が定まらない場合は「審判又は調停を求める事項に係る財産の所在地又は最高裁判所規則の定める地を管轄する家庭裁判所」が管轄裁判所となるとされる。旧法時においても，旧非訟事件手続法2条3項の準用によっていたのであるが，当時は単に「財産の所在地」としていたものを，家事事件手続法は上記のように明確な規定に改めたのである（秋武編著・前掲書40頁〔高橋信幸〕参照）。なお，最高裁判所の定める規則の土地とは，「東京都千代田区」とされる（家手規6条）。

(e) 家事事件が審判と調停で異なる管轄の場合　実務上問題になる事例として，審判と調停が異なる裁判所に管轄権が属する場合が生ずる。例えば，相手方の住所地を管轄する家庭裁判所にあてて婚姻費用分担の調停を申し立てた場合に，その調停が不成立となったとして，そのときは調停申立時に審判の申立てがあったとみなされる（家手272条4項）。そのため，申立人の住所地を管轄する家庭裁判所の管轄権はどのように解釈することになるかが問題となる。前述した「優先管轄」（家手5条）の規定によれば，申立人の住所地を管轄する家庭裁判所は管轄権を有しないこととなるから，この場合申立人としては，家事事件手続法9条2項1号の定めるところにより，申立人の住所地を管轄する家庭裁判所に対する移送の申立てをすることになろう（以上につき秋武編著・前掲書41頁以下〔高橋信幸〕参照）。

(f) 移送制度　旧法時は，旧家事審判規則において移送に関する規定を設けていたが，家事事件手続法は移送に関する事項を法律事項として整備し，移送に関する当事者の申立権を認めるなどの主体性を重視している（家手9条）。

第1に，家庭裁判所は，家事事件の全部又は一部について管轄に属しない

と認める場合，申立て又は職権により本来の管轄がある裁判所へ事件を移送する（家手9条1項本文）。ただし，その場合でも事件処理のため特に必要があると認めるときは管轄権を有しない他の裁判所に移送することができる（同項ただし書。なお自庁処理につき後述）。そして家庭裁判所は，管轄権のない裁判所に事件を移送するときは，当事者及び利害関係人からの意見聴取をすることができるとされている（家手規8条）。

　第2に，家庭裁判所は，家事事件の全部又は一部について管轄に属する場合であっても，職権により，手続の遅滞を避けるなどの必要があるときは優先管轄権のない家庭裁判所（家手5条）へ事件を移送することができる（家手9条2項）。この場合は，当事者からの移送申立権は認められない。そして，管轄裁判所が優先管轄によって管轄を有しなくなった裁判所以外の家庭裁判所に事件を移送するときは，「事件を処理するために特に必要」な場合に限られ，厳格な運用が望まれている（家手9条2項2号）。なお，この場合に家庭裁判所は，当事者及び利害関係人からの意見聴取をすることができる（家手規8条2項）。

　第3に，家庭裁判所のなす移送に関する裁判（認容・申立却下のいずれも）に対しては，即時抗告ができる（家手9条3項）。ただし，同項が「第1項の申立てを却下する裁判」としていることから，家庭裁判所が家事事件手続法9条1項による職権でなした移送決定に対しては即時抗告が認められないものと解される。

　第4に，家庭裁判所のなした移送の裁判は拘束力が認められることとなった（家手9条5項。民訴22条の準用）。したがって，従来は解釈上から争いになっていた「再移送」の余地がないこととなった。

(3)　自庁処理

　家庭裁判所の管轄に関連して「自庁処理」の制度がある。家事事件における自庁処理とは，家庭裁判所が家事事件の全部又は一部がその管轄に属しないと認める場合，本来であればこれを管轄裁判所へ移送するのが原則であるが（家手9条1項本文），事件処理のために特に必要があると認めた場合に，職権で，自ら処理する場合をいう（同項ただし書後段）。旧法時においても同様な規定を規則事項として設けていたものであるが（旧家審規4条1項ただし書後段），家事事件手続法はこれを法律事項としている。この場合の必要性の判断は，家庭裁判所が事案の性質等を総合的に考慮してなされるが，当事者

からの申立ては認められていない。しかし，当事者からの申立ては，裁判所の判断を促す職権の発動を求める起因になることは考慮すべきであろう。

【石田　賢一】

第2章

家事審判手続の概説

第1節　審判機関

Ⅰ　裁　判　官

　家事審判は，裁判所法上の裁判所としての家庭裁判所が行い（裁31条の3第1項1号），具体的に審判手続上事件を処理する機関は，旧法では家事審判官であった（旧家審2条）が，新法では，裁判官である。裁判官は，合議体で審判又は裁判をする旨の決定をした，いわゆる裁定合議事件（裁31条の4第2項1号）や他の法律において合議体で審判又は審理及び裁判をすべきものと定められた事件（裁31条の4第2項2号，家手12条2項等）以外は，単独で事件を処理する（裁31条の4第1項）。

Ⅱ　参　与　員

　裁判官は，参与員の意見を聴いて審判を行うことになっており（家手40条1項本文），家庭裁判所は，参与員を家事審判の手続の期日に立ち会わせることもできる（家手40条2項）。また，参与員は，家庭裁判所の許可を得て，参与員の意見を述べるために，申立人が提出した資料の内容について，申立人から説明を聴くことができる（家手40条3項）。これは，提出資料の閲読だけでなく，申立人等から直接説明を聴くことが，一部の事件において，これまでも意見を述べることに付随するものとして実務上行われてきており，それを明文化したものである。ただし，別表第2に掲げる事項についての審判事件は，一般的に紛争生が高く，裁判官による事実の調査等を踏まえて審判するのが相当であることから，参与員が資料提出者からの説明を聴く対象事件

からは除かれている。この参与員の制度は，国民の司法参加の一翼を担う制度であり，国民の良識を審判手続に反映させる目的をもつものである。参与員は家庭裁判所の諮問機関であり，その主な職務は，審判について意見を述べたりすることである。参与員は，毎年，家庭裁判所が，徳望良識のある者の中から選任している（参与規1条，家手40条5項）。

しかし，審判機関である家庭裁判所が，事案などを考慮し，相当と認めるときは，参与員の意見を聴くことなく裁判官だけで審判を行うことができる（家手40条1項ただし書）。

第2節　家事審判事件における当事者など

I　別表第1に掲げる審判事件の当事者

別表第1に掲げる審判事件の申立人は，当事者となる。そのほかに審判の名宛人となる，例えば，後見開始の審判の事件本人や失踪宣告事件の不在者なども，審判の結果，直接その法律上の権利義務に変動をきたす者であり当事者に含めるのが相当である。なお，審判手続が職権で開始された場合における事件本人なども同様に当事者に含めることになる。

II　別表第2に掲げる審判事件の当事者

別表第2に掲げる審判事件の申立人及び相手方は，当事者となる。それは，民法などで個別に当事者となるべき者が定められている。そのほかに，例えば，親権者の変更の審判の未成年者なども，審判の結果，直接その法律上の権利義務に変動をきたす者であり当事者に含めて考えることになる。

III　当事者参加

遺産分割審判事件で，事件係属後に相続人が漏れていることが判明し，その相続人が当事者として参加したり，後見開始事件等のように複数の者が申立人になり得る事件で，他の申立権者が，既に係属している審判事件に参加したりする場合の手続として当事者参加の制度がある。当事者となる資格を有する者は，参加の申出により，当事者として，既に係属している家事審判

の手続に参加することができる（家手41条1項）。また，家庭裁判所は，当事者の申立てにより又は職権で，他の当事者となる資格を有する者（審判を受ける者となるべき者に限る）を，相当と認めるときは，当事者として係属している家事審判の手続に参加させることができる（家手41条2項）。参加の申出及び参加の申立ては，いずれも参加の趣旨及び理由を記載した書面でしなければならない（家手41条3項）。その場合，当事者となる資格を明らかにする資料を添付しなければならない（家手規27条1項）。

　また，参加申出等に関する各種の通知については，家事事件手続規則27条2項及び3項に規定されている。

　なお，当事者となる資格を有する者の参加の申出を却下する裁判については，参加の利益を奪うことになるので，即時抗告が認められている（家手41条4項）。

　具体的な当事者参加申立ての手続については，第5編第1を参照していただきたい。

Ⅳ　利害関係参加

　家事審判事件を処理する場合，当事者だけではなく，その事件の対象となっている問題に利害関係を有する者を，審判手続に参加させないと，その問題を適切に解決できない場合が少なくない。また，家事審判は，多くが対世的効力を有するため，利害関係人に影響を与える場合が多く，利害関係人を審判手続に関与させ，当該事件を一挙に解決することは，事件の根本的な解決にも必要である。利害関係参加としては，審判を受ける者となるべき者は参加の申出により（家手42条1項），審判を受ける者となるべき者以外の者であって，審判の結果により直接の影響を受けるもの又は当事者となる資格を有するものは，参加申立てに対する家庭裁判所の許可を得て，それぞれ家事審判の手続に参加することができる（家手42条2項）。また，家庭裁判所は，審判手続に参加させるのが相当であると認めるときは，職権でそれらの利害関係を有する者を審判手続に参加させることができる（家手42条3項）。

　また，参加申出の方式等については，家事事件手続規則27条4項が，当事者参加の同条1項から3項までを準用している。

　なお，利害関係人として家事審判手続に参加しようとする者が未成年者である場合には，その者の年齢及び発達の程度その他一切の事情を考慮した結

果，審判手続に参加させることがその未成年者の利益を害すると認めるときは，参加の申出又は参加の許可の申立てが却下されることになることに注意する必要がある（家手42条5項）。

具体的な利害関係参加申立ての手続については，第8編第1章第2を参照していただきたい。

V　家事審判事件の代理人

審判手続においても，当事者の利益を保護するため，基本的には民事訴訟法54条1項の弁護士代理の原則にならい，法令により裁判上の手続をすることができる代理人のほか，弁護士でなければ審判手続上の行為を行う手続代理人になることができない。ただし，弁護士でない者も，家庭裁判所の許可を受ければ，手続代理人になることができる（家手22条1項）。

なお，いったん代理人の許可をしても，家庭裁判所は，いつでもその許可を取り消すことができる（家手22条2項）。

また，手続行為能力の制限を受けた者が，家事事件手続法118条又は252条1項の規定により自ら手続行為をしようとする場合，法律上は，完全な手続行為能力が与えられている。しかし，現実に自らその手続行為を行うのが困難な場合があり得よう。その場合，裁判長は，申立てにより，弁護士を手続代理人に選任することができる（家手23条）。裁判長は，そのような申立てがない場合でも，職権で弁護士を手続代理人に選任することができる。

なお，裁判長は，手続行為能力の制限を受けた者が，自ら適宜の弁護士を手続代理人に選任するのが相当な場合には，弁護士を手続代理人に選任することを命じることができる（家手23条2項）。

手続代理人の代理権の範囲は，基本的には，制限することができないが，弁護士でない手続代理人については，制限可能である（家手24条3項）。また，家事審判の申立ての取下げや代理人の選任など一定の行為については，特別の委任が必要である（家手24条1項・2項）。

なお，手続代理人の権限は，疑義を生じさせないように明確にするため，書面で証明しなければならず（家手規18条1項），代理権の消滅については，通知等が必要となる（家手25条，家手規18条3項・4項）。

そのほか，個別代理や当事者の更正などについては，民事訴訟法が準用されている（家手26条）。

VI 補 佐 人

　補佐人は，当事者，法定代理人又は手続代理人の付添人としての地位だけ
が認められ，共に期日に出席しその陳述や聴取を補助するものである。例え
ば，当事者が心身の状況，年齢等の事情から，十分に事情の説明ができなか
ったり，手続の進行状況を十分に理解できないような場合や専門的な知識を
有する者による説明を必要とする場合などに活用することが考えられる。補
佐人になるには弁護士などの特別な資格は必要ないが，当事者，法定代理人
又は手続代理人から申立てをし，家庭裁判所の許可を受ける必要がある（家
手27条，民訴60条1項）。

　なお，家庭裁判所は，いったん補佐人の許可をしても，いつでもその許可
を取り消すことができ（民訴60条2項），この許可及び取消しは裁判所の裁量
に委ねられており，いずれについても不服申立ては許されない。

　補佐人は，期日において当事者のできる一切の陳述をすることができ，当
事者，法定代理人又は手続代理人が直ちにその陳述を取り消し，又は更正し
ない限り，その効力は当事者に及ぶことになる（民訴60条3項）。

第3節　審判手続の排除・受継

I　審判手続からの排除

　家事審判の手続において，家庭裁判所は，当事者となる資格を有しない者
及び当事者である資格を喪失した者をその手続から排除することができる
（家手43条1項）。従前，遺産分割事件などで脱退等として処理されてきたもの
であるが，新たに職権で排除できるものとした。前者の例としては，被相続
人と相続人との間の親子関係が存在しないことが確認された場合などが考え
られる。後者の例としては，相続分が譲渡された場合などが考えられる。排
除の裁判があったときは，裁判所書記官は，その旨を当事者及び利害関係参
加人に通知しなければならない（家手規28条）。

　なお，この排除の裁判に対しては，即時抗告をすることができる（家手43
条2項）。

Ⅱ 受 継

　家事審判の申立人などが死亡，資格の喪失その他の事由によってその手続を続行することができなくなっても手続は中断することなく，次のような受継の手続によりその手続を進行させることができる。

　当事者が死亡，資格喪失その他の事由によって家事審判の手続を続行することができない場合には，法令により手続を続行する資格のある者は，その手続を受け継がなければならず（家手44条1項），その場合，家庭裁判所は，他の当事者の申立てにより又は職権で，法令により手続を続行する資格のある者に家事審判の手続を受け継がせることができる（家手44条3項）。

　なお，法令により手続を続行する資格のある者が受継の申立てをした場合において，その申立てを却下する裁判に対しては，即時抗告をすることができる（家手44条2項）。

　また，家事審判の申立人が死亡，資格喪失その他の事由によってその手続を続行することができない場合において，法令により手続を続行する資格のある者がないときは，当該家事審判の申立てをすることができる者は，その手続を受け継ぐことができる（家手45条1項）。この場合，家庭裁判所は，必要があると認めるときは，職権で，当該家事審判の申立てをすることができる者にその手続を受け継がせることができる（家手45条2項）。この家事事件手続法45条1項による受継の申立て及び同2項による受継の裁判は，不安定な状態が長期間継続することを避けるため，受継の申立て事由が生じてから1ヵ月以内にしなければならない（家手45条3項）。

　このような受継の制度は，当事者の権利ないし地位が一身専属的で承継の余地がないため当事者の死亡等で，法律上手続を続行することができず，法令により別に当該申立てをする資格のある者がいても手続を終了させざるを得ないとすれば，結局，その者から改めて審判の申立てをすることが必要になって，手続的に不経済であるとともに事件の解決も遅延することになるので，当事者からの申立て又は職権により受継させることを認めたものである。

　また，実体法上の原因により，当然に申立資格を承継する者がいる場合には，理論的には手続は当然に新承継人のために進行することになるが，その場合にも，当事者の申立て又は職権により受継できることを，手続として明確にしたものである。

そこで，受継の端緒等にするため，家事事件手続規則30条は，家事審判の申立人に死亡，資格の喪失その他の家事審判の手続を続行することができない事由が生じた場合において，法令により手続を続行する資格のある者がないときは，当該申立人又はその手続代理人は，その事由が生じた旨を家庭裁判所に書面で届け出なければならないとした。

ところで，家事審判事件は，その性質上，一身専属の権利や地位が審判の対象になっている場合が多く，このような一身専属権に関する事件は，申立人や事件本人の死亡，資格喪失等によって，当然に終了し，受継の問題が生じないことに留意する必要がある。

なお，具体的な受継手続については，第8編第2章第13及び第14を参照していただきたい。

第4節　記録の閲覧・謄写

家事審判事件の記録の閲覧若しくは謄写は，当事者又は利害関係を疎明した第三者が，家庭裁判所の許可を得て，裁判所書記官に対して請求することになるが（家手47条1項），当事者からの許可の申立てに対しては，当事者が事件記録内の必要な資料を把握し，主体的に手続追行できるように，原則許可しなければならないとし（家手47条3項），利害関係を疎明した第三者からの許可の申立てについては，審判手続が非公開であり（家手33条），手続上の権利行使などができないことから，これまでと同様に相当と認めるときは，これを許可することができる（家手47条5項）とするにとどめた。これらの許可は，許可する部分を特定してしなければならない（家手規35条）。また，当事者からの許可の申立てを却下した裁判に対しては，即時抗告をすることができる（家手47条8項）が，利害関係を疎明した第三者からの許可の申立てを却下した裁判に対しては即時抗告することはできない。この利害関係は，いわゆる法律上の利害関係でなければならないが，その審判の結果が直ちにその者の法律関係に影響をもつほどの直接的なものである必要はなく，間接的なものでもよいとされている（秋山幹男＝伊藤眞＝加藤新太郎＝高田裕成＝福田剛久＝山本和彦著『コンメンタール民事訴訟法Ⅱ』215～217頁）。

なお，当事者からの許可の申立てがあった場合でも，①事件の関係人であ

る未成年者の利益を害するおそれ，②当事者若しくは第三者の私生活若しく
は業務の平穏を害するおそれ，又は③当事者若しくは第三者の私生活につい
ての重大な秘密が明らかにされることにより，その者が社会生活を営むのに
著しい支障を生じ，若しくはその者の名誉を著しく害するおそれがあると認
められるときは，申立てを許可しないことができる（家手47条4項前段）。こ
れらの事由は人事訴訟法35条2項の事実の調査部分に関する閲覧制限事由と
同様のものである。さらに，家事審判事件には，さまざまな事件の種類があ
ることなどを考慮し，④事件の性質，審理の状況，記録の内容等に照らして
当該当事者に申立てを許可することを不適当とする特別の事情があると認め
られるときも申立てを許可しないことができるとした（家手47条4項後段）。

　また，家事審判事件の記録中の録音テープ又はビデオテープ等については，
当事者又は利害関係を疎明した第三者は，家庭裁判所の許可を得て，同様に
裁判所書記官に対し，これらの物の複製を請求することができる（家手47条
2項）。

第5節　手続の期日

　家事審判の手続の期日は，裁判官及び当事者等が期日に集まり，各種の手
続行為を行うための日時であり，審問の期日や証拠調べの期日もこれに含ま
れる。

Ⅰ　期　　日

　家事事件の手続の期日は，職権で裁判長が指定する（家手34条1項）ことに
なっており，当事者に申立権はない。この期日の変更は，顕著な事由がある
場合に限りすることができる（家手34条3項）。家庭裁判所は，家事審判の手
続の期日に事件の関係人を呼び出すことができる（家手51条1項）。その呼出
しを受けた事件の関係人は，家事審判の手続の期日に出頭しなければならな
い（家手51条2項本文）。真相の発見や人間関係を調整したりする必要性があ
ることから，本人自身が出頭しなければならないことになっており（本人出
頭主義），正式な呼出しを受けた事件の関係人が正当な理由なく出頭しないと
きは，5万円以下の過料に処せられる（家手51条3項）。しかし，やむを得な

い事由があるときは，代理人を出頭させることができる（家手51条2項ただし書）。家事事件の手続は公開しないことになっているが，裁判所が相当と認める者の傍聴を許すことができる（家手33条）。家事審判の手続の期日においては，裁判長が手続を指揮する（家手52条1項）。裁判長は，発言を許し，又はその命令に従わない者の発言を禁止することができる（家手52条2項）。当事者が，裁判長の指揮に関する命令に対し異議を述べたときは，家庭裁判所は，その異議について裁判することになる（家手52条3項）。

　なお，家事事件では，家事事件手続法68条の必要的審問の場合以外は，必ずしも期日を開く必要はなく，期日を開かないまま審判することができる。特に別表第1に掲げる審判事件では，期日を開かないことが多い状況にある。

　また，家事審判の手続には，期日に行われる審問があるが，これは，審問を受ける者が口頭で認識等を述べるのを裁判官が直接聴く手続であり，事実の調査の1つである（金子修編著『一問一答家事事件手続法』19頁参照）。

　そのほか，通訳人の立会い等その他の措置については，家事事件手続法55条で民事訴訟法154条や155条の規定を準用している。

II　電話会議・テレビ会議システムによる手続

　家庭裁判所は，当事者が遠隔の地に居住しているときその他相当と認めるときは，当事者の意見を聴いて，家庭裁判所及び当事者双方が音声の送受信により同時に通話をすることができる方法によって，証拠調べを除く家事審判の手続の期日における手続を行うことができる（家手54条1項）。いわゆる電話会議システム（民訴170条3項）やテレビ会議システム（民訴204条）を利用して，機動的に家事審判手続ができるようになった。また，家事事件手続法では，民事訴訟法170条3項ただし書のような，期日への当事者の一方の出頭は要件となっていないので，当事者が出頭しなくても，それらのシステムを活用して手続を進めることができる。これらの手続を行う場合には，通話者の本人確認や通話者が不当な影響を受ける状況にないかなどの確認が問題となる。家事事件手続規則では，通話者及び通話先の場所の確認をする必要がある（家手規42条1項）こと，それらと電話番号を記録上明らかにしなければならないと定めている（家手規42条2項）。

　なお，家事審判手続における証拠調べについては，民事訴訟法が準用され

52 第2編 各種書式の概説 第2章 家事審判手続の概説

るので，証人尋問，当事者尋問及び鑑定人尋問については，テレビ会議システムだけの利用が可能である（家手64条，民訴204条・210条・215条・215条の3）。

第6節　事実の調査及び証拠調べ

　家庭裁判所は，職権で事実の調査をし，かつ申立てにより又は職権で，必要と認める証拠調べをしなければならない（家手56条1項）。一方当事者は，適切かつ迅速な審理及び審判の実現のため，事実の調査及び証拠調べに協力するものとするとし（家手56条2項），当事者の責務を明確にした（家手2条）。このように，家事事件手続法は，基本的に職権探知主義をとりながらも，当事者の手続保障を図るため，当事者に証拠調べの申立権を認めた。

　なお，疎明は，即時に取り調べることができる資料によってしなければならない（家手57条）。

　また，家庭裁判所は，事実の調査をした場合において，その結果が当事者による家事審判の手続の追行に重要な変更を生じ得るものと認めるときは，これを当事者及び利害関係参加人に通知しなければならない（家手63条）。これは，事実の調査結果が，当事者に不意打ちになることを防止し，反論等の機会を保障し，手続の透明性を図るためである。

I　家庭裁判所の事実の調査

　事実の調査は，証拠調べとは異なり，家庭裁判所が，強制力によらず，自由な方式で審判に必要な資料を収集する方法である。

　その事実の調査としては，裁判官が事件関係人や参考人を審問したり，官公署や私人に書面又は口頭で照会したり，検証手続によらないで，事物の形状などを見分することなどが挙げられる。そのほかに，必要な調査を官公署等へ嘱託したり，銀行，信託会社，関係人の使用者その他の者に対し関係人の預金，信託財産，収入その他の事項に関して必要な報告を求めたり（家手62条），家庭裁判所調査官に対し事実の調査命令を出したり（家手58条），医師である裁判所技官に対し診断命令を出したり（家手60条）する方法がある。

　また，この事実の調査は，他の家庭裁判所又は簡易裁判所に嘱託することができる（家手61条1項）し，相当と認めるときは，受命裁判官にさせること

ができる（家手61条3項）。

　なお，家庭裁判所がする各種の嘱託の手続は，特別な定めがある場合を除き裁判所書記官が行っている（家手規45条）。

Ⅱ　家庭裁判所調査官による事実の調査

　家庭裁判所は，家庭裁判所調査官に事実の調査をさせることができる（家手58条1項）。なお，急迫の事情があるときは，裁判長がこの事実の調査をさせることもできる（家手58条2項）。この調査の結果は，家庭裁判所調査官が，書面又は口頭で報告し，その報告には，家庭裁判所調査官が意見を付すことができる（家手58条3項・4項）。また，この調査の結果は，直ちに審判の事実認定の資料にすることができる。

　家庭裁判所調査官の調査は，裁判官の命に従って，その必要に応じ，事件の関係人の性格，経歴，生活状況，財産状態及び家庭環境その他の環境等について，医学，心理学，社会学，経済学その他の専門的知識を活用して行うものである（家手規44条）。なお，調査事項は，裁判官が具体的に指示すべきであるが，包括的に指示することもできる。

　そのほか，家庭裁判所は，事件の関係人の家庭環境その他の環境の調整を行うために，必要に応じて家庭裁判所調査官に社会福祉機関との連絡その他の措置をとらせることができる（家手59条3項）。なお，急迫の事情があるときは，裁判長がこの措置をとらせることができる（家手59条4項）。また，家庭裁判所は，必要があると認めるときは，家庭裁判所調査官を期日に立ち会わせ，意見を述べさせることができる（家手59条1項・2項）。

Ⅲ　医師である裁判所技官の診断

　家庭裁判所は，事実の調査の一環として，医師である裁判所技官に事件の関係人の心身の状況について診断させることができる（家手60条1項）。なお，急迫の事情があるときは，裁判長がこの診断をさせることもできる（家手60条2項・58条2項）。その結果の報告，付意見，期日での意見陳述等については，基本的には，家庭裁判所調査官の事実の調査と同様である（家手60条2項・58条3項・4項・59条1項・2項）。

Ⅳ　証　拠　調　べ

　家事審判の手続における証拠調べは，非公開で行われることになる（家手33条）。この証拠調べについては，民事訴訟法第2編第4章第1節から第6節までの規定である総則，証人尋問，当事者尋問，鑑定，書証，検証について，同法179条，182条，187条から189条まで，207条2項，208条，224条（同法229条2項及び232条1項において準用する場合を含む）及び229条4項の規定を除いて，家事事件手続法の精神に反しない範囲で準用している（家手64条1項）。家事審判の手続における証拠調べは職権で行うことができ（家手56条1項），弁論主義の適用がないことから自白に関する民事訴訟法179条が，争点整理の規定等がないことから集中証拠調べに関する民事訴訟法182条が，当事者本人尋問の補充性が認められないことから証人と当事者本人の尋問の順序に関する民事訴訟法207条2項が，公益性の観点から実体的真実主義をとることから，当事者不出頭等や文書不提出の場合の真実擬制に関する民事訴訟法208条，224条（同法229条2項及び232条1項において準用する場合を含む）が，筆跡対照のための筆記の拒否に関する民事訴訟法229条4項が，職権による事実の調査（家手56条1項）をすることができることから民事訴訟法187条が，独自規定が家事事件手続法に定められている疎明（家手57条），過料（家手291条）に関する民事訴訟法188条及び189条が，いずれも準用されていない。

　しかし，家事事件手続法2条の当事者の信義に従い誠実に家事事件手続を追行する責務などを考慮し，家庭裁判所は，当事者本人を尋問する場合には，その当事者に対し，家事審判の手続の期日に出頭することを命ずることができる（家手64条5項）と規定した。その上で，出頭を命じられた当事者が正当な理由なく出頭しない場合には，民事訴訟法192条から194条（不出頭に対する過料等，罰金等，勾引）までを準用し，出頭した当事者が正当な理由なく宣誓又は陳述を拒んだ場合には，民事訴訟法209条1項及び2項（過料と即時抗告）を準用している（家手64条6項）。

　なお，家事事件手続法64条1項で準用している民事訴訟法の規定による即時抗告は，執行停止の効力を有する（家手64条2項）。

　また，家事事件手続法64条3項及び4項には，証拠調べに関する過料についての規定を設けている。

第7節　家事審判の手続における子の意思の把握等

　家庭裁判所は，親子，親権又は未成年後見に関する家事審判その他未成年者である子（未成年被後見人を含む。以下この条において同じ）がその結果により影響を受ける家事審判の手続においては，子の陳述の聴取，家庭裁判所調査官による調査その他の適切な方法により，子の意思を把握するように努め，審判をするにあたり，子の年齢及び発達の程度に応じて，その意思を考慮しなければならないと定めている（家手65条）。これは，事件や年齢を限定せずに，その結果により影響を受ける子の意思の把握に努めることと，その意思を考慮することを一般的に規定したものである。これは，児童の権利に関する条約12条１項の子どもに影響を及ぼすすべての事項について自由に意見表明する権利を具体化したものと考えられている。

　また，例えば，特別養子縁組の離縁の審判における養子の陳述の聴取（家手165条３項１号）や親権に関する審判事件における子の陳述の聴取（家手169条）のような子の陳述の必要的聴取は，同条約の２項の自己に影響を及ぼす司法上及び行政上の手続における意見表明の機会の保障の趣旨に沿ったものである。

　ところで，子の意思の把握の多くは，家庭裁判所調査官による調査により行われている。子の意思の把握には，子が発する言葉が重要であり，質問の意味の理解や回答内容など会話の内容が大切である。しかし，それだけではなく，子の表情やしぐさ，身体の状況なども考慮することになる。その他に同居者，保育園の保母，学校の担任などから聴取した子の周辺情報なども総合して，子の意思を最終的に把握することになる。

第8節　別表第2に掲げる審判事件の手続の特則

　別表第２に掲げる事項については，調停することができる事項で，身分関係を決めたりするという意味での公益性や裁判所の後見的な役割は後退し，当事者間の紛争としての意味合いが強く，争訟性があり，基本的に協議により解決できる事項であることから次のような家事審判事件の手続の特則を設

けた。

I 合意管轄

　家事事件は，公益性や裁判所の後見的役割の要請などから，原則として個々の事件等で定められている裁判所の専属管轄と考えられている（家手117条・128条等）。しかし，別表第2に掲げる事項についての審判事件は，調停することができる事項で，当事者が，その権利や利益などを自らの意思で処分でき，その処分内容を当事者の協議によって決めることが認められている。そこで，この法律の他の規定により定める家庭裁判所のほか，当事者が合意で定める家庭裁判所の合意管轄も認めた（家手66条1項）。

　なお合意は，一定の法律関係に基づく審判に関し，書面又は電磁的記録によって明らかにされなければならない（家手66条2項，民訴11条2項・3項）。

II 家事審判申立書の写しの送付

　別表第2に掲げる事項についての家事審判の申立てがあった場合には，家庭裁判所は，申立てが不適法であるとき又は申立てに理由がないことが明らかなときを除き，家事審判の申立書の写しを相手方に送付しなければならない（家手67条1項）。これは，相手方に対して，どのような内容の申立てが行われたのかを知らせて，早期に手続への適切な関与ができるようにすることで，当事者に手続保障等を行い，手続の透明性を確保するとともに，審理を充実させるために設けられたものである。したがって，申立人は，この申立てを行う場合には，相手方の数と同数の申立書の写しを添付しなければならない（家手規47条）。

　ただし，家事審判の手続の円滑な進行を妨げるおそれがあると認められるときは，家事審判の申立てがあったことを通知することをもって，家事審判の申立書の写しの送付に代えることができる（家手67条1項ただし書）。これは，家事事件では，代理人なしで当事者だけによる申立てが行われることが多く，申立書の中には，相手方の人格等を攻撃し，過度に感情を刺激したりする記載があったりして，そのまま申立書の写しを相手方に送付したのでは，紛争が激化し無用な混乱を招くおそれがあり得ることなどから，それを避けるために設けられたものである。したがって，これは，あくまでも例外的な取扱いであり，安易に申立書の写しに代えて通知によるべきではない。

第8節　別表第2に掲げる審判事件の手続の特則　　*57*

家事審判の申立書の写しの送付又はこれに代わる通知をすることができない場合には，裁判長の申立書に関する補正命令（家手49条4項），申立書の却下命令（家手49条5項），その却下命令に対する即時抗告（家手49条6項）が準用されている（家手67条2項）。

また，裁判長は，家事審判の申立書の写しの送付又はこれに代わる通知の費用が予納されないときは，申立人に対し，相当な期間を定めて予納を命じ，その予納がないときは，命令で家事審判申立書を却下することになる（家手67条3項）。この却下命令に対しても即時抗告ができる（家手67条4項）。

III　陳述の聴取

家庭裁判所は，別表第2に掲げる事項についての家事審判の手続においては，申立てが不適法であるとき又は申立てに理由がないことが明らかなときを除き，当事者の陳述を聴かなければならない（家手68条1項）。これらの家事審判事件は，当事者間に紛争性があり，争訟性も高いことから，民事訴訟手続で行われているように当事者双方に攻撃防御の機会を保障し，裁判所と当事者間で，争点を整理し，合理的な解決方法を導き出すために陳述を聴取することを義務づけたものである。聴取の方法については，例えば，年金分割に関する請求すべき按分割合に関する処分の審判事件（家手233条）等のように，争点整理などは必要とせず，審問期日での陳述の聴取を必要としない事件もあることから，審問期日での陳述の聴取は，必要的とはせずに，当事者の申出があるときは，審問期日においてしなければならないものとされた（家手68条2項）。

したがって，陳述の聴取の方法としては，審問期日に裁判官が直接当事者の陳述を聴取する方法だけではなく，家庭裁判所の事実の調査としての書面による聴取や家庭裁判所調査官による事実の調査（家手58条1項）による聴取なども取り得ることになる。

IV　審問の期日の立会権

家庭裁判所が別表第2に掲げる事項についての家事審判手続において，審問の期日を開いて当事者の陳述を聴くことにより事実の調査をするときは，他の当事者は，当該期日に立ち会うことができるものとした（家手69条）。これも，これらの家事審判事件は紛争性があり，争訟性も高いことから当事者

に対する手続保障等の一環として設けられたものである。しかし，例えば，ＤＶ事件などが背景にあり，他の当事者が期日に立ち会うことにより，強い影響を受けて十分な陳述ができないなど，事実の調査に支障を生ずるおそれがあると認められるときは，その立会いを認めないこととした（家手69条ただし書）。

その立会権を実質的に保障するために，審問の期日は，当事者及び利害関係参加人に通知しなければならないが，その通知をすることにより事実の調査に支障を生ずるおそれがあると認められるときは，通知する必要はない（家手規48条）。

V　事実の調査の通知

家庭裁判所は，別表第２に掲げる事項についての家事審判手続において事実の調査をしたときは，特に必要がないと認める場合を除き，その旨を当事者及び利害関係参加人に通知しなければならない（家手70条）とし，通知を原則としている。これは，家事事件手続法63条が，事実の調査の通知を家事審判の手続の追行に重要な変更を生じ得るものと認めるときに行うことにしていることに比べ，より当事者の手続保障を強めたものである。この通知により，当事者は記録の閲覧・謄写等をし，当該事実の調査の内容を知ることが可能となる（家手47条）。

VI　審理の終結

家庭裁判所は，別表第２に掲げる事項についての家事審判の手続においては，申立てが不適法であるとき又は申立てに理由がないことが明らかなときを除き，相当の猶予期間を置いて，審理を終結する日を定めなければならない（家手71条）。これは，当事者双方に，審理の終結日までの相当の猶予期間を利用し，攻撃防御に必要な資料等の提出を行ってもらうことを意図したものであり，審理の終結日を明示することで手続保障を図ったものである。

ただし，当事者双方が立ち会うことができる家事審判の手続の期日においては，直ちに審理を終結する旨を宣言することができる（家手71条ただし書）。これは，当事者双方が，即座に攻撃防御を行うことができる状況にあるからである。仮に，立ち会うことができた当事者が実際には不出頭で，立ち会っていない期日に審理を終結する旨が宣言されたとしても，それは自ら防御権

を放棄したものとも考えられるので，不出頭の当事者はその結果を甘受せざるを得ないであろう。

　家庭裁判所は，審理の終結日までに提出されたり，収集したりした資料に基づいて審判をすることになる。したがって，審理の終結日以降に当事者から提出された資料を判断に使用するためには，終結した手続を再開し，改めて審理の終結する日を定める必要があろう（民訴153条参照）。

　また，家庭裁判所は，審理を終結したときは，審判をする日を定めなければならない（家手72条）。当事者にとって，審判の結果が判明する，審判をする日がいつになるかは重要であることから，この規定は設けられたものである。したがって，審判書は，審判をする日までに作成することになる。

第9節　中間決定

　家庭裁判所は，審判の前提となる法律関係の争いその他中間の争いについて，裁判をするのに熟したときは，中間決定をすることができる（家手80条1項）。例えば，遺産の分割の審判事件で遺産の範囲に争いがある場合や国際的な裁判管轄などの適法要件について争いがある場合など，裁判所が審判の前提として，あらかじめその紛争を解決するために判断を示すことが有益な場合がある。この決定は，審判事件の審理を完結させる裁判ではないから審判以外の裁判であるが，裁判書を作成してしなければならない（家手80条2項）とされた。それは，当事者間に争いがあり争点となった事項についての判断であり，審判もその判断を前提にして通常出されることから，その理由が明示されることが必要であると考えられたからである。

第10節　家事審判手続の終了

　家事審判事件は，認容又は却下の審判，別表第2に掲げる審判事項についての調停成立，審判申立ての取下げ，審判申立ての取下げの擬制及び当事者の死亡などにより終了する。そのほかに，当該裁判所の審判手続が終了する態様としては，移送の審判（家手9条）及び回付がある。回付は，本庁の取

60　第2編　各種書式の概説　　第2章　家事審判手続の概説

扱事務範囲に属する事件を支部において受理したときに，司法行政処分をもって当該事件を本庁に送付したり，本庁が，支部の取扱範囲に属する事件を受理したときに，支部に送付したりするものである。

I　審判（認容・却下）

　家庭裁判所は，家事審判事件が裁判をするのに熟したときは審判をする（家手73条1項）。裁判官が事件の審理の結果について，これ以上審理を継続しても心証に変更がないとの判断をしたときが，裁判をするのに熟したときであり，そのときに審判することになる。また，家事審判事件の一部が裁判をするのに熟したときは，その一部について審判することができ，手続の併合を命じた数個の家事審判事件中のその一が裁判をするのに熟したときも，同様に審判することができる（家手73条2項）。

　家庭裁判所は，申立てが適法であり，その申立てに係る処分をするのが相当であると認めるときは，申立てに沿った認容の審判をすることになるが，その具体的な認容の審判の内容は，各審判事項によりさまざまである。

　また，審判の申立てを不適法又は処分の理由や必要がないと判断したときは，申立てを却下する審判をする。

II　調停成立等（別表第2に掲げる審判事件）

　別表第2に掲げる事項についての審判事件は，当事者（本案について相手方の陳述がされる前にあっては申立人に限る）の意見を聴いて，いつでも職権で，事件を家事調停に付すことができる（家手274条1項）。その調停が成立し又は調停に代わる審判（家手284条1項）が確定したときは，家事審判事件は，何らの手続を要せず終了する（家手276条2項）。

　なお，当該家事審判事件が終了したときは，裁判所書記官は，家事審判事件が係属していた裁判所に対し，遅滞なく，その旨を通知しなければならない（家手規133条2項）。

III　審判申立ての取下げ

　家事審判の申立ては，特別の定めがある場合を除き，審判があるまで，その全部又は一部を取り下げることができる（家手82条1項）。家事審判事件は，原則として，申立てによって開始し，申立てをするか否かは，申立人の自由

第10節　家事審判手続の終了　*61*

である。したがって，申立てが自由であれば，その取下げもまた本来自由な
はずである。しかし，家事審判事件は，公益性があり裁判所が後見的な役割
を果たして審判が行われるので，審判が出た場合，その効力を申立人の意思
だけで失わせるのは相当でないことから，審判が出た後は，取下げができな
いこととした。

　別表第2に掲げる事項についての家事審判の申立てについては，本来調停
のできる，当事者が自由に処分できる事項が対象であることから，取下げで
きる時期を拡大し審判が確定するまで，その全部又は一部を取り下げること
ができるものとした（家手82条2項）。ただし，審判がされた後の申立ての取
下げは，相手方の同意を得なければ，その取下げの効力を生じない（家手82
条2項ただし書）ものとし，相手方の利益の保護を図っている。

　なお，財産の分与に関する処分の審判及び遺産の分割の審判の申立ての取
下げは，相手方が本案について書面を提出し，又は家事審判の手続の期日に
おいて陳述をした後にあっては，相手方の同意を得なければその効力を生じ
ない（家手153条・199条）。これらの申立てについては，相手方にもその審判
を受ける利益があり，相手方がその申立てに応じた後は，その利益保護を考
慮して，同意を取下げの効力発生の要件としたものである。

　そのような家事審判の申立ての取下げについて相手方の同意を要する場合
には，家庭裁判所は，相手方に対し，申立ての取下げがあったことを通知し
なければならない（家手82条3項）。これは，申立て取下げの通知をすること
で，相手方に同意の有無を検討する機会を与えるためである。ただし，申立
ての取下げが，相手方が出頭している家事審判の手続の期日において，口頭
でされた場合には，相手方は取下げの事実を直接了知できるので，通知する
必要はない（家手82条3項ただし書）。

　そして，相手方が，申立て取下げの通知を受けた日から2週間以内に異議
を述べないときは，申立ての取下げに同意したものとみなす（同意擬制）こ
ととし，申立ての取下げが審判の手続の期日において，口頭でされた場合に
おいて，申立ての取下げがあった日から2週間以内に相手方が異議を述べな
いときも，同様に申立ての取下げに同意したものとみなすこととした（家手
82条4項）。これは，相手方が申立て取下げの同意についての態度を明確にし
ない場合や所在不明などで相手方の意思確認ができない場合などに，取下げ
の効力発生の有無を不安定な状態のままにせず早期に確定させるようにする

62 第2編 各種書式の概説 第2章 家事審判手続の概説

ためである。

また，審判が出される前であっても，後見開始等の事件については，被後見人等の保護の問題があり後見的な観点から，家庭裁判所の許可がなければ取り下げることができないとしている（家手121条・133条・142条・180条・221条）。そのほかに，確認が効力発生の要件とされる遺言の確認（民976条4項・979条3項）又は申立てが法律上の義務とされ過料（民1005条）をもって申立てを強制している遺言書の検認事件（民1004条1項）については，公益的な観点から，家庭裁判所の許可がなければ，取り下げることができないとされている（家手212条）。

ところで，申立て取下げの方法は，書面によることを原則としているが，家事審判の手続期日においては，口頭での取下げも認められている（家手82条，民訴261条3項）。その申立ての取下げの効果は，申立てが初めから係属していなかったことになる（家手82条，民訴262条1項）。

なお，家事審判の申立ての取下げがあった場合，裁判所書記官は，相手方の同意を要しないときは，取下げがあった旨を，相手方の同意を要する場合には，相手方が申立ての取下げに同意したときにその旨を，それぞれ当事者及び利害関係参加人に通知しなければならない（家手規52条1項・2項）。

Ⅳ　審判申立ての取下げの擬制

家事審判の申立人（家事事件手続法153条（同法199条において準用する場合を含む）の規定により申立ての取下げについて相手方の同意を要する場合にあっては，当事者双方）が，連続して2回，呼出しを受けた家事審判の手続の期日に出頭せず，又は呼出しを受けた家事審判の手続の期日において陳述をしないで退席したときは，家庭裁判所は，申立ての取下げがあったものとみなすことができる（家手83条）。このような場合には，当事者に手続を進める意思がないと考えられ，審判手続を進行させることが難しいことから，家事審判申立ての取下げを擬制したものである。

なお，この家事審判申立ての取下げがあったものとみなされた場合には，その旨を当事者及び利害関係参加人に通知しなければならない（家手規52条3項・1項）。

V　当事者の死亡

本編第2章第3節Ⅱの受継で述べたとおり，一身専属的事件は，当事者(事件本人等)の死亡により，審判の対象や目的が消滅するので，審判手続は，何らの手続を要せず当然終了する。例えば，子の氏の変更，婚姻費用の分担，親権者の指定又は変更，子の監護に関する処分などの事件において当事者が死亡した場合や，未成年後見人の選任，親権者の指定又は変更，子の監護に関する処分，推定相続人の廃除事件において，当該未成年である子や相続人が死亡した場合などが，それにあたる。この場合には，終了した旨及びその年月日を明らかにするために，死亡を証する書面(戸籍抄本等)を提出させ，裁判官の認印を受けた上で，それを記録に編てつしておくのが相当である。

第11節　審判の結果

Ⅰ　審判の結果

審判は，審判書を作成してしなければならない。ただし，即時抗告をすることができない審判については，家事審判の申立書又は調書に主文を記載することをもって，審判書の作成に代えることができる(家手76条1項)。従前いわゆる「代用審判」と呼んでいたものである。審判書には，主文，理由の要旨，当事者及び法定代理人，裁判所を記載する必要がある(家手76条2項)。ただし，審判事件の簡易迅速な事件処理の要請から，民事訴訟事件の判決書に求められている事実(民訴253条1項2号)の記載は不要とされ，理由も要旨で足るものされている。即時抗告をすることができる審判については，当事者がその審判書の主文及び理由の要旨を見て，即時抗告の要否を判断し，抗告審等では，その審判書がその当否の判断を導き出す重要な資料となる。即時抗告をすることができない審判については，簡易迅速な事件処理の要請をより重視し，「代用審判」で足るものとした。

また，審判書には，審判をした裁判官が記名押印しなければならない(家手規50条1項)。なお，合議体の構成員である裁判官が，審判書に記名押印することに支障があるときには，他の裁判官が，その事由を付記して記名押印

64 第2編 各種書式の概説 第2章 家事審判手続の概説

しなければならない（家手規50条2項）。

Ⅱ 審判の発効

審判の効力発生時期については，審判（申立てを却下する審判を除く）は特別の定めがある場合を除き，審判を受ける者（審判を受ける者が数人あるときは，そのうちの1人）に告知することによってその効力を生ずる（家手74条2項）。ただし，即時抗告をすることができる審判は，確定しなければその効力を生じない（家手74条2項ただし書）。すなわち，審判は，即時抗告の期間満了前には確定せず（家手74条4項），審判の確定は，即時抗告の期間内にした即時抗告の提起により遮断される（家手74条5項）。

なお，即時抗告ができる審判は，特別の定めがある場合を除き，即時抗告期間が2週間と定められており（家手86条1項），その即時抗告期間は，特別な定めがあるときを除き，即時抗告をする者が，審判の告知を受ける者である場合にあってはその者が審判の告知を受けた日から，審判の告知を受ける者でない場合にあっては申立人が審判の告知を受けた日（2以上あるときは，当該日のうち最も遅い日）から，それぞれ進行する（家手86条2項）。即時抗告期間は，通常は告知を受けた初日は算入せず，その翌日から起算することになる（家手34条4項，民訴95条1項，民140条）。

また，申立てを却下する審判は，申立人に告知することによってその効力を生じる（家手74条3項）。

ところで，家事審判の中には，権利又は法律関係を創設し，変更し，又は消滅せしめる効力である形成力を有するものが多い。例えば，親権者の指定又は変更の審判，後見開始等の審判，遺産の分割の審判などである。また，裁判がその内容を強制執行によって実現できる効力を執行力というが，審判の中には，この執行力を有するものもある。

家事事件手続法75条は，金銭の支払，物の引渡し，登記義務の履行その他の給付を命ずる審判は，執行力のある債務名義と同一の効力を有すると規定しており，この場合，従前どおり，単純執行文の付与は必要ないことになる。ただし，執行が条件に係っている場合や当事者に承継があった場合には，条件成就又は承継の執行文の付与が必要となる（民執27条）。

Ⅲ 告 知 方 法

　一般に，審判は，その審判を受ける者，申立人及び審判を受ける者ではないが，個々の家事事件手続法などにより告知しなければならないと定められている者に告知しなければならないと考えられている。

　ところで，その審判を受ける者とは，一般的には，具体的な審判の内容に従い，一定の行為又は負担を命ぜられた者，資格又は機能を与えられ，又はそれを奪われる者とされている（市川四郎『家事審判における実務上の問題と判例』家月8巻12号26頁）。したがって，審判を受ける者は，結局，具体的な審判の内容によって決まることになる。

　家事事件手続法74条1項は，その審判の具体的な告知について，審判は，特別の定めがある場合を除き，当事者及び利害関係参加人並びにこれらの者以外の審判を受ける者に対し，相当と認める方法で告知しなければならないと規定した。ここでいう「相当」とは，各場合の具体的事情に応じて，過不足のないことである（大決昭6・6・27民集10巻8号491頁）と考えられており，結局は，社会通念によって決めることにならざるを得ない。いずれにしても，被告知者が審判を了知できる状態に置くことが必要であり，その必要性を満たすことができる方法であれば，別段制限はない。

　実務における審判の具体的な告知方法としては，即時抗告をすることができる審判事件や戸籍の届出を要し，かつその届出期間の定めがある事件については，裁判所書記官による交付送達（家手36条，民訴100条）や郵便の業務に従事する者によるいわゆる特別送達（家手36条，民訴99条）などの送達が行われており，即時抗告をすることができない審判事件や戸籍届出期間の定めのない事件については，普通郵便による送付や請書による直接交付が行われている。

　なお，告知するために送達や交付又は送付する書類は，通常は，審判書謄本によっているが，事案によっては，審判書正本によることもある（水野亮二＝品川幸樹＝岩井正『遺産分割事件における進行管理事務の研究』350頁）。

　また，審判の被告知者について特別の定めがある場合としては，例えば，家事事件手続法170条，213条及び222条等がある。

【門脇　　功】

第3章

家事調停事件の申立て

第1節　申立ての概要

　家庭裁判所は，人事に関する訴訟事件その他家庭に関する事件（別表第1に掲げる事項についての事件を除く）について調停を行う（家手244条）ことになるが，その調停を行うことができる事件について訴えを提起しようとする者は，まず家庭裁判所に家事調停の申立てをしなければならない（家手257条1項）としている。

　これは，いわゆる調停前置主義と呼ばれるものである。家庭に関する事件を最初から訴訟によって公開の法廷で審理するのは，家庭の平和と健全な親族関係の維持の観点などから好ましいことではないので，まずは，家事調停による円満かつ自主的な解決を試みさせようとするものである。当該事件について，家事調停の申立てをすることなく訴えを提起した場合には，裁判所は，職権で事件を家事調停に付さなければならない。ただし，裁判所が，事件を調停に付することが相当でないと認めるときは，そのまま訴訟で事件処理を行うことになる（家手257条2項）。

I　申立書の方式（申立書の記載事項等）

　家事調停の申立ては，申立書を家庭裁判所に提出してしなければならず（家手255条1項），口頭申立ては認められない。これは，申立人が求めている調停事項を申立書に記載させることで，その内容が明確になり，簡易迅速な事件処理に役立つと考えられるからである。

　この家事調停の申立書には，当事者及び法定代理人，申立ての趣旨及び理由を記載しなければならない（家手255条2項）。申立ての趣旨は，申立人が求

める調停の内容であり，申立ての理由は，申立ての趣旨とあいまって調停を求める事項を特定するのに必要な事実である。これは，必要的記載事項であり，その申立ての趣旨及び理由の記載により，申立人が求める調停事項が特定されていなければならない。そのほかに，事件の実情も記載しなければならない（家手規127条・37条1項）。これは，例えば，理由となっている事実のいわゆる間接事実や補助事実，調停に至る経緯や事件の背景事情など調停での解決を図る上で有益な情報などが考えられよう。

また，申立ての理由及び事件の実情についての証拠書類があるときは，その写しを調停の申立書に添付しなければならない（家手規127条・37条2項）。そのほかに調停申立てに係る身分関係についての資料その他調停の手続の円滑な進行を図るために必要な資料の提出を求めることもできる（家手規127条・37条3項）。

ところで，身体上の障害や無筆などで，申立書を作成するのが困難な申立人については，従前，裁判所職員が代筆し，申立人に署名押印を求める方法で申立書を作成してきているが，このいわゆる準口頭申立てによる申立書の作成は，今後も可能であろう。

Ⅱ　申立ての補正

家事調停の申立書が家事事件手続法255条2項の規定に違反する場合には，裁判長は相当の期間を定め，その期間内に不備を補正すべきことを命じなければならない（家手255条4項・49条4項）。例えば，申立人が求める調停事項が何か特定されていない場合などは，補正の対象となる。

また，民事訴訟費用等に関する法律の規定に従い家事調停の申立ての手数料を納付しない場合にも同様に補正すべきことを命じなければならない（家手255条4項・49条4項）。

なお，裁判長は，家事調停の申立書の記載について必要な補正を促す場合には，裁判所書記官に命じて行わせることができる（家手規127条・38条）。

Ⅲ　申立書の却下命令

家事調停の申立書が家事事件手続法255条2項の規定に違反する場合や家事調停の申立ての手数料を納付しない場合に，裁判長が相当の期間を定め，その期間内に不備を補正すべきことを命じたにもかかわらず，申立人がその

68 第2編 各種書式の概説 第3章 家事調停事件の申立て

不備を補正しないときは，裁判長は，命令で家事調停の申立書を却下しなければならない（家手255条4項・49条5項）。この却下命令に対しては，即時抗告をすることができる（家手255条4項・49条6項）。

なお，抗告状には，却下された家事調停の申立書を添付しなければならない（家手規127条・39条）。

Ⅳ　申立ての変更

申立人は，家事調停の申立ての基礎に変更がない限り，申立ての趣旨及び理由を変更することができる（家手255条4項・50条1項）。家事調停の申立てについては，厳格な拘束力はなく，申立ての趣旨についてもある程度の幅を持っていると考えられていることから，同一の家事調停事項の範囲内で申立ての趣旨や理由を変更する場合は，この申立ての変更には当たらない。例えば，婚姻費用の分担に関する処分を求める調停申立てにおいて，その金額を増額することなどは申立ての変更には当たらない。したがって，申立ての変更とは，家事調停事項に変更がある場合を指すと考えられる。ところで，申立ての基礎に変更がない場合とは，変更の前後で，調停を求める事項に係る権利関係等の基礎となる事実が共通しており，それまでの調停手続の資料などをその後の調停手続でも活用できる場合である。この申立ての趣旨又は理由の変更は，家事調停の手続の期日においてする場合を除き，書面でしなければならない（家手255条4項・50条2項）。

また，家庭裁判所は，申立ての趣旨又は理由の変更が不適法であるときや申立ての趣旨又は理由の変更により家事調停の手続が著しく遅滞することとなるときは，その変更を許さない旨の裁判をしなければならない（家手255条4項・50条3項・4項）。

なお，申立ての趣旨又は理由を変更した場合には，その変更を許さない旨の裁判があったときを除き，裁判所書記官は，その旨を当事者及び利害関係参加人に通知しなければならない（家手規127条・41条）。

Ⅴ　申立費用

家事調停の申立書には，民事訴訟費用等に関する法律で定める相当手数料の印紙をちょう付して納付しなければならない。その手数料は，定額で1件につき1200円であり，申立人として参加の申出をする場合も同様である（民

訴費3条1項・別表第1の15の2項）。

　その立件の基準は，いわゆる受付通達（平28・11・22一部改正後の平4・8・21総三26号通達）第2の4の(1)の別表第5の2に定められている。それによると，①別表第2に掲げる審判事項に関する申立てについては，当該事項についての審判事件の場合と同じ立件の基準となる。ただし，次の②又は③の申立てに付随して申し立てられているものについては，独立して事件番号を付けない。②家事事件手続法277条1項に規定する申立て（合意に相当する審判）については，確認又は形成の対象となる身分関係が立件の基準となる。③①，②及び④以外の家庭に関する申立てについては，申立書，調停に付する決定書，移送決定書等が，立件の基準となるが，1通の申立書等に離婚及び離縁の申立てが含まれている場合は，2件となる。④子奪取条約実施法144条の規定により子の返還申立事件を家事調停に付した場合の家事調停事件については，子が立件の基準となる。

VI　手続費用

(1)　手続費用の負担

　家事調停に関する手続の費用としては，申立手数料，呼出費用，証拠調べに関する費用などさまざまなものがあるが，家事事件手続法は各自負担を原則としている（家手28条1項）。ただし，事情によっては，裁判所の裁量で他の当事者や利害関係参加人などにそれぞれが負担すべき手続費用の全部又は一部を負担させることができるとしている（家手28条2項）。なお，検察官が負担すべき手続費用は，国庫の負担としている（家手28条3項）。

　また，調停が成立した場合において，調停費用（審判手続を経ている場合にあっては，審判費用を含む）の負担について特別の定めをしなかったときは，その費用は，各自が負担する（家手29条3項）。家事事件手続法257条2項又は274条1項の規定により訴訟事件を調停に付した場合において，調停が成立し，その訴訟について訴訟費用の負担について特別な定めをしなかったときも，その費用は，各自が負担する（家手29条4項）。

　なお，手続費用の負担について，民事訴訟法69条から74条までの規定（裁判所書記官の処分に対する異議の申立てについての決定に対する即時抗告に関する部分を除く）を準用している（家手31条）。これは，手続費用について，ほぼ民事訴訟法と同様の取扱いをするようになったためである。さらに，同様の趣旨で，

民事訴訟規則第１編第４章第１節の規定も準用している（家手規20条）。

(2)　手続費用の立替え

　家事事件は申立てにより開始することから，家事事件手続法は，当事者等が主体的に手続を進行させることを想定しており，当事者等が手続費用を予納することを原則としているが，例外的に当事者等の費用の予納がなくても裁判所が事件の進行を図れるように，事実の調査，証拠調べ，呼出し，告知その他の家事事件の手続に必要な行為に要する費用は，国庫において立て替えることができる（家手30条）との規定をおいている。

　しかし，当事者等が手続費用を予納することを原則としているので，民事訴訟費用等に関する法律11条１項に定める費用を要する行為については，他の法律に別段の定めがある場合及び最高裁判所が定める場合を除き，当事者等に費用の概算額を予納させることになる（民訴費12条１項）。当事者等が予納せず，国庫において立て替える事情にもない場合には，裁判所は予納を命ずることになる。それでも，予納がないときは，当該費用を要する行為を行わないことができる（民訴費12条２項）。

Ⅶ　手続上の救助

　家事事件の手続を当事者が主体的に追行する場合，例えば，鑑定などの証拠調べの申立て（家手56条１項）などには費用負担が伴うが，当事者の中には資力に乏しい者もいる。そこで，そのような当事者が，費用負担を懸念して必要な証拠調べの申立て等を断念することがないように，民事訴訟法における訴訟上の救助と同じ目的を持った手続上の救助の制度を設けている。これは，家事事件の手続の準備及び追行に必要な費用を支払う資力がない者又はその支払いにより生活に著しい支障を生じる者に対しては，裁判所は，申立てにより，手続上の救助の裁判をすることができる（家手32条１項）。ただし，救助を求める者が不当な目的で，家事調停の申立てその他の手続行為をしていることが明らかなときは手続上の救助の決定をする必要はない（家手32条１項ただし書）。

　この申立ては，書面でしなければならないし，手続上の救助の事由は，疎明しなければならない（家手規21条）。

　また，民事訴訟法82条２項の審級ごとの付与の規定や83条から86条まで（同法83条１項３号を除く）の規定は手続上の救助に準用されている（家手32条２

項）。

ところで，手続上の救助と手続費用の立替えとの関係であるが，前者は当事者に申立権があるが，後者にはない。具体的には，例えば，当事者が，鑑定を求めた場合，鑑定費用の予納が必要となる。それが予納されない場合，裁判所が事件処理上鑑定を必要と判断すれば，手続費用の立替えで鑑定を実施することになるが，裁判所が鑑定費用を国庫で立て替えてまで行う必要がないと判断した場合，当事者が鑑定費用を予納しなければ鑑定は実施されないことになる。しかし，当事者に資力が乏しい場合には，手続上の救助の申立てをして，その決定を得た上で，鑑定の実施を行うことが可能である。

Ⅷ 管 轄

(1) 家事調停事件の管轄等

家事調停事件は，相手方の住所地を管轄する家庭裁判所の管轄に属する（家手245条1項）。この相手方の住所地を管轄の標準とする土地管轄は，家事調停の申立てがあった時，又は裁判所が職権で家事事件の手続を開始した時を標準として定める（家手8条）。

また，当事者が管轄する家庭裁判所を合意で定めることもできる（家手245条1項）。この管轄の合意は，例えば，特定の家庭裁判所にだけ管轄を認める専属的にも，複数の家庭裁判所に管轄を認める競合的にも，A家庭裁判所又はB家庭裁判所のどちらかに管轄を認めるというような選択的にもできる。管轄の合意が競合的又は選択的に行われた場合には，複数の家庭裁判所が管轄を持つことになるが，その場合には，一番先に申立てを受け，又は職権で手続を開始した家庭裁判所が管轄することになる（家手5条）。

なお，この合意は，一定の法律関係に基づく家事調停の申立てに関し，書面でしなければ，管轄合意の効力は生じない（家手245条2項，民訴11条2項）。その合意が，その内容を記録した電磁的記録によってされたときは，その合意は，書面によってされたものとみなされる（家手245条2項，民訴11条3項）。このように書面での合意を要件としたのは，管轄合意の有無についての紛争を防止するためである。

また，遺産の分割の調停事件が係属している場合における寄与分を定める処分の調停事件は，当該遺産の分割の調停事件が係属している裁判所の管轄に属する（家手245条3項・191条2項）。これは，遺産の分割の調停事件と寄与

分を定める処分の調停事件は，合一処理を行う必要があるからである。したがって，遺産の分割の調停事件及び寄与分を定める処分の調停事件が係属するときは，これらの調停手続は併合しなければならないし，数人からの寄与分を定める処分の調停事件が係属するときも同様に併合しなければならない（家手245条3項・192条）。

(2) 移送等

家庭裁判所は，家事調停事件の全部又は一部がその管轄に属しないと認めるときは，申立てにより又は職権で，これを管轄裁判所に移送する。ただし，家庭裁判所は事件を処理するために特に必要があると認めるときは，職権で家事調停事件の全部又は一部を管轄権を有する家庭裁判所以外の家庭裁判所に移送し，又は自ら処理（いわゆる自庁処理）することができる（家手9条1項）。自庁処理するかどうかは，当該事件の客観的な事情やその背景，当事者の希望などの主観的な事情を総合的に考慮して決めることになる。

また，家事調停事件がその管轄に属する場合においても，手続遅滞を避けたり，事件処理に特に必要がある場合などに，職権で移送が認められている（家手9条2項）。

家庭裁判所は，家事調停を行うことができる事件以外の事件について調停の申立てを受けた場合には，職権でこれを管轄権のある地方裁判所又は簡易裁判所に移送する（家手246条1項）。家事調停を行うことができる事件について調停の申立てを受けた場合において，事件を処理するために必要があると認めるときは，職権で，事件の全部又は一部を管轄権を有する地方裁判所又は簡易裁判所に移送することができる（家手246条2項）。

また，事件を処理するために特に必要があると認めるときは，管轄権を有する地方裁判所又は簡易裁判所以外の地方裁判所又は簡易裁判所（事物管轄権を有するものに限る）に移送することができる（家手246条3項）。

このように，土地管轄の縛りをゆるめ，種々の移送を認めることで，適正迅速な事件処理を可能にしている。

なお，移送の裁判に対しては，即時抗告が認められている（家手246条4項・9条3項）。

そのほかに，司法行政処分としての回付もある（本編第2章第10節参照）。

第2節　申立書の写しの送付等

　家事調停の申立てがあった場合には，家庭裁判所は，申立てが不適法であるとき又は家事調停の手続の期日を経ないで家事調停事件を終了させるとき（家手271条）を除き，家事調停の申立書の写しを相手方に送付しなければならない（家手256条1項）。これは，相手方に対して，どのような内容の申立てが行われたのかを知らせて，早期に手続への適切な関与ができるようにすることで，当事者に手続保障等を行い，手続の透明性を確保するとともに，調停を充実させ，早期の解決に資すると考えられたために設けられたものである。申立人は，調停の申立てを行う場合には，家事調停の申立書に相手方の数と同数の申立書の写しを添付しなければならない（家手規127条・47条）。

　ただし，家事調停の手続の円滑な進行を妨げるおそれがあると認められるときは，家事調停の申立てがあったことを通知することをもって，家事調停の申立書の写しの送付に代えることができる（家手256条1項ただし書）。これは，家事事件では，当事者だけによる申立てが行われることが多く，申立書の中には，相手方の人格等を攻撃したり，詳細な個人の秘密が記載してあったりして，そのまま申立書の写しを相手方に送付したのでは，過度に相手方の感情等を刺激したりして，かえって紛争が激化し，無用な混乱を招くおそれがあり得ることから，それを避けるために設けられたものである。したがって，これは，あくまでも例外的な取扱いであり，安易に申立書の写しに代えて通知によるべきではない。

　また，家事調停事件については，家事審判事件とは異なり，申立段階で，裁判所がその調停申立てに理由があるかどうかについて判断することは求められていないので，その調停申立てに「理由がないことが明らかなとき」であっても，前記した他の申立書の写しの送付を要しない例外的事由がない限り，不成立の可能性が高い場合などでも申立書の写しを送付することになる（家手67条1項参照）。

　家事調停の申立書の写しの送付又はこれに代わる通知をすることができない場合には，裁判長の申立書に関する補正命令（家手49条4項），申立書の却下命令（家手49条5項），その却下命令に対する即時抗告（家手49条6項）が準用されている（家手256条2項）。

また，裁判長は，家事調停の申立書の写しの送付又はこれに代わる通知の費用が予納されないときは，申立人に対し，相当な期間を定めて予納を命じ，その予納がないときは，命令で家事調停申立書を却下することになる（家手256条2項・67条3項）。この却下命令に対しても即時抗告ができる（家手256条2項・67条4項）。

【門脇　功】

第4章

家事調停手続の概説

第1節　調停機関

　家事調停は，裁判所法上の裁判所である官署としての家庭裁判所が行う権限を有している（裁31条の3第1項1号）。具体的に調停事件を処理する調停機関は，調停委員会である（家手247条1項）。ただし，家庭裁判所が相当と認めるときは，裁判官のみで行うことができる（家手247条1項ただし書）。平成16年1月からは，さらに，家事調停官が加わった（家手251条）。

　なお，第4章においては，「裁判官」又は「裁判長」とは，基本的には，「家事調停官」を含んだ意味で用いることにする。

I　調停委員会

　調停委員会は，裁判官1人及び家事調停委員2人以上で組織する（家手248条1項）。この調停委員会は，原則的な調停機関であり，この調停委員会による調停を通常「委員会調停」と呼んでいる。家庭裁判所は，裁判官だけで調停を行うのが相当と認めるときを除き，調停委員会が調停を行うのが原則である（家手247条1項）。また，当事者からの申立てがあり，当然に調停委員会で調停を行わなければならない場合も同様である（家手247条2項）。

　ところで，家事調停委員2人以上というのは，最低2人の家事調停委員がいないと調停委員会を構成しない趣旨であり，実務上は，男女各1名ずつの調停委員を各事件で指定することが多い（家手248条2項）。

　家庭裁判所の家事調停は，家庭内の複雑微妙な感情の交錯する人間関係の問題を対象としていることから，法律専門家である裁判官だけで問題解決に当たるのではなく，その家庭裁判所の地域に住む，弁護士となる資格を有す

る者，家事の紛争の解決に有用な専門的知識を有する者又は社会生活の上で豊富な知識経験を有する者で，人格識見の高い40歳以上70歳未満の者（特に必要がある場合には，それ以外の年齢の者でもよい）の中から，最高裁判所によって任命された家事調停委員を，その手続に参画させるという，国民の司法参加の重要な制度であり，前記した参与員制度とともに家庭裁判所の大きな特色の１つである（民事調停委員及び家事調停委員規則１条）。なお，家事調停委員は，非常勤の裁判所職員となる（家手249条１項）。

また，調停委員会のもつ権限については，家事事件手続法260条等に規定されている。

II　裁判官による単独調停

家庭裁判所は，相当と認めるときは，裁判官のみで調停を行うことができる（家手247条１項ただし書）が，これを通常「単独調停」と呼んでいる。家事調停は，前記したように調停委員会で行うのが原則であるから，裁判官だけで調停を行うのは，例外的である。なお，裁判官のみで調停を行うかどうかを判断する家庭裁判所は，官署としての家庭裁判所ではなく，実際に具体的な調停事件を扱っている手続法上の家庭裁判所，いわゆる受調停裁判所である。

裁判官のみで調停を行うことが相当な場合としては，例えば，事案が複雑で法律的な論点も多く，争点整理が必要な場合，調停委員会を開く時間がないほど，緊急迅速な処理が要請される場合，事案が極めて簡単であるか，あるいはその解決が主として法律上の解釈のみにかかっていて，特に調停委員会を開くまでもない場合などが考えられる。

ところで，家事事件手続法267条は，調停委員会がもつ権限のうちから単独調停に準用するものなどを列挙している。

また，合議体で審理していた訴訟事件や別表第２に掲げる審判事件を，事案によっては家事調停に付して，事件処理を行うことも考えられる（家手274条）ことから，家事事件手続法は，合議体による調停手続を行うことができるように，例えば，裁判長が期日において手続を指揮する（家手258条・52条）ことや受命裁判官による手続（家手258条・53条）ができるとする規定を設けている。

Ⅲ　家事調停官

　家事調停官の制度は，平成16年1月から設けられたもので，弁護士で5年以上その職にあったもののうちから，最高裁判所が，任期2年で任命するものであり，再任されることができるが，非常勤である（家手250条1項・3項・4項）。家事調停官は，家事事件手続法の定めるところにより，家事調停事件の処理に必要な職務を行う（家手250条2項）ことになるが，心身の故障のため職務の執行ができないと認められたときや職務上の義務違反などの非行があると認められたときなど一定の場合を除き，その意に反して解任されることはない（家手250条5項）。

　家事調停官は，家庭裁判所の指定を受けて，家事調停事件を取り扱うことになる（家手251条1項）が，家事調停事件の処理に関する権限は，家事事件手続法において，家事調停事件処理について，家庭裁判所，裁判官又は裁判長が行うものとして定めている権限である（家手251条2項）。家事事件手続規則125条にも規則レベルでの同様の規定がある。したがって，委員会調停における裁判官の職務や単独調停はもちろん，家事事件手続法277条の合意に相当する審判や同法284条の調停に代わる審判なども行うことができる。その権限を行うについて，裁判所書記官，家庭裁判所調査官及び医師である裁判所技官に対し，その職務に関し必要な命令をすることもできる（家手251条4項）。しかし，家事調停官は，家庭裁判所の指定を受けて，当該家事調停事件を処理する限度で権限を付与されているものであるから，例えば，調停に代わる審判に対する異議の申立てについての裁判（家手286条）や義務の履行状況の調査（家手289条）などの家事調停事件が終了した後の手続については，その権限が及ばない。

　なお，家事調停官には，法律で定めるところにより手当が支給され，最高裁判所規則で定める額の旅費，日当及び宿泊料が支給される（家手251条5項，民事調停官及び家事調停官規則5条）。

Ⅳ　高等裁判所が調停を行う場合の調停機関

　家事調停を行うことができる事件についての訴訟又は家事審判事件が高等裁判所に係属している場合には，当事者の意見を聴いていつでも職権で，事件を家事調停に付し，その家事調停事件を自ら処理することができる（家手

274条1項・3項）。旧家事審判法ではこれまで，高等裁判所で家事調停事件を処理することが認められていなかったが，家事事件手続法で，新たに規定されたものである。高等裁判所には，家庭裁判所調査官も配置されており（裁61条の2第1項），従前のように，家庭裁判所の家事調停に付して処理するより，高等裁判所が自ら処理するほうが，適正迅速な処理にも資することになる。

　その家事調停事件を，高等裁判所が，調停委員会で行うときは，高等裁判所がその裁判官の中から指定する裁判官1人及び家事調停委員2人以上で組織する（家手274条4項）ことになる。ただし，高等裁判所が相当と認めるときは，合議体である当該高等裁判所の裁判官だけで行うことができる。しかし，当事者の申立てがあるときは，調停委員会で調停を行わなければならない（家手274条5項・247条）。

　また，合議体である高等裁判所が自ら調停を行う場合には，当該高等裁判所の受命裁判官に家事調停手続を行わせることができる（家手274条5項・258条1項・53条）。

第2節　家事調停事件における当事者など

I　家事調停事件の当事者

　調停事件は，紛争を解決する手続であるから，常に対立する当事者が存在し，その名において調停の申立てをしている者が申立人であり，その申立人に対する関係で調停の申立てがなされている者が相手方である。これが調停事件における主な当事者であるが，そのほかに，次のⅣ及びⅤで述べる当事者参加や利害関係参加により参加した者もまた当事者になる。

　ところで，調停手続において，当事者となり得る一般的能力である調停当事者能力については，一般的に手続法を支配する原則である民事訴訟法の当事者能力に関する規定が，家事調停手続にも準用される（家手17条1項）。

　また，具体的な家事調停事件について，当事者となり得る資格又は権能を当事者適格というが，その当事者適格を有する者として，別表第2に掲げる審判事件に関する調停事件については，民法などで個別に当事者となるべき

者が定められており，人事訴訟事項に関する調停事件については，人事訴訟法上当事者となるべき者がやはり定められている。その他の事項に関する調停事件については，当該紛争の解決を求める利益を有する者，例えば，紛争の当事者，紛争に原因を与えている者などが考えられる。

さらに，手続行為能力が問題となる。家事調停事件に関与して，有効に法律行為を行い，又はその行為の相手方となり得る能力が，手続行為能力である。これについて，家事事件手続法17条は，民事訴訟法28条，29条，31条，33条並びに34条１項及び２項を準用している。しかし，財産関係の行為に関する手続行為能力とは異なり，身分関係の行為については，本人の意思を尊重すべきであるから，さらに個別の配慮が必要となる。例えば，人事訴訟では，意思能力がある限り，手続行為能力を認めている（人訴13条１項）。そこで，家事事件手続法でも同様に，同法252条１項１号から５号に定められている者は，法定代理人によらずに自ら手続行為をすることができると定めている。その者が被保佐人又は被補助人（手続行為をすることにつきその補助人の同意を得ることを要するものに限る）であって，保佐人若しくは保佐監督人又は補助人若しくは補助監督人の同意がない場合も，自ら手続行為をすることができる（家手252条１項）。

また，親権を行う者又は後見人は，未成年者又は成年被後見人が法定代理人によらずに自ら手続行為をすることができる場合であっても，未成年者又は成年被後見人を代理して手続行為をすることができるが，家事調停の申立ては，民法その他の法令の規定により親権を行う者又は後見人が申立てをすることができる場合（人事訴訟法２条に規定する人事に関する訴え（離婚及び離縁の訴えを除く）を提起することができる事項についての家事調停の申立てにあっては，同法その他の法令の規定によりその訴えを提起することができる場合を含む）に限られており（家手18条），家事事件手続法252条１項１号，３号及び４号に掲げる調停事件（同項１号の調停事件にあっては，財産上の給付を求めるものを除く）においては，当該各号に定める者に代理して調停成立の合意（家手268条１項），調停条項案の受諾（家手270条１項）及び調停に代わる審判に服する旨の共同の申出（家手286条８項）をすることはできない（家手252条２項）。さらに離婚についての調停事件における夫及び妻の後見人並びに離縁についての調停事件における養親の後見人，養子（15歳以上のものに限る。以下この項において同じ）に対し親権を行う者及び養子の後見人についても同様に，それらの手続行為はでき

80 第2編 各種書式の概説 第4章 家事調停手続の概説

ない（家手252条2項）。

Ⅱ　家事調停事件の手続代理人

代理人については，基本的には，家事審判事件について，本編第2章第2節Ⅴで述べたとおりであるが，家事調停手続における代理では，例えば，次のような点が問題となる。

(1) 法定代理

前記Ⅰで述べたように，家事事件手続法252条2項に規定する身分上の行為は，法定代理人が本人を代理して行うことができない。これは，例えば，離婚は，本人の自由な意思に基づくことを要する一身専属の身分行為であり法定代理に親しまないと考えられており（最判昭33・7・25民集12巻12号1823頁），かつ当事者の一方が成年被後見人の場合，同人には，調停手続行為能力がないとする考え方に基づくものである。したがって，その場合には，家事調停を行うことはできず，成年後見人又は成年後見監督人を職務上の当事者とする離婚訴訟によって解決を図る方法をとることになる（人訴14条1項・2項）。

また，例えば，民法787条は，「子の法定代理人」が認知の訴えを提起できる旨規定している。この規定は，法定代理人が自ら原告として訴えを提起できる訴訟代位を規定したものか，それとも原告たる子を代理して訴えを提起できる法定代理を規定したものか問題であったが，判例は法定代理説をとり，しかも子が意思能力を有する場合でも，法定代理人の訴え提起を認めている（最判昭43・8・27民集22巻8号1733頁）。したがって，家事事件手続法277条の合意に相当する審判の申立てについても同様のことがいえる。

(2) 任意代理

離婚，離縁，親権者の指定及び変更，子の監護者の指定及び変更などの調停事件において，調停を成立させるための合意については，任意代理は，許されないと解されている。つまり，身分行為については，原則として明文をもって認められた場合を除いては，代理に親しまないと考えられている（熊本家山鹿支審昭39・8・20家月16巻12号55頁）。

Ⅲ　補　佐　人

補佐人に関しては，家事審判手続について，本編第2章第2節Ⅵで述べたとおりである。

Ⅳ　当事者参加

　当事者参加に関しては，家事審判手続について，本編第2章第2節Ⅲで述べたとおりであり，家事調停手続にも準用されている（家手258条1項・41条，家手規128条・27条）。

Ⅴ　利害関係参加

　家事調停事件における利害関係人の参加も，基本的には，家事審判手続について，本編第2章第2節Ⅳで述べたとおりである。家事調停事件を処理する場合でも，当事者だけではなく，当該調停事件の対象になっている問題に利害関係を有する者を，調停手続に参加させないと，その問題を適切に解決できない場合が少なくない。具体的には，例えば，遺産分割調停事件における相続分譲受人や包括受遺者などが考えられる。そこで，家事調停手続にも，利害関係参加の規定が準用されている（家手258条1項・42条，家手規128条・27条）。

第3節　家事調停手続の排除・受継

Ⅰ　家事調停手続からの排除

　排除に関しては，家事審判手続について，本編第2章第3節Ⅰで述べたとおりであり，家事調停手続にも準用されている（家手258条1項・43条，家手規128条・28条）。

Ⅱ　受　　　継

　家事調停手続における受継は，基本的には，家事審判手続について，本編第2章第3節Ⅱで述べたとおりである。すなわち，申立人が死亡，資格の喪失その他の事由により調停手続を続行することができない場合の法令により手続を続行する資格のある者による受継に関する規定が準用されている（家手258条1項・44条，家手規128条・29条）。しかし，家事調停手続では，法令により手続を続行する資格のある者が想定されないような事件において，当該調

停手続の当事者になっていない別の申立権者が存在することはほとんど考えられないことや，調停は当事者の個性に左右されるので，受継を認めて従前の資料やそれまでの手続の引継ぎを認める必要性も乏しいことなどから他の申立権者による受継に関する家事事件手続法45条の規定は準用されていない。

　また，一身専属の権利義務が調停の対象になっている場合には，受継することはできず，当事者の死亡などによって，調停手続は当然に終了すると解されている。具体的には，例えば，離婚調停事件における，当事者である夫婦の一方が死亡した場合や扶養請求調停事件における，当事者である扶養権利者又は扶養義務者が死亡した場合などが考えられる。

第4節　記録の閲覧・謄写

　当事者又は利害関係を疎明した第三者は，家庭裁判所の許可を得て，裁判所書記官に対し，家事調停事件の記録の閲覧若しくは謄写，その正本，謄本若しくは抄本の交付又は家事調停事件に関する事項の証明書の交付を請求することができる（家手254条1項）。

　また，家事調停事件の記録中の録音テープ又はビデオテープ等については，当事者又は利害関係を疎明した第三者は，家庭裁判所の許可を得て，裁判所書記官に対し，これらの物の複製を請求することができる（家手254条2項）。

　家庭裁判所は，当事者又は利害関係を疎明した第三者からこれらの許可の申立てがあった場合（6項に規定する場合を除く）において，相当と認めるときは，これを許可することができる（家手254条3項）。これらの許可は，許可する部分を特定してしなければならない（家手規126条・35条）。

　家事調停の手続は，当事者間の争いを，当事者の自主的な話し合いによって円満な解決を図るものであり，裁判所が判断を行うための基礎とする家事審判記録に比べれば，当事者の家事調停記録の閲覧・謄写等の必要性は，必ずしも高いとはいえない。また，家事調停記録には，相手方の人格等を攻撃した細かな個人の秘密が記載してあったり，当事者の家族や親族等に関する高度なプライバシーに関する事項なども含まれている。その記録を当事者だからということで，自由に閲覧・謄写等を認めると，事件関係者の個人のプライバシーを侵害したり，未成年者の利益を害したり，裁判所の調査に対す

る調査対象者などの信頼を損ねたりするおそれがある。さらに，当事者の感情を過度に刺激し，家事調停の根幹部分である自主的な話し合いができなくなるおそれもある。

　また，家事調停事件は，多種多様であり，例えば，養育費の調停における収入関係の資料などのように，事案によっては閲覧・謄写等を広く認めることが，むしろ調停成立に資する場合なども考えられることから，家事審判事件の記録の閲覧・謄写等の当事者に対する原則許可とは異なり，当事者に対しても「相当と認めるとき」に許可することとし，裁判所の裁量を広く認めている。

　ところで，当事者は，審判書その他の裁判書の正本，謄本又は抄本，調停において成立した合意を記載し，又は調停しないものとして，若しくは調停が成立しないものとして事件が終了した旨を記載した調書の正本，謄本又は抄本，家事調停事件に関する事項の証明書については，家庭裁判所の許可を得ずに，裁判所書記官に対し，その交付を請求することができる（家手254条4項）。

　なお，家事調停事件の記録の閲覧，謄写及び複製の請求は，家事調停事件記録の保存又は裁判所若しくは調停委員会の執務に支障があるときは，することができない（家手254条5項）。

　また，家事事件手続法277条の合意に相当する審判事件において，当事者から家事調停事件の記録の閲覧・謄写等についての許可の申立てがあった場合には，家事審判事件記録の閲覧・謄写等に関する規定である，家事事件手続法47条3項，4項及び8項から10項までを準用している（家手254条6項）。これは，この手続が，いわば簡易の人事訴訟の手続として，判断作用がその中心的な位置を占めていることやその審判が異議申立ての対象になることから，家事審判手続と同じ規律にするのが相当と考えられたことによる。

第5節　調停期日

　家事調停の期日は，調停機関と当事者等が期日に集まり，各種の手続行為を行うための日時であり，証拠調べの期日などもこれに含まれる。

84 第2編 各種書式の概説 第4章 家事調停手続の概説

I　調　停　期　日

　調停期日に関しては，家事審判手続について，本編第2章第5節Iで述べたとおりであり，家事調停手続にも準用されている（家手258条・51条・52条・53条・54条・55条）。そのほかに，手続非公開に関する家事事件手続法33条も適用になるが，例えば，委員会調停では，傍聴の許可は，調停委員会が行う（家手260条1項3号）など調停委員会の権限に属するものがあることに留意する必要がある（家手260条）。

　また，期日指定等の裁判長の権限も，委員会調停では，当該調停委員会を組織する裁判官が行うことになっている（家手260条2項・34条1項）。

II　電話会議・テレビ会議システムによる手続

　電話会議・テレビ会議システムによる手続に関しては，基本的には，家事審判手続について，本編第2章第5節IIで述べたとおりであり，家事調停手続にも準用されている（家手258条・54条，家手規128条・42条）。

　また，家事事件手続法では，民事訴訟法170条3項ただし書のように当事者の一方の裁判所への出頭を要件としていないので，当事者双方が裁判所に出頭しない場合でも，電話会議システム又はテレビ会議システムを利用して，調停を成立させることが可能である。ただし，離婚及び離縁の調停においては，それらのシステムを用いて，調停を成立させることはできない（家手268条3項）し，合意に相当する審判の合意も成立させることはできない（家手277条2項）。

第6節　事実の調査及び証拠調べ

　事実の調査と証拠調べは，いずれも裁判所が行う事実認定のための資料収集の方法であるが，証拠調べについては，家事事件手続法で準用している（家手258条1項・64条1項）民事訴訟法でその方式が厳格に定められており，強制力がある（民訴192条・193条・194条・200条・209条1項・225条1項・229条5項・232条2項）。これに対し，事実の調査は，一定の方式による制限はなく，強制力もない（旧家審規7条1項）（山田博「職権による事実の調査及び証拠調」斎藤秀

夫＝菊池信男編『注解家事審判規則』51頁）と解されていたが，家事事件手続法においても，基本的には同様である（家手258条1項・56条）。

　また，家事事件手続規則128条で事実の調査及び証拠調べについては，同規則44条1項，45条及び46条の規定が準用されている。

Ⅰ　家庭裁判所の事実の調査

　家事調停事件における家庭裁判所の事実の調査は，基本的には，家事審判事件について，本編第2章第6節Ⅰで述べたとおりである。家事調停事件では，通常は，調停機関が，職権で事実の調査をしなければならないが（家手258条1項・260条1項6号・56条1項），手続法上の家庭裁判所（受調停裁判所）でなければできない事実の調査事項がある。具体的には，移送の裁判をする際の事実の調査（家手9条・246条），及び過料の裁判をする際の事実の調査（家手258条・51条3項・290条5項）などである。

Ⅱ　調停機関の事実の調査

　調停委員会（単独調停の場合には裁判官（家手267条））は，職権で自ら事実の調査をしなければならない（家手260条1項6号・56条1項）。例えば，当事者双方から事件の実情に関する陳述を聴取したり，事件の関係者を呼び出して事情を聴取したり，関係書類を提出させてこれを調査したり，現地に臨んで，紛争の対象になっている事物の状況を見分したりすることが行われる。

　また，調停委員会は，事実の調査を他の家庭裁判所又は簡易裁判所に嘱託したり（家手260条1項6号・61条1項），必要な調査を官庁などに嘱託したり，銀行その他に対して必要な報告を求めたりすることができる（家手260条1項6号・62条）。

　そのほかに，調停委員会は，他の家庭裁判所又は簡易裁判所に事件の関係人から紛争の解決に関する意見を聴取することを嘱託することができる（家手263条）。

Ⅲ　裁判官の事実の調査

　調停委員会を組織する裁判官は，当該調停委員会の決議により，事実の調査をすることができる（家手261条1項）。

　これは，家庭裁判所調査官，裁判所書記官，医師である裁判所技官に対し，

事実の調査又は診断を命ずることができるのは，裁判官のみであることから，調停委員会で，そうした事実の調査や診断をする必要があると認めたときには，まず決議をして，調停委員会の構成員である裁判官に事実の調査の権限を付与し，その権限付与に基づいて，裁判官は，家庭裁判所調査官，裁判所書記官，医師である裁判所技官に対し，事実の調査又は診断を命ずることにしたものである（家手261条1項・2項・4項）。

Ⅳ　家事調停委員の事実の調査

調停委員会は，相当と認めるときは，当該調停委員会を組織する家事調停委員に事実の調査をさせることができる。ただし，家庭裁判所調査官に事実の調査をさせることを相当と認めるときは，この限りでない（家手262条）。この事実の調査は，心理学，社会学等の人間関係諸科学の専門的知識を必要とするような事項には及ばず，家庭裁判所調査官の専門性を活用する必要のない事項に限られる。例えば，事実の調査の中には，裁判官を含む調停委員会の構成員全員で事実の調査を行う必要性に乏しいものもあり，そのような場合には，この家事調停委員の事実の調査が活用される。そのほかに，家事調停委員の，不動産鑑定士や精神科医としての，専門的知識などを活用した事実の調査が行われる場合もある。

なお，家事調停委員の専門的知識等を活用する方法として，調停委員会が，必要があると認めるときは，当該調停委員会を組織していない家事調停委員の専門的な知識経験に基づく意見を聴取する制度もある（家手264条）。

Ⅴ　裁判所書記官の事実の調査

調停委員会を組織する裁判官は，調停委員会の決議により，事実の調査を行うことができる場合（家手261条1項）において，相当と認めるときは，裁判所書記官に事実の調査をさせることができる。ただし，家庭裁判所調査官に事実の調査をさせることを相当と認めるときは，この限りでない（家手261条4項）。

この裁判所書記官の事実の調査も，家事調停委員の事実の調査と同様に，家庭裁判所調査官の専門性を活用する必要のない事項に限られる。具体的には，当事者に対する心理的調整を伴わない意向照会，金融機関などへの調査嘱託，遺産分割調停事件における受理面接及び現地の見分などが考えられる

が，今後，家庭裁判所調査官との連携，協働の中で，裁判所書記官がどのような事実の調査を行うのが相当であるか，実務の積み重ねが期待されるところである。

なお，単独調停の場合には，裁判官が，裁判所書記官に事実の調査をさせることができる（家手267条1項）。

Ⅵ　家庭裁判所調査官の事実の調査

家事調停手続における家庭裁判所調査官の事実の調査は，基本的には，家事審判手続について，本編第2章第6節Ⅱで述べたとおりであり，調停委員会を組織する裁判官は，調停委員会の決議により，事実の調査を行うことができる場合に家庭裁判所調査官に事実の調査を命ずることができる（家手261条1項・2項・3項・58条3項・4項）。

Ⅶ　医師である裁判所技官の診断

家事調停手続における医師である裁判所技官の診断は，基本的には，家事審判手続について，本編第2章第6節Ⅲで述べたとおりであり，調停委員会を組織する裁判官は，調停委員会の決議により，事実の調査を行うことができる場合に，医師である裁判所技官に事件の関係人の心身の状況について診断を命ずることができる（家手261条1項・2項・3項・58条3項・4項）。

Ⅷ　証　拠　調　べ

家事調停手続における証拠調べについては，基本的には，家事審判手続について，本編第2章第6節Ⅳで述べたとおりである。調停手続において，調停機関は，調停事件を処理するため，申立てにより又は職権で，必要と認める証拠調べをしなければならない（家手258条1項・260条1項6号・56条1項）。調停機関は，できるだけ事実の調査によって事案の明確化を図るべきであるが，どうしても，方式が厳格に定められ，強制力を伴った証拠調べが必要であると認めたときは，申立てがなくとも職権で，証人・鑑定人の尋問，書証として提出された文書の取調べ，検証，当事者尋問等の証拠調べを，家事事件手続法の精神に反しない範囲で準用している民事訴訟法及び民事訴訟規則の各規定により実施しなければならない（家手258条1項・64条1項，家手規128条・45条・46条）。なお，家事事件手続法は，当事者の手続保障を図るため証

拠調べの申立権も認めている。

　また，民事訴訟法は，職権主義（家手258条1項・56条1項）や非公開主義（家手33条）に抵触しない限度で準用されていることに留意する必要がある。なお，このような証拠調べは，調停委員会の決議により，調停委員会を組織する裁判官にさせることもできる（家手261条1項）。

第7節　調停前の処分

　調停委員会（裁判官だけで行う調停においては，その裁判官）は，家事調停事件が係属している間，調停のために必要であると認める処分を命ずることができる（家手266条1項・267条2項）。これは，いわゆる調停前の仮の措置と一般的に呼んできたものであり，当事者に申立権はなく，仮にそのような申立てが行われた場合には，職権発動を促す申立てと見ることになる。

　家事調停も迅速処理を求められているが，事案によっては，相当の日時を要する場合もある。ところで，調停の申立てをしても，その成立までに，係争の目的物などに変更が加えられたり，処分されたりしてしまい，そのため調停成立が妨げられたり，せっかく成立しても，執行が困難になったり，不可能になったりする場合がある。そのため，暫定的な処分により，それを防止するため設けられた制度である。

　また，民事調停の調停前の措置においては，対象者を「相手方その他の事件の関係人に対して」と規定している（民調12条1項）が，家事事件手続法では，その対象者を規定していない。しかし，調停前の処分でもその対象者は，当事者，利害関係参加人，調停の結果について利害関係を有する者を含むと解すべきである。調停前の処分として具体的にどのような内容の措置を命ずるかは，調停機関の自由な裁量による。

　急迫の事情があるときは，調停委員会を組織する裁判官が，この調停前の処分を命ずることができる（家手266条2項）。

　またこの調停前の処分は，執行力を有しない（家手266条3項）が，調停前の処分として必要な事項を命じられた当事者又は利害関係参加人が正当な理由なくこれに従わないときは，家庭裁判所は，10万円以下の過料に処することができる（家手266条4項）ので，この調停前の処分を命ずる場合には，同

時に，その違反に対する法律上の制裁を告知しなければならない（家手規129
条1項・2項）。

　ところで，調停は，本来和やかな雰囲気の中で，手続を進行させて，成立
を図るものであり，この処分に強制力を伴う執行力まで認めることは，円満
な調停の手続進行を妨げる結果になることから，執行力を有しないとしたも
のである。したがって，調停前の処分内容の実現は，過料の制裁による間接
的な強制と調停の成立に協力しようという対象者の誠意と自発的な抑制に期
待することになる。

　なお，この調停前の処分は，調停機関が自由裁量で行うものであり，不服
申立ては認められていないし，調停進行の状況や事情変更などに応じて，調
停前の処分を取り消したり，変更したりすることができる。

第8節　家事調停手続の終了

I　調停の成立

(1)　調停成立及び効力

　調停において，当事者間に合意が成立し，調停機関が，その合意を相当と
認めた場合，これを調停調書に記載したときは，家事事件手続法277条の合
意に相当する審判をすべき調停事件を除いて（家手268条4項），調停は成立し，
調停手続は終了する。この場合，その調停調書の記載は，訴訟事項について
は，確定判決と同一の効力を有し，別表第2に掲げる事項については，確定
した審判（家手39条）と同一の効力を有する（家手268条1項）。つまり，調停成
立の要件としては，①当事者間に合意が成立することと，②調停機関が，①
の合意の相当性を認め，その合意を調書に記載することが必要である。

　ところで①の合意は，原則として事件の実体に関する合意（係争の権利又は
法律関係の処分）に属するが，その性質は，手続行為の形式で行われる私法上
の契約であると解されている。したがって，その合意は，一面手続行為とし
ての規制を受けて，手続法上の効力を有するとともに，他面私法上の契約と
して，私法の原理に従うことになる。例えば，手続行為としての面について
いえば，当事者が調停期日に出頭した上，調停機関の面前での合意が必要と

90 第2編 各種書式の概説 第4章 家事調停手続の概説

なる。ただし，これには，家事事件手続法270条の，いわゆる調停条項案の書面による受諾の例外がある。私法上の行為としての面についていえば，未成年者の離縁とそれに伴う慰謝料請求のように，合意の内容が，身分関係と財産関係の両面にわたる場合，身分関係については，意思能力がある限り未成年者でも有効に合意できるが，財産関係については，未成年者は，単独で合意することはできないと解されている。このように，合意に私法上の瑕疵がある場合には，調停の効力にも影響を与えることに留意する必要がある。

　また，家事調停事件の一部について当事者間に合意が成立したときは，その一部について調停を成立させることができる。手続の併合を命じた数個の家事調停事件中その一について合意が成立したときも同様である（家手268条2項）。実際には，例えば，調停申立事項が複数あり，その一部についてのみ合意が成立し，残部については合意成立の見込みがない場合には，調停の一部成立として事件を終了させることが可能であるが，合意のあった一部と残部との比重の軽重によっては，一部成立とせずに全部不成立とする場合もある。さらに，調停申立事項の一部が訴訟事項で，他が別表第2に掲げる事項の場合には，事件処理場上複雑な問題が存在する。

　なお，本章第5節IIで述べたとおり，離婚又は離縁についての調停事件においては，電話会議システムやテレビ会議システムを用いて調停を成立させることはできない（家手268条3項）。

　当事者間に成立した合意の内容は，最終的に調停機関によってその相当性が認定されるが，これは，適法，不適法又は有効，無効という法律的見地からだけではなく，その合意が妥当かどうかという見地からも行われる。その場合に問題になるのは，非法律的事項についての合意，私法上なしえない事項についての合意，合意の内容に付款が付いている場合などである。

　また，離婚や離縁などについての調停事件において，調停が成立したときは，裁判所書記官は，遅滞なく，本籍地の戸籍事務を管掌する者に対し，成立した旨を通知しなければならない（家手規130条2項）。

(2) 調停調書の更正決定

　調停調書に計算違い，誤記その他これに類する明白な誤りがあるときは，家庭裁判所は，申立てにより又は職権で，いつでも更正決定をすることができる（家手269条1項）。更正決定を行うのは，調停委員会などの調停機関ではなく，受調停裁判所としての家庭裁判所である。ところで，この更正決定は，

裁判書を作成してしなければならない（家手269条2項）とされているが，こ
れは，調停調書は確定判決や確定した審判としての効力を有する重要なもの
であり，それを更正した場合には，そのことを明確にするのが相当だからで
ある。更正決定に対しては，即時抗告をすることができる（家手269条3項）。

　また，更正決定を求める申立てを不適法として却下した決定に対しても，
即時抗告をすることができる（家手269条4項）。しかし，更正決定の申立てを
更正する理由がないとして却下した決定に対しては，即時抗告することはで
きない。これは，更正決定の申立てを受けた受調停裁判所が更正する誤りは
ないと判断しているのであるから，それ以上の審査の機会を与える必要はな
いであろうとの考えによる。

(3)　調停条項案の書面による受諾

　当事者が遠隔の地に居住していることその他の事由により出頭することが
困難であると認められる場合において，その当事者があらかじめ調停委員会
（裁判官のみで家事調停の手続を行う場合（単独調停）にあっては，その裁判官。家事事
件手続法271条及び272条1項において同じ）から提示された調停条項案を受諾する
旨の書面を提出し，他の当事者が家事調停の手続の期日に出頭して当該調停
条項案を受諾したときは，当事者間に合意が成立したものとみなし，調停を
成立させることができる（家手270条）。これは，遺産の分割に関する事件の
調停において，これまで実務で活用されてきた同様の手続（旧家審21条の2）
を他の調停事件にも広げたものである。

　しかし，この方法は，あらかじめ受諾の書面を提出させるものであり，調
停成立時における真意の確認が必ずしも十分とはいえない面がある。そこで，
調停の成立により，即座に身分関係の変動を生じる離婚や離縁についての調
停事件については，書面による受諾によって調停を成立させることはできな
いものとされた（家手270条2項）。

　この調停条項案の提示は，書面に記載してしなければならないし，その書
面には家事事件手続法270条1項に規定する効果を付記する必要がある（家
手規131条1項）。

　また，調停条項案を受諾する旨の書面の提出があったときは，調停機関は，
その提出者の真意を確認する必要がある（家手規131条2項）。

　なお，裁判所書記官は，調停が成立したときは，調停条項案を受諾する旨
の書面を提出した当事者及び利害関係参加人に対し，遅滞なく，その旨を通

知する（家手規130条１項）。

Ⅱ　家事事件手続法277条（合意に相当する）審判

⑴　合意に相当する審判

　人事に関する訴え（離婚及び離縁の訴えを除く）を提起することができる事項についての家事調停の手続において，①当事者間に申立ての趣旨のとおりの審判を受けることについて合意が成立し，②当事者の双方が申立てに係る無効若しくは取消しの原因又は身分関係の形成若しくは存否の原因について争いがないときに，家庭裁判所は，その事実認定のための資料を収集するため，必要な事実の調査を行い，①の合意を正当と認めるときは，当該合意に相当する審判をすることができる（家手277条１項）。合意に相当する審判は，調停委員会による調停だけではなく，裁判官のみ（単独調停）で行うこともできるし，高等裁判所でもできる（家手274条３項）。なお，その家事調停の手続が調停委員会で行われている場合において，合意に相当する審判をするときは，家庭裁判所は，その調停委員会を組織する家事調停委員の意見を聴かなければならない（家手277条３項）。

　ところで，家事事件手続法277条は，「必要な事実を調査した上」と規定しているが，ここでの事実の調査は，同法56条１項でいう事実の調査より広義であり，証拠調べをも含む意味で用いられていることに留意する必要がある（旧家審法23条に関するものであるが，沼辺愛一「家庭裁判所の事実の調査」加藤令造編『家事審判法講座第３巻』197頁）。

　また，合意に相当する審判の対象事項に係る身分関係の当事者の一方が死亡した後は，合意に相当する審判はできない（家手277条１項ただし書）。これは，合意に相当する審判の対象となる原因事実を最もよく知っている当事者の一方を欠いている場合には，事実関係の真実性を十分に確認するのが難しいことなどからである。したがって，検察官を相手方とする合意に相当する審判の調停事件はできないことになる。

　ところで，この合意に相当する審判の対象となる事項は，本来人事訴訟事項であり，当事者の任意処分を許さないものであるから，当事者の意思によって当該身分関係を左右することはできないと考えられている。したがって，この合意は，一般調停事件における合意とは異なり，本来人事訴訟手続で処理されるべき事項を，家事事件手続法277条の手続で処理しても差し支えな

いとの，人訴権の放棄を内容とする手続法上の合意を意味すると解されている（手続法説）。

　なお，この合意の性質については，このほかに，家事事件手続法277条の合意に相当する審判の，人事訴訟手続の代用手続としての側面を認めた上で，実体法上の身分関係に関する合意，すなわち身分行為を無効としたり，取り消したり，あるいは身分関係の存否を決したりすることについての合意とみる実体法説と，人訴権の放棄を内容とする手続法上の合意と，身分関係の実体部分についての身分上の法律効果を伴わない事実上の合意とを兼有すると考える両性説がある（最判昭37・7・13民集16巻8号1501頁）。

　また，①の合意は，電話会議システムやテレビ会議システムを用いた方法で成立させることはできないし，書面による受諾の方法でも成立させることができない（家手277条2項）。

　なお，家庭裁判所が①の合意を正当と認めないときは，調停の不成立の場合の事件の終了（後記Ⅳ参照）に関する家事事件手続法272条の1項から3項までが準用される（家手277条4項）。

　そして，当事者及び利害関係人は，合意に相当する審判に対し，家庭裁判所に異議を申し立てることができる。ただし，当事者にあっては，①及び②の要件に該当しないことを理由とする場合に限る（家手279条1項（第8編第2章第18参照））。当事者は，本来合意に相当する審判の対象事項について合意しているので，異議申立権を認める必要はないはずである。しかし，例えば，その合意が不存在又は無効であることを看過して，合意に相当する審判が行われた場合には，利害関係人による異議申立ての規定が類推適用され，当事者でも異議申立てができると解されていた（最決昭44・11・11民集23巻11号2015頁）ことから，それを家事事件手続法で新たに明文化したものである。

　この異議の申立ては，書面でしなければならないし，その書面には異議の理由を記載し，かつ，異議の理由を明らかにする資料を添付しなければならない（家手規135条1項・2項）。利害関係人が，異議を申し立てるときには，利害関係を記載し，その利害関係を有することを明らかにする資料を添付しなければならない（家手規135条3項）。

　また，この異議の申立ては2週間の不変期間内にしなければならない（家手279条2項）が，その起算日は，異議の申立てをすることができる者が，審判の告知を受ける者である場合にあってはその者が審判の告知を受けた日か

ら，審判の告知を受ける者でない場合にあっては当事者が審判の告知を受けた日（2以上あるときは，当該日のうち最も遅い日）から，それぞれ進行する（家手279条3項）。この異議の申立てをする権利は，放棄することができる（家手279条4項）。

この合意に相当する審判は，利害関係人から適法な異議の申立てがあったときは，その効力を失うことになるが，その場合，家庭裁判所は，当事者に対し，その旨の通知をしなければならない（家手280条4項）。そして，当事者が，その通知を受けた日から2週間以内に当該家事調停の申立てがあった事件について訴えを提起したときは，その家事調停の申立ての時に，その訴えの提起があったものとみなすことになる（家手280条5項）。

また，家庭裁判所は，当事者がした異議の申立てが不適法であるとき，又は異議の申立てに理由がないと認めるときは，これを却下しなければならないし，利害関係人の異議の申立てが不適法である場合も同様である（家手280条1項）。その不適法な異議の申立てとしては，例えば，異議の申立てが異議申立て期間経過後になされたとか，異議申立権のない者からなされた場合などが考えられる。異議の申立人は，この異議の申立てを却下する審判に対して，即時抗告をすることができる（家手280条2項）。

なお，家庭裁判所は，当事者から適法な異議の申立てがあった場合において，異議の申立てを理由があると認めるときは，合意に相当する審判を取り消さなければならない（家手280条3項）。そして，合意に相当する審判が取り消された場合には，合意に相当する審判がされる前の状態に戻ることになるので，調停機関は，改めて①及び②の要件を吟味することになる。

異議の申立期間内に異議の申立てがないとき，又は異議の申立てを却下する審判が確定したときは，合意に相当する審判は，確定判決と同一の効力を有する（家手281条）。

ところで，確定した合意に相当する審判の効力であるが，その手続を人事訴訟手続の代用，あるいは簡易手続であると解する限り，その審判の具体的な内容に応じて，それと同じ内容の確定判決がもつ既判力や形成力を有するとともに，その効力が第三者にも及ぶ対世的効力（人訴24条）をも有し，さらには失権的効果（人訴25条）ももつことになる。

⑵　合意に相当する審判の特則

婚姻の取消しについての家事調停の手続において，婚姻の取消しについて

の合意に相当する審判をするときは，この合意に相当する審判において，当事者の合意に基づき，子の親権者を指定しなければならないし，子の親権者の指定につき当事者間で合意が成立しないとき，又は成立した合意が相当でないと認めるときは，合意に相当する審判をすることができない（家手282条1項・2項）。これは，子の親権者についての争いなどを残したままで，婚姻の取消しについてのみ合意に相当する審判をしても，事件の全体的な解決にはならず，人事訴訟手続の代用として簡易な手続を設けた意義が失われてしまうことになるからである。従前疑義のあった，合意に相当する審判の調停事件における，別表第2に掲げる事項の具体的な取扱いを定めたものである。

　また，夫が嫡出否認についての調停の申立てをした後に死亡した場合において，当該申立てに係る子のために相続権を害される者その他夫の三親等内の血族が夫の死亡の日から1年以内に嫡出否認の訴えを提起したときは，夫がした調停の申立ての時にその訴えの提起があったものとみなすこととした（家手283条）。これは，人事訴訟法41条2項にならったものである。

Ⅲ　家事事件手続法284条（調停に代わる）審判

(1)　調停に代わる審判

　家庭裁判所は，調停が成立しない場合において相当と認めるときは，当事者双方のために衡平に考慮し，一切の事情を考慮して，職権で，事件の解決のため必要な審判（以下「調停に代わる審判」という）をすることができる（家手284条1項）。ただし，277条1項に規定する事項についての家事調停の手続においてはできない（家手284条1項ただし書）。なお，その家事調停の手続が調停委員会で行われている場合において，調停に代わる審判をするときは，家庭裁判所は，その調停委員会を組織する家事調停委員の意見を聴かなければならない（家手284条2項）。

　この審判においては，当事者に対し，子の引渡し又は金銭の支払その他の財産上の給付その他の給付を命ずることができる（家手284条3項）。従前，調停に代わる審判ができないとされていた別表第2に掲げる事項については，この制度の活用の余地があることから，積極的にできることに，疑義のあった家事事件手続法277条1項に規定する事項については，実務の消極的な意見に従って，できないことに，それぞれ明文をもって定めた。

　ところで，家事調停事件において，当事者間に合意が成立しない限り，す

べての調停が成立しないものとすると，一方の当事者の頑固な恣意やわずか
な意見の相違によって調停が成立しない場合が生じ，調停委員会の種々の努
力が失われるとともに，かえって当事者の不利益になり，社会正義にも反す
る場合がある。また，事件によっては，裁判所が明確な判断を示すことによ
り，当事者も納得し，その判断に従う場合もあり得る。そこで，そのような
場合に，従前の調停手続を徒労に終わらせないで，調停の実行を収め得る方
法として設けられたのが，調停に代わる審判である。

当事者は調停に代わる審判に対し，家庭裁判所に異議を申し立てることが
できる（家手286条1項）。従前，利害関係人にも異議の申立てが認められてい
たが，家事事件手続法では，当事者が調停に代わる審判に不服がないのに，
利害関係人の申立てで，審判の効力を失わせるのは相当でないとして，異議
申立権を当事者に限定している。この異議の申立て（第8編第2章第19参照）
は，書面でしなければならない（家手規137条1項）が，この異議は，実質的
な理由を示す必要はなく，単に審判に不同意である趣旨，すなわち審判を拒
否する趣旨を表明することで足りると解されている。

また，この異議の申立ては2週間の不変期間内にしなければならない（家
手286条2項・279条2項）が，その起算日は，異議の申立てをすることができ
る者が，審判の告知を受ける者である場合にあってはその者が審判の告知を
受けた日から，審判の告知を受ける者でない場合にあっては，当事者が審判
の告知を受けた日（2以上あるときは，当該日のうち最も遅い日）から，それぞれ
進行する（家手286条2項・279条3項）。この異議の申立てをする権利は，放棄
することができる（家手286条2項・279条4項）。

この調停に代わる審判は，適法な異議の申立てがあったときは，その効力
を失うことになるが，その場合，家庭裁判所は，当事者に対し，その旨の通
知をしなければならない（家手286条5項）。そして，当事者が，その通知を受
けた日から2週間以内に当該家事調停の申立てがあった事件について訴えを
提起したときは，その家事調停の申立ての時に，その訴えの提起があったも
のとみなすことになる（家手286条6項）。別表第2に掲げる事項についての調
停に代わる審判が効力を失った場合には，家事調停の申立ての時に当該事項
についての家事審判の申立てがあったものとみなすことになる（家手286条7
項）。

また，家庭裁判所は，当事者がした異議の申立てが不適法であるときは，

これを却下しなければならない（家手286条3項）。その不適法な異議の申立てとしては，例えば，異議の申立てが異議申立て期間経過後になされた場合などが考えられる。異議の申立人は，この異議の申立てを却下する審判に対して，即時抗告をすることができる（家手286条4項）。

ところで，当事者が，申立てに係る家事調停（離婚又は離縁についての家事調停を除く）の手続において，調停に代わる審判に服する旨の共同の申出をしたときは，異議を申し立てることができないものとした（家手286条8項）。これは，異議申立権を事実上事前に放棄することで，調停に代わる審判の早期確定を図るものである。

ここで，離婚又は離縁についての家事調停を除いたのは，人事訴訟法37条2項及び44条で民事訴訟法265条の規定が適用にならないことと均衡を図ったものである。この共同の申出は，当事者の意思を明確にし，疑義を生じさせないようにするために書面でしなければならない（家手286条9項）。その共同の申出の撤回は，調停に代わる審判の告知前であればでき，その撤回には，相手方の同意を得ることを要しない（家手286条10項）。

異議の申立てがないとき，又は異議の申立てを却下する審判が確定したときは，別表第2に掲げる事項についての調停に代わる審判は確定した39条の規定による審判と同一の効力を，その余の調停に代わる審判は確定判決と同一の効力を有する（家手287条）。この場合，離婚又は離縁などについての調停に代わる審判については，遅滞なく，本籍地の戸籍事務を管掌する者に対して，裁判所書記官によるいわゆる戸籍通知が必要である（家手規136条）。

ところで，確定した調停に代わる審判の効力であるが，例えば，離婚及び離縁の審判では，その審判の具体的な内容に応じて，それと同じ内容の確定判決がもつ形成力を有するとともに，その効力が第三者にも及ぶ対世的効力（人訴24条）をも有している。また，金銭の支払その他の財産上の給付やその他の給付を命じた審判は，執行力を有する。しかし，調停に代わる審判は，離婚・離縁原因といった形成要件，あるいは，慰謝料請求権の存在を確定することなく，その結論部分を宣言するにすぎないことから，一般的には既判力が否定されている。

なお，確定した39条の規定による審判の効力については，本編第2章第11節Ⅱを参照していただきたい。

(2) 調停に代わる審判の特則

家事調停の申立ての取下げは，調停に代わる審判がされた後は，することができない（家手285条1項）としている。これは，受調停裁判所の判断が，審判という形で示されており，それを当事者が受け入れないのであれば，取下げではなく，異議の申立てによるべきだからである。

また，調停に代わる審判の告知は，公示送達の方法によっては，することができない（家手285条2項）とされている。これは，当該審判が確定すると，当事者に重大な身分関係の変動等を生じることになるが，公示送達による告知の場合，事実上その告知を受けた者の異議申立権を奪うことになってしまうからである。

ところで，調停に代わる審判を告知することができないと，審判が確定しない不安定な状態が継続することになる。そこで，それを避けるため，家庭裁判所が，調停に代わる審判を取り消して調停事件を終了させることができるようにした（家手285条3項・272条1項）。

Ⅳ　調停不成立

調停委員会は，当事者間に合意（家手277条1項1号の合意を含む）が成立する見込みがない場合，又は成立した合意が相当でないと認める場合には，調停が成立しないものとして，家事調停事件を終了させることができる。ただし，調停に代わる審判をしたときは，この限りではない（家手272条1項）。

当事者間に合意が成立する見込みがない場合には，それ以上調停手続を続ける意味がないので，調停を打ち切るほかないが，合意が成立する見込みがあるかどうかは，調停委員会の自由な判断に委ねられている。例えば，当事者間の対立が激しく，話し合いができない場合や数回開かれた調停期日に当事者の一方が出頭しない場合などが考えられよう。

また，成立した合意が相当でないと認められる場合にも，調停を打ち切ることができるが，その合意の内容が相当かどうかの認定も基本的には，調停委員会の裁量に委ねられている。その場合，一般的には，その合意の内容が，正義と衡平に合致しているかどうかが相当性認定の基準となる。したがって，例えば，認知請求権や扶養請求権を放棄する合意などは，その内容が相当性を欠くと判断されることになると解される。

家事事件手続法277条に規定する合意に相当する審判事項の調停につき，当事者間に合意が成立し，その原因について争いがない場合でも，家庭裁判

所の事実の調査の結果，例えば，申し立てた事実が虚偽であったり，事実の調査結果に相反していたりして，その合意が正当と認められない場合には，合意に相当する審判をせずに，調停が成立しないものとして事件を終了させることになる。

調停委員会が，調停不成立の措置をとると，調停手続は当然終了することになるので，裁判所書記官は，事件終了の日時等を明らかにするため，調停が成立しないものとして事件が終了した旨を調書に記載する（家手253条，家手規126条1項・32条1項1号）。その場合，家庭裁判所は，当事者に対し，その旨を通知しなければならない（家手272条2項）し，裁判所書記官は，利害関係参加人に対し，遅滞なく，その旨を通知しなければならない（家手規132条2項）。この調停不成立の措置は，裁判ではなく，不服申立てに関する明文の規定もないことから，不服申立てはできないと解されている。

ところで，別表第2に掲げる事項についての調停事件が，調停の不成立で終了した場合には，家事調停の申立ての時に，当該事項についての家事審判の申立てがあったものとみなされて，当然に審判手続に移行する（家手272条4項）。

これに対して，訴訟の対象となり得る事項に関する調停事件については，当事者が，調停の不成立で終了した旨の通知を受けた日から2週間以内に訴えを提起したときには，家事調停の申立ての時に，その訴えの提起があったものとみなされる（家手272条3項）。この規定は，調停の申立てをした者が，出訴期間（民777条など）を徒過したり，出訴による時効中断の利益を失うなどの不利益を防止するために設けられたものである。

V　調停をしない措置

調停委員会は，事件が性質上調停を行うのに適当でないと認めるとき，又は当事者が不当な目的でみだりに調停の申立てをしたと認めるときは，調停をしないものとして，家事調停事件を終了させることができる（家手271条）。これは，紛争の内容が調停に適さなかったり，調停申立てが調停制度の濫用にわたると認められる場合に，調停制度の利用を阻止するために設けられたものである。

ここでいう，「事件が性質上調停を行うのに適当でないと認めるとき」とは，例えば，有婦の夫が他女との同居を求める申立てのように，事件の内容

が法令や公序良俗に反する場合だけではなく，調停の当事者が精神病者であったり，相手方が所在不明であったりなどして，具体的な事件の態様上調停をするのに適当でない場合も含まれると解されている。

また，「当事者が不当な目的でみだりに調停の申立てをしたと認めるとき」とは，例えば，単に訴訟や執行を遅延させる目的で申し立てられた場合や他人の氏名を冒用して申し立てられた場合などがこれにあたる。

調停委員会が，調停をしないものとする措置をとると，調停手続は当然終了することになるので，その措置が調停期日にとられた場合，裁判所書記官は，事件終了の日時等を明らかにするため，調停をしないものとして事件が終了した旨を調書に記載する（家手253条，家手規126条1項・32条1項1号）。なお，その措置が，期日外でとられたときは，そのことを記録上明らかにしておくのが相当である。この措置がとられたときには，裁判所書記官は，当事者及び利害関係参加人に対し，遅滞なく，その旨を通知しなければならない（家手規132条1項）。

また，この調停をしない措置は，裁判ではなく，不服申立てに関する明文の規定もないことから，不服申立てはできないと解されている。

ところで，別表第2に掲げる事項に関する調停事件について，調停をしない措置をとったときには，当該事件が審判手続に移行するとの規定はないので移行しないと解すべきである。なお，例えば，親権者が行方不明であることを理由とする親権者変更の調停申立てが行われた場合などに，調停をしない措置がとられたときには，旧家事審判法26条1項を類推して，審判への移行を認めるべきであるとする見解があった（京都家審昭59・4・6家月37巻4号62頁参照）。

また，訴訟の対象となり得る事項に関する調停事件について，調停をしない措置で終了した旨の通知を受けた日から一定の期間内に訴えを提起したときには，家事調停の申立ての時に，その訴えの提起があったものとみなされるような規定もない。

VI 調停申立ての取下げ

家事調停の申立ては，家事調停事件が終了するまで，その全部又は一部を取り下げることができる（家手273条1項）。調停事件は，申立てによって開始し，申立てを行うか否かは，申立人の自由であるから，その取下げもまた自

由なはずである。

調停申立ての取下げは，手続を明確にするため書面でしなければならないが，家事調停の手続の期日においては，口頭でもできる（家手273条2項，民訴261条3項）。そして，合意に相当する審判がされた後は，相手方の同意が必要である（家手278条）が，その他の場合には，相手方の同意は必要ないと解されている。

家事調停事件全部が有効に取り下げられ，調停事件が終了したときは，調停事件は，初めから係属しなかったものとみなされる（家手273条2項，民訴262条1項）。

申立ての取下げにより調停手続が終了した場合，裁判所書記官は，当事者及び利害関係参加人に対し，遅滞なく，その調停取下げで家事調停事件が終了した旨を通知しなければならない（家手規132条3項・1項）。

また，前記Ⅲ(2)で述べたように，家事調停の申立ての取下げは，調停に代わる審判がされた後はできない（家手285条1項）。

Ⅶ　当事者の死亡

本章第3節Ⅱの受継で述べたとおり，一身専属的事件は，当事者（事件本人など）の死亡により，調停の対象や目的が消滅するので，調停手続は，何らの手続を要せず当然終了する。例えば，離婚，離縁，婚姻費用の分担，親権者の指定・変更，子の監護に関する処分などの事件において当事者が死亡した場合や，親権者の指定・変更，子の監護に関する処分事件において，当該未成年である子が死亡した場合などが，それにあたる。この場合には，終了した旨及びその年月日を明らかにするために，死亡を証する書面（戸籍抄本等）を提出させ，裁判官の認印を受けた上で，それを記録に編てつしておくのが相当である。

なお，夫が嫡出否認についての合意に相当する審判の調停の申立て後に死亡した場合（家手283条）の取扱いについては，前記Ⅱ(2)で述べたとおりである。

【門脇　　功】

第5章

履行の確保

　審判，調停及び調停に代わる審判で定められた義務が，任意に履行されない場合には，制度上強制執行という権利の具体的実現の方法（民執22条，家手75条・268条1項・287条）はあるが，家事債務は，民事債務に比較して一般的に低額であり，かつ，少額の分割払いや定期払いの金銭給付を内容とするものが多く，強制執行をしても費用倒れになるおそれがあること，権利者の多くは，法律的手続に通じておらず，経済的弱者であることが多いこと，権利者と義務者とは，親族又は親族であった者であり，その間の権利関係について，強制執行という強力な権利の実現方法をとることに躊躇したり，必ずしも将来的に見て，そのような強力な権利の実現方法をとることが適切とはいえない場合があることなどから，実際上は強制執行に親しみにくい場合が相当多く存在する。

　そこで，履行確保制度として，義務の履行状況の調査及び履行の勧告（家手289条），義務履行の命令（家手290条）の2つの制度が存在する。この2制度は，それぞれ別個の独立した手続であり，総合的に運用はされるが，一連の継続した手続ではなく，強制執行に代わる手続でもない。

第1節　履行勧告

　義務を定める家事事件手続法39条の規定による審判をした家庭裁判所（同法91条1項（同法96条1項及び98条1項において準用する場合を含む）の規定により抗告裁判所が義務を定める裁判をした場合にあっては第一審裁判所である家庭裁判所，同法105条2項の規定により高等裁判所が義務を定める裁判をした場合にあっては本案の家事審判事件の第一審裁判所である家庭裁判所。以下同じ）は，権利者の申出があると

きは，その審判（抗告裁判所又は高等裁判所が義務を定める裁判をした場合にあっては，その裁判。同法290条1項において同じ）で定められた義務の履行状況を調査し，義務者に対し，その義務の履行を勧告することができる（家手289条1項）。

これを一般的に履行勧告と呼んでおり，調停又は調停に代わる審判において定められた義務（高等裁判所において定められたものを含む。同法290条3項において同じ）の履行及び調停前の処分として命じられた事項の履行についても準用されている（家手289条7項）。

これは，権利者の申出を受けて，義務者の義務の履行状況を調査し，正当な理由がないのに義務を履行しない者に裁判所が働きかけて，自発的にその義務の履行を図ることを目的とした制度である。

なお，具体的な履行勧告手続については，次に記載するほか第7編第2章第18を参照していただきたい。

I　履行勧告の対象事件

家事審判事件の審判，調停，調停に代わる審判及び調停前の処分で定められた義務（家手289条1項・7項）を対象にしており，その義務とは，金銭支払等の財産上の給付義務に限らず，その他一切の作為・不作為の義務を含んでいる。例えば，強制執行を行うことに慎重な配慮が必要な，未成年の子の引渡義務や，強制執行に親しまない夫婦同居義務なども含まれる。

また，調停条項中の道義条項などで，作為・不作為の義務を内容とするものも含まれると解されている。

なお，審判前の保全処分における審判（執行期間経過の前後を問わない（民保43条2項））（家手105条）及び人事訴訟事件の附帯処分についての裁判等（人訴32条・38条）で，それぞれ定められた義務も対象になる。

II　申出権利者

家事審判事件の審判，調停，調停に代わる審判及び調停前の処分等で定められた義務についての権利者である。

III　申　出　方　法

申出は，書面又は口頭のいずれでもよく，実務では，電話による申出も受けている。この申出は，家庭裁判所に対する調査及び勧告を求める意思の表

示であり，裁判を求める行為でも，裁判手続中に行われる訴訟行為でもなく，権利者の事実上の希望を明らかにするもので，その申出の方式については定めがないと解されている。

Ⅳ　添付書類

原則として不要であるが，例えば，金銭支払義務の履行方法が，口座振込である場合に，預金通帳の写しを提出させることは，履行勧告手続を迅速に進める上で有益であろう。

Ⅴ　義務の履行状況の調査及び履行の勧告

義務を定める家事事件手続法39条の規定による審判をした家庭裁判所は，調査及び勧告を他の家庭裁判所に嘱託することができる（家手289条2項）。その嘱託の手続は，裁判所書記官がする（家手規139条1項）。そして，義務を定める家事事件手続法39条の規定による審判をした家庭裁判所並びに調査及び勧告の嘱託を受けた家庭裁判所（これらの家庭裁判所を「調査及び勧告をする家庭裁判所」という）は，家庭裁判所調査官に義務の履行状況の調査及び勧告をさせることができる（家手289条3項）。

また，調査及び勧告をする家庭裁判所は，義務の履行状況の調査及び勧告に関し，事件の関係人の家庭環境その他の環境の調整を行うために必要があると認めるときは，家庭裁判所調査官に社会福祉機関との連絡その他の措置をとらせることができる（家手289条4項）し，必要な調査を官庁，公署その他適当と認める者に嘱託し，又は銀行，信託会社，関係人の使用者その他の者に対し関係人の預金，信託財産，収入その他の事項に関して必要な報告を求めることもできる（家手289条5項）。その嘱託の手続は，裁判所書記官がする（家手規139条1項）。

具体的には，まず，定められた義務が，その本旨に従って履行されているかどうか，また，どのような理由で履行されないのかといった，いわゆる履行状況を把握する。その調査の結果に基づいて，家庭裁判所は，義務者に対して，義務の履行を勧告し，又はこれを家庭裁判所調査官にさせることができる。この勧告は，義務者の自発的履行を促すものであって裁判ではないので，法律上の効果を伴うものではない。したがって，特定の形式による必要はなく，具体的には，例えば，履行勧告書を義務者に送付したり，義務者を

第2節　履行命令　　*105*

家庭裁判所に出頭させて口頭で履行を勧告したりする。

　また，調査及び勧告をする家庭裁判所は，義務の履行状況の調査及び勧告の事件の関係人から，当該事件の記録の閲覧等又は複製の請求があった場合において，相当と認めるときは，これを許可することができる（家手289条6項）。義務の履行状況の調査及び履行の勧告は，審判その他の裁判ではないので，家事事件手続法47条は適用されないが，義務の履行の調査及び履行の勧告は，権利者からの申出を受けて行う手続であり，その事件記録について，一定の範囲で事件の関係人に閲覧等を認めるのが相当である。なお，これを許可する裁判においては，当該事件の記録中記録の閲覧等を許可する部分を特定しなければならない（家手規139条3項・35条）。

第2節　履行命令

　義務を定める家事事件手続法39条の規定による審判をした家庭裁判所は，その審判で定められた金銭の支払その他の財産上の給付を目的とする義務の履行を怠った者がある場合において，相当と認めるときは，権利者の申立てにより，義務者に対し，相当の期限を定めてその義務の履行をすべきことを命ずる審判をすることができる。この場合において，その命令は，その命令をする時までに義務者が履行を怠った義務の全部又は一部についてするものとする（家手290条1項）と規定されている。そして，その義務の履行を命じられた者が正当な理由なく，定められた期限までに，その命令に従わないときは，家庭裁判所は，その者を10万円以下の過料に処することができる（家手290条5項）。

　これは，義務者にその誠意がないときには，履行勧告だけでは，その効果をあげることができない場合があることから，過料という制裁を伴った制度にしたものである。

　この義務の履行を命ずる審判の手続については，家事事件手続法及び家事事件手続規則のそれぞれ第2編第1章に定めるところによると規定されている（家手290条4項，家手規140条2項）。

　なお，具体的な履行命令の手続については，次に記載するほか第7編第2章第19を参照していただきたい。

I　審判の発効

⑴　履行命令の対象事件

　家事審判事件の審判，調停及び調停に代わる審判（抗告裁判所又は高等裁判所が義務を定める裁判をした場合にあっては，その裁判（家手289条1項・290条1項））で定められた義務のうち，強制力を用いて履行させるのに適する，金銭の支払その他の財産上の給付を目的とする義務に限られる（家手290条1項・3項・289条7項）。したがって，例えば，未成年の子の引渡義務や，夫婦同居義務などの身分関係に基づく義務は，対象にならない。それは，未成年の子の引渡義務の履行の場合，事案によって，より強制力の強い強制執行の直接強制又は間接強制によることが可能であること，夫婦同居義務の履行については，相手方の協力が必要であり，それを履行命令により強制するよりも，履行勧告や再度の家事調停申立てなどで調整するのが相当であると考えられたためである。

　また，給付義務を定めただけで，給付を命じる条項，いわゆる給付条項を定めていない場合も対象にならない。なお，履行勧告の場合と同様に，この場合も，審判前の保全処分における審判（執行期間経過の前後を問わない（民保43条2項））（家手105条）及び人事訴訟事件の附帯処分についての裁判等（人訴32条・39条）で，それぞれ定められた金銭の支払その他の財産上の給付を目的とする義務も対象になる。

⑵　申立権者

　家事審判事件の審判，調停及び調停に代わる審判等で定められた，金銭の支払その他の財産上の給付を目的とする義務についての権利者である。

⑶　申立方法

　申立ては，家事審判の手続に従って行うことになるので，申立書を家庭裁判所に提出してしなければならない（家手290条4項・49条1項）。

⑷　添付書類

　原則として不要であるが，履行勧告の場合と同様に，例えば，金銭支払義務の履行方法が，口座振込である場合に，預金通帳の写しを提出させることは，履行状況を把握し，履行命令事件を迅速に進める上で有益であろう。

⑸　履行義務者の陳述聴取

　家庭裁判所は，事実を調査し，その結果，義務の履行を命ずるかどうかを

判断することになるが，その義務の履行を命ずる前に，義務者の陳述を聴かなければならない（家手290条2項）。これは，履行命令が過料の制裁と密接な関連があるので，慎重を期すために設けられたものであるが，義務者に陳述の機会を与えれば足りるものと考えられている。

なお，陳述を聴く方法は，口頭又は書面のいずれでもよいと解されている。

Ⅱ　審判の告知

履行命令は，義務の履行をすべきことを命ずる審判書を作成し（家手290条4項・76条），これを義務者に告知することにより，その効力を生じる（家手290条4項・74条）ことになるが，具体的な告知は，権利者に対しては，審判書謄本を送付して，義務者に対しては，送達することにより行われている。

ところで，その履行命令の内容は，本来の義務の範囲内であることを要するが，家庭裁判所は，権利者の申立てに拘束されることはなく，履行が遅滞している義務全体を対象として命令することもできるし，その遅滞している義務の一部の履行を命ずることもできる（家手290条1項）。履行命令は，過料の制裁につながるものであるから，義務者の資力等を考慮し，家庭裁判所の裁量により，具体的妥当な命令を行うことになる。したがって，申立ての範囲の一部についてのみ履行命令をした場合でも，残余部分について申立てを却下する必要はないことになる。

また，履行命令を告知する際には，同時に，その命令の違反に対して，法律上の制裁である，家事事件手続法290条5項の過料に処せられることがある旨を告知しなければならない（家手規140条1項）ので，審判書にその警告文言を記載する必要がある。これは，義務者に不測の不利益を与えないようにする趣旨であるが，同時に，義務者に，心理的強制を加える効果も期待できる。

なお，履行を命ずる審判及び申立てを却下する審判に対しては，即時抗告を認める規定はなく，いずれも不服申立てはできないと解されている（家手290条4項・85条1項）。ただし，過料の裁判に対しては，即時抗告が認められている（家手291条2項，非訟120条3項）。

【門脇　　功】

第3編

各種審判手続の書式実例

第1章

成年後見・保佐・補助に関する審判事件及び任意後見契約法に規定する審判事件

第1　後見開始の手続

解　説

(1)　制度の趣旨

(a)　根　　拠　　精神上の障害により事理を弁識する能力を欠く常況にある者については，申立権者は，家庭裁判所に後見開始の申立てをすることができる（民7条）。これに対し，裁判所は，精神の状況の鑑定を行い（家手119条），「事理弁識能力を欠く常況」にあると認めるときは後見開始の審判をする（家手別表第1の1項）。

(b)　後見開始の対象者　　後見開始の対象者は，「精神上の障害」により「事理を弁識する能力を欠く」者（民7条）である。

「精神上の障害」とは，身体上の障害を除くすべての精神的障害を含む広義の概念であり，認知症，知的障害，精神障害のほか，自閉症，事故による脳の損傷又は脳の疾患に起因する精神的障害等もこれに含まれる。「事理を弁識する能力を欠く」とは，判断能力を欠く常況にあることを意味し，通常は意思無能力の状態にあることを指す。事理を弁識する能力を欠く常況にある者の具体例としては，①日常の買物も自分ではできず，誰かに代わってやってもらう必要がある者，②ごく日常的な事柄（家族の名前，自分の居場所等）がわからなくなっている者，③完全な植物人間状態にある者が挙げられる（小林昭彦＝原司『平成11年民法一部改正法等の解説』61頁・62頁）。

(c)　成年後見人選任の申立て　　家庭裁判所は，後見開始の審判をするときは，職権で，成年後見人を選任するから（民843条1項），後見開始の申立ての際には，別途，成年後見人選任の申立てをする必要はない。

(d)　成年被後見人のした行為の取消し　　成年被後見人の法律行為のうち，

「日用品の購入その他日常生活に関する行為」を除いて，これを取り消すことができる（民9条）。「日用品の購入その他日常生活に関する行為」とは，具体的には，食料品等の購入，電気・ガス・水道等の供給契約の締結等が挙げられる。

(e) 保佐開始，補助開始の各審判との相互関係　家庭裁判所は，後見開始の審判をする場合，本人が被保佐人又は被補助人であるときは，職権で保佐開始又は補助開始の審判を取り消さなければならない（民19条，家手別表第1の20項・39項）。

(2) **申立手続**

(a) 申立権者　本人，配偶者，4親等内の親族，未成年後見人，未成年後見監督人，保佐人，保佐監督人，補助人，補助監督人，検察官（民7条），市町村長（精保51条の11の2，老福32条，知障28条），任意後見契約が登記されている場合は，任意後見受任者，任意後見人，任意後見監督人（任意後見10条2項）。

(b) 管轄裁判所　本人の住所地の家庭裁判所（家手117条1項）。「住所」とは，「各人の生活の本拠」をいうが（民22条），必ずしも住民登録地と一致するものではない。生活の本拠か否かは，客観的事実及び主観的要素（定住の意思）を総合して判断される。したがって，本人が，福祉施設に入所中であるとか，長期入院中であるような場合にも，事案ごとの客観的事実及び主観的要素を総合して住所の認定をすることになる（最高裁事務総局家庭局監修『改正成年後見制度関係執務資料』（家裁資料175号）66頁）。

(c) 申立手続費用　収入印紙800円（民訴費3条1項・別表第1の15項），予納郵便切手約4000円，予納印紙2600円（登記手数料令14条1項1号），鑑定が必要な場合は，鑑定料。

(d) 添付書類　①本人の戸籍謄本（全部事項証明書），住民票又は戸籍附票，本人の登記されていないことの証明書（法務局・地方法務局の本局で発行するもの），診断書（家庭裁判所が定める様式のもの），本人の財産に関する資料，②成年後見人候補者の戸籍謄本（全部事項証明書），住民票又は戸籍附票，候補者が法人である場合には，商業登記簿謄本（登記事項証明書）。

(3) **審判手続**

(a) 鑑　　定　　家庭裁判所は，後見開始の審判をするには，本人の精神の状況について医師その他適当な者に鑑定をさせなければならない。ただし，

明らかにその必要がないと認めるときは，この限りでない（家手119条1項）。
「明らかにその必要がないと認めるとき」の例としては，①本人が植物状態
の場合，②本人について，近接した時期に，別事件で精神の状況についての
鑑定が行われていて，それにより，本人の審判時の精神の状況が明らかであ
るということができる場合等である（前掲家裁資料175号72頁）。

　(b)　本人の陳述の聴取　　家庭裁判所は，後見開始の審判をする場合，本
人の陳述を聴かなければならない（家手120条1項1号）。なお，陳述を聴取す
るために本人を呼び出しても出頭しない場合，本人が植物状態であるような
場合等，陳述聴取が不可能な場合には，陳述聴取は不要とされている。

　(c)　後見人候補者の意見聴取　　家庭裁判所は，後見人を選任するには，
後見人候補者の意見を聴かなければならない（家手120条2項1号）。

　(d)　考慮事情　　家庭裁判所は，成年後見人を選任するには，成年被後見
人の心身の状態並びに生活及び財産の状況，成年後見人となる者の職歴及び
経歴並びに成年被後見人との利害関係の有無（成年後見人となる者が法人である
ときには，その事業の種類及び内容並びにその法人及び代表者と成年被後見人との利害関
係の有無），成年被後見人の意見その他一切の事情を考慮しなければならない
（民843条4項）。

　(e)　審判の告知　　認容審判は，申立人，成年後見人に選任される者（家
手74条1項・122条3項1号）。任意後見契約が終了する場合は任意後見人，任意
後見監督人（家手74条1項・122条3項1号）。却下審判は，申立人（家手74条3
項）。

　(f)　審判の通知　　後見開始の審判は，成年被後見人となるべき者に通知
される（家手122条1項1号）。通知は審判書謄本の送付等相当と認める方法で
行われる。

　(4)　**不服申立て**

　(a)　後見開始の審判（認容）に対する即時抗告

　　(イ)　即時抗告権者　　民法7条に掲げる者，任意後見契約に関する法律
10条2項に掲げる者（家手123条1項1号）。なお，申立人，市長村長は，即時
抗告をすることはできない。

　　(ロ)　即時抗告期間　　審判の告知を受ける者による即時抗告期間は，そ
の者が審判の告知を受けた日から2週間，成年被後見人となるべき者など審
判の告知を受ける者でない者からの即時抗告は，申立人が審判の告知を受け

た日（2以上あるときは，当該日のうち最も遅い日）から2週間（家手123条2項）。

　(b)　後見開始の審判の申立てを却下する審判に対する即時抗告

　　(イ)　即時抗告権者　　申立人（家手123条1項2号）。

　　(ロ)　即時抗告期間　　当該申立人が告知を受けた日から2週間（家手86条1項）。

(5)　成年後見の登記

　(a)　登記嘱託　　後見開始の審判等の効力が生じた場合には，裁判所書記官は，遅滞なく，登記所（東京法務局民事行政部後見登録課）に対し，登記の嘱託をしなければならない（家手116条1号，家手規77条1項1号）。手数料は，1件につき2600円である（登記手数料令14条1項）。また，後見開始等が効力を生じた場合において，任意後見契約法10条3項の規定により終了する任意後見契約があるときについても，裁判所書記官は，遅滞なく，登記所に対し，その任意後見契約が終了した旨の後見登記法に定める登記を嘱託しなければならない（家手116条1号，家手規77条3項）。

　(b)　変更の登記　　登記記録に記録されている者は，登記事項に変更が生じたことを知ったときは，裁判所書記官の嘱託に基づいて変更の登記がなされる場合を除き，変更の登記を申請しなければならない（後見登記7条1項）。また，成年被後見人等の親族その他利害関係人は，嘱託による登記がされる場合を除き，変更の申請をすることができる（後見登記7条2項）。手数料については，後見開始の審判に基づく登記の嘱託についての手数料の額に変更の登記申請の手数料の額を含んでいるので，別途，納付する必要はない。

　(c)　登記事項証明書の交付請求

　　(イ)　後見登記等ファイル等に記録されていることの登記事項証明　　何人も，後見等について，後見登記等ファイル又は閉鎖登記ファイルに記録されている事項を証明した書面の交付を請求することができる（後見登記10条1項）。手数料は，1通につき550円。ただし，1通の枚数が50枚を超える場合には，50枚までごとに100円を加算した額（登記手数料令2条9項1号）。

　　(ロ)　登記されていないことの証明申請　　何人も，本人等について，後見等の開始の審判等に関する記録がないことの証明を請求することができる（後見登記10条3項）。手数料は，1通につき300円である（登記手数料令2条9項2号）。

【奥山　　史】

第1　後見開始の手続　　*115*

| 書式 1 | 後見開始申立書 |

<table>
<tr><td rowspan="4">受付印</td><td colspan="2">後　見　開　始　申　立　書</td></tr>
<tr><td colspan="2">（注意）登記手数料としての収入印紙は，貼らずにそのまま提出してください。</td></tr>
<tr><td>貼用収入印紙　　800円</td><td rowspan="2">この欄に申立手数料としての収入印紙800円分を貼ってください（貼った印紙に押印しないでください）。</td></tr>
<tr><td>予納郵便切手　　　　円
予納収入印紙　　　　円</td></tr>
</table>

| 準口頭 | 関連事件番号　平成　　年（家　）第 | 号 |

| 東　京 | 家庭裁判所
御中
平成　○○ 年 ○○ 月 ○○ 日 | 申立人の
記名押印 | 甲　野　花　子　　　㊞ |

| 添付書類 | （同じ書類は1通で足ります。審理のために必要な場合は，追加書類の提出をお願いすることがあります。）
☑ 本人の戸籍謄本（全部事項証明書）　　　　☑ 本人の住民票又は戸籍附票
☑ 本人の登記されていないことの証明書　　　☑ 本人の診断書（家庭裁判所が定める様式のもの）
☑ 本人の財産に関する資料　　　　　　　　　☑ 成年後見人候補者の住民票又は戸籍附票
☐ |

<table>
<tr><td rowspan="4">申
立
人</td><td>住　所</td><td colspan="2">〒○○○－○○○○　　　　　　　　　　電話　03　（××××）××××
東京都千代田区○○町○丁目○番○号　　　　　　　　　（　　　　　方）</td></tr>
<tr><td>フリガナ
氏　名</td><td colspan="2">コウノ　ハナコ
甲野　花子　　　　　　　　　　　大正
昭和　○○年○○月○○日 生
平成　　（　　○○　　歳）</td></tr>
<tr><td>職　業</td><td colspan="2">無　職</td></tr>
<tr><td>本人と
の関係</td><td colspan="2">※1　本人　2　配偶者　③　四親等内の親族（　本人の長女　）
　　4　未成年後見人・未成年後見監督人　5　保佐人・保佐監督人　6　補助人・補助監督人
　　7　任意後見受任者・任意後見人・任意後見監督人　8　その他（　　　　　）</td></tr>
<tr><td rowspan="3">本

人</td><td>本　籍
（国　籍）</td><td colspan="2">東京　　㊭道
　　　　府県　　千代田区○○町○丁目○番地</td></tr>
<tr><td>住　所</td><td colspan="2">〒　　－　　　　　　　　　　　　　　電話　　　（　　　）
申立人の住所と同じ　　　　　　　　　　　　　　　（　　　　　方）</td></tr>
<tr><td>フリガナ
氏　名</td><td colspan="2">コウノ　タロウ
甲野　太郎　　　　　　　　　　　明治
大正
昭和　○○年○○月○○日 生
平成　　（　　○○　　歳）</td></tr>
<tr><td>職　業</td><td colspan="2">無　職</td></tr>
</table>

（注）　太わくの中だけ記入してください。　　※の部分は当てはまる番号を○で囲み，3又は8を選んだ場合には，（　）
　　　　内に具体的に記入してください。

	申　立　て　の　趣　旨
	本人について後見を開始するとの審判を求める。

| 申　立　て　の　理　由 |

（申立ての動機，本人の生活状況などを具体的に記入してください。）

　　本人は，10年程前からアルツハイマー型認知症で○○病院に入院していますが，その症状は回復の見込みはなく，日常的に必要な買物も1人でできない状態です。昨年11月に本人の兄が亡くなり，遺産分割の必要が生じたことから本件を申し立てました。申立人も病気がちなので，成年後見人には，健康状態に問題のない本人の長男である甲野夏男を選任してください。

<table>
<tr><td rowspan="4">成年後見
人候補者

適当な人
がいる場
合に記載
してくだ
さい。</td><td rowspan="2">いずれかを
○で囲んで
ください。

1. 申立人と同じ
（右欄の記載
は不要）
②申立人以外
（右欄に記載）</td><td>住　所</td><td>〒　　－　　　　　　　　　　　電話　　　（　　　）
申立人の住所と同じ　　　　　　　　　　（　　　　　方）</td></tr>
<tr><td>フリガナ
氏　名</td><td>コウノ　ナツオ
甲野　夏男　　　　　　　大正
㊭和　○○年○○月○○日 生
平成　（　　　○○　　歳）</td></tr>
<tr><td>職　業</td><td>会　社　員</td><td>本人と
の関係　長　男</td></tr>
<tr><td>勤務先</td><td colspan="2">　　　　　　　　　　　　　電話　×××　（×××）××××
神奈川県横須賀市○○町○丁目○番○号　株式会社○○商事</td></tr>
</table>

（注）　太枠の中だけ記入してください。

【備考】
　1．候補者が法人の場合には，商業登記簿上の名称又は商号，代表者名及び主たる事務所又は本店の所在地を適宜の欄を使って記載する。

第2　渉外後見開始の手続(1)──事件本人が韓国籍の場合

■解　説■

(1)　事件本人が外国籍である場合の成年後見制度

　渉外家事事件の申立てについては，従前の法例（平成18年改正）に代わる「法の適用に関する通則法」（以下「通則法」という）をみる必要がある。

　国際裁判管轄を定める管轄規定（裁判の主体）の解釈と，適用する法は何かを定める準拠規定，つまり準拠法（裁判の基準）の解釈とが問題となる。

　これらの解釈にあたっては以下の2点を出発点にすべきであるといわれている（若林昌子＝床谷文雄編『新家族法実務大系(2)』691頁〔横山潤〕の解説を参照）。

① 　保護の対象となる成年者に最も近い位置にある国が適切かつ実効的な保護措置をとることができる（事件本人の保護実現の立場での視点）。

② 　適正，迅速かつ実効的な保護は，管轄ある機関が外国法ではなくその所属国法を適用してはじめて確保できる（裁判機関の事件処理の立場での視点）。

　上記①の趣旨からは管轄規定の解釈方針が導かれる。つまり，日本に居住する外国人は，本国法の規定による制約があるとしても，成年後見制度を広く利用できるように配慮することが望ましい。そのために，保護の必要性の判断や迅速な対応という観点から，本国より住所地国である日本が近い位置にあるとして，通則法5条は住所を基礎とした日本の管轄権を定めている。

　次に，上記②の趣旨からは，準拠法の解釈の指針が導かれる。つまり，同じ通則法5条は行為能力の制限措置（成年被後見人という法的地位の設定）に関する準拠法を日本法とし，さらに，同法35条はこの行為能力を制限された者に対する補充措置（後見人の選任等）に関する準拠法も日本法と定めている。

(2)　「後見開始」の審判の管轄規定（国際裁判管轄権⇒日本の裁判所）

　通則法5条は大きく2つの管轄権の基礎を列挙している。被後見人の「日本にある住所又は居所」と被後見人の「日本国籍」がそうである（後者は外国に居住しているが日本に財産がある日本人の場合）。「住所」が基礎の冒頭に掲げられている点は，被後見人の住所地を家庭裁判所の土地管轄の基準と定めた旧家事審判規則22条の趣旨を国際的裁判管轄の平面に拡大反映させたものとみてよい。

　したがって，本事例における外国籍の被後見人については，「日本にある

住所」との理由により，日本の裁判所に管轄権が生じていることになる。

(3) 「後見開始」の審判の準拠法 （適用すべき法令⇒日本の民法）

通則法5条は，（日本の裁判所の国際裁判管轄を定めることのほか）後見開始の原因及び効力の準拠法について，端的に日本法のみによることとした。つまり，日本の裁判所が管轄権を有するとした上で，後見開始に関する実体規定と手続規定との両面において日本法が適用されるということである。

したがって，家庭裁判所では，通常の国内事件と同様，後見開始の原因（＝「事理を弁識する能力を欠く常況にあること」）とその効力（＝「本人の行為能力はゼロ，すなわちその者のなす法律行為の効果は無効となること」）についての実体判断を前提に，家事事件手続法の定める手続に従って後見開始の審判がなされる。

(4) 「後見人選任等」の審判の準拠法 （適用すべき法令⇒日本の民法）

上記の後見開始審判に伴う効果として，事件本人に対しては全般的な財産行為についての「能力制限の措置」となり，その代わりに，他人への代理権・取消権の付与という「能力補充の措置」の必要性が発生する。この能力制限の措置と能力補充の措置とは結合関係にあるものとして捉えられることから，双方の措置に姑する準拠法も同一の法によるべきである。

この両者の結合関係の強さは，民法843条1項の「職権による成年後見人の選任」の規定に，より鮮明に顕れている。つまり，後見開始の申立ては当然に後見人の選任の申立てを含む趣旨と解され，そのため，開始の申立てとは別個に選任の申立てをする必要はないとされている点である。

このようにして，後見開始の審判を日本の裁判所がする場合には，後見人選任の審判など被後見人の能力補充に関する事項についても日本法が適用されることになる。この意味では，いったん後見開始の審判があった以上は，それ以降の保護措置については事件本人が日本人であるか外国人であるかは間われないこととなる。

このことを前提にした定めが通則法35条である。同条1項のいわゆる「本国法」とは，外国在住の日本人たる被後見人との関係では，前記5条の規定に従い管轄権を有する日本の裁判所が適用した法と同一の法つまり日本法を意味し，また，外国人が被後見人であるときは同条2項2号の「日本において後見開始の審判等があったとき」に該当する理由から日本法を意味する。

(5) 申立手続

(a) 申立権者，管轄裁判所，申立手続費用は本章第1と同様である。

（b）添付書類　①本人の住民票，②本人の診断書（家庭裁判所が定める様式のもの），③本人の成年後見等に関する登記されていないことの証明書，④本人の財産に関する資料（不動産登記事項証明書（未登記の場合は固定資産評価証明書），預貯金及び有価証券の残高がわかる書類（通帳写し，残高証明書等）等），⑤各裁判所が定める提出書面（親族関係図・財産目録・収支予定表・事情説明書等）。

(6) 住民基本台帳法（改正）や家事事件手続法（新設）との関連事項

渉外事件の場合，事件本人の国籍，住所や在留資格等については，従来は外国人登録原票記載事項証明書によりそれらの確認がなされていた。住民基本台帳法の改正により，外国人住民の利便の増進及び市町村の行政の合理化を目的として，外国人住民（中長期在留者や特別永住者等）も住民基本台帳制度の適用対象に加えられた。これに合わせ外国人登録法が廃止され，外国人登録制度はなくなり，住民基本台帳制度に一元化された。この住民票には，外国人特有の記載事項として，国籍・地域，在留資格，在留期間等が記載されているので，この住民票の記載により国籍等の一連の身分関係が確認できることとなった。また，家事事件の手続を利用する本人等が日本語に通じない場合に備え，手続を利用しやすくする方策として，それらの者が家事事件の期日に関与するときには，通訳人を立ち合わせることが，家事事件手続法においては明確に規定された（家手55条）。

(7) 事件係属時における「領事関係に関するウィーン条約」の規定に基づく通報

「領事関係に関するウィーン条約」に加入している派遣国の国籍を有する者については後見開始の申立てがあったときは，裁判所書記官が適宜の方法により当該国の領事機関に通報する（昭和61年10月22日付け刑二第170号事務総長通達「領事関係に関するウィーン条約の運用について」）。

(8) 審判手続・不服申立て，成年後見の登記

本章第1と同様である。

ちなみに，平成12年施行の新成年後見制度においては，その公示方法が，（それまでの禁治産宣告審判の確定による戸籍記載に代えて）成年後見登記に記録する方法となった。それにより，外国人もその公示対象者とされている（後見登記4条1項2号など）。

【前島　憲司】

第2 渉外後見開始の手続⑴——事件本人が韓国籍の場合　　*119*

書式 2　渉外後見開始申立書⑴——本人が韓国籍の場合

受付印	後　見　開　始　申　立　書

貼用収入印紙　　　800円	**（注意）** 登記手数料としての収入印紙は，はらずにそのまま提出する。
予納郵便切手　　　　　円	この欄に申立手数料としての収入印紙800円分をはる。
予納収入印紙　　　　　円	（はった印紙に押印しない。）

準口頭	関連事件番号　平成　　年（家　　）第　　　　　号

東　京　家庭裁判所 支部・出張所　御中 平成　〇〇年　〇〇月　〇〇日	申立人の 記名押印	甲　野　花　子　　㊞

添付書類	（同じ書類は1通で足ります。審理のために必要な場合は，追加書類の提出をお願いすることがあります。） □ 本人の戸籍謄本（全部事項証明書）　　　☑ 本人の住民票又は戸籍附票 ☑ 本人の登記されていないことの証明書　　☑ 本人の診断書（家庭裁判所が定める様式のもの） ☑ 本人の財産に関する資料　　　　　　　　☑ 成年後見人候補者の住民票又は戸籍附票 ☑ 本人の外国人登録原票記載事項証明書

申 立 人	住　所	〒〇〇〇-〇〇〇〇 東京都千代田区〇〇町〇丁目〇番〇号	電話　03　（××××）×××× 携帯　　（　　　　）
	フリガナ 氏　名	コウノ　ハナコ 甲野　花子	大正 昭和　〇〇年〇〇月〇〇日 生 平成　　　（　　〇〇　歳）
	職　業	無　職	
	本人と の関係	※1　本人　②　配偶者　3　子（　　　）　　4　兄弟姉妹甥姪 　　5　市町村長　6　未成年後見人・未成年後見監督人　7　保佐人・保佐監督人 　　8　補助人・補助監督人　9　任意後見受任者・任意後見人・任意後見監督人 　　10　その他（　　　　　　　）	

本 人	本　籍 （国籍）	韓国　都道 　　　府県	
	住民票 の住所	〒〇〇〇-〇〇〇〇 横浜市中区〇〇町〇丁目〇番〇号	電話　××× （×××）×××× 携帯　　（　　　　）　　　方）
	施設・病院 の入所先	□入所等している　→　施設・病院名等（　　　　　　　　　　　　　） ☑入所等していない　　〒　　　　　　　　　　電話	
	フリガナ 氏　名	キン　ニッテツ 金　日哲	男 女	明治 大正 西暦 昭和 〇〇〇〇年 〇〇月 〇〇日 生 平成　　　（　　〇〇　歳）
	職　業	無　職	

（注）太わくの中だけ記入してください。※の部分は当てはまる番号を〇で囲み，3又は10を選んだ場合には，（　）
　　内に具体的に記入してください。

申　立　て　の　趣　旨

本人について後見を開始するとの審判を求める。

申　立　て　の　理　由

（該当する□にチェックをしてください。）
本人は，☑認知症　□知的障害　□統合失調症　□その他（　　　　　　　　）により判断能力が全くないため，
本人に代わって，
　　　□施設入所等　　□病院入院等
　　　□遺産の相続　　□保険金受領　　□不動産の処分　　□株式等売却
　　　□訴訟・調停　　□債務整理　　　□財産の引継
　　　☑一般的な財産管理・身上監護
　　　□その他（　　　　　　　　　　　　　　　　　　）を行う援助者が必要となった。
※　詳しい事情は申立事情説明書に記入してください。
　1　申立人は本人金日哲の妻である。
　2　本人は60年ほど前に来日し，来日してまもなく申立人と結婚した。本人は来日後事業を営
　　み，ある程度の財産を保有している。しかしながら，3年ほど前から物忘れが多くなり認知
　　症の程度を進ませ，簡単な計算すらできない状態となっている。
　3　そのため，妻である申立人が本人に代わってその財産の管理をする必要があり，本申立てをする。

成年後見 人候補者 適当な人 がいる場 合に記載 してくだ さい。	いずれかを 〇で囲んで ください。	住　所	〒　　- 	電話　　（　　　　） 　　　　　　　　　　　方）
	①申立人と同じ （右欄の記載 は不要） 2.申立人以外 （右欄に記載）	フリガナ 氏　名		大正 昭和 平成　　年　　月　　日生
		職　業		
		本人と の関係	1　配偶者　　　2　父母　　　3　子（　　　） 4　兄弟姉妹姪　5　その他（　　　　　）	

（注）太わくの中だけ記入してください。

第3 渉外後見開始の手続(2)——事件本人がフィリピン籍の場合

解　説

(1)　渉外家事事件の特徴

　渉外家事事件については日本以外の国が関わるため，まず，裁判管轄権の存否の確認（手続問題）を判断し，次に，どの国のどの法律を適用するのか（実体問題：準拠法）を選択する順序となる。

(2)　渉外後見開始事件の手続の流れ

　(a)　手順1——渉外後見開始の事件についての国際裁判管轄権の確認
法の適用に関する通則法（以下「通則法」という）5条は，「成年被後見人となるべき者が日本に住所を有するときは，日本法により，後見開始の審判をすることができる。」とし，わが国の裁判所が国際裁判管轄を有することを明らかにしている。したがって，本事例における事件本人の住所は日本にあることから，日本の裁判所に管轄権があることを確認できる。

　(b)　手順2——後見開始の審判の原因及び効力の準拠法の確認　　後見開始の審判の原因及び効力の準拠法について，通則法5条は，端的に「日本法により，後見開始の審判をすることができる。」とする。旧法例4条が本国法と日本法とを累積適用していた点が改正されたものである。したがって，本事例の場合，外国籍の事件本人の扱いは日本人である場合の扱いと同じでよく，申立権者の範囲も日本法によることになる。

　(イ)　後見開始の審判の原因（＝「事理を弁識する能力を欠く常況にあること」）について日本法によることとされた理由は以下の点にある。

　第1に，日本において保護を必要とするケースについて保護を実効的に行うことができること。第2に，後見開始等の非訟事件は実体法と手続法との関係が密接であり，両者の統一性を確保することができること。

　(ロ)　後見開始の審判の効力（＝「本人の行為能力はゼロ，すなわちその法的効果は無効となること」）について日本法によることとされた理由は以下の点にある。

　第1に，本国法を準拠法とするとその外国法の予定する効力を確認することが困難である場合が生じること。第2に，本国法を準拠法とすると各国における効力が異なることからわが国での取引の安全を害すること（内国取引

保護）にある。

(3) 申立手続

(a) 申立権者，管轄裁判所，申立手続費用は本章第1と同様である。

(b) 添付書類　　本章第2(5)(b)の「添付書類」のとおり。

(c) 申立書を記載する場合の注意事項

　(イ)　署名押印欄　　申立人の署名だけで足りる。

　(ロ)　本籍・住所欄　　住民票にある国籍・住所を記入。

　(ハ)　氏名欄　　日本語読みをカタカナで記入。例えば，本国での氏名の構成が「名A→氏BC」であれば，「氏BC→名A」の順で表記。

　(ニ)　在留資格や通訳の要否等を必要に応じ申立ての理由欄末尾に記入。

(4) 審判手続・不服申立て・成年後見の登記

本章第1と同様である。

【前島　憲司】

122　第3編　各種審判手続の書式実例　　第1章　成年後見・保佐・補助に関する審判事件及び任意後見契約法に規定する審判事件

書式 3　渉外後見開始申立書(2)——本人がフィリピン籍の場合

受付印	後　見　開　始　申　立　書
貼用収入印紙　　800円 予納郵便切手　　　　円 予納収入印紙　　　　円	**(注意)** 登記手数料としての収入印紙は，はらずにそのまま提出する。 この欄に申立手数料としての収入印紙800円分をはる。 （はった印紙に押印しない。）

| 準口頭 | 関連事件番号　平成　　年（家　　）第　　　　　　号 |

| 東　京　家庭裁判所
　　支部・出張所　御中
平成 ○○ 年 ○○ 月 ○○ 日 | 申 立 人 の
記 名 押 印 | アーティアート，ミラー　　　　印 |

添付書類（同じ書類は1通で足ります。審理のために必要な場合は，追加書類の提出をお願いすることがあります。）
- ☑ 本人の戸籍謄本（全部事項証明書）
- ☑ 本人の登記されていないことの証明書
- ☑ 本人の財産に関する資料
- ☑ 本人の外国人登録原票記載事項証明書
- ☑ 本人の住民票又は戸籍附票
- ☑ 本人の診断書（家庭裁判所が定める様式のもの）
- ☑ 成年後見人候補者の住民票又は戸籍附票

申 立 人	住　所	〒○○○-○○○○ 東京都文京区○○町○丁目○番○号	電話　03　（××××）×××× 携帯　（　　）
	フリガナ 氏　名	アーティアート，ミラー	大正 昭和 平成　○○○○年 ○○ 月 ○○ 日 生 西暦
	職　業	無職	
	本人と の関係	※1　本人　②　配偶者　3　子（　　　）　　4　兄弟姉妹甥姪 5　市町村長　6　未成年後見人・未成年後見監督人　7　保佐人・保佐監督人 8　補助人・補助監督人　9　任意後見受任者・任意後見人・任意後見監督人 10　その他（　　　　　）	

本 人	本　籍 （国　籍）	フィリピン　都道 　　　　　　府県	
	住民票 の住所	〒　　- 申立人の住所と同じ	電話　（　　） 携帯　（　　）　　方）
	施設・病院 の入所先	□入所等している　→　施設・病院名等（　 〒 ☑入所等していない	電話　（　　）
	フリガナ 氏　名	アーティアート，サルエム	男　女	明治 大正 昭和 平成　○○○○年 ○○ 月 ○○ 日 生 西暦　（　○○　歳）
	職　業	無職	

(注)　太わくの中だけ記入してください。　※の部分は当てはまる番号を○で囲み，3又は8を選んだ場合には，（　）内に具体的に記入してください。

申　立　て　の　趣　旨

本 人 に つ い て 後 見 を 開 始 す る と の 審 判 を 求 め る 。

申　立　て　の　理　由

（該当する□にチェックをしてください。）
本人は，☑認知症　□知的障害　□統合失調症　□その他（　　　　　　　）により判断能力が全くないため，
本人に代わって，
□施設入所等　　□病院入院等
□遺産の相続　　□保険金受領　　□不動産の処分　　□株式等売却
□訴訟・調停　　□債務整理　　　□財産の引継
☑一般的な財産管理・身上監護
□その他（　　　　　　　　　　　　　　　）　を行う援助者が必要となった。
※　詳しい事情は申立事情説明書に記入してください。

（特記事項）　申立人は本人アーティアート，サルエムの妻である。
　　申立人と本人の両名は，40年ほど前にフィリピンから日本に来た。夫である本人は日本で働き，ある程度の財産を保有している。昨今認知症の程度を進み，簡単な計算すらもできない状態となっている。
　　そのため，妻である申立人が本人に代わってその財産を管理する必要があり，本申立てをする。

成年後見 人候補者 適当な人 がいる場 合に記載 してくだ さい。	いずれかを ○で囲んで ください。 ①申立人と同じ （右欄の記載 は不要） 2.申立人以外 （右欄に記載）	住　所	〒　　- 	電話　（　　） （　　）　　方）
		フリガナ 氏　名		大正 昭和 平成　年　月　日 生 （　　　歳）
		職　業		
		本人と の関係	1　配偶者　　2　父母　　3　子（　　　） 4　兄弟姉妹甥姪　　5　その他（　　　　）	

(注)　太わくの中だけ記入してください。

第4 成年後見監督人（保佐監督人，補助監督人）の選任手続 ——新任の場合

解　説

(1)　制度の趣旨

家庭裁判所は，成年被後見人（被保佐人，被補助人）の財産状態その他の事情からみて必要があると認めるときは，申立権者の請求又は職権によって成年後見監督人（保佐監督人，補助監督人）を選任することができる（民849条・876条の3第1項・876条の8第1項，家手別表第1の6項・26項・45項）。

(2)　申立手続

(a)　申立権者等

　(イ)　成年後見監督人の場合　　成年被後見人，その親族若しくは成年後見人（民849条）からの申立て又は職権。

　(ロ)　保佐監督人の場合　　被保佐人，その親族若しくは保佐人（民876条の3第1項）からの申立て又は職権。

　(ハ)　補助監督人の場合　　被補助人，その親族若しくは補助人（民876条の8第1項）からの申立て又は職権。

(b)　管轄裁判所

後見開始，保佐開始，補助開始の審判をした家庭裁判所。抗告審が上記の各裁判をした場合は，その第一審裁判所である家庭裁判所（家手117条2項・128条2項・136条2項）。

(c)　申立手続費用　　収入印紙800円（民訴費3条1項・別表第1の15項），予納郵便切手約2000円。なお，登記手数料は，不要である。

(d)　添付書類　　①申立人の戸籍謄本（全部事項証明書）（本人以外が申し立てるとき），住民票又は戸籍附票，②成年被後見人（被保佐人，被補助人）の戸籍謄本（全部事項証明書），住民票又は戸籍附票，登記事項証明書，③成年後見監督人（保佐監督人，補助監督人）候補者の戸籍謄本（全部事項証明書），住民票又は戸籍附票，身分証明書（市町村長が発行するもの），登記事項証明書。

(3)　審判手続

(a)　陳述及び意見の聴取　　家庭裁判所は，成年後見監督人（保佐監督人，補助監督人）選任の審判をする場合には，本人の陳述及び監督人候補者の意見を聴取しなければならない（家手120条1項3号・2項2号・130条1項5号・2

項2号・139条1項4号・2項2号）。

(b) 考慮事情　　本章第1(3)(d)参照。なお，成年後見監督人は民法852条の準用する同法847条による欠格事由のほか，成年後見人の配偶者及び直系血族及び兄弟姉妹は，後見監督人となることはできない旨の欠格事由が定められている（民850条）。保佐監督人，補助監督人の欠格事由も同様である（民876条の3第2項・876条の8第2項）。

(c) 審判の告知　　認容審判は，申立人及び成年後見監督人（保佐監督人，補助監督人）となる者（家手74条1項・2項），却下審判は，申立人（家手74条3項）。

(4) 不服申立て

即時抗告をすることができる旨の規定は置かれていない。

(5) 後見監督人の登記

(a) 登記嘱託　　成年後見監督人（保佐監督人，補助監督人）を選任する審判の効力が生じた場合には，裁判所書記官は，遅滞なく，登記所（東京法務局民事行政部後見登録課）に対し，登記の嘱託をしなければならない（家手116条1号，家手規77条1項2号）。なお，登記手数料は，不要である。

(b) 登記事項証明書の交付請求　　本章第1(5)(c)参照。

【奥山　　史】

第4　成年後見監督人（保佐監督人，補助監督人）の選任手続──新任の場合　*125*

書式 4　成年後見監督人の選任審判申立書

受付印	**家事審判申立書　事件名（成年後見監督人の選任）**

収入印紙	800円
予納郵便切手	円
予納収入印紙	円

（この欄に申立手数料として１件について１件について800円分の収入印紙を貼ってください。）
（貼った印紙に押印しないでください。）
（注意）登記手数料としての収入印紙を納付する場合は，登記手数料としての収入印紙は貼らずにそのまま提出してください。

| 準口頭 | 関連事件番号　平成　　年（家　　）第 | 号 |

| 東京 家庭裁判所 御中　平成 ○○ 年 ○○ 月 ○○ 日 | 申 立 人（又は法定代理人など）の 記 名 押 印 | 甲 野 秋 男　㊞ |

| 添付書類 | （審理のために必要な場合は，追加書類の提出をお願いすることがあります。）
成年被後見人の戸籍謄本(全部事項証明書)　１通
同戸籍附票　１通，　同登記事項証明書　１通 |

申 立 人	本 籍（国 籍）	（戸籍の添付が必要とされていない申立ての場合は，記入する必要はありません。） 東京　㊞道府県　千代田区○○町○丁目○番地
	住 所	〒 ○○○ − ○○○○　　　　　　　電話　03　(×××)×××× 東京都千代田区○○町○丁目○番○号　　　　　　　　方)
	連 絡 先	〒　　 −　　　　　　　　　　　　電話　　(　　) 　　　　　　　　　　　　　　　　　　　　　　方)
	フリガナ 氏 名	コウノ　アキオ 甲 野 秋 男　　　大正平成 ○○年○○月○○日 生 (　　○○　　歳)
	職 業	会 社 員

※ 成 年 被 後 見 人	本 籍（国 籍）	（戸籍の添付が必要とされていない申立ての場合は，記入する必要はありません。） 都道府県　申立人の本籍と同じ
	住 所	〒　　 −　申立人の住所と同じ　　　　　電話　　(　　) 　　　　　　　　　　　　　　　　　　　　　　方)
	連 絡 先	〒　　 −　　　　　　　　　　　　電話　　(　　) 　　　　　　　　　　　　　　　　　　　　　　方)
	フリガナ 氏 名	コウノ　タロウ 甲 野 太 郎　　　大正平成 ○○年○○月○○日 生 (　　○○　　歳)
	職 業	無 職

（注）　太枠の中だけ記入してください。
※の部分は，申立人，法定代理人，成年被後見人となるべき者，不在者，共同相続人，被相続人等の区別を記入してください。

申 立 て の 趣 旨
被後見人の成年後見監督人を選任する審判を求めます。

申 立 て の 理 由
1　申立人は，被後見人の成年後見人です。 2　申立人は，成年被後見人に成年後見監督人を置き，後見事務に遺漏のないようにしたいと思います。 3　なお，成年後見監督人は，家庭裁判所が適任者を選任してください。

126 第3編 各種審判手続の書式実例 第1章 成年後見・保佐・補助に関する審判事件
及び任意後見契約法に規定する審判事件

第5 成年後見人（成年後見監督人，保佐人，保佐監督人，補助人，補助監督人，任意後見監督人）の選任手続(1)——欠員補充の場合

解　説

(1) 根　拠

(a) 成年後見人の欠員補充の場合　　家庭裁判所は，成年被後見人若しくはその親族その他の利害関係人の請求によって，又は職権で，新たな成年後見人を選任する（民843条2項，家手別表第1の3項）。

(b) 保佐人，補助人の欠員補充の場合　　保佐人，補助人の欠員補充の場合にも，成年後見人の規定が準用される（民876条の2第2項・876条の7第2項，家手別表第1の22項・41項）。

(c) 成年後見監督人，保佐監督人，補助監督人の欠員補充の場合　　成年後見監督人，保佐監督人，補助監督人が欠けた場合は，後任者選任について「必要があると認められるとき」に選任される（民849条・876条の3第1項・876条の8第1項，家手別表第1の6項・26項・45項）。本章第4参照。

(d) 任意後見監督人の欠員補充の場合　　既に任意後見監督人が選任されて，任意後見契約の効力が生じた後に，辞任，解任，死亡，欠格事由該当等により，任意後見監督人が欠けた場合は，家庭裁判所は，申立権者の請求により，又は職権により任意後見監督人を選任する（任意後見4条4項，家手別表第1の112項）。

(2) 申立手続

(a) 申立権者

(イ) 成年後見人，保佐人，補助人の場合　　成年被後見人（被保佐人，被補助人），その親族，その他の利害関係人からの申立て又は職権（民843条2項・876条の2第2項・876条の7第2項）。保護の実施機関（生活保護81条）。

(ロ) 成年後見監督人，保佐監督人，補助監督人の場合　　本章第4(2)(a)参照。

(ハ) 任意後見監督人の場合　　本人，その親族，任意後見人からの申立て又は職権（任意後見4条4項）。

(b) 管轄裁判所

(イ) 成年後見人，保佐人，補助人，成年後見監督人，保佐監督人，補助

監督人の場合　　後見開始，保佐開始，補助開始の審判をした家庭裁判所。抗告審が上記の各裁判をした場合は，その第一審裁判所である家庭裁判所（家手117条2項・128条2項・136条2項）。

　（ロ）　任意後見監督人の場合　　任意後見契約の効力を発生させるための任意後見監督人の選任の審判をした家庭裁判所。抗告審が当該任意後見監督人を選任した場合にあっては，その第一審裁判所である家庭裁判所（家手217条2項）。

　(c)　申立手続費用　　収入印紙800円（民訴費3条1項・別表第1の15項），予納郵便切手約2000円（任意後見監督人の場合は約4000円）。なお，登記手数料は不要である。

　(d)　添付書類

　（イ）　成年後見人，保佐人，補助人の場合　　①成年被後見人（被保佐人，被補助人）の戸籍謄本（全部事項証明書），住民票又は戸籍附票，登記事項証明書，②成年後見人（保佐人，補助人）候補者の戸籍謄本（全部事項証明書），住民票又は戸籍附票。候補者が法人である場合には商業登記簿謄本（登記事項証明書）。この他，成年後見人（保佐人，補助人）が死亡し欠員が生じた場合には，その戸籍謄本（全部事項証明書）。

　（ロ）　成年後見監督人，保佐監督人，補助監督人の場合　　本章第4(2)(d)参照。

　（ハ）　任意後見監督人の場合　　戸籍謄本（全部事項証明書）（本人，任意後見人，任意後見監督人候補者），住民票又は戸籍附票（本人，任意後見人，任意後見監督人候補者），登記事項証明書，任意後見監督人が欠けたことを証する資料。

(3)　審判手続

　(a)　成年後見人，保佐人，補助人の場合

　（イ）　陳述及び意見の聴取　　家庭裁判所は，成年後見人，保佐人，補助人を選任する場合は，本人の陳述及び候補者の意見を聴かなければならない（家手120条1項3号・2項1号・130条1項5号・2項1号・139条1項4号・2項1号）。

　（ロ）　考慮事情　　本章第1(3)(d)参照。

　（ハ）　審判の告知　　認容審判は，申立人及び成年後見人，保佐人，補助人となる者（家手74条1項・2項）。却下審判は，申立人（家手74条3項）。

　(b)　成年後見監督人，保佐監督人，補助監督人の場合　　本章第4(3)(c)参照。

（c） 任意後見監督人の場合

（イ） 陳述及び意見の聴取　　家庭裁判所は，任意後見監督人の欠員を補充する場合には，本人の陳述及び候補者の意見を聴かなければならない（家手220条1項1号・2項）。

（ロ） 考慮事情　　本章第1(3)(d)参照。

（ハ） 審判の告知　　認容審判は，申立人及び任意後見監督人となる者（家手74条1項）。却下審判は，申立人（家手74条3項）。

(4) 不服申立て

即時抗告をすることができる旨の規定は置かれていない。

(5) 後見人等の登記

（a） 登記嘱託

（イ） 成年後見人，保佐人，補助人の場合　　成年後見人（保佐人，補助人）を選任する審判の効力が生じた場合には，裁判所書記官は，遅滞なく登記所（東京法務局民事行政部後見登録課）に対し，登記の嘱託しなければならない（家手116条1号，家手規77条1項2号）。なお，登記手数料は不要である。

（ロ） 成年後見監督人，保佐監督人，補助監督人の場合　　本章第4(5)参照。

（b） 登記事項証明書の交付請求　　本章第1(5)(c)参照。

(6) 任意後見人の登記

（a） 登記嘱託　　任意後見法4条4項の規定による任意後見監督人を選任する審判が効力を生じた場合，裁判所書記官は，遅滞なく登記所に対し，登記の嘱託しなければならない（家手116条1号，家手規77条1項3号）。なお，登記手数料は不要である。

（b） 登記事項証明書の交付請求　　本章第1(5)(c)参照。

【奥山　　史】

第5　成年後見人（成年後見監督人，保佐人，保佐監督人，補助人，補助監督人，任意後見監督人）の選任手続(1)──欠員補充の場合　*129*

書式5　成年後見人の選任審判申立書──欠員補充の場合

受付印	**家事審判申立書　事件名（　成年後見人の選任　）**

収入印紙	800円
予納郵便切手	円
予納収入印紙	円

（この欄に申立手数料として1件について800円分の収入印紙を貼ってください。）

（貼った印紙に押印しないでください。）

（注意）登記手数料としての収入印紙を納付する場合は，登記手数料としての収入印紙は貼らずにそのまま提出してください。

準口頭	関連事件番号　平成　　年（家　）第　　　　　　　号

東京　　家庭裁判所 御中 平成 ○○ 年 ○○ 月 ○○ 日	申　立　人 （又は法定代理人など） の記名押印	甲　野　秋　男　　　㊞

添付書類	（審理のために必要な場合は，追加書類の提出をお願いすることがあります。） 本人の戸籍謄本（全部事項証明書）　1通，同戸籍附票　1通， 同登記事項証明書　1通，成年後見人候補者の戸籍謄本（全部事項証明書），同住民票

申立人	本　籍 （国　籍）	（戸籍の添付が必要とされていない申立ての場合は，記入する必要はありません。） 　　　　　都　道 　　　　　府　県
	住　所	〒 ○○○ － ○○○○　　　　　　電話　03 （××××）×××× 東京都千代田区○○町○丁目○番○号　　　　　　　　（　　　　方）
	連絡先	〒　　－　　　　　　　　　　　　電話　　（　　　） 　　　　　　　　　　　　　　　　　　　　　　　　（　　　　方）
	フリガナ 氏　名	コウノ　アキオ 甲　野　秋　男　　　　大正・昭和・平成 ○○年○○月○○日 生 　　　　　　　　　　　　　　　　　　（　○○　歳）
	職　業	会　社　員

※ 成年被後見人	本　籍 （国　籍）	（戸籍の添付が必要とされていない申立ての場合は，記入する必要はありません。） 東京　　都・道 　　　　府・県　千代田区○○町○丁目○番地
	住　所	〒　　－ 申立人の住所と同じ　　　　　　　　電話　　（　　　） 　　　　　　　　　　　　　　　　　　　　　　　　（　　　　方）
	連絡先	〒　　－　　　　　　　　　　　　電話　　（　　　） 　　　　　　　　　　　　　　　　　　　　　　　　（　　　　方）
	フリガナ 氏　名	コウノ　タロウ 甲　野　太　郎　　　　大正・昭和・平成 ○○年○○月○○日 生 　　　　　　　　　　　　　　　　　　（　○○　歳）
	職　業	無　職

（注）　太枠の中だけ記入してください。

※の部分は，申立人，法定代理人，成年被後見人となるべき者，不在者，共同相続人，被相続人等の区別を記入してください。

申　立　て　の　趣　旨
被後見人の成年後見人を選任する審判を求めます。

申　立　て　の　理　由
1　申立人は，被後見人の二男です。 2　被後見人は，アルツハイマー型認知症のため東京家庭裁判所により，成年後見人を甲野夏男として，後見開始の審判がされて，同審判は，平成○○年○○月○○日に確定しました。 3　しかし，成年後見人である甲野夏男は，平成○○年○○月○○日に死亡しました。 4　よって，後任の成年後見人として，甲野夏男の死後，被後見人の看護及び財産の管理をしている申立人が選任されることを希望します。

130 第3編 各種審判手続の書式実例 第1章 成年後見・保佐・補助に関する審判事件
及び任意後見契約法に規定する審判事件

書式 6 任意後見監督人の欠員補充審判申立書

	受付印	任 意 後 見 監 督 人 選 任 申 立 書

		（注意） 登記手数料としての収入印紙は，貼らずにそのまま提出してください。
貼用収入印紙	800円	この欄に**申立手数料**としての収入印紙800円分を貼ってください（貼った印紙に押印
予納郵便切手	円	しないでください）。
予納収入印紙	円	

準口頭		関連事件番号 平成 年（家 ）第 号

東 京 家 庭 裁 判 所 御中 平成 ○○ 年 ○○ 月 ○○ 日	申 立 人 の 記 名 押 印	甲 野 夏 男 ㊞

添付書類	（審理のために必要な場合は，追加書類の提出をお願いすることがあります。） ☑ 本人の戸籍謄本（全部事項証明書）　　□ 任意後見契約公正証書の写し ☑ 本人の後見登記事項証明書　　　　　　□ 本人の診断書（家庭裁判所が定める様式のもの） □ 本人の財産に関する資料　　　　　　　□ 任意後見監督人候補者の住民票又は戸籍附票 ☑ 任意後見受任者の戸籍謄本（全部事項証明書）　（候補者を立てていただく取扱いの場合のみ必要です。）

申 立 人	住 所	〒○○○－○○○○ 東京都千代田区○○町○丁目○番○号	電話 03 （××××）×××× （ 方）
	フリガナ 氏 名	コウノ ナツオ 甲 野 夏 男	大正 平成 ○○年○○月○○日生 （ ○○ 歳）
	職 業	会 社 員	
	本人との関係	※ 1 本人　2 配偶者　③ 四親等内の親族（ 本人の長男 ） 4 任意後見受任者　5 その他（ ）	

本 人	本 籍 （国籍）	東京 ㊞道 府県 千代田区○○町○丁目○番地	
	住 所	申立人の住所と同じ	電話 （ 方）
	フリガナ 氏 名	コウノ タロウ 甲 野 太 郎	明治 大正 平成 ○○年○○月○○日生 （ ○○ 歳）
	職 業	無 職	

（注） 太わくの中だけ記入してください。　※の部分は，当てはまる番号を○で囲み，3又は5を選んだ場合には，（ ）内に具体的に記入してください。

申 立 て の 趣 旨
任 意 後 見 監 督 人 の 選 任 を 求 め る 。

申 立 て の 理 由
（申立ての動機，本人の生活状況などを具体的に記入してください。） 1 本人に対し，平成○○年○○月○○日に任意後見法第4条第1項の規定に基づく任意後見監督人の選任の審判がなされ，甲野秋男が任意後見監督人に就任しました。 2 平成○○年○○月○○日，甲野秋男は死亡しました。 3 よって，後任の任意後見監督人を選任されたく，本申立てをします。なお，後任の任意後見監督人については，家庭裁判所において，適任者を選任してください。

任意後見契約	公正証書を作成した公証人の所属		法務局	証書番号 平成 年 第 号
	証書作成年月日	平成 年 月 日	登記番号 第 － 号	

任意後見受任者	住 所	〒 －	電話 （ ） （ ）方
	フリガナ 氏 名		大正 昭和 平成 年 月 日生 （ 歳）
	職 業		本人との関係
	勤 務 先		電話 （ ）

（注） 太わくの中だけ記入してください。

第6 成年後見人（成年後見監督人，保佐人，保佐監督人，補助人，補助監督人，任意後見監督人）の選任手続(2)——増員の場合

解　説

(1) 根　拠

(a) 成年後見人の増員の場合　　成年後見人が選任されている場合においても，家庭裁判所は，成年後見人，成年被後見人若しくはその親族その他の利害関係人の請求によって，又は職権で，さらに成年後見人を選任することができる（追加的選任，民843条3項，家手別表第1の3項）。

(b) 保佐人，補助人の増員の場合　　保佐人，補助人の増員についても，民法843条3項が準用される（民876条の2第2項・876条の7第2項，家手別表第1の22項・41項）。

(c) 成年後見監督人，保佐監督人，補助監督人の増員の場合　　成年後見監督人，保佐監督人，補助監督人の増員については，「必要があると認められるとき」に選任される（民849条・876条の3第1項・876条の8第1項，家手別表第1の6項・26項・45項）。本章第4参照。

(d) 任意後見監督人の増員の場合　　すでに任意後見監督人が選任され，かつ，欠けていない場合においても，家庭裁判所は，申立権者の請求により，又は職権により任意後見監督人を追加的に選任することができる（任意後見4条5項，家手別表第1の113項）。

(2) 申立手続

(a) 申立権者等

(イ) 成年後見人，保佐人，補助人の場合　　成年被後見人（被保佐人，被補助人），その親族，その他の利害関係人，成年後見人（保佐人，補助人）（民843条3項・876条の2第2項・876条の7第2項）からの申立て又は職権。

(ロ) 成年後見監督人，保佐監督人，補助監督人の場合　　本章第4(2)(a)参照。

(ハ) 任意後見監督人の場合　　本人，その親族，任意後見人（任意後見4条5項）からの申立て又は職権。

(b) 管轄裁判所　　本章第5(2)(b)参照。

(c) 申立費用　　収入印紙800円（民訴費3条1項・別表第1の15項），予納郵便切手約2000円。なお，登記手数料は不要である。

(d) 添付書類　　本章第5(2)(d)参照。

(3) 審判手続

本章第5(3)参照。

(4) 不服申立て

即時抗告をすることができる旨の規定は置かれていない。

(5) 後見人の登記

本章第5(5)参照。

(6) 任意後見人の登記

本章第5(6)参照。

(7) 成年後見人等が複数ある場合の事務の分掌

(a) 複数の成年後見人等の権限関係　　複数の成年後見人が選任された場合の権限関係については，各成年後見人は原則として単独でその権限を行使することができるものと解されていることから，民法859条の2により，家庭裁判所は，例外的に職権で権限の共同行使又は分掌の定めをすることができるものとされている（小林昭彦＝原司『平成11年民法一部改正法等の解説』276頁）。

(b) 権限行使の定めの審判手続の開始

(イ) 成年被後見人，その親族，成年後見人又は成年後見監督人その他の利害関係人が必要と認めるときは，職権の発動を促す申立てができる。申立手数料は不要である。

(ロ) 家庭裁判所は，必要に応じ，職権で，共同して権限行使をしなければならない旨，又は事務を分掌してその権限を行使しなければならない旨の審判をすることができる（民859条の2第1項，家手別表第1の10項）。

(ハ) 審判の告知　　権限行使の定めを受けた成年後見人等（家手74条）。

(ニ) 不服申立て　　即時抗告をすることができる旨の規定は置かれていない。

(ホ) 登記嘱託　　権限行使の定めの審判が効力を生じた場合には，裁判所書記官は，遅滞なく，登記所に対し，登記の嘱託をしなければならない（家手116条1号，家手規77条1項6号）。登記手数料は不要である。

(c) 権限行使の定めの取消し

(イ) 権限行使の定めの取消しの審判は，職権による審判事項である（家手別表第1の10項）。

(ロ) 権限行使の定めの取消しの審判は，権限行使の定めの審判の後，状

況変化に応じて行うものであり，その審判手続等については，権限行使の定めの審判と同様である。したがって，前記(b)を参照のこと。

(8) 数人の成年後見監督人等の権限行使の定め

数人の成年後見監督人，保佐人，保佐監督人，補助人，補助監督人，任意後見監督人の権限行使の定め及びその取消しについては，民法859条の2の規定が準用されているので，本例に準ずる。

【奥山　史】

134　第3編　各種審判手続の書式実例　　第1章　成年後見・保佐・補助に関する審判事件
及び任意後見契約法に規定する審判事件

書式 7　成年後見人の選任審判申立書──増員の場合

受付印		家事審判申立書　事件名（　成年後見人の選任　）
収入印紙　　　　800円		（この欄に申立手数料として1件について800円分の収入印紙を貼ってください。） 　　　　　　　　　　　　　（貼った印紙に押印しないでください。） （注意）登記手数料としての収入印紙を納付する場合は，登記手数料として の収入印紙は貼らずにそのまま提出してください。
予納郵便切手　　　円		
予納収入印紙　　　円		

準口頭		関連事件番号　平成　　　年（家　　　）第　　　　　　　　　　　号

東　京　家庭裁判所 　　　　　　　御中 平成　○○年　○○月　○○日	申　立　人 （又は法定代理人など） の　記　名　押　印	甲　野　秋　男　　　　㊞

添付書類	（審理のために必要な場合は，追加書類の提出をお願いすることがあります。） 成年被後見人の戸籍謄本（全部事項証明書）　1通，同戸籍附票　1通 成年後見人候補者の戸籍謄本（全部事項証明書），同住民票　1通

	本　籍 （国　籍）	（戸籍の添付が必要とされていない申立ての場合は，記入する必要はありません。） 　　　　　　　　　　都　道 　　　　　　　　　　府　県
申立人	住　所	〒○○○－○○○○　　　　　　　　電話　　03　（××××）×××× 東京都千代田区○○町○丁目○番○号　　　　　（　　　　　　方）
	連絡先	〒　　－　　　　　　　　　　　　　　　電話　　　（　　　） 　　　　　　　　　　　　　　　　　　　　　（　　　　　　方）
	フリガナ 氏　名	コウノ　アキオ 甲　野　秋　男　　　　　　　　大正・昭和　○○年○○月○○日　生 　　　　　　　　　　　　　　　　平成　　（　　○○　歳）
	職　業	会　社　員

	本　籍 （国　籍）	（戸籍の添付が必要とされていない申立ての場合は，記入する必要はありません。） 東　京　　㊞道・府県　千代田区○○町○丁目○番地
※ 成年被後見人	住　所	〒　　　　　　　　　　　　　　　　　電話　　　（　　　） 申立人の住所と同じ　　　　　　　　　　（　　　　　　方）
	連絡先	〒　　－　　　　　　　　　　　　　　　電話　　　（　　　） 　　　　　　　　　　　　　　　　　　　　　（　　　　　　方）
	フリガナ 氏　名	コウノ　タロウ 甲　野　太　郎　　　　　　　　大正・昭和　○○年○○月○○日　生 　　　　　　　　　　　　　　　　平成　　（　　○○　歳）
	職　業	無　職

（注）　太枠の中だけ記入してください。
※の部分は，申立人，法定代理人，成年後見人となるべき者，不在者，共同相続人，被相続人等の区別を記入してください。

申　立　て　の　趣　旨

さらに被後見人の成年後見人を選任する審判を求めます。

申　立　て　の　理　由

1　申立人は，被後見人の成年後見人です。
2　被後見人は，各種多様な財産を所有しています。その権利関係は複雑であり，こ
　れについては専門的知識を有する者を成年後見人として管理してもらうことが被後
　見人にとって利益です。
3　そして，成年後見人の権限は，身上看護の事務を申立人が，財産管理の事務を新
　任の成年後見人が分掌する旨を定めてください。
4　なお，新任の成年後見人は，家庭裁判所が適任者を選任してください。

第6　成年後見人（成年後見監督人，保佐人，保佐監督人，補助人，補助監督人，任意後見監督人）の選任手続(2)──増員の場合

書式8　任意後見監督人の増員審判申立書

<table>
<tr><td rowspan="4">受付印</td><td colspan="3">任意後見監督人選任申立書</td></tr>
<tr><td colspan="3">（注意）登記手数料としての収入印紙は，貼らずにそのまま提出してください。</td></tr>
<tr><td colspan="3">この欄に申立手数料としての収入印紙800円分を貼ってください（貼った印紙に押印しないでください）。</td></tr>
</table>

貼用収入印紙	800円	
予納郵便切手	円	
予納収入印紙	円	

準口頭		関連事件番号　平成　　　年（家　　　）第				号

東　京　家庭裁判所　御中 平成 ○○ 年 ○○ 月 ○○ 日	申　立　人　の 記　名　押　印	甲　野　夏　男　　　㊞

添付書類	（審理のために必要な場合は，追加書類の提出をお願いすることがあります。） ☑ 本人の戸籍謄本（全部事項証明書）　　☑ 任意後見契約公正証書の写し ☑ 本人の後見登記事項証明書　　　　　　□ 本人の診断書（家庭裁判所が定める様式のもの） □ 本人の財産に関する資料　　　　　　　□ 任意後見監督人候補者の住民票又は戸籍附票 □　　　　　　　　　　　　　　　　　　　（候補者を立てていただく取扱いの場合のみ必要です。）

<table>
<tr><td rowspan="5">申
立
人</td><td>住　所</td><td>〒○○○－○○○○　　　　　　　　　電話 03 （×××× ）××××
東京都新宿区○○町○丁目○番○号　　　　　　　（　　　　　　方）</td></tr>
<tr><td>フリガナ
氏　名</td><td>オツノ　ハナコ
乙　野　花　子　　　　　　大正・昭和・平成 ○○年○○月○○日生（　○○　歳）</td></tr>
<tr><td>職　業</td><td>自営業</td></tr>
<tr><td>本人と
の関係</td><td>※　1　本人　　2　配偶者　　③　四親等内の親族（　本人の長女　）
　　4　任意後見受任者　　5　その他（　　　　　　　　　　　）</td></tr>
</table>

<table>
<tr><td rowspan="3">本
人</td><td>本　籍
（国籍）</td><td>東京　都・道・府・県　　千代田区○○町○丁目○番地</td></tr>
<tr><td>住　所</td><td>〒○○○－○○○○　　　　　　　　　電話 03 （×××× ）××××
東京都千代田区○○町○丁目○番○号　　　　　（　　　　　　方）</td></tr>
<tr><td>フリガナ
氏　名</td><td>コウノ　タロウ
甲　野　太　郎　　　明治・大正・昭和・平成 ○○年○○月○○日生（　○○　歳）</td></tr>
</table>

職　業　　無職

（注）　太わくの中だけ記入してください。　※の部分は，当てはまる番号を○で囲み，3又は5を選んだ場合には，（　）内に具体的に記入してください。

申　立　て　の　趣　旨
さ ら に 本 人 の 任 意 後 見 監 督 人 の 選 任 を 求 め る 。

申　立　て　の　理　由
（申立ての動機，本人の生活状況などを具体的に記入してください。） 1　平成○○年○○月○○日，申立人と本人は，本人を委任者，甲山秋男を受任者とする任意後見契約を公正証書により締結し，同○年○○月○○日，その登記をしました。 2　その後，本人の認知症状が進み，アパートの家賃の徴収や賃貸借契約等を一人で行うことができなくなったことから，平成○○年○○月○○日，丙野冬男が任意後見監督人に選任され，任意後見契約に基づき，申立人が任意後見人として，その事務を行っています。 3　丙野冬男は会計士であり，本人の財産管理面については任意後見人を適正に監督していますが，本人の認知症状が悪化していることから，今後は本人の身上監護面についても十分な配慮が必要です。 　そこで，福祉等に精通している者を任意後見監督人に追加的に選任されたく本申立てをします。なお，追加される任意後見監督人については，家庭裁判所において適任者を選任してください。

<table>
<tr><td rowspan="2">任意後見
契　約</td><td>公正証書を作成した
公証人の所属</td><td colspan="2">　　　　　法務局　証書番号　平成　年　第　　　　号</td></tr>
<tr><td>証書作成年月日</td><td>平成　　年　　月　　日</td><td>登記番号　第　　　－　　　号</td></tr>
</table>

<table>
<tr><td rowspan="4">任意後見
受任者</td><td>住　所</td><td>〒　　－　　　　　　　　電話（　　）（　　）
　　　　　　　　　　　　　　　　　　　　　（　　　　方）</td></tr>
<tr><td>フリガナ
氏　名</td><td>　　　　　　　　　　　　　大正・昭和・平成　年　月　日生（　　歳）</td></tr>
<tr><td>職　業</td><td>　　　　　　　　本人と
　　　　　　　　の関係　</td></tr>
<tr><td>勤務先</td><td>電話（　　）（　　）</td></tr>
</table>

（注）太わくの中だけ記入してください。

第7 成年被後見人（被保佐人，被補助人）の居住用不動産処分の許可手続

解 説

(1) 制度の趣旨

(a) 根　拠　成年後見人（保佐人，補助人）は，成年被後見人（被保佐人，被補助人）に代わって，その居住の用に供する建物又は敷地について，売却，賃貸，賃貸借の解除又は抵当権の設定その他これらに準ずる処分をする場合には，家庭裁判所の許可を得なければならない（民859条の3・876条の5第2項・876条の10第1項，家手別表第1の11項・30項・49項）。

(b) 「居住の用に供する建物又は敷地」の意義　居住用不動産とは，生活の本拠として現に居住の用に供しており，又は居住の用に供する予定があるという趣旨である。したがって，成年被後見人等が生活の本拠として現に居住しておらず，居住する予定もない建物（例えば，別荘等）又はその敷地の処分については，家庭裁判所の許可を要しないものと解される（小林昭彦＝原司『平成11年民法一部改正法等の解説』287頁）。

(c) 「売却，賃貸，賃貸借の解除又は抵当権の設定その他これらに準ずる処分」の意義　「売却，賃貸，賃貸借の解除又は抵当権の設定」との例示からわかるように，終局的に当該居住不動産に居住することができなくなるような処分行為をいう。訴訟上の和解に基づく処分も含まれると解される。また，「その他これらに準ずる処分」としては，贈与，使用貸借契約による貸渡し，使用貸借契約の解除，譲渡担保権の設定等が挙げられる（小林昭彦＝原司・前掲287頁）。

(d) 家庭裁判所の許可を得ないでした居住用不動産の処分の効力　家庭裁判所の許可は，成年被後見人の居住用不動産の処分行為の効力要件であるので，家庭裁判所の許可を得ないでした居住用不動産の処分行為は，無効である（小林昭彦＝原司・前掲289頁）。

(2) 申立手続

(a) 申立権者　成年後見人，保佐人，補助人（民859条の3・876条の5第2項・876条の10第1項）。

(b) 管轄裁判所　後見開始，保佐開始，補助開始の審判をした家庭裁判所。抗告審が上記の各裁判をした場合は，その第一審裁判所である家庭裁判

所（家手117条2項・128条2項・136条2項）。

(c) 申立手続費用　収入印紙800円（民訴費3条1項・別表第1の15項），予納郵便切手約1000円。

(d) 添付書類　後見人，本人の戸籍謄本（全部事項証明書），後見人，本人の住民票又は戸籍附票，登記事項証明書，契約書案，不動産登記事項証明書等。処分内容の必要性を証する資料及び処分内容の相当性を証する資料（当該不動産の査定書等）。

(3) 審判手続

(a) 家庭裁判所は，本人の生活，療養看護及び財産の管理の観点からの居住用不動産の処分の必要性，処分による住環境の変化が成年被後見人の心身に与える影響を比較考量しながら，居住用不動産を処分することを許可するか決することとなる。

(b) 審判の告知　成年後見人，保佐人，補助人（家手74条）。

(4) 不服申立て

即時抗告をすることができる旨の規定は置かれていない。

(5) 保佐人，補助人が居住用不動産を処分する場合

保佐人，補助人については，特定の法律行為についての代理権を付与する旨の審判をすることができるが，その「特定の法律行為」が，特定の居住用不動産の売却である場合，代理権付与の審判と民法859条の3の審判の双方が必要である（髙村浩『成年後見の実務―手続と書式―』189頁）。

(6) 成年後見監督人，保佐監督人，補助監督人が居住用不動産を処分する場合

(a) 成年後見監督人，保佐監督人，補助監督人についても，民法859条の3が準用されるので，本例に準ずる（民852条・876条の3第2項・876条の8第2項）。

(b) 成年後見監督人，保佐監督人，補助監督人が家庭裁判所の許可を要する処分行為とは，それが本人との関係で利益相反行為となる場合である。

【奥山　　史】

138　第3編　各種審判手続の書式実例　第1章　成年後見・保佐・補助に関する審判事件
及び任意後見契約法に規定する審判事件

書式 9　成年被後見人の居住用不動産処分許可審判申立書

受付印	居住用不動産処分許可　申　立　書

（この欄に収入印紙800円をはる。）

収入印紙	800円
予納郵便切手	80円

（はった印紙に押印しないでください。）

準口頭	基本事件番号　平成　　年（家　　）第　　　　　　　号

東京家庭裁判所　　　　　御中	申立人の署名押印		
□立川支部	又は記名押印	甲　野　秋　男	㊞
平成　○○　年　○○　月　○○　日			

添付書類	☑契約書（写し），□処分する不動産の評価証明書，□不動産業者作成の査定書【売却する場合】 □処分する不動産の全部事項証明書（既に提出済みの場合は不要） □ ※後見登記事項に変更がある場合は□住民票の写し，□戸籍謄本

申 立 人	住　所	〒○○○-○○○○ 東京都千代田区○○町○丁目○番○号	電話　03　（××××）×××× 携帯　　　（　　　） （　　　　　　　方）
	事務所 連絡先	〒　　-	電話　　　（　　　） （　　　　　　　方）
	フリガナ 氏　名	コウノ　アキオ 甲　野　秋　男	

成 年 被 後 見 人	本　籍	東京　㊞道府県　千代田区○○町○丁目○番地		
	住　所	〒　　-　　 申立人の住所と同じ	電話　　　（　　　） （　　　　　　　方）	
	フリガナ 氏　名	コウノ　タロウ 甲　野　太　郎	大正 昭和　○○年○○月○○日　生	

(注)　太枠の中だけ記入してください。

申　立　て　の　趣　旨

申立人が	① 被後見人 2 被保佐人 3 被補助人	の別紙物件目録記載の不動産につき	㋐ 別紙売買契約書（案） イ 別紙（根）抵当権設定契約書（案） ウ 別紙賃貸借契約書（案） エ その他（　　　　　　　　　）
のとおり	ⓐ 売却　　b （根）抵当権の設定 c 賃貸　　d 賃貸借の解除 e その他（　　　　　　　）	をすることを許可する旨の審判を求める。	

申　立　て　の　実　情

1　申立人は，被後見人の成年後見人です。
2　成年被後見人の財産状況は，先に提出した財産目録のとおりです。
3　申立人は，成年被後見人の療養看護にあたっては，別紙物件目録に記載した同人の居住用不動産を売却して，療養看護の支払に充てたいと考えています。
4　○○不動産株式会社は，別紙売買契約書（案）のとおり，○○万円で買い受けたいと言っていますが，この金額は，妥当な金額であり，同社に売却を希望します。
5　成年被後見人は，今後，養護老人ホームに入園する予定です。
6　よって，この申立てをします。

（土　地）

物　件　目　録

番号	所　　在	地　番 番	地　目	面　積 平方メートル	備　考

（建　物）

番号	所　　在	家屋 番号	種　類	構　造	床面積 平方メートル	備　考

(注)　太枠の中だけ記入してください。

【備考】
　1．本申立書は東京家裁用のものである。

第8 成年被後見人（未成年被後見人）に関する特別代理人選任手続(1)——遺産分割の場合

解　説

(1)　制度の趣旨

（a）　根　　拠　　後見人と被後見人の利益が相反する行為については，後見人は被後見人のために特別代理人を選任することを家庭裁判所に請求しなければならない（民860条本文・826条1項，家手別表第1の12項・79項）。

　なお，後見監督人が選任されている場合には，後見監督人が被後見人を代理することから（民851条4号），特別代理人の選任は必要ない（民860条ただし書）。また，後見人が複数の被後見人に対して後見を行っている場合で，その1人と他の被後見人との間で利益が相反する場合については，その一方のために民法826条2項の規定が準用される。

（b）　利益相反行為該当性　　当該行為が利益相反行為に該当するか否かの判断については，判例はいわゆる外形説を採用し，「行為の外形のみを客観的に判断し，被後見人の財産を減少させて，後見人又は第三者の財産を増加させる行為」を一般的に利益相反行為としている。当該行為が利益相反とされた場合には，（後見監督人がある場合を除き）後見人が特別代理人を選任せずに行った行為は無権代理となる。

（c）　利益相反行為　　当該行為が利益相反行為に該当するか否かは上記(b)の判断基準によって，個別具体的に判断していくことになるが，一般的には，遺産分割協議，相続放棄，被後見人所有の物件への抵当権の設定等などが挙げられる。

（d）　特別代理人の地位　　特別代理人は利益相反行為について後見人の権限の代行をその職務とすることから，性質上，類推適用の可能性のない規定を除き，後見人に関する規定が類推適用される。類推適用される主な規定は次のとおり。

　選任の考慮事情（民843条），辞任（民844条），解任（民846条），欠格（民847条），本人の居住用不動産処分の許可（民859条の3），報酬の付与（民862条），善管注意義務（民644条）等。

(2)　申立手続

（a）　申立権者等　　後見人（民860条本文・826条）。

140　第3編　各種審判手続の書式実例　　第1章　成年後見・保佐・補助に関する審判事件
及び任意後見契約法に規定する審判事件

(b)　管轄裁判所

(イ)　成年被後見人の場合　　後見開始の審判をした家庭裁判所。抗告裁判所が後見開始の裁判をした場合にあっては，その第一審裁判所である家庭裁判所（家手117条2項）。

(ロ)　未成年被後見人の場合　　未成年被後見人の住所地を管轄する家庭裁判所（家手176条）。

(c)　申立手続費用等　　収入印紙800円（民訴費3条1項・別表第1の15項），予納郵便切手約1000円。

(d)　添付書類　　戸籍謄本（全部事項証明書）・住民票又は戸籍附票（後見人，被後見人，特別代理人候補者），登記事項証明書，遺産分割協議書案。

(3)　**審判手続**

(a)　家庭裁判所は申立てを審理し，理由ありと認めるときは，特別代理人を選任する審判をする。

(b)　審判の告知　　認容審判は，申立人，特別代理人（家手74条1項），却下審判は，申立人（家手74条3項）。

(4)　**不服申立て**

即時抗告できる旨の規定は置かれていない。

【奥山　　史】

第8　成年被後見人（未成年被後見人）に関する特別代理人選任手続(1)——遺産分割の場合　　*141*

書式 10　特別代理人選任申立書(1)——遺産分割の場合

受付印	特 別 代 理 人 選 任 申 立 書
	（この欄に収入印紙 800 円を貼ってください。）

収入印紙	800円	
予納郵便切手	円	（貼った印紙に押印しないでください。）

準口頭		関連事件番号 平成　　年（家　　）第　　　　　　号

東　京　家庭裁判所 御中 平成 〇〇 年 〇〇 月 〇〇 日	申 立 人 の 記 名 押 印	甲 野 秋 男　　　㊞

添付書類	（同じ書類は1通で足ります。審理のために必要な場合は、追加書類の提出をお願いすることがあります。） □未成年者の戸籍謄本（全部事項証明書）　　　□親権者又は未成年後見人の戸籍謄本（全部事項証明書） ☑特別代理人候補者の住民票又は戸籍附票　　☑利害相反に関する資料（遺産分割協議書案、契約書案等） □（利害関係人からの申立ての場合）利害関係を証する資料 □

申立人

住　所	〒〇〇〇-〇〇〇〇　　　　　　　　　　　　　　　電話 03（××××）×××× 東京都千代田区〇〇町〇丁目〇番〇号　　　　　　　　　　　　（　　　　　　方）
フリガナ 氏　名	コウノ アキオ 甲 野 秋 男	大正・昭和・平成 〇〇年〇〇月〇〇日生 （　　　歳）	職業	会 社 員
フリガナ 氏　名		大正・昭和・平成　　年　　月　　日生 （　　　歳）	職業	
~~未成年者~~本人 との関係	※　1 父母　2 父　3 母　④ 後見人　5 利害関係人

未成年者・本人

本　籍 （国籍）	都道 府県
住　所	〒　　-　　　　　　　　　　　　　　電話（　　　）（　　　方） 申立人の住所と同じ
フリガナ 氏　名	コウノ タロウ 甲 野 太 郎	~~昭和~~平成 〇〇年〇〇月〇〇日生 （　〇〇　歳）
職　業 又は 在校名	無　職

（注）　太枠の中だけ記入してください。　※の部分は、当てはまる番号を〇で囲んでください。

申　立　て　の　趣　旨

特 別 代 理 人 の 選 任 を 求 め る 。

申　立　て　の　理　由

利 益 相 反 す る 者	利 益 相 反 行 為 の 内 容
※ 1　親権者と未成年者との間で利益相反する。 2　同一親権に服する他の子と未成年者との間で利益相反する。 3　後見人と未成年者との間で利益相反する。 ④　その他（後見人と被後見人との間で利益相反する。）	※ ① 被相続人亡　甲 野 花 子　の遺産を分割するため 2 被相続人亡　　　　　　　　の相続を放棄するため 3 身分関係存否確定の調停・訴訟の申立てをするため 4 未成年者の所有する物件に 1 抵当権 2 根抵当権 を設定するため 5　その他（　　　　　　　　　　　　　　　　） （その詳細） 平成〇〇年〇〇月〇〇日、本人（成年被後見人）の妻甲野花子が死亡したので、本人（成年被後見人）と申立人（成年後見人）ほか〇名との間で別紙遺産分割協議書案のとおり遺産分割をしたい。

特別代理人候補者

住　所	〒〇〇〇-〇〇〇〇　　　　　　　　　　　　　　電話（　　　）（　　　方） 東京都新宿区〇〇町〇丁目〇番〇号
フリガナ 氏　名	オツノ ジロウ 乙 野 次 郎	大正・昭和・平成 〇〇年〇〇月〇〇日生 （　　　歳）	職業	自 営 業
~~未成年者~~本人 との関係	母方の叔父

（注）　太枠の中だけ記入してください。　※の部分については、当てはまる番号を〇で囲み、利益相反する者欄の4及び利益相反行為の内容欄の5を選んだ場合には、（　　）内に具体的に記入してください。

第9 成年被後見人（未成年被後見人）に関する特別代理人選任手続(2)──後見人の債務につき被後見人所有不動産に抵当権を設定する場合

解　説

(1)　制度の趣旨

(a)　根　　拠　　本章第8(1)(a)参照。

(b)　利益相反行為該当性　　本章第8(1)(b)参照。

(c)　利益相反行為　　本章第8(1)(c)参照。

(d)　特別代理人の地位　　本章第8(1)(d)参照。

(2)　申立手続

(a)　申立権者　　本章第8(2)(a)参照。

(b)　管轄裁判所

　(イ)　成年被後見人の場合　　後見開始の審判をした家庭裁判所。抗告裁判所が後見開始の裁判をした場合にあっては，その第一審裁判所である家庭裁判所（家手117条2項）。

　(ロ)　未成年被後見人の場合　　未成年被後見人の住所地を管轄する裁判所（家手176条）。

(c)　申立手続費用等　　収入印紙800円（民訴費3条1項・別表第1の15項），予納郵便切手約1000円。

(d)　添付書類　　戸籍謄本（全部事項証明書）・住民票又は戸籍附票（後見人，被後見人，特別代理人候補者），登記事項証明書，契約書案。

(3)　審判手続

本章第8(3)参照。

【奥山　　史】

第9 成年被後見人（未成年被後見人）に関する特別代理人選任手続(2)——後見
人の債務につき後見人所有不動産に抵当権を設定する場合　143

書式11　特別代理人選任申立書(2)——後見人の債務につき被後見人不動産に抵当権を設定する場合

受付印	**特 別 代 理 人 選 任 申 立 書**
	（この欄に収入印紙800円を貼ってください。）

収入印紙	800円	（貼った印紙に押印しないでください。）
予納郵便切手	円	

準口頭	関連事件番号　平成　　年（家）　　第　　　　　号

東　京　家庭裁判所 御中	申　立　人　の 記名押印	甲 野 秋 男 ㊞
平成 ○○ 年 ○○ 月 ○○ 日		

添付書類	（同じ書類は1通で足ります。審理のために必要な場合は，追加書類の提出をお願いすることがあります。） □未成年者の戸籍謄本（全部事項証明書）　　　□親権者又は未成年後見人の戸籍謄本（全部事項証明書） ☑特別代理人候補者の住民票又は戸籍附票　　☑利益相反に関する資料（遺産分割協議書案，契約書案等） □（利害関係人からの申立ての場合）利害関係を証する資料 □

申立人	住所	〒○○○-○○○○ 東京都千代田区○○町○丁目○番○号	電話 03（××××）××××（　　　　　方）		
	フリガナ 氏名	コウノ アキオ 甲 野 秋 男	大正 ㊁昭和 平成 ○○年○○月○○日生 （　　歳）	職業	会 社 員
	フリガナ 氏名		大正 昭和 平成　年　月　日生 （　　歳）	職業	
	~~未成年者~~本人 との関係	※　　1 父　2 父　3 母　④ 後見人　5 利害関係人			

~~未成年者~~被後見人	本籍 （国籍）	都道 府県	
	住所	〒　- 申立人の住所と同じ	電話（　　　）（　　　　方）
	フリガナ 氏名	コウノ タロウ 甲 野 太 郎	昭和 ~~平成~~ ○○年○○月○○日生（　　歳）
	職業 又は 在校名	無 職	

(注)　太枠の中だけ記入してください。　※の部分は，当てはまる番号を○で囲んでください。

申　立　て　の　趣　旨
特 別 代 理 人 の 選 任 を 求 め る 。

申　立　て　の　理　由

利益相反する者	利　益　相　反　行　為　の　内　容
※ 1 親権者と未成年者との 　間で利益相反する。 2 同一親権に服する他の 　子と未成年者との間で利 　益相反する。 3 後見人と未成年者との 　間で利益相反する。 ④ その他（後見人と被後 　見人との間で利益相反す 　る。　）	※ 1 被相続人亡＿＿＿＿＿＿＿＿＿＿の遺産を分割するため 2 被相続人亡＿＿＿＿＿＿＿＿＿＿の相続を放棄するため 3 身分関係存否確定の調停・訴訟の申立てをするため 　　被後見人 ④ ~~未成年者~~の所有する物件に ① 抵当権 を設定するため 　　　　　　　　　　　　　　　② 根抵当権 5 その他（　　　　　　　　　　　　　　　　　　　） （その詳細） 債権者株式会社○○銀行，債務者申立人間の金銭消費貸借契約に基づく 債務の担保として，被後見人が所有する別紙物件目録記載の不動産に債権 額○○万円の抵当権を設定するため。

特別代理人候補者	住所	〒○○○-○○○○ 東京都新宿区○○町○丁目○番○号	電話（　　　）（　　　方）		
	フリガナ 氏名	オツノ ジロウ 乙 野 次 郎	大正 ㊁昭和 平成 ○○年○○月○○日生 （　　歳）	職業	自 営 業
	被後見人 ~~未成年者~~ との関係	母方の叔父			

(注)　太枠の中だけ記入してください。　※の部分については，当てはまる番号を○で囲み，利益相反する者欄
　　の4及び利益相反行為の内容欄の5を選んだ場合には，（　　）内に具体的に記入してください。

第10　成年後見人（成年後見監督人，保佐人，保佐監督人，補助人，補助監督人，任意後見監督人）に対する報酬付与手続

解　説

(1)　制度の趣旨

　家庭裁判所は，成年後見人及び成年被後見人の資力その他の事情によって，成年被後見人の財産の中から，相当な報酬を成年後見人に与えることができる（民862条）。後見監督人，保佐人，保佐監督人，補助人，補助監督人，任意後見監督人の報酬付与は，後見人の報酬付与が準用される（民862条・852条・876条の３第２項・876条の５第２項・876条の８第２項及び876条の10第１項，任意後見７条４項，民862条）。この報酬付与の申立ては，家事事件手続法別表第１の審判事件（成年後見人又は成年後見監督人については13項，保佐人又は保佐監督人については31項，補助人又は補助監督人については50項，任意後見監督人については119項）である。なお，本手続の解説は，主に成年後見人の報酬付与についてとする。

　後見事務は，時間的・労力的にかなりの負担を成年後見人に負わせることから，成年後見人に報酬を与えるものである。しかし，成年後見人に報酬請求権が当然にあるわけではない。すなわち家庭裁判所が，成年後見人及び成年被後見人の資力その他の事情によって，報酬を付与すべきかどうか，付与する場合その額はいくらか定めることになる。したがって，成年後見人は，家庭裁判所が報酬付与を認めなかったり，定められた報酬の額が少額であっても，それに対し，不服を主張することができない。

　報酬は，成年被後見人の財産から支出する。成年被後見人が無資産の場合であっても，扶養義務者の支給するものからこれを支払うことができるとするが（於保不二雄編『新版注釈民法(25)』438頁〔中川淳〕），成年被後見人に財産がなければ報酬付与の審判を出すことはあまりないと思われる。ただし，成年被後見人の居住する市町村が，成年後見人制度の維持のため，資力のない成年被後見人を支援するのに裁判所の報酬審判を条件として成年後見人へ報酬を支払う制度がある場合には（この支援を受けられるかはあらかじめ市町村の審査等が必要と思われる），家庭裁判所は支援額内の報酬額の付与審判をすることになると思われる。

　成年後見人が後見事務を行うために直接必要な費用（実費），例えば通信費，交通費は，後見事務費として成年被後見人の財産から支出される（民861条２

項・852条)。また，有料の補助者をおくのが適切な場合は，その補助者への費用も後見事務費である。後見事務費と報酬は違うが，どちらに入るか不明の場合には，裁判所と連絡調整を図るのがよい。

申立てをなし得る時期は，成年後見人の就職中又は任務終了後である。成年後見人は任務終了後2ヵ月以内にその管理計算をしなければならないので（民870条），報酬は管理計算書と同時に申立てが出されることが多く，成年被後見人又はその相続人に財産が引き継がれる前が一般的である。報酬付与審判を受けると，成年後見人は成年被後見人の財産から報酬額を直接支出することができる。

成年後見人が就職中に申立てをする場合は，家庭裁判所は，成年後見人が過去に行った後見事務に対し報酬の支給の是非及び額を決定するので，将来の報酬を定めることはできないとし，過去の期間を特定した報酬付与の審判をするのが一般的であるので（東京家審昭48・5・29家月26巻3号63頁），申立ても特定期間の報酬を求めるものとなる（その場合申立ての趣旨は「申立人に対し，平成○○年○月○日から平成○○年○月○日までの間の成年後見人の報酬として，成年被後見人の財産の中から相当額を与えるとの審判を求める」となる）。

報酬審判の際考慮される「その他の事情」とは，①成年後見人と成年被後見人との間柄（身分関係の有無等），②後見事務の内容（管理財産の種類，収益状況，管理事務の処理経過，身上監護における契約等の有無等，その事務内容の難易，繁閑，在職期間等），③成年後見人が管理する額，④成年後見人の職業（特に第三者成年後見人の場合，弁護士，司法書士，社会福祉士，法人）などが総合的に斟酌される。報酬は後見業務として何をしたかによって付与されるので，毎年その額が一定されるものではない。また，成年後見人が扶養親族の場合，成年後見人の業務というより，親族として当然やらなければならないことについては，他の親族との調整上報酬に考慮されない場合もあると思われる。

親族が成年後見人となっている事例では，報酬付与の申立ては，成年後見人選任全体の数と比較すると少ない。しかし，第三者が成年後見人に選任された場合，就職中に毎年事務報告書の提出とともに定期的に報酬付与の申立てをすることが多い。

(2) **申立手続**

(a) 申立権者　　報酬付与の請求権者である後見人等（民862条等）。

(b) 管轄裁判所　　報酬付与の事件は，成年後見人又は成年後見監督人に

ついては，後見開始の審判をした家庭裁判所（抗告裁判所が後見開始の裁判をした場合はその第一審裁判所である家庭裁判所）（家手117条2項）。保佐人，保佐監督人，補助人，補助監督人，任意後見監督人の報酬付与事件の管轄は各基本事件である保佐開始，補助開始，任意後見監督人選任の審判をした家庭裁判所（抗告裁判所が基本事件の裁判をした場合はその第一審裁判所である家庭裁判所）（家手128条2項・136条2項・217条2項）。

(c) 申立手続費用　　収入印紙800円（民訴費3条1項・別表第1の15項）。

(d) 予納郵便切手　　410円程度（裁判所によって取扱金額が異なるので管轄裁判所に問い合わせてください）。

(e) 添付書類　　後見終了後の場合は，後見終了を証する書面，後見が継続中で過去の後見のある期間の後見事務の報酬を請求する場合は，その期間の成年後見人の後見事務の報告，財産目録，収支計算表が必要である。申立理由が関係記録上明らかな場合は，添付書類は不要。

(3) 審判手続

家庭裁判所は，申立てに基づき，成年後見人に対し報酬を付与すべきかどうか，付与するとなるとその額をいくらと定めるかを審理する。

(4) 審判終了後の手続

審判は，申立人に告知されて効力を生じるので（家手74条1項），普通郵便により送付され，認容の場合，成年後見人は管理財産の中から報酬を取得することができる。報酬を付与する審判に対して不服の申立ては特別の定めがないのでできず，申立てを理由なしとして却下する審判についても即時抗告をすることはできない（家手85条1項）。

【石井　久美子】

第10　成年後見人(成年後見監督人,保佐人,保佐監督人,補助人,補助監督人,任意後見監督人)に対する報酬付与手続　　*147*

書式12　成年後見人に対する報酬付与を求める審判申立書

受付印	家事審判申立書　事件名（ 成年後見人に対する 報酬付与 ）

	（この欄に申立手数料として1件について800円分の収入印紙を貼ってください。）
収入印紙　　　800円	（貼った印紙に押印しないでください。）
予納郵便切手　　　円	（注意）登記手数料としての収入印紙を納付する場合は，登記手数料としての収入印紙は貼らずにそのまま提出してください。
予納収入印紙　　　円	

準口頭	関連事件番号　平成　　年（家）　第　　　　　　　号

横浜　家庭裁判所　御中 平成　〇〇　年　〇〇　月　〇〇　日	申　立　人 （又は法定代理人など） の　記　名　押　印	横浜太郎　　　　　㊞

添付書類	（審理のために必要な場合は，追加書類の提出をお願いすることがあります。） 成年被後見人死亡除籍謄本，財産目録

申立人	本籍 （国籍）	（戸籍の添付が必要とされていない申立ての場合は，記入する必要はありません。） 都道 府県	
	住所	〒 〇〇〇 － 〇〇〇〇 横浜市中区〇〇町〇丁目〇番〇号	電話　×××（×××）×××× （　　　　　　　方）
	連絡先	〒	電話 （　　　　　　　方）
	フリガナ 氏名	ヨコハマ　タロウ 横浜太郎	大正 昭和 平成 〇〇年〇〇月〇〇日 生 （　〇〇　歳）
	職業	会社員	

※ 成年被後見人	本籍 （国籍）	（戸籍の添付が必要とされていない申立ての場合は，記入する必要はありません。） 都道 府県	
	住所	〒 〇〇〇 － 〇〇〇〇 横浜市中区〇〇町〇丁目〇番〇号	電話 （　　　　　　　方）
	連絡先	〒	電話 （　　　　　　　方）
	フリガナ 氏名	ヨコハマ　ハナコ 横浜花子	大正 昭和 平成 〇〇年〇〇月〇〇日 生 （　〇〇　歳）
	職業	無職	

(注)　太枠の中だけ記入してください。
※の部分は，申立人，法定代理人，成年被後見人となるべき者，不在者，共同相続人，被相続人等の区別を記入してください。

申　　立　　て　　の　　趣　　旨
成年被後見人横浜花子の成年後見人である申立人に相当額の報酬を付与するとの審判を求める。

申　　立　　て　　の　　理　　由
1　申立人は後見開始の審判により成年被後見人横浜花子の成年後見人として，平成〇〇年〇〇月〇〇日からその任務を行ってきました。 2　成年被後見人は平成〇〇年〇〇月〇〇日死亡したので，成年後見は終了しました。 3　申立人が行った事務の内容は，既に報告したとおりです。 4　よって，申立人に相当額の報酬を付与されたく本申立てをします。

第11 成年後見人に宛てた郵便物等の配達の嘱託（回送嘱託）の手続

解　説

　この手続は，平成28年4月の改正により新たに設けられた民法860条の2に基づいて，家事事件手続法別表第1の12の2項に定められた審判である。

(1)　改正の経緯

　成年後見人は，成年被後見人（以下，本項及び本章第12，第13，第14では，成年被後見人を「本人」と記すこともある）の財産を管理する権限を有する（民859条1項）。しかしながら，成年後見人が本人と以前から同居している場合であればともかく，別居していたり，弁護士等の専門職が後見人に選任された場合には，本人の財産状況の把握が難しい場合が多い。

　ある者の財産状況を把握するためには，その者に配達される郵便物（条文上は「郵便物又は民間事業者による信書の送達に関する法律（中略）第2条第3項に規定する信書便物」（民860条の2第1項）とされているが，本稿では，煩瑣をさけるためと，後述(2)(d)(ロ)のとおり実際の回送嘱託はほぼ日本郵便株式会社（郵便局）に対してのみ行われているため，単に「郵便物」と記す）を一定期間見れば，有用な情報を得られることが多い。郵便物の中には定期預金の満期通知や株式の配当通知などのプラスの資産，カード利用明細や借入金の督促状，場合によっては裁判所からの期日呼出状など，マイナスの資産についての情報が含まれているものがある。

　同様の制度として，破産者の財産の管理権を有する破産管財人の場合には，裁判所は，「破産管財人の職務の遂行のため必要があると認めるときは，信書の送達の事業を行う者に対し，破産者にあてた郵便物（中略）を破産管財人に配達すべき旨を嘱託することができる」（破81条1項）との規定があり，成年後見の場合にも，財産管理の前提として破産法と同様の規定を設け，郵便物の回送が必要との指摘がされてきた。そこで，平成28年4月13日に公布（施行は同年10月13日）の民法及び家事事件手続法の改正により，「家庭裁判所は，成年後見人がその事務を行うに当たって必要があると認めるときは，成年後見人の請求により，信書の送達を行う者に対し，期間を定めて，成年被後見人にあてた郵便物（中略）を成年後見人に配達すべき旨を嘱託することができる」との規定（民860条の2第1項）が設けられた。

なお，破産法による回送嘱託と成年後見の場合の回送嘱託では，後者が，請求（申立て）によること，期間が限定されることの２点において異なっているが，これらの点については該当箇所で述べる。破産管財人の職務が総債権者の利益のためであるのに対し，成年後見人の職務は，本人の財産が損なわれないようにし，本人の利益のためであることからくる違いであると考えられる。

(2) 制度の概略

(a) 後見類型への限定　　郵便物の配達の回送嘱託が認められるのは，成年後見類型に限られ，保佐，補助の場合には認められない。

成年被後見人は「事理を弁識する能力を欠く常況にある」（民７条）ので，郵便物を自ら適切に管理するのが困難で，それにより自己の財産が損なわれるおそれが想定される。これに対し，「事理を弁識する能力が著しく不十分である」被保佐人（民11条）や，「事理を弁識する能力が不十分である」被補助人（民15条）の場合には，第１に，被後見人の場合ほど自らの管理能力に欠けているとは考えられておらず，第２に，包括的な財産管理権を有する成年後見人の場合とは異なり，保佐人及び補助人は，財産上の一定の行為について同意権を有する（保佐につき民13条１項，補助につき民17条１項）以外，本人の財産を管理するためには家庭裁判所からの個別の代理権の付与が必要である（保佐につき民876条の４第１項，補助につき民876条の９第１項）。そのため，被保佐人及び被補助人の場合には通信の秘密を優先し，回送嘱託の対象とはしなかった（立法担当者による解説として，大塚竜郎「『成年後見の事務の円滑化を図るための民法及び家事事件手続法の一部を改正する法律』の逐条解説」家庭の法７号76頁以下）。

(b) 必要性と成年後見人の請求（申立て）　　条文上は同じく必要性の要件があるとはいえ，破産管財人の場合には，郵便物の回送嘱託は付帯処分として例外なく行われているのに対し，成年後見人の場合には，家庭裁判所に対し，必要性を説明し，家庭裁判所に対し請求（申立て）をする必要がある。

成年後見人選任直後か選任から間もない時期の申立ての場合，【書式13】の回送嘱託申立書の申立ての理由１に記載の３つの場合が考えられる。なお，東京家庭裁判所後見センター・円滑化法運用検討プロジェクトチーム（以下の引用では「東京家裁ＰＴ」と略して記す）「『成年後見の事務の円滑化を図るための民法及び家事事件手続法の一部を改正する法律』の運用について」家庭の法７号88頁以下も参照。

① 成年被後見人は自宅に独居しているが，自ら郵便物等を管理することができず，かつ，これを管理することができる親族から，成年後見人への郵便物の引渡しについての協力を得られない。

② 成年被後見人は施設に入所中であるが，自ら郵便物等を管理することができず，かつ，これを管理することができる施設から，成年後見人への郵便物等の引渡しについての協力を得られない。

③ 成年被後見人は親族と同居しているが，自ら郵便物を管理することができず，かつ，これを管理することのできる同居の親族から，成年後見人への郵便物等の引渡しについての協力を得られない。

　後見人選任から相当期間経過した後の申立ての場合は，選任から申立てまでの間，上述の状況が続いていて，申立時点でも後見人の職務に支障が生じていることが必要である。

　再度の申立ても可能だが（当初定めた期間の伸長が明文で禁じられているので（民860条の2第3項ただし書），実質的な伸長の場合は，再度の申立てをすることになる），それまでの回送嘱託の期間では十分把握できなかった，やむを得ない事情を必要とする。

　(c) 期間の限定　　民法860条の2第1項は，「期間を定めて」嘱託すると規定し，同条2項は，その期間は「6箇月を超えることができない」とする。半年あれば，回送される郵便物から本人の財産状況はおおよそ把握できると考えられているからである。実際にどの程度の期間を認めて審判がなされることになるのかは，今後の事例の集積を待ちたい。

　いったん期間を定めて審判した後，「事情に変更を生じたとき」は，請求（請求権者は成年被後見人，成年後見人若しくは成年後見監督人）又は職権により期間の変更ができるが，期間を伸長することはできず（同条3項），その場合には前述のように再度の申立てが必要となる。

　なお，破産管財人への破産者宛ての郵便物の回送は，成年被後見人宛ての郵便物の回送とは異なり決定主文に回送期間は記載されず，破産者の財産の換価終了まで又は破産手続の終了まで行われていることがほとんどだが，これは，成年被後見人宛ての郵便物の回送とは目的が異なるからである。

　(d) 回送の対象　　回送の対象は，「成年被後見人に宛てた郵便物又は民間事業者による信書の送達に関する法律（中略）第2条第3項に規定する信書便物」である（民860条の2第1項）。

(イ) 郵便物の定義　「郵便物」は，郵便法14条以下に規定があり，封書やハガキが主なものになる。レターパックは，日本郵便のホームページで信書を送ることができると明示されており，郵便物に含まれるが，ゆうパックは，現行郵便法に定める郵便物には該当しないため，回送の対象ではない（民営化以前の旧郵便法16条では，小包も郵便物と定められていたが，現行郵便法では，郵便物からははずされている）。

(ロ) 信書便物　　民間事業者による信書の送達に関する法律に基づいて役務を全国提供する一般信書便事業者はいまだ存在しない（総務省ホームページのトップ＞政策＞国民生活と安心・安全＞郵政行政＞信書便事業＞信書便事業者一覧。ただし，特定の地域や種類の信書便を事業範囲とする等，業務の範囲が限定された特定信書便事業者は多い）。そうしたこともあり，現在，裁判所の実務では，特別な事情がない限りは，おそらくどの庁でも，日本郵便株式会社（郵便局）に対してのみ回送嘱託をしているものと思われる。現実に必要があれば，信書便事業者に対して嘱託することはもちろんである。

(e)　成年後見人に配達すべき旨の嘱託

(イ) 発送者の除外　　審判主文には，成年後見人から発送する郵便物及び裁判所から別段の指示のある郵便物を除いて，回送の嘱託をする旨が明記される。すなわち，家庭裁判所（後見担当部署）が被後見人本人に直接郵便物を送る必要がある場合は，封筒表面に，裁判所からの発送であり，後見人に回送せず本人宛てに配達してほしい旨の注意書きが記載される。後見人が被後見人本人に対し発送する場合にも，封筒に，後見人からの発送である旨の記載をし，同様の扱いがされる。この扱いは，破産者に対して破産裁判所や破産管財人が直接郵便物を発送する場合と同様である。

　回送の対象となるのは，それ以外のすべての者が発送したすべての郵便物である。ただし，後見担当部署以外の裁判所が発送し，別途封筒表面に指示を記載した郵便物についてはこの限りではない。

(ロ) 嘱託先　　本人の直近の転居や施設入所などで，引っ越し前の住所にも郵便物が配達される可能性がある場合，複数の郵便局に対し回送嘱託をすることになる。申立書には，それらの郵便局を記載するようになっている。記載する郵便局は，最寄りの郵便局ではなく，その地域を担当する集配局である。近時，集配局の変更や統合の可能性があるので，不明な場合は郵便局で確認されたい。

回送を認める審判の後，本人が転居した場合には，回送嘱託の変更の申立て（民860条の2第3項）をした上，新しい住所を回送元とする審判が，別途必要となる（変更の申立てについては，本章第13参照）。この点は，破産者が破産手続開始決定後に転居した場合に，職権で回送嘱託元に新しい住所を加えている，破産法の場合とは異なる。

なお，郵便局への回送嘱託（条文上は「通知」という語が用いられている。家手122条2項）は裁判所書記官が行うので，成年後見人は，審判を得た後，自分で何か動く必要はない。

回送嘱託は，審判が効力を生じたとき（家手122条2項），すなわち審判確定のときに行われる。審判主文にも，「この審判確定の日から○ヵ月間」と明記される。この点は，破産開始手続開始決定の確定を待たずに直ちに回送嘱託を行う，破産法の場合とは異なる。前述のように回送嘱託の目的が異なるからと考えられる。

（f）成年後見人による開封

（イ）成年後見人がすべきこと　成年後見人は，被後見人宛ての郵便物を受け取ったときは，これを開封し，内容を見ることができる（民860条の3第1項）。この条文は，回送嘱託により受け取ったとの限定がなく，後見人が，回送された郵便物を受け取ったとき及び，回送以外の方法で郵便物を受け取ったときの双方を射程とする。

射程のうち前者は，今回の改正により加えられた方法である。

後者の射程について，これまでも，成年後見人は，被後見人宛ての郵便物を開封して，その内容を確認することができるとされてきた。本人と同居している後見人が，本人宛ての郵便物を開封する場合などが想定される。そこで，回送により郵便物を受け取った場合に加えて，「それ以外の方法でこれらの郵便物等を受け取った場合にも，これを開披する権限があることを明確にする趣旨」で，この条文が設けられた（大塚・前掲79頁）。破産法にも同様に，「破産者にあてた郵便物等を受け取ったときは，これを開いて見ることができる」旨の規定がある（破82条1項）。

成年後見人は，郵便物を開封して内容を確認した後は，それらのうち「成年後見人の事務に関しないものは，速やかに成年被後見人に交付しなければならない」（民860条の3第2項）。

なお，同窓会の開催通知を「成年後見人の事務に属しないもの」と考える

第11　成年後見人に宛てた郵便物等の配達の嘱託（回送嘱託）の手続　　153

としても（大塚・前掲80頁），同窓会の開催通知には経験上，1年分の同窓会費の納付通知が同封されているのが通例である。私見では，その限度においては後見人の事務に属するといってよいと考える。

　「速やかに」とは，「相応の短い期間」（大塚・前掲80頁）とされる。郵便物の内容にもよるが，その都度ということでなくても，一定の期間ごとに（例えば，後見人が本人を訪問する際など）に渡したり，本人宛てに発送すればよいものと考える。

　後見人がこれらの事務を怠ったり，遅滞したりしたときは，家庭裁判所による監督（民863条）の対象になる。

　　㈡　被後見人の権利保護　　被後見人は，後見人から既に交付を受けたものを除き，後見人に対し，受け取った郵便物の閲覧を求めることができる（民860条の3第3項）。本人の権利保護のために設けられた規定である。閲覧を求めたにもかかわらず後見人がこれに応じない場合には，上記の場合と同様，家庭裁判所による監督（民863条）の対象になる。

　(g)　成年被後見人が破産した場合　　成年被後見人本人が破産手続開始決定を受け，破産管財人が選任された場合，形の上では，破産法81条1項による回送嘱託と，民法860条の2第1項による回送嘱託が競合し，後見を扱う家庭裁判所と破産を扱う地方裁判所の双方から，該当の郵便局に対し，回送嘱託を求める書面が届くことになる。

　本人の破産手続開始により，本人の財産管理権は破産管財人が有することになる（破78条1項）。このような場合は，成年後見人から家庭裁判所に対し，嘱託の取消しの申立て（民860条の2第3項）をして対処することになる（取消しの申立てについては，本章第12参照）。取消しの審判に対しては即時抗告の規定がないので，審判の告知により直ちにその審判は確定することになる。実際には，本人について破産の申立てをするときは，成年後見人は，事前に後見事件が係属する家庭裁判所の後見監督係と連絡を取り合いながら進めることになると思われる。

(3)　申立手続

　(a)　申立権者　　成年後見人（民860条の2第1項）。

　(b)　管轄裁判所　　成年後見事件が係属する家庭裁判所（家手117条2項・別表第1の12項の2）。通常の場合は，後見開始をした家庭裁判所である。

　(c)　申立手続費用

（イ）　収入印紙　　800円（民訴費3条・別表第1の15項）。

（ロ）　郵便切手　　1300円程度（内訳の一例：500円2枚，82円2枚，62円1枚，10円1枚）。嘱託先が1ヵ所増えるごとに82円1枚を追加。裁判所によって組み合わせが異なるので問い合わせをされたい。

（d）添付書類

（イ）　回送嘱託の必要性を疎明する資料　　申立書記載の理由中に必要性について具体的事情が明確に記載されていれば，基本的に説明資料は不要である。

選任後かなりの程度の期間が経過した後の申立ての場合は，それまでの本人の財産・収支の管理方法や，その把握にどのような支障が生じたかを申立ての理由に記載の上，その疎明資料を添付する。

再度の申立ての場合には，前回の回送期間中に本人の財産の状況を把握できなかった事情を申立ての理由中に記載し，その疎明資料を添付する。

（ロ）　同意書　　複数選任されている成年後見人のうちの一人が申立てをするときは，もう一人の成年後見人の同意書を添付する。なお，回送嘱託は財産管理のための制度であるから，身上監護のみを分掌する後見人の同意は，求めなくてもよいとする庁が多いのではないかと思われる。

成年後見監督人が選任されている場合は，その監督人の同意書を添付する。

（ハ）　変更のあった場合のみ，申立人（成年後見人）及び被後見人本人の住民票（マイナンバーの記載のないもの）又は戸籍附票を添付する。

（4）**審判手続**

（a）被後見人の意見の聴取　　回送嘱託の審判をする場合には，被後見人の陳述を聴かなければならない（家手120条1項本文・6号）。手続保障の見地から，被後見人が家庭裁判所に対し，その認識等を述べる機会の確保のためとされている（大塚・前掲85頁）。そのため，心身の障害の程度が重く，被後見人の陳述を聴くことができないときは，意見の聴取は必要とされていない（同条1項本文ただし書）。

後見を認める審判の際に本人の意見を聴かなかったケース（家手120条1項本文・1号）では，回送嘱託に際しても，意見聴取は行われないものと思われる（東京家裁PT・前掲90頁）。陳述の聴取をする場合は，事実の調査として，家庭裁判所調査官が行うケースが多いであろう（家手56条・58条）。

（b）審判の告知　　認容，却下いずれの場合でも，即時抗告期間は，申立

人が審判の告知を受けた日から進行するため（家手86条2項），申立人に対しては送達により告知される。

被後見人への告知（家手122条1項・2項）は，普通郵便によることになる。

日本郵便株式会社（該当の集配局）に対しては，審判の告知は要せず，回送嘱託書を送付することにより通知することになる（同条2項）。

（c）即時抗告　認容審判の場合には，被後見人及びその親族が即時抗告できる（家手123条1項8号）。

なお，申立書に記載したものよりも短い期間の回送嘱託しか認められなかった場合であっても，回送嘱託が認められた点において全部認容とされるので，期間短縮を理由に即時抗告をすることはできない（東京家裁ＰＴ・前掲93頁注7）。

却下審判の場合には，申立人が即時抗告できる（家手123条1項10号）。

即時抗告ができる期間は，申立人が告知を受けた日から2週間である（家手86条1項・2項）。

【野地　一雄】

156　第3編　各種審判手続の書式実例　　第1章　成年後見・保佐・補助に関する審判事件
及び任意後見契約法に規定する審判事件

書式 13　郵便物等の配達の嘱達（回送嘱託）を求める審判申立書

受付印	**成年被後見人に宛てた郵便物等の回送嘱託申立書**
	（この欄に申立手数料として1件について800円分の収入印紙を貼ってください。） （貼った印紙に押印しないでください。）

収入印紙	800円
予納郵便切手	○○円

後 見 開 始 の 事 件 番 号	平成 ○○ 年（家）第　　○○○○　　号

横浜　家庭裁判所 　　支部 ・ 出張所　御中 平成 ○○ 年 ○○ 月 ○○ 日	申　立　人 の 記 名 押 印	横 浜 一 郎　　㊞

添付書類	（審理のために必要な場合は，追加書類の提出をお願いすることがあります。） □住民票（開始以降に住所の変更があった場合のみ）　　□必要性に関する報告書 □財産管理後見人の同意書　□成年後見監督人の同意書　□

申 立 人	住　所 （事務所）	〒 ○○○ - ○○○○　　　　　　　　　電話 ××× （ ××× ） ×××× 横浜市中区○○町○丁目○番○号　　　　　　　（　　　　　方）
	郵便物等 の回送を 受ける場 所	（☑上記の住所（事務所）と同じ） 〒　　－
	フリガナ 氏　　名	ヨコ　ハマ　イチ　ロウ 横 浜 一 郎
成 年 被 後 見 人	本　籍 （国　籍）	神奈川 都道府県 横浜市中区○○町○丁目○番地
	住　所	〒 ○○○ - ○○○○ 横浜市中区○○町○丁目○番○号　××アパート××号 （　　　　　方）
	居　所	〒　　－ （　　　　　方）
	フリガナ 氏　　名	カワ　サキ　ジ　ロウ 川 崎 二 郎

（注）太枠の中だけ記入してください。

第11　成年後見人に宛てた郵便物等の配達の嘱託（回送嘱託）の手続　*157*

申　　立　　て　　の　　趣　　旨
（該当する□にチェックしたもの）

☑（郵便物の回送嘱託）日本郵便株式会社に対し，成年被後見人の（☑住所，□居所）に宛てて差し出された成年被後見人宛ての郵便物を申立人（成年後見人）に配達すべき旨を嘱託するとの審判を求める。

□（信書便物の回送嘱託）＿＿＿＿＿＿＿＿＿＿＿＿＿に対し，成年被後見人の（□住所，□居所）に宛てて差し出された成年被後見人宛ての民間事業者による信書の送達に関する法律第2条第3項に規定する信書便物を申立人（成年後見人）に配達すべき旨を嘱託するとの審判を求める。

申　　立　　て　　の　　理　　由

回送嘱託の必要性は，以下の□にチェックしたとおりである。

☑1　**成年後見人に選任されてから1年以内における初回申立て**
　☑(1)　成年被後見人は自宅に独居しているが，自ら郵便物等を管理することができず，かつ，後記4に具体的に述べるとおり，これを管理することができる親族から，成年後見人への郵便物等の引渡しについての協力を得られない。
　□(2)　成年被後見人は施設に入所中であるが，自ら郵便物等を管理することができず，かつ，後記4に具体的に述べるとおり，これを管理することができる施設から，成年後見人への郵便物等の引渡しについての協力を得られない。
　□(3)　成年被後見人は親族と同居しているが，自ら郵便物等を管理することができず，かつ，後記4に具体的に述べるとおり，これを管理することのできる同居の親族から，成年後見人への郵便物等の引渡しについての協力を得られない。
　□(4)　その他（具体的事情は，後記4に具体的に述べるとおりである。）

□2　**成年後見人に選任されてから1年以上経過した後における初回申立て**
　これまでの財産・収支の管理及びその把握について生じていた支障に関する具体的事情は，後記4に具体的に述べるとおりである。

□3　**再度の申立て**
　前回の回送期間内に財産・収支の状況を把握できなかった具体的事情は，後記4に具体的に述べるとおりである。

☑4　**具体的事情**
　成年被後見人は，現在，自宅アパートに一人で居住しているが，私が成年後見人として選任された直後に訪問したところ，郵便物や新聞等が郵便受けから取り込んだまま雑多に放置され，誰からどのような郵便物が届いたのか把握できていない様子だった。弟の川崎三郎が近所に住んでいるが，普段の行き来がなく，まったく無関心で，協力が得られない。

- -

回送嘱託を行う集配郵便局等　　　　別添のとおり

（注）太わくの中だけ記入してください。
＜申立ての理由の記載に関する注意事項＞
　○　成年後見人に選任されてから1年以内における初回申立ての場合は1の欄に，成年後見人に選任されてから1年以上経過した後の初回申立ての場合は2の欄に，再度の申立ての場合は3の欄にそれぞれチェックした上で，いずれも4の欄に具体的事情を記載してください（ただし，後見開始申立書等に具体的事情の記載がある場合は，その書面及び記載箇所を指摘して引用しても差し支えありません。）。
　○　回送の嘱託は，回送元を管轄する集配郵便局等に書面を送付して行いますので，集配郵便局等の所在地及び名称を別添の書面（集配郵便局等1か所につき1用紙）に記載してください。

> 〒○○○-○○○○
>
> 　所在地　横浜市中区○○町○丁目○番○号＿＿＿＿＿＿＿＿＿
>
> 　名　称　横浜○○郵便局＿＿＿＿＿＿＿＿＿＿＿＿＿＿

※回送嘱託を行う集配郵便局等の所在地及び名称を上記の枠内に記入してください。（1か所につき1用紙）

158　第3編　各種審判手続の書式実例　第1章

第12　成年後見人に宛てた郵便物等の配達の嘱託の取消手続

解　説

(1)　制度趣旨

(a)　回送嘱託が取り消される2つの場合　　回送嘱託は，次の2つの場合に取り消される。

第1に，回送嘱託を認める審判のあった後，「事情に変更が生じたとき」（民860条の2第3項），第2に，「成年後見人の任務が終了したとき」（同条4項）である。前者は，成年被後見人，成年後見人又は成年後見監督人の請求（申立て）によるほか，職権で取り消すこともできる。後者は，申立てによるか職権によるかは明示されていないものの，嘱託を取り消さなければならないとされている。成年後見人が，任務が終了したことを家庭裁判所に報告した上で，職権によることが多いと思われる。

(b)　取消しを要する事情変更の類型　　事情変更が生じたときは，回送嘱託を取り消し又は変更できるが，ここではまず，取消しについて解説する。

(イ)　必要がなくなったこと　　本章第11で掲げた必要性の類型に該当し，回送嘱託が認められた場合は，それらの事由が止んだときに，回送嘱託の必要がなくなったことになる。すなわち，①一人暮らしをしていた被後見人が，後見人と同居するようになり，後見人が自ら郵便物を管理できるようになった場合，②施設入所又は家族と同居していても，それまで郵便物の引渡しについて協力を得られなかった施設の担当者や家族から，郵便物の引渡しの協力が得られるようになった場合などである。

なお，回送嘱託期間が満了した際は，あらためて取消しの申立てをする必要はない。郵便局に対する回送嘱託には終期を記載するので，自動的に回送もそこで終了する。

(ロ)　成年後見人が辞任する場合　　成年後見人が辞任する場合は，辞任の申立てと同時に，新たな後見人選任の申立てをすることになっている（民845条）。さらに，旧後見人宛ての回送嘱託の取消しと，新しい後見人宛ての回送嘱託の申立てが併せてされることが通常と思われる（東京家庭裁判所後見センター・円滑化法運用プロジェクトチーム（以下の引用では東京家裁PTと略称する）「『成年後見の事務の円滑化を図るための民法及び家事事件手続法の一部を改正する法律』の運用について」家庭の法7号91頁）。もっとも，回送嘱託は，成年後見人就任の

直後に申し立てられることが多いと思われるので，6ヵ月以内という回送期間内にすぐに辞任するような状況は，きわめて稀だろう。

(ハ) 被後見人が破産した場合　本章第11で説明したとおり，財産管理については破産管財人の職務のほうが優先するので，成年後見人は，回送嘱託の取消しの申立てをすることになる。

なお，被後見人の財産状況は破産管財人の調査により解明されるので，破産手続の終了後に成年後見人が再度の回送嘱託の申立てをすることは，考えにくい。

(ニ) 職権による取消し　職権による回送嘱託の取消しが想定されるのは，第1に，必要性がなくなったにもかかわらず，成年後見人がなかなか回送嘱託の取消しの申立てをしない場合が考えられる。もっとも，この場合は同時に，成年後見人の職務の進め方に問題があると家庭裁判所に判断されることになると思われる。第2に，成年後見人が解任された場合である。解任された成年後見人が申立てをすることは期待できないので，家庭裁判所は，解任の審判と同時に，回送嘱託取消しの審判をすることになると思われる（東京家裁PT・前掲91頁）。

(c) 任務の終了　後見人の任務は，本人の死亡により終了する。郵便回送嘱託との関係で問題になるのは，成年後見の開始後6ヵ月以内に本人が死亡した場合くらいしか考えにくく，さほどある事例ではないと思われる。

この場合，任務が当然に終了するので，東京家裁では，取消しの申立てをする必要はなく，郵便局に届け出て回送嘱託を中止してもらえれば足りるとしている（東京家裁ホームページに掲載されている申立書書式の説明）。庁によっては，成年後見人が任務終了を家庭裁判所に報告した上で，職権で回送嘱託を取り消し，その旨を裁判所から郵便局に通知する扱いも考えられる（同旨・大塚竜郎「『成年後見の事務の円滑化を図るための民法及び家事事件手続法の一部を改正する法律』の逐条解説」家庭の法7号79頁）。

(2) **申立手続**

(a) 申立権者　成年被後見人，成年後見人，成年後見監督人（民860条の2第3項）。

(b) 管轄裁判所　成年後見事件が係属する家庭裁判所（家手117条2項・別表第1の12項の2）。通常の場合は，後見開始をした家庭裁判所である。

(c) 申立手続費用

160 第3編 各種審判手続の書式実例 第1章 成年後見・保佐・補助に関する審判事件及び任意後見契約法に規定する審判事件

　(イ)　収入印紙　　800円（民訴費3条・別表第1の15項）

　(ロ)　郵便切手　　164円（82円2枚）。回送先が1ヵ所増えるごとに82円を追加。なお，回送を受けている後見人以外の者が申し立てるときは，1072円分を追加。

　(d)　添付書類

　(イ)　必要性がなくなったことを疎明する資料　　例えば，同居するようになった場合の住民票（マイナンバーのないもの）など。

　(ロ)　辞任と同時申立ての場合は不要。

　(ハ)　成年後見人が複数選任されている場合は，本章第11(3)(d)(ロ)の記載と同様。

　(ニ)　成年後見監督人が選任されている場合は，その監督人の同意書。

(3)　審判手続と不服申立て

　嘱託を取り消す審判に際しては，嘱託の審判の際とは異なり，被後見人の意見を聴取する旨の規定はない。

　取消しを認める審判に対しては成年後見人が即時抗告できるので（家手123条9号），後見人に対しては送達の方法により告知される（家手74条1項）。申立人に対しては，普通郵便により告知される（家手74条1項）。

　却下の審判に対しては申立人が即時抗告できるので（家手123条1項10号），申立人に対して送達の方法により告知される（家手74条1項）。

　即時抗告期間は，送達を受けた日（認容の場合には後見人，却下の場合には申立人）から2週間である（家手86条1項・2項）。

(4)　取消しの嘱託

　郵便局宛ての回送嘱託の取消通知は，その旨の審判が確定すると，家事事件手続法122条2項に基づいて裁判所書記官が行う。成年後見人が何かをする必要はない。

【野地　一雄】

第12　成年後見人に宛てた郵便物等の配達の嘱託の取消手続　　161

書式 14　郵便物等の配達の嘱達（回送嘱託）の取消しを求める審判申立書

| 受付印 | 成年被後見人に宛てた郵便物等の回収嘱託の | ☑取消し　変更 | 申立書 |
| | ☐変　更 | | |

（この欄に申立手料として1件について800円分の収入印紙を貼ってください。）

収入印紙　　800円
予納郵便切手　　○○円

（貼った印紙に押印しないでください。）

後 見 開 始 の 事 件 番 号	平成 ○○ 年 （家） 第 ○○○○ 号

横浜 家庭裁判所　　支部 ・ 出張所　御中 平成○○年○○月○○日	申　立　人 の 記 名 押 印	横 浜 一 郎　　㊞

添付書類	（審理のために必要な場合は，追加書類の提出をお願いすることがあります。） ☑住民票（開始以降に住所の変更があった場合のみ）　☐必要性に関する報告書 ☐財産管理後見人の同意書　☐成年後見監督人の同意書　☐

申立人	住所 （事務所）	〒○○○－○○○○　　　　　　　　　　　　　　電話 ×××（×××）×××× 横浜市中区○○町○丁目○番○号　　　　　　　　　　（　　方）
	フリガナ 氏　名	ヨコ　ハマ　イチ　ロウ 横 浜 一 郎
	本人と の関係	☑ 郵便物等の回送を受けている成年後見人　　☐ 左記以外の成年後見人 ☐ 本人　　☐成年後見監督人　　☐

成年被後見人	本籍 （国籍）	神奈川　都道 　　　　府㊺　横浜市中区○丁目○番地
	住所	〒○○○－○○○○ 横浜市中区○○町○丁目○番○号
	居所	〒　　－
	フリガナ 氏　名	ヨコ　ハマ　ジ　ロウ 横 浜 二 郎

成年被後見人郵便物等の回送を受けている	住所 （事務所）	（郵便物の回送を受けている成年後見人が申立人の場合は，以下の欄は記載不要） 〒　　－
	フリガナ 氏　名	

申　立　て　の　趣　旨
（該当する☐にチェックしたもの）

☑（回送嘱託審判の取消し）平成 ○○ 年 ○○ 月 ○○ 日付けでなされた，成年被後見人に宛てて差し出された郵便物を成年後見人に配達すべき旨を嘱託する審判を取り消すことを求める。

☐（回送嘱託審判の変更）平成＿＿年＿＿月＿＿日付けでなされた，成年被後見人に宛てて差し出された郵便物を成年後見人に配達すべき旨を嘱託する審判について，以下のとおり変更することを求める。
　☐ 回送期間の終期を平成＿＿年＿＿月＿＿日に短縮する
　☐ 回送を受ける成年後見人を＿＿＿＿＿＿から＿＿＿＿＿＿に変更（交代）する
　☐ 成年被後見人の（☐住所，☐居所）の変更により，嘱託の対象を成年被後見人の新しい（☐住所，☐居所）に変更する
　☐ 成年被後見人の（☐住所，☐居所）を嘱託の対象として追加する
　☐ 複数ある嘱託の対象から，成年被後見人の（☐住所，☐居所）について回送の嘱託を取り止める
　☐ 成年後見人の住所（事務所）変更により，郵便物の回送先を新しい住所（事務所）に変更する
　☐

申　立　て　の　理　由

　横浜二郎は，平成○○年○○月○○日，横浜家庭裁判所において後見が開始され，同人の長男である申立人が，成年後見人に選任された。

　選任当時，成年被後見人はアパートを借りて一人で生活していたため，同人宛ての郵便物の回送嘱託の審判を申し立て，この申立ては平成○○年○○月○○日に認められた。

　しかし，成年被後見人は，一人で生活するのがいよいよ困難になったので，申立人が引き取り，平成○○年○○月○○日以降，申立人の家に同居している。

　そのため，郵便回送嘱託の必要がなくなったので，回送嘱託取消しの申立てをする。

（注）　太わくの中だけ記入してください。
＜回送嘱託の変更申立てに関する注意事項＞
○　回送期間の終期の延長はできません。
○　申立人以外の他の成年後見人に回送を変更する場合（成年後見人の交代）は，申立ての理由中に変更（交代）する成年後見人の住所及び氏名を記載し，その成年後見人の同意書を添付してください。
○　嘱託の対象を変更（追加，縮小）する場合は，申立ての理由中に変更の内容を記載してください。
○　成年被後見人又は成年後見人の住所変更に伴う変更申立ての場合は，住民票等を添付してください。

162　第3編　各種審判手続の書式実例　第1章　成年後見・保佐・補助に関する審判事件
及び任意後見契約法に規定する審判事件

第13　成年後見人に宛てた郵便物等の配達の嘱託（回送嘱託）の変更手続

解　説

(1)　制度趣旨

(a)　制度の概略　　成年後見人宛ての郵便物の回送嘱託は，それを認める審判のあった後に「事情に変更を生じたとき」は，成年被後見人，成年後見人又は成年後見監督人の請求（申立て）により，本章第12に説明した取消しのほか，変更をすることもできる（民860条の2第3項）。変更を要する事情変更は，次のような場合が想定されている（東京家庭裁判所後見センター・円滑化法運用プロジェクトチーム（以下の引用では東京家裁ＰＴと略称する）「『成年後見の事務の円滑化を図るための民法及び家事事件手続法の一部を改正する法律』の運用について」家庭の法7号91頁）。

(b)　申立てが必要となる場合　　典型的な場合として，次のような例があげられる。

(イ)　嘱託期間を短縮する場合。

(ロ)　後見人側の事情による場合。

①　後見人の住所（事務所）の移転により，回送先を新しい住所に変更する場合。

②　成年後見人複数選任の事案で，回送先を一方の後見人からもう一方の後見人に変更する場合。

(ハ)　被後見人側の事情による場合　　被後見人の転居により，郵便物の回送元を追加する場合。

(c)　職権による場合　　事情変更による回送嘱託の変更の審判は，職権でもすることができる（民860条の2第3項本文）。上記(b)に記載した事情が生じたにもかかわらず後見人が申立てをしない場合に，裁判所が申立てを促し，いずれかの時点で職権による審判に踏み切るのかどうかは，今後の運用事例の集積を待ちたい。

なお，破産法81条1項に基づく郵便回送嘱託では，これらの場合はいずれも，破産管財人から裁判所に対して職権発動を促す上申がされ，それに基づいて回送嘱託元の追加等を行っており，成年後見人宛ての郵便物回送嘱託のような申立てを必要とする制度にはなっていない点で，違いがある。破産管

財人に対する回送嘱託が別途の申立てを要しない付帯処分であることが理由であると考えられる。

(2) 申立手続

(a) **申立権者**　成年被後見人，成年後見人，成年後見監督人（民860条の2第3項）。

(b) **管轄裁判所**　成年後見事件が係属する家庭裁判所（家手117条2項・別表第1の12項の2）。通常の場合は，後見開始をした家庭裁判所である。

(c) **申立手続費用**

(イ) 収入印紙　800円（民訴費3条・別表第1の15項）。

(ロ) 郵便切手　164円（82円2枚）。回送先が1ヵ所増えるごとに82円を追加。なお，回送を受けている後見人以外の者が申し立てるときは，1072円分を追加。

(d) **添付書類**

(イ) 期間短縮の場合には，特に疎明資料を求められることはないと思われる。

(ロ) 住所変更の場合には，新住所の記載された戸籍附票又は住民票（マイナンバーの記載のないもの）。

(ハ) 後見人の事務所の変更の場合には，その旨の上申書。

(ニ) 複数選任の場合は，本章第11(3)(d)(ロ)に記載と同様。

(ホ) 成年後見監督人が選任されている場合は，その同意書。

(3) 審判手続及び不服申立て

本章第12(3)と同様なので，該当の項目を参照されたい。

(4) 変更の嘱託

郵便局宛ての回送嘱託の変更通知は，その旨の審判が確定すると，家事事件手続法122条2項に基づいて裁判所書記官が行う。成年後見人が何かをする必要はない。

【野地　一雄】

164 第3編 各種審判手続の書式実例 第1章 成年後見・保佐・補助に関する審判事件及び任意後見契約法に規定する審判事件

書式 15 郵便物等の配達の嘱達（回送嘱託）の変更を求める審判申立書

受付印	成年被後見人に宛てた郵便物等の回収嘱託の	☐取消し 申立書 ☑変 更

（この欄に申立手数料として1件について800円分の収入印紙を貼ってください。）

| 収入印紙 | 800円 |
| 予納郵便切手 | ○○円 |

（貼った印紙に押印しないでください。）

後見開始の事件番号	平成 ○○ 年（家） 第 ○○○○ 号

横浜家庭裁判所 支部 ・ 出張所 御中 平成○○年○○月○○日	申立人 の記名押印	横浜一郎 ㊞

添付書類	（審理のために必要な場合は，追加書類の提出をお願いすることがあります。） ☑住民票(開始以降に住所の変更があった場合のみ) ☐必要性に関する報告書 ☐財産管理後見人の同意書 ☐成年後見監督人の同意書 ☐

申立人	住 所 (事務所)	〒○○○-○○○○ 　　　　　　　　　　電話 ×××(×××)×××× 横浜市中区○○町○丁目○番○号 　　　　　　　　　　　　　　　　　(方)
	フリガナ 氏 名	ヨコ ハマ イチ ロウ 横 浜 一 郎
	本人との関係	☑ 郵便物等の回送を受けている成年後見人 ☐ 左記以外の成年後見人 ☐ 本人 ☐ 成年後見監督人

成年被後見人	本 籍 (国 籍)	神奈川 都道府県 横浜市中区○○町○丁目○番地
	住 所	〒○○○-○○○○ 横浜市中区○○町○丁目○番○号 ○○アパート××号
	居 所	〒
	フリガナ 氏 名	カワ サキ ジ ロウ 川 崎 二 郎

成年被後見人の郵便物等の回送を受けている人	住 所 (事務所)	(郵便物の回送を受けている成年後見人が申立人の場合は，以下の欄は記載不要) 〒 　—
	フリガナ 氏 名	〒 　—

申 立 て の 趣 旨
（該当する☐にチェックしたもの）

☐ (回送嘱託審判の取消し)平成＿＿年＿＿月＿＿日付けでなされた，成年被後見人に宛てて差し出された郵便物を成年後見人に配達すべき旨を嘱託する審判を取り消すことを求める。

☑ (回送嘱託審判の変更)平成○○年○○月○○日付けでなされた，成年被後見人に宛てて差し出された郵便物を成年後見人に配達すべき旨を嘱託する審判について，以下のとおり変更することを求める。
　☐ 回送期間の終期を平成＿＿年＿＿月＿＿日に短縮する
　☐ 回送を受ける成年後見人を＿＿＿＿から＿＿＿＿に変更(交代)する
　☐ 成年被後見人の(☐住所,☐居所)の変更により，嘱託の対象を成年被後見人の新しい(☐住所,☐居所)に変更する
　☐ 成年被後見人の(☐住所,☐居所)を嘱託の対象として追加する
　☐ 複数ある嘱託の対象から，成年被後見人の(☐住所,☐居所)について回送の嘱託を取り止める
　☑ 成年後見人の住所(事務所)変更により，郵便物の回送先を新しい住所(事務所)に変更する
　☐

申 立 て の 理 由

川崎二郎は，平成○○年○○月○○日，横浜家庭裁判所において後見が開始され，同人の長男である申立人が，成年後見人に選任された。
また，申立人は，選任直後に，郵便回送嘱託の審判を申し立て，この申立ては，平成○○年○○月○○日に認められた。
申立人は，後見開始当時，横浜市西区○○町○丁目○番○号に住んでいたが，平成○○年○○月○○日，横浜市中区○○町○丁目○番○号に転居した。
そのため，被後見人宛ての郵便物の回送先を，申立人の旧住所から現住所宛てに変更を求めるため，この申立てをする。

(注)　太わくの中だけ記入してください。
<回送嘱託の変更申立てに関する注意事項>
○　回送期間の終期の延長はできません。
○　申立人以外の他の成年後見人に回送先を変更する場合(成年後見人の交代)は，申立ての理由中に変更(交代)する成年後見人の住所及び氏名を記載し，その成年後見人の同意書を添付してください。
○　嘱託の対象を変更(追加，縮小)する場合は，申立ての理由中に変更の内容を記載してください。
○　成年被後見人又は成年後見人の住所変更に伴う変更申立ての場合は，住民票等を添付してください。

第14 成年被後見人の死亡後の死体の火葬又は埋葬に関する契約の締結その他相続財産の保存に必要な行為（死後事務）についての許可手続

解　説

　この手続は，平成28年4月の改正により新たに設けられた民法873条の2に基づいて，家事事件手続法別表第1の16の2項に定められた家事審判である。

(1) 改正の経緯

　成年後見人は被後見人の法定代理人であるが，被後見人の死亡によりその地位を失う。後見人は，2ヵ月以内に管理の計算をして（民870条），被後見人の財産を相続人に引き渡さなければならない。しかし，それまでの間に，実際には，入院費用や施設利用料の支払，賃貸住宅に住んでいた場合はその契約解除と賃料の精算，火葬や葬儀など，さまざまな問題に直面する（ただし，葬儀については今回の改正でも対象外とされていることについて，後述(2)(b)(ウ)）。

　債務の支払は相続人の役割であるし，火葬や葬儀なども，本来なら喪主がすべきことであるが，相続人が不明であったり，判明しても，関わりを拒まれ，後見人が何らかの対処をせざるを得ない場合も多い。相続人である親族が後見人であれば，その者が相続人の立場で関与できるが，専門職である第三者が後見人になっている場合には，そうはいかない。第三者専門職ばかりでなく，相続人ではない親族が後見人になっている場合も同様である。

　このような場合，これまでは，委任の規定の準用による応急処分（民874条・654条）又は事務管理（民697条）として実務上行われてきたが，その範囲が明確ではなく，困難に直面する場面も多かった。そこで，平成28年の改正で民法873条の2としてあらたに死後事務に関する条文を設け，「成年後見人は，成年被後見人が死亡した場合において，必要があるときは，成年後見人の相続人の意思に反することが明らかなときを除き，相続人が相続財産を管理することができるに至るまで」，①「相続財産に関する特定の財産の保存に必要な行為」（1号），②「相続財産に属する債務（弁済期が到来しているものに限る。）の弁済」（2号）及び，③家庭裁判所の許可を得て，「その死体の火葬又は埋葬に関する契約の締結その他相続財産の保存に必要な行為（前2号に掲げる行為を除く。）」（3号）をすることができるとされた。

(2) 制度の概略

(a) **成年後見類型への限定**　　この制度は，成年後見類型に限定され，保佐及び補助は対象外である。

後見人は，被後見人の財産について包括的な管理権を有する（民859条1項）のに対し，保佐人，補助人は，一定の財産上の行為について同意権を有するか（保佐人につき民13条，補助人につき民17条），又は代理権を付与された事項（保佐人につき民876条の4第1項，補助人につき民876条の9第1項）について代理人として活動できるにすぎない。保佐人，補助人について対象外としたのは，これらの者に対しても死後事務の権限付与をすると，「保佐人等が被保佐人等の生前よりもかえって強い権限を持つことにもなりかねず，必ずしも相当でない」からとされている（大塚竜郎『「成年後見の事務の円滑化を図るための民法及び家事事件手続法の一部を改正する法律」の逐条解説』家庭の法7号79頁）。そのため，保佐・補助類型の場合には，従来の応急処分や事務管理の方法によらざるを得ない。

また，後見類型の場合であっても，「これらの規定（引用者注・応急処分や事務管理）に基づいて死後事務を行うことは否定されない（東京家庭裁判所後見センター・円滑化法運用プロジェクトチーム（以下の引用では東京家裁ＰＴと略称する）「『成年後見の事務の円滑化を図るための民法及び家事事件手続法の一部を改正する法律』の運用について」家庭の法7号93頁）。その場合は，従来のようにできるだけ事前に家庭裁判所の後見監督係に本人死亡の情報を伝えた上で，事務を進めるのが望ましい。

(b) **必要があるとき**（各号の具体例）

(イ)　最も多いのは，入院費の支払等で相続人の連絡先が不明など，2号に該当する事例であろう。死亡後であっても後見人が支払をしないと，債務が未払いのまま残ってしまう場合である（大塚・前掲81頁）。死亡診断書等の発行を病院の費用の支払と引替えとするところもあるようで（高雄佳津子「第3章　病院費用の支払」松川正毅編『成年後見における死後の事務』124頁），これを支払わないと，病院や施設で，次の被後見人の入院や入所に支障が出るという悩ましい問題が，専門職後見人から報告されている（同書125頁など）。

他に2号に該当する事例として，賃料の支払が挙げられる。

(ロ)　1号の保存行為に該当する事例としては，相続財産に属する債権について，①請求による時効の中断（民147条1号），②相続財産に属する建物の

雨漏りの修理が挙げられる（東京家裁ＰＴ・前掲82頁）。

　なお，1号，2号に該当する行為であっても，その費用として被後見人の預金の払戻しを必要とする場合は，3号にも該当するものとして（後述(ハ)），裁判所の許可を必要とする。

　(ハ)　3号に該当する行為は，家庭裁判所の許可を必要とする。特に，「死体の火葬又は埋葬に関する契約」を掲げているのは，これまで後見人が特に苦慮していた場合があったことと，いったん火葬してしまうとやり直しができないため，特に裁判所の許可を要することにした趣旨である（大塚・前掲83頁）。

　「その他相続財産の保存に必要な行為」としてまず想定されるのは，被後見人が住んでいたアパートの電気，ガス，水道等の解約や，債務を弁済するための預金の払戻しなどである。また，施設やアパートにあった荷物について寄託契約（民657条）を締結し，相続人への引渡しまでレンタル倉庫に保管するような場合なども考えられる。

　これらの行為について事前に家庭裁判所の許可を得ずに行ってしまい，申立てが事後になったとしても，そのことをもって却下することはなく，また，従来の応急処分や事務管理に該当するものは，許可がなくとも行うことができるとされている（東京家裁ＰＴ・前掲92頁）。

　なお，納骨までは埋葬にあたるとして認められるが，葬儀費用については，従来の実務でも，今回の改正法でも認められていない。心情的には忍びないが，葬儀を行わなければ埋葬できないわけではないこと，宗教の問題が関わってくること等から，否定的に考えられている。もっとも，現状では後見人（特に専門職後見人）がお別れ会的なものを私的に行うことまでは否定されていないし，実際の例も聞いているところである。後見人の好意に頼っている状況であるが，それでは，いずれは制度の行き詰まりも考えられる。私見ではあるが，将来的には，社会の意識の変化に応じ，何らかの立法の手当てを望みたい。

　(c)　相続人が相続財産を管理することができるに至るまで（時期的制限）

　「相続人に相続財産を実際に引き渡す時点までを指す」（大塚・前掲81頁）。ただし，2ヵ月以内に管理計算をして相続人に財産を引き渡すことが制度上想定されているため（民870条），本人の死亡から2ヵ月以内の申立てが前提となる。相続人が不明であったり，相続人が明らかであっても協力を得られ

ないなどの理由で2ヵ月を超える場合には，相続財産管理人選任の申立て（民918条3項，家手39条・別表第1の90項）をして，選任された相続財産管理人に対して引き渡すことになる（東京家裁ＰＴ・前掲93頁参照）。

(d) 被後見人の相続人の意思との関係　「成年被後見人の相続人の意思に反することが明らかなとき」（民873条の2本文）には，同条に掲げる行為はできない。

「意思に反することが明らかなとき」とは，「明確に反対の意思を表示している場合」を指し，複数の相続人がいる場合には，そのうちの一人でも反対の者がいれば，これに該当する。

相続人の存否や所在が不明な場合はもとより，相続人の所在が判明していても連絡がとれない場合は，「意思に反することが明らかなとき」には該当しない。連絡がとれたとしても，後見人の照会に対して回答がない場合には，同様に該当しないと考えられる（大塚・前掲81頁）。

(3) **申立手続**

(a) 申立権者　成年後見人（民873条の2本文）。

(b) 管轄裁判所　成年後見事件の係属する家庭裁判所（家手117条2項・別表第1の16項の2）。通常の場合は，後見開始をした家庭裁判所である。

(c) 申立手続費用

(イ) 収入印紙　800円（民訴費3条・別表第1の15項）。

(ロ) 郵便切手　82円。

(d) 添付書類　「必要がある」ことを証明する資料の一例には，次のようなものがある。

(イ) 本人死亡の記載のある戸籍謄本（全部事項証明書）（要急の場合は死亡診断書の写しでも可）。

(ロ) 火葬・埋葬の許可の場合には，戸籍謄本（全部事項証明書）以外には原則不要。

(ハ) ライフライン（水道，電気など）の解約許可の場合には，原則不要。

(ニ) 預金払戻しの許可を求める場合は，通帳の写しと必要な費用の明細などの写し。

(4) **審判手続と不服申立て**

相続人の陳述の聴取を必要とする旨の規定はない。実務上も，想定していないようである（東京家裁ＰＴ・前掲93頁）。

第14　成年被後見人の死亡後の死体の火葬又は埋葬に関する契約の締結その他相続財産の保存に必要な行為（死後事務）についての許可手続　*169*

　少なくとも書式例に印刷されている火葬の許可と預貯金の払戻許可については，認容する場合は，審判書を作成するのではなく，申立書下部に許可審判の主文を記載することをもって審判書作成に代える方法（家手76条1項ただし書）を想定している（東京家裁ＰＴ・前掲93頁）。

　認容の審判に対しては不服申立てができないので（家事事件手続法123条1項の即時抗告ができる場合には，申立ての却下のみが挙げられている），普通郵便により告知される。

　却下の審判に対しては申立人が即時抗告することができるので（家手123条1項11号），送達により告知される。即時抗告期間は告知を受けた日から2週間である（家手86条1項）。

【野地　一雄】

170　第3編　各種審判手続の書式実例　第1章　成年後見・保佐・補助に関する審判事件
及び任意後見契約法に規定する審判事件

書式 16　成年被後見人の死亡後の死体の火葬又は埋葬に関する契約の締結その他相続財産の保存に必要な行為（死後事務）についての許可を求める審判申立書

受付印	成年被後見人の死亡後の死体の火葬又は埋葬に関する契約の締結その他相続財産の保存に必要な行為についての許可申立書
	この欄に収入印紙800円分を貼る。

収 入 印 紙	800 円	（貼った印紙に押印しないでください。）
予納郵便切手	82 円	

準口頭		基本事件番号　平成○○年（家）第　　○○○○　　　号*1

横浜 家庭裁判所			
支部 ・ 出張所 御中	申立人の記名押印	横 浜 一 郎	㊞
平成 ○○ 年 ○○ 月 ○○ 日			

添付書類	☐ 申立事情説明書 ☐ 預貯金通帳の写し ☐ 報告書	☑ 死亡診断書の写し（死亡の記載のある戸籍謄本） ☐ 寄託契約書案 ☑ 相続人川崎太郎からの手紙*2

申立人	住所又は事務所	〒○○○－○○○○　　　　　　　　電話 ×××（×××）×××× 横浜市西区○○町○丁目○番○号 ××ビル×階　○○法律事務所	※申立人欄は窓空き封筒の申立人の宛名としても使用しますので、パソコン等で書式設定する場合には、以下の書式設定によりお願いします。 （申立人欄書式設定） 上端10.4cm 下端14.5cm 左端3.3cm 右端5cm
	氏名	横浜 一 郎	
成年被後見人	住所	〒○○○－○○○○ 横浜市西区○○町○丁目○番○号××アパート××号室	
	氏名	亡 川 崎 次 郎	

申立ての趣旨	申立人が ☑成年被後見人の（☑死体の火葬　☐　　　　　　　）に関する契約を締結する ☐成年被後見人名義の下記の預貯金の払戻しをする 　　　金融機関名＿＿＿＿＿＿＿＿＿＿＿支店名＿＿＿＿＿＿ 　　　口座種別＿＿＿＿＿＿ 口座番号＿＿＿＿＿＿＿＿ 　　　払戻金額 金＿＿＿＿＿＿＿＿＿＿＿円 ☐ *3 [ことを許可する旨の審判を求める。
申立ての理由	別添申立事情説明書のとおり

- 裁判所使用欄 - - - - - - - - - - - - - - - - - - -

1　本件申立てを許可する。
2　手続費用は，申立人の負担とする。
　　　　平成　　年　　月　　日
　　　　　家庭裁判所 ☐　　　支部 ☐　　　出張所

　　　　裁判官

		告 　知
受告知者	申立人	
告知方法	☐住所又は事務所に謄本送付 ☐当庁において謄本交付	
年 月 日	平成	
	裁判所書記官	

【備考】
1．（*1）基本事件番号の欄には，後見開始の際の事件番号を記入する。
2．（*2）添付資料として，相続人が，疎遠で関わりたくないと言っている場合を想定した。
3．（*3）寄託契約の場合には，この欄の☑にを付し，かっこ内に，「別紙寄託契約書のとおり寄託契約を締結することの許可を求める。」と記載する。別紙との間には忘れずに契印をする。

第14　成年被後見人の死亡後の死体の火葬又は埋葬に関する契約の締結その他相続財産の保存に必要な行為（死後事務）についての許可手続　*171*

基本事件番号　平成○○年（家）　第○○○○号　　成年被後見人亡　川崎　次郎

申立事情説明書

1　申立ての理由・必要性について

　　成年被後見人は，平成○年○月○日，死亡しました。
　　同人の相続人として，長男の川崎太郎がいますが，亡川崎次郎は，昭和○○年に妻と離婚後，長男の太郎とは全く関わりを持たなかったため，太郎は，もう父親の次郎とは関わりたくないと言っています。そこで，成年後見人が，申立ての趣旨記載の行為を行う必要があります。
　　資料として，川崎太郎からの手紙の写しを添付します。

※申立ての理由・必要性等を裏付ける資料がある場合には，資料を添付してください。

2　本件申立てにかかる行為ついての相続人の意思について

　□　相続人の存在が明らかではないため，意思の確認がとれない。

　□　相続人が所在不明のため，意思の確認がとれない。

　□　相続人が疎遠であり，意思の確認がとれない。

　□　反対している相続人はいない。

　☑　その他

　　　　上記川崎太郎以外に相続人はいない。

第15 成年後見人（成年後見監督人，保佐人，保佐監督人，補助人，補助監督人，任意後見監督人）の辞任

解　説

(1)　制度の趣旨

(a)　根　拠

　(イ)　成年後見人，保佐人，補助人の辞任　　成年後見人（保佐人，補助人）は正当な理由があるときは，家庭裁判所の許可を得て，その任務を辞することができる（民844条・876条の2第2項・876条の7第2項，家手別表第1の4項・23項・42項）。

　(ロ)　成年後見監督人，保佐監督人，補助監督人の辞任　　成年後見監督人等の辞任についても，成年後見人の規定が準用されている（民852条・876条の3第2項・876条の8第2項，家手別表第1の7項・27項・46項）。

　(ハ)　任意後見監督人の辞任　　任意後見監督人の辞任についても，成年後見人の規定が準用されている（任意後見7条4項，家手別表第1の116項）。

(b)　「正当な理由」　　辞任許可の要件である「正当な理由」とは，後見事務を遂行し得ない遠隔地で職務に従事する場合，後見人の職務が長期間になった場合，先順位者の欠格事由の消滅，老齢，疾病，身体障害，被後見人や親権に服する子の多数などによる負担過重などである（中川淳『改訂親族法逐条解説』517頁）。

(c)　成年後見人（保佐人，補助人）が，その任務を辞したことにより，新たに成年後見人（保佐人，補助人）を選任する必要が生じたときは，その成年後見人（保佐人，補助人）は，遅滞なく新たな成年後見人（保佐人，補助人）の選任を家庭裁判所に請求しなければならない（民845条・876条の2第2項・876条の7第2項）。

(2)　申立手続

(a)　申立権者　　辞任しようとする成年後見人，保佐人，補助人，成年後見監督人，保佐監督人，補助監督人，任意後見監督人（民844条・876条の2第2項・876条の7第2項，民852条・876条の3第2項・876条の8第2項，任意後見7条4項）。

(b)　管轄裁判所　　本章第5(2)(b)参照。

(c)　申立手続費用　　収入印紙800円（民訴費3条1項・別表第1の15項），予

納郵便切手約1000円，予納印紙1400円（登記手数料令15条1項3号）。

(d) 添付書類　戸籍謄本（全部事項証明書）（本人，成年後見人等，任意後見監督人），住民票又は戸籍附票（本人，成年後見人等，任意後見監督人），登記事項証明書。

(3) 審判手続

(a) 家庭裁判所は申立てを審理し，理由ありと認めるときは，辞任許可の審判をする。

(b) 審判の告知　申立人（家手74条1項）。

(4) 不服申立て

即時抗告できる旨の規定は置かれていない。

(5) 後見人等の辞任の登記

(a) 登記嘱託　辞任許可の審判の効力が生じたときは，裁判所書記官は遅滞なく後見登記法に定める登記を嘱託しなければならない（家手116条1号，家手規77条1項4号）。

(b) 登記事項証明書の交付請求　本章第1(5)(c)参照。

【奥山　　史】

174　第3編　各種審判手続の書式実例　　第1章　成年後見・保佐・補助に関する審判事件及び任意後見契約法に規定する審判事件

書式 17　成年後見人の辞任許可審判申立書

受付印	家事審判申立書　事件名（成年後見人の辞任許可）

収入印紙　　　800円	（この欄に申立手数料として1件について800円分の収入印紙を貼ってください。）
予納郵便切手　　　円	（貼った印紙に押印しないでください。）
予納収入印紙　　　円	（注意）登記手数料としての収入印紙を納付する場合は，登記手数料としての収入印紙は貼らずにそのまま提出してください。

準口頭	関連事件番号　平成　　年（家　　）第　　　　　　　　　号

東　京　家庭裁判所 御中 平成 ○○ 年 ○○ 月 ○○ 日	申　立　人 （又は法定代理人など） の記名押印	甲　野　夏　男　　㊞

添付書類	（審理のために必要な場合は，追加書類の提出をお願いすることがあります。） 申立人の戸籍謄本（全部事項証明書）　1通，同戸籍附票　1通， 成年被後見人の戸籍謄本（全部事項証明書）　1通，同住民票　1通，登記事項証明書　1通

申 立 人	本　籍 （国　籍）	（戸籍の添付が必要とされていない申立ての場合は，記入する必要はありません。） 東京　　㊞道 府県　千代田区○○町○丁目○番地
	住　所	〒 ○○○－○○○○　　　　　　電話　03（×××）×××× 東京都千代田区○○町○丁目○番○号　　　　　　　　（　　　　方）
	連絡先	〒　　　－　　　　　　　　　　　電話　　（　　　） 　　　　　　　　　　　　　　　　　　　　　　　　　（　　　　方）
	フリガナ 氏　名	コウノ　ナツオ 甲　野　夏　男	大正 ㊞ ○○年○○月○○日 生 平成 （　○○　歳）
	職　業	会　社　員

※ 成 年 被 後 見 人	本　籍 （国　籍）	（戸籍の添付が必要とされていない申立ての場合は，記入する必要はありません。） 都道 府県　申立人の本籍と同じ
	住　所	〒　　　－　　　　　　　　　　　電話　　（　　　） 申立人の住所と同じ　　　　　　　　　　　　　　　（　　　　方）
	連絡先	〒　　　－　　　　　　　　　　　電話　　（　　　） 　　　　　　　　　　　　　　　　　　　　　　　　　（　　　　方）
	フリガナ 氏　名	コウノ　タロウ 甲　野　太　郎	大正 ㊞ ○○年○○月○○日 生 平成 （　○○　歳）
	職　業	無　職

（注）太枠の中だけ記入してください。
※の部分は，申立人，法定代理人，成年被後見人となるべき者，不在者，共同相続人，被相続人等の区別を記入してください。

申　　立　　て　　の　　趣　　旨
申立人が成年被後見人甲野太郎の成年後見人を辞任することを許可する審判を求める。

申　　立　　て　　の　　理　　由
1　平成○○年○○月○○日，成年被後見人について，東京家庭裁判所により，申立人を成年後見人として，後見開始の審判がなされ，同審判は，同○○年○○月○○日に確定し，以後，申立人は成年被後見人の成年後見人として，その職務を行ってきました。 2　申立人は，会社により，同○○年○○月○○付けで○○県へ転勤することになりました。 3　東京と○○県は遠距離であり，成年被後見人の身上監護など，成年後見人としての職務を継続することは困難となります。 4　よって，成年後見人の職を辞任したく，本申立てをします。

第16 成年後見人（保佐人，補助人）の解任

解　説

(1)　制度の趣旨

(a)　根　　拠　　成年後見人（保佐人，補助人）（以下「成年後見人等」という）
に不正な行為，著しい不行跡，その他後見の任務に適しない事由があるとき
は，家庭裁判所は，申立権者の請求又は職権によって成年後見人等を解任す
ることができる（民846条・876条の2第2項・876条の7第2項，家手別表第1の5
項・24項・43項）。

(b)　解任事由

(イ)　不正な行為　　不正な行為とは，違法な行為又は社会的に非難され
るべき行為を意味し，主として成年後見人等が本人の財産を横領したり，私
的に流用する（背任）などの財産管理に関する不正をいう（小林昭彦＝原司『平
成11年民法一部改正法等の解説』230頁）。

(ロ)　著しい不行跡　　品行又は操行が甚だしく悪いことを意味し，その
行状が本人の財産の管理に危険を生じさせるなど，成年後見人等としての適
格性の欠如を推認させる場合をいう（小林昭彦＝原司・前掲231頁）。

(ハ)　その他後見の任務に適しない事由　　成年後見人等の権限濫用，管
理失当，任務懈怠を意味する（小林昭彦＝原司・前掲231頁）。

(ニ)　解任事例（判例）　　判例上，「不正な行為」にあたるとされたもの
として，被後見人の所有地を後見人が自己所有であると主張した場合（大判
大14・4・8民集4巻151頁），後見人が他人の債務の担保として被後見人の重要
な財産である土地に根抵当権を設定し，その実行を受けるおそれのある事態
を招いた場合（大阪高決昭32・7・1家月9巻7号29頁）などがある。また，「そ
の他後見の任務に適しない事由」にあたるとされたものとして，被後見人の
財産保全のための家庭裁判所の指示事項などに後見人が従わない場合（大阪
高決昭34・9・8家月11巻11号111頁，京都家審昭50・12・1家月28巻11号79頁），被後
見人あての公務扶助料のうち，被後見人のために支出した以外の残余分で後
見人が自らの債務の支払をなし，今後も同じ意図をもっているという場合
（佐賀家審昭38・3・30家月15巻6号80頁）などがある。

(2)　申立手続

(a)　申立権者等　　成年後見監督人（保佐監督人，補助監督人），被後見人

（被保佐人，被補助人），被後見人（被保佐人，被補助人）の親族，検察官（民846条・876条の２第２項・876条の７第２項）からの申立て又は職権。

　(b)　管轄裁判所　　後見開始，保佐開始，補助開始の審判をした家庭裁判所。抗告審が上記の各裁判をした場合は，その第一審裁判所である家庭裁判所（家手117条２項・128条２項・136条２項）。

　(c)　申立手続費用　　収入印紙800円（民訴費３条１項・別表第１の15項），予納郵便切手約1000円。

　(d)　添付書類　　戸籍謄本（全部事項証明書）（成年後見人等，被成年後見人等），住民票又は戸籍附票（成年後見人等，被成年後見人等），登記事項証明書。

(3)　審判手続

　(a)　家庭裁判所は，成年後見人等を解任するには，成年後見人等の陳述を聴かなければならない（家手120条１項４号・130条１項６号・139条１項５号）。

　(b)　審判の告知　　認容審判は，申立人及び成年後見人等（家手74条１項）。却下審判は，申立人（家手74条３項）。

(4)　不服申立て

　(a)　解任の審判（認容）に対する即時抗告　　解任の審判に対しては，成年後見人等は即時抗告をすることができる（家手123条１項４号・132条１項６号・141条１項５号）。

　(b)　解任の申立てを却下する審判に対する即時抗告　　解任の申立てを却下する審判に対しては，申立人，成年後見監督人（保佐監督人，補助監督人），被成年後見人等及びその親族は即時抗告をすることができる（家手123条１項５号・132条１項７号・141条１項６号）。

　(c)　即時抗告期間　　２週間（家手86条１項）。即時抗告の期間の進行については，申立人及び成年後見人については審判の告知を受けた日から，それ以外の者については申立人が審判の告知を受けた日（２人以上いるときは当該日のうち最も遅い日）からそれぞれ進行する（家手86条２項）。

(5)　後見人の解任の登記

　(a)　登記嘱託　　成年後見人等を解任する審判の効力が生じたときは，裁判所書記官は遅滞なく後見登記法に定める登記を嘱託しなければならない（家手116条１号，家手規77条１項５号）。なお，登記手数料は不要である。

　(b)　登記事項証明書の交付請求　　本章第１(5)(c)参照。

【奥山　　史】

第16　成年後見人（保佐人，補助人）の解任　*177*

書式 18　成年後見人の解任審判申立書

受付印	家事審判申立書　事件名（　成年後見人の解任　）

（この欄に申立手数料として1件について800円分の収入印紙を貼ってください。）

収入印紙	800 円
予納郵便切手	円
予納収入印紙	円

（注意）登記手数料としての収入印紙を納付する場合は，登記手数料としての収入印紙は貼らずにそのまま提出してください。

（貼った印紙に押印しないでください。）

準口頭	関連事件番号　平成　　　年（家　　）第　　　　　　　号

東京 家庭裁判所 御中 平成 ○○ 年 ○○ 月 ○○ 日	申　立　人 （又は法定代理人など） の 記 名 押 印	甲 野 花 子　　㊞

添付書類	（審理のために必要な場合は，追加書類の提出をお願いすることがあります。） 成年被後見人及び成年後見人の戸籍謄本（全部事項証明書）　各1通，同戸籍附票　各1通，登記事項証明書　1通

申立人

本　籍 （国　籍）	（戸籍の添付が必要とされていない申立ての場合は，記入する必要はありません。） 東京 ㊞ 道 府 県 新宿区○○町○丁目○番地
住　所	〒 ○○○－○○○○ 東京都新宿区○○町○丁目○番○号 電話 ０３（×××）××××　　（　　　　方）
連絡先	〒　　－ 電話（　　）　　（　　　　方）
フリガナ 氏　名	コウノ　ハナコ 甲 野 花 子　　大正 ㊞ 平成 ○○年○○月○○日 生 （　　○○　　歳）
職　業	自営業

※ 成年被後見人

本　籍 （国　籍）	（戸籍の添付が必要とされていない申立ての場合は，記入する必要はありません。） 東京 ㊞ 道 府 県 千代田区○○町○○番地
住　所	〒 ○○○－○○○○ 東京都千代田区○○町○番○号 電話（　　）　　（　　　　方）
連絡先	〒　　－ 電話（　　）　　（　　　　方）
フリガナ 氏　名	コウノ　タロウ 甲 野 太 郎　　大正 ㊞ 平成 ○○年○○月○○日 生 （　　○○　　歳）
職　業	無職

(注)　太枠の中だけ記入してください。
※の部分は，申立人，法定代理人，成年被後見人となるべき者，不在者，共同相続人，被相続人等の区別を記入してください。

※ 成年後見人

本　籍	東京 ㊞ 道 府 県 千代田区○○町○○番地
住　所	〒　　－ 東京都千代田区○○町○番○号　　（　　　　方）
フリガナ 氏　名	コウノ　ナツオ 甲 野 夏 男　　大正 ㊞ 平成 ○○年○○月○○日 生 （　　○○　　歳）

(注)　太枠の中だけ記入してください。※の部分は，申立人，相手方，法定代理人，不在者，共同相続人，被相続人等の区別を記入してください。

申　立　て　の　趣　旨

成年被後見人甲野太郎の成年後見人甲野夏男を解任するとの審判を求める。

申　立　て　の　理　由

1　申立人は，成年被後見人甲野太郎の長女です。
2　成年後見人甲野夏男は，成年被後見人の長男です。
3　平成○○年○○月○○日，成年被後見人について，東京家庭裁判所により，後見開始の審判がなされ，同審判は，同○○年○○月○○日に確定し，甲野夏男が成年後見人に選任されました。
4　しかし，成年後見人には，次のような後見人としての任務に適しない事由があります。
　(1)　平成○○年○○月以降，成年被後見人の入院先である○○病院に，成年被後見人の医療費の支払を怠っている。
　(2)　成年被後見人の医療費に充てるため，御庁の許可を得て，平成○○年○○月○日に成年被後見人の自宅を売却したが，その売却代金の収支が分明でない。
　(3)　御庁に対する，成年被後見人の財産管理報告を怠っている。
5　よって，成年後見人甲野夏男を解任されたく，本申立てをします。なお，後任の成年後見人には，申立人が就職することを考えています。

178　第3編　各種審判手続の書式実例　第1章　成年後見・保佐・補助に関する審判事件
及び任意後見契約法に規定する審判事件

第17　成年後見監督人（保佐監督人，補助監督人，任意後見監督人）の解任手続

解　説

(1)　制度の趣旨

(a)　根　　拠　　成年後見監督人（保佐監督人，補助監督人，任意後見監督人）に不正な行為，著しい不行跡その他後見監督の任務に適しない事由があるときは，家庭裁判所は，申立権者の請求により，又は職権で解任することができる（民852条・876条の3第2項・876条の8第2項，任意後見7条4項，民846条，家手別表第1の8項・28項・47項・117項）。

(b)　解任事由　　本章第16(1)(b)参照のこと。

(2)　申立手続

(a)　申立権者等　　成年後見監督人が複数いる場合の他の成年後見監督人（同様の保佐監督人，補助監督人），成年被後見人（被保佐人，被補助人，任意被後見人），親族，検察官（民852条・876条の3第2項・876条の8第2項，任意後見7条4項，民846条）からの申立て又は職権。

なお，監督を受ける立場にある後見人（保佐人，補助人，任意後見人）には解任権を付与することは監督制度趣旨に反するとしてこれらの者の申立権は消極と解されている（於保不二雄＝中川淳『新版注釈民法(25)』370頁〔久貴忠彦＝二宮周平〕）。

(b)　管轄裁判所

(イ)　成年後見監督人，保佐監督人，補助監督人の場合　　後見開始，保佐開始，補助開始の審判をした家庭裁判所。抗告裁判所が上記の各裁判をした場合にあっては，その第一審裁判所である家庭裁判所（家手117条2項・128条2項・136条2項）。

(ロ)　任意後見監督人の場合　　任意後見契約の効力を発生させるための任意後見監督人の選任の審判をした家庭裁判所。抗告裁判所が当該任意後見監督人を選任した場合にあっては，その第一審裁判所である家庭裁判所（家手217条2項）。

(c)　申立手続費用等　　後見監督人等1名につき，収入印紙800円（民訴費3条1項・別表第1の15項），予納郵便切手約1000円。

(d)　添付書類　　戸籍謄本（全部事項証明書）（申立人，本人），住民票又は戸

籍附票（申立人，本人），登記事項証明書。

(3) 審判手続

(a) 家庭裁判所は，成年後見監督人，保佐監督人，補助監督人，任意後見監督人を解任する場合には，それらの者の意見を聴かなければならない（家手120条1項5号・130条1項7号・139条1項6号・220条1項2号）。

(b) 審判の告知　　申立人，成年後見監督人，保佐監督人，補助監督人，任意後見監督人（家手74条1項）。

(4) 不服申立て

(a) 解任の審判（認容）に対する即時抗告　　解任の審判に対しては，成年後見監督人，保佐監督人，補助監督人，任意後見監督人は即時抗告をすることができる（家手123条1項6号・132条1項8号・141条1項7号・223条1項2号）。

(b) 解任の申立てを却下する審判に対する即時抗告　　解任の審判を却下する審判に対しては，申立人，本人，その親族は即時抗告をすることができる（家手123条1項7号・132条1項9号・141条1項8号・223条1項3号）。

(c) 即時抗告期間　　本章第16(4)(c)参照。

(5) 後見監督人等の解任の登記

本章第16(5)参照。

【奥山　　史】

180 第3編 各種審判手続の書式実例 第1章 成年後見・保佐・補助に関する審判事件
及び任意後見契約法に規定する審判事件

書式 19 成年後見監督人の解任審判申立書

受付印	家事審判申立書 事件名（成年後見監督人の解任）

収入印紙 800 円	（この欄に申立手数料として1件について800円分の収入印紙を貼ってください。）
予納郵便切手 円	（注意）登記手数料としての収入印紙を納付する場合は，登記手数料として （貼った印紙に押印しないでください。）
予納収入印紙 円	の収入印紙は貼らずにそのまま提出してください。

準口頭	関連事件番号 平成 年（家 ）第 号

東 京 家庭裁判所 御中 平成 ○○ 年 ○○ 月 ○○ 日	申 立 人 （又は法定代理人など） の 記 名 押 印	甲 野 花 子 ㊞

添付書類	（審理のために必要な場合は，追加書類の提出をお願いすることがあります。） 成年被後見人及び成年後見監督人の戸籍勝本（全部事項証明書） 各1通， 同戸籍附票 各1通，登記事項証明書 1通

<table>
<tr><td rowspan="6">申
立
人</td><td>本 籍
(国 籍)</td><td colspan="2">（戸籍の添付が必要とされていない申立ての場合は，記入する必要はありません。）
東京 都道府県 新宿区○○町○丁目○番地</td></tr>
<tr><td>住 所</td><td>〒 ○○○ － ○○○○
東京都新宿区○○町○丁目○番○号</td><td>電話 ０３（×××）××××
（ 方）</td></tr>
<tr><td>連 絡 先</td><td>〒</td><td>電話 （ 方）</td></tr>
<tr><td>フリガナ
氏 名</td><td>コウノ ハナコ
甲 野 花 子</td><td>大正昭和平成 ○○年○○月○○日 生
（ ○○ 歳）</td></tr>
<tr><td>職 業</td><td colspan="2">自 営 業</td></tr>
</table>

<table>
<tr><td rowspan="5">※
成
年
被
後
見
人</td><td>本 籍
(国 籍)</td><td colspan="2">（戸籍の添付が必要とされていない申立ての場合は，記入する必要はありません。）
東京 都道府県 千代田区○○町○○番地</td></tr>
<tr><td>住 所</td><td>〒 ○○○ － ○○○○
東京都千代田区○○町○番○号</td><td>電話 （ 方）</td></tr>
<tr><td>連 絡 先</td><td>〒</td><td>電話 （ 方）</td></tr>
<tr><td>フリガナ
氏 名</td><td>コウノ タロウ
甲 野 太 郎</td><td>大正昭和平成 ○○年○○月○○日 生
（ ○○ 歳）</td></tr>
<tr><td>職 業</td><td colspan="2">無 職</td></tr>
</table>

(注) 太枠の中だけ記入してください。
※の部分は，申立人，法定代理人，成年被後見人となるべき者，不在者，共同相続人，被相続人等の区別を記入してください。

<table>
<tr><td rowspan="3">※成
年
後
見
監
督
人</td><td>本 籍</td><td colspan="2">東京 都道府県 千代田区○○町○○番地</td></tr>
<tr><td>住 所</td><td>〒 ○○○ － ○○○○
東京都千代田区○○町○番○号</td><td>（ 方）</td></tr>
<tr><td>フリガナ
氏 名</td><td>コウノ ハルオ
甲 野 春 男</td><td>大正昭和平成 ○○年○○月○○日 生
（ ○○ 歳）</td></tr>
</table>

(注) 太枠の中だけ記入してください。※の部分は，申立人，相手方，法定代理人，不在者，共同相続人，被相続人等の区別を記入してください。

申 立 て の 趣 旨

成年被後見人甲野太郎の成年後見監督人甲野春男を解任するとの審判を求める。

申 立 て の 理 由

1 申立人は，成年被後見人甲野太郎の長女です。
2 平成○○年○○月○○日，成年被後見人について，東京家庭裁判所により，後見開始の審判がなされ，同審判は，同○○年○月○○日に確定し，甲野夏男が成年後見人に，甲野春男が成年後見監督人にそれぞれ選任されました。
3 しかし，成年後見人である甲野夏男に次の(1)，(2)に掲げる事由があるにもかかわらず，それを漫然と放置するなど成年後見監督人としてまったく機能していません。
 (1) 平成○○年○○月以降，成年被後見人の入院先である○○病院に，成年被後見人の医療費の支払を怠っている。
 (2) 成年被後見人の医療費に充てるため，御庁の許可を得て，平成○○年○○月○○日に成年被後見人の自宅を売却したが，その売却代金の収支が分明でない。
4 よって，成年後見監督人甲野春男を解任されたく，本申立てをします。

第18 成年後見（未成年後見）に関する財産の目録の作成期間の伸張手続

解　説

(1) 制度の趣旨

　後見人は，遅滞なく被後見人の財産調査に着手し，1ヵ月以内に，その調査を終わり，かつ，その目録を作成しなければならないが，この期間については，家庭裁判所において伸張することができることとされている（民853条1項ただし書，家手別表第1の9項・77項）。

(2) 申立手続

(a)　申立権者　　後見人。

(b)　管轄裁判所　　後見開始の審判をした家庭裁判所。抗告裁判所が後見開始の裁判をした場合にあっては，その第一審裁判所である家庭裁判所（家手117条2項）。

(c)　申立手続費用等　　後見人1名につき，収入印紙800円（民訴費3条1項・別表第1の15項），予納郵便切手約1000円。

(d)　添付書類　　戸籍謄本（全部事項証明書）（申立人，本人），住民票又は戸籍附票（申立人，本人），登記事項証明書，申立理由を疎明する資料。

(3) 審判手続

(a)　家庭裁判所は，客観的事情（財産が多額，各地に分散している等）のほか，後見人の主観的事情（多忙，遠隔地等）も考慮のうえ，申立てを審理し，理由ありと認めたときは，財産の目録の作成期間を伸張する審判をする。

(b)　審判の告知　　申立人（家手74条1項）。

(4) 不服申立て

　不服申立てをすることができる旨の規定は置かれていない。

【奥山　　史】

182　第3編　各種審判手続の書式実例　第1章　成年後見・保佐・補助に関する審判事件
及び任意後見契約法に規定する審判事件

書式 20　成年後見に関する財産目録の作成期間の伸長審判申立書

	受付印

収 入 印 紙	800 円
予納郵便切手	円
予納収入印紙	円

家 事 審 判 申 立 書　事件名（ 財産目録作成期間の伸長申立て **）**

（この欄に申立手数料として1件について800円分の収入印紙を貼ってください。）

（貼った印紙に押印しないでください。）

（注意）登記手数料としての収入印紙を納付する場合は，登記手数料としての収入印紙は貼らずにそのまま提出してください。

準口頭		関連事件番号　平成　　年（家　　）第		号

東京 　家庭裁判所 御中 平成 ○○ 年 ○○ 月 ○○ 日	申 立 人 （又は法定代理人など） の 記 名 押 印	甲 野 夏 男　　㊞

添付書類	（審理のために必要な場合は，追加書類の提出をお願いすることがあります。） 戸籍謄本（全部事項証明書）・住民票（申立人，成年被後見人）各1通　登記事項証明書1通

申 立 人	本　籍 （国　籍）	（戸籍の添付が必要とされていない申立ての場合は，記入する必要はありません。） 東京 　㊞道 　　　府県　千代田区○○町○○番地
	住　所	〒 ○○○ － ○○○○ 東京都千代田区○○町○番○号　　　電話　（　　） 　　　　　　　　　　　　　　　　　　　　　（　　　　方）
	連絡先	〒　　－　　　　　　　　　　　　　電話　（　　） 　　　　　　　　　　　　　　　　　　　　　（　　　　方）
	フリガナ 氏　名	コウノ　ナツオ 甲 野 夏 男	大正 昭和 平成 ○○年○○月○○日 生 （　○○　歳）
	職　業	会社員

※ 成 年 被 後 見 人	本　籍 （国　籍）	（戸籍の添付が必要とされていない申立ての場合は，記入する必要はありません。） 東京 　㊞道 　　　府県　千代田区○○町○○番地
	住　所	〒　　－ 申立人と同じ　　　　　　　　　　　電話　（　　） 　　　　　　　　　　　　　　　　　　　　　（　　　　方）
	連絡先	〒　　－　　　　　　　　　　　　　電話　（　　） 　　　　　　　　　　　　　　　　　　　　　（　　　　方）
	フリガナ 氏　名	コウノ　タロウ 甲 野 太 郎	大正 昭和 平成 ○○年○○月○○日 生 （　○○　歳）
	職　業	無職

（注）　太枠の中だけ記入してください。
※の部分は，申立人，法定代理人，成年被後見人となるべき者，不在者，共同相続人，被相続人等の区別を記入してください。

申　　立　　て　　の　　趣　　旨
申立人が成年被後見人甲野太郎の財産目録を作成する期間を○ヵ月伸長するとの審 判を求める。

申　　立　　て　　の　　理　　由
1　平成○○年○○月○○日，成年被後見人について，東京家庭裁判所により，後見 　開始の審判がなされ，同審判は同○○年○○月○○日に確定し，申立人が成年後見 　人に選任されました。 2　成年被後見人の財産は，有価証券のほか不動産など種類も多く，その額も多額で 　す。また，不動産については，住所地のみならず，全国各地に点在しています。 3　このような事情から，法定の期間内に成年被後見人の財産の調査に着手し，その 　結果を御庁に提出することは困難です。 4　よって，成年被後見人甲野太郎の財産目録を作成する期間を○ヵ月伸長するとの 　審判を求めます。

第19 成年後見人（保佐人，補助人）の権限の行使についての定めの手続(1)——共同行使の定めの場合

解　説

(1)　制度の趣旨

(a)　根　　拠　　成年後見人が数人あるときは，家庭裁判所は，職権で，数人の成年後見人が，共同して又は分掌して，その権限の行使すべきことを定めることができる（民859条の2第1項，家手別表第1の10項）。また，この規定は，保佐人，補助人が複数人いる場合についても準用される（民876条の5第2項・876条の10第1項，家手別表第1の29項・48項）。

(b)　権限の共同行使の定め　　権限の共同行使の定めがなされた場合には，各自が単独で権限を行使することができなくなり，全員の意見が一致した場合にのみ権限の行使をすることになる。すなわち，権限の共同行使の定めによって，数人の成年後見人間でその権限行使について，相互に牽制しあうことが可能となるほか，権限の矛盾，抵触の防止を図ることができる。

ところで，各成年後見人は本来は単独でその権限を行使することができるものと解されることから（民859条），共同行使の定めをするにあたっては，共同して権限行使する事務についてできる限り特定し，その範囲を明確化することが，取引の安全の見地からも望ましい。

(2)　申立手続

(a)　申立権者　　職権審判事項であるため，申立権者の定めはない。申立ては，家庭裁判所の職権発動を促す申立てということになるので，立件はしない。裁判官が立件認定をすると立件され，認定日が立件日となる。

(b)　管轄裁判所　　後見開始，保佐開始，補助開始の審判をした家庭裁判所。抗告裁判所が上記各裁判をした場合にあっては，その第一審裁判所である家庭裁判所（家手117条2項・128条2項・136条2項）。

(c)　申立手続費用等　　収入印紙は不要。予納郵便切手約1000円。

(d)　添付書類　　登記事項証明書，申立理由を疎明する資料。

(3)　審判手続

(a)　申立てを審理し，理由ありと認めたときは，共同して行使する権限を定める審判をする。

(b)　審判の告知　　申立人，各成年後見人（保佐人，補助人）（家手74条1項）。

(4) 不服申立て

不服申立てをすることができる旨の規定は置かれていない。

(5) 後見人の権限の定めに関する登記

数人の成年後見人（保佐人，補助人）が共同して行使する権限の定めの審判が効力を生じた場合には，裁判所書記官は，遅滞なく，登記所（東京法務局民事行政部後見登記課）に対し，登記の嘱託をしなければならない（家手116条1号，家手規77条1項6号）。

なお，登記手数料は不要である。

【奥山　　史】

第19 成年後見人（保佐人，補助人）の権限の行使についての定めの手続(1)——共同行使の定めの場合　　*185*

書式 21　数人の成年後見人の権限の行使についての定めの審判申立書(1)——共同行使の場合

受付印	**家事審判申立書　事件名（成年後見人の権限行使の定め）**

収入印紙　　　　　円	（この欄に申立手数料として1件について800円分の収入印紙を貼ってください。） （貼った印紙に押印しないでください。） （注意）登記手数料としての収入印紙を納付する場合は，登記手数料としての収入印紙は貼らずにそのまま提出してください。
予納郵便切手　　　円	
予納収入印紙　　　円	

準口頭	関連事件番号　平成　　年（家　　）第　　　　　　　　号

東京　　家庭裁判所 　　　　　御中 平成 ○○ 年 ○○ 月 ○○ 日	申　立　人 （又は法定代理人など） の 記 名 押 印	甲 野 夏 男　　　㊞

添付書類	（審理のために必要な場合は，追加書類の提出をお願いすることがあります。） 登記事項証明書1通

申 立 人	本　籍 （国　籍）	（戸籍の添付が必要とされていない申立ての場合は，記入する必要はありません。） 東京　㊞道府県　千代田区○○町○○番地
	住　所	〒○○○－○○○○ 東京都千代田区○○町○番○号　　　電話　（　　）　　　方）
	連絡先	〒　　－　　　　　　　　　　　　　電話　（　　）　　　方）
	フリガナ 氏　名	コウノ　ナツオ 甲 野 夏 男　　　大正・昭和・平成 ○○年○○月○○日 生（　○○　歳）
	職　業	会社員

※ 成 年 被 後 見 人	本　籍 （国　籍）	（戸籍の添付が必要とされていない申立ての場合は，記入する必要はありません。） 東京　㊞道府県　千代田区○○町○○番地
	住　所	〒　　－ 申立人と同じ　　　　　　　　　　電話　（　　）　　　方）
	連絡先	〒　　－　　　　　　　　　　　　　電話　（　　）　　　方）
	フリガナ 氏　名	コウノ　タロウ 甲 野 太 郎　　　大正・昭和・平成 ○○年○○月○○日 生（　○○　歳）
	職　業	無職

（注）　太枠の中だけ記入してください。
※の部分は，申立人，法定代理人，成年後見人となるべき者，不在者，共同相続人，被相続人等の区別を記入してください。

申　立　て　の　趣　旨
成年被後見人甲野太郎の成年後見人甲野夏男，同甲野秋男が共同で行使する権限を定める審判を求める。

申　立　て　の　理　由
1　平成○○年○○月○○日，成年被後見人について，東京家庭裁判所により，後見開始の審判がなされ，同審判は同○○年○○月○○日に確定し，申立人が成年後見人に選任され，その後，平成○○年○○月○○日に甲野秋男が成年後見人として，追加的に選任されました。 　2　成年被後見人の財産は，別紙目録記載の土地であり，同土地を利用して，申立人，甲野秋男を含め，親族一同で農業を経営しています。 　3　そこで，別紙目録記載の土地の管理等にあたっては，成年後見人が共同で権限を行使する旨を定めてください。

【備考】
1. 本件申立ては職権発動を促すので，この申立書で立件はしない。

第20 成年後見人（保佐人，補助人）の権限の行使についての定めの手続(2)——分掌の定めの場合

解　説

(1)　制度の趣旨

(a)　根　　拠　　本章第19(1)(a)参照。

(b)　権限の分掌の定め　　権限の分掌の定めがなされた場合には，各自がそれぞれ別個の事務について権限を行使することになる。これによって，共同行使の定めをするのと同様に，数人の成年後見人間の権限の矛盾，抵触の防止を図ることができる。また，この定めをする場合にあっては，個々の事務をできる限り特定して分掌の範囲を明確化することが，取引の安全の見地からも望ましい。

(2)　申立手続

本章第19(2)参照。なお，職権発動を促す申立てなので立件はしない。裁判官が立件認定をすると立件され，認定日が立件日となる。

(3)　審判手続

本章第19(3)参照。

(4)　不服申立て

不服申立てをすることができる旨の規定は置かれていない。

(5)　後見人の権限の定めに関する登記

本章第19(5)参照。

【奥山　　史】

第20 成年後見人（保佐人，補助人）の権限の行使についての定めの手続(2)──分掌の定めの場合　187

書式22　数人の成年後見人の権限の行使についての定めの審判申立書(2)──分掌の定めの場合

受付印	**家事審判申立書　事件名（成年後見人の権限行使の定め）**

	（この欄に申立手数料として1件について800円分の収入印紙を貼ってください。）
収入印紙　　　　　円	（貼った印紙に押印しないでください。）
予納郵便切手　　　円	（注意）登記手数料としての収入印紙を納付する場合は，登記手数料として
予納収入印紙　　　円	の収入印紙は貼らずにそのまま提出してください。

準口頭　｜　関連事件番号　平成　　　年（家）　　第　　　　　　　　　　　　号

東京　　家庭裁判所 御中 平成〇〇年〇〇月〇〇日	申　立　人 （又は法定代理人など） の　記　名　押　印	甲　野　夏　男 ㊞

添付書類	（審理のために必要な場合は，追加書類の提出をお願いすることがあります。） 登記事項証明書1通

申立人	本　籍 （国　籍）	（戸籍の添付が必要とされていない申立ての場合は，記入する必要はありません。） 東京　㊞道府県　千代田区〇〇町〇〇番地
	住　所	〒〇〇〇－〇〇〇〇　　　　　　　　電話　　（　　　） 東京都千代田区〇〇町〇番〇号　　　　　　　　（　　　　方）
	連絡先	〒　　　－　　　　　　　　　　　　電話　　（　　　） 　　　　　　　　　　　　　　　　　　　　　　（　　　　方）
	フリガナ 氏　名	コウノ　ナツオ 甲　野　夏　男	大正 平成〇〇年〇〇月〇〇日 生 （　〇〇　歳）
	職　業	会社員

※ 成年被後見人	本　籍 （国　籍）	（戸籍の添付が必要とされていない申立ての場合は，記入する必要はありません。） 東京　㊞道府県　千代田区〇〇町〇〇番地
	住　所	〒　　　－　　　　　　　　　　　　電話　　（　　　） 申立人と同じ　　　　　　　　　　　　　　　　（　　　　方）
	連絡先	〒　　　－　　　　　　　　　　　　電話　　（　　　） 　　　　　　　　　　　　　　　　　　　　　　（　　　　方）
	フリガナ 氏　名	コウノ　タロウ 甲　野　太　郎	大正 平成〇〇年〇〇月〇〇日 生 （　〇〇　歳）
	職　業	無職

(注)　太枠の中だけ記入してください。
※の部分は，申立人，法定代理人，成年被後見人となるべき者，不在者，共同相続人，被相続人等の区別を記入してください。

申　立　て　の　趣　旨

　成年被後見人甲野太郎の成年後見人甲野夏男，同甲野秋男が行使する権限を定める審判を求める。

申　立　て　の　理　由

1　平成〇〇年〇〇月〇〇日，成年被後見人について，東京家庭裁判所により，後見開始の審判がなされ，同審判は同〇〇年〇〇月〇〇日に確定し，申立人が成年後見人に選任され，その後，平成〇〇年〇〇月〇〇日に甲野秋男が成年後見人として，追加的に選任されました。

2　成年被後見人の財産は，多種多様な財産を所有しており，その権利関係は複雑です。

3　そこで，円滑に後見事務を進めていくにあたって，身上監護の事務については申立人が，財産管理の事務については，会計士でもある甲野秋男が分掌する旨を定めてください。

【備考】

1．本件申立ては職権発動を促す申立てなので，この申立書で立件はしない。

第21 成年後見監督人（保佐監督人，補助監督人，任意後見監督人）の権限の行使についての定めの手続——分掌の定めの場合

解　説

(1) 制度の趣旨

(a) 根　拠　成年後見監督人が数人あるときは，家庭裁判所は，職権で，数人の成年後見監督人が，共同して又は分掌して，その権限の行使すべきことを定めることができる（民852条・859条の2第1項，家手別表第1の10項）。また，この規定は，保佐監督人，補助監督人，任意後見監督人が複数人いる場合についても準用される（民876条の3第2項・876条の8第2項，任意後見7条4項，家手別表第1の29項・48項・118項）。

(b) 分掌の定め　本章第20(1)(b)参照。

(2) 申立手続

本章第19(2)参照。なお，職権発動を促す申立てなので立件はしない。裁判官が立件認定をすると立件され，認定日が立件日となる。

(3) 審判手続

本章第19(3)参照。

(4) 不服申立て

不服申立てをすることができる旨の規定は置かれていない。

(5) 後見監督人等の権限行使に関する登記

本章第19(5)参照。

【奥山　　史】

第21　成年後見監督人（保佐監督人，補助監督人，任意後見監督人）の権限の行
使についての定めの手続——分掌の定めの場合　　　　　　　　　　189

書式23　数人の成年後見監督人の権限の行使の定めの審判申立書——分掌の定めの場合

受付印	**家事審判申立書　事件名（**成年後見監督人の権限行使の定め**）**

収入印紙　　　　　円	（この欄に申立手数料として1件について800円分の収入印紙を貼ってください。） （貼った印紙に押印しないでください。）
予納郵便切手　　　円	（注意）登記手数料としての収入印紙を納付する場合は，登記手数料として
予納収入印紙　　　円	の収入印紙は貼らずにそのまま提出してください。

準口頭　｜　関連事件番号　平成　　年（家　　）第　　　　　　　　　　　　　号

東京　家庭裁判所 平成 ○○ 年 ○○ 月 ○○ 日　御中	申　立　人 （又は法定代理人など） の記名押印	乙　野　花　子　　　㊞

添付書類	（審理のために必要な場合は，追加書類の提出をお願いすることがあります。） 登記事項証明書1通

申 立 人	本　籍 （国　籍）	（戸籍の添付が必要とされていない申立ての場合は，記入する必要はありません。） 東京　㊞道　千代田区○○町○○番地 　　　府県	
	住　所	〒 ○○○ − ○○○○ 東京都世田谷区○○町○番○号	電話　　（　　） 　　　　　　　　方）
	連絡先	〒　　−	電話　　（　　） 　　　　　　　　方）
	フリガナ 氏　名	オツノ　ハナコ 乙　野　花　子	大正 ○○年○○月○○日 生 平成　（　○○　歳）
	職　業	弁護士	

※ 成 年 被 後 見 人	本　籍 （国　籍）	（戸籍の添付が必要とされていない申立ての場合は，記入する必要はありません。） 東京　㊞道　千代田区○○町○○番地 　　　府県	
	住　所	〒 ○○○ − ○○○○ 東京都千代田区○○丁目○番○号	電話　　（　　） 　　　　　　　　方）
	連絡先	〒　　−	電話　　（　　） 　　　　　　　　方）
	フリガナ 氏　名	コウノ　タロウ 甲　野　太　郎	大正 ○○年○○月○○日 生 平成　（　○○　歳）
	職　業	無職	

(注)　太枠の中だけ記入してください。
※の部分は，申立人，法定代理人，成年被後見人となるべき者，不在者，共同相続人，被相続人等の区別を記入してください。

申　　立　　て　　の　　趣　　旨
成年被後見人甲野太郎の成年後見監督人甲野春男，同乙野花子が行使する権限を定める審判を求める。

申　　立　　て　　の　　理　　由
1　平成○○年○○月○○日，成年被後見人について，東京家庭裁判所により，後見開始の審判がなされ，同審判は同○○年○○月○○日に確定し，甲野夏男が成年後見人に，甲野春男が成年後見監督人に選任され，その後平成○○年○○月○○日に申立人が成年後見監督人として，追加的に選任されました。 2　成年被後見人の財産は，多種多様な財産を所有しており，その権利関係は複雑です。 3　そこで，円滑に後見事務を進めていくにあたって，身上監護の事務については成年後見人である甲野夏男が，財産管理の事務については，会計士でもある甲野秋男が分掌することとなりました。 4　よって，成年後見監督事務についても，身上監護は甲野春男が，財産管理は弁護士である乙野花子がそれぞれ分掌する旨を定めてください。

【備考】
1. 本件申立ては職権発動を促す申立てなので，この申立書で立件はしない。

第22　成年後見人（成年後見監督人，保佐人，保佐監督人，補助人，補助監督人，任意後見監督人）の権限の行使についての定めの取消手続

解　説

(1)　制度の趣旨

数人の成年後見人の権限について家庭裁判所が共同行使又は分掌の定めをした場合において，その後の後見事務等の遂行状況に照らして，各人が単独で権限を行使させることが相当であると認められるに至ったときは，その定めを取り消すことができる（民859条の2第2項，家手別表第1の10項）。また，この規定は，数人の成年後見監督人，保佐人，保佐監督人，補助人，補助監督人，任意後見監督人についてなされた権限の定めの場合についても準用される（民852条・民876条の3第2項・876条の5第2項・876条の8第2項・876条の10第1項，任意後見7条4項，家手別表第1の29項・48項・118項）。

なお，本審判が確定することによって，権限の定めが解消されるため，成年後見人は権限の制限を解かれ，包括的な財産管理権，代表権を有する状態に復することになる。

(2)　申立手続

(a)　申立権者　　職権審判事項であるため，申立権者の定めはない。申立ては，家庭裁判所の職権発動を促す申立てということになる。裁判官が立件認定をすると立件され，認定日が立件日となる。

(b)　管轄裁判所　　後見開始，保佐開始，補助開始の審判をした家庭裁判所。抗告裁判所が上記各裁判をした場合にあっては，その第一審裁判所である家庭裁判所（家手117条2項・128条2項・136条2項）。

(c)　申立手続費用等　　収入印紙は不要。予納郵便切手約1000円。

(d)　添付書類　　登記事項証明書，申立理由を疎明する資料。

(3)　審判手続

(a)　申立てを審理し，理由ありと認めたときは，共同して行使する権限の取消しを定める審判をする。

(b)　審判の告知　　申立人，各成年後見人（保佐人，補助人）（家手74条1項）。

(4)　不服申立て

不服申立てをすることができる旨の規定は置かれていない。

(5)　後見人等の権限行使に関する登記

数人の成年後見人（保佐人，補助人）が共同して行使する権限の取消しの定めの審判が効力を生じた場合には，裁判所書記官は，遅滞なく，登記所（東京法務局民事行政部後見登記課）に対し，登記の嘱託をしなければならない（家手116条1号，家手規77条1項6号）。

なお，登記手数料は不要である。

【奥山　　史】

192　第3編　各種審判手続の書式実例　　第1章　成年後見・保佐・補助に関する審判事件
及び任意後見契約法に規定する審判事件

書式 24　数人の成年後見人の権限行使の定めの取消審判申立書

	受付印	家事審判申立書　事件名（ 成年後見人の権限行使についての定めの取消し ）

収入印紙	円
予納郵便切手	円
予納収入印紙	円

（この欄に申立手数料として1件について800円分の収入印紙を貼ってください。）
　　　　　　　　　　　　　　（貼った印紙に押印しないでください。）
（注意）登記手数料としての収入印紙を納付する場合は，登記手数料としての収入印紙は貼らずにそのまま提出してください。

準口頭	関連事件番号　平成　　年（家　　）第　　　　　　　　　　　　　　　号

東京　家庭裁判所　御中 平成　○○年　○○月　○○日	申　立　人 （又は法定代理人など） の記名押印	甲　野　夏　男　　　㊞

添付書類	（審理のために必要な場合は，追加書類の提出をお願いすることがあります。） 登記事項証明書1通

<table>
<tr><td rowspan="6">申
立
人</td><td>本　籍
（国　籍）</td><td colspan="2">（戸籍の添付が必要とされていない申立ての場合は，記入する必要はありません。）
東京　㊞道府県　千代田区○○町○○番地</td></tr>
<tr><td>住　所</td><td colspan="2">〒○○○－○○○○　　　　　　　　　電話　（　　）
東京都千代田区○○町○番○号　　　　　　　　　　（　　　　　方）</td></tr>
<tr><td>連絡先</td><td colspan="2">〒　　－　　　　　　　　　　　　　　電話　（　　）
　　　　　　　　　　　　　　　　　　　　　　　（　　　　　方）</td></tr>
<tr><td>フリガナ
氏　名</td><td colspan="2">コウノ　ナツオ
甲　野　夏　男</td><td>大正
昭和
平成　○○年○○月○○日 生
（　　○○　歳）</td></tr>
<tr><td>職　業</td><td colspan="2">会社員</td></tr>
</table>

<table>
<tr><td rowspan="6">※
成
年
被
後
見
人</td><td>本　籍
（国　籍）</td><td colspan="2">（戸籍の添付が必要とされていない申立ての場合は，記入する必要はありません。）
東京　㊞道府県　千代田区○○町○○番地</td></tr>
<tr><td>住　所</td><td colspan="2">〒　　－　　　　　　　　　　　　　　電話　（　　）
申立人と同じ　　　　　　　　　　　　　　　　　（　　　　　方）</td></tr>
<tr><td>連絡先</td><td colspan="2">〒　　－　　　　　　　　　　　　　　電話　（　　）
　　　　　　　　　　　　　　　　　　　　　　　（　　　　　方）</td></tr>
<tr><td>フリガナ
氏　名</td><td colspan="2">コウノ　タロウ
甲　野　太　郎</td><td>大正
昭和
平成　○○年○○月○○日 生
（　　○○　歳）</td></tr>
<tr><td>職　業</td><td colspan="2">無職</td></tr>
</table>

(注)　太枠の中だけ記入してください。
※の部分は，申立人，法定代理人，成年被後見人となるべき者，不在者，共同相続人，被相続人等の区別を記入してください。

申　立　て　の　趣　旨
成年被後見人甲野太郎の成年後見人甲野夏男，同甲野秋男が行使する権限の定めを取り消す審判を求める。

申　立　て　の　理　由
1　平成○○年○○月○○日，成年被後見人について，東京家庭裁判所により，後見開始の審判がなされ，同審判は同○○年○○月○○日に確定し，申立人が成年後見人に選任され，平成○○年○○月○○日には，甲野秋男が成年後見人として，追加的に選任されました。 2　成年被後見人の財産は，多種多様な財産を所有しており，その権利関係は複雑であったことから，平成○○年○○月○○日，身上監護の事務については申立人が，財産管理の事務については，会計士でもある甲野秋男が分掌するとの審判がなされました。 3　その後，財産関係の整理等も終了し，権限を分掌しておく必要がなくなったことから，先になされた分掌の定めを取り消してください。

【備考】
　1．本件申立ては職権発動を促す申立てなので，この申立書で立件はしない。

第23　成年後見（保佐，補助）の事務の監督手続　　*193*

第23　成年後見（保佐，補助）の事務の監督手続

解　説

(1)　制度の趣旨

　家庭裁判所及び成年後見監督人は，成年後見人の事務について監督権を有することから，いつでも成年後見人に対して後見事務の報告若しくは財産目録の提出を求め，又は後見の事務若しくは成年被後見人の財産の状況を調査することができる（民863条1項，家手別表第1の14項）。また，この後見事務の監督手続は，保佐事務，補助事務についても準用されている（民876条の5第2項・876条の10第1項，家手別表第1の34項・53項）。

(2)　申立手続

　(a)　申立権者等　　成年後見監督人，保佐監督人，補助監督人，本人，本人の親族，その他利害関係人からの申立て又は職権。

　(b)　管轄裁判所　　成年後見開始，保佐開始，補助開始の審判をした家庭裁判所。抗告裁判所が上記各裁判をした場合にあっては，その第一審裁判所である家庭裁判所（家手117条2項・128条2項・136条2項）。

　(c)　申立手続費用等　　収入印紙800円（民訴費3条1項・別表第1の15項），予納郵便切手約1000円。

　(d)　添付書類　　登記事項証明書，申立理由を疎明する資料。

(3)　審判手続

　(a)　家庭裁判所は，申立てを審理し，理由ありと認めたときは，成年後見人，保佐人，補助人に対して財産目録の提出や事務報告を命じたり，事務及び財産状況の調査，その他必要な処分の審判をする。

　(b)　審判の告知　　認容審判は，申立人及び処分を命じられた成年後見人（保佐人，補助人）（家手74条1項），却下の審判は申立人（家手74条3項）。

　(c)　職権で立件したが，結果として処分を行わなかった場合　　監督を終了させるのが相当と認められるときは事件を終了させる。

(4)　不服申立て

　不服申立てをすることができる旨の規定は置かれていない。

【奥山　　史】

194　第3編　各種審判手続の書式実例　第1章　成年後見・保佐・補助に関する審判事件
及び任意後見契約法に規定する審判事件

書式 25　成年後見の事務監督の審判申立書

受付印	

収入印紙	800 円
予納郵便切手	円
予納収入印紙	円

家事審判申立書　事件名（成年後見事務の監督処分）

（この欄に申立手数料として1件について800円分の収入印紙を貼ってください。）

（貼った印紙に押印しないでください。）

（注意）登記手数料としての収入印紙を納付する場合は，登記手数料として
の収入印紙は貼らずにそのまま提出してください。

準口頭	関連事件番号　平成　　年（家　）第　　　　号

東京　家庭裁判所 御中 平成 ○○ 年 ○○ 月 ○○ 日	申　立　人 （又は法定代理人など） の　記名押印	乙　野　花　子　　㊞

添付書類	（審理のために必要な場合は，追加書類の提出をお願いすることがあります。） 登記事項証明書 1 通

申立人	本　籍 （国　籍）	（戸籍の添付が必要とされていない申立ての場合は，記入する必要はありません。） 東京　㊞道府県　千代田区○○町○○番地
	住　所	〒 ○○○ － ○○○○　　　　　　　　　　電話　　（　　） 東京都世田谷区○○町○番○号　　　　　　　　　（　　　　　　方）
	連絡先	〒　　－　　　　　　　　　　　　　　　　電話　　（　　） 　　　　　　　　　　　　　　　　　　　　　　　（　　　　　　方）
	フリガナ 氏　名	オツノ ハナコ 乙　野　花　子	大正 昭和 平成 ○○年○○月○○日 生 （　○○　歳）
	職　業	弁護士	

※ 成年被後見人	本　籍 （国　籍）	（戸籍の添付が必要とされていない申立ての場合は，記入する必要はありません。） 東京　㊞道府県　千代田区○○町○○番地
	住　所	〒 ○○○ － ○○○○　　　　　　　　　　電話　　（　　） 東京都千代田区○○丁目○番○号　　　　　　　　（　　　　　　方）
	連絡先	〒　　－　　　　　　　　　　　　　　　　電話　　（　　） 　　　　　　　　　　　　　　　　　　　　　　　（　　　　　　方）
	フリガナ 氏　名	コウノ タロウ 甲　野　太　郎	大正 昭和 平成 ○○年○○月○○日 生 （　○○　歳）
	職　業	無職	

(注)　太枠の中だけ記入してください。
※の部分は，申立人，法定代理人，成年被後見人となるべき者，不在者，共同相続人，被相続人等の区別を記入してください。

申　立　て　の　趣　旨
成年被後見人甲野太郎の成年後見人乙野夏夫に対して，成年被後見人の財産目録を 東京家庭裁判所及び成年後見監督人に提出することを命ずる審判を求める。

申　立　て　の　理　由
1　平成○○年○○月○○日，成年被後見人について，東京家庭裁判所により，後見 　開始の審判がなされ，同審判は同○○年○○月○○日に確定し，甲野夏男が成年後 　見人に，申立人が成年後見監督人に選任され，その後平成○○年○○月○○日に申 　立人が成年後見監督人として，追加的に選任されました。 2　成年後見監督人は成年後見人に対し，財産目録の提出を再三にわたって提出する 　よう求めていますが，未だに提出されないでいます。 3　そこで，成年後見人に対して，相当の期間を定めて，成年後見監督人及び御庁に 　対して，財産目録を提出することを命ずる審判をしてください。

第24　第三者が成年被後見人（未成年被後見人）に与えた財産の管理者の選任手続

解　説

(1)　制度の趣旨

　未成年の子に無償で財産を与える第三者（親権者及び未成年の子以外の者）が，親権者にその財産を管理させない意思表示をしたときは，その財産は，管理を禁止された親権者の管理に属さない（民830条1項）。第三者が被後見人に無償で財産を与え，その財産について後見人の管理を排斥し，管理者の指定もしなかったときについても同様であり，家庭裁判所は，請求権者又は検察官の請求によって管理者を選任する（民869条・830条，家手別表第1の15項）。

(2)　申立手続

　(a)　申立権者　　被後見人，その親族，検察官（民830条2項）。

　(b)　管轄裁判所　　後見開始の審判をした家庭裁判所。抗告裁判所が上記各裁判をした場合にあっては，その第一審裁判所である家庭裁判所（家手117条2項）。

　(c)　申立手続費用等　　収入印紙800円（民訴費3条1項・別表第1の15項），予納郵便切手約1000円。

　(d)　添付書類　　戸籍謄本（全部事項証明書）（申立人，本人），住民票又は戸籍附票（申立人，管理人候補者），登記事項証明書，財産授受に関する資料（契約書写し，遺言書写し等）。

(3)　審判手続

　(a)　本編第7章第1節第3(3)を参照。

　(b)　審判の告知　　認容審判は，申立人，財産管理者に選任された者（家74条1項）。却下審判は申立人（家手74条3項）。

(4)　不服申立て

　不服申立てをすることができる旨の規定は置かれていない。

(5)　管理人の権限と責務

　本編第7章第1節第3(4)を参照。

【奥山　　史】

196　第3編　各種審判手続の書式実例　　第1章　成年後見・保佐・補助に関する審判事件
及び任意後見契約法に規定する審判事件

書式 26　第三者が成年被後見人に与えた財産の管理者の選任審判申立書

受付印	家事審判申立書　事件名（　　財産管理者選任　　）
収入印紙　　800　円 予納郵便切手　　　　円 予納収入印紙　　　　円	（この欄に申立手数料として1件について800円分の収入印紙を貼ってください。） 　　　　　　　　　　（貼った印紙に押印しないでください。） （注意）登記手数料としての収入印紙を納付する場合は，登記手数料としての収入印紙は貼らずにそのまま提出してください。

準口頭｜関連事件番号　平成　　年（家　　）第　　　　　　　　号

東京　家庭裁判所 　　　　御中 平成 ○○ 年 ○○ 月 ○○ 日	申 立 人 （又は法定代理人など） の 記 名 押 印	乙 野 花 子　　　　　　㊞

添付書類	（審理のために必要な場合は，追加書類の提出をお願いすることがあります。） 戸籍謄本（全部事項証明書）（申立人，本人）各1通，登記事項証明書1通，戸籍附票（申立人，本人，管理人候補者）各1通　不動産登記簿謄本（登記事項証明書）1通，贈与契約書1通

申立人	本　籍 （国　籍）	（戸籍の添付が必要とされていない申立ての場合は，記入する必要はありません。） 東京　㊞道府県　千代田区○○町○○番地
	住　所	〒 ○○○ － ○○○○　　　　　　電話　（　　） 東京都世田谷区○○町○番○号　　　　　　　　　　方）
	連絡先	〒　　－　　　　　　　　　　　　　電話　（　　） 　　　　　　　　　　　　　　　　　　　　　　　方）
	フリガナ 氏　名	オツノ　ハナコ　　　　　　　　　　　大正 乙 野 花 子　　　　　　　　　昭和平成 ○○年○○月○○日 生 　　　　　　　　　　　　　　　（　○○　歳）
	職　業	無職

※ 成年被後見人	本　籍 （国　籍）	（戸籍の添付が必要とされていない申立ての場合は，記入する必要はありません。） 東京　㊞道府県　千代田区○○町○○番地
	住　所	〒 ○○○ － ○○○○　　　　　　電話　（　　） 東京都千代田区○○丁目○番○号　　　　　　　　　方）
	連絡先	〒　　－　　　　　　　　　　　　　電話　（　　） 　　　　　　　　　　　　　　　　　　　　　　　方）
	フリガナ 氏　名	コウノ　タロウ　　　　　　　　　　大正 甲 野 太 郎　　　　　　　　　昭和平成 ○○年○○月○○日 生 　　　　　　　　　　　　　　　（　○○　歳）
	職　業	無職

（注）　太枠の中だけ記入してください。
※の部分は，申立人，法定代理人，成年被後見人となるべき者，不在者，共同相続人，被相続人等の区別を記入してください。

申　立　て　の　趣　旨
成年被後見人の所有する別紙目録記載の財産について財産管理者を選任するとの審判を求める。

申　立　て　の　理　由
1　申立人は成年被後見人の長女です。 2　平成○○年○○月○○日，成年被後見人について，東京家庭裁判所により，後見開始の審判がなされ，同審判は同○○年○○月○○日に確定し，成年被後見人の長男である甲野夏男が成年被後見人に選任されました。 3　平成○○年○○月○○日，成年被後見人の実弟である甲野次郎から成年被後見人に対し，今後の療養看護等のためとして，別紙財産目録記載の土地及び金銭（以下「本件財産」という。）が贈与されました。しかし，甲野次郎は甲野夏男が成年被後見人の後見人に就任することに反対していたため，上記贈与契約において，後見人には，本件財産の管理権を有しないとの記載がされており，本件財産について，管理者がいない状態となっています。 4　よって，本件財産の管理者を選任するとの審判を求めます。 　なお，財産管理者については，下記の者を選任してください。 　　　　　　　　　　　記 　本籍　東京都千代田区○○町○○丁目○○号 　住所　東京都世田谷区○○町○○丁目○○番○号 　　　　丙村春男（弁護士）

第25 成年後見（保佐，補助，未成年後見）に関する管理計算の期間の伸張手続

解　説

(1) 制度の趣旨

(a) 根　拠　　後見人の任務が終了したときは，後見人又はその相続人は，2ヵ月以内にその管理の計算（後見計算）をしなければならないとされ，この期間は家庭裁判所において伸張することができるとされている（民870条ただし書，家手別表第1の16項・83項）。また，この後見計算の規定は，保佐事務，補助事務についても準用されている（民876条の5第3項・876条の10第2項，家手別表第1の35項・54項）。

(b) 後見の終了原因

　㋑ 絶対的終了原因　　被後見人の死亡，未成年者の成年到達・婚姻，後見開始の審判の取消しなど。

　㋺ 相対的終了原因　　後見人の辞任・解任・欠格・死亡，親権者の出現など。

(2) 申立手続

(a) 申立権者　　後見人，保佐人，補助人，その相続人。

(b) 管轄裁判所　　後見開始，保佐開始，補助開始の審判をした家庭裁判所。抗告裁判所が上記各裁判をした場合にあっては，その第一審裁判所である家庭裁判所（家手117条2項・128条2項・136条2項）。

(c) 申立手続費用等　　収入印紙800円（民訴費3条1項・別表第1の15項），予納郵便切手約1000円。

(d) 添付書類　　戸籍謄本（全部事項証明書）（申立人，本人），登記事項証明書，申立理由を疎明する資料。

(3) 審判手続

(a) 申立てを審理し，理由ありと認めたときは，財産の目録の作成期間を伸張する審判をする。

(b) 審判の告知　　申立人（家手74条1項・3項）。

(4) 不服申立て

不服申立てをすることができる旨の規定は置かれていない。

【奥山　　史】

198　第3編　各種審判手続の書式実例　　第1章　成年後見・保佐・補助に関する審判事件
及び任意後見契約法に規定する審判事件

書式 27　成年後見に関する管理計算の期間の伸張審判申立書

受付印	家事審判申立書　事件名（管理計算期間の伸長申立て）

収入印紙　　800　円	（この欄に申立手数料として1件について800円分の収入印紙を貼ってください。）
予納郵便切手　　　円	（貼った印紙に押印しないでください。）
予納収入印紙　　　円	（注意）登記手数料としての収入印紙を納付する場合は，登記手数料としての収入印紙は貼らずにそのまま提出してください。

準口頭		関連事件番号　平成　　年（家　　）第　　　　　　　　　　　　号

東京　　家庭裁判所御中 平成 ○○ 年 ○○ 月 ○○ 日	申　立　人 （又は法定代理人など） の記名押印	甲　野　夏　男　　　㊞

添付書類	（審理のために必要な場合は，追加書類の提出をお願いすることがあります。） 登記事項証明書 1 通

申立人	本　籍 （国　籍）	（戸籍の添付が必要とされていない申立ての場合は，記入する必要はありません。） 東京　㊞道府県　千代田区○○町○○番地		
	住　所	〒○○○－○○○○ 東京都千代田区○○町○番○号	電話　（　　） （　　　　　方）	
	連絡先	〒　　－	電話　（　　） （　　　　　方）	
	フリガナ 氏　名	コウノ　ナツオ 甲　野　夏　男	大正 昭和 平成　○○年○○月○○日 生 （　○○　歳）	
	職　業	会社員		

※ 亡成年被後見人	本　籍 （国　籍）	（戸籍の添付が必要とされていない申立ての場合は，記入する必要はありません。） 東京　㊞道府県　千代田区○○町○○番地		
	住　所	〒　　－ 申立人と同じ	電話　（　　） （　　　　　方）	
	連絡先	〒　　－	電話　（　　） （　　　　　方）	
	フリガナ 氏　名	コウノ　タロウ 甲　野　太　郎	大正 昭和 平成　○○年○○月○○日 生 （　○○　歳）	
	職　業	無職		

（注）　太枠の中だけ記入してください。
※の部分は，申立人，法定代理人，成年被後見人となるべき者，不在者，共同相続人，被相続人等の区別を記入してください。

申　立　て　の　趣　旨
申立人が成年被後見人甲野太郎の財産の管理計算をする期間を平成○○年○○月○○日まで伸長するとの審判を求める。

申　立　て　の　理　由
1　平成○○年○○月○○日，成年被後見人について，東京家庭裁判所により，後見開始の審判がなされ，同審判は同○○年○○月○○日に確定し，申立人が成年後見人に選任されました。 2　平成○○年○○月○○日，成年被後見人は死亡し，後見は終了しました。 3　そこで，申立人は平成○○年○○月○○日までに成年被後見人の財産の管理計算をすべきところ，同人の財産は多種多様であり，権利関係も複雑であることから，上記期限までに管理計算を終了することが困難です。 4　よって，財産の管理計算の期間を平成○○年○○月○○日まで伸長するとの審判を求めます。

第26　後見開始（保佐開始，補助開始）の審判の取消手続

解　説

(1)　制度の趣旨

(a)　根　　拠　　後見開始（保佐開始，補助開始）の原因が消滅したときは，家庭裁判所は申立てにより，後見開始（保佐開始，補助開始）の審判を取り消さなければならない（民10条・14条1項・18条1項，家手別表第1の2項・20項・39項）。

(b)　「第7条に規定する原因が消滅したとき」の意義　　原因が消滅したときとは，本人の判断能力（事理を弁識する能力）が，その開始の審判による保護を要しない状態に回復した場合を指し，逆に判断能力がさらに低下した場合は含まれない。なお，ある類型の開始を受けていた者の判断能力がさらに低下し，あるいは回復して，他の類型の開始の審判を受ける場合には，家庭裁判所は，元の開始の審判を職権で取り消さなければならないが，この取消しの審判は，本例の審判の取消し（民10条）ではなく，民法19条に基づく審判の取消しである（最高裁事務総局家庭局監修『改正成年後見制度関係執務資料』（家裁資料175号）114頁）。

(c)　「第11条本文に規定する原因が消滅したとき」の意義　　「原因が消滅したとき」とは，本人の判断能力が，保佐制度による保護を要しない状態（補助制度の対象に該当する状態又は補助制度による保護も要しない状態）に回復した場合をいう（小林昭彦＝原司『平成11年民法一部改正法等の解説』121頁）。逆に，本人の精神状況が，判断能力を欠く常況にまで至った場合には，家庭裁判所は，後見開始の審判をした上で，保佐開始の審判を職権で取り消す（民19条1項）。また，本人の精神常況が，補助制度の対象者に該当するに至った場合において，なお本人に具体的な保護の必要がある場合には，申立権者の請求により，家庭裁判所が補助の審判をした上で，保佐開始を職権で取り消す（民19条2項）。

(d)　「第15条第1項本文に規定する原因が消滅したとき」の意義　　「原因が消滅したとき」とは，本人の判断能力が，補助制度による保護を要しない状態に回復した場合をいう（小林＝原・前掲153頁）。逆に，本人の精神常況が，判断能力が著しく不十分にまで至った場合には，家庭裁判所は，申立権者の請求により保佐開始の審判をした上で，補助開始の審判を職権で取り消す

（民19条2項）。また，本人の精神常況が判断能力を欠く常況にまで至った場合には，申立権者の請求により，家庭裁判所が後見開始の審判をした上で，補助開始を職権で取り消す（民19条1項）。

(2) 申立手続

(a) 申立権者　　本人，配偶者，4親等内の親族，未成年後見人，成年後見人（保佐人，補助人），未成年後見監督人，成年後見監督人（保佐監督人，補助監督人）又は検察官（民10条・14条1項・18条1項）。

(b) 管轄裁判所　　後見開始，保佐開始，補助開始の審判をした家庭裁判所。抗告裁判所が上記の各裁判をした場合は，その第一審裁判所である家庭裁判所（家手117条2項・128条2項・136条2項）。

(c) 申立手続費用　　収入印紙800円（民訴費3条1項・別表第1の15項），予納郵便切手約1000円。

(d) 添付書類　　戸籍謄本（全部事項証明書）（成年後見人，保佐人，補助人，本人），住民票又は戸籍附票（成年後見人，保佐人，補助人，本人），登記事項証明書（本人），診断書（家庭裁判所で定める様式のもの）（本人）。

(3) 審判手続

(a) 本人の精神常況の鑑定の要否　　家庭裁判所は明らかにその必要がない場合を除き，後見開始（保佐開始，補助開始）の審判の取消しの審判をするにあたっては，本人の精神状況について，医師（等）の意見を聴かなければならない（家手119条2項・133条・138条）。

(b) 本人の陳述の聴取　　後見開始（保佐開始，補助開始）の審判の取消しの審判をするにあたっては，本人及び成年後見人（保佐人，補助人）の陳述を聴かなければならない（家手120条1項2号・130条1項4号・139条1項3号）。

(c) 審判の効力　　後見開始（保佐開始，補助開始）の審判の取消しは，将来に向かってのみ効力を有するものであり，その取消前に本人又は成年後見人等がした行為の効力には影響を及ぼさない。

(d) 審判の告知

(イ) 取消認容の審判の場合　　申立人，本人，成年後見人，成年後見監督人，保佐人，保佐監督人，補助人，補助監督人（家手74条1項・122条3項2号・131条4号・140条4号）。

(ロ) 取消しの申立てを却下する審判の場合　　申立人（家手74条3項）。

(4) 不服申立て

（a）取消認容の審判の場合 即時抗告をすることができる旨の規定は置かれていない。

（b）取消しの申立てを却下する審判の場合 申立権者は，即時抗告をすることができる（家手123条1項3号・132条1項3号・141条1項3号）。申立期間は，2週間（家手86条1項）。

(5) 後見開始等の取消しの登記

（a）後見開始（保佐開始，補助開始）の審判を取り消す審判が効力を生じた場合，裁判所書記官は，遅滞なく，登記所（東京法務局民事行政部後見登録課）に対し，登記の嘱託をしなければならない（家手116条1号，家手規77条1項1号）。

（b）登記手数料は不要である。

（c）登記事項証明書の交付請求については，本章第1(5)(c)参照のこと。

【奥山　史】

202　第3編　各種審判手続の書式実例　第1章　成年後見・保佐・補助に関する審判事件
及び任意後見契約法に規定する審判事件

書式 28　後見開始審判の取消審判申立書

受付印	家事審判申立書　事件名（ 後見開始審判の取消し ）

収入印紙　　　800　円	（この欄に申立手数料として1件について800円分の収入印紙を貼ってください。）
予納郵便切手　　　　円	（貼った印紙に押印しないでください。）
予納収入印紙　　　　円	（注意）登記手数料としての収入印紙を納付する場合は，登記手数料としての収入印紙は貼らずにそのまま提出してください。

準口頭	関連事件番号　平成　　　年（家　　）第　　　　　　　号

東　京　家庭裁判所 御中 平成　○○年　○○月　○○日	申　立　人 （又は法定代理人など） の記名押印	甲　野　秋　男　　　　㊞

添付書類	（審理のために必要な場合は，追加書類の提出をお願いすることがあります。） 成年後見人，成年被後見人の戸籍謄本（全部事項証明書）　　1通，同戸籍附票　1通， 同登記事項証明書　1通，診断書　1通

申 立 人	本　籍 （国　籍）	（戸籍の添付が必要とされていない申立ての場合は，記入する必要はありません。） 　　　　都　道 　　　　府　県	
	住　所	〒 ○○○-○○○○ 　東京都千代田区○○町○丁目○番○号	電話　03　（××××）×××× 　　　　　　（　　　　　　　　方）
	連絡先	〒　　　-	電話　　　　（　　　　　　） 　　　　　　（　　　　　　　　方）
	フリガナ 氏　名	コウノ　アキオ 甲　野　秋　男	平成　○○年○○月○○日 生 　　　（　　○○　　歳）
	職　業	会　社　員	

※ 成 年 被 後 見 人	本　籍 （国　籍）	（戸籍の添付が必要とされていない申立ての場合は，記入する必要はありません。） 東京　　㊞道 　　　　府県　千代田区○○町○丁目○番地	
	住　所	〒 　申立人の住所と同じ	電話　　　　（　　　　　　） 　　　　　　（　　　　　　　　方）
	連絡先	〒　　　-	電話　　　　（　　　　　　） 　　　　　　（　　　　　　　　方）
	フリガナ 氏　名	コウノ　タロウ 甲　野　太　郎	平成　○○年○○月○○日 生 　　　（　　○○　　歳）
	職　業	無　職	

(注)　太枠の中だけ記入してください。
※の部分は，申立人，法定代理人，成年被後見人となるべき者，不在者，共同相続人，被相続人等の区別を記入してください。

申　　立　　て　　の　　趣　　旨
東京家庭裁判所が平成○○年○○月○○日甲野太郎に対してした後見開始の審判を取り消す審判を求めます。

申　　立　　て　　の　　理　　由
1　甲野太郎は，申立人の父です。 2　甲野太郎は，統合失調症のため，平成○○年○○月○○日，東京家庭裁判所により申立人を成年後見人として，後見開始の審判がなされました。 3　その後，病状は改善されて，甲野太郎は病院を退院して自宅にて療養しております。 4　この度，担当医師から別紙診断書をもらうことができたので，先になされた後見開始の審判はこれを取り消されたく，この申立てをします。

第26　後見開始（保佐開始，補助開始）の審判の取消手続　　*203*

書式 29 保佐開始審判の取消審判申立書

受付印	家事審判申立書　事件名（ 保佐開始審判の取消 ）

	（この欄に申立手数料として1件について800円分の収入印紙を貼ってください。）
収入印紙　　　800円	（貼った印紙に押印しないでください。）
予納郵便切手　　　円	（注意）登記手数料としての収入印紙を納付する場合は，登記手数料として
予納収入印紙　　　円	の収入印紙は貼らずにそのまま提出してください。

準口頭　　　関連事件番号　平成　　年（家　）第　　　　　　　　　　　　号

東京 家庭裁判所 御中 平成 ○○ 年 ○○ 月 ○○ 日	申　立　人 （又は法定代理人など） の記名押印	甲　野　秋　男 ㊞

添付書類	（審理のために必要な場合は，追加書類の提出をお願いすることがあります。） 保佐人，被保佐人の戸籍勝本（全部事項証明書）1通，同戸籍附票　1通， 同登記事項証明書　1通，同診断書　1通

申立人	本　籍 （国　籍）	（戸籍の添付が必要とされていない申立ての場合は，記入する必要はありません。）　　都道府県
	住　所	〒○○○－○○○○　　　　　　　　　電話　03（×××）×××× 東京都千代田区○○町○丁目○番○号　　　　　　　（　　　方）
	連絡先	〒　　－　　　　　　　　　　　　　電話　（　　）（　　方）
	フリガナ 氏　名	コウノ　アキオ 甲　野　秋　男	大正昭和平成 ○○年○月○○日 生（　○○　歳）
	職　業	会　社　員

※被保佐人	本　籍 （国　籍）	（戸籍の添付が必要とされていない申立ての場合は，記入する必要はありません。） 東京　㊞都府県　千代田区○○町○丁目○番地
	住　所	〒　　　　　　　　　　　　　　　　電話　（　　）（　　方） 申立人の住所と同じ
	連絡先	〒　　－　　　　　　　　　　　　　電話　（　　）（　　方）
	フリガナ 氏　名	コウノ　タロウ 甲　野　太　郎	大正昭和平成 ○○年○月○○日 生（　○○　歳）
	職　業	無　職

（注）　太枠の中だけ記入してください。
※の部分は，申立人，法定代理人，成年被後見人となるべき者，不在者，共同相続人，被相続人等の区別を記入してください。

申　立　て　の　趣　旨
東京家庭裁判所が平成○年○月○日甲野太郎に対してした保佐開始の審判を取り消す審判を求めます

申　立　て　の　理　由
1　甲野太郎は，精神上の障害が原因で無分別の借財を重ねて，財産を失うおそれ があったため，平成○年○月○日，東京家庭裁判所により申立人を保佐人として， 保佐開始の審判がなされました。 2　その後，病状は改善されて，甲野太郎は無分別な借財をすることもなくなりま した。 3　この度，担当医師から別紙診断書の交付を受けたので，先になされた保佐開始の 審判はこれを取り消されたく，この申立てをします。

204　第3編　各種審判手続の書式実例　第1章　成年後見・保佐・補助に関する審判事件
及び任意後見契約法に規定する審判事件

書式 30　補助開始審判の取消審判申立書

受付印	**家事審判申立書　事件名（** 補助開始審判の取消 **）**

（この欄に申立手数料として1件について800円分の収入印紙を貼ってください。）

（貼った印紙に押印しないでください。）

収入印紙	800円
予納郵便切手	円
予納収入印紙	円

（注意）登記手数料としての収入印紙を納付する場合は，登記手数料としての収入印紙は貼らずにそのまま提出してください。

準口頭	関連事件番号　平成　　年（家　　）第　　　　　　　号

東京　　家庭裁判所　御中	申　立　人 （又は法定代理人など） の　記　名　押　印	甲　野　秋　男　　　㊞
平成　〇〇年　〇〇月　〇〇日		

添付書類	（審理のために必要な場合は，追加書類の提出をお願いすることがあります。） 補助人，被補助人の戸籍謄本（全部事項証明書）1通，同戸籍附票　1通 同登記事項証明書　1通，同診断書　1通

申 立 人	本　籍 （国　籍）	（戸籍の添付が必要とされていない申立ての場合は，記入する必要はありません。）　都道府県
	住　所	〒〇〇〇－〇〇〇〇　　　　　電話　03（×××）×××× 東京都千代田区〇〇町〇丁目〇番〇号　　　　（　　　　方）
	連絡先	〒　　　－　　　　　　　　　　電話　（　　　）（　　　　方）
	フリガナ 氏　名	コウノ　アキオ 甲　野　秋　男	大正 昭和 平成　〇〇年〇〇月〇〇日 生（〇〇歳）
	職　業	会 社 員

※ 被 補 助 人	本　籍 （国　籍）	（戸籍の添付が必要とされていない申立ての場合は，記入する必要はありません。） 東京　都道府県　千代田区〇〇町〇丁目〇番地
	住　所	〒　　　－　　　　申立人の住所と同じ　　　電話　（　　　）（　　　　方）
	連絡先	〒　　　－　　　　　　　　　　電話　（　　　）（　　　　方）
	フリガナ 氏　名	コウノ　タロウ 甲　野　太　郎	大正 昭和 平成　〇〇年〇〇月〇〇日 生（〇〇歳）
	職　業	無 職

(注)　太枠の中だけ記入してください。
※の部分は，申立人，法定代理人，成年被後見人となるべき者，不在者，共同相続人，被相続人等の区別を記入してください。

申　立　て　の　趣　旨
東京家庭裁判所が平成〇年〇月〇日甲野太郎に対してした補助開始の審判を取り消す審判を求めます。

申　立　て　の　理　由
1　平成〇年〇月〇日，甲野太郎について，東京家庭裁判所により申立人を補助人として，補助開始の審判がなされました。 2　その後，甲野太郎は事理を弁識する能力を回復し，この度，担当医師から別紙診断書の交付を受けたので，先になされた補助開始の審判はこれを取り消されたく，この申立てをします。

第27　保佐開始の審判手続

解　説

(1)　制度の趣旨

(a)　根　　拠　　精神上の障害により事理を弁識する能力が著しく不十分な者については申立権者は，家庭裁判所に保佐開始の申立てをすることができる（民11条，家手別表第1の17項）。

(b)　保佐開始の対象者　　保佐開始の対象者は，「精神上の障害」により「事理を弁識する能力が著しく不十分な」者（民11条）である（「精神上の障害」，「事理弁識能力」については，本章第1(1)(b)参照のこと）。具体的には，①みずから積極的に法律行為を行う可能性があり，②しかもその法律行為の利害得失を自分だけでは判断できないが，③保佐人の判断（同意）があれば，自分で法律行為を行うことができる者ということができる（髙村浩『成年後見の実務―手続と書式―』19頁）。

(c)　保佐人選任の申立て　　家庭裁判所は，保佐開始の審判をするときは，職権で，保佐人を選任するから（民876条の2第1項），保佐開始の申立てをする際，別途，保佐人選任の申立てをする必要はない。

(d)　被保佐人の法律行為

(イ)　被保佐人が，民法13条1項各号列挙の行為を行うには，保佐人の同意を得ることを要し，同意を得ることなくなされた行為は取り消すことができる（民13条4項）。ただし，被保佐人が同条1項各号列挙の行為のいずれを行うについても，それが民法9条ただし書に定める「日用品の購入その他日常生活に関する行為」である場合には，保佐人の同意を得ることを要しない。

(ロ)　家庭裁判所は，申立権者の請求により，民法13条1項各号に掲げない行為をするにも保佐人の同意を要する旨の審判をすることができる（民13条2項，家手別表第1の18項）。本章第28参照のこと。

(ハ)　家庭裁判所は，保佐人の同意を要する行為について，保佐人が被保佐人の利益を害するおそれがないにもかかわらず同意をしないときは，被保佐人の請求により，保佐人の同意に代わる許可を与えることができる（民13条3項，家手別表第1の19項）。本章第30参照のこと。

(ニ)　家庭裁判所は，申立権者の請求により，被保佐人のために特定の法律行為について保佐人に代理権を付与する旨の審判をすることができる（民

876条の4第1項，家手別表第1の32項)。本章第29参照のこと。

(e) 被保佐人がした法律行為の取消し　保佐人の同意を要する法律行為で，その同意又は同意に代わる許可 (民13条3項) を得ないでした被保佐人の行為は，これを取り消すことができる (民13条4項)。取消権者は，被保佐人及び保佐人である (民120条1項)。

(f) 後見開始，補助開始の各審判との相互関係　家庭裁判所は，保佐開始の審判をする場合，本人が成年被後見人又は被補助人であるときは，職権で後見開始又は補助開始の審判を取り消さなければならない (民19条2項，家手別表第1の2項・39項)。

(2) 申立手続

(a) 申立権者　本人，配偶者，4親等内の親族，後見人，後見監督人，補助人，補助監督人，検察官 (民11条)，市町村長 (精保51条の11の2，老福32条，知障28条)，任意後見契約が登記されている場合は，任意後見受任者，任意後見人，任意後見監督人 (任意後見10条2項)。

(b) 管轄裁判所　本人の住所地の家庭裁判所 (家手128条1項)。「住所」の意義につき，本章第1(2)(b)参照のこと。

(c) 申立手続費用　収入印紙800円 (民訴費3条1項・別表第1の15項)，予納郵便切手約4000円，予納印紙2600円 (登記手数料令14条1項2号)，鑑定が必要な場合は，鑑定料。

(d) 添付書類　①本人の戸籍謄本 (全部事項証明書)，住民票又は戸籍附票，本人の登記されていないことの証明書，診断書 (家庭裁判所が定める様式のもの)，②保佐人候補者の戸籍謄本 (全部事項証明書)，住民票又は戸籍附票，候補者が法人である場合には，商業登記簿謄本 (登記事項証明書)。

(3) 審判手続

(a) 鑑　定　家庭裁判所は，保佐開始の審判をするには，本人の精神の状況について医師その他適当な者に鑑定をさせなければならない。ただし，明らかにその必要がないと認めるときは，この限りでない (家手133条・119条)。「明らかにその必要がないと認めるとき」の例については，本章第1(3)(a)参照のこと。

(b) 本人の陳述の聴取　家庭裁判所は保佐開始の審判をする場合，本人の陳述を聴かなければならない (家手130条1項1号)。

(c) 保佐人候補者の意見聴取　家庭裁判所は保佐人を選任する場合，保

佐人候補者の意思を聴かなければならない（家手130条2項1号）。

(d) **考慮事情**　成年後見人の規定が準用されている（民876条の2第2項・843条4項）。本章第1(3)(d)参照のこと。

(e) **審判の告知**　認容審判は，申立人，保佐人に選任される者，被保佐人。保佐開始により任意後見契約が終了する場合は任意後見人，任意後見監督人（家手74条1項・131条1項1号）。却下審判は，申立人（家手74条3項）。

(4) **不服申立て**

(a) 保佐開始の審判に対する即時抗告

(イ) **即時抗告権者**　民法11条に掲げる者及び任意後見契約に関する法律10条2項に掲げる者（家手132条1項1号）。なお，申立人，市長村長は，即時抗告をすることはできない。

(ロ) **即時抗告期間**　2週間（家手86条1項）。審判の告知を受ける者でない者及び被保佐人となるべき者による即時抗告期間の進行は，被保佐人となるべき者に告知があった日及び保佐人に選任された者に対する告知があった日の最も遅い日から進行する（家手132条2項）。

(b) 保佐開始の審判の申立てを却下する審判に対する即時抗告

(イ) **即時抗告権者**　申立人（家手132条1項2号）。

(ロ) **即時抗告期間**　申立人が告知を受けた日から2週間。

(5) **保佐の登記**

(a) **登記嘱託**　保佐開始の審判等の効力が生じた場合には，裁判所書記官は，遅滞なく，登記所（東京法務局民事行政部後見登録課）に対し，登記の嘱託をしなければならない（家手116条1号，家手規77条1項1号）。手数料は，1件につき2600円である（登記手数料令14条1項2号）。

(b) **登記事項の変更登記請求，登記事項証明書の交付請求**　本章第1(5)(c)参照のこと。

【奥山　　史】

208　第3編　各種審判手続の書式実例　　第1章　成年後見・保佐・補助に関する審判事件
及び任意後見契約法に規定する審判事件

書式 31　保佐開始及び代理権付与の審判申立書

保　佐　開　始　申　立　書

	受付印

（注意） 登記手数料としての収入印紙は，貼らずにそのまま提出してください。

貼用収入印紙	1600円
予納郵便切手	円
予納収入印紙	円

この欄に**申立手数料**としての収入印紙を貼ってください（貼った印紙に押印しないでください。）

申立手数料
- 保佐開始のみの場合800円
- 保佐開始＋同意権拡張（☆）の場合1,600円分
- 保佐開始＋代理権付与の場合1,600円分
- 保佐開始＋同意権拡張（☆）＋代理権付与の場合2,400円分

準口頭		関連事件番号　平成　　年（家　　）第　　　　　　　号

東　京　家庭裁判所　御中	申立人の記名押印	甲野夏男　㊞
平成　〇〇　年　〇〇　月　〇〇　日		

添付書類	（同じ書類は1通で足ります。審理のために必要な場合は，追加書類の提出をお願いすることがあります。） ☑ 本人の戸籍謄本（全部事項証明書）　　　　　　　☑ 本人の住民票又は戸籍附票 ☑ 本人の登記されていないことの証明書　　　　　　☑ 本人の診断書（家庭裁判所が定める様式のもの） ☐ 本人の財産に関する資料　　　　　　　　　　　　☑ 保佐人候補者の住民票又は戸籍附票 ☐ （同意権拡張又は代理権付与を求める場合）同意権，代理権を要する行為に関する資料（契約書写し等）

申立人	住　所	〒〇〇〇-〇〇〇〇 東京都千代田区〇〇町〇丁目〇番地	電話　　（　　　） （　　　　　　方）
	フリガナ 氏　名	コウノ　ナツオ 甲野　夏男	大正 昭和 平成　〇〇年〇〇月〇〇日生 （　　〇〇　歳）
	職　業	会　社　員	
	本人との関係	※1　本人　2　配偶者　③　四親等内の親族（　本人の長男　） 4　（未成年・成年）後見人　5　（未成年・成年）後見監督人　6　補助人・補助監督人 7　任意後見受任者・任意後見人・任意後見監督人　8　その他（　　　　　）	

本人	本　籍 （国籍）	東京　都道府県　港区〇〇町〇丁目〇番地	
	住　所	〒〇〇〇-〇〇〇〇 東京都港区〇〇町〇丁目〇番〇号	電話　03　（××××）×××× （　　　　　　方）
	フリガナ 氏　名	コウノ　タロウ 甲野　太郎	明治 大正 昭和　〇〇年〇〇月〇〇日生 平成　（　　　　歳）
	職　業		

（注）　太わくの中だけ記入してください。　※の部分は，当てはまる番号を〇で囲み，3又は8を選んだ場合には，（　）内に具体的に記入してください。　☆民法第13条第1項に規定されている行為については，申立ての必要はありません。

申　立　て　の　趣　旨

本人について保佐を開始するとの審判を求める。

（必要とする場合に限り，当てはまる番号を〇で囲んでください。）
① 　本人が以下の行為（日用品の購入その他日常生活に関する行為を除く。）をするにも，その保佐人の同意を得なければならないとの審判を求める。（☆）
② 　本人のために以下の行為について保佐人に代理権を付与するとの審判を求める。
（行為の内容を記入してください。書き切れない場合は別紙を利用してください。）
1につき，借財又は保証
2につき，不動産の処分登記手続

申　立　て　の　理　由

（申立ての動機，本人の生活状況など具体的に記入してください。書き切れない場合は別紙を利用してください。）
　本人は，昨年2月に妻を亡くしてから現住所地で1人暮らしをしてきましたが，最近物忘れがひどくなり，日常生活に支障が出てきたので，〇〇特別養護老人ホームに入所することになりました。それまでにこれまで本人が住んでいた自宅を売りたいと考えていますが，本人1人ではその手続が行えないので，本件を申し立てました。保佐人には，本人の長男である申立人を選任してください。

保佐人候補者	いずれかを〇で囲んでください。	住　所	〒　　- 	電話　　（　　　） （　　　） （　　　　　　方）
適当な人がいる場合に記載してください。	①申立人と同じ（右欄の記載は不要） 2.申立人以外（右欄に記載）	フリガナ 氏　名		大正 昭和 平成　　年　　月　　日生 （　　　　歳）
		職　業		本人との関係
		勤務先		電話　　（　　　）

（注）　太わくの中だけ記入してください。　☆民法第13条第1項に規定されている行為については，申立ての必要はありません。

【備考】
1　居住用不動産を売却する場合には，居住用不動産処分の許可も必要となる。本章第7「成年被後見人の居住用不動産処分の許可手続」を参照。
2　候補者が法人の場合には，商業登記簿上の名称又は商号，代表者名及び主たる事務所又は本店の所在地を適宜の欄を使って記載する。

第28 保佐人の同意を得なければならない行為の定めの手続

解 説

(1) 概 要

(a) 根 拠 家庭裁判所は，申立権者の請求により，保佐人の同意権を拡張する申立てをすることができる（民13条２項，家手別表第１の18項）。

(b) 同意権の拡張の申立ては，保佐開始の審判の請求と併せて，又は保佐開始の審判がされた後に追加的にすることもできる。また，同意権拡張の審判がされた後に，別の具体的な保護も必要性が生じたことに応じて，さらに保佐人の同意を得ることを要する行為を拡張するために追加的に同意権拡張の審判の請求をすることもできる。

(c) 審判の対象となる行為

(イ) 同意権拡張の審判の対象となる行為は，法律行為（又は準法律行為）に限られる（日用品の購入その他日常生活に関する行為については，この審判をなし得ない）。もっとも，相当の対価を伴う有償の契約である限り，雇用契約，委任契約，寄託契約等の他人の労務の提供を目的とする契約（特に，介護契約，施設入所契約等の身上監護を目的とするもの）も，民法13条１項３号の「重要な財産に関する権利の得喪を目的とする行為」に該当するものと考えられるので，同項所定の行為以外の法律行為とは，相当な対価を伴わないものに限られると考えられている（小林昭彦＝原司『平成11年民法一部改正法等の解説』113頁，114頁）。

(ロ) 同意権拡張の審判を申し立てるにあたっては，同意を得なければならない行為の範囲を具体的に特定する必要がある。行為の特定方法については，具体的な個別の取引行為を指定する方法（例えば「本人所有の甲不動産の売却」）と抽象的な法律行為の種類を指定する方法（例えば「本人所有の不動産の売却」）とが考えられる。また，１回限りの法律行為ではなく，継続的に行われることが予想されるものも当然含まれる（最高裁事務総局家庭局監修『改正成年後見制度関係執務資料』（家裁資料175号）120頁，121頁，小林昭彦＝原司・前掲321頁）。

(d) 数人の保佐人がある場合 数人の保佐人があり，同意を得なければならない行為が複数ある場合に，どの行為につきどの保佐人の同意を得なければならないかを定めることもできると考えられている（前掲家裁資料175号121頁）。

(e) 同意権拡張の審判の取消し　被保佐人にとって，同意権の審判による保護の必要性が失われた場合には，家庭裁判所は，申立権者の請求に基づき，同意権拡張の審判の全部又は一部を取り消すことができる（民14条2項）。

(2) **申立手続**

(a) 申立権者　本人，配偶者，4親等内の親族，後見人，後見監督人，補助人，補助監督人，保佐人，保佐監督人，検察官（民13条2項・11条），市町村長（精保51条の11の2，老福32条，知障28条）。保佐開始審判がされる前で，任意後見登記がされているときは，任意後見受任者，任意後見人，任意後見監督人（任意後見10条2項）。

(b) 管轄裁判所　保佐開始の審判をした家庭裁判所。抗告裁判所が保佐開始の裁判をした場合にあっては，その第一審裁判所である家庭裁判所（家手128条2項）。

(c) 申立手続費用　収入印紙800円（民訴費3条1項・別表第1の15項），予納郵便切手約1000円。予納印紙については，後記(5)を参照のこと。

(d) 添付書類　保佐人，被保佐人の戸籍謄本（全部事項証明書），住民票又は戸籍附票，登記事項証明書，同意行為目録，申立理由を証する資料。

(3) **審判手続**

(a) 審　判　審理の結果，所定の要件が認められるときは，家庭裁判所は，被保佐人が，民法13条1項に列挙されていない特定の行為をする場合にもその保佐人の同意を得なければならない旨の審判をする（民13条2項）。

(b) 審判の告知　認容審判は，申立人，保佐人，保佐監督人。当該審判が保佐人又は保佐監督人の選任の審判と同時にされる場合にあっては，保佐人となるべき者又は保佐監督人となるべき者（家手74条1項・131条2号）。却下審判は，申立人（家手74条3項）。

(4) **不服申立て**

即時抗告をすることができる旨の規定は置かれていない。

(5) **保佐人の同意権拡張の登記**

(a) 登記嘱託　同意権拡張の審判の効力が生じた場合には，裁判所書記官は，遅滞なく，登記所（東京法務局民事行政部後見登録課）に対し，登記の嘱託をしなければならない（家手116条1号，家手規77条1項7号）。

(b) 手　数　料　同意権拡張の審判が，保佐開始の審判と同時にされた場合は，保佐開始の審判に基づく登記の手数料に含まれるので不要であるが

（登記手数料令14条3項3号），同意権拡張の審判が単独でなされた場合には，1400円（登記手数料令15条1項1号）である。

(c) 登記事項証明書の交付請求　　本章第1(5)(c)参照のこと。

【奥山　史】

212　第3編　各種審判手続の書式実例　第1章　成年後見・保佐・補助に関する審判事件
及び任意後見契約法に規定する審判事件

書 式 32　保佐人の同意権拡張審判申立書

	受付印	**家事審判申立書　事件名（　保佐人の同意権拡張　）**
		（この欄に申立手数料として1件について800円分の収入印紙を貼ってください。）

収入印紙	800円
予納郵便切手	円
予納収入印紙	円

（貼った印紙に押印しないでください。）
（注意）登記手数料としての収入印紙を納付する場合は，登記手数料としての収入印紙は貼らずにそのまま提出してください。

準口頭	関連事件番号　平成　　年（家　　）第　　　　　　　号

東　京　家庭裁判所 御中 平成　○○年　○○月　○○日	申　立　人 （又は法定代理人など） の　記　名　押　印	甲　野　秋　男　　㊞

添付書類	（審理のために必要な場合は，追加書類の提出をお願いすることがあります。） 保佐人，被保佐人の戸籍謄本（全部事項証明書）　1通，同戸籍附票　1通， 同登記事項証明書　1通，同意行為目録，申立理由を証する資料

	本　籍 （国　籍）	（戸籍の添付が必要とされていない申立ての場合は，記入する必要はありません。） 　　　都　道 　　　府　県		
申 立 人	住　所	〒 ○○○－○○○○ 東京都千代田区○○町○丁目○番○号	電話 03　（××××）　×××× （　　　　　　方）	
	連絡先	〒　　　－	電話　　（　　　） （　　　　　方）	
	フリガナ 氏　名	コウノ　アキオ 甲　野　秋　男	大正 昭和　○○年○○月○○日 生 平成　（　　○○　歳）	
	職　業	会　社　員		

※ 被 保 佐 人	本　籍 （国　籍）	（戸籍の添付が必要とされていない申立ての場合は，記入する必要はありません。） 東京　　　都道 　　　　府県　千代田区○○町○丁目○番地		
	住　所	〒　　　－ 申立人の住所と同じ	電話　　（　　　） （　　　　　方）	
	連絡先	〒　　　－	電話　　（　　　） （　　　　　方）	
	フリガナ 氏　名	コウノ　タロウ 甲　野　太　郎	大正 昭和　○○年○○月○○日 生 平成　（　　○○　歳）	
	職　業	無　職		

（注）　太枠の中だけ記入してください。
※の部分は，申立人，法定代理人，成年後見人となるべき者，不在者，共同相続人，被相続人等の区別を記入してください。

申　　立　　て　　の　　趣　　旨
甲野太郎は別紙同意行為目録記載の行為をするにもその保佐人の同意を要するとの審判を求めます。

申　　立　　て　　の　　理　　由
1　平成○○年○○月○○日，甲野太郎について，東京家庭裁判所により申立人を保佐人として，保佐開始の審判がなされました。 2　甲野太郎が○○工業株式会社で軽作業に従事するにあたり，その精神障害の程度を考えれば，同人が雇用契約，委任契約，寄託契約をするにも保佐人の同意を要する旨を家庭裁判所によって定められることが必要です。 3　よって，この申立てをします。

第29　保佐人（補助人）の代理権の付与を定める手続　*213*

第29　保佐人（補助人）の代理権の付与を定める手続

解　説

(1)　概　　要

(a)　根　　拠　　家庭裁判所は，申立てにより，被保佐人（被補助人）の
ために，特定の法律行為について保佐人（補助人）に代理権を付与する旨の
審判をすることができる（民876条の4第1項・876条の9第1項，家手別表第1の32
項・51項）。

(b)　代理権付与の申立ては，保佐開始（補助開始）の審判の請求と併せて，
又は保佐開始（補助開始）の審判がされた後に追加的にされる場合とがある。
また，代理権付与の審判がなされた後に，別の具体的な保護の必要性が生じ
たことに応じて，さらに代理権を付与するために追加的に代理権付与の審判の
請求をすることもできる。なお，補助開始の審判を申し立てる場合には，同意
権付与の審判又は代理権付与の審判とともにしなければならない（民15条3項）。
　主な代理行為としては，次のとおり。

　(イ)　財産管理に関する法律行為　　売買，賃貸借，消費貸借，保証，担
保物件の設定，請負，預金の管理・払戻し，遺産分割など。

　(ロ)　身上監護（生活又は療養看護）に関する法律行為　　介護契約，施設
入所契約，医療契約の締結など。

　(ハ)　その他　　上記(イ)，(ロ)の事務に関して生ずる紛争についての訴訟行
為（訴訟の提起，追行等）や上記(イ)，(ロ)に関連する登記，供託の申請，要介護
認定の申請等の公法上の行為。

(c)　本人による請求又は同意　　代理権付与の審判をする場合には，本人
の請求又はその同意があることが必要である（民876条の4第2項・876条の9第
2項）。

(d)　審判の対象となる行為　　本章第28(1)(c)参照のこと。

(e)　数人の保佐人等がある場合　　数人の保佐人等があり，代理権の対象
となる法律行為も複数ある場合に，特定の行為の代理権を特定の保佐人等に
付与することもできると考えられている（最高裁事務総局家庭局監修『改正成年
後見制度関係執務資料』（家裁資料175号）130頁）。

(2)　申立手続

(a)　申立権者　　本人，配偶者，4親等内の親族，後見人，後見監督人，

補助人，補助監督人，検察官，保佐人，保佐監督人（民876条の4第1項・876条の9第1項・11条1項本文・15条1項本文），市町村長（精保51条の11の2，老福32条，知障28条）。保佐開始審判がされる前で，任意後見登記がされているときは，任意後見受任者，任意後見人，任意後見監督人（任意後見10条2項）。

(b) 管轄裁判所　保佐開始（補助開始）をした家庭裁判所。抗告裁判所が保佐開始（補助開始）の裁判をした場合にあっては，その第一審裁判所である家庭裁判所（家手128条2項・136条2項）。

(c) 申立手続費用　収入印紙800円（民訴費3条1項・別表第1の15項），予納郵便切手約1000円。予納登記印紙については，後記(5)を参照のこと。

(d) 添付書類　保佐人（補助人），被保佐人（被補助人）の戸籍謄本（全部事項証明書），住民票又は戸籍附票，登記事項証明書，申立理由を証する資料。

(3) 審判手続

(a) 審　　判　　家庭裁判所は，申立てのあった特定の法律行為について，被保佐人（被補助人）のために保佐人（補助人）に代理権を付与する必要性があるか否かを審理し，審理の結果，所定の要件が認められるときは，代理権を付与する旨の審判をする（民876条の4第1項・876条の9第1項）。

(b) 審判の告知　認容審判は，申立人，被保佐人（被補助人），保佐監督人（補助監督人），当該審判が保佐監督人（補助監督人）の審判と同時にされる場合にあっては，保佐監督人（補助監督人）となるべき者（家手74条1項・131条6号・140条6号）。却下審判は申立人（家手74条3項）。

(4) 不服申立て

即時抗告をすることができる旨の規定は置かれていない。

(5) 保佐（補助）の代理権付与の登記

(a) 登記嘱託　代理権付与の審判の効力が生じた場合には，裁判所書記官は，遅滞なく，登記所（東京法務局民事行政部後見登録課）に対し，登記の嘱託をしなければならない（家手116条1号，家手規77条1項8号）。

(b) 手数料　代理権付与の審判が，保佐開始（補助開始）の審判と同時にされた場合は，保佐開始（補助開始）の審判に基づく登記の手数料に含まれるので不要である（登記手数料令14条3項4号）が，代理権付与の審判が単独でなされた場合には，1400円（登記手数料令15条1項2号）。

(c) 登記事項証明書の交付請求　本章第1(5)(c)参照のこと。

【奥山　　史】

第29 保佐人（補助人）の代理権の付与を定める手続　*215*

書式33　保佐人に対する代理権付与の審判申立書

	受付印
収入印紙　　　800円	
予納郵便切手　　　円	
予納収入印紙　　　円	

家事審判申立書　事件名（ 保佐人に対する代理権付与 ）

（この欄に申立手数料として1件について800円分の収入印紙を貼ってください。）

　　　　　　　　　　　　　　（貼った印紙に押印しないでください。）
（注意）登記手数料としての収入印紙を納付する場合は，登記手数料としての収入印紙は貼らずにそのまま提出してください。

準口頭	関連事件番号　平成　　年（家　　）第　　　　　　　　号

東　京　家庭裁判所 御中 平成 ○○ 年 ○○ 月 ○○ 日	申　立　人 （又は法定代理人など） の　記　名　押　印	甲　野　秋　男　　㊞

添付書類	（審理のために必要な場合は，追加書類の提出をお願いすることがあります。） 保佐人，被保佐人の戸籍謄本（全部事項証明書）　1通，同戸籍附票　1通， 同登記事項証明書　1通，申立理由を証する資料

申 立 人	本　籍 （国　籍）	（戸籍の添付が必要とされていない申立ての場合は，記入する必要はありません。） 　　　　都　道 　　　　府　県		
	住　所	〒 ○○○ － ○○○○ 東京都千代田区○○町○丁目○番○号	電話　03 （××××）×××× （　　　　　　　方）	
	連絡先	〒　　－	電話　（　　　） （　　　　　　　方）	
	フリガナ 氏　名	コウノ　アキオ 甲　野　秋　男	昭和 平成 ○○年○○月○○日 生 （　○○　歳）	
	職　業	会　社　員		

※ 被 保 佐 人	本　籍 （国　籍）	（戸籍の添付が必要とされていない申立ての場合は，記入する必要はありません。） 東京　　㊞道府県　千代田区○○町○丁目○番地		
	住　所	〒　　－ 申立人の住所と同じ	電話　（　　　） （　　　　　　　方）	
	連絡先	〒　　－	電話　（　　　） （　　　　　　　方）	
	フリガナ 氏　名	コウノ　タロウ 甲　野　太　郎	昭和 平成 ○○年○○月○○日 生 （　○○　歳）	
	職　業	無　職		

（注）太枠の中だけ記入してください。
※の部分は，申立人，法定代理人，成年被後見人となるべき者，不在者，共同相続人，被相続人等の区別を記入してください。

申　　立　　て　　の　　趣　　旨
被保佐人のために，別紙代理行為目録記載の行為につき，申立人に代理権を付与する旨の審判を求めます。

申　　立　　て　　の　　理　　由
1　平成○○年○○月○○日，被保佐人について，東京家庭裁判所により申立人を保佐人として，保佐開始の審判がなされました。 2　被相続人甲野良子は平成○○年○○月○○日に死亡し，被保佐人は，その相続を承認しました。 3　被保佐人は，長期間病院入院のため，被相続人甲野良子の遺産分割の協議に加わることが困難です。 4　申立人は，被保佐人のために代理権の付与を受けて，遺産分割の協議を成立させることにしたいです。 5　よって，この申立てをします。

第30 保佐人（補助人）の同意に代わる許可手続

解　説

(1) 概　要

保佐人（補助人）の同意を得なければならない行為につき，保佐人（補助人）が被保佐人（被補助人）の利益を害するおそれがないにもかかわらず同意をしないときは，家庭裁判所は，被保佐人（被補助人）の請求により，保佐人（補助人）の同意に代わる許可を与えることができる（民13条3項・17条3項，家手別表第1の19項・38項）。

(2) 申立手続

(a) 申立権者　　本章第29(2)(a)参照。

(b) 管轄裁判所　　保佐開始（補助開始）をした家庭裁判所。抗告裁判所が保佐開始（補助開始）の裁判をした場合にあっては，その第一審裁判所である家庭裁判所（家手128条2項・136条2項）。

(c) 申立手続費用　　収入印紙800円（民訴費3条1項・別表第1の15項），予納郵便切手約1000円。

(d) 添付書類　　保佐人（補助人），被保佐人（被補助人）の戸籍謄本（全部事項証明書），住民票又は戸籍附票，登記事項証明書，許可行為目録，申立理由を証する資料。

(3) 審判手続

(a) 審　判　　当該行為をすることが，被保佐人（被補助人）の利益を害するおそれがないか否かにつき審理し，審理の結果，相当と認めるときは，家庭裁判所は，被保佐人がその行為をすることを許可する（民13条3項・17条3項）。

(b) 審判の告知　　認容審判は，申立人，保佐人（補助人），保佐監督人（補助監督人）（家手74条1項・131条3号・140条3号）。却下審判は，申立人（家手74条3項）。

(4) 不服申立て

即時抗告をすることができる旨の規定は置かれていない。

【奥山　　史】

第30　保佐人（補助人）の同意に代わる許可手続　*217*

書式34　保佐人の同意に代わる許可審判申立書

受付印	
収入印紙　　　800円	
予納郵便切手　　　　円	
予納収入印紙　　　　円	

家事審判申立書　事件名（保佐人の同意に代わる許可）

（この欄に申立手数料として1件について800円分の収入印紙を貼ってください。）

（貼った印紙に押印しないでください。）

（注意）登記手数料としての収入印紙を納付する場合は，登記手数料としての収入印紙は貼らずにそのまま提出してください。

準口頭	関連事件番号　平成　　年（家　）第　　　　　　号

東京　家庭裁判所 御中 平成 ○○ 年 ○○ 月 ○○ 日	申　立　人 （又は法定代理人など） の記名押印	甲　野　秋　男　　㊞

添付書類	（審理のために必要な場合は，追加書類の提出をお願いすることがあります。） 被保佐人，保佐人の戸籍勝本（全部事項証明書）　1通，同戸籍附票　1通， 同登記事項証明書　1通，許可行為目録，申立理由を証する資料

<table>
<tr><td rowspan="6">申
立
人</td><td>本　籍
（国　籍）</td><td colspan="3">（戸籍の添付が必要とされていない申立ての場合は，記入する必要はありません。）
　　　　都　道
　　　　府　県</td></tr>
<tr><td>住　所</td><td colspan="3">〒○○○－○○○○
東京都千代田区○○町○丁目○番○号　　電話 03 （××××）××××
　　　　　　　　　　　　　　　　　　　（　　　　　　　　　方）</td></tr>
<tr><td>連絡先</td><td colspan="3">〒　　－
　　　　　　　　　　　　　　　　　電話　　（　　）
　　　　　　　　　　　　　　　　　　　（　　　　　　方）</td></tr>
<tr><td>フリガナ
氏　名</td><td colspan="2">コウノ　タロウ
甲　野　太　郎</td><td>大正
平成 ○○年○○月○○日 生
（　　○○　　歳）</td></tr>
<tr><td>職　業</td><td colspan="3">無職</td></tr>
</table>

<table>
<tr><td rowspan="6">※
保
佐
人</td><td>本　籍
（国　籍）</td><td colspan="3">（戸籍の添付が必要とされていない申立ての場合は，記入する必要はありません。）
東京　　㊞道
　　　　府県　千代田区○○町○丁目○番地</td></tr>
<tr><td>住　所</td><td colspan="3">〒　　－
申立人の住所と同じ　　　　　　　　電話　　（　　）
　　　　　　　　　　　　　　　　　　　（　　　　　　方）</td></tr>
<tr><td>連絡先</td><td colspan="3">〒　　－
　　　　　　　　　　　　　　　　　電話　　（　　）
　　　　　　　　　　　　　　　　　　　（　　　　　　方）</td></tr>
<tr><td>フリガナ
氏　名</td><td colspan="2">コウノ　アキオ
甲　野　秋　男</td><td>大正
平成 ○○年○○月○○日 生
（　　○○　　歳）</td></tr>
<tr><td>職　業</td><td colspan="3">会　社　員</td></tr>
</table>

（注）　太枠の中だけ記入してください。
※の部分は，申立人，法定代理人，成年被後見人となるべき者，不在者，共同相続人，被相続人等の区別を記入してください。

申　立　て　の　趣　旨
申立人が別紙許可行為目録記載の行為をすることを許可するとの審判を求めます。

申　立　て　の　理　由
1　平成○○年○○月○○日，申立人について，東京家庭裁判所により甲野秋男を保佐人として，保佐開始の審判がなされました。 2　被相続人甲野良子は平成○○年○○月○○日に死亡し，申立人は，その相続を承認しました。 3　共同相続人の間で，被相続人甲野良子の遺産を別紙遺産分割協議書（案）のとおり分割することになりました。 4　申立人は前記遺産分割案の内容で解決することを希望し，同案は申立人の利益を害するおそれがないにもかかわらず，保佐人は同意しません。 5　よって，保佐人の同意に代わる許可の審判を得るため，この申立てをします。

第31 臨時保佐人の選任手続

解　説

(1) 概　要

(a) 根　拠　保佐人又はその代表する者と被保佐人との利益が相反する行為については，保佐監督人がいる場合を除き，保佐人は，臨時保佐人の選任を家庭裁判所に請求しなければならない（民876条の2第3項，家手別表第1の25項）。

(b) 臨時保佐人の権限等　臨時保佐人は，保佐人の一種であるから，その性質上適用の可能性がない場合を除き，基本的には保佐人に関する規定は当然に臨時保佐人に適用されると考えられている。

(c) 臨時保佐人の任務及びその終了

(イ) 臨時保佐人は，利益相反行為について被保佐人を代表し，又は被保佐人がこれを同意することを任務とする。

(ロ) 当該利益相反行為についての代理権又は同意権，取消権の行使が終わると，臨時保佐人の任務は終了し，臨時保佐人はその地位を失うものと考えられている（小林昭彦＝原司『平成11年民法一部改正法等の解説』310頁）。

(2) 申立手続

(a) 申立権者　保佐人（民876条の2第3項本文）。その他，被保佐人，その親族，その他利害関係人も申立てをすることができると考えられている（最高裁事務総局家庭局監修『改正成年後見制度関係執務資料』（家裁資料175号）154頁）。

(b) 管轄裁判所　保佐開始の審判をした家庭裁判所。抗告裁判所が保佐開始の裁判をした場合にあっては，その第一審裁判所である家庭裁判所（家手128条2項）。

(c) 申立手続費用　収入印紙800円（民訴費3条1項・別表第1の15項），予納郵便切手約1000円。

(d) 添付書類　保佐人，被保佐人，臨時保佐人候補者の戸籍謄本（全部事項証明書），住民票又は戸籍附票，登記事項証明書，申立理由を証する資料。

(3) 審判手続

(a) 審　判　審理の結果，所定の要件が認められれば，家庭裁判所は，被保佐人のために臨時保佐人を選任する。臨時保佐人の選任の手続は，すべて保佐人の選任の手続と同様である。

(b) 審判の告知　　認容審判は，申立人，臨時保佐人に選任される者（家手74条1項）。却下審判は，申立人（家手74条3項）。

(4) 不服申立て

即時抗告をすることができる旨の規定は置かれていない。

【奥山　　史】

220　第3編　各種審判手続の書式実例　　第1章　成年後見・保佐・補助に関する審判事件
及び任意後見契約法に規定する審判事件

書式 35　臨時保佐人の選任審判申立書

受付印		家事審判申立書　事件名（　臨時保佐人の選任　）
収入印紙	800円	（この欄に申立手数料として1件について800円分の収入印紙を貼ってください。） （貼った印紙に押印しないでください。） （注意）登記手数料としての収入印紙を納付する場合は，登記手数料としての収入印紙は貼らずにそのまま提出してください。
予納郵便切手	円	
予納収入印紙	円	

| 準口頭 | 関連事件番号　平成　　年（家　　）第　　　　　　　　　号 |

東　京　　家庭裁判所 御中 平成 ○○ 年 ○○ 月 ○○ 日	申　立　人 （又は法定代理人など） の記名押印	甲　野　秋　男　　　㊞

添付書類	（審理のために必要な場合は，追加書類の提出をお願いすることがあります。） 保佐人，被保佐人の戸籍謄本（全部事項証明書）1通，同戸籍附票　1通 臨時保佐人候補者の戸籍謄本（全部事項証明書）1通，同住民票　1通　遺産分割協議書案　1通

申 立 人	本　籍 （国　籍）	（戸籍の添付が必要とされていない申立ての場合は，記入する必要はありません。） 　　　　都　道 　　　　府　県
	住　所	〒○○○－○○○○　　　　　　　　電話　03　（××××）×××× 東京都千代田区○○町○丁目○番○号　　　　　　　（　　　　　　方）
	連絡先	〒　　－　　　　　　　　　　　　　電話　　（　　　） 　　　　　　　　　　　　　　　　　　　　　　　　（　　　　　　方）
	フリガナ 氏　名	コウノ　アキオ 甲　野　秋　男	昭和 平成 ○○年○○月○○日 生 （　○○　歳）
	職　業	会　社　員

※ 被 保 佐 人	本　籍 （国　籍）	（戸籍の添付が必要とされていない申立ての場合は，記入する必要はありません。） 東京　　㊞道　府県　千代田区○○町○丁目○番地
	住　所	〒　　　　　　　　　　　　　　　　電話　　（　　　） 申立人の住所と同じ　　　　　　　　　　　　　　　（　　　　　　方）
	連絡先	〒　　－　　　　　　　　　　　　　電話　　（　　　） 　　　　　　　　　　　　　　　　　　　　　　　　（　　　　　　方）
	フリガナ 氏　名	コウノ　タロウ 甲　野　太　郎	昭和 平成 ○○年○○月○○日 生 （　○○　歳）
	職　業	無　職

（注）　太枠の中だけ記入してください。
　※の部分は，申立人，法定代理人，成年被後見人となるべき者，不在者，共同相続人，被相続人等の区別を記入してください。

申　立　て　の　趣　旨
臨時保佐人の選任を求める。

申　立　て　の　理　由
1　被相続人甲野良子は，平成○○年○○月○○日死亡しました。 2　申立人，被保佐人らの共同相続人は，別紙遺産分割協議書案のとおり，被相続人の遺産を分割することになりました。しかし，申立人と被保佐人は，共同相続人であり，利益が相反します。 3　よって，この申立てをします。 4　なお，臨時保佐人には，被保佐人の母方の叔父である次の者を選任されることを希望します。 　　住所　東京都大田区○○町○丁目○番○号 　　　　　乙山次郎 　　　　　昭和○○年○○月○○日生 　　　　職業　会社員

第32　補助開始の手続　*221*

第32　補助開始の手続

解　説

(1)　概　要

(a)　根　拠　　精神上の障害により事理を弁識する能力が不十分な者（ただし，後見開始又は保佐開始の原因のある者は除く）については，申立権者は，家庭裁判所に補助開始の申立てをすることができる（民15条1項本文，家手別表第1の36項）。

(b)　補助開始の対象者　　補助開始の対象者は，「精神上の障害」により「事理を弁識する能力が不十分な」者（民15条1項本文）である。「精神上の障害」及び「事理を弁識する能力」の意義については，本章第1(1)(b)参照のこと。

(c)　同意権付与及び代理権付与の各審判との関係　　補助開始の審判は，同意権付与の審判（民17条1項，家手別表第1の37項）又は代理権付与の審判（民876条の9第1項，家手別表第1の51項）とともにしなければならない（民15条3項）。

(d)　本人の同意　　本人以外の者の請求により，補助開始の審判をするには，本人の同意を要する（民15条2項）。

(e)　補助人選任の申立て　　家庭裁判所は，補助開始の審判をするときは，職権で，補助人を選任するから（民876条の7第1項），補助開始の申立てをする際，別途，補助人選任の申立てをする必要はない。

(f)　被補助人のした行為の取消し　　被補助人の法律行為のうち，補助人の同意を要する行為で，その同意又は同意に代わる許可を得ないでした被補助人の行為は取り消すことができる（民17条4項）。取消権者は，被補助人及び補助人である（民120条1項）。

(g)　後見開始，保佐開始の各審判との相互関係　　家庭裁判所は，補助開始の審判をする場合，本人が成年被後見人又は被保佐人であるときは，職権で後見開始又は保佐開始の審判を取り消さなければならない（民19条2項）。

(2)　申立手続

(a)　申立権者　　本人，配偶者，4親等内の親族，後見人，後見監督人，保佐人，保佐監督人，検察官（民15条1項），市町村長（精保51条の11の2，老福32条，知障28条），任意後見契約が登記されている場合は，任意後見受任者，

任意後見人，任意後見監督人（任意後見10条2項）。

　(b)　管轄裁判所　　本人の住所地の家庭裁判所（家手136条1項）。「住所」の意義につき，本章第1(2)(b)参照。

　(c)　申立手続費用　　収入印紙800円（民訴費3条1項・別表第1の15項。さらに，同意権付与又は代理権付与の申立手数料各800円を加算する），予納郵便切手約4000円，予納印紙2600円（登記手数料令14条1項3号）。

　(d)　添付書類　　①本人の戸籍謄本（全部事項証明書），住民票又は戸籍附票，本人が登記されていないことの証明書，診断書，②補助人候補者の戸籍謄本（全部事項証明書），住民票又は戸籍附票，候補者が法人である場合には，商業登記簿謄本（登記事項証明書）。

　(3)　**審判手続**

　(a)　鑑　　定　　家庭裁判所は，補助開始の審判をするには，本人の精神の状況に関する医師その他適当な者の意見を聴かなければならない（家手138条）。

　(b)　本人の陳述の聴取　　家庭裁判所は，補助開始の審判をする場合，本人の陳述を聴かなければならない（家手139条1項1号）。

　(c)　補助人候補者の意見聴取　　家庭裁判所は，補助人を選任する場合，補助人候補者の意見を聴かなければならない（家手139条2項1号）。

　(d)　考慮事情　　成年後見人の規定が準用されている（民876条の7第2項・843条4項）。本章第1(3)(d)参照のこと。

　(e)　審判の告知　　補助開始の認容審判は，申立人，補助人に選任される者，任意後見契約終了に係る任意後見人，任意後見監督人に告知しなければならない（家手140条）。また，被補助人に対しても審判を受ける者として告知される（家手74条本文）。却下審判は，申立人に告知される（家手74条3項）。

　(4)　**不服申立て**

　(a)　補助開始の審判に対する即時抗告

　　(イ)　即時抗告権者　　民法15条1項本文に掲げる者及び任意後見契約に関する法律10条2項に掲げる者（家手141条1項1号）。

　　(ロ)　即時抗告期間　　2週間（家手86条1項）。審判の告知を受ける者でない者及び被補助人となるべき者による即時抗告期間の進行は，被補助人となるべき者に告知があった日及び補助人に選任された者に対する告知があった日の最も遅い日から進行する（家手141条2項）。

（b）　補助開始の審判の申立てを却下する審判に対する即時抗告

　（イ）　即時抗告権者　　申立人（家手141条1項2号）。

　（ロ）　即時抗告期間　　申立人が告知を受けた日から2週間。

(5)　補助の登記

（a）　登記嘱託　　補助開始の審判等の効力が生じた場合には，裁判所書記官は，遅滞なく，登記所（東京法務局民事行政部後見登録課）に対し，登記の嘱託をしなければならない（家手116条1号，家手規77条1項1号）。手数料は，1件につき2600円である（登記手数料令14条1項3号）。

（b）　同意権付与，代理権付与の審判が補助開始の審判と同時にされた場合，その登記手数料は，補助開始の審判に基づく登記の手数料に含まれる（登記手数料令14条4項3号・4号）。同意権付与，代理権付与の審判がそれぞれ単独でなされた場合は，1件につき1400円である（登記手数料令15条1項1号・2号）。

（c）　登記事項証明書の交付請求については，成年後見の場合と同じ。本章第1(5)(c)参照のこと。

【奥山　　史】

224　第3編　各種審判手続の書式実例　第1章　成年後見・保佐・補助に関する審判事件
及び任意後見契約法に規定する審判事件

書式 36　補助開始及び同意権付与・代理権付与の審判申立書

補　助　開　始　申　立　書

(注意) 登記手数料としての収入印紙は，貼らずにそのまま提出してください。

受付印		

この欄に**申立手数料としての収入印紙を貼ってください(貼った印紙に押印しないでください)**

申立手数料
- 補助開始のみの場合800円
- 補助開始＋同意権付与の場合1,600円分
- 補助開始＋代理権付与の場合1,600円分
- 補助開始＋同意権付与＋代理権付与の場合2,400円分

貼用収入印紙	2,400 円
予納郵便切手	円
予納収入印紙	円

準口頭	関連事件番号　平成　　年（家　　）第　　　　　号

東　京　　家庭裁判所 　　　　　　御中 平成 ○○ 年 ○○ 月 ○○ 日	申　立　人　の 記　名　押　印	甲野花子　　㊞

添付書類
（同じ書類は1通で足ります。審理のために必要な場合は，追加書類の提出をお願いすることがあります。）
- ☑ 本人の戸籍謄本（全部事項証明書）
- ☑ 本人の登記されていないことの証明書
- ☑ 本人の財産に関する資料
- ☑ （同意権又は代理権付与を求める場合）同意権又は代理権を要する行為に関する資料（契約書写し等）
- ☑ 補助人候補者の戸籍謄本（全部事項証明書）
- ☑ 本人の住民票又は戸籍附票
- ☑ 本人の診断書（家庭裁判所が定める様式のもの）
- ☑ 補助人候補者の住民票又は戸籍附票

申立人	住　所	〒○○○－○○○○ 東京都千代田区○○町○丁目○番○号	電話 03 （××××）×××× （　　　　方）
	フリガナ 氏　名	コウノ　ハナコ 甲野花子	大正 昭和 平成 ○○年○○月○○日 生 （　　○○　　歳）
	職　業		
	本人と の関係	※① 本人　2 配偶者　3 四親等内の親族（　　　　　　　　） 4 （未成年・成年）後見人　5 （未成年・成年）後見監督人　6 保佐人・保佐監督人 7 任意後見受任者・任意後見人・任意後見監督人　8 その他（　　　　　）	
本人	本　籍 (国　籍)	都　道 　　　　府　県	
	住　所	〒　　－	電話 （　　） （　　　　方）
	フリガナ 氏　名		明治 大正 昭和 平成 ○○年○○月○○日 生 （　　　　歳）
	職　業		

(注)　太わくの中だけ記入してください。　※の部分は，当てはまる番号を○で囲み，3又は8を選んだ場合には，（　）内に具体的に記入してください。

申　　立　　て　　の　　趣　　旨
本人について補助を開始するとの審判を求める。

（必ず，当てはまる番号を○で囲んでください。）
① 本人が以下の行為（日用品の購入その他日常生活に関する行為を除く。）をするには，その補助人の同意を得なければならないとの審判を求める。（☆）
② 本人のために以下の行為について補助人に代理権を付与するとの審判を求める。

（行為の内容を記入してください。書き切れない場合は別紙を利用してください。）
1 につき，20 万円以上の物品の購入
2 につき，私名義の建物の増改築に関する登記手続 [備考1]

申　　立　　て　　の　　理　　由

（申立ての動機，本人の生活状況など具体的に記入してください。書き切れない場合は別紙を利用してください。）
　私は，一人暮らしをしているが，認知症状が出ていると言われ，今後の生活の不安もあるので，住んでいる家を増改築し，長男夫婦と同居することにした。一人で契約することや，登記手続をするのが不安なので，長男を補助人に選任してほしい。また，最近，訪問販売で高価な物を購入して困ったことがあったので，補助人に同意権を与えてほしい。

補助人 候補者	［いずれかを ○で囲んで ください。］	住　所	〒　　－ 申立人の住所と同じ	電話 （　　） （　　　　方）
	［適当な人 がいる場 合に記載 してくだ さい。］	フリガナ 氏　名	コウノ　ナツオ 甲野夏男	大正 昭和 平成 ○○年○○月○○日 生 （　　○○　　歳）
	1. 申立人と同じ （右欄の記載 は不要）	職　業	会社員	本人と の関係　長男
	②申立人以外 （右欄に記載）	勤務先	東京都港区○○町○丁目○番○号 株式会社○○商事	電話 03 （××××）××××

(注)　太わくの中だけ記入してください。☆申し立てる行為は，民法第13条第1項に規定されている行為の一部に限られます。

【備考】
1．別紙を利用する場合には，同意権と代理権を区別して記載する。
2．候補者が法人の場合には，商業登記簿上の名称又は商号，代表者名及び主たる事務所又は本店の所在地を適宜の欄を使って記載する。

第33 補助人の同意を得なければならない行為の定めの手続 *225*

第33 補助人の同意を得なければならない行為の定めの手続

解　説

(1) 概　要

(a) 根　拠　　家庭裁判所は，補助開始の審判の申立権者（民15条1項本文）又は補助人，補助監督人の請求により，被補助人が特定の法律行為をするには，その補助人の同意を得なければならない旨の審判をすることができる（民17条1項，家手別表第1の37項）。

(b) 同意権付与の申立ては，補助開始の審判の請求と併せて，又は補助開始の審判がされた後に追加的にされる場合とがある。しかし，補助開始の審判を申し立てる場合には，同意権付与の審判又は代理権付与の審判とともにしなければならない（民15条3項）。

(c) 審判の対象となる行為　　同意権付与の対象となる行為は，民法13条1項に定める行為の一部に限る（民17条1項ただし書）。また，対象となる行為を具体的に特定して請求することを要する。特定方法については，本章第28(1)(c)参照のこと。

(d) 本人の同意　　本人以外の者の請求により，同意権付与の審判をするには，本人の同意を要する（民17条2項）。

(e) 数人の補助人がある場合　　本章第28(1)(d)参照。

(f) 被補助人のした行為の取消し　　被補助人がした法律行為のうち，その同意を得ないでした被補助人の行為は取り消すことができる（民17条4項）。取消権者は，被補助人及び補助人である（民120条1項）。

(2) 申立手続

(a) 申立権者　　本人，配偶者，4親等内の親族，後見人，後見監督人，保佐人，保佐監督人，検察官，補助人，補助監督人（民17条1項本文），市町村長（精保51条の11の2，老福32条，知障28条），補助開始審判がされる前で，任意後見契約が登記されている場合は，任意後見受任者，任意後見人，任意後見監督人（任意後見10条2項）。

(b) 管轄裁判所　　補助開始の審判をした家庭裁判所。抗告裁判所が補助開始の裁判をした場合にあっては，その第一審裁判所である家庭裁判所（家手136条2項）。

(c) 申立手続費用　　収入印紙800円（民訴費3条1項・別表第1の15項。さら

に，同意権付与又は代理権付与の申立手数料各800円を加算する），予納郵便切手約4000円，予納印紙については，補助開始の審判と同時になされた場合は，補助開始の審判に基づく登記の手数料に含まれているので不要であるが（登記手数料令14条4項3号），同意権の付与の審判が単独でなされた場合には，1400円（登記手数料令15条1項1号）。

(d) 添付書類　被補助人の戸籍謄本（全部事項証明書），住民票又は戸籍附票，登記事項証明書，同意行為目録。

(3) **審判手続**

(a) 審理の結果，所定の要件が認められるときには，家庭裁判所は，被補助人が特定の法律行為をするにはその補助人の同意を得なければならない旨の審判をする（民17条1項本文）。

(b) 審判の告知　認容審判は，申立人，補助人，補助監督人。当該審判が補助人又は補助監督人の選任の審判と同時にされる場合にあっては，補助人となるべき者又は補助監督人となるべき者（家手140条2号・74条1項）。却下審判は，申立人（家手74条3項）。

(4) **不服申立て**

即時抗告をすることができる旨の規定は置かれていない。

(5) **補助人の同意を要する行為に関する登記**

本章第32(5)参照。

【奥山　　史】

第33　補助人の同意を得なければならない行為の定めの手続　*227*

書式 37　補助人の同意を得なければならない行為の定めの審判申立書

受付印	家事審判申立書　事件名（補助人に対する同意権付与）

（この欄に申立手数料として1件について800円分の収入印紙を貼ってください。）
（貼った印紙に押印しないでください。）
（注意）登記手数料としての収入印紙を納付する場合は，登記手数料としての収入印紙は貼らずにそのまま提出してください。

収入印紙	800円
予納郵便切手	円
予納収入印紙	円

準口頭	関連事件番号　平成　　年（家　　）第　　　　　号

東　京　家庭裁判所 御中 平成 ○○ 年 ○○ 月 ○○ 日	申　立　人 （又は法定代理人など） の　記　名　押　印	甲　野　秋　男　　㊞

添付書類	（審理のために必要な場合は，追加書類の提出をお願いすることがあります。） 被補助人の戸籍謄本（全部事項証明書）1通，同戸籍附票　1通， 同登記事項証明書　1通，同意行為目録　1通

申 立 人	本　籍 （国　籍）	（戸籍の添付が必要とされていない申立ての場合は，記入する必要はありません。） 　　　都　道 　　　府　県
	住　所	〒○○○－○○○○ 東京都千代田区○○町○丁目○番○号　　電話 03（××××）×××× （　　　　）　　　方）
	連絡先	〒　　－ 　　　　　　　　　　　　　　　　　　　　　　電話（　　　） （　　　　）　　　方）
	フリガナ 氏　名	コウノ　アキオ 甲　野　秋　男　　　　　　　　　　　大正 昭和 平成 ○○ 年 ○○ 月 ○○ 日 生 （　○○　歳）
	職　業	会　社　員

※ 被 補 助 人	本　籍 （国　籍）	（戸籍の添付が必要とされていない申立ての場合は，記入する必要はありません。） 東京　　㊞道　千代田区○○町○丁目○番地 　　　　府県
	住　所	〒　　　申立人の住所と同じ　　　　　　　　電話（　　　） （　　　　）　　　方）
	連絡先	〒　　－ 　　　　　　　　　　　　　　　　　　　　　　電話（　　　） （　　　　）　　　方）
	フリガナ 氏　名	コウノ　タロウ 甲　野　太　郎　　　　　　　　　　　大正 昭和 平成 ○○ 年 ○○ 月 ○○ 日 生 （　○○　歳）
	職　業	無　職

（注）　太枠の中だけ記入してください。
　※の部分は，申立人，法定代理人，成年被後見人となるべき者，不在者，共同相続人，被相続人等の区別を記入してください。

申　立　て　の　趣　旨
被補助人は別紙同意行為目録記載の行為をするにもその補助人の同意を得なければならないとの審判を求めます。

申　立　て　の　理　由
1　平成○○年○○月○○日，被補助人について，東京家庭裁判所により申立人を補助人として，補助開始の審判がなされました。 2　現在，被補助人が補助人の同意を得てする行為は，登記事項証明書記載のとおりです。 3　被補助人の利益を考えると，これに加えて，別紙同意目録記載の行為も補助人の同意を得てすることが必要です。 4　よって，この申立てをします。これについては，被補助人も同意しています。

第34　臨時補助人選任の手続

解　説

(1)　制度の趣旨

(a)　根　拠　補助人又はその代表する者と被補助人との利益が相反する行為については，補助監督人がいる場合を除き，補助人は，臨時補助人の選任を家庭裁判所に請求しなければならない（民876条の7第3項，家手別表第1の44項）。

(b)　臨時補助人の権限等　臨時補助人は，補助人の一種であるから，その性質上，適用の可能性がない場合を除き，基本的には，補助人に関する規定は，当然に臨時補助人に適用されると考えられている。

(2)　申立手続

(a)　申立権者　補助人（民876条の7第3項本文）。

(b)　管轄裁判所　補助開始の審判をした家庭裁判所。抗告裁判所が補助開始の裁判をした場合にあっては，その第一審裁判所である家庭裁判所（家手136条2項）。

(c)　申立手続費用　収入印紙800円（民訴費3条1項・別表第1の15項），予納郵便切手約1000円。

(d)　添付書類　戸籍謄本（全部事項証明書）（補助人，被補助人，臨時補助人候補者），住民票又は戸籍附票（臨時補助人候補者），登記事項証明書，申立理由を証する資料。

(3)　審判手続

(a)　家庭裁判所は，審理の結果，所定の要件が認められれば，被補助人のために臨時補助人を選任する。臨時補助人の選任手続は，補助人選任の手続と同じ。

(b)　審判の告知　認容審判は，申立人及び臨時補助人に選任される者（家手74条1項）。却下審判は，申立人（家手74条3項）。

(4)　不服申立て

即時抗告をすることができる旨の規定は置かれていない。

【奥山　史】

第34　臨時補助人選任の手続　*229*

書式 38　臨時補助人の選任審判申立書

受付印		家事審判申立書　事件名（　臨時補助人選任　）
収入印紙　　　800円 予納郵便切手　　　円 予納収入印紙　　　円		（この欄に申立手数料として１件について800円分の収入印紙を貼ってください。） （貼った印紙に押印しないでください。） （注意）登記手数料としての収入印紙を納付する場合は，登記手数料としての収入印紙は貼らずにそのまま提出してください。

準口頭	関連事件番号　平成　　年（家　）第　　　　　　　　　号

東　京　家庭裁判所 御中 平成 ○○ 年 ○○ 月 ○○ 日	申　立　人 （又は法定代理人など） の　記　名　押　印	甲　野　夏　男　　　　　㊞

添付書類	（審理のために必要な場合は，追加書類の提出をお願いすることがあります。） 申立人，被補助人及び候補者の戸籍謄本（全部事項証明書）各１通，同住民票　各１通， 登記事項証明書　１通，遺産分割協議書案　１通

申 立 人	本　籍 （国　籍）	（戸籍の添付が必要とされていない申立ての場合は，記入する必要はありません。） 東京　㊞道 府県　千代田区○○町○丁目○番地
	住　所	〒○○○-○○○○ 東京都千代田区○○町○丁目○番○号　電話　０３（××××）×××× （　　　　　）　　方）
	連絡先	〒　-　電話（　　）　　方）
	フリガナ 氏　名	コウノ　ナツオ 甲　野　夏　男　昭和 平成 ○○年○○月○○日 生（　○○　歳）
	職　業	会　社　員

※ 被 補 助 人	本　籍 （国　籍）	（戸籍の添付が必要とされていない申立ての場合は，記入する必要はありません。） 都道 府県　申立人の本籍と同じ
	住　所	〒　申立人の住所と同じ　電話（　　）　　方）
	連絡先	〒　-　電話（　　）　　方）
	フリガナ 氏　名	コウノ　タロウ 甲　野　太　郎　大正 昭和 平成 ○○年○○月○○日 生（　○○　歳）
	職　業	無　職

（注）　太枠の中だけ記入してください。
※の部分は，申立人，法定代理人，成年被後見人となるべき者，不在者，共同相続人，被相続人等の区別を記入してください。

申　　立　　て　　の　　趣　　旨
臨時補助人の選任を求める。

申　　立　　て　　の　　実　　情	
利　益　相　反　す　る　者	利　益　相　反　行　為　の　内　容
※ 1　親権者と未成年者との 　　間で利益相反する。 2　同一親権に服する他の 　　子と未成年者との間で利 　　益相反する。 3　後見人と未成年者との 　　間で利益相反する。 ④　その他（補助人と被補 　　助人との間で利益相反す 　　る。）	※ ①　被相続人亡　　甲野花子　　　　の遺産を分割するため ②　被相続人亡　　　　　　　　　　の相続を放棄するため 3　身分関係存否確定の調停・訴訟の申立てをするため 4　未成年者の所有する物件に 1 抵当権 を設定するため 　　　　　　　　　　　　　　　 2 根抵当権 5　その他（　　　　　　　　　　　　　　　　） 　（その他詳細） 　平成○○年○○月○○日，本人（被補助人）の妻甲野花子が死亡した ので，本人（被補助人）と申立人（補助人）ほか○名との間で別紙遺産 分割協議書案のとおり遺産分割をしたい。

臨時 補助 人候 補者	住　所	〒○○○-○○○○ 東京都新宿区○○町○丁目○番○号　電話（　　）　　方）
	フリガナ 氏　名	オツノ　ジロウ 乙　野　次　郎　明治 大正 昭和 平成 ○○年○○月○○日 生（　○○　歳）　職業　自営業
	本人 との関係	母方の叔父

（注）　太枠の中だけ記入してください。　※の部分については，当てはまる番号を○で囲み，利益相反する者欄の４及び
　利益相反行為の内容欄の５を選んだ場合には，（　）内に具体的に記入してください。

第35　任意後見契約の効力を発生させるための任意後見監督人選任手続

解　説

(1)　概　要

(a)　根　拠　　任意後見契約が登記されている場合において，精神上の障害により本人の判断能力（事理を弁識する能力）が不十分な状況にあるときは，任意後見受任者に不適切な事由がある場合等を除き家庭裁判所は申立てにより，任意後見監督人を選任する（任意後見4条1項本文，家手別表第1の111項）。

(b)　「判断能力が不十分な状況」の意義　　判断能力が不十分な状況とは，法定後見でいえば少なくとも補助の要件程度以上に判断能力が不十分な状況にあると認められる場合をいう。

(c)　本人の同意　　任意後見監督人の選任は，本人がその意思表示をすることができない場合を除き，本人の申立て又は本人の同意が要件とされている（任意後見4条3項）。

(d)　次の場合，任意後見監督人を選任できない（任意後見4条1項ただし書）。

(イ)　本人が未成年者であるとき。

(ロ)　本人が成年被後見人，被保佐人又は被補助人である場合において，当該本人に係る後見，保佐又は補助を継続することが本人の利益のために特に必要であると認めるとき。

(ハ)　任意後見受任者が，民法847条各号（4号を除く）に掲げる者であるとき。

(ニ)　任意後見受任者が，本人に対して訴訟をし，又はした者及び配偶者並びに直系血族であるとき。

(ホ)　任意後見受任者が，不正な行為，著しい不行跡その他任意後見人の任務に適しない事由があるとき。

(e)　法定後見との関係

(イ)　任意後見監督人選任前

①　任意後見契約が登記されている場合，家庭裁判所は，本人の利益のために特に必要があると認めるときに限り，法定後見開始の審判等をすることができる（任意後見10条1項）。「本人の利益のために特に必要があると認め

るとき」とは，任意後見人に授権された代理権の範囲が狭すぎる場合や，本人について同意権，取消権による保護を要する場合などが考えられる（最高裁事務総局家庭局監修『改正成年後見制度関係執務資料』（家裁資料175号）33頁）。なお，この場合，任意後見契約は，失効しない。

　　②　本人がすでに成年被後見人，被保佐人又は被補助人であるときは，家庭裁判所は，当該本人に係る後見開始の審判等を取り消さなければならない（任意後見4条2項）。この取消しの審判は，家庭裁判所が職権で行う。

　　③　家庭裁判所は，本人の利益のため，特に必要と認めるときは，任意後見監督人を選任せずに，法定後見を継続させることもできる（任意後見4条1項2号）。

　　㈡　任意後見監督人選任後　　任意後見監督人の選任後に法定後見開始の審判がなされたときは，任意後見契約は終了する（任意後見10条3項）。

　⒡　任意後見監督人の欠員　　本章第5参照。

　⒢　任意後見監督人の増員　　本章第6参照。

　⑵　**申立手続**

　⒜　申立権者　　本人，配偶者，4親等内の親族又は任意後見受任者（任意後見4条1項1号本文）。

　⒝　管轄裁判所　　本人の住所地の家庭裁判所（家手217条1項）。「住所」の意義につき，本章第1⑵⒝参照のこと。

　⒞　申立手続費用　　収入印紙800円（民訴費3条1項・別表第1の15項），予納郵便切手約4000円，予納印紙2600円（登記手数料令17条1項1号）。

　⒟　添付書類　　①本人の戸籍謄本（全部事項証明書），住民票又は戸籍附票，登記事項証明書，診断書，②任意後見監督人の戸籍謄本（全部事項証明書），住民票又は戸籍附票，登記事項証明書，候補者が法人である場合には，商業登記簿謄本（登記事項証明書）。

　⑶　**審判手続**

　⒜　診断の結果等の聴取　　家庭裁判所は，任意後見契約法4条1項の規定により任意後見監督人を選任するには，本人の精神の状況に関する医師その他適当な者の意見を聴かなければならない（家手219条）。

　⒝　本人の陳述の聴取　　家庭裁判所は，任意後見監督人を選任するには，本人の陳述を聴かなければならない（家手220条1項1号）。なお，陳述を聴取するために本人を呼び出しても出頭しないとき，本人が植物状態であるよう

な場合等，陳述聴取が不可能な場合には，陳述聴取は不要とされている。

(c) 任意後見監督人候補者の意見聴取　　家庭裁判所は，任意後見監督人を選任するには，任意後見監督人候補者の意見を聴かなければならない（家手220条2項）。

(d) 任意後見監督人の資格　　任意後見監督人の資格に制限はないが，個人（自然人）を選ぶ場合には，親族，知人のほか，弁護士等の法律実務家や社会福祉士等の福祉の専門家を，法人を選ぶ場合には，社会福祉協議会，福祉関係の公益法人，社会福祉法人等を選任することが想定される（前掲家裁資料175号42頁）。

(e) 任意後見受任者の意見聴取　　家庭裁判所は，任意後見契約法4条1項の規定により任意後見監督人を選任するには，任意後見契約の効力が生ずることについて任意後見受任者の意見を聴かなければならない（家手220条3項）。

(f) 考慮事情　　家庭裁判所の考慮事項については，成年後見人選任に関する規定（民843条4項）が準用されている（任意後見7条4項）。本章第1(3)(d)参照のこと。

(g) 審判の告知　　認容審判は，申立人，本人，任意後見受任者，任意後見監督人となるべき者（家手74条1項・222条1号）。却下審判は，申立人（家手74条3項）。

(4) 不服申立て

(a) 任意後見監督人選任の審判に対する即時抗告　　即時抗告できる旨の規定は置かれていない。

(b) 任意後見監督人の申立てを却下する審判に対する即時抗告

(イ) 即時抗告権者　　申立人（家手223条1号）。

(ロ) 即時抗告期間　　2週間（家手86条1項）。

(5) 任意後見の登記

(a) 登記嘱託　　任意後見法4条1項の規定による任意後見監督人を選任する審判が効力を生じた場合には，裁判所書記官は，遅滞なく，登記所（東京法務局民事行政部後見登録課）に対し，登記の嘱託をしなければならない（家手116条1号，家手規77条1項3号）。手数料は，1件につき1400円である（登記手数料令18条1項1号）。

(b) 登記事項証明書の交付請求については，成年後見の場合と同じ。本章

第1(5)(c)参照のこと。

【奥山　　史】

234 第3編 各種審判手続の書式実例 第1章 成年後見・保佐・補助に関する審判事件及び任意後見契約法に規定する審判事件

書式 39 任意後見監督人選任審判申立書──新任の場合

任 意 後 見 監 督 人 選 任 申 立 書

受付印	

貼用収入印紙	800円
予納郵便切手	円
予納収入印紙	円

(注意) 登記手数料としての収入印紙は，貼らずにそのまま提出してください。
この欄に**申立手数料**としての収入印紙800円分を貼ってください (貼った印紙に押印しないでください)。

| 準口頭 | 関連事件番号 平成 年（家 ）第 号 |

東京 家庭裁判所 御中 平成 ○○ 年 ○○ 月 ○○ 日	申立人の記名押印	甲 野 秋 男 ㊞

| 添付書類 | （審理のために必要な場合は，追加書類の提出をお願いすることがあります。）
☑ 本人の戸籍謄本(全部事項証明書) ☑ 任意後見契約公正証書の写し
☑ 本人の後見登記事項証明書 ☑ 本人の診断書(家庭裁判所が定める様式のもの)
☑ 本人の財産に関する資料 ☑ 任意後見監督人候補者の住民票又は戸籍附票
☐ （候補者を立てていただく取扱いの場合のみ必要です。）|

申立人	住 所	〒○○○-○○○○ 電話 ０３ （×××× ）×××× 東京都千代田区○○町○丁目○番○号 （ 方）
	フリガナ 氏 名	コウノ アキオ 甲 野 秋 男	大正・昭和・平成 ○○年○○月○○日生 （ ○○ 歳）
	職 業	
	本人との関係	※ 1 本人 2 配偶者 ③ 四親等内の親族（ 本人の長男 ） 4 任意後見受任者 5 その他（ ）

本人	本籍 (国籍)	東京 ㊞道・府・県 千代田区○○町○丁目○番地
	住 所	〒 - 申立人の住所と同じ	電話 （ ） （ 方）
	フリガナ 氏 名	コウノ タロウ 甲 野 太 郎	明治・大正・昭和・平成 ○○年○○月○○日生 （ ○○ 歳）
	職 業	無職

（注） 太わくの中だけ記入してください。 ※の部分は，当てはまる番号を○で囲み，3又は5を選んだ場合には，（ ）内に具体的に記入してください。

申 立 て の 趣 旨
任 意 後 見 監 督 人 の 選 任 を 求 め る 。

申 立 て の 理 由
（申立ての動機，本人の生活状況などを具体的に記入してください。） 　本人は，長年にわたって自己の所有するアパートの管理を行っており，平成○○年○○月○○日に乙山春男弁護士との間で，任意後見契約を結びました。その後，認知症状が進み，アパートの家賃の徴収や賃貸借契約等を一人で行うことができなくなったので，本件を申し立てました。本人は，申立人夫婦らと同居しており，日中は自宅で過ごすことが多く，週に1回○○病院に通院しています。病院への送迎や食事，身の回りの世話などは申立人の妻が行っています。

任意後見契約	公正証書を作成した公証人の所属	○○ 法務局	証書番号	平成○○年 第 ○○○ 号
	証書作成年月日	平成○○年○○月○○日	登記番号 第	○○○○-○○○○○○○号

任意後見受任者	住 所	〒○○○-○○○○ 電話 ０３ （×××× ）×××× 東京都文京区○○町○丁目○番○号 （ 方）
	フリガナ 氏 名	オツヤマ ハルオ 乙 山 春 男	大正・昭和・平成 ○○年○○月○○日生 （ ○○ 歳）
	職 業	弁護士	本人との関係	
	勤務先	東京都港区○○町○丁目○番○号	電話 ０３ （×××× ）××××

（注） 太わくの中だけ記入してください。

第36 任意後見人の解任

解　説

(1) 概　要

(a) 根　拠　　任意後見人に不正な行為，著しい不行跡その他その任務に適しない事由があるときは，家庭裁判所は，申立てによって，これを解任することができる（任意後見8条，家手別表第1の120項）。

(b) 任意後見人については，職権による解任が認められていないため，職権による解任を前提とした家庭裁判所調査官の報告の規定は設けられていない。

(2) 申立手続

(a) 申立権者　　任意後見監督人，本人，その親族，検察官（任意後見8条）。

(b) 管轄裁判所　　任意後見契約の効力を発生させるための任意後見監督人の選任の審判をした家庭裁判所。抗告審が任意後見監督人を選任した場合にあっては，その第一審裁判所である家庭裁判所（家手217条2項）。

(c) 申立手続費用　　収入印紙800円（民訴費3条1項・別表第1の15項），予納郵便切手約4000円。

(d) 添付書類　　被後見人，任意後見人の戸籍謄本（全部事項証明書），被後見人，任意後見人の住民票又は戸籍附票，登記事項証明書。

(3) 審判手続

(a) 任意後見人の意見聴取　　家庭裁判所は，任意後見人を解任する審判をするには，当該任意後見人の陳述を聴かなければならない（家手220条1項3号）。

(b) 審理の結果　　審理の結果，任意後見人を解任すべきときは，家庭裁判所は，当該任意後見人を解任する審判をする。

(c) 審判の効力　　任意後見人解任の審判が確定すると，任意後見人は，任意後見契約に係る委任事務の履行が不能となり，任意後見契約自体が終了することとなる。

(d) 審判の告知　　認容審判は，申立人，本人，任意後見監督人（家手74条1項・222条3号）。却下審判は，申立人（家手74条3項）。

(4) 不服申立て

(a) 任意後見人解任の審判に対する即時抗告

(イ) 即時抗告権者　　本人，任意後見人（家手223条4号）。

(ロ) 即時抗告期間　　即時抗告権者が審判の告知を受けてから，2週間（家手86条1項）。

(b) 任意後見人の解任の申立てを却下する審判に対する即時抗告

(イ) 即時抗告権者　　申立人，任意後見監督人，本人，その親族（家手223条5号）。

(ロ) 即時抗告期間（家手86条1項・2項）

(i) 審判の告知を受ける者による即時抗告　　その者が審判の告知を受けた日から2週間。

(ii) 審判の告知を受ける者以外の者による即時抗告　　申立人が告知を受けた日から2週間。

(5) **任意後見人の解任登記**

(a) 登記嘱託　　任意後見人解任の審判が効力を生じた場合には，裁判所書記官は，遅滞なく，登記所（東京法務局民事行政部後見登録課）に対し，登記の嘱託をしなければならない（家手116条1号，家手規77条1項5号）。登記嘱託により，任意後見契約終了の登記がされる。登記手数料は不要である（登記手数料令17条2項2号）。

(b) 登記事項証明書の交付請求については，成年後見の場合と同じ。本章第1(5)(c)参照のこと。

【奥山　　史】

第36 任意後見人の解任　　237

書式 40　任意後見人の解任審判申立書

受付印	**家事審判申立書　事件名（　任意後見人の解任　）**

収入印紙	800円
予納郵便切手	円
予納収入印紙	円

（この欄に申立手数料として1件について800円分の収入印紙を貼ってください。）
　　　　　　　　　　　　　（貼った印紙に押印しないでください。）
（注意）登記手数料としての収入印紙を納付する場合は，登記手数料として
の収入印紙は貼らずにそのまま提出してください。

準口頭	関連事件番号　平成　　年（家　）第　　　　　　号

東京　家庭裁判所 　　　　御中 平成　〇〇年　〇〇月　〇〇日	申　立　人 （又は法定代理人など） の　記　名　押　印	甲　野　秋　男　　㊞

添付書類	（審理のために必要な場合は，追加書類の提出をお願いすることがあります。） 被後見人の戸籍謄本（全部事項証明書）1通，同戸籍附票　1通， 登記事項証明書　1通，任意後見人の戸籍謄本（全部事項証明書）1通，同住民票　1通

申立人	本籍 （国籍）	（戸籍の添付が必要とされていない申立ての場合は，記入する必要はありません。） 　　　　都道府県
	住所	〒〇〇〇－〇〇〇〇 東京都千代田区〇〇町〇丁目〇番〇号　電話　03（××××）×××× 　　　　　　　　　　　　　　　　　　　　　　　　方）
	連絡先	〒　　－ 　　　　　　　　　　　　　　　電話　（　） 　　　　　　　　　　　　　　　　　　　　　　方）
	フリガナ 氏名	コウノ　アキオ 甲　野　秋　男　大正・昭和・平成 〇〇年〇〇月〇〇日 生 （　〇〇　歳）
	職業	会　社　員

※被後見人	本籍 （国籍）	（戸籍の添付が必要とされていない申立ての場合は，記入する必要はありません。） 東京　都道府県　千代田区〇〇町〇丁目〇番地
	住所	〒　　－ 申立人の住所と同じ　　　　　　電話　（　） 　　　　　　　　　　　　　　　　　　　　　　方）
	連絡先	〒　　－ 　　　　　　　　　　　　　　　電話　（　） 　　　　　　　　　　　　　　　　　　　　　　方）
	フリガナ 氏名	コウノ　タロウ 甲　野　太　郎　大正・昭和・平成 〇〇年〇〇月〇〇日 生 （　〇〇　歳）
	職業	無　職

（注）　太枠の中だけ記入してください。
※の部分は，申立人，法定代理人，成年被後見人となるべき者，不在者，共同相続人，被相続人等の区別を記入してください。

※任意後見人	本籍	東京　都道府県　新宿区〇〇町〇丁目〇番地
	住所	〒〇〇〇－〇〇〇〇 東京都中野区〇〇町〇丁目〇番〇号　　　（　） 　　　　　　　　　　　　　　　　　　　　　　　方）
	フリガナ 氏名	コウノ　ハナコ 甲　野　花　子　大正・昭和・平成 〇〇年〇〇月〇〇日 生 （　〇〇　歳）

（注）　太枠の中だけ記入してください。※の部分は，申立人，相手方，法定代理人，不在者，共同相続人，被相続人等の区別を記入してください。

申　立　て　の　趣　旨
甲野太郎の任意後見人甲野花子を解任するとの審判を求めます。

申　立　て　の　理　由
1　甲野太郎は，任意後見受任者甲野花子と任意後見契約をして　平成〇〇年〇〇月〇〇日にその登記をしました。 2　申立人は，平成〇〇年〇〇月〇〇日に任意後見法第4条第1項の規定に基づく任意後見監督人に選任されました。 3　任意後見人甲野花子には，次のとおりその任務に適しない行為があります。 　・任意後見人は，甲野太郎の預金を引き出し自己の債務の弁済に充てています。 　・任意後見人は，甲野太郎所有名義の不動産を任意後見人の長男に贈与したと公言しています。 　・任意後見人は，申立人（任意後見監督人）に対する任意後見事務の報告を怠っているので，申立人は，御庁に任意後見監督に関する定期報告をすることができません。 4　申立人は，任意後見人甲野花子を解任する審判を得て，任意後見契約を終了させ，法定後見に移行させたいと考えています。 5　よって，この申立てをします。

第37　任意後見監督人の職務に関する処分手続

解　説

(1)　概　要

(a)　根　拠　　家庭裁判所は，必要があると認めるときは，任意後見監督人に対し，任意後見の事務に関する報告を受けるとともに，任意後見人の事務若しくは本人の財産状況の調査を命じ，その他任意後見監督人の職務について必要な処分を命じることができる（任意後見7条3項，家手別表第1の115項）。

(b)　監督の在り方

(イ)　任意後見人に対する監督　　家庭裁判所が直接任意後見人に対する監督を行うことは，制度上予定されていない。任意後見人の事務は，任意後見監督人が家庭裁判所に報告することになっている。しかし，任意後見人に不正な行為等その任務に適しない事由がある場合には，家庭裁判所は，申立てにより任意後見人を解任することができる（任意後見8条）。

(ロ)　任意後見監督人に対する監督　　家庭裁判所は，任意後見監督人に対し，任意後見事務の報告の時期及びその内容を指示し（家手規117条1項），任意後見監督人は，任意後見人の事務に関し，家庭裁判所に定期的に報告しなければならないとされており（任意後見7条1項2号），家庭裁判所は，この報告を点検することにより，任意後見監督人に対する監督を行うことになる。また，家庭裁判所は，いつでも，任意後見監督人に対し，任意後見監督人の事務に関し，相当であると認める事項を指示することができる（家手規117条2項）。

(ハ)　家庭裁判所調査官の報告　　家庭裁判所は，家庭裁判所調査官に任意後見監督人の事務を調査させることができる（家手224条）。家庭裁判所調査官は，民法863条の規定による任意後見監督人の職務に関する処分の必要があると思料するときは，その旨を家庭裁判所に報告しなければならない（家手規118条・80条1項）。また，家庭裁判所調査官は，任意後見監督人に解任事由があると認めるときは，その旨を家庭裁判所に報告しなければならない（家手規118条・79条1項）。

(2)　申立手続

(a)　申立権者　　任意後見監督人の職務についての必要な処分の事件は，

職権で立件するため申立権者の定めはない。申立ては，家庭裁判所の職権発動を促す申立てということになる。裁判官が立件認定をすると立件され，認定日が立件日となる。

(b) 管轄裁判所　　任意後見契約の効力を発生させるための任意後見監督人の選任の審判をした家庭裁判所。抗告裁判所が当該任意後見監督人を選任した場合にあっては，その第一審裁判所である家庭裁判所（家手217条2項）。

(c) 申立手続費用　　収入印紙不要，予納郵便切手約800円。

(d) 添付書類　　不要。

(3) **審判手続**

家庭裁判所は，必要ありと認めるときは，職権で，任意後見監督人の職務について必要な処分をする。

(4) **不服申立て**

即時抗告できる旨の規定は置かれていない。

【奥山　　史】

240　第3編　各種審判手続の書式実例　第1章　成年後見・保佐・補助に関する審判事件
及び任意後見契約法に規定する審判事件

書式 41　任意後見監督人の職務に関する処分の審判申立書

	受付印	家事審判申立書　事件名（ 任意後見監督人の職務に関する処分 ）

収入印紙	円
予納郵便切手	円
予納収入印紙	円

（この欄に申立手数料として1件について800円分の収入印紙を貼ってください。）

（注意）登記手数料としての収入印紙を納付する場合は，登記手数料としての収入印紙は貼らずにそのまま提出してください。
（貼った印紙に押印しないでください。）

準口頭	関連事件番号　平成　　年（家　　）第	号

東京　　家庭裁判所御中 平成　○○年　○○月　○○日	申　立　人 （又は法定代理人など） の記名押印	甲　野　秋　男　　㊞

添付書類	（審理のために必要な場合は，追加書類の提出をお願いすることがあります。）

申立人

本籍（国籍）	（戸籍の添付が必要とされていない申立ての場合は，記入する必要はありません。）　　都　道　府　県
住所	〒○○○－○○○○　　東京都千代田区○○町○丁目○番○号　　　　電話　03（××××）××××　　　（　　　　方）
連絡先	〒　　　－　　　　　　　　　　　　　　　　　　　　　　　　　　電話　　（　　　）　　　　（　　　　方）
フリガナ　氏名	コウノ　アキオ　　甲　野　秋　男　　　　　　　大正・昭和・平成　○○年○○月○○日 生（　○○　歳）
職業	会　社　員

※ 被後見人

本籍（国籍）	（戸籍の添付が必要とされていない申立ての場合は，記入する必要はありません。）　東京　㊞道　府　県　千代田区○○町○丁目○番地
住所	〒　　　－　　　申立人の住所と同じ　　　　　　　　　　　　　　電話　　（　　　）　　　　（　　　　方）
連絡先	〒　　　－　　　　　　　　　　　　　　　　　　　　　　　　　　電話　　（　　　・　　　）　　（　　　　方）
フリガナ　氏名	コウノ　タロウ　　甲　野　太　郎　　　　　　　大正・昭和・平成　○○年○○月○○日 生（　○○　歳）
職業	無　職

（注）太枠の中だけ記入してください。
※の部分は，申立人，法定代理人，成年被後見人となるべき者，不在者，共同相続人，被相続人等の区別を記入してください。

任意後見監督人

本籍	東京　㊞道　府　県　新宿区○○町○丁目○番地
住所	〒　　　－　　　　東京都中野区○○町○丁目○番○号　　　　　　　　　　　　（　　　　　　方）
フリガナ　氏名	コウノ　ハナコ　　甲　野　花　子　　　　　　　大正・昭和・平成　○○年○○月○○日 生（　○○　歳）

（注）太枠の中だけ記入してください。※の部分は，申立人，相手方，法定代理人，不在者，共同相続人，被相続人等の区別を記入してください。

申　立　て　の　趣　旨

　任意後見監督人は任意後見人の事務若しくは被後見人の財産の状況を調査し，平成○○年○○月○○日までに報告することを求めます。

申　立　て　の　理　由

1　申立人は，被後見人甲野太郎の二男です。
2　被後見人に対し，平成○○年○○月○○日に任意後見法第4条第1項の規定に基づく任意後見監督人の選任の審判がなされ，甲野花子が任意後見監督人に就職しました。
3　申立人は，任意後見人及び任意後見監督人に対して，被後見人の財産開示を求めましたが，○カ月を経過しても，実行されていません。
4　任意後見人らは，被後見人の財産は多額であり，所有不動産は各地に点在していること，有価証券は各社に分散していることなどを，開示遅滞の理由にしています。
5　そこで，家庭裁判所において，相当の期間を定めて，任意後見監督人に対して，申立ての趣旨記載の命令をしていただきたく，この申立てをします。

【備考】
1．本件申立ては職権発動を促す申立てなので，この申立書で立件はしない。

第38　任意後見契約の解除についての許可

解　説

(1)　概　要

(a)　根　拠　任意後見契約法4条1項の規定により任意後見監督人が選任された後においては，本人又は任意後見人は，正当な事由がある場合に限り，家庭裁判所の許可を得て，任意後見契約を解除することができる（任意後見9条2項，家手別表第1の121項）。

(b)　任意後見監督人選任前の解除　任意後見契約は，任意後見監督人が選任される前であれば，本人又は任意後見受任者は，公証人の認証を受けた書面によって，いつでも解除することができる（任意後見9条1項）。

(c)　任意後見監督人選任後の解除

　(イ)　本人又は任意後見人は，正当な事由がある場合に限り，家庭裁判所の許可を得て，任意後見契約を解除することができる（任意後見9条2項）。なお，任意後見契約解除許可の審判だけで契約が終了するものではなく，申立人である本人又は任意後見人は，許可の審判の後，解除の意思表示をすることが必要である。

　(ロ)　正当な事由とは，任意後見人が疾病等により任意後見人の事務を行うことが事実上困難であること，本人又はその親族と任意後見人との間の信頼関係が損なわれたため，任意後見人の事務を行うことが困難であること等，当該任意後見人による任意後見事務の遂行が困難であることが挙げられる（小林昭彦＝原司『平成11年民法一部改正法等の解説』471頁）。

(d)　任意後見契約の解除の効力

　(イ)　解除とは，契約の全部解除の趣旨である。したがって，任意後見人の代理権の範囲を減縮する場合には，既存の任意後見契約を解除して新たな任意後見契約の公正証書を作成することが必要となる（代理権の範囲を拡張する場合には，既存の任意後見契約を維持した上で，追加的に任意後見契約の公正証書を作成することになる）（小林昭彦＝原司・前掲474頁）。

　(ロ)　解除により，任意後見契約は終了する。

(2)　申立手続

(a)　申立権者　本人，任意後見人（任意後見9条2項）。

(b)　管轄裁判所　任意後見契約の効力を発生させるための任意後見監督

人の選任の審判をした家庭裁判所。抗告裁判所が当該任意後見監督人を選任した場合にあっては，その第一審裁判所である家庭裁判所（家手217条2項）。

(c) 申立手続費用　収入印紙800円（民訴費3条1項・別表第1の15項），予納郵便切手約4000円。

(d) 添付書類　（本人，任意後見人，任意後見監督人の）戸籍謄本（全部事項証明書），住民票又は戸籍附票，登記事項証明書，解除の正当事由を証する資料（合意解除の書面写し，債務不履行の事実を証する資料等）。

(3) 審判手続

(a) 本人及び任意後見人の意見聴取　家庭裁判所は，任意後見契約の解除についての許可をするには，本人及び任意後見人の陳述を聴かなければならない（家手220条4号）。

(b) 審理の結果，正当な事由があれば，家庭裁判所は，当該任意後見契約の解除を許可する審判をする。

(c) 審判の告知　申立人，本人，任意後見人，任意後見監督人（家手74条1項・222条4号）。

(4) 不服申立て

(a) 任意後見契約解除の審判に対する即時抗告

　(イ) 即時抗告権者　本人，任意後見人（家手223条6号）。

　(ロ) 即時抗告期間　2週間（家手86条1項）。

(b) 任意後見契約解除の申立てを却下する審判に対する即時抗告

　(イ) 即時抗告権者　申立人（家手223条7号）。

　(ロ) 即時抗告期間　2週間（家手86条1項）。

(5) 任意後見契約の解除の登記

(a) 登記嘱託　任意後見監督人選任後の任意後見契約解除による終了登記申請書には，解除の意思表示を記載した書面（配達証明書付き内容証明郵便の謄本），家庭裁判所の許可審判書の謄本及び確定証明書を添付する。

(b) 登記事項証明書の交付請求については，成年後見の場合と同じ。本章第1(5)(c)参照のこと。

【奥山　　史】

第38　任意後見契約の解除についての許可　　*243*

書式 42　任意後見契約の解除についての許可審判申立書

受付印	
収入印紙　　　　800円	
予納郵便切手　　　　円	
予納収入印紙　　　　円	

家事審判申立書　事件名（　任意後見契約の解除　）

（この欄に申立手数料として1件について800円分の収入印紙を貼ってください。）

（注意）登記手数料としての収入印紙を納付する場合は，登記手数料としての収入印紙は貼らずにそのまま提出してください。

（貼った印紙に押印しないでください。）

準口頭	関連事件番号　平成　　年（家　　）第　　　　　号

東京　　家庭裁判所
御中
平成 ○○ 年 ○○ 月 ○○ 日

申立人
（又は法定代理人など）
の記名押印　　　甲野秋男　　㊞

（審理のために必要な場合は，追加書類の提出をお願いすることがあります。）

添付書類	任意後見人，被後見人の戸籍謄本（全部事項証明書）　1通，同住民票　1通 任意後見監督人の戸籍謄本（全部事項証明書）　1通，同住民票　1通，登記事項証明書　1通

		（戸籍の添付が必要とされていない申立ての場合は，記入する必要はありません。）
申立人	本籍（国籍）	都道府県
	住所	〒○○○－○○○○　東京都千代田区○○町○丁目○番○号　電話 03（××××）××××（　　　　方）
	連絡先	〒　　－　　　　　　　　　電話　　（　　）　　（　　　　方）
	フリガナ 氏名	コウノ タロウ　甲野太郎　大正・昭和・平成 ○○年○月○○日生（○○歳）
	職業	無職

		（戸籍の添付が必要とされていない申立ての場合は，記入する必要はありません。）
※任意後見人	本籍（国籍）	東京　都道府県　新宿区○○町○丁目○番地
	住所	〒　　－　　　　　東京都中野区○○町○丁目○番○号　電話 03（××××）××××（　　　　方）
	連絡先	〒　　－　　　　　　　　　電話　　（　　）　　（　　　　方）
	フリガナ 氏名	コウノ ハナコ　甲野花子　大正・昭和・平成 ○○年○月○○日生（○○歳）
	職業	自営業

（注）　太枠の中だけ記入してください。
※の部分は，申立人，法定代理人，成年被後見人となるべき者，不在者，共同相続人，被相続人等の区別を記入してください。

※任意後見監督人	本籍	都道府県　申立人の本籍と同じ
	住所	〒　　－　　申立人の住所と同じ（　　　　方）
	フリガナ 氏名	コウノ アキオ　甲野秋男　大正・昭和・平成 ○○年○月○○日生（○○歳）

（注）　太枠の中だけ記入してください。※の部分は，申立人，相手方，法定代理人，不在者，共同相続人，被相続人等の区別を記入してください。

申立ての趣旨

　申立人が別紙任意後見契約目録記載の任意後見契約を解除することを許可する審判を求めます。

申立ての理由

1　申立人（本人）と任意後見人は，申立ての趣旨記載の任意後見契約を締結して，その登記をしました。

2　申立人（本人）に対して，任意後見法第4条第1項の規定に基づく任意後見監督人選任の審判がなされ，甲野秋男が任意後見監督人に選任されたので，任意後見契約が発効しました。

3　任意後見人が家庭裁判所調査官の報告書のとおり，その職務を怠っているので，申立人（本人）は，任意後見契約を解除して，任意後見契約を終了させることにしたいので，この申立てをします。

【備考】
　1．任意後見契約の特定にあたっては，①公正証書を作成した公証人の所属，②証書番号，③証書作成年月日，④登記番号，⑤本人，⑥任意後見人を記載する。

244　第3編　各種審判手続の書式実例　第2章　未成年後見に関する審判事件

第2章

未成年後見に関する審判事件

第1　養子の離縁後に未成年後見人となるべき者の選任手続

解　説

(1)　制度の趣旨

(a)　概　要　養子縁組当事者は，協議により離縁することができる（民811条1項）。養子が15歳未満である場合には，養親と養子の離縁後に法定代理人となるべき者が離縁の協議をすることになる（同条2項）。この法定代理人となるべき者がないときに，家庭裁判所は，申立てにより養子の離縁後に未成年後見人となるべき者を選任する（同条5項）。この手続は，家事事件手続法別表第1に掲げる審判事項である（家手別表第1の70項）。

(b)　離縁後に法定代理人となるべき者がないとき　一般的には，養父母双方と同時に離縁するとき，養子縁組を代諾した実父母がいずれも死亡又は行方不明となっている場合が考えられるが，養子縁組の際すでに父母がなく，後見人の代諾により縁組をして，その後見人が生存するときもこれにあたる（最高裁判所事務総局編『改訂家事執務資料集上巻の1』156頁，田中加藤男『家事審判法講座第1巻』203頁））。また，実父母がいる場合でも，①養父母が離婚した後，親権者である養親と離縁するとき，②養父母の一方が死亡した後，生存養親と離縁するときは，これにあたるとされている（中川善之助＝山畠正男編『新版注釈民法㉔』421頁〔深谷松男〕）。

(c)　注　意　点　養親の一方が死亡している場合に，養子が生存養親と死亡養親の双方と同時に離縁する場合には，戸籍先例では，離縁後法定代理人となるべき養子の実親がはじめから死亡養親との離縁については家庭裁判所に離縁の許可（民811条6項）の申立てをして許可の審判を得た後，生存養親とともに離縁の届出をすることができると解されている（昭30・3・12民甲251

号回答）。いくつか説のあるところなので，戸籍先例の紹介にとどめます。

(2) 申立手続

(a) 申立権者　　養子の親族その他の利害関係人（民811条5項）。

(b) 管轄裁判所　　養子（未成年被後見人）の住所地の家庭裁判所（家手176条）。

(c) 申立手続費用

(イ) 収入印紙　　800円（民訴費3条1項・別表第1の15項）。

(ロ) 予納郵便切手　　400円程度（ただし，各家庭裁判所の取扱いによる）。

(d) 添付書類

(イ) 養親の戸籍謄本（全部事項証明書）。

(ロ) 養子の戸籍謄本（全部事項証明書）。

(ハ) 候補者の戸籍謄本（全部事項証明書）及び住民票又は戸籍附票。

(ニ) 申立人が親族その他の利害関係人であることを証する資料（親族の場合には戸籍謄本（全部事項証明書））。

(3) 審判手続

(a) 審理の対象　　養子の離縁後にその身上監護及び財産管理を行う未成年後見人になるべき者の適格性。

(b) 審理方法　　家庭裁判所は，未成年後見人となるべき者を選任するには，その者の意見を聴かなければならない（家手178条2項1号）。

(c) 審判の告知　　選任審判は，養子の離縁後に未成年後見人となるべき者への告知により効力が生じる（家手74条2項）。これに対する不服申立ての方法はない。申立てを却下する審判は，申立人に告知され，即時抗告期間が満了して確定すると効力を生じる（家手74条3項・4項）。

(d) 不服申立て　　申立てを却下する審判に対しては，申立人から即時抗告ができる（家手179条1号）。即時抗告期間は申立人が告知を受けた日から2週間とされている（家手86条1項・2項）。

(4) 戸籍上の手続

離縁をしようとする者は，その旨を届け出る必要があるが（創設的届出，戸70条），民法811条2項により協議離縁をする場合には，その協議をする者，すなわち養子の離縁後にその未成年後見人となるべき者と相手方である養親が届出をする（戸71条）。また，この届出により，未成年後見人となるべき者は未成年後見人となる。

改正前の戸籍法81条では，離縁の届出の日から10日以内に未成年後見人となるべき者が未成年者の後見開始の届出をしなければならないとされていた（報告的届出）。現行の戸籍法81条1項では，後見開始の届出を要するのは，民法839条の規定による遺言で指定された未成年後見人のみとなった。実務では，未成年後見開始と未成年後見人の就職日を離縁届出日として，離縁届出書の「その他」欄にその旨を記入して届出をしている（昭37・5・30民甲1469号通達）。

【山崎　郁雄】

第1　養子の離縁後に未成年後見人となるべき者の選任手続　　*247*

書式 43　養子の離縁後に未成年後見人となるべき者の選任審判申立書

受付印	家事審判申立書　事件名（養子の離縁後に未成年後見人となるべき者の選任）

	（この欄に申立手数料として1件について800円分の収入印紙を貼ってください。）
収入印紙　　800　円	（貼った印紙に押印しないでください。）
予納郵便切手　　　円	（注意）登記手数料としての収入印紙を納付する場合は、登記手数料としての収入印紙は貼らずにそのまま提出してください。
予納収入印紙　　　円	

準口頭　　　関連事件番号　平成　　年（家　　）第　　　　　　　　　　号

横浜　家庭裁判所　御中 平成 ○○ 年 ○○ 月 ○○ 日	申　立　人 （又は法定代理人など） の記名押印	甲　野　次　郎　　㊞

添付書類	（審理のために必要な場合は、追加書類の提出をお願いすることがあります。） 申立人の戸籍謄本（全部事項証明書）　1通 養親・養子の戸籍謄本（全部事項証明書）　1通　　候補者の戸籍謄本（全部事項証明書）， 住民票　各1通

申立人	本　籍 （国　籍）	（戸籍の添付が必要とされていない申立ての場合は、記入する必要はありません。） 都 道 府 県　横浜市西区○○町○丁目○番○号
	住　所	〒○○○ － ○○○○ 横浜市西区○○町○丁目○番○号　　電話 ××× （×××） ×××× （　　　　　　方）
	連絡先	〒　　－　　　　　　　　　　　　　　電話 （　　） （　　　　　　方）
	フリガナ 氏　名	コウノ　ジロウ 甲　野　次　郎　　大正・昭和・平成 ○○ 年 ○○ 月 ○○ 日 生（ ○○ 歳）
	職　業	会社員

※ 養子	本　籍 （国　籍）	（戸籍の添付が必要とされていない申立ての場合は、記入する必要はありません。） 神奈川　都 道 府 県　横浜市西区○○町○丁目○番地
	住　所	〒　　－ 申立人の住所と同じ　　　　　　　　電話 （　　） （　　　　　　方）
	連絡先	〒　　－　　　　　　　　　　　　　　電話 （　　） （　　　　　　方）
	フリガナ 氏　名	コウノ　コタロウ 甲　野　小太郎　　大正・昭和・平成 ○○ 年 ○○ 月 ○○ 日 生（ ○○ 歳）
	職　業	市立○○小学校○年生

（注）　太枠の中だけ記入してください。
※の部分は、申立人、法定代理人、成年被後見人となるべき者、不在者、共同相続人、被相続人等の区別を記入してください。

申　立　て　の　趣　旨

　養子甲野小太郎が養母乙野月子と離縁した後，甲野小太郎の未成年後見人となるべき者の選任を求める。

申　立　て　の　理　由

1　申立人は，養子甲野小太郎の父方の叔父です。
2　甲野小太郎の父は，小太郎が生まれてすぐに母親が亡くなってから男手一つで小太郎を育ててきましたが，3年前に再婚し，再婚相手の乙野月子と小太郎は養子縁組しました。しかし，その後小太郎の父が病死し，養母も再婚して，小太郎との離縁を望んでいることから，本申立てに及びました。
3　小太郎が離縁した後に同人の未成年後見人となるべき者として，同人と現在一緒に生活しており，今後も同人の養育を希望している申立人が適任と考えます。

第2 未成年後見人の選任手続

解　説

(1)　制度の趣旨

　(a)　概　　要　　後見は，未成年者に対して親権を行う者がないとき，又は親権を行う者が管理権を有しないときに開始する（民838条1号）。これにより，当然に未成年後見人が置かれるのではなく，未成年後見人選任の手続が行える状態となる。未成年後見人は，民法839条による指定の未成年後見人がいないとき，申立てを受けて家庭裁判所により選任される（民840条1項）。この手続は，家事事件手続法別表第1に掲げる審判事項である（家手別表第1の71項）。

　(b)　後見の開始

　　(イ)　親権を行う者がないとき　　親権者の死亡・失踪宣告（民31条），親権者について後見（民7条）・保佐（民11条）開始の審判，親権者について親権喪失（民834条）・親権停止（民834条の2）の審判，親権者に親権の辞任許可（民837条1項）の審判があったときがこれにあたる。また，実務では，親権者の長期不在，生死不明，行方不明，重病，長期受刑等親権行使を事実上行えない場合も後見が開始するとして，未成年後見人を選任している。

　　(ロ)　親権を行う者が管理権を有しないとき　　親権者に対し，管理権喪失の審判（民835条），親権者に管理権の辞任許可の審判（民837条1項）があったときがこれにあたる。また，親権者に補助開始の審判があったときは，その審判の範囲内で管理権を有しないときもこれにあたる。

　　(ハ)　未成年者の単独親権者が死亡した場合には，後見が開始するのが原則であるが，他方の親が生存していた場合に，①生存親が当然に親権行使権を取得する，②裁判所の審判により生存親を親権者に指定あるいは変更ができる，③未成年後見人選任前は②と同じであるが，未成年後見人選任後は親権者変更を認めないなどの諸説がある。実務は，生存する実親が監護し，問題がなければ，生存親を親権者に変更することを認めている。実の親なので，未成年後見人と職務名で呼ぶよりも親権者と呼ぶほうが国民感情にも沿うからであり，実際に，親権者変更の申立てが一般的に行われている。しかし，親権者死亡により当該生存親が直ちに親権者の地位を与えられるのではないとし，子の福祉の観点から，親権者としての適格性を慎重に吟味し，その結

果，親権者変更を否定した事例もある（東京高決平6・4・15家月47巻8号39頁，福岡家小倉支審平10・2・12判タ985号259頁）。

　未成年者をめぐって，生存親から親権者変更の申立てが出され，他方，死亡した親の親族から未成年後見人選任の申立てが出されたケースでは，両者を比較考量し，その結果，養育中の親族を未成年後見人に選任し，親権者変更の申立てを却下したものも見られる（横浜家審昭54・11・29家月32巻3号115頁，札幌高決平13・8・10家月54巻6号7頁）。また，実務では，生存親が子を監護するのはよいが，財産管理に不安があるとの親族の意向も踏まえて，未成年後見人であれば家庭裁判所の後見監督が及ぶとして，生存親を未成年後見人に選任する場合もある。

　(c)　児童福祉施設に入所中の児童については，その者に親権を行う者や未成年後見人がない場合には，親権を行う者又は未成年後見人があるに至るまでは，児童福祉施設の長が親権を行う（児福47条1項）。

　(d)　未成年者が精神上の障害により判断能力を欠くときは，民法7条の後見開始の審判を受け，「成年被後見人」になることも可能性としてはあり得るとされており（小林昭彦＝大鷹一郎＝大門匡『新版新しい成年後見制度』108頁），その場合は，成年後見制度による後見が開始される（民838条2号）。

(2)　申立手続

　(a)　申立権者　　未成年被後見人又はその親族その他の利害関係人（民840条1項）（未成年者の手続行為能力につき家手177条2号・118条，親族の範囲につき民725条）。

　(b)　申立義務者　　親権・管理権を辞任，親権を喪失・停止，管理権を喪失した父又は母（民841条），辞任した未成年後見人（民845条），未成年後見人が欠けた場合の未成年後見監督人（民851条2号），生活保護の実施機関である都道府県知事，市町村長等（生活保護81条），児童相談所長（児福33条の8第1項）。

　(c)　管轄裁判所　　未成年被後見人の住所地の家庭裁判所（家手176条）。

　(d)　申立手続費用

　(イ)　収入印紙　　800円（未成年被後見人1人につき）（民訴費3条1項・別表第1の15項）。

　(ロ)　予納郵便切手　　2800円程度（ただし，各家庭裁判所の取扱いによる）。

　(e)　添付書類

　(イ)　未成年者の戸籍謄本（全部事項証明書）及び住民票又は戸籍附票。

(ロ) 未成年後見人候補者の戸籍謄本（全部事項証明書）及び住民票又は戸籍附票。候補者が法人の場合には，商業登記簿謄本（登記事項証明書）。

(ハ) 後見開始を証する資料（未成年者に対して親権を行う者がいないこと等を証する書面として，親権者死亡の場合は，死亡の記載のある戸（除）籍謄本（全部事項証明書），所在不明の場合には，その事実を証する書面，病気の場合には，診断書等が考えられる）。

(ニ) 申立人が利害関係人である場合には，それを証する資料（親族の場合は戸籍謄本（全部事項証明書））。

(ホ) 未成年者の財産に関する資料（不動産登記事項証明書（未登記の場合は固定資産評価証明書），預貯金通帳写し，保険証書写し等）。

〔※　各家庭裁判所で定めた書式により，財産目録，収支予定表，事情説明書，親族関係図等の提出を求められる場合がある。〕

(3) 審判手続

(a) 審理の対象　　後見開始事由（民838条1号）の有無，未成年後見人候補者の欠格事由の有無（民847条）及び適格性（なお，家庭裁判所は，申立人の挙げる候補者に拘束されず，第三者を選任することもある）。選任の際には，未成年被後見人の年齢，心身の状態並びに生活及び財産の状況，未成年後見人となる者の職業及び経歴並びに未成年被後見人との利害関係の有無（未成年後見人となる者が法人であるときは，その事業の種類及び内容並びにその法人及びその代表者と未成年被後見人との利害関係の有無），未成年被後見人の意見その他一切の事情を考慮しなければならないとされている（民840条3項）。

(b) 審理方法　　通常は家庭裁判所調査官の事前包括調査が行われており，申立人，未成年者，未成年後見人候補者，現に未成年者を監護している親族等に対する面接調査を行う。なお，家庭裁判所は，未成年後見人となるべき者の意見を聴かなければならない（家手178条2項1号）。また，未成年被後見人が15歳以上の場合には，その陳述を聴かなければならない（家手178条1項1号）。

(c) 申立ての取下げ　　未成年後見人選任の申立ては，家庭裁判所の許可がなければ取り下げることができない（家手180条・121条）。また，取下げをするときには，取下げの理由を明らかにしなければならない（家手規97条・78条1項）。

(d) 審判の告知　　選任審判は，未成年後見人に告知されて効力を生じる

（家手74条2項）。これに対する不服申立ての方法はない。

(4) 戸籍記載の嘱託

(a) 裁判所書記官は，未成年後見人の選任の審判が効力を生じたときには，遅滞なく，未成年被後見人の本籍地の戸籍事務を管掌する者に対して戸籍の記載を嘱託しなければならない（家手116条1号，家手規76条1項2号）。

(b) 戸籍の記載の嘱託は，審判の種類に応じて定められた様式の嘱託書を使用して行う（平24・11・22最家4237号通達）。嘱託書には，未成年後見人及び未成年被後見人の氏名及び戸籍の表示等所定の事項を記載し（家手規76条3項），戸籍の記載の原因を証する書面として審判書謄本を添付しなければならない（家手規76条4項，平24・11・22最家4237号通達）。

(c) 改正前の戸籍法では，未成年後見が開始した場合には，未成年後見人がその旨の届出をしなければならないとされていたが，裁判所書記官による戸籍記載の嘱託に基づき戸籍の記載がなされることになったため，家庭裁判所の審判で選任された未成年後見人の場合にはその届出が不要となった。届出を要するのは，民法839条の規定により遺言で指定された未成年後見人のみとなる（戸81条1項）。

(5) 選任された未成年後見人の権利義務

(a) 身上監護に関する権利義務　未成年後見人は，民法820条（監護教育），同法821条（居所の指定），同法822条（懲戒），同法823条（職業の許可）に規定する事項について親権者と同一の権利義務を有する（民857条）。

(b) 財産管理の事務　未成年後見人は，未成年被後見人の財産を管理し，かつ，その財産に関する法律行為について未成年被後見人を代表する（民859条1項）。また，遅滞なく未成年被後見人の財産の調査に着手し，1ヵ月以内にその調査を終えて財産目録を作成しなければならない（民853条1項）。財産目録は家庭裁判所による後見監督のため，家庭裁判所に提出することを要する。この財産目録の作成を終わるまでは，急迫の必要がある行為のみにその権限は限られる（民854条）。なお，親権者が管理権を有しないために選任された未成年後見人は，財産に関する権限のみで身上監護権はない（民868条）。

(c) 親権の代行　未婚の未成年被後見人は親権を行使できないため，未成年被後見人に子がいる場合には，未成年後見人は，その子に対して親権を行う（民867条）。なお，成年後見人は親権を代行しないので，未成年者が民法7条の後見開始の審判を受けた場合には，未成年者の子について未成年後

見人を選任しなければならない。

(6) 家庭裁判所の監督

(a) 未成年後見は，親権のような親子の情愛に基づくものではないため，後見事務が適正に行われるように家庭裁判所は未成年後見人を監督する。家庭裁判所はいつでも未成年後見人に対して後見事務の報告若しくは財産目録の提出を求めたり，後見事務若しくは未成年被後見人の財産状況を調査したりすることができる（民863条1項）。また，家庭裁判所は，申立て又は職権で未成年被後見人の財産の管理その他後見事務について必要な処分を命ずることができる（民863条2項）。これらの手続は，家事事件手続法別表第1に掲げる審判事項である（家手別表第1の81項）。ここにいう必要な処分とは後見事務全般にわたり，監督上必要な一切の措置をいい，財産管理に関する処分はもちろん身上監護に関する処分をも含む（ただし，管理権のみのために選任された未成年後見人を除く）。そして，家庭裁判所はいつでも未成年被後見人の療養看護及び財産の管理その他の未成年後見事務に関して相当と認める事項を指示することができる（家手規97条・81条1項）。家庭裁判所調査官は，未成年後見人の事務を調査し，未成年後見人に不正な行為，著しい不行跡その他後見の任務に適しない事由があると認めるときは，家庭裁判所に報告しなければならない（家手規97条・79条1項，民846条）。

(b) 家庭裁判所の職権立件　　民法863条1項の調査は，家庭裁判所調査官等より立件報告が定期的に又は随時になされ，後見監督事件として職権立件のうえ家庭裁判所の後見的機能として行われている。

家庭裁判所が利害関係人の請求又は職権で未成年被後見人の財産の管理その他後見の事務について同条2項の必要な処分を命じるため，同条1項の財産目録の提出，後見事務の報告，財産状況の調査等が必要な場合，後見監督処分事件として，1項及び2項を包括して1件で立件すればよいとされる（最高裁判所事務総局編『改訂家事執務資料集上巻の1』294頁，昭和37年12月全国家事審判官会同家庭局見解）。

(c) 職権立件の終了　　民法863条1項の立件で後見の事務又は財産の状況の調査を終了し，後見事務の監督を終了して差し支えないときは，裁判官の「調査終了」の認定により終了する。同条2項の未成年後見監督につき処分行為をしない場合は「処分しない」の認定を，処分行為をしたことにより事件を終結させる場合は，「処分行為終了」の認定で終了させる（最高裁判所

事務総局編・前掲302頁，裁判所書記官研修所編『裁判所書記官合同協議要録』（訟廷執務
資料39号）90頁，斎藤秀夫＝菊池信男編『注解家事審判法』〔改訂〕252頁〔栗原平八郎〕）。

　なお，近時の実務では，成年後見監督の運用に準じて，上記終了の認定の
際に，併せて次回の監督立件時期も認定し，それに基づいて次回立件をして，
定期的な監督を行う運用も見られる。

【山崎　郁雄】

254　第3編　各種審判手続の書式実例　　第2章　未成年後見に関する審判事件

書式 44　未成年後見人選任審判申立書

<table>
<tr>
<td colspan="2" rowspan="2">受付印</td>
<td colspan="3">未 成 年 後 見 人 選 任 申 立 書</td>
</tr>
<tr>
<td colspan="3">（この欄に未成年者1人について収入印紙800円分を貼ってください。）
（貼った印紙に押印しないでください。）</td>
</tr>
<tr>
<td>収 入 印 紙</td>
<td colspan="4">800円</td>
</tr>
<tr>
<td>予納郵便切手</td>
<td colspan="4">円</td>
</tr>
</table>

準口頭　　関連事件番号　平成　　　年（家）第　　　　　　　　　号

<table>
<tr>
<td>横　浜</td>
<td>家庭裁判所
御中</td>
<td>申立人の
記名押印</td>
<td colspan="2">甲 野 二 郎　　　㊞</td>
</tr>
<tr>
<td colspan="3">平成 ○○ 年 ○○ 月 ○○ 日</td>
<td colspan="2"></td>
</tr>
</table>

添付書類	（同じ書類は1通で足ります。審理のために必要な場合は，追加書類の提出をお願いすることがあります。） ☑ 未成年者の戸籍謄本（全部事項証明書）　　　　☑ 未成年者の住民票又は戸籍附票 ☑ 親権を行う者がいないことを証する資料（親権者が死亡した旨の記載がある戸籍謄本（全部事項証明書）等） ☑ 未成年後見人候補者の戸籍謄本（全部事項証明書） ☑ 未成年者の財産に関する資料　　　　　☑ （利害関係人からの申立ての場合）利害関係を証する資料 ☑ 未成年後見人候補者の住民票

<table>
<tr>
<td rowspan="4">申
立
人</td>
<td>住　所</td>
<td colspan="2">〒○○○－○○○○　　　　　　　　　　電話×××－×××（×××）××××
神奈川県鎌倉市○○町○丁目○番○号　　　　　（　　　　　　）　　　　方）</td>
</tr>
<tr>
<td>フリガナ
氏　名</td>
<td colspan="2">コウノ　ジロウ
甲 野 二 郎</td>
<td>大正
昭和
平成　○○年○○月○○日 生
（　　　　　歳）</td>
</tr>
<tr>
<td>未成年者
との関係</td>
<td colspan="2">※　　　　　1　直系尊属（父母・祖父母）　2　兄弟姉妹　③　父方親族
未成年者の…4　母方親族　　5　未成年後見監督人　6　児童相談所長
　　　　　　7　その他（　　　　　　　）</td>
</tr>
<tr>
<td>職　業</td>
<td colspan="3">会 社 員</td>
</tr>
<tr>
<td rowspan="4">未
成
年
者</td>
<td>本　籍
（国　籍）</td>
<td colspan="3">神奈川　都道
　　　　府県　鎌倉市○○町○丁目○番地</td>
</tr>
<tr>
<td>住　所</td>
<td colspan="3">〒　　－　　　　　　　　　　　　　電話　　（　　　）
申立人の住所と同じ　　　　　　　　　　　　　　　　　方）</td>
</tr>
<tr>
<td>フリガナ
氏　名</td>
<td>コウノ　みゆき
甲 野 みゆき</td>
<td>平成○○年○○月○○日生
（　○○　歳）</td>
<td>職業又は
在校名　市立○○小学校</td>
</tr>
<tr>
<td>フリガナ
氏　名</td>
<td></td>
<td>平成　　年　　月　　日生
（　　　　歳）</td>
<td>職業又は
在校名</td>
</tr>
<tr>
<td>フリガナ
氏　名</td>
<td></td>
<td>平成　　年　　月　　日生
（　　　　歳）</td>
<td>職業又は
在校名</td>
</tr>
</table>

（注）　太枠の中だけ記入してください。　※の部分は，当てはまる番号を○で囲み，7を選んだ場合には，（　）内に具
　　体的に記入してください。

申　立　て　の　趣　旨

　未成年後見人の選任を求める。

申　立　て　の　理　由

申立ての原因	申立ての動機	未成年者の資産収入
※ 1　親権者の①死亡 　　　　　　（2）所在不明 2　親権者の親権の(1)辞退 　　　　　　　　　(2)喪失 　　　　　　　　　(3)停止 3　親権者の管理権の(1)辞退 　　　　　　　　　　(2)喪失 4　未成年後見人の(1)死亡 　　　　　　　　(2)所在不明 5　未成年後見人の(1)辞任 　　　　　　　　(2)解任 6　父母の不分明 7　その他（　　　　　） （その年月日　平成○○年 ○ 月 ○ 日）	※ ①　未成年者の監護教育 2　養子縁組・養子離縁 3　入　学 4　就　職 5　就　籍 6　遺産分割 7　相続放棄 8　扶助料・退職金・保険金等 　の請求 ⑨　その他の財産の管理処分 10　その他（　　　　　　）	宅　地………約 ○○○ 平方メートル 建　物………約 ○○○ 平方メートル 農　地………約　　　　ヘクタール 山　林………約　　　　ヘクタール 有価証券…約　　　　　　万円 現　金………約　　　　　万円 預貯金………約　　　　　万円 債　権………約　500　万円 月　収………約　　　　　万円 負　債………約　　　　　万円

<table>
<tr>
<td rowspan="4">未
成
年
後
見
人
候
補
者</td>
<td>本　籍
（国籍）</td>
<td colspan="2">神奈川　都道
　　　　府県　厚木市○○町○丁目○番地</td>
<td>未成年者
との関係</td>
<td>父方伯父</td>
</tr>
<tr>
<td>住　所</td>
<td colspan="4">神奈川県鎌倉市○○町○丁目○番○号　　電話××（××××）××××
　　　　　　　　　　　　　　　　　　　　　　　　　（　　　　　　　　方）</td>
</tr>
<tr>
<td>勤 務 先</td>
<td colspan="4">東京都港区○○町○丁目○番○号　（株）○○物産　電話 03（××××）××××</td>
</tr>
<tr>
<td>フリガナ
氏　名</td>
<td colspan="2">コウノ　ジロウ
甲 野 二 郎</td>
<td>大正
昭和
平成　○○年○○月○○日生
（　○○　歳）</td>
<td>職　業　会 社 員</td>
</tr>
</table>

（注）　太枠の中だけ記入してください。　※の部分は，当てはまる番号を○で囲み，申立ての原因欄の7及び申立ての動機欄の10を選んだ
　　場合には，（　）内に具体的に記入してください。
（注）　複数の未成年後見人の選任を希望する場合には，上記「未成年後見人候補者」欄では足りない場合には，A4の用紙に上記の「未成年後
　　見人候補者欄」の記載事項と同じ事項を記入し，この申立書に添付してください。
（注）　未成年後見人として法人の選任を希望する場合には，上記「未成年後見人候補者」欄に斜線をするとともに，A4の用紙に，未成年
　　後見人候補者の商業登記簿上の①主たる事務所又は本店の所在地，②名称又は商号，③代表者名を記入し，この申立書に添付してく
　　ださい。

第3 渉外未成年後見人の選任手続——未成年者が韓国籍の場合

解　説

(1)　制度の趣旨

(a)　例として，韓国人夫婦が相次いで死亡し，日本に居住する未成年の韓国籍の子が残され，この未成年者について日本の家庭裁判所に未成年後見人の選任が申し立てられた場合で説明をする。

(b)　外国籍の未成年者の後見については，日本の「法の適用に関する通則法」（以下「通則法」という）35条1項で被後見人の本国法を適用するとしている。したがって，未成年者かどうか（通則法4条1項），後見開始の事由があるかどうかは，未成年者の本国法である大韓民国民法（以下「韓民法」という）によって定まる。

(c)　韓民法は，成年を満19歳とし（韓民法4条），未成年者が婚姻した場合は成年者とみなされる（韓民法826条の2）。未成年者に親権者がいないとき，又は親権者が法律行為の代理権及び財産管理権を行使することができないときは，後見開始事由としている（韓民法928条）。

親権者死亡の場合は，親権を行使する父母は，遺言で後見人を指定することができる（韓民法931条）。指定後見人がないときは，後見人となる者について日本民法と異なり，後見人の順位が定められており，未成年者の直系血族，3親等以内の傍系血族の順位で後見人になるとし（韓民法932条），直系血族，傍系血族が数人いる場合は，最近親を先順位とし，同順位者が数人あるときは，年長者を先順位者として後見人が法定（法定後見人）されている（韓民法935条）。法定後見人がない場合には，韓国の家庭法院は，被後見人の親族その他利害関係人の請求により後見人を選任（選任後見人）しなければならないとしている（韓民法936条）。

(d)　後見事件の国際裁判籍については，本国に原則的な管轄があるとされていたが，被後見人の保護の見地から，被後見人の生活の本拠がある常居所国にあるとするのが有力となっている（未成年者の常居所地国の裁判所の管轄を原則としながら，必要が生じた場合に例外的に本国や財産所在地国の管轄を認めるとするもの）。

日本の通則法35条2項1号は，被後見人が外国人であって，被後見人の本

国法によればその者について後見が開始する原因があり，その者について日本における後見等の事務を行う者がないときは，後見人選任の審判その他の後見等に関する審判について，日本の法律によると定めている。したがって，未成年者に法定後見人がない場合や，法定後見人が仮にいたとしても，その法定後見人が病気や行方不明，又は韓国に居住していたりして，現実に被後見人の保護や後見事務を行えない場合は，未成年者の住所地の日本の家庭裁判所に後見人選任の申立てができる。

(e) 韓国では，2008年に「家族関係の登録等に関する法律」が施行され，身分登録について，これまでの戸主を筆頭者とする「戸籍簿」から個人を編成単位とする「家族関係登録簿」に変更された。それに伴い，発行される書類は，戸籍謄本から各種の登録事項別証明書となった。申立ての際には，その事案に応じて必要な事項が登録された証明書が添付資料となる。

(2) **申立手続**

(a) 申立権者　　未成年被後見人の親族その他の利害関係人（韓民法936条）。

(b) 管轄裁判所　　未成年被後見人の住所地の家庭裁判所（家手176条）。

(c) 申立手続費用

(イ) 収入印紙　　800円（未成年被後見人1人につき）（民訴費3条1項・別表第1の15項）。

(ロ) 予納郵便切手　　2800円程度（ただし，各家庭裁判所の取扱いによる）。

(d) 添付書類〔※資料が外国戸籍，外国語文書の場合は訳文添付〕

(イ) 未成年者の家族関係証明書及び住民票。

(ロ) 後見人候補者の戸籍謄本（全部事項証明書）及び住民票又は戸籍附票。候補者が法人の場合には，商業登記簿謄本（登記事項証明書）。候補者が韓国籍の場合には，家族関係証明書及び住民票。

(ハ) 後見開始を証する資料　　親権者死亡の場合は，死亡の記載のある証明書。

(ニ) 申立人が利害関係人である場合には，それを証する資料（親族の場合は家族関係証明書及び戸籍謄本（全部事項証明書））。

(ホ) 未成年者の財産に関する資料（不動産登記事項証明書（未登記の場合は固定資産評価証明書），預貯金通帳写し，保険証書写し等）。

(3) **審判手続**

家庭裁判所は，未成年後見人選任につき日本に国際裁判籍があるか，被後

見人の準拠法を適用して後見開始事由の有無，法定後見人の存在の有無（存在しても後見事務ができない事情），後見人候補者の適格性等について審理する。

審判は，通則法35条2項により，日本法を適用して未成年後見人を選任する。

その余の手続については，本章第2(3)を参照。

【山崎　郁雄】

258　第3編　各種審判手続の書式実例　　第2章　未成年後見に関する審判事件

書式 45　渉外未成年後見人選任審判申立書

受付印		未 成 年 後 見 人 選 任 申 立 書

収入印紙　　　　800円		（この欄に未成年者1人について収入印紙800円分を貼ってください。）
予納郵便切手　　　　円		（貼った印紙に押印しないでください。）

準口頭	関連事件番号　平成　　　年（家　　）第　　　　　　号

横浜 家庭裁判所 御中 平成 ○○ 年 ○○ 月 ○○ 日	申立人の記名押印	李　　哲　　　　　㊞

添付書類	（同じ書類は1通で足ります。審理のために必要な場合は、追加書類の提出をお願いすることがあります。） ☑ 未成年者の戸籍謄本（全部事項証明書）　　　☑ 未成年者の住民票又は戸籍附票 ☑ 親権を行う者がいないことを証する資料（親権者が死亡した旨の記載がある戸籍謄本（全部事項証明書）等） ☑ 未成年後見人候補者の戸籍謄本（全部事項証明書）　　証明書 ☑ 未成年者の財産に関する資料　　証明書　　☑ （利害関係人からの申立ての場合）利害関係を証する資料 ☑ 未成年後見人候補者の住民票

申立人

住　所	〒○○○-○○○○　横浜市中区○○町○丁目○番○号	電話×××-（×××）×××× （　　　　　　　方）
フリガナ 氏　名	リ　　チョル 李　　哲	大正昭和平成 ○○年○○月○○日生（　　○○歳）
未成年者との関係	※　　　　1　直系尊属（父母・祖父母）　2　兄弟姉妹　　3　父方親族 　未成年者の……④　母方親族　　5　未成年後見監督人　　6　児童相談所長 　　　　　　　　7　その他（　　　　　　　）
職　業	会 社 員

未成年者

本籍（国籍）	韓国　　都道府県	
住　所	〒○○○-○○○○　横浜市中区○○町○丁目○番○号	電話　（　　　）　　　甲野　方
フリガナ 氏　名	ユン　ヨンチョル 尹　英　哲	平成○○年○○月○○日生 西暦（　○○歳）	職業又は在校名	市立○○中学校
フリガナ 氏　名		平成　　年　　月　　日生（　　歳）	職業又は在校名	
フリガナ 氏　名		平成　　年　　月　　日生（　　歳）	職業又は在校名	

（注）　太枠の中だけ記入してください。　※の部分は、当てはまる番号を○で囲み、7を選んだ場合には、（　）内に具体的に記入してください。

申　立　て　の　趣　旨
未 成 年 後 見 人 の 選 任 を 求 め る 。

申　立　て　の　理　由

申立ての原因	申立ての動機	未成年者の資産収入
※ 1　親権者の①死亡 　　　　　（2）所在不明 2　親権者の親権の(1)辞退 　　　　　　　　　(2)喪失 　　　　　　　　　(3)停止 3　親権者の管理権の(1)辞退 　　　　　　　　　　(2)喪失 4　未成年後見人の(1)死亡 　　　　　　　　　(2)所在不明 5　未成年後見人の(1)辞任 　　　　　　　　　(2)解任 6　父母の不分明 7　その他（　　　　　　） （その年月日　平成○○年○月○日）	※ ①　未成年者の監護教育 2　養子縁組・養子離縁 3　入　学 4　就　職 5　就　籍 6　遺産分割 7　相続放棄 ⑧　扶助料・退職金・保険金等 　　の請求 9　その他の財産の管理処分 10　その他（　　　　　　）	宅　地………約　　　　平方メートル 建　物………約　　　　平方メートル 農　地………約　　　　ヘクタール 山　林………約　　　　ヘクタール 有価証券…約　　　　　　万円 現　金………約　　　　　万円 預貯金………約　　　　万円 債　権………約　　　　万円 月　収………約　　　　万円 負　債………約　　　　万円

未成年後見人候補者

本籍（国籍）	韓国　　都道府県		未成年者との関係	母方いとこ
住　所	〒○○○-○○○○　横浜市中区○○町○丁目○番○号		電話　×××-（×××）×××× （　　　　　方）	
勤務先	川崎市川崎区○○町○丁目○番○号　　○○商事（株）		電話　×××-（×××）××××	
フリガナ 氏　名	リ　　チョル 李　　哲	大正昭和平成 ○○年○○月○○日生 西暦（　○○歳）	職　業	会 社 員

（注）　太枠の中だけ記入してください。　※の部分は、当てはまる番号を○で囲み、申立ての原因欄の7及び申立ての動機欄の10を選んだ場合には、（　）内に具体的に記入してください。
（注）　複数の未成年後見人の選任を希望するため、上記「未成年後見人候補者」欄では足りない場合には、A4の用紙に上記の「未成年後見人候補者」欄の記載事項と同旨事項を記入し、この申立書に添付してください。
（注）　未成年後見人として法人の選任を希望する場合には、上記「未成年後見人候補者」欄に斜線をするとともに、A4の用紙に、未成年後見人候補者の商業登記簿上の①主たる事務所又は本店の所在地、②名称又は商号、③代表者名を記入し、この申立書に添付してください。

第4　未成年後見監督人の選任手続——新任の場合

解　説

(1)　制度の趣旨

　未成年後見人は，未成年者の身上監護をするとともに財産管理権を有するので，その間に不正が行われたりすることを防止するために，未成年後見人を監督する機関として，未成年後見監督人の制度を設けている（川井健ほか編『講座現代家族法第4巻』86頁）が，必要的機関ではない。未成年後見監督人選任の申立ては，家事事件手続法別表第1に掲げる審判事項である（家手別表第1の74項）。

　未成年後見人を指定することができる者は，遺言で，未成年後見監督人を指定することができる（民848条）。家庭裁判所は，必要があると認めるときは，申立て又は職権で未成年後見監督人を選任することができる（民849条）。監督人は複数選任することもできるが，この場合，監督人は共同してその権限を行使する（民852条・857条の2第1項）。

　家庭裁判所は，後見監督処分として未成年後見人を直接監督することもできるが，未成年被後見人の財産が多種・多額であるとき，未成年後見人と未成年被後見人に利益相反行為があるとき，親族間の紛争性が高いときなどに未成年後見監督人を選任している。

(2)　申立手続

　(a)　申立権者　　未成年被後見人，その親族又は未成年後見人（民849条）（未成年者の手続行為能力につき家手177条4号・118条，親族の範囲につき民725条）。

　(b)　管轄裁判所　　未成年被後見人の住所地の家庭裁判所（家手176条）。

　(c)　申立手続費用

　　(イ)　収入印紙　　800円（未成年被後見人1人につき）（民訴費3条1項・別表第1の15項）。

　　(ロ)　予納郵便切手　　2800円程度（ただし，各家庭裁判所の取扱いによる）。

　(d)　添付書類

　　(イ)　未成年被後見人の戸籍謄本（全部事項証明書）及び住民票又は戸籍附票。

　　(ロ)　未成年後見監督人候補者の戸籍謄本（全部事項証明書）及び住民票又は戸籍附票。候補者が法人の場合には，商業登記簿謄本（登記事項証明書）。

（ハ）　申立人が親族の場合には戸籍謄本（全部事項証明書）。

(3)　審判手続

（a）　審理の対象　　未成年後見監督人選任の必要性の有無，未成年後見監督人候補者の欠格事由の有無（民852条・847条・850条）及び適格性（なお，家庭裁判所は，申立人の挙げる候補者に拘束されず，第三者を選任することもある）。選任の際には，未成年被後見人の年齢，心身の状態並びに生活及び財産の状況，未成年後見監督人となる者の職業及び経歴並びに未成年被後見人との利害関係の有無（未成年後見監督人となる者が法人であるときは，その事業の種類及び内容並びにその法人及びその代表者と未成年被後見人との利害関係の有無），未成年被後見人の意見その他一切の事情を考慮しなければならない（民852条・840条3項）とされている。

（b）　審理方法　　通常は家庭裁判所調査官の事前包括調査が行われる。なお，家庭裁判所は，未成年後見監督人となるべき者の意見を聴かなければならない（家手178条2項2号）。また，未成年被後見人が15歳以上の場合には，その陳述を聴かなければならない（家手178条1項1号）。

（c）　審判の告知　　選任審判は，未成年後見監督人に告知されて効力を生じる（家手74条2項）。これに対する不服申立ての方法はない。

(4)　未成年後見監督人の職務

（a）　未成年後見人の事務を監督すること（民851条1号）。

（b）　未成年後見人が欠けた場合に，遅滞なくその選任を家庭裁判所に請求すること（同条2号）。

（c）　急迫の事情がある場合に，必要な処分をすること（同条3号）。

（d）　未成年後見人又はその代表する者と未成年被後見人との利益が相反する行為について未成年被後見人を代表すること（同条4号）。

(5)　戸籍記載の嘱託

（a）　裁判所書記官は，未成年後見監督人の選任の審判が効力を生じたときには，遅滞なく，未成年被後見人の本籍地の戸籍事務を管掌する者に対して戸籍の記載を嘱託しなければならない（家手116条1号，家手規76条1項2号）。

（b）　戸籍の記載の嘱託は，審判の種類に応じて定められた様式の嘱託書を使用して行う（平24・11・22最家4237号通達）。嘱託書には，未成年後見監督人及び未成年被後見人の氏名及び戸籍の表示等所定の事項を記載し（家手規76条3項），戸籍の記載の原因を証する書面として審判書謄本を添付しなければ

ならない（家手規76条4項，平24・11・22最家4237号通達）。

【山崎　郁雄】

262　第３編　各種審判手続の書式実例　　第２章　未成年後見に関する審判事件

書式 46　未成年後見監督人の選任審判申立書

受付印	家事審判申立書　事件名（　未成年後見監督人選任　）

収入印紙　　800　円	（この欄に申立手数料として１件について800円分の収入印紙を貼ってください。）
予納郵便切手　　　円	（貼った印紙に押印しないでください。）
予納収入印紙　　　円	（注意）登記手数料としての収入印紙を納付する場合は，登記手数料としての収入印紙は貼らずにそのまま提出してください。

準口頭		関連事件番号　平成　　年（家　　）第　　　　　号

横浜　家庭裁判所 御中 平成 ○○ 年 ○○ 月 ○○ 日	申　立　人 （又は法定代理人など） の記名押印	甲　野　二　郎　　　㊞

添付書類	（審理のために必要な場合は，追加書類の提出をお願いすることがあります。） 未成年被後見人の戸籍謄本（全部事項証明書）　１通， 未成年後見監督人候補者の戸籍謄本（全部事項証明書），　住民票

申立人	本　籍 （国　籍）	（戸籍の添付が必要とされていない申立ての場合は，記入する必要はありません。） 　　　　　　都　道 　　　　　　府　県	
	住　所	〒○○○－○○○○ 神奈川県鎌倉市○○町○丁目○番○号	電話　×××（×××）×××× （　　　　　　　方）
	連絡先	〒　　－	電話　　（　　　） （　　　　　　　方）
	フリガナ 氏　名	コウノ　ジロウ 甲　野　二　郎	大正 昭和　○○年○○月○○日 生 平成　（　○○　歳）
	職　業	会社員	

※ 未成年被後見人	本　籍 （国　籍）	（戸籍の添付が必要とされていない申立ての場合は，記入する必要はありません。） 神奈川　都道 　　　　府県　鎌倉市○○町○丁目○番地	
	住　所	〒　　－ 申立人の住所と同じ	電話　　（　　　） （　　　　　　　方）
	連絡先	〒　　－	電話　　（　　　） （　　　　　　　方）
	フリガナ 氏　名	コウノ　みゆき 甲　野　み ゆ き	大正 昭和　○○年○○月○○日 生 平成　（　○○　歳）
	職　業	小学３年生	

(注)　太枠の中だけ記入してください。
※の部分は，申立人，法定代理人，成年被後見人となるべき者，不在者，共同相続人，被相続人等の区別を記入してください。

申　　立　　て　　の　　趣　　旨
未成年被後見人の未成年後見監督人の選任を求める。

申　　立　　て　　の　　理　　由
1　申立人は，平成○○年○○月○○日未成年後見人に選任され，後見人としての職務を行ってきました。 2　しかし，未成年被後見人には多数の不動産，有価証券，預貯金等があり，申立人だけで管理することは不可能な状態です。 3　そこで，未成年被後見人の亡母方の叔父である下記の者を未成年後見監督人として選任してください。 　　　　　　　　　　　　　　　　記 　　本　籍　神奈川県鎌倉市○○町○丁目○○番地 　　住　所　神奈川県鎌倉市○○町○丁目○番○号 　　氏　名　乙川　太郎　　昭和○○年○○月○○日生 　　　　　職業　会社員

第5 未成年後見人（未成年後見監督人）の選任手続(1) ──欠員補充の場合

解　説

(1) 制度の趣旨

未成年後見が開始し（民838条1号），申立てにより未成年後見人が選任された後，その未成年後見人が欠けた場合にも，申立てを受けて家庭裁判所により未成年後見人が選任される（民840条1項）。この手続は，家事事件手続法別表第1に掲げる審判事項である（家手別表第1の71項）。

未成年後見監督人については，家庭裁判所が必要と認めるときに，申立て又は職権で選任される（民849条）。この手続は，同法別表第1に掲げる審判事項である（家手別表第1の74項）。

未成年後見人が欠けたときとは，未成年後見人の死亡，辞任（民844条），解任（民846条）及び欠格（民847条）が生じたときである（未成年後見監督人につき辞任（民852条・844条），解任（民852条・846条）及び欠格（民850条・852条・847条））。

なお，旧民法846条2号で欠格事由とされていた「禁治産者及び準禁治産者」は，後見人等には家庭裁判所の選任・監督の権限が及んでおり，その個別的な適格性の審査等の手続により，その任務に相応しい判断能力のあることが制度的に担保されていること等から，ノーマライゼーションの理念等も考慮して欠格事由から削除された（小林昭彦＝大鷹一郎＝大門匡『新版新しい成年後見制度』118頁）。

(2) 申立手続

(a) 申立権者

(イ) 未成年後見人につき　未成年被後見人又はその親族その他の利害関係人（民840条1項）（未成年者の手続行為能力につき家手177条2号・118条，親族の範囲につき民725条）。

(ロ) 未成年後見監督人につき　未成年被後見人，その親族若しくは未成年後見人（民849条）（未成年者の手続行為能力につき家手177条4号・118条，親族の範囲につき民725条）。

(b) 申立義務者　辞任した未成年後見人（民845条），未成年後見監督人（民851条2号），生活保護の実施機関である都道府県知事，市町村長等（生活保護81条），児童相談所長（児福33条の8第1項）。

264　第3編　各種審判手続の書式実例　第2章　未成年後見に関する審判事件

　(c)　管轄裁判所　　未成年被後見人の住所地の家庭裁判所（家手176条）。

　(d)　申立手続費用

　　(イ)　収入印紙　　800円（未成年被後見人1人につき）（民訴費3条1項・別表第1の15項）。

　　(ロ)　予納郵便切手　　2800円程度（ただし，各家庭裁判所の取扱いによる）。

　(e)　添付書類

　　(イ)　未成年被後見人の戸籍謄本（全部事項証明書）及び住民票又は戸籍附票。

　　(ロ)　未成年後見人（未成年後見監督人）候補者の戸籍謄本（全部事項証明書）及び住民票又は戸籍附票。候補者が法人の場合には，商業登記簿謄本（登記事項証明書）。

　　(ハ)　未成年後見人（未成年後見監督人）が欠けたことを証する資料。

　　(ニ)　申立人が利害関係人である場合には，それを証する資料（親族の場合は戸籍謄本（全部事項証明書））。

(3)　審判手続

　(a)　審理の対象　　未成年後見人（未成年後見監督人）の欠けている事実，未成年後見人（未成年後見監督人）候補者の欠格事由の有無（民847条・850条・852条）及び適格性（なお，家庭裁判所は，申立人の挙げる候補者に拘束されず，第三者を選任することもある）。選任の際には，未成年被後見人の年齢，心身の状態並びに生活及び財産の状況，未成年後見人（未成年後見監督人）となる者の職業及び経歴並びに未成年被後見人との利害関係の有無，未成年後見人（未成年後見監督人）となる者が法人であるときは，その事業の種類及び内容並びにその法人及びその代表者と未成年被後見人との利害関係の有無，未成年被後見人の意見その他一切の事情を考慮しなければならない（民852条・840条3項）とされている。また，未成年後見監督人は，必要的機関ではないので，この申立ての時点での未成年後見監督人の必要性についても検討される。

　(b)　審理方法　　通常は家庭裁判所調査官の事前包括調査が行われる。なお，家庭裁判所は，未成年後見人となるべき者の意見（家手178条2項1号）及び未成年後見監督人となるべき者の意見（家手178条2項2号）を聴かなければならない。また，未成年被後見人が15歳以上の場合には，その陳述を聴かなければならない（家手178条1項1号）。

　(c)　申立ての取下げ　　未成年後見人選任の申立ては，家庭裁判所の許可

がなければ取り下げることができない（家手180条・121条）。また，取下げをするときには，取下げの理由を明らかにしなければならない（家手規97条・78条1項）。

(d)　審判の告知　　選任審判は，未成年後見人（未成年後見監督人）に告知されて効力を生じる（家手74条2項）。これに対する不服申立ての方法はない。

(4)　戸籍上の手続

(a)　戸籍記載の嘱託

　(イ)　裁判所書記官は，未成年後見人（未成年後見監督人）の選任の審判が効力を生じたときには，遅滞なく，未成年被後見人の本籍地の戸籍事務を管掌する者に対して戸籍の記載を嘱託しなければならない（家手116条1号，家手規76条1項2号）。

　(ロ)　戸籍の記載の嘱託は，審判の種類に応じて定められた様式の嘱託書を使用して行う（平24・11・22最家4237号通達）。嘱託書には，未成年後見人（未成年後見監督人）及び未成年被後見人の氏名及び戸籍の表示等所定の事項を記載し（家手規76条3項），戸籍の記載の原因を証する書面として審判書謄本を添付しなければならない（家手規76条4項，平24・11・22最家4237号通達）。

(b)　未成年後見人が地位を失った旨の届出　　未成年後見人が死亡し，又は民法847条2号から5号の欠格事由に該当することとなったことによりその地位を失ったときは，後任の未成年後見人は，就職の日から10日以内に，未成年後見人が地位を失った旨の届出をしなければならない（戸82条1項）。

【山崎　郁雄】

266　第3編　各種審判手続の書式実例　　第2章　未成年後見に関する審判事件

書式 47　未成年後見人の選任審判申立書(1)——欠員補充の場合

受付印	家事審判申立書　事件名（　未成年後見人選任　）

| 収入印紙　　800 円 |
| 予納郵便切手　　　　円 |
| 予納収入印紙　　　　円 |

（この欄に申立手数料として1件について800円分の収入印紙を貼ってください。）
　　　　　　　　　　　　　　　　　　（貼った印紙に押印しないでください。）
（注意）登記手数料としての収入印紙を納付する場合は，登記手数料として
の収入印紙は貼らずにそのまま提出してください。

| 準口頭 | | 関連事件番号　平成　　　年（家　　）第　　　　　　　　　号 |

| 横浜　家庭裁判所
　　　　　御中
平成 ○○ 年 ○○ 月 ○○ 日 | 申　立　人
（又は法定代理人など）
の　記　名　押　印 | 乙　川　太　郎　　　㊞ |

| 添付書類 | （審理のために必要な場合は，追加書類の提出をお願いすることがあります。）
未成年被後見人の戸籍謄本及び住民票各1通　未成年後見人候補者の戸籍謄本及び住民票各1通
未成年後見人が欠けたことを証する資料（未成年後見人が死亡した旨の記載のある戸籍謄本）1通
申立人の戸籍謄本1通 |

申 立 人	本　籍 （国　籍）	（戸籍の添付が必要とされていない申立ての場合は，記入する必要はありません。） 　　　　　　　都　道 　　　　　　　府　県		
	住　所	〒○○○－○○○○ 神奈川県海老名市○○町○丁目○番○号	電話　×××（×××）×××× （　　　　　　方）
	連絡先	〒　　　－	電話　（　　　） （　　　　　　方）
	フリガナ 氏　名	オツカワ　タロウ 乙　川　太　郎	大正 昭和 平成 ○○ 年○○月○○日 生 （　　　　○○　歳）
	職　業	会　社　員	

※ 未 成 年 被 後 見 人	本　籍 （国　籍）	（戸籍の添付が必要とされていない申立ての場合は，記入する必要はありません。） 神奈川　都道 　　　　府県　鎌倉市○○町○丁目○番地		
	住　所	〒○○○－○○○○ 神奈川県鎌倉市○○町○丁目○番○号	電話　（　　　） （　　　　　　方）
	連絡先	〒　　　－	電話　（　　　） （　　　　　　方）
	フリガナ 氏　名	コウノ　ミユキ 甲　野　みゆき	大正 昭和 平成 ○○ 年○○月○○日 生 （　　　　○○　歳）
	職　業	市立○○小学校○年生	

（注）太枠の中だけ記入してください。

※の部分は，申立人，法定代理人，成年被後見人となるべき者，不在者，共同相続人，被相続人等の区別を記入してください。

申　　立　　て　　の　　趣　　旨
未成年被後見人の未成年後見人を選任する審判を求める。

申　　立　　て　　の　　理　　由
1　申立人は，未成年被後見人の母方叔父です。 2　未成年被後見人には，平成○○年○月○日に甲野二郎が未成年後見人に選任され ていましたが，平成○○年○○月○○日に死亡しました。 3　よって，後任の未成年後見人として，甲野二郎の死亡後，未成年被後見人と同居 し同人を監護している父方伯母（甲野二郎の妻）である下記の者を未成年後見人と して選任することを求めます。 　　　　　　　　　　　　　　　　記 　未成年後見人候補者 　　本籍　神奈川県厚木市○○町○丁目○番地 　　住所　神奈川県鎌倉市○○町○丁目○番○号 　　氏名　甲野花子（昭和○○年○○月○○日生） 　　職業　パート従業員

第6 未成年後見人（未成年後見監督人）の選任手続(2)
──増員の場合

解　説

(1)　制度の趣旨

(a)　未成年後見人が選任され，身上監護及び財産管理が問題なく行われている場合でも，家庭裁判所は，必要があると認めるときは，申立てにより又は職権で，さらに未成年後見人を選任することができる（民840条2項）。この手続は，家事事件手続法別表第1に掲げる審判事項である（家手別表第1の71項）。

未成年後見監督人については，家庭裁判所が必要と認めるときに，申立て又は職権で選任される（民849条）。この手続は，同法別表第1に掲げる審判事項である（家手別表第1の74項）。

さらに未成年後見人を選任する必要があると認めるときとは，当初未成年後見人を選任したときとは事情に変更があった場合，例えば，身上監護を主な目的として親族が未成年後見人となっていたところ，未成年被後見人が相続で多種・多額な財産を取得したり，未成年被後見人の財産につき，法的な手続をとる必要が生じたりしたときに，専門的能力をもった未成年後見人がさらに必要となった場合が考えられる。

(b)　未成年後見人（未成年後見監督人）が増員により，又は当初から複数いる場合には，原則として共同してその権限を行使し（民857条の2第1項・852条），家庭裁判所は，その一部の者について，財産に関する権限のみを行使すべきことを定めることもできる（民857条の2第2項・852条）。また，財産に関する権限について，家庭裁判所は，各未成年後見人（未成年後見監督人）が単独で又は数人の未成年後見人（未成年後見監督人）が事務を分掌して，その権限を行使すべきことを定めることができる（同条3項・85条）。

なお，民法875条の2第2項は，身上監護に関する権限のみを行使すべきことを定めることは認めていないこと，同条3項は，身上監護に関する権限について分掌の定めを認めていないことに注意を要する。

(2)　申立手続

(a)　申立権者

(イ)　未成年後見人につき　　未成年被後見人又はその親族その他の利害

関係人若しくは未成年後見人（民840条2項・1項）（未成年者の手続行為能力につき家手177条2号・118条，親族の範囲につき民725条）。

　　(ロ)　未成年後見監督人につき　　未成年被後見人，その親族又は未成年後見人（民849条）（未成年者の手続行為能力につき家手177条4号・118条，親族の範囲につき民725条）。

　(b)　管轄裁判所　　未成年被後見人の住所地の家庭裁判所（家手176条）。

　(c)　申立手続費用

　　(イ)　収入印紙　　800円（未成年被後見人1人につき）（民訴費3条1項・別表第1の15項）。

　　(ロ)　予納郵便切手　　2800円程度（ただし，各家庭裁判所の取扱いによる）。

　(d)　添付書類

　　(イ)　未成年被後見人の戸籍謄本（全部事項証明書）及び住民票又は戸籍附票。

　　(ロ)　未成年後見人（未成年後見監督人）候補者の戸籍謄本（全部事項証明書）及び住民票又は戸籍附票。候補者が法人の場合には，商業登記簿謄本（登記事項証明書）。

　　(ハ)　未成年後見人（未成年後見監督人）の増員を必要とすることを証する資料（未成年被後見人の財産増加の場合には，未成年者の財産に関する資料（不動産登記事項証明書（未登記の場合は固定資産評価証明書），預貯金通帳写し，保険証書写し等））。

　　(ニ)　申立人が親族その他の利害関係人である場合には，それを証する資料（親族の場合は戸籍謄本（全部事項証明書））。

　(3)　**審判手続**

　(a)　審理の対象　　未成年後見人（未成年後見監督人）の増員を必要とする事情の有無，候補者の欠格事由の有無（民847条・852条・850条）及び適格性（なお，家庭裁判所は，申立人の挙げる候補者に拘束されず，第三者を選任することもある）。選任の際には，未成年被後見人の年齢，心身の状態並びに生活及び財産の状況，未成年後見人（未成年後見監督人）となる者の職業及び経歴並びに未成年被後見人との利害関係の有無（未成年後見人（未成年後見監督人）となる者が法人であるときは，その事業の種類及び内容並びにその法人及びその代表者と未成年被後見人との利害関係の有無），未成年被後見人の意見その他一切の事情を考慮しなければならない（民840条3項・852条）とされている。

(b) 審理方法　　通常は家庭裁判所調査官の事前包括調査が行われる。な
お，家庭裁判所は，未成年後見人となるべき者の意見（家手178条2項1号）及
び未成年後見監督人となるべき者の意見（家手178条2項2号）を聴かなければ
ならない。また，未成年被後見人が15歳以上の場合には，その陳述を聴かな
ければならない（家手178条1項1号）。

(c) 申立ての取下げ　　未成年後見人選任の申立ては，家庭裁判所の許可
がなければ取り下げることができない（家手180条・121条）。また，取下げを
するときには，取下げの理由を明らかにしなければならない（家手規97条・78
条1項）。

(d) 審判の告知　　選任審判は，未成年後見人（未成年後見監督人）に告知
されて効力を生じる（家手74条2項）。これに対する不服申立ての方法はない。

(4) 戸籍記載の嘱託

(a) 裁判所書記官は，未成年後見人（未成年後見監督人）の選任の審判が効
力を生じたときには，遅滞なく，未成年被後見人の本籍地の戸籍事務を管掌
する者に対して戸籍の記載を嘱託しなければならない（家手116条1号，家手規
76条1項2号）。また，職権で複数の未成年後見人（未成年後見監督人）の財産管
理権限の行使について定めたときは，併せてこれも嘱託する（家手規76条1項
5号）。

(b) 戸籍の記載の嘱託は，審判の種類に応じて定められた様式の嘱託書を
使用して行う（平24・11・22最家4237号通達）。嘱託書には，未成年後見人（未成
年後見監督人）及び未成年被後見人の氏名及び戸籍の表示等所定の事項を記載
し（家手規76条3項），戸籍の記載の原因を証する書面として審判書謄本を添
付しなければならない（家手規76条4項，平24・11・22最家4237号通達）。

【山崎　郁雄】

270　第3編　各種審判手続の書式実例　第2章　未成年後見に関する審判事件

書式 48　未成年後見人の選任審判申立書(2)——増員の場合

受付印	家事審判申立書　事件名（　未成年後見人選任　）

収入印紙　　800 円	（この欄に申立手数料として1件について800円分の収入印紙を貼ってください。）
予納郵便切手　　　　円	（貼った印紙に押印しないでください。）
予納収入印紙　　　　円	（注意）登記手数料としての収入印紙を納付する場合は，登記手数料としての収入印紙は貼らずにそのまま提出してください。

準口頭	関連事件番号　平成　　年（家　）第　　　　　　　号

横浜　家庭裁判所 御中 平成 ○○ 年 ○○ 月 ○○ 日	申　立　人 （又は法定代理人など） の　記　名　押　印	甲　野　二　郎　　㊞

添付書類	（審理のために必要な場合は，追加書類の提出をお願いすることがあります。） 未成年被後見人の戸籍謄本及び住民票各1通　未成年後見人候補者の戸籍謄本及び住民票各1通 未成年後見人の財産に関する資料

申立人	本　籍 （国　籍）	（戸籍の添付が必要とされていない申立ての場合は，記入する必要はありません。） 　　　都　道 　　　府　県
	住　所	〒○○○ － ○○○○　　　　　　　　電話　×××（×××）×××× 神奈川県鎌倉市○○町○丁目○番○号　　　（　　　　）　　方）
	連絡先	〒　　－　　　　　　　　　　　　　　電話　（　　　　）　　方）
	フリガナ 氏　名	コウノ　ジロウ 甲　野　二　郎	大正・昭和・平成 ○○年○○月○○日生 （　○○　歳）
	職　業	会　社　員

※未成年被後見人	本　籍 （国　籍）	（戸籍の添付が必要とされていない申立ての場合は，記入する必要はありません。） 神奈川　都・道・府・県　鎌倉市○○町○丁目○番地
	住　所	〒　　－　　　　　　　　　　　　　　電話　（　　　　） 申立人の住所と同じ　　　　　　　　　（　　　　）　　方）
	連絡先	〒　　－　　　　　　　　　　　　　　電話　（　　　　）　　方）
	フリガナ 氏　名	コウノ 甲　野　みゆき	大正・昭和・平成 ○○年○○月○○日生 （　○○　歳）
	職　業	市立○○小学校○年生

（注）　太枠の中だけ記入してください。
　　※の部分は，申立人，法定代理人，成年被後見人となるべき者，不在者，共同相続人，被相続人等の区別を記入してください。

申　立　て　の　趣　旨
未成年被後見人の未成年後見人を選任する審判を求める。

申　立　て　の　理　由
1　申立人は，未成年被後見人の未成年後見人です。 2　未成年被後見人には多額の預貯金，多数の不動産等があります。不動産については賃貸しているものもあり，その貸借人との対応をしばしばしなければならないため，法的専門知識をもった者にさらに未成年後見人になってもらい，その管理をしてもらうことを希望します。 3　新任の未成年後見人には，財産に関する権限のみを行使すべきことを定めてください。 4　なお，新任の未成年後見人は家庭裁判所が適任者を選任してください。

第7　未成年後見人（未成年後見監督人）の辞任許可手続

解　説

(1)　制度の趣旨

　未成年後見制度は，行為能力を制限されている未成年者を保護するための
ものであり，その職務は社会的に公益性のあるものであるから，未成年後見
人が自由に辞任することを認めず，正当な事由がある場合に家庭裁判所の許
可を得て辞任することを認めた（民844条）。未成年後見人の辞任許可の申立
ては，家事事件手続法別表第1に掲げる審判事項である（家手別表第1の72項）。
未成年後見監督人の辞任許可の申立ても未成年後見人辞任許可の規定を準用
する（民852条・844条）。未成年後見監督人の辞任許可の申立ては，同法別表
第1に掲げる審判事項である（家手別表第1の75項）。

　「正当な事由」とは，自己の生活を犠牲にすることなく後見の職務をとる
ことが困難な事情といわれており（中川善之助『注釈親族法（下）』166頁〔青山道
夫〕），その具体的内容や有無は家庭裁判所の判断に委ねられている。例えば，
①未成年後見人が未成年被後見人と離れて遠隔地に住むことになった場合，
②未成年後見人の老齢，疾病，負担加重，③後見事務が長期にわたったこと
等が考えられる。

(2)　申立手続

(a)　申立権者　　辞任しようとする未成年後見人（民844条），辞任しよう
とする未成年後見監督人（民852条・844条）。

(b)　管轄裁判所　　未成年被後見人の住所地の家庭裁判所（家手176条）。

(c)　申立手続費用

　(イ)　収入印紙　　800円（未成年被後見人1人につき）（民訴費3条1項・別表
第1の15項）。

　(ロ)　予納郵便切手　　2800円程度（ただし，各家庭裁判所の取扱いによる）。

(d)　添付書類　　未成年被後見人の戸籍謄本（全部事項証明書）及び住民票
又は戸籍附票。

(3)　審判手続

(a)　審理の対象　　辞任の正当事由の有無。通常実務では，辞任許可審判
をする前に，後任の未成年後見人選任の申立て（民845条）を促し，適切な後
任の未成年後見人がいるかどうかも考慮している。

(b) 審理方法　通常は家庭裁判所調査官の事前包括調査が行われる。また，辞任許可の審判と新たな未成年後見人選任の審判を同時にすることが多い。未成年後見監督人については，必要的機関ではないため，後任の未成年後見監督人が必要な場合には，職権で選任手続を行う（民849条）ことが多い。

(c) 審判の告知　辞任許可の審判（家手74条2項）も，却下の審判（家手74条3項）も申立人である未成年後見人（未成年後見監督人）に告知されて効力を生じる。これらに対する不服申立ての方法はない。

(4) 戸籍記載の嘱託

(a) 裁判所書記官は，未成年後見人（未成年後見監督人）の辞任についての許可の審判が効力を生じたときには，遅滞なく，未成年被後見人の本籍地の戸籍事務を管掌する者に対して戸籍の記載を嘱託しなければならない（家手116条1号，家手規76条1項3号）。

(b) 戸籍の記載の嘱託は，審判の種類に応じて定められた様式の嘱託書を使用して行う（平24・11・22最家4237号通達）。嘱託書には，未成年後見人（未成年後見監督人）及び未成年被後見人の氏名及び戸籍の表示等所定の事項を記載し（家手規76条3項），戸籍の記載の原因を証する書面として審判書謄本を添付しなければならない（家手規76条4項，平24・11・22最家4237号通達）。

【山崎　郁雄】

第7　未成年後見人（未成年後見監督人）の辞任許可手続　*273*

書式 49　未成年後見人（未成年後見監督人）の辞任許可審判申立書

受付印		**家事審判申立書　事件名（** 未成年後見人（未成年後見監督人）辞任 **）**

（この欄に申立手数料として1件について800円分の収入印紙を貼ってください。）

（貼った印紙に押印しないでください。）

（注意）登記手数料としての収入印紙を納付する場合は，登記手数料としての収入印紙は貼らずにそのまま提出してください。

収入印紙	800	円
予納郵便切手		円
予納収入印紙		円

準口頭		関連事件番号　平成　　　年（家　　　）第　　　　　　　号

横浜　家庭裁判所　御中	申　立　人（又は法定代理人など）の記名押印	甲　野　二　郎　　㊞

平成　○○　年　○○　月　○○　日

添付書類	（審理のために必要な場合は，追加書類の提出をお願いすることがあります。） 未成年被後見人の戸籍謄本（全部事項証明書）及び住民票　各1通

申立人

本　籍（国　籍）	（戸籍の添付が必要とされていない申立ての場合は，記入する必要はありません。）　　都　道　府　県
住　所	〒○○○－○○○○　神奈川県鎌倉市○○町○丁目○番○号　電話　×××（×××）××××（　　　　　　方）
連絡先	〒　　－　　　　　　　電話（　　　）（　　　　　　方）
フリガナ　氏　名	コウノ　ジロウ　甲　野　二　郎　　昭和・平成 ○○年○月○○日生（○○歳）
職　業	会社員

※未成年被後見人

本　籍（国　籍）	（戸籍の添付が必要とされていない申立ての場合は，記入する必要はありません。） 神奈川　都・道・府・県　鎌倉市○○町○丁目○番地
住　所	〒　　－　　　　申立人の住所と同じ　　電話（　　　）（　　　　　　方）
連絡先	〒　　－　　　　　　　電話（　　　）（　　　　　　方）
フリガナ　氏　名	コウノ　甲　野　みゆき　大正・昭和・平成 ○○年○月○○日生（○○歳）
職　業	小学3年生

（注）　太枠の中だけ記入してください。

※の部分は，申立人，法定代理人，成年後見人となるべき者，不在者，共同相続人，被相続人等の区別を記入してください。

申　立　て　の　趣　旨

　申立人が未成年被後見人の未成年後見人（未成年後見監督人）を辞任することの許可を求める。

申　立　て　の　理　由

1　申立人は，平成○○年○○月○○日に未成年後見人（未成年後見監督人）に就任以来，未成年被後見人の後見事務を行ってきました。

2　申立人は，近々，海外に引っ越すことになり，未成年被後見人の未成年後見人（未成年後見監督人）としての職務を行うことが不可能になります。

3　よって，この申立てをします。

第8　未成年後見人の解任手続

■解　説■

(1)　制度の趣旨

　未成年後見制度は，行為能力を制限されている未成年者を保護するためのものであり，その職務は社会的に公益性のあるものであるから，未成年後見人自身，正当な事由がある場合でなければ辞任することは許されないが（民844条），外部からも理由なくその資格を奪うことは許されるべきではない。しかし，未成年後見人自身に後見の任務に適しない事由があるにもかかわらず，未成年後見人の辞任の手続をとらない限り，その職にとどめておくということは，未成年被後見人の利益にも反することであるから，一定の者からの請求又は職権により未成年後見人の任務を解くことを認めたものである（民846条）（斎藤秀夫＝菊池信男編『注解家事審判法』〔改訂〕237頁〔栗原平八郎〕）。未成年後見人の解任を求める申立ては，家事事件手続法別表第1に掲げる審判事項である（家手別表第1の73項）。

　法は解任事由として，「不正な行為」，「著しい不行跡」，「その他後見の任務に適しない事由」をあげているが，前2つは例示と解されており，要は後見の任務に適しない程度の事由がある場合に解任できるものと考えられている（斎藤＝菊池編・前掲238頁）。

　「不正な行為」とは，違法な行為又は社会的にみて非難される行為をいう。「著しい不行跡」とは，後見の任務に適しない程度に行跡が不良なことをいい（斎藤＝菊池編・前掲238頁），「その他後見の任務に適しない事由」とは，権限濫用，管理の失当，任務の懈怠・放棄，家庭裁判所からの指示・命令に対する違反等があたると解されている。

(2)　申立手続

　(a)　申立権者　　未成年後見監督人，未成年被後見人，その親族，検察官（民846条）。児童相談所長（児福33条の9）（未成年者の手続行為能力につき家手177条3号・118条，親族の範囲につき民725条）。

　(b)　管轄裁判所　　未成年被後見人の住所地の家庭裁判所（家手176条）。

　(c)　申立手続費用

　　(イ)　収入印紙　　800円（未成年被後見人1人につき）（民訴費3条1項・別表第1の15項）。

第 8 未成年後見人の解任手続 *275*

(ロ) 予納郵便切手 2800円程度（ただし，各家庭裁判所の取扱いによる）。

(d) 添付書類

(イ) 未成年被後見人の戸籍謄本（全部事項証明書）及び住民票又は戸籍附票。

(ロ) 申立人が親族の場合は戸籍謄本（全部事項証明書）。

(ハ) 解任事由につき資料があれば，その資料。

(3) 審判手続

(a) 審理の対象 解任事由の有無。通常実務では，解任審判をする前に，未成年後見人選任審判の申立権者ら（民840条1項）に未成年後見人選任の申立てを促し，適切な後任の未成年後見人がいるかどうかも考慮することが多い。

(b) 審理方法 未成年後見人の陳述を聴かなければならない（家手178条1項2号）。通常は，家事審判手続の期日に裁判官が審問を行うとともに，家庭裁判所調査官の調査が行われる。

(c) 審判の告知 解任審判は，未成年後見人に告知され，即時抗告期間が満了して確定すると効力を生じる（家手74条2項・4項）。申立てを却下する審判は，申立人に告知され，即時抗告期間が満了して確定すると効力を生じる（家手74条3項・4項）。

(d) 不服申立て 解任審判に対しては，未成年後見人から（家手179条2号），申立てを却下する審判に対しては，申立人，未成年後見監督人並びに未成年被後見人及びその親族から（家手179条3号）即時抗告ができる。即時抗告期間は2週間とされている（家手86条1項）。却下審判に対する即時抗告期間は，申立人が告知を受けた日から進行する（家手86条2項）。

(4) 戸籍記載の嘱託

(a) 裁判所書記官は，未成年後見人の解任の審判が効力を生じたときには，遅滞なく，未成年被後見人の本籍地の戸籍事務を管掌する者に対して戸籍の記載を嘱託しなければならない（家手116条1号，家手規76条1項4号）。

(b) 戸籍の記載の嘱託は，審判の種類に応じて定められた様式の嘱託書を使用して行う（平24・11・22最家4237号通達）。

嘱託書には，未成年後見人及び未成年被後見人の氏名及び戸籍の表示等所定の事項を記載し（家手規76条3項），戸籍の記載の原因を証する書面として審判書謄本を添付しなければならない（家手規76条4項，平24・11・22最家4237号

通達)。

【山崎　郁雄】

第8　未成年後見人の解任手続　277

書式 50　未成年後見人の解任審判申立書

受付印	

家事審判申立書　事件名（　未成年後見人解任　）

収入印紙　　　800　円	
予納郵便切手　　　　　円	
予納収入印紙　　　　　円	

（この欄に申立手数料として１件について800円分の収入印紙を貼ってください。）
　　　　　　　　　　　　（貼った印紙に押印しないでください。）
（注意）登記手数料としての収入印紙を納付する場合は，登記手数料として
の収入印紙は貼らずにそのまま提出してください。

準口頭	関連事件番号　平成　　年（家　）第　　　　　　　号

横　浜　　家庭裁判所 　　　　　　　　　御中 平成 ○○ 年 ○○ 月 ○○ 日	申　立　人 （又は法定代理人など） の記名押印	乙　川　太　郎　　　㊞

添付書類	（審理のために必要な場合は，追加書類の提出をお願いすることがあります。） 申立人の戸籍謄本（全部事項証明書）　１通 未成年被後見人の戸籍謄本（全部事項証明書）及び住民票　各１通

申立人	本籍 （国籍）	（戸籍の添付が必要とされていない申立ての場合は，記入する必要はありません。） 　　　　　都　道 　　　　　府　県		
	住所	〒○○○-○○○○ 　神奈川県大和市○○町○丁目○番○号	電話　×××（×××）×××× （　　　　　　　　方）	
	連絡先	〒　　-	電話　（　　　） （　　　　　　　　方）	
	フリガナ 氏名	オツカワ　タロウ 乙　川　太　郎	大正 昭和 平成　○○年○○月○○日 生 （　　○○　歳）	
	職業	会　社　員		

※ 未成年後見人	本籍 （国籍）	（戸籍の添付が必要とされていない申立ての場合は，記入する必要はありません。） 神奈川　　都　道 　　　　　府　県　厚木市○○町○丁目○番地		
	住所	〒　　- 　神奈川県鎌倉市○○町○丁目○番○号	電話　（　　　） （　　　　　　　　方）	
	連絡先	〒　　-	電話　（　　　） （　　　　　　　　方）	
	フリガナ 氏名	コウノ　ジロウ 甲　野　二　郎	大正 昭和 平成　○○年○○月○○日 生 （　　○○　歳）	
	職業	会　社　員		

（注）　太枠の中だけ記入してください。
　※の部分は，申立人，法定代理人，成年被後見人となるべき者，不在者，共同相続人，被相続人等の区別を記入してください。

※ 未成年被後見人	本籍	神奈川　　都　道 　　　　　府　県　鎌倉市○○町○丁目○番地	
	住所	〒　　- 　未成年後見人の住所と同じ	（　　　　　　　　方）
	フリガナ 氏名	コウノ 甲　野　み　ゆ　き	大正 昭和 平成　○○年○○月○○日 生 （　　○○　歳）

（注）　太枠の中だけ記入してください。※の部分は，申立人，相手方，法定代理人，不在者，共同相続人，被相続人等の区別を記入してください。

申　立　て　の　趣　旨

　未成年被後見人甲野みゆきの未成年後見人である甲野二郎の解任の審判を求める。

申　立　て　の　理　由

1　申立人は，未成年被後見人の母方の叔父です。
2　未成年被後見人は父が平成○年○月○日，母が平成○年○月○日に死亡したため，甲野二郎が平成○○年○○月○○日に未成年被後見人の未成年後見人に選任されました。
3　未成年被後見人は亡父の生命保険金2000万円の受取人で，甲野二郎が未成年後見人として管理していましたが，最近未成年後見人の生活が派手になり，その理由に生命保険金が入ったからと未成年後見人自身が言っていることがわかり，問いただしたところ，１年もたたずに未成年被後見人の金1000万円を費消したことがわかりました。
4　このような甲野二郎の行為は不正な行為で未成年後見人には適しませんので，解任の審判を求めます。

278 第3編 各種審判手続の書式実例 第2章 未成年後見に関する審判事件

第9 未成年後見監督人の解任手続

解 説

(1) 制度の趣旨

未成年後見監督人解任については，民法852条において民法846条の未成年後見人解任についての規定を準用している。未成年後見監督人の解任を求める申立ては，家事事件手続法別表第1に掲げる審判事項である（家手別表第1の76項）。

その概要については，本章第8(1)を参照。

(2) 申立手続

(a) 申立権者 未成年被後見人，その親族，検察官（民852条・846条），児童相談所長（児童33条の9，民852条・846条）（未成年者の手続行為能力につき家手177条5号・118条，親族の範囲につき民725条）。なお，未成年後見人の申立権については見解が分かれており，消極説に立つ判例もあるが，学説では積極説が有力である（斎藤秀夫＝菊池信男編『注解家事審判法』〔改訂〕238頁〔栗原平八郎〕）。

(b) 管轄裁判所 未成年被後見人の住所地の家庭裁判所（家手176条）。

(c) 申立手続費用

(イ) 収入印紙 800円（未成年被後見人1人につき）（民訴費3条1項・別表第1の15項）。

(ロ) 予納郵便切手 2800円程度（ただし，各家庭裁判所の取扱いによる）。

(d) 添付書類

(イ) 未成年被後見人の戸籍謄本（全部事項証明書）及び住民票又は戸籍附票。

(ロ) 申立人が親族の場合は戸籍謄本（全部事項証明書）。

(ハ) 解任事由につき資料があれば，その資料。

(3) 審判手続

(a) 審理の対象 解任事由の有無。なお，未成年後見人の解任事由（民846条）に加えて，民法851条に定められた未成年後見監督人の職務（本章第4(4)参照）を怠った場合も含む（於保不二雄＝中川淳編『新版注釈民法(25)』369頁〔久貴忠彦＝二宮周平〕）。

(b) 審理方法 未成年後見監督人の陳述を聴かなければならない（家手178条1項3号）。通常は，家事審判手続の期日に裁判官が審問を行うとともに，

家庭裁判所調査官の調査が行われる。

(c) 審判の告知　解任審判は，未成年後見監督人に告知され，即時抗告期間が満了して確定すると効力を生じる（家手74条2項・4項）。申立てを却下する審判は，申立人に告知され，即時抗告期間が満了して確定すると効力を生じる（家手74条3項・4項）。

(d) 不服申立て　解任審判に対しては，未成年後見監督人から（家手179条4号），申立てを却下する審判に対しては，申立人並びに未成年被後見人及びその親族から（家手179条5号）即時抗告ができる。即時抗告期間は2週間とされている（家手86条1項）。却下審判に対する即時抗告期間は，申立人が告知を受けた日から進行する（家手86条2項）。

(4) 戸籍記載の嘱託

(a) 裁判所書記官は，未成年後見監督人の解任の審判が効力を生じたときには，遅滞なく，未成年被後見人の本籍地の戸籍事務を管掌する者に対して戸籍の記載を嘱託しなければならない（家手116条1号，家手規76条1項4号）。

(b) 戸籍の記載の嘱託は，審判の種類に応じて定められた様式の嘱託書を使用して行う（平24・11・22最家4237号通達）。嘱託書には，未成年後見監督人及び未成年被後見人の氏名及び戸籍の表示等所定の事項を記載し（家手規76条3項），戸籍の記載の原因を証する書面として審判書謄本を添付しなければならない（家手規76条4項，平24・11・22最家4237号通達）。

【山崎　郁雄】

280　第3編　各種審判手続の書式実例　第2章　未成年後見に関する審判事件

書式 51　未成年後見監督人の解任審判申立書

受付印	家事審判申立書　事件名（未成年後見監督人解任）
収入印紙　　　800　円 予納郵便切手　　　　円 予納収入印紙　　　　円	（この欄に申立手数料として1件について800円分の収入印紙を貼ってください。） 　　　　　　　　　（貼った印紙に押印しないでください。） （注意）登記手数料としての収入印紙を納付する場合は，登記手数料として の収入印紙は貼らずにそのまま提出してください。

準口頭	関連事件番号　平成　　年（家　　）第　　　　　　　　　　　　　号

横浜　家庭裁判所 　　　　　御中 平成　○○年　○○月　○○日	申　立　人 （又は法定代理人など） の記名押印	乙　川　太　郎　　㊞

添付書類	（審理のために必要な場合は，追加書類の提出をお願いすることがあります。） 申立人の戸籍謄本（全部事項証明書）　1通 未成年被後見人の戸籍謄本（全部事項証明書）及び住民票　各1通

申 立 人	本　籍 （国　籍）	（戸籍の添付が必要とされていない申立ての場合は，記入する必要はありません。） 　　　　　　都道 　　　　　　府県
	住　所	〒○○○－○○○○　　　　　　　　　　電話　×××（×××）×××× 神奈川県大和市○○町○丁目○番○号　　　　　（　　　　　方）
	連絡先	〒　　－　　　　　　　　　　　　　　　電話　　　（　　　） 　　　　　　　　　　　　　　　　　　　　　　（　　　　　方）
	フリガナ 氏　名	オツカワ　タロウ 乙　川　太　郎	大正 平成　○○年○○月○○日生 　　　　　　　○○　歳
	職　業	会　社　員	

※ 未 成 年 後 見 監 督 人	本　籍 （国　籍）	（戸籍の添付が必要とされていない申立ての場合は，記入する必要はありません。） 神奈川　　都道 　　　　府県　厚木市○○町○丁目○番地
	住　所	〒　　－ 本籍と同じ　　　　　　　　　　　　　電話　×××（×××）×××× 　　　　　　　　　　　　　　　　　　　　　　（　　　　　方）
	連絡先	〒　　－　　　　　　　　　　　　　　　電話　　　（　　　） 　　　　　　　　　　　　　　　　　　　　　　（　　　　　方）
	フリガナ 氏　名	ヘイノ　ジロウ 丙　野　二　郎	大正 昭和 平成　○○年○○月○○日生 　　　　　　　○○　歳
	職　業	会　社　員	

(注)　太枠の中だけ記入してください。
　※の部分は，申立人，法定代理人，成年被後見人となるべき者，不在者，共同相続人，被相続人等の区別を記入してください。

※ 未 成 年 被 後 見 人	本　籍	神奈川　都道 　　　　府県　鎌倉市○○町○丁目○番地
	住　所	〒○○○－○○○○ 本籍と同じ　　　　　　　　　　　　　　　　　（　　　　　方）
	フリガナ 氏　名	コウノ　みゆき 甲　野　み　ゆ　き	大正 昭和 平成　○○年○○月○○日生 　　　　　　　○○　歳

(注)　太枠の中だけ記入してください。※の部分は，申立人，相手方，法定代理人，不在者，共同相続人，被相続人等の区別を記入してください。

申　立　て　の　趣　旨

　未成年被後見人甲野みゆきの未成年後見監督人である丙野二郎を解任するとの審判を求めます。

申　立　て　の　理　由

1　申立人は未成年被後見人の母方叔父です。
2　未成年被後見人は，亡父の多額の預貯金と多数の不動産を相続するとともに，亡父の生命保険金2000万円の受取人となっていたため，法律専門職である丙野二郎が未成年後見監督人に選任されました。
3　未成年被後見人の父死亡後，約1年半を過ぎても相続の手続が行われていないことから，未成年後見人に事情を聞いたところ，家庭裁判所へ提出するために作成した，後見事務報告書及び財産目録とともに，預貯金通帳等の資料を未成年後見監督人へ送付したところ，何度か催促したにもかかわらず，多忙を理由に，家庭裁判所への提出もなされないばかりか，未成年後見人への返還にも応じないとのことでした。
4　このように，未成年後見監督人の対応には，未成年後見監督人の任務に適しない事由があるので，解任の審判を求めます。

第10　未成年後見の事務の監督手続

解　説

(1)　制度の趣旨

　未成年後見人は，未成年被後見人の身上監護と財産管理について包括的権限を有している。そのため家庭裁判所は，いつでも未成年後見人に対し後見の事務の報告若しくは財産の目録の提出を求め，又は後見の事務若しくは，未成年被後見人の財産の状況を調査することができ（民863条1項），また，家庭裁判所は申立てにより又は職権で，未成年被後見人の財産の管理その他後見の事務について必要な処分を命ずることができる（民863条2項）。未成年後見の事務の監督に関する処分の申立ては，家事事件手続法別表第1に掲げる審判事項である（家手別表第1の81項）。

　「必要な処分」とは，後見事務に関して監督上必要な一切の措置をいい，その具体的な内容としては，未成年被後見人の財産の改修，改築等の事実行為，登記その他の保存行為，売却，賃貸等の処分行為並びにこのような処分の禁止行為についての助言・指導なども含み（斎藤秀夫＝菊池信男編『注解家事審判法』〔改訂〕251頁〔栗原平八郎〕），後見事務全般にわたる。財産管理に関する事務のほか，身上監護に関する処分も含むもので，審判例としては，財産目録・管理計算書の提出を命じたもの（東京家審昭37・5・28家月16巻1号127頁）や前任後見人に辞任時の管理報告を命じたもの（東京家審昭38・5・28家月16巻3号115頁）などがある。

(2)　申立手続

（a）　申立権者　　未成年後見監督人，未成年被後見人，その親族及び利害関係人（民863条2項）（未成年者の手続行為能力につき家手177条7号・118条，親族の範囲につき民725条）。

（b）　管轄裁判所　　未成年被後見人の住所地の家庭裁判所（家手176条）。

（c）　申立手続費用

　（イ）　収入印紙　　800円（未成年被後見人1人につき）（民訴費3条1項・別表第1の15項）。

　（ロ）　予納郵便切手　　800円程度（ただし，各家庭裁判所の取扱いによる）。

（d）　添付書類

　（イ）　申立人が利害関係人である場合には，それを証する資料（親族の場

合は戸籍謄本（全部事項証明書））。

　　　　(ロ)　後見監督処分を求める資料。

(3)　審判手続

　(a)　審理の対象　　後見の事務について必要な処分を命ずるかどうかである。家庭裁判所は，いつでも未成年被後見人の身上監護，その他財産の管理，後見事務に関して相当と認める事項を指示することができるので，その指示の必要性などが審理される。

　(b)　審理方法　　申立書の記載内容や添付資料による書面審査，必要に応じて家庭裁判所調査官による調査や裁判官による審問を行う。

　(c)　審判の告知　　後見の事務について必要な処分を命ずる審判は，未成年後見人に告知されたときに（家手74条2項），申立てを却下する審判は，申立人に告知されたときに（家手74条3項）効力を生じる。これらに対する不服申立ての方法はない。

　(d)　職権による立件及び終了については，本章第2(6)(b)(c)を参照。

【山崎　郁雄】

第10　未成年後見の事務の監督手続　*283*

書式 52　未成年後見事務監督処分審判申立書

	受付印	**家事審判申立書**　**事件名**（未成年後見事務監督処分）

収入印紙　　　　800　円
予納郵便切手　　　　　　円
予納収入印紙　　　　　　円

（この欄に申立手数料として1件について800円分の収入印紙を貼ってください。）

（注意）登記手数料としての収入印紙を納付する場合は，登記手数料として
その収入印紙は貼らずにそのまま提出してください。

（貼った印紙に押印しないでください。）

準口頭	関連事件番号　平成　　　年（家　　　）第　　　　　　　　　　号

横浜　　家庭裁判所 御中 平成　〇〇年　〇〇月　〇〇日	申　立　人 （又は法定代理人など） の　記　名　押　印	乙　川　太　郎　　㊞

（審理のために必要な場合は，追加書類の提出をお願いすることがあります。）

添付書類	申立人の戸籍謄本（全部事項証明書）　　1通

申立人	本　籍 （国　籍）	（戸籍の添付が必要とされていない申立ての場合は，記入する必要はありません。） 　　　　　　　　　都　道 　　　　　　　　　府　県
	住　所	〒　〇〇〇－〇〇〇〇 神奈川県大和市〇〇町〇丁目〇番〇号　　電話　×××（×××）×××× （　　　　　　　　方）
	連絡先	〒　　　　　　　　　　　　　　　　　　　　電話　　　（　　　） （　　　　　　　　方）
	フリガナ 氏　名	オツカワ　タロウ 乙　川　太　郎 　　大正 昭和 平成　〇〇年〇〇月〇〇日生 （　　〇〇　歳）
	職　業	会　社　員

※ 未成年後見人	本　籍 （国　籍）	（戸籍の添付が必要とされていない申立ての場合は，記入する必要はありません。） 　　　　　　　　　都　道 　　　　　　　　　府　県
	住　所	〒 神奈川県鎌倉市〇〇町〇丁目〇番〇号　　電話　×××（×××）×××× （　　　　　　　　方）
	連絡先	〒　　　　　　　　　　　　　　　　　　　　電話　　　（　　　） （　　　　　　　　方）
	フリガナ 氏　名	コウノ　ジロウ 甲　野　二　郎 　　大正 昭和 平成　〇〇年〇〇月〇〇日生 （　　〇〇　歳）
	職　業	会　社　員

（注）　太枠の中だけ記入してください。
※の部分は，申立人，法定代理人，成年被後見人となるべき者，不在者，共同相続人，被相続人等の区別を記入してください。

※ 未成年被後見人	本　籍	都　道 　　　　　　　　　府　県
	住　所	〒　〇〇〇－〇〇〇〇〇 未成年後見人の住所と同じ （　　　　　　　　方）
	フリガナ 氏　名	コウノ 甲　野　み　ゆ　き 　　大正 昭和 平成　〇〇年〇〇月〇〇日生 （　　〇〇　歳）

（注）　太枠の中だけ記入してください。※の部分は，申立人，相手方，法定代理人，不在者，共同相続人，被相続人等の区別を記入してください。

申　立　て　の　趣　旨

　未成年後見人甲野二郎に対して，未成年被後見人の財産の目録を家庭裁判所及び申立人に提出することを命じる審判を求める。

申　立　て　の　理　由

1　申立人は，未成年被後見人の母方の叔父になります。
2　申立人は，未成年後見人に対して，未成年被後見人の財産目録や監護養育の状況について報告を求めましたが，3カ月経過しても何ら連絡がありません。
3　申立人としては，幼い未成年被後見人の財産が適正に管理されているのか，監護養育はどうなっているのか非常に憂慮しております。
4　そこで，家庭裁判所において相当の期間を定めて，未成年後見人に対して，財産目録の提出や監護養育の状況についての報告を家庭裁判所及び申立人に提出することを命じてもらいたく，申立ての趣旨記載の審判を求めます。

284　第3編　各種審判手続の書式実例　第2章　未成年後見に関する審判事件

第11　未成年後見人（未成年後見監督人）に対する報酬の付与手続

解　説

(1)　制度の趣旨

　未成年後見人に対しては，家庭裁判所が，未成年後見人及び未成年被後見人の資力その他の事情によって，未成年被後見人の財産の中から相当な報酬を与えることができるとした（民862条）。この規定は，未成年後見監督人に対しても準用されている（民852条）。未成年後見人（未成年後見監督人）に対する報酬の付与の申立ては，家事事件手続法別表第1に掲げる審判事項である（家手別表第1の80項）。

　これは，未成年後見人等は未成年被後見人の利益のために後見事務を行うのであるから，家庭裁判所は，当該事務の受益者である未成年被後見人の財産の中から相当の報酬を与えることができるとするものである（小林昭彦＝大鷹一郎＝大門匡『新版新しい成年後見制度』124頁）。なお，未成年後見人（未成年後見監督人）が後見事務（監督事務）を行うために必要な費用についても，未成年被後見人の財産の中から支弁される（民861条2項・852条）。

　実務では，未成年被後見人の財産が少額であったり，未成年被後見人の親族が未成年後見人となっていたりする事例が多いためか，すべての未成年後見人から報酬付与の申立てが行われているわけではないようである。また，成年後見人の報酬については，厚生労働省の成年後見制度利用支援事業により，多くの市町村が一定の基準に該当するものに対しては，審査のうえ報酬の助成を行うようになってきているが，未成年後見については当該制度の対象となっていない。

　報酬付与の申立てについては，報酬を求める期間を明示したうえで，家庭裁判所に対する定期的な後見事務の報告に併せて行われることが多い。

(2)　申立手続

(a)　申立権者　　未成年後見人，未成年後見監督人及びそれらの相続人（斎藤秀夫＝菊池信男編『注解家事審判法』〔改訂〕247頁〔栗原平八郎〕）。

(b)　管轄裁判所　　未成年被後見人の住所地の家庭裁判所（家手176条）。

(c)　申立手続費用

　(イ)　収入印紙　　800円（未成年後見人（未成年後見監督人）1人ごとに）（民

第11　未成年後見人（未成年後見監督人）に対する報酬の付与手続　*285*

訴費 3 条 1 項・別表第 1 の15項）。

　　(ロ)　予納郵便切手　　400円程度（ただし，各家庭裁判所の取扱いによる）。

　(d)　添付書類　　財産目録，後見事務報告書，後見事務報告に伴う疎明資料。

　(3)　審判手続

　(a)　審理については，後見事務の内容，管理状況，管理期間，財産の額や内容，労力の程度等を考慮して，報酬を付与すべきか否か及びその額を定める。

　(b)　審理方法　　通常は，申立人から提出された財産目録，後見事務報告書等に対する書面審査により行われる。

　(c)　審判の告知　　報酬付与の審判（家手74条 2 項）も，却下の審判（家手74条 3 項）も申立人である未成年後見人，未成年後見監督人及びそれらの相続人に告知されて効力を生じる。これらに対する不服申立ての方法はない。

　　　　　　　　　　　　　　　　　　　　　　　　　　　【山崎　郁雄】

286 第3編 各種審判手続の書式実例 第2章 未成年後見に関する審判事件

書式 53 未成年後見人（未成年後見監督人）に対する報酬付与を求める審判申立書

	受付印	**家事審判申立書 事件名**（ 未成年後見人（未成年後見 監督人）に対する報酬付与 ）

収入印紙 800 円
予納郵便切手 円
予納収入印紙 円

（この欄に申立手数料として1件について800円分の収入印紙を貼ってください。）
（貼った印紙に押印しないでください。）
（注意）登記手数料としての収入印紙を納付する場合は，登記手数料としての収入印紙は貼らずにそのまま提出してください。

準口頭	関連事件番号 平成 年（家 ） 第 号

横 浜 家庭裁判所 御中 平成 ○○ 年 ○○ 月 ○○ 日	申 立 人 （又は法定代理人など） の 記 名 押 印	甲 野 二 郎 ㊞

添付書類	（審理のために必要な場合は，追加書類の提出をお願いすることがあります。） 後見事務報告書，財産目録 1通

申 立 人	本 籍 （国 籍）	（戸籍の添付が必要とされていない申立ての場合は，記入する必要はありません。） 都 道 府 県	
	住 所	〒○○○ － ○○○○ 神奈川県鎌倉市○○町○丁目○番○号	電話 ××× （×××） ×××× （ 方）
	連絡先	〒 －	電話 （ ） （ 方）
	フリガナ 氏 名	コウノ ジロウ 甲 野 二 郎	大正 昭和 ○○ 年○○月○○日 生 平成 （ ○○ 歳）
	職 業	会 社 員	

※ 未成年被後見人	本 籍 （国 籍）	（戸籍の添付が必要とされていない申立ての場合は，記入する必要はありません。） 都 道 府 県	
	住 所	〒 － 申立人の住所と同じ	電話 （ ） （ 方）
	連絡先	〒 －	電話 （ ） （ 方）
	フリガナ 氏 名	コウノ 甲 野 み ゆ き	大正 昭和 ○○ 年○○月○○日 生 平成 （ ○○ 歳）
	職 業	大 学 生	

（注） 太枠の中だけ記入してください。
※の部分は，申立人，法定代理人，成年被後見人となるべき者，不在者，共同相続人，被相続人等の区別を記入してください。

申 立 て の 趣 旨
未成年後見人（未成年後見監督人）の報酬として未成年被後見人の財産の中から相当額を申立人に与えるとの審判を求める。

申 立 て の 理 由
1 申立人は，平成○○年○○月○○日に未成年後見人（未成年後見監督人）に就任以来，その職務を行ってきました。 2 このたび未成年被後見人が成人に達し，その職務を終えることになりました。 3 未成年被後見人に引き継いだ財産は別紙財産目録記載のとおりですし，後見事務の概要については別紙後見事務報告書のとおりです。 4 よって，申立ての趣旨記載の審判を求めます。

第3章

不在者の財産管理事件

第1　不在者の財産管理人の選任手続

解　説

(1)　管理制度の趣旨

　従来の住所又は居所を去り容易に帰来する見込みのない不在者について，財産が存在し，あるいは相続が開始した場合等，当該財産の管理や法律関係の処理，解決を図るため，不在者自身が管理できるまで，又は不在者の死亡により相続が開始するまでの間，いわゆる不在者の代理人として不在者財産管理人制度を設けたものである（民25条～29条，家手145条～147条，家手145条・別表第1の55項審判事件）。また，近時問題とされる空家建物についても本管理制度により解決が期待される。

(2)　申立手続

　(a)　申立権者　　利害関係人又は検察官である（民25条1項）。利害関係人は不在者財産の保存管理について法律上の利害関係を有する者であり，事例として不在者とともに共同相続人となっている者，債権者，債務者，境界確定を求める隣接地の所有者，不在者所有地を買収しようとする国，都道府県等がある。

　(b)　申　立　書　　申立書は各家庭裁判所の定型のものを使用することが多いと思われる（後述【書式54】参照）。

　(c)　管轄裁判所　　不在者の従来の住所地又は居所地の家庭裁判所（家手145条）。これは不在者の住所又居所は明らかでないことが多いことから，家事事件手続法において改められた（旧家審規31条）。また家事事件手続法は，管轄に関し「第2章　管轄」において詳細な規定を設けている（家手4条～9条）。

288 第3編 各種審判手続の書式実例 第3章 不在者の財産管理事件

(d) 添付書類

(イ) 申立人の住民票（法人の場合は資格証明書，法人登記簿謄本（登記事項証明書）），申立人が利害関係人である場合は利害関係を証する資料（親族であれば，戸籍謄本（全部事項証明書），その他例えば地主であれば，賃貸借契約書等）。

(ロ) 不在者の戸籍謄本（全部事項証明書），戸籍の附票（最後の住所地が職権消除となっている場合には不在を証する資料とされる）。

(ハ) 財産管理人候補者の住民票又は戸籍附票，成年後見登記がなされていないことの証明書。

(ニ) 不在の事実を証する資料（宛所尋ね当たらないとの理由で返戻された不在者宛ての手紙，警察署長発行の行方不明者届出受理証明書，関係人からの陳述書等）。

(ホ) 不在者の財産目録その疎明資料（登記全部事項証明書，預金通帳写し，預貯金及び有価証券の残高証明書等）。

(ヘ) 不在者が関係する遺産分割協議を目的とする申立てについては，相続関係図，相続関係を証する戸籍謄本（全部事項証明書）。

(e) 申立手続費用 収入印紙800円分（民訴費3条1項・別表第1の15項），予納郵便切手1900円程度（内訳例：82円20枚，10円20枚，1円20枚，計1860円）。家事予納金については，管理人の報酬や管理費用を支払うことができない場合に納付の必要があれば別途担当書記官より指示がある（原則不在者財産から支出）。

(3) 審判手続

(a) 審判開始（管理人選任）の要件は，次のとおりである。

(イ) 不在者財産の管理保全につき，申立人が法律上の利害関係を有すること（事例は前掲）。

(ロ) 管理すべき財産の存在 積極財産だけでなく消極財産も含まれ，具体的実体法上の不在者財産の存在のほか，手続法上の法的紛争の対象として扱う価値があることを要する。

(ハ) 不在者本人が財産を管理できないこと。不在者とは，従来の住所又は居所を去って容易に帰来する見込みのない者であるが，外国等遠隔地にいるだけでは管理不能とはいえず，国交未回復の外国に居住するとか諸外国を転々とし，本人との通信交流が困難な場合に限られる。また，精神上の障害等のための入院・施設収容されて帰来する見込みがない場合については，その財産の管理については，成年後見制度を検討すべきである。なお，不在の

事実については，裁判所は，申立人が提出した不在の事実を証する資料を確認の上，さらに不在者の所在不明の確認のため，調査嘱託の方法（家手62条）で検察庁に前科照会や，警察本部の交通部宛に運転免許の有無を照会している。

　(b)　管理人候補者の適格　　管理人は，不在者の財産を保全できる者であり，不在者と利益相反する者，例えば不在者の共同相続人，不在者との間に債権債務関係を有する者等は管理人として選任すべきではないとされている（家月15巻11号187頁参照）。また，財産管理事務の内容が複雑，困難な場合は，候補者を選任せず，弁護士等の専門職などを選任する場合がある。

　(c)　審判の告知　　申立人及び管理人に対して，審判書謄本を送付して告知する（家手74条1項）。申立てを却下する審判は申立人に告知することにより効力を生ずる（家手74条3項）。選任・却下いずれの審判にも不服申立てはできない。

　(d)　管理人の改任等　　選任された管理人が辞任しようとするとき，従前の家事審判法は辞任の届出によりさらに管理人を選任しなければならないとされていた（旧家審規32条2項・3項）が，財産管理の適切な継続の観点から辞任に関する規定は削除され，選任管理人は届出による任意の辞任をすることは認められず辞任にあたっては改任の職権発動を求めることになる（家手146条1項）。

　(e)　管理人選任処分の取消し　　従前の家事審判法では，本人が自ら財産を管理することができるようになったとき，本人の死亡が明らかになったとき，本人の失踪宣告があったとき，あるいは本人が委任管理人を置いたとき（旧家審規37条，民25条2項）には，いずれも管理処分の取消事由とされていたが，家事事件手続法では，取消事由として不在者が財産を管理することができるようになったとき及び管理すべき財産がなくなったときとしたうえ，その他財産の管理を継続することが相当でなくなったときとした。また，申立人に管理人を加えるほか，職権による処分の取消しの審判をしなければならないとされた（家手147条）。従来これらは管理終了事由とされており，手続上管理が終了したことを明確にさせるため，家庭裁判所は不在者，利害関係人又は検察官等の請求によって，管理処分の取消しがなされていた（旧家審規37条，民25条2項）。しかし，管理財産がなくなったときは，管理終了事由が発生したとしても，法文上処分取消しとすべきことは求められておらず，

実務上は管理終了認定という形で終了されていた。また，管理すべき財産が存在する場合でも管理が継続することが相当でないとして管理終了が認定されていた。

(4)　選任管理人の権利義務と選任監督裁判所の監督

選任管理人は本人の代理人であり，民法の委任の規定が準用されており，次の事項があげられる。また，家庭裁判所の監督に服し，事務の停滞が生じないように裁判所への報告が必要とされている。

(a)　権利及び義務

(イ)　受任者の注意義務（善管注意義務・民644条）

(ロ)　不在者への受取物の引渡義務（民646条）

(ハ)　金銭消費の責任義務（民647条）

(ニ)　費用償還請求権（民650条）

(ホ)　財産目録作成義務（民27条）

財産目録は2通を作成し，うち1通を家庭裁判所に提出する。また，財産目録の作成が不十分と認められた場合には，家庭裁判所は管理人に対して公証人に財産目録を作成させることを命じることができる（家手規87条・82条）。

(b)　財産状況の報告及び管理の計算についても家庭裁判所は管理人に命じることができる（家手146条2項）。これらの費用は，不在者の財産から支弁する（家手146条3項）。

【中村　平八郎】

第1 不在者の財産管理人の選任手続　*291*

書式54　不在者財産管理人選任審判申立書(1)

受付印	**家事審判申立書　事件名（不在者財産管理人選任）**
収入印紙　　800 円 予納郵便切手　　　円 予納収入印紙　　　円	（この欄に申立手数料として1件について800円分の収入印紙を貼ってください。） 　　　　　　　　　　（貼った印紙に押印しないでください。） （注意）登記手数料としての収入印紙を納付する場合は，登記手数料としての収入印紙は貼らずにそのまま提出してください。

準口頭	関連事件番号　平成　　年（家　　）第　　　　　　号

横浜　　家庭裁判所 　　　　　　御中 平成 ○○ 年 ○○ 月 ○○ 日	申　立　人 （又は法定代理人など） の 記 名 押 印	甲　野　太　郎　　㊞

添付書類	（審理のために必要な場合は，追加書類の提出をお願いすることがあります。） 申立人の戸籍謄本（全部事項証明書）1通，不在者の戸籍謄本（全部事項証明書）・戸籍の附票謄本各1通，財産管理人候補者の住民票・身分証明書・登記されていないことの証明書各1通，不動産登記簿謄本（全部事項証明書）2通，財産目録1通，相続関係図1通

申 立 人	本　籍 （国 籍）	（戸籍の添付が必要とされていない申立ての場合は，記入する必要はありません。） 　　　　　都 道 　　　　　府 県
	住　所	〒○○○ － ○○○○　　　　　　　　電話　×××（×××）×××× 横浜市中区○○町○丁目○番○号　　　　　　　（　　　　　　　　方）
	連絡先	〒　　　－　　　　　　　　　　　　　　電話　　（　　　） 　　　　　　　　　　　　　　　　　　　　　　（　　　　　　　　方）
	フリガナ 氏　名	コウ　ノ　タ　ロウ 甲　野　太　郎	大正 昭和 平成　○○年○○月○○日 生 （　　○○　　歳）
	職　業	会社員

※ 不 在 者	本　籍 （国 籍）	（戸籍の添付が必要とされていない申立ての場合は，記入する必要はありません。） 神奈川　都 道 　　　　府 県　横浜市中区○○町○丁目○番地
	従 来 の 住 　所	〒○○○ － ○○○○　　　　　　　　電話　　（　　　） 横浜市西区○○町○丁目○番○号　　　　　　（　　　　　　　　方）
	連絡先	〒　　　－　　　　　　　　　　　　　　電話　　（　　　） 　　　　　　　　　　　　　　　　　　　　　　（　　　　　　　　方）
	フリガナ 氏　名	コウ　ノ　ジ　ロウ 甲　野　次　郎	大正 昭和 平成　○○年○○月○○日 生 （　　○○　　歳）
	職　業	元タクシー運転手

（注）　太枠の中だけ記入してください。
※の部分は，申立人，法定代理人，成年後見人となるべき者，不在者，共同相続人，被相続人等の区別を記入してください。

申　立　て　の　趣　旨
不在者の財産管理人を選任するとの審判を求めます。

申　立　て　の　理　由
申立人は不在者の実兄であるが，不在者は平成○○年○月頃から行方不明となった。当時不在者は単身で生活し，タクシーの運転手をしていたが，職場の同僚やサラ金に借金が存在し，その返済に困って失踪したものと思われる。今般申立人，不在者らの父甲野丙助が死亡し相続が開始したが，共同相続人である不在者は所在不明であり，父の遺産分割の必要から本申立てをなしたものである。 　　　財産管理人候補 　　　　　住所　横浜市○○区○○町○番○号 　　　　　　　　司法書士　丙野　一郎

財 産 目 録（土地）

番号	所　　　　　在	地　番	地　目	面　積	備　考
1	横浜市○○区○○町○丁目	番 ○　○	宅地	平方メートル 150 ： 00	

財 産 目 録（建物）

番号	所　　　　　在	家屋番号	種類	構造	床面積	備考
1	横浜市○○区○○町○丁目	○番○	居宅	木造瓦葺平家建	平方メートル 130 ： 00	

財 産 目 録（現金，預・貯金，株券等）

番号	品　　　　　目	単位	数　量（金額）	備　考
1	○○銀行○○支店 普通預金		1,500,000円	

相続関係図

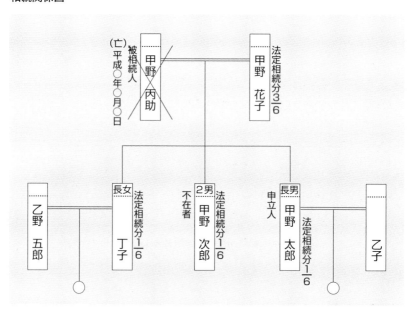

第2　不在者（韓国籍）財産管理人の選任

解　説

(1)　不在者が韓国籍である場合

　不在者が韓国人とされている場合，わが国が国家として承認している大韓民国の国民のほか，朝鮮民主主義人民共和国の国民である場合もあり，それぞれ別個の法制（本国法）をどのように解するか問題がある。実務上，国籍が韓国と表示されている場合は，大韓民国の国民であると解したうえ，国際裁判管轄権，準拠法を検討したい。

(2)　国際裁判管轄権

　法の適用に関する通則法（以下「通則法」という）6条は失踪宣告に関する規定であるが，失踪宣告，不在者財産管理人選任の各不在者は身分上及び財産上共通の権利関係にあると考えられ，財産管理人選任，その他財産管理行為に関する処分等の保全措置は同じく適用されるべきとの考え方，両者は民法上も別個の制度として規定されており，不在者の財産管理は，必ずしも失踪宣告の前提でなく，通則法6条が財産管理にまで及ぶとするのは不自然であると考慮し，財産管理の実効性の観点から，通則法6条2項にいう，不在者の財産が日本にあるときはその財産についてのみ国際裁判管轄権は，いわゆる財産所在地にあるとする考えが従来から有力であった。平成30年4月25日公布の家事事件手続法の一部改正（施行は，公布より1年6月を超えない範囲内において政令で定める日である）では，家事事件についてその申立てに係る事件の類型ごとに日本の裁判所が管轄権を有する場合が定められたが，不在者の財産の管理に関する処分の審判事件について，不在者の財産が日本国内にあるときは日本の裁判所は管轄権を有するとされた（家手3条の2）。

(3)　準　拠　法

　不在者の財産管理についての管轄権についても，前述と同様に不在者の財産管理事件と失踪宣告事件の共通性に着目する説，別個説による属地法（財産所在地法）とする考えがあるが，財産所在地とする考えが有力である（家手7条参照）。

(4)　申立手続

　申立手続については，基本的には本章第1と同様であるが，管轄裁判所については渉外事件については財産所在地も含むとする扱いが多い。また添付

書類については，関係人の外国人登録証，本国戸籍謄本（遺産分別事案については相続関係を明らかにするため死亡から出生に至るまでの戸籍）の添付が必要となる。

(5) 韓国関係法令

本項に関係する韓国法令は以下のとおりであり，事例に応じて参照されたい（日本加除出版法令編纂室編『戸籍実務六法』〔平成30年版〕参照）。

(a) 大韓民国民法
- ・第22条（不在者の財産管理）
- ・第23条（管理人の改任）
- ・第24条（管理人の職務）
- ・第25条（管理人の権限）
- ・第26条（管理人の担保提供，報酬）

(b) 大韓民国家事訴訟法
- ・第2条（家庭法院の管掌事項）第2項「家事非訟事件」「カラ類事件」2号

  「民法第22条から第26条までの規定による不在者財産管理に関する処分」
- ・第44条（管轄）2号

  「不在者の財産管理に関する事件は，不在者の最後の住所地又は不在者の財産がある地の家庭法院」

【中村　平八郎】

第2　不在者（韓国籍）財産管理人の選任　*295*

書式 55　不在者財産管理人選任審判申立書(2)──不在者が韓国籍の場合

家事審判申立書　事件名（不在者財産管理人選任）

受付印	
収入印紙　　800 円	
予納郵便切手　　　　円	
予納収入印紙　　　　円	

（この欄に申立手数料として1件について800円分の収入印紙を貼ってください。）
（貼った印紙に押印しないでください。）
（注意）登記手数料としての収入印紙を納付する場合は，登記手数料としての収入印紙は貼らずにそのまま提出してください。

準口頭		関連事件番号　平成　　年（家　　）第　　　　　　　号

横浜　家庭裁判所 御中 平成　○○年　○○月　○○日	申　立　人 （又は法定代理人など） の 記 名 押 印	木下こと 　李　　春　雄　　　㊞

添付書類	（審理のために必要な場合は，追加書類の提出をお願いすることがあります。） 申立人，不在者の外国人登録済証明書各1通，本国戸籍勝本各1通，財産目録， 不動産登記簿勝本（全部事項証明書）2通，財産管理人候補者の外国人登録済証明書， 登記されていないことの証明書各1通

申立人	本　籍 （国　籍）	（戸籍の添付が必要とされていない申立ての場合は，記入する必要はありません。） 大韓民国　~~都　道~~ 　　　　　~~府　県~~
	住　所	〒○○○-○○○○　　　　　　　　　電話　×××（×××）×××× 横浜市鶴見区○○町○丁目○番○号　　　　　　（　　　　　）　　方）
	連絡先	〒　　-　　　　　　　　　　　　　　　電話　　（　　　） 　　　　　　　　　　　　　　　　　　　　　　　　（　　　　　）　　方）
	フリガナ 氏　名	木下こと　　リ　　ハルオ 　　　李　　春　雄　　　~~大正・西暦~~ 　　　　　　　　　　　　　~~明治・平成~~○○○○年○○月○○日 生 　　　　　　　　　　　　　　　　　（　　○○　　歳）
	職　業	自営業

※ 不在者	本　籍 （国　籍）	（戸籍の添付が必要とされていない申立ての場合は，記入する必要はありません。） 大韓民国　~~都　道~~ 　　　　　~~府　県~~
	従来の 住　所	〒○○○-○○○○　　　　　　　　　電話　　（　　　） 横浜市鶴見区○○町○丁目○番○号　　　　　　（　　　　　）　　方）
	連絡先	〒　　-　　　　　　　　　　　　　　　電話　　（　　　） 　　　　　　　　　　　　　　　　　　　　　　　　（　　　　　）　　方）
	フリガナ 氏　名	木下こと　　リ　　シュウ 　　　李　　周　　　~~大正・西暦~~ 　　　　　　　　　　　~~明治・平成~~○○○○年○○月○○日 生 　　　　　　　　　　　　　　　　　（　　○○　　歳）
	職　業	不　明

（注）　太枠の中だけ記入してください。
※の部分は，申立人，法定代理人，成年被後見人となるべき者，不在者，共同相続人，被相続人等の区別を記入してください。

申　立　て　の　趣　旨

　不在者の財産管理人を選任するとの審判を求めます。

申　立　て　の　理　由

　申立人は不在者の実兄である。2年前申立人，不在者の父が死亡し，その際遺産分割をなし
取得した不動産である土地建物を2分の1ずつの共有取得とした。不在者はその後，仕事を探
すと称し，家を出たまま現在まで何の連絡もなく，消息は不明のままである。今般上記共有の
建物が老朽化しているため，改築若しくは取壊し等の保全管理を検討しているが，今後の手続
上財産管理人が必要であり，本申立てをなしたものである。
　財産管理人候補者
　　住　所　　横浜市○○区○○町○番○号
　　氏　名　　金山こと　金　大元　　（○○歳）
　　職　業　　自営業（飲食店）
　　不在者との関係　　母方の叔父

財 産 目 録 （土地）

番 号	所　　　　　在	地　　番		地　　目	面　　　積		備　　考
		番			平方メートル		
1	横浜市鶴見区○○町○丁目	○	○	宅地	150	00	共有持分 2分の1

財 産 目 録 （建物）

番 号	所　　　　　在	家屋 番号	種　類	構　造	床　面　積		備　　考
					平方メートル		
1	横浜市鶴見区○○町○丁目	○番○	居宅	木造瓦葺 平家建	130	00	共有持分 2分の1

財 産 目 録 （現金，預・貯金，株券等）

番 号	品　　　　　目	単　位	数　量（金額）	備　　　考

第3　不在者の財産目録作成・財産の状況報告・管理の計算命令手続　*297*

第3　不在者の財産目録作成・財産の状況報告・管理の計算命令手続

解　説

(1)　制度の趣旨

　不在者本人が委任した財産管理人に対し，利害関係人又は検察官は，不在者の財産状況について，その明確化のため，財産目録の作成（民27条2項）や，財産の状況報告及び管理の計算（家手146条2項）を家庭裁判所により命ずることを請求することができる。この申立ては家事事件手続法別表第1の55項の審判事件である。

　もっとも，委任管理人の実例は少なく本申立てについても同様であるが，委任管理人も家庭裁判所の一般的監督を受け，本申立てもその一環とされている。選任管理人は通常財産目録を管理人就職後2ヵ月以内に提出するものとされており，同時に管理報告書により管理の状況，管理の計算もなされている。

(2)　申立手続

(a)　申立権者　　利害関係人・検察官（民27条2項）。

(b)　管轄裁判所　　不在者の従来の住所地又は居所地の家庭裁判所（家手145条）。

(c)　申立手続費用　　収入印紙800円分（民訴費3条1項・別表第1の15項），予納郵便切手82円10枚，10円10枚。

(d)　添付書類　　不在者の戸籍謄本（全部事項証明書）・戸籍の附票，委任管理人を証する資料・住民票，申立人の利害関係の資料・住民票（親族であれば戸籍謄本（全部事項証明書）等）。

(3)　審判手続

　本申立てにより，その財産状況を明確にする必要が認められたとき，家庭裁判所は委任管理人に対して財産目録を作成し，財産状況・管理計算などの報告を命ずることになる。

　財産目録は2通を作成し，そのうち1通を家庭裁判所に提出する。目録が不十分であると認めるときは，家庭裁判所は管理人に対して公証人に財産目録を作成させることを命ずることができる（家手規87条・82条）。

(4)　委任管理人の権利及び義務

選任された財産管理人と同様であり，本章第1(4)参照。

【中村　平八郎】

第3　不在者の財産目録作成・財産の状況報告・管理の計算命令手続　*299*

書式56　不在者の財産目録作成・財産の状況報告・管理の計算命令の審判申立書

受付印	家事審判申立書　事件名（**不在者の財産目録作成等**）

（この欄に申立手数料として1件について800円分の収入印紙を貼ってください。）

収入印紙　800円	（注意）登記手数料としての収入印紙を納付する場合は、登記手数料として
予納郵便切手　　　円	（貼った印紙に押印しないでください。）
予納収入印紙　　　円	の収入印紙は貼らずにそのまま提出してください。

準口頭	関連事件番号　平成　　年（家　　）第　　　　　　　　　号

横浜　家庭裁判所 御中 平成 ○○ 年 ○○ 月 ○○ 日	申　立　人 （又は法定代理人など） の　記名押印	甲　野　二　郎　㊞

添付書類	（審理のために必要な場合は、追加書類の提出をお願いすることがあります。） 申立人・不在者の戸籍勝本（全部事項証明書）　各1通、不在者の戸籍の附票　各1通、 委任管理人の戸籍勝本（全部事項証明書）　1通

申立人

本　籍（国　籍）	（戸籍の添付が必要とされていない申立ての場合は、記入する必要はありません。）　　都道府県
住　所	〒○○○−○○○○　横浜市南区○○町○丁目○番○号　電話 ×××（×××）××××　（　　　　）　方）
連絡先	〒　　−　　　　電話（　　　　）　方）
フリガナ氏　名	コウ ノ ジ ロウ　甲　野　二　郎　大正・平成 ○○ 年○○月○○日 生（ ○○ 歳）
職　業	会社員

※不在者

本　籍（国　籍）	（戸籍の添付が必要とされていない申立ての場合は、記入する必要はありません。）　神奈川　都・道・府・県　横浜市南区○○町○丁目○番地
住　所	〒○○○−○○○○　横浜市神奈川区○○町○丁目○番○号　電話（　　　　）　方）
連絡先	〒　　−　　　　電話（　　　　）　方）
フリガナ氏　名	コウ ノ タ ロウ　甲　野　太　郎　大正・平成 ○○ 年○○月○○日 生（ ○○ 歳）
職　業	な　し

（注）太枠の中だけ記入してください。
※の部分は、申立人、法定代理人、成年被後見人となるべき者、不在者、共同相続人、被相続人等の区別を記入してください。

※委任管理人

本　籍	神奈川　都・道・府・県　横浜市神奈川区○○町○丁目○番地
住　所	〒○○○−○○○○　横浜市神奈川区○○町○丁目○番○号　（　　　　）　方）
フリガナ氏　名	コウ ノ イチ ロウ　甲　野　一　郎　大正・平成 ○○ 年○○月○○日生（ ○○ 歳）

（注）太枠の中だけ記入してください。※の部分は、申立人、相手方、法定代理人、不在者、共同相続人、被相続人等の区別を記入してください。

申　立　て　の　趣　旨

　委任管理人甲野一郎に対し、不在者の財産目録を作成し、財産の状況報告、管理の計算をすることを命ずる審判を求める。

申　立　て　の　理　由

1．申立人は、委任管理人及び不在者の弟であり、不在者には配偶者、子供はいない。
2．不在者の財産については、不在者の委任により兄甲野一郎が管理していた。不在者は平成○年○月頃から行方不明となり、現在生死不明である。委任管理人である兄甲野一郎は不在者の財産を管理しているものの、その内容を明らかにせず、預金についてもその収支についても報告しない。
3．申立人は利害関係を有する立場にあり、不在者の財産状況を明確にする必要があり本申立てをなしたものである。

300 第3編 各種審判手続の書式実例 第3章 不在者の財産管理事件

第4 権限外行為許可手続

解 説

(1) 制度の趣旨

(a) 管理行為 不在者財産管理人の職務のうち，民法103条に規定する管理行為は家庭裁判所の許可は必要ではない。例えば不在者の預貯金の払戻しや解約，借地についての地代の支払，借家人からの賃料の受取り等は管理行為であり，選任管理人がこの権限を超える，いわゆる処分行為をするとき，又は委任管理人が不在者の生死不明の場合において不在者が委任した権限を超える行為をするときは，家庭裁判所の許可を要するものとされるもので，これら権限外行為の許可手続は民法28条に基づく家事事件手続法145条規定の別表第1の55項審判事件である。

(b) 処分行為 民法103条の範囲を超える行為は家庭裁判所の許可が必要となる（民28条）。

具体的事例（主な権限外行為）を挙げると，次のとおりである。

(イ) 遺産分割。

(ロ) 保険金の解約。

(ハ) 動産の売却，譲渡，贈与，廃棄（自動車の売却，廃車手続を含む）。

(ニ) 不動産の処分（不動産の賃貸，建物の解体を含む）。

(ホ) 訴訟の提起，訴えの取下げ，訴訟上の和解，調停の成立。

(2) 申立手続

(a) 申立権者 管理人。

(b) 管轄裁判所 選任管理人の場合は選任家庭裁判所。

(c) 申立手続費用 収入印紙800円分（民訴費3条1項・別表第1の15項），予納郵便切手82円5枚程度。

(d) 添付書類 権限外行為の必要性，処分行為の内容を証する資料，例えば売却処分の場合は契約書の写し，不動産が対象であれば登記簿謄本（全部事項証明書），固定資産評価証明書，物件の評価査定の資料等。訴訟関係については訴状，和解案，調停条項案。遺産分割については遺産分割協議案，調停条項案。

(e) 関係人の戸籍謄本（全部事項証明書）等は管理人選任事件で提出されている場合は不要。

(3) 審判手続

　管理人提出の資料等により，その処分の必要性及び相当性について審理される。特に遺産分割協議事例については，不在者の法定相続分が確保されているかどうかが審理の基準となるが，不在となった経緯，不在の期間，帰来の可能性，不在者が受けた生前贈与の有無，他の相続人の寄与分の有無等の事情により，不在者の法定相続分を検討する余地もあり得ると考えられ，この場合はそれらの事情を裏付ける資料の提出が求められる。また，不在者が高齢等で帰来の見込みの可能性が少ないこと，他の共同相続人において不在者が取得する財産相当の代償金の支払能力がある場合は，分割にあたって不在者に財産を取得させず，その代わりに，特定の共同相続人に対し，不在者が帰来したときに不在者に対する代償金の支払を命ずる債務負担方式の帰来時弁済型の遺産分割協議の可能性を検討することも考えられる。

(4) 審判の告知

　認容，却下ともに即時抗告ができないので，申立人に審判書謄本を普通郵便で送付する方法で告知している。

(5) 審判告知後の手続

　管理人は，許可を受けた権限外行為を行って管理財産に変更が生じた場合には裁判所に報告し，変動後の財産目録を作成して提出する。裁判所は財産管理状況に問題がないか，確認することになるが，帰来時弁済型の遺産分割のように，当該権限外行為により管理すべき財産がなくなる報告を受けた場合は，その内容を審査し，不在者財産管理人選任の取消しの審判（家手147条）を行っている。

【中村　平八郎】

302　第3編　各種審判手続の書式実例　　第3章　不在者の財産管理事件

書式 57　不在者の財産管理人に対する権限外行為許可審判申立書

	受付印	家事審判申立書　事件名（ 不在者の財産管理人に 対する権限外行為許可 ）
収入印紙　　800　円 予納郵便切手　　　円 予納収入印紙　　　円		（この欄に申立手数料として1件について800円分の収入印紙を貼ってください。） 　　　　　　　　　　（貼った印紙に押印しないでください。） （注意）登記手数料としての収入印紙を納付する場合は，登記手数料として の収入印紙は貼らずにそのまま提出してください。

準口頭	関連事件番号　平成　○○　年（家　　）第　　　　　○○○○○　　　　　号

横浜　家庭裁判所 　　　　御中 平成　○○　年　○○　月　○○　日	申　立　人 （又は法定代理人など） の記名押印	乙　野　一　郎　　　㊞

添付書類	（審理のために必要な場合は，追加書類の提出をお願いすることがあります。） 遺産分割協議案

<table>
<tr><td rowspan="6">申

立

人</td><td>本　　籍
（国　籍）</td><td colspan="2">（戸籍の添付が必要とされていない申立ての場合は，記入する必要はありません。）
　　　　　都　道
　　　　　府　県</td></tr>
<tr><td>住　　所</td><td>〒　○○○　－　○○○○
　　横浜市西区○○町○丁目○番○号</td><td>電話　×××（×××）××××
（　　　　　　　方）</td></tr>
<tr><td>連絡先</td><td>〒　　　－</td><td>電話　　（　　　）
（　　　　　　　方）</td></tr>
<tr><td>フリガナ
氏　　名</td><td>オツ　ノ　イチ　ロウ
乙　野　一　郎</td><td>大正
昭和　○○年○○月○○日 生
平成　（　　○○　　歳）</td></tr>
<tr><td>職　　業</td><td colspan="2">自営業</td></tr>
</table>

<table>
<tr><td rowspan="6">※

不

在

者</td><td>本　　籍
（国　籍）</td><td colspan="2">（戸籍の添付が必要とされていない申立ての場合は，記入する必要はありません。）
神奈川　都道
　　　　府㊞　小田原市○○町○丁目○番地</td></tr>
<tr><td>従来の
住　所</td><td>〒　○○○　－　○○○○
　　横浜市南区○○町○丁目○番○号</td><td>電話　　（　　　）
（　　　　　　　方）</td></tr>
<tr><td>連絡先</td><td>〒　　　－</td><td>電話　　（　　　）
（　　　　　　　方）</td></tr>
<tr><td>フリガナ
氏　　名</td><td>コウ　ノ　サブ　ロウ
甲　野　三　郎</td><td>大正
昭和　○○年○○月○○日 生
平成　（　　○○　　歳）</td></tr>
<tr><td>職　　業</td><td colspan="2">タクシー運転手</td></tr>
</table>

（注）　太枠の中だけ記入してください。
※の部分は，申立人，法定代理人，成年被後見人となるべき者，不在者，共同相続人，被相続人等の区別を記入してください。

申　立　て　の　趣　旨

不在者財産管理人である申立人が，被相続人亡○○○○の遺産につき，別紙遺産分割協議書
（案）のとおり共同相続人と遺産分割協議をすることを許可する旨の審判を求める。

申　立　て　の　理　由

1．申立人は，平成○○年○月○日横浜家庭裁判所より不在者財産管理人に選任を受け，現在そ
の職務を執行中である。
2．申立人は不在者の消息について調査するとともに，本件申立てが遺産分割のためであり，共
同相続人と協議を進めてきた。その状況については提出の管理状況報告のとおりである。
3．今般遺産分割につき，共同相続人間で協議が成立し，不在者の取得分も相続分に近いもので
あり，相当と考えられることから本申立てに及んだ。

第5　財産管理人に対する担保提供命令

解　説

(1)　制度の趣旨

家庭裁判所は，管理人に対し不在者の財産管理及び返還義務を確実にするため担保の提供をさせることができる（民29条1項）。また，担保の提供をなした後においては，事情の変更により担保の増減，変更，免除を命ずることができるとされている（家手146条4項）。いずれも家事事件手続法145条規定の別表1の55項審判事件である。

(a)　担保提供の方法　　管理人所有の不動産，船舶に抵当権を設定する方法のほか，現金・有価証券の提供，保証書・人的保証等が考えられる。

(b)　抵当権設定の登記嘱託　　家庭裁判所は，管理人所有の不動産又は船舶に抵当権設定を命じたときは，その命じた審判の謄本を添付して設定登記を当該法務局に嘱託する。

(2)　申立手続

(a)　申立権者　　利害関係人（民25条）。

(b)　管轄裁判所　　不在者の従来の住所地又は居所地の家庭裁判所（家手145条）。選任管理人の場合は選任家庭裁判所。

(c)　申立手続費用　　収入印紙800円分（民訴費3条1項・別表第1の15項），予納郵便切手82円10枚，10円10枚。登録免許税相当額（必要に応じて別途指示あり）。

(d)　添付書類　　申立人，不在者，管理人の戸籍謄本（全部事項証明書），申立人の利害関係を証する資料，担保提供させる必要資料等。なお，選任管理人事件に提出済みの添付書類は除く。

(3)　審判手続

家庭裁判所は，管理人が不在者の財産管理又は返還時に不在者の財産価値を減少させたり費消するおそれについて，また，担保提供の程度・方法について審理し，管理人に対し担保提供を命じるが，申立てに理由がなければ却下をなすことになる。認容審判は申立人，財産管理人に対し，却下審判は申立人に対し，審判書謄本を普通郵便の方法で告知される。いずれの審判についても不服申立ては認められない。登記嘱託については前述のとおりである。

【中村　平八郎】

304 第3編 各種審判手続の書式実例 第3章 不在者の財産管理事件

書式 58 不在者の財産管理人に対する担保提供命令審判申立書

	受付印	**家事審判申立書** **事件名** (不在者の財産管理人に対する担保提供命令)

収入印紙 800 円		(この欄に申立手数料として1件について800円分の収入印紙を貼ってください。)
予納郵便切手 円		(注意) 登記手数料としての収入印紙を納付する場合は，登記手数料として (貼った印紙に押印しないでください。)
予納収入印紙 円		の収入印紙は貼らずにそのまま提出してください。
準口頭	関連事件番号 平成 ○○ 年（家 ）第 ○○○○○ 号	

横浜 家庭裁判所 御中 平成 ○○ 年 ○○ 月 ○○ 日	申 立 人 （又は法定代理人など） の 記 名 押 印	甲 野 三 郎 ㊞

添付書類	（審理のために必要な場合は，追加書類の提出をお願いすることがあります。） 事情説明書

申 立 人	本 籍 (国 籍)	（戸籍の添付が必要とされていない申立ての場合は，記入する必要はありません。） 都 道 府 県
	住 所	〒 ○○○ － ○○○○ 横浜市南区○町○丁目○番○号 電話 （ ） （ 方）
	連 絡 先	〒 電話 （ ） （ 方）
	フリガナ 氏 名	コウ ノ サブ ロウ 甲 野 三 郎	大正 昭和 平成 ○○ 年○○月○○日 生 （ ○○ 歳）
	職 業	会社員	

※ 不 在 者	本 籍 (国 籍)	（戸籍の添付が必要とされていない申立ての場合は，記入する必要はありません。） ~~都 道 府 県~~ 横浜市南区○町○番地
	住 所	〒 ○○○ － ○○○○ 横浜市神奈川区○町○丁目○番○号 電話 （ ） （ 方）
	連 絡 先	〒 電話 （ ） （ 方）
	フリガナ 氏 名	コウ ノ タ ロウ 甲 野 太 郎	大正 昭和 平成 ○○ 年○○月○○日 生 （ ○○ 歳）
	職 業	な し	

(注) 太枠の中だけ記入してください。
　　※の部分は，申立人，法定代理人，成年被後見人となるべき者，不在者，共同相続人，被相続人等の区別を記入してください。

※ 管 理 人	本 籍	都 道 府 県 横浜市神奈川区○○町○丁目○番地
	住 所	〒 ○○○ － ○○○○ 横浜市神奈川区○○町○丁目○番○号 （ 方）
	フリガナ 氏 名	コウ ノ イチ ロウ 甲 野 一 郎	大正 昭和 平成 ○○ 年○○月○○日 生 （ ○○ 歳）

(注) 太枠の中だけ記入してください。※の部分は，申立人，相手方，法定代理人，不在者，共同相続人，被相続人等の区別を記入してください。

申 立 て の 趣 旨

　不在者甲野太郎の財産管理人に対し，不在者のために相当額の担保提供を命ずる審判を求める。

申 立 て の 理 由

1. 申立人は，不在者及び財産管理人の弟である。
2. 財産管理人甲野一郎は，平成○○年○月○日横浜家庭裁判所から不在者の財産管理人に選任され，現在その職務を執行中である。同人は，不在者の財産についてその管理の状況等について明らかにせず，また同人は，日頃からギャンブルに熱中しており，不在者財産に損害を与えるおそれがある。
3. よって，不在者のために早急に担保提供を命ずる審判を求める。

第6 不在者財産管理人に対する報酬付与手続

解　説

(1) 制度の趣旨

　財産管理人は，管理業務遂行の対価として，家庭裁判所の審判により相当額の報酬付与を受けることができる（民29条2項）。これを根拠として，財産管理人に対する報酬付与は，申立てにより，不在者の財産管理に関する処分の審判事件として処理されている（家手145条・別表第1の55項）が，実務上財産管理人は民法の委任の規定が準用されていること（家手146条6項）から当然には報酬請求権はないとし，家庭裁判所の裁量行為によるとして報酬付与を認めている。しかし近時，申立人が推挙する候補者以外の管理人を選任する事例も増えており，管理人の公益的役割を考え，第三者管理人を選任する傾向にあるとされており，今後の課題といえる。民法648条の受任者の報酬請求権は，委任者と受任者との特殊な関係，信頼関係を前提としたものであって，家庭裁判所が選任する管理人にもこれを準用するには無理があると考える。

　なお，報酬付与申立ての時期については，報酬は任務遂行の対価として付与されるもので通常は管理終了時であるが，管理人選任の当初の目的が達せられた場合，例えば遺産分割が終了したときや不在者名義の不動産を売却したときなど主目的の終了により中間的な報酬付与や管理事務が長期にわたる場合には，1年ごととか2年ごとの定期的な請求も考えられる。

(2) 申立手続

　(a) 申立権者　　管理人。

　(b) 管轄裁判所　　選任管理人は選任した家庭裁判所。

　(c) 申立手続費用　　収入印紙800円分（民訴費3条1項・別表第1の15項），予納郵便切手82円5枚。

　(d) 添付書類　　管理報告書，財産目録。

(3) 審判手続

　(a) 審理にあたり，管理人に対し報酬付与の要否，その程度については総合的に考慮されるが，考慮事項としては，次のようなものがある。

　　(イ) 管理財産の種類・数量。

　　(ロ) 管理期間。

(ハ)　管理事務の内容，処理の難易度。

(ニ)　管理人の職業，不在者との関係。

(b)　審判の告知　　認容，却下ともに申立人である管理人に普通郵便の方法で告知される。審判について不服申立てはできない。

(c)　審判告知後の手続　　付与審判があれば，管理人は報酬額を直接受領し，その収支を明らかにして管理報告書を裁判所に提出する。報酬付与により管理財産が皆無となったときは，管理終了報告書を裁判所に提出する。裁判所は，その結果，不在者財産管理人の選任処分の取消し処分を行う。

【中村　平八郎】

第6　不在者財産管理人に対する報酬付与手続　　*307*

書式 59　不在者の財産管理人に対する報酬付与審判申立書

受付印	**家事審判申立書**　**事件名（** 不在者の財産管理人に対する報酬付与 **）**

収入印紙　　800 円	（この欄に申立手数料として1件について800円分の収入印紙を貼ってください。）
予納郵便切手　　　　円	（貼った印紙に押印しないでください。）
予納収入印紙　　　　円	（注意）登記手数料としての収入印紙を納付する場合は，登記手数料としての収入印紙は貼らずにそのまま提出してください。

準口頭	関連事件番号　平成 ○○ 年（家　）第 ○○○○○ 号

横浜　家庭裁判所　御中　平成 ○○ 年 ○○ 月 ○○ 日	申　立　人（又は法定代理人など）の　記　名　押　印	乙　野　一　郎　　㊞

添付書類	（審理のために必要な場合は，追加書類の提出をお願いすることがあります。） 不在者の住民票，戸籍の附票，財産目録各1通。

申立人	本　籍（国　籍）	（戸籍の添付が必要とされていない申立ての場合は，記入する必要はありません。） 　　　都　道 　　　府　県		
	住　所	〒 ○○○ － ○○○○ 横浜市中区○○町○丁目○番○号	電話　×××（×××）×××× （　　　　　　　方）	
	連絡先	〒　　　－	電話　　（　　　） （　　　　　　　方）	
	フリガナ 氏　名	オツ　ノ　イチ　ロウ 乙　野　一　郎	大正 昭和 ○○年○○月○○日 生 平成　（　○○　歳）	
	職　業	自営業		

※ 不在者	本　籍（国　籍）	（戸籍の添付が必要とされていない申立ての場合は，記入する必要はありません。） 神奈川　都道府県　小田原市○○町○丁目○番地		
	従来の住　所	〒　　　－ 横浜市西区○○町○丁目○番○号	電話　　（　　　） （　　　　　　　方）	
	連絡先	〒　　　－	電話　　（　　　） （　　　　　　　方）	
	フリガナ 氏　名	コウ　ノ　サブ　ロウ 甲　野　三　郎	大正 昭和 ○○年○○月○○日 生 平成　（　○○　歳）	
	職　業	タクシー運転手		

（注）　太枠の中だけ記入してください。
※の部分は，申立人，法定代理人，成年被後見人となるべき者，不在者，共同相続人，被相続人等の区別を記入してください。

申　　立　　て　　の　　趣　　旨
不在者財産管理人の報酬として，申立人に対し不在者の財産の中から相当額を付与する旨の審判を求める。

申　　立　　て　　の　　理　　由
1．申立人は不在者の財産管理人として平成○○年○月○日就職し，現在まで職務を執行してきた。その業務については提出の管理報告書のとおりである。 2．本件は主として不在者の父の遺産分割であり，権限行為許可を得てすでに分割協議を了し，相続取得分を管理財産として管理人名義の預金で管理している。 3．最近，不在者の戸籍の附票を取り寄せ交付を受けたところ，不在者についての住民票職権削除が取り消され，新たに住所指定の登録がなされていることが判明し，本人との連絡がとれ，親族にも確認を受け，また処分取消手続をなし，管理終了の段階となった。 4．よって，不在者本人への管理財産の引渡しに先立って，本申立てをなす次第である。

第4章

失踪の宣告に関する審判事件

第1　失踪宣告の手続(1)——普通失踪の場合

解　説

(1)　制度の趣旨

　長期間生死不明の状態で行方不明となっている者に対し，利害関係を有する第三者は，不在者財産管理人選任手続（民25条）では対応できない終局的な財産関係の処分や身分関係の整理を求められることがある。そこで，不在者（従来の住所又は居所を去り，容易に戻る見込みのない者）の生死が7年間明らかでないときは，家庭裁判所は，利害関係人の請求により，失踪の宣告をすることができるとした（民30条1項）。この失踪の宣告は，家事事件手続法別表第1に掲げる審判事件である（家手別表第1の56項）。

　なお，配偶者を死亡したものとみなすのではなく，配偶者と離婚したいという場合には，配偶者の生死が3年以上明らかでないことが離婚原因となるため（民770条1項3号），行方不明の配偶者を被告とする離婚訴訟の手続を利用する必要がある。

(2)　申立手続

(a)　申立権者　　利害関係人（不在者の配偶者，父母，推定相続人，不在者財産管理人，受遺者など失踪宣告を求めることにつき法律上の利害関係を有する者をいう。不在者の財産に関する賃借人等の単なる債権者又は債務者は，民法30条1項の利害関係人にはあたらない）。

　　＊参考判例

　　　①　民法30条1項にいう利害関係人とは，失踪宣告を求めるについて重大な法律上の利害関係を有する者を指称するものであって，不在者の財産に関する賃借人程度は，上記利害関係人に含まれないとした事例（前橋家高崎支審昭40・12・

第1　失踪宣告の手続(1)——普通失踪の場合　　*309*

24判タ205号186頁）。

② 生死不明から7年経過後に不在者の息子が交通事故で死亡した場合，親としての慰謝料を請求される立場にある加害者は，現に問われている法律上の義務の存することがその義務の発生したとされる時点において，不在者が存在したことによってのみ肯定されるような法律関係に立っているのであるから，本件失踪宣告の申立てをなすにつき民法30条1項の規定にいう「利害関係人」であるとした事例（東京高決昭46・1・21判タ261号308頁）。

(b) **管轄裁判所**　　不在者の従来の住所地又は居所地を管轄する家庭裁判所（家手148条1項）。

(c) **手続行為能力**　　不在者が行為能力の制限を受けていても，代理人によらずに，失踪の宣告に関する手続行為を有効にすることができる（家手148条2項・118条）。

(d) **申立手続費用**

(イ) **収入印紙**　　不在者1名につき800円（民訴費3条1項・別表第1の15項）。

(ロ) **予納郵便切手**　　約3300円分（内訳：500円×2枚，100円×5枚，82円×20枚，50枚×2枚，10円×5枚，2円×5枚）。裁判所によって取扱金額が異なるので問い合わせること。

(ハ) **官報公告料**　　4298円（内訳：催告2725円，宣告1573円）。

(e) **添付書類**

(イ) 不在者の戸籍謄本（全部事項証明書），戸籍附票。

(ロ) 不在の事実を証する資料（警察署長の発行する家出人届出受理証明書等）。

(ハ) 申立人の利害関係を証する資料（申立人が債権者等の場合には，契約関係が存在することの資料等，申立人が親族関係の場合には，戸籍謄本（全部事項証明書）等）。

　＊　戸籍謄本（全部事項証明書）及び戸籍附票は，本籍地を管轄する市区町村役場で3ヵ月以内に発行されたもの。事案によっては，除籍謄本，改製原戸籍謄本等が必要となる。

(3) **審判手続**

(a) **家庭裁判所の審理**　　家庭裁判所は，①申立人の利害関係の有無，②不在者の生死不明の真偽，③不在者の従来の住所地又は居所地及び生死不明となった時期（家出の日，最後に音信があった日），④失踪期間（7年間）の経過等を判断するため，事実関係についての審理を行う。

一般的には，家庭裁判所調査官が，申立人や不在者の親族から事情を聴いたり，証拠資料の提出を求めるなどして事実関係を調査する方法により行う。

(b) 公　　告　　家庭裁判所は，審理の結果，申立てを相当と認めるときには，失踪宣告をするために公告の手続を行う。

なお，公告は，裁判所が定めた期間内（3ヵ月以上）に，不在者や不在者の生存を知っている人に対し，その生存の届出をするように催告するため，裁判所の掲示場その他裁判所内の公衆の見やすい場所にその旨を掲示し，かつ，官報に掲載して行う（家手148条3項，家手規4条1項）。

公告すべき事項は，①不在者について失踪の宣告の申立てがあったこと，②不在者は，一定の期間までにその生存の届出をすべきこと，③同届出がないときは，失踪の宣告がされること，④不在者の生死を知る者は，一定の期間までにその届出をすべきこと（家手148条3項）のほか，⑤申立人の氏名又は名称及び住所，⑥不在者の氏名，住所及び出生の年月日（家手規88条）である。

(c) 審　　判　　生存等の届出がないまま公告期間が満了した場合，家庭裁判所は，不在者に対して失踪を宣告する。

(d) 審判の告知　　不在者に対する告知は不要（家手148条4項）。

(e) 即時抗告　　失踪宣告の審判に対しては不在者又は利害関係人（申立人を除く）が，失踪宣告の申立てを却下する審判に対しては申立人が，それぞれ即時抗告をすることができる（家手148条5項）。

いずれの場合にも，即時抗告期間は，申立人に対して審判の告知があった時から進行する（家手85条・86条）。

(f) 失踪宣告の審判の確定の公告及び通知　　失踪宣告の審判が確定したときは，裁判所書記官は遅滞なくその旨を公告し，かつ，不在者の本籍地の戸籍事務を管掌する者に対し，その旨を通知しなければならない（家手規89条1項）。

なお，公告は，裁判所の掲示場その他裁判所内の公衆の見やすい場所にその旨を掲示し，かつ，官報に掲載して行う。

また，戸籍事務を管掌する者に対する通知は，審判書謄本を送付する方法により行う。

(4) 戸籍上の手続

申立人は，戸籍法による届出（報告的届出）義務があるので，失踪宣告の審

判の確定日から10日以内に，不在者の本籍地又は申立人の所在地の市区町村長に対して，失踪宣告の審判が確定した旨の届出（失踪届）をしなければならない（戸94条・63条1項・25条1項）。届出にあたっては，審判書謄本及び確定証明書を添付することのほかに戸籍謄本（全部事項証明書）などの提出を求められることがある。また，失踪宣告の届出に民法31条の規定によって死亡したとみなされる日も記載しなければならない。

　なお，その届出に基づき，失踪者の戸籍の身分事項に失踪の記載がされる。

(5)　失踪宣告の効果

　失踪宣告があると，不在者は失踪者となり死亡したものとみなされ，失踪者の従来の住所又は居所を中心とする身分上及び財産上の法律関係について，婚姻は解消し，相続が開始するなど，一身専属的な権利義務が消滅することになる。

　また，死亡の認定時期は，普通失踪の場合，失踪期間満了の時になる（民31条前段）。

　例えば，平成17年4月1日以降生死不明の不在者は，平成24年4月1日に死亡したものとみなされる。

　なお，失踪宣告の効果は，失踪者が生存していたり，異なる日に死亡していることが明らかになった場合でも，失踪宣告の取消し（民32条）がない限り，覆されることはない。

【植田　智洋】

312　第3編　各種審判手続の書式実例　　第4章　失踪の宣告に関する審判事件

書式60　失踪宣告審判申立書(1)——普通失踪の場合

受付印		**家事審判申立書　事件名（　　　失踪宣告　　　）**

| 収入印紙　　800　円 |
| 予納郵便切手　　　　円 |
| 予納収入印紙　　　　円 |

（この欄に申立手数料として1件について800円分の収入印紙を貼ってください。）
　　　　　　　　　　　　　　（貼った印紙に押印しないでください。）
（注意）登記手数料としての収入印紙を納付する場合は，登記手数料として
の収入印紙は貼らずにそのまま提出してください。

| 準口頭 | | 関連事件番号　平成　　　年（家　　　）第　　　　　　　　　　　　号 |

| ○○　家庭裁判所
御中
平成　○○　年　○○　月　○○　日 | 申　立　人
（又は法定代理人など）
の　記　名　押　印 | 甲　野　花　子　　㊞ |

| 添付書類 | （審理のために必要な場合は，追加書類の提出をお願いすることがあります。）
不在者の戸籍謄本（全部事項証明書）　1　通　不在者の戸籍附票　1　通
家出人届出受理証明書　1　通 |

<table>
<tr><td rowspan="6">申
立
人</td><td>本　籍
（国　籍）</td><td colspan="2">（戸籍の添付が必要とされていない申立ての場合は，記入する必要はありません。）
　　　　　都　道
　　　　　府　県</td></tr>
<tr><td>住　　所</td><td>〒　○○○－○○○○
　東京都○○区×××○丁目○番○号</td><td>電話　　03（××××）××××
　　　　　（　　　　　）　　　　方）</td></tr>
<tr><td>連　絡　先</td><td>〒</td><td>電話　　（　　　　　）
　　　　　（　　　　　）　　　　方）</td></tr>
<tr><td>フリガナ
氏　　名</td><td>コウ　ノ　ハナ　コ
甲　野　花　子</td><td>大正
昭和　○○年○○月○○日 生
平成
　　　（　　○○　　）歳</td></tr>
<tr><td>職　　業</td><td colspan="2">会　社　員</td></tr>
</table>

<table>
<tr><td rowspan="6">※
不
在
者</td><td>本　籍
（国　籍）</td><td colspan="2">（戸籍の添付が必要とされていない申立ての場合は，記入する必要はありません。）
　　○○　都　道
　　　　　府　⑭　○○市○○町○丁目○番地</td></tr>
<tr><td>最後の
住　所</td><td>〒
　申立人の住所と同じ</td><td>電話　　（　　　　　）
　　　　　（　　　　　）　　　　方）</td></tr>
<tr><td>連　絡　先</td><td>〒</td><td>電話　　（　　　　　）
　　　　　（　　　　　）　　　　方）</td></tr>
<tr><td>フリガナ
氏　　名</td><td>コウ　ノ　タ　ロウ
甲　野　太　郎</td><td>大正
昭和　○○年○○月○○日 生
平成
　　　（　　○○　　）歳</td></tr>
<tr><td>職　　業</td><td colspan="2">会　社　員</td></tr>
</table>

（注）太枠の中だけ記入してください。
※の部分は，申立人，法定代理人，成年被後見人となるべき者，不在者，共同相続人，被相続人等の区別を記入してください。

申　立　て　　の　　趣　旨
不在者に対し失踪宣告をするとの審判を求める。

申　立　て　　の　　理　由
1　申立人は，不在者の妻です。 2　不在者は，平成○年○月○日朝平常どおり出勤したまま，帰宅しませんでした。 　申立人は，警察に捜索願をしたり，親戚，知人や友人に照会して不在者の行方を探しました が，その所在は今日まで判明しません。 3　不在者が行方不明となって7年以上も経過し，その生死が不明であり，また，不在者が申立 人の下に帰来する見込みもありません。不在者の残した不動産など遺産相続の手続が必要と考 えましたので，申立ての趣旨のとおりの審判を求めます。

第2 失踪宣告の手続(2)——危難失踪の場合

解　説

(1) 制度の趣旨

　危難失踪とは，戦地に臨んだ者，沈没した船舶の中に在った者，その他死亡の原因となるべき危難に遭遇した者の生死が，それぞれ，戦争が止んだ後，船舶が沈没した後又はその他の危難が去った後1年間明らかでない場合をいい，これらに該当するときは，家庭裁判所は，利害関係人の請求により，失踪の宣告をすることができる（民30条2項）。

　この失踪の宣告は，家事事件手続法別表第1に掲げる審判事件である（家手別表第1の56項）。

　ここで，死亡の原因となるべき危難とは，そのような危難に遭遇すれば人が死亡する蓋然性が高い場合を指す。その蓋然性の存否については，事件ごとに，危難に遭遇した者の諸般の状況を総合考慮して判断する。

　具体的事例としては地震・火災・洪水・津波・暴風・山崩れ・雪崩・火山噴火などの一般的事変のほか，断崖からの転落・熊など野獣による襲撃等個人的な遭難も含まれる（仙台高決平2・9・18判時1390号74頁）。

　なお，危難失踪については，普通失踪より死亡の蓋然性が高いことから，失踪期間は1年間と短くなっている。

(2) 申立手続

(a) 申立権者　　利害関係人（民30条1項）。

(b) 管轄裁判所　　不在者の従来の住所地又は居所地を管轄する家庭裁判所（家手148条1項）。

(c) 手続行為能力　　不在者が行為能力の制限を受けていても，代理人によらずに，失踪の宣告に関する手続行為を有効にすることができる（家手148条2項・118条）。

(d) 申立手続費用

　(イ) 収入印紙　　不在者1名につき800円（民訴費3条1項・別表第1の15項）。

　(ロ) 予納郵便切手　　約3300円分（内訳：500円×2枚，100円×5枚，82円×20枚，50円×2枚，10円×5枚，2円×5枚）。裁判所によって取扱金額が異なるので問い合わせること。

314　第3編　各種審判手続の書式実例　第4章　失踪の宣告に関する審判事件

　　(ハ)　官報公告料　　　4298円（内訳：催告2725円，宣告1573円）。

　(e)　添付書類

　　(イ)　不在者の戸籍謄本（全部事項証明書），戸籍附票。

　　(ロ)　危難に遭遇した事実を証する資料（新聞記事のコピー，乗船証明書等）。

　　(ハ)　申立人の利害関係を証する資料（申立人が債権者等の場合には，契約関係が存在することの資料等，申立人が親族関係の場合には，戸籍謄本（全部事項証明書）等）。

(3)　審判手続

　(a)　家庭裁判所の審理　　　家庭裁判所は，①申立人の利害関係の有無，②不在者の生死不明の真偽，③不在者の従来の住所地又は居所地及び生死不明となった時期，④失踪期間（1年間）の経過など，民法30条2項所定の事由が不在者にとって失踪の原因となったものであるか否か等を判断するため，事実関係についての審理を行う。

　(b)　公　　　告　　　家庭裁判所は，審理の結果，申立てを相当と認めるときには，失踪宣告をするために公告の手続を行う。

　(c)　審　　　判　　　生存等の届出がないまま公告期間が満了した場合，家庭裁判所は，不在者に対して失踪を宣告する。

　なお，不在者の死亡は危難が去ったときに死亡したものとみなされるので（民31条後段），危難失踪の審判書には危難が去った年月日とその時刻が記載される。しかし，時刻が明確でない場合は，危難の去った日の記載で差し支えないとされる（昭37・6・28家二第116号最高裁家庭局長通達）。

　(d)　審判の告知　　　不在者に対する告知は不要（家手148条4項）。

　(e)　即時抗告　　　失踪宣告の審判に対しては不在者又は利害関係人（申立人を除く）が，失踪宣告の申立てを却下する審判に対しては申立人が，それぞれ即時抗告をすることができる（家手148条5項）。

　いずれの場合にも，即時抗告期間は，申立人に対して審判の告知があったときから進行する（家手85条・86条）。

　(f)　失踪宣告の審判の確定の公告及び通知　　　失踪宣告の審判が確定したときは，裁判所書記官は遅滞なくその旨を公告し，かつ，不在者の本籍地の戸籍事務を管掌する者に対し，その旨を通知しなければならない（家手規89条1項）。

(4)　戸籍上の手続

申立人は，戸籍法による届出（報告的届出）義務があるので，失踪宣告の審判の確定日から10日以内に，不在者の本籍地又は申立人の所在地の市区町村長に対して，失踪宣告の審判が確定した旨の届出（失踪届）をしなければならない（戸94条・63条1項・25条1項）。なお，失踪宣告の届出に民法31条の規定によって死亡したとみなされる日も記載しなければならないところ，例えば平成17年4月以来1年以上生死不明と記載された審判書に基づき，死亡とみなされる日を同年4月30日と記載した戸籍届出は受理して差し支えないとされている。

⑸　**失踪宣告の効果**

失踪宣告があると，不在者は失踪者となり死亡したものとみなされ，失踪者の従来の住所又は居所を中心とする身分上及び財産上の法律関係について，婚姻は解消し，相続が開始するなど，一身専属的な権利義務が消滅することになる。

また，死亡の認定時期は，危難失踪の場合，その危難が去った時になる（民31条後段）。

なお，失踪宣告の効果は，失踪者が生存していたり，異なる日に死亡していることが明らかになった場合でも，失踪宣告の取消し（民32条）がない限り，覆されることはない。

【植田　智洋】

316 第3編 各種審判手続の書式実例 第4章 失踪の宣告に関する審判事件

書式61 失踪宣告審判申立書(2)——危難失踪の場合

受付印	家事審判申立書　事件名（ 失踪宣告（危難失踪））

収入印紙　　800 円	（この欄に申立手数料として1件について800円分の収入印紙を貼ってください。）
予納郵便切手　　　　円	（貼った印紙に押印しないでください。）
予納収入印紙　　　　円	（注意）登記手数料としての収入印紙を納付する場合は，登記手数料としての収入印紙は貼らずにそのまま提出してください。

準口頭	関連事件番号　平成　　年（家　　）第　　　　　　　　　　号

○○　家庭裁判所 　　　　　御中 平成 ○○年 ○○月 ○○日	申　立　人 （又は法定代理人など） の 記 名 押 印	甲　野　花　子　　㊞

添付書類	（審理のために必要な場合は，追加書類の提出をお願いすることがあります。） 申立人の戸籍勝本(全部事項証明書)　1 通 不在者の戸籍勝本(全部事項証明書)　1 通 不在者の戸籍附票　1 通　乗船証明書　1 通

申立人	本　籍 （国　籍）	（戸籍の添付が必要とされていない申立ての場合は，記入する必要はありません。） 　　　都 道 　　　府 県		
	住　所	〒 ○○○ － ○○○○ 東京都○○区×××○丁目○番○号	電話　03 (××××)×××× （　　　　　） （　　　　　方）
	連絡先	〒　　　－	電話（　　　　　） （　　　　　方）
	フリガナ 氏　名	コウ ノ ハナ コ 甲 野 花 子	大正 昭和 平成 ○○年○○月○○日 生 （　○○　歳）
	職　業	会 社 員	

※ 不在者	本　籍 （国　籍）	（戸籍の添付が必要とされていない申立ての場合は，記入する必要はありません。） 　　○○　都 道 　　　　　府 県　○○市○○町○丁目○番地		
	最後の 住　所	〒　　　－ 申立人の住所と同じ	電話（　　　　　） （　　　　　方）
	連絡先	〒　　　－	電話（　　　　　） （　　　　　方）
	フリガナ 氏　名	コウ ノ タ ロウ 甲 野 太 郎	大正 昭和 平成 ○○年○○月○○日 生 （　○○　歳）
	職　業	会 社 員	

(注) 太枠の中だけ記入してください。
※の部分は，申立人，法定代理人，成年被後見人となるべき者，不在者，共同相続人，被相続人等の区別を記入してください。

申　立　て　の　趣　旨

不在者に対し失踪宣告をするとの審判を求める。

申　立　て　の　理　由

1　申立人は，不在者の実母です。
2　不在者は，平成○年○月○日乗組員4人で出漁し，○○沖合を操業中，その漁船が突然の大波を受けて転覆しました。
　海上保安部等が捜索し，うち3人は死亡が確認されましたが，不在者は1年余が経過した現在も生死が不明です。
3　不在者の実母としては心身ともに健康なうちに，相続及び戸籍上の整理をする時期と考えましたので，申立ての趣旨のとおりの審判を求めます。

第3　失踪宣告の手続(3)──未帰還者の場合

解　説

(1)　制度の趣旨

戦地に臨んだまま未帰還の者（未帰還者留守家族等援護法2条1項に規定する未帰還者）に対しては，未帰還者に関する特別措置法2条に基づき，厚生労働大臣又は政令の定めによる委任を受けた都道府県知事（未帰還者に関する特別措置法2条・14条）も失踪宣告の申立てをすることができる。

ここでいう未帰還者とは，日本の国籍を有するもので，もとの陸海軍に属していた者（もとの陸海軍から俸給，給料又はこれに相当する給与を受けていなかった者を除く）であって，まだ復員していないもの（以下「未復員者」という），又は，未復員者以外の者であって，昭和20年8月9日以後ソビエト社会主義共和国連邦，樺太，千島，北緯38度以北の朝鮮，関東州，満州又は中国本土の地域内において生存していたと認められる資料があり，かつ，まだ帰還していないもの（自己の意思により帰還しないと認められる者及び昭和20年9月2日以後において，自己の意思により本邦に在った者を除く）である（未帰還者留守家族等援護法2条1項1号・2号）。

この失踪の宣告は，戦時死亡宣告といい，家事事件手続法別表第1に掲げる審判事件となる（家手別表第1の56項）。

(2)　申立手続

(a)　申立権者　　厚生労働大臣又は都道府県知事（未帰還者に関する特別措置法2条1項・14条）。

ただし，次の事由のいずれかに該当すると認められる場合に限られる。

① 昭和22年1月1日以降生死が分明でない者（諸般の事情により現に生存している可能性が多いと認められる者を除く）

② 昭和22年1月1日以降昭和27年12月31日までの間に生存していたと認められる資料はあるが，昭和28年1月1日以降生死が分明でない者のうち，諸般の事情により現に生存していないと推測される者

本申立てにあたっては，未帰還者の留守家族の意向を尊重して行わなければならない（未帰還者に関する特別措置法2条2項）。

(b)　管轄裁判所　　未帰還者の本籍地の都道府県庁所在地を管轄する裁判所。

318　第3編　各種審判手続の書式実例　第4章　失踪の宣告に関する審判事件

(c)　手続行為能力　　未帰還者が行為能力の制限を受けていても，代理人によらずに，失踪の宣告に関する手続行為を有効にすることができる（家手148条2項・118条）。

(d)　申立手続費用

(イ)　収入印紙　　不要（未帰還者に関する特別措置法2条4項，民訴費3条1項・別表第1の15項）。

(ロ)　予納郵便切手　　約3300円分（内訳：500円×2枚，100円×5枚，82円×20枚，50円×2枚，10円×5枚，2円×5枚）。裁判所によって取扱金額が異なるので問い合わせること。

(ハ)　官報公告料　　官報公告料は厚生労働大臣官房会計課長宛に直接請求するため，予納を要しない（昭34・5・29家二第114号最高裁家庭局長通達）。

(e)　添付書類

(イ)　未帰還者の戸籍謄本（全部事項証明書）。

(ロ)　未帰還者の生死を証する資料。

(3)　審判手続

(a)　家庭裁判所の審理　　家庭裁判所は，①申立人の適格性，②未帰還者の生死不明の真偽，③未帰還者の従来の住所地又は居所地及び生死不明となった時期，④失踪期間の経過など，戦時に臨んだことが未帰還者にとって失踪の原因となった否か等を判断するため，事実関係についての審理を行う。

(b)　公　　告　　家庭裁判所は，審理の結果，申立てを相当と認めるときには，失踪宣告をするために公告の手続を行う。

なお，戦時死亡宣告の場合，普通失踪等と異なり，公告の「失踪宣告」部分を「戦時死亡宣告」，「不在者」部分を「今時戦争による生死不明者」と表示する。

(c)　審　　判　　生存等の届出がないまま公告期間が満了した場合，家庭裁判所は，未帰還者に対して失踪を宣告する。

なお，戦時死亡宣告の場合，普通失踪等と異なり，審判書の「失踪宣告」部分を「戦時死亡宣告」，「不在者」部分を「今時戦争による生死不明者」と表示する。

(d)　審判の告知　　未帰還者に対する告知は不要（家手148条4項）。

(e)　即時抗告　　失踪宣告の審判に対しては未帰還者又は利害関係人（申立人を除く）が，失踪宣告の申立てを却下する審判に対しては申立人が，そ

れぞれ即時抗告をすることができる（家手148条5項）。

いずれの場合にも，即時抗告期間は，申立人に対して審判の告知があったときから進行する（家手85条・86条）。

（f）失踪宣告の審判の確定の公告及び通知　失踪宣告の審判が確定したときは，裁判所書記官は遅滞なくその旨を公告し，かつ，未帰還者の本籍地の戸籍事務を管掌する者に対し，その旨を通知しなければならない（家手規89条1項）。

(4) 戸籍上の手続

都道府県知事は，戦時死亡宣告の審判が確定したときは，失踪届をする（戸94条・63条1項）。

なお，失踪届によって，戸籍の身分事項欄は「未帰還者に関する特別措置法に基づき平成〇年〇月〇日戦時死亡宣告確定平成〇月〇日に死亡とみなされる」旨記載される。

(5) 失踪宣告の効果

失踪宣告があると，未帰還者は失踪者となり死亡したものとみなされ，失踪者の従来の住所又は居所を中心とする身分上及び財産上の法律関係について，婚姻は解消し，相続が開始するなど，一身専属的な権利義務が消滅することになる。

また，死亡の認定時期は，戦時死亡宣告の場合，戦時が止んだ時になる（民31条後段）。

なお，失踪宣告の効果は，失踪者が生存していたり，異なる日に死亡していることが明らかになった場合でも，失踪宣告の取消し（民32条）がない限り，覆されることはない。

【植田　智洋】

320　第3編　各種審判手続の書式実例　第4章　失踪の宣告に関する審判事件

書式 62　失踪宣告審判申立書(3)——未帰還者の場合

受付印	家事審判申立書　事件名（ 失踪宣告（戦時死亡） ）
収入印紙　　　　　　円 予納郵便切手　　　　円 予納収入印紙　　　　円	（この欄に申立手数料として1件について800円分の収入印紙を貼ってください。） 　　　　　　　　　　　　　　　（貼った印紙に押印しないでください。） （注意）登記手数料としての収入印紙を納付する場合は，登記手数料として の収入印紙は貼らずにそのまま提出してください。

準口頭	関連事件番号　平成　　　年（家　　　）第　　　　　　　　　　号

○○　家庭裁判所 御中 平成　○○年○○月○○日	申　立　人 （又は法定代理人など） の　記　名　押　印　　東京都知事 　　　　　　　　　　丙　野　一　郎　　㊞

添付書類	（審理のために必要な場合は，追加書類の提出をお願いすることがあります。） 生死不明者の戸籍謄本（全部事項証明書）　　生死不明を証する資料　　各1通

申 立 人	本　籍 （国　籍）	（戸籍の添付が必要とされていない申立ての場合は，記入する必要はありません。） 　　　　都　道 　　　　府　県
	所在地 ~~住　所~~	〒○○○－○○○○ 東京都○○区×××○丁目○番○号　　電話　03（××××）×××× 　　　　　　　　　　　　　　　　　　　　　　　　　　　　　　　方）
	連絡先	〒 東京都○○課担当者　乙田良子　　　電話　　（　　　） 　　　　　　　　　　　　　　　　　　　　　　　　　　方）
	フリガナ 氏　名	ヘウ ノ　イチ　ロウ 丙　野　一　郎　　　　　　　　　　大正 　　　　　　　　　　　　　　　　　昭和○○年○○月○○日生 　　　　　　　　　　　　　　　　　平成（　○○　歳）
	職　業	知　事

※ 生 死 不 明 者	本　籍 （国　籍）	（戸籍の添付が必要とされていない申立ての場合は，記入する必要はありません。） ○○　都　道 　　　　府　⑯　　○○市○○町○丁目○番地
	最後の 住　所	〒 同　上　　　　　　　　　　　　電話　　（　　　） 　　　　　　　　　　　　　　　　　　　　　　　　　　方）
	連絡先	〒 　　　　　　　　　　　　　　　　電話　　（　　　） 　　　　　　　　　　　　　　　　　　　　　　　　　　方）
	フリガナ 氏　名	コウ ノ　ジ　ロウ 甲　野　次　郎　　　　　　　　　　大正 　　　　　　　　　　　　　　　　　昭和○○年○○月○○日生 　　　　　　　　　　　　　　　　　平成（　○○　歳）
	職　業	陸　軍　軍　曹

（注）　太枠の中だけ記入してください。
※の部分は，申立人，法定代理人，成年被後見人となるべき者，不在者，共同相続人，被相続人等の区別を記入してください。

申　　立　　て　　の　　趣　　旨
生死不明者に対し，未帰還者に関する特別措置法（昭和34年法律第7号）第2条の規定に基づき戦時死亡宣告の審判を求める。

申　　立　　て　　の　　理　　由
1　申立人は，未帰還者（生死不明）の本籍地の知事である。 2　生死不明者は，昭和○年○月○日東京都○○区××○○番地から北海道旭川第7師団に応召し，昭和○年○月頃，○○方面守備隊として戦闘に参加しました。 3　昭和○年○月○日まで，○○方面において上記戦闘任務に就いていたことは認められましたが，その以後の生死は不明ですので，申立ての趣旨のとおりの審判を求めます。 4　なお，生死不明者の留守家族は以下の者です。 　　住所　東京都○○区××○丁目○番○号 　　　　甲　野　三　郎 　　　　生死不明者との続柄　　弟

第4　失踪宣告の手続(4)──不在者が外国人の場合

解　説

(1)　渉外失踪宣告事件に対する法規

渉外失踪宣告事件については，法の適用に関する通則法（以下「通則法」という）6条が存在する。同条は，不在者とされる者の失踪宣告について国際裁判管轄権（日本国の裁判所で日本国の手続法に則って失踪宣告ができるかどうかという問題）及び準拠法（国際裁判管轄があることを前提に，どこの国の法律を解釈適用して審判ができるか）について定めている。

(2)　裁判管轄の存否

通則法6条1項は「裁判所は，不在者が生存していたと認められる最後の時点において，不在者が日本に住所を有していたとき又は日本の国籍を有していたときは，日本法により，失踪の宣告をすることができる」と定める。

また，同条2項で，「前項に規定する場合に該当しないときであっても，裁判所は，不在者の財産が日本に在るときはその財産についてのみ，不在者に関する法律関係が日本法によるべきときその他法律関係の性質，当事者の住所又は国籍その他の事情に照らして日本に関係があるときはその法律関係についてのみ，日本法により，失踪の宣告をすることができる」とされている（例外的裁判管轄）。

例えば，生存が確認された最後の時点で外国に住所を有する外国籍を有する者が不在者であったとしても，不在者が日本に所有する不動産についての権利関係を確定するために失踪宣告をすることは2項で日本の裁判所に管轄権があることになる。

(3)　要件及び効力の準拠法について

通則法6条により日本に裁判管轄権がある場合は，失踪宣告の要件及び効力について日本法を準拠法として適用することになる。

(4)　申立手続，審判手続

外国籍につき戸籍通知を不要とするほかは，本章第1のとおり。

【前島　憲司】

322　第3編　各種審判手続の書式実例　第4章　失踪の宣告に関する審判事件

書式63　失踪宣告審判申立書(4)──不在者が外国籍の場合

受付印		家事審判申立書　事件名（　　　失踪宣告　　　　）
収入印紙　　　800円		（この欄に申立手数料として1件について800円分の収入印紙を貼ってください。）
予納郵便切手　　　円		（貼った印紙に押印しないでください。）
予納収入印紙　　　円		（注意）登記手数料としての収入印紙を納付する場合は，登記手数料としての収入印紙は貼らずにそのまま提出してください。

準口頭		関連事件番号　平成　　年（家　　）第　　　　　　号

		申　立　人		
東　京　　家庭裁判所御中		（又は法定代理人など）	甲　野　かおり	㊞
平成　〇〇年　〇〇月　〇〇日		の記名押印		

添付書類	（審理のために必要な場合は，追加書類の提出をお願いすることがあります。） 申立人の戸籍謄本（全部事項証明書）　1通　　不在者の外国人登録済証明書　1通 失踪を疎明する資料　1通　　財産目録　1通

申 立 人	本　籍 （国　籍）	（戸籍の添付が必要とされていない申立ての場合は，記入する必要はありません。） 東　京　　㊞道府県　品川区〇〇町〇丁目〇番地
	住　所	〒〇〇〇－〇〇〇〇　　　　　　　電話　03（××××）×××× 東京都品川区〇〇町〇丁目〇番〇号　　　　　　（　　　　方）
	連絡先	〒　　　　　　　　　　　　　　　　電話　（　　　） 　　　　　　　　　　　　　　　　　　　　　（　　　　方）
	フリガナ 氏　名	コウ　ノ　カオリ 甲　野　かおり　　　　　　　昭和・平成　〇〇年〇〇月〇〇日生 　　　　　　　　　　　　　　　　（　〇〇　歳）
	職　業	会　社　員

※ 不 在 者	本　籍 （国　籍）	（戸籍の添付が必要とされていない申立ての場合は，記入する必要はありません。） 中華人民共和国　　都道府県
	住　所	〒〇〇〇－〇〇〇〇　　　　　　　電話　×××（×××）×××× 横浜市中区〇〇町〇丁目〇番〇号　　　　　　（　　　　方）
	連絡先	〒　　　　　　　　　　　　　　　　電話　（　　　） 　　　　　　　　　　　　　　　　　　　　　（　　　　方）
	フリガナ 氏　名	リ　ミン 李　民　　　　　　　　　　　昭和・平成　〇〇年〇〇月〇〇日生 　　　　　　　　　　　　　　　　（　〇〇　歳）
	職　業	

（注）　太枠の中だけ記入してください。
※の部分は，申立人，法定代理人，成年後見人となるべき者，不在者，共同相続人，被相続人等の区別を記入してください。

申　　立　　て　　の　　趣　　旨
不在者に対し，失踪の宣告を求める。

申　　立　　て　　の　　理　　由
1　申立人と不在者（夫）は，昭和〇〇年〇月〇日婚姻した夫婦である。 2　申立人と夫は，夫婦として一緒に暮らしていたが，平成〇年〇月ころ突然行方がわからなくなり音信不通となり現在に至っている。 3　夫が行方不明になった後，警察に捜索願を出し，親せきや友人に問い合わせてみたが，全く消息がつかめない。 4　夫名義の預貯金などそのままになっており不都合が生じている。 5　夫名義の財産を整理したいので本申立てをする。

第5　失踪宣告の取消手続

解　説

(1)　制度の趣旨

　不在者について失踪宣告がなされると，戸籍上その不在者は死亡したものと扱われる。しかし，その不在者本人が生存する場合，又は戸籍に記載された時期と異なる時期に死亡したことの証明があった場合，相続その他の法律関係に影響が生じるので，不在者本人又は利害関係人からの申立てによって，家庭裁判所は，既になされた失踪宣告を取り消さなければならない（民32条1項本文）。この取消しは，民法32条1項本文に基づく家事事件手続法別表第1に掲げる審判事件である（家手別表第1の57項）。

(2)　申立手続

　(a)　申立権者　　本人又は利害関係人（民32条1項前段）。ただし，戦時死亡宣告の取消しの場合，厚生労働大臣又は都道府県知事も申立てを行うことができる（未帰還者に関する特別措置法2条・14条）。

　(b)　管轄裁判所　　失踪者の住所地を管轄する裁判所（家手149条1項）。

　(c)　手続行為能力　　失踪者が行為能力の制限を受けていても，法定代理人によらずに，自ら有効に手続行為をすることができる（家手149条2項・118条）。

　(d)　申立手続費用

　　(イ)　収入印紙　　失踪者1名につき800円（民訴費3条1項・別表第1の15項）。ただし，厚生労働大臣又は都道府県知事による戦時死亡宣告の取消しの場合，収入印紙は不要（未帰還者に関する特別措置法2条4項，民訴費3条1項・別表第1の15項）。

　　(ロ)　予納郵便切手　　約2832円分（内訳：500円×2枚，82円×20枚，52円×1枚，20円×2枚，10円×10枚）。裁判所によって取扱金額が異なるので問い合わせること。

　　(ハ)　官報公告料　　1573円。ただし，厚生労働大臣又は都道府県知事による戦時死亡宣告の取消しの場合，官報公告料は厚生労働大臣官房会計課長宛に直接請求するため，予納を要しない。

　(e)　添付書類

　　(イ)　失踪者の除籍謄本（全部事項証明書），戸籍附票。

324 第3編 各種審判手続の書式実例 第4章 失踪の宣告に関する審判事件

(ロ) 申立人が失踪者以外の場合，申立人の利害関係を証する資料，失踪者の写真（証明写真程度の大きさ）4枚程度。

(ハ) 取消事由を証する資料。

(3) 審判手続

(a) 家庭裁判所の審理　家庭裁判所は，①申立人の利害関係の有無，②失踪宣告を受けた本人の真偽，③異時死亡の事実の有無等を判断するため，事実関係についての審理を行う。

(b) 審　　判　家庭裁判所は，審理の結果，申立てが相当と認めるときは失踪の宣告取消しの審判を，申立てを不相当と認めるときは申立却下の審判を行う。

(c) 審判の告知　事件の記録上，失踪者の住所又は居所が判明している場合に限り，失踪者に告知すれば足りる（家手149条3項）。

(d) 即時抗告　宣告取消しの審判に対しては利害関係人（申立人を除く）が，申立却下の審判に対しては失踪者又は利害関係人が，それぞれ即時抗告することができる（家手149条4項）。

(e) 失踪宣告取消しの審判の確定の公告及び通知　失踪宣告取消しの審判が確定したときは，裁判所書記官は遅滞なくその旨を公告し，かつ，本人の本籍地の戸籍事務を管掌する者に対し，その旨を通知しなければならない（家手規89条2項）。

(4) 戸籍上の手続

申立人は，失踪宣告取消しの審判の確定日から10日以内に，本人の本籍地又は届出人の所在地の市区村長に対して，失踪宣告取消しの審判が確定した旨の届出をしなければならない（報告的届出）。届出にあたっては，審判書謄本及び確定証明書を添付する（戸94条・63条1項・25条1項）。

なお，失踪宣告取消届出がなされると，失踪者の戸籍の身分事項欄に「平成○年○月○日失踪宣告取消の審判確定」と記載され，失踪宣告事項が消除されて従前と同じ身分事項が戸籍末尾に移記される形式で戸籍が回復する。

(5) 失踪宣告取消しの効果

失踪宣告取消しの審判が確定すると，はじめに遡って失踪宣告の審判がなかったことになり，失踪宣告の審判確定後に形成された法律関係はなかったものとされる。

もっとも，失踪宣告取消しの効果が遡及することにより，失踪者及び利害

関係人の法律関係が複雑となり，法的安定性を害するため，民法は２つの例外的規定を設けている。

　まず，民法32条１項後段においては，失踪宣告の審判確定後その取消前に善意でなされた法律行為の効力については変わらないものとした（民32条１項後段）。

　例えば，失踪者の配偶者が，失踪宣告後，取消審判前に再婚した場合，上記失踪宣告の取消しがあっても，後婚の当事者双方が善意の場合は，前婚は回復しないことになる。

　なお，この場合，その後に後婚が離婚又は死亡により解消した場合であっても前婚は回復しないというのが戸籍事務の取扱いである（昭25・２・21民甲520法務省民事局長回答）。

　一方，後婚の一方若しくは双方が悪意の場合は，前婚が回復し，後婚とあわせて重婚状態となり，前婚には離婚原因が，後婚には取消原因が生じることになる。

　次に，民法32条２項においては，失踪宣告によって財産を得た者はその取消審判確定によって法律上の原因を欠いた権利取得となり，その権利を失うことになるが，その場合は現に利益を受ける限度での返還義務を負うこととされている。

【植田　智洋】

326　第3編　各種審判手続の書式実例　　第4章　失踪の宣告に関する審判事件

書式 64　失踪宣告の取消審判申立書

受付印	家事審判申立書　事件名（　失踪宣告の取消し　）
収入印紙　　800　円 予納郵便切手　　　円 予納収入印紙　　　円	（この欄に申立手数料として1件について800円分の収入印紙を貼ってください。） 　　　　　　　　　　　（貼った印紙に押印しないでください。） （注意）登記手数料としての収入印紙を納付する場合は，登記手数料としての収入印紙は貼らずにそのまま提出してください。

準口頭　　　関連事件番号　平成　　年（家　　）第　　　　　　　　　　　　号

○○　家庭裁判所 御中 平成　○○　年　○○　月　○○　日	申　立　人 （又は法定代理人など） の　記　名　押　印　　　甲　野　太　郎　　㊞

添付書類	（審理のために必要な場合は，追加書類の提出をお願いすることがあります。） 申立人の除籍勝本(全部事項証明書)　1　通 写真　○　葉　　　　　親族の陳述書　○　通

申 立 人	本　籍 （国　籍）	（戸籍の添付が必要とされていない申立ての場合は，記入する必要はありません。） 　　大阪　　都道 　　　　　　府県　大阪市北区○○町○丁目○番地
	住　所	〒 ○○○−○○○○　　　　　　　　電話　06（×××）×××× 　大阪市○区○○町○丁目○番○号　　　　　（　　　）　　　　方）
	連絡先	〒　　　　　　　　　　　　　　　　電話　　（　　　） 　　　　　　　　　　　　　　　　　　　　　（　　　）　　　　方）
	フリガナ 氏　名	コウ ノ タ ロウ 甲　野　太　郎	大正 昭和　○○年○○月○○日 生 平成　　　（　○○　歳）
	職　業	無　職

※	本　籍 （国　籍）	（戸籍の添付が必要とされていない申立ての場合は，記入する必要はありません。） 　　　　　　都道 　　　　　　府県
	最後の 住　所	〒　　　　　　　　　　　　　　　　電話　　（　　　） 　　　　　　　　　　　　　　　　　　　　　（　　　）　　　　方）
	連絡先	〒　　　　　　　　　　　　　　　　電話　　（　　　） 　　　　　　　　　　　　　　　　　　　　　（　　　）　　　　方）
	フリガナ 氏　名		大正 昭和　　　年　　月　　日 生 平成　　（　　　歳）
	職　業	

（注）　太枠の中だけ記入してください。
※の部分は，申立人，法定代理人，成年被後見人となるべき者，不在者，共同相続人，被相続人等の区別を記入してください。

申　　　　立　　　　て　　　　の　　　　趣　　　　旨
○○家庭裁判所が平成○年○月○日にした申立人に対する失踪宣告を取り消すとの審判を求める。

申　　　　立　　　　て　　　　の　　　　理　　　　由
1　申立人は，家庭内の不和が原因で，平成○年○月○日頃から家出をし，それ以後，日雇い仕事をしながら生活し，親族と音信を絶っていました。 2　この度，病気入院することになり，医療保護を受けることを勧められ，戸籍勝本等を取り寄せたところ，申立人が失踪宣告を原因として除籍されていることが判明しました。 3　急遽，親族に連絡し，申立人の生存を確認してもらいましたので，申立ての趣旨のとおりの審判を求めます。

第5章

婚姻等に関する審判事件

第1節　別表第1に掲げる審判事件

第1　夫婦財産契約による財産の管理者の変更手続

解　説

⑴　制度の趣旨

　夫婦の財産関係については，婚姻の届出前に夫婦財産契約を結ぶことがで
き，戸籍の筆頭者となるべき者の住所を管轄する登記所でその登記をした場
合は（夫婦財産契約登記簿というものが用意されている），夫婦の承継人及び第三者
に対抗することができる（民755条・756条）。

　そして，この夫婦財産契約を締結している夫婦の一方が，他の一方の財産
を管理する場合において，管理が失当であったことによって財産を危うくし
たときは，他の一方は，自らその管理をすることを家庭裁判所に請求するこ
とができる（民758条2項）。

　この夫婦財産契約による財産の管理者の変更の申立ては，家事事件手続法
別表第1に掲げる審判事件で（家手別表第1の58項），家庭裁判所の専権事項と
されている。家事事件手続法では，旧家事審判法と異なり，夫婦財産契約に
よる財産管理者の変更手続は家事事件手続法別表第1の58項に位置づけられ
ているため，調停を申し立てることはできない。

　なお，この審判事件は，夫婦財産契約の存在を前提として財産管理者の変
更等を求めるものであるため，同契約を締結していない状態での申立ては不
適法となる（福岡高決昭39・9・17判タ180号157頁・家月17巻1号79頁）。

⑵　申立手続

328 第3編 各種審判手続の書式実例 第5章 婚姻等に関する審判事件

(a) 申立権者　　夫又は妻（民758条2項）。

(b) 管轄裁判所　　夫又は妻の住所地を管轄する家庭裁判所（家手150条2号）。

(c) 申立手続費用

(イ) 収入印紙　　800円（民訴費3条1項・別表第1の15項）。

(ロ) 予納郵便切手　　約3060円分（内訳：500円×2枚，82円×20枚，20円×5枚，10円×30枚，1円×20枚）。裁判所によって取扱金額が異なるので問い合わせること。

(d) 添付書類

(イ) 夫婦の戸籍謄本（全部事項証明書），戸籍附票。

(ロ) 住民票写し。

(ハ) 夫婦財産契約の登記事項証明書。

(ニ) 財産目録（家手規91条）。

(ホ) 不動産登記事項証明書等。

＊　戸籍謄本（全部事項証明書），住民票写し及び不動産登記事項証明書等は，3ヵ月以内に発行されたもの。

(3) 審判手続

(a) 陳述の聴取　　家庭裁判所は，夫婦財産契約による財産の管理者の変更等の審判をする場合，夫及び妻（申立人を除く）の陳述を聴かなければならない（家手152条1項）。

(b) 事実の調査及び証拠調べ　　家庭裁判所は，職権で事実の調査をし，かつ，申立てにより又は職権で，必要と認める証拠調べをしなければならない（家手56条1項）。

事実の調査方法としては，家庭裁判所調査官による調査，関連機関等への調査嘱託等がある（家手58条・62条）。

証拠調べについては，民事訴訟法の規定が準用される（家手64条）。

(c) 審　　判　　家庭裁判所は，申立人の請求を認める場合，夫婦財産契約の財産管理者の変更の審判をする（家手73条1項）。

また，家庭裁判所は審判において，夫又は妻に対し，金銭の支払，物の引渡し，登記義務の履行その他の給付を命じることができる（家手154条2項2号）。

なお，財産管理者の変更等をしたときは，その登記をしなければ，これを

夫婦の承継人及び第三者に対抗することができない（民759条）。

そして，この登記の申請は，財産管理者の変更等の審判があったことを証する情報を提供した上，当該夫婦の双方が共同してしなければならない（外国法人等登記7条）。

この点，登記義務の履行を命じた給付命令（家手154条2項2号）の審判が確定したときは，債務者に登記手続の意思表示があったものとみなされる（民執174条1項本文）。

したがって，登記手続においては，この給付命令の審判により債務者の登記申請行為に代わるものとなり，債権者は単独で登記申請をすることができる。

この給付命令は，執行力のある債務名義と同一の効力を有するため（家手75条），執行文の付与を要しない。

（d）審判の告知　　家庭裁判所は，申立人及び相手方に対し，相当と認める方法で審判の告知をする（家手74条1項）。

（e）即時抗告　　夫又は妻は，夫婦財産契約による財産の管理者の変更等の審判及びその申立てを却下する審判に対し，即時抗告をすることができる（家手156条2号）。

（f）審判前の保全処分　　家庭裁判所は，財産を管理する必要があるときは，当該審判の申立人又は相手方の申立て若しくは職権で，財産の管理者の変更の申立てについての審判が効力を生ずるまでの間，財産の管理者を選任し，又は事件の関係人に対し，他の一方の管理する申立人所有の財産若しくは共有財産の管理に関する事項を指示することができる（家手158条1項）。

また，家庭裁判所は，強制執行の保全等の必要があるときは，当該審判の申立人又は相手方の申立てにより，仮差押え，仮処分その他の必要な保全処分を命ずることができる（家手158条2項）。

そして，財産の管理者の改任等については，第三者が成年被後見人に与えた財産の管理者の改任等の規定が準用される（家手158条3項・125条1項ないし6項）。

財産の管理者の職務等については，不在者の財産の管理人の規定（民27条ないし29条（民27条2項を除く））が準用される（家手158条3項）。

なお，審判前の保全処分については，家事事件手続法105条以下にも定めがある。

【植田　智洋】

330　第3編　各種審判手続の書式実例　　第5章　婚姻等に関する審判事件

書式 65　夫婦財産契約による財産の管理者の変更審判申立書

受付印
収入印紙　　800　円
予納郵便切手　　　　円
予納収入印紙　　　　円

家事審判申立書　事件名（　財産管理者の変更　）

（この欄に申立手数料として1件について800円分の収入印紙を貼ってください。）

（貼った印紙に押印しないでください。）

（注意）登記手数料としての収入印紙を納付する場合は，登記手数料としての収入印紙は貼らずにそのまま提出してください。

準口頭	関連事件番号　平成　　年（家　　）第　　　　　　号

		申　立　人 （又は法定代理人など） の　記　名　押　印	甲　野　花　子　　㊞
○○　家庭裁判所 御中 平成　○○ 年 ○○ 月 ○○ 日			

添付書類	（審理のために必要な場合は，追加書類の提出をお願いすることがあります。） 申立人の戸籍謄本（全部事項証明書），戸籍附票　各1通　　相手方の戸籍謄本（全部事項証明書）， 戸籍附票　各1通　　住民票写し，夫婦財産契約登記事項証明書，財産目録， 不動産登記事項証明書　各1通

	本　籍 （国　籍）	（戸籍の添付が必要とされていない申立ての場合は，記入する必要はありません。） 　　　　都　道 　　　　府　県		
申 立 人 （妻）	住　所	〒 ○○○ － ○○○○ 東京都○○区×××○丁目○番○号	電話　　03（×××）×××× （　　　　　　方）	
	連絡先	〒　　　－	電話　　（　　　） （　　　　　　方）	
	フリガナ 氏　名	コウ　ノ　ハナ　コ 甲　野　花　子	大正 昭和 平成　○○ 年○○月○○日 生 （　○○　歳）	
	職　業	主　婦		
※ 相 手 方 （夫）	本　籍 （国　籍）	（戸籍の添付が必要とされていない申立ての場合は，記入する必要はありません。） 　　　　都　道 　　　　府　県　申立人の本籍と同じ		
	最後の 住　所	〒 　　申立人の住所と同じ	電話　　（　　　） （　　　　　　方）	
	連絡先	〒　　　－	電話　　（　　　） （　　　　　　方）	
	フリガナ 氏　名	コウ　ノ　タ　ロウ 甲　野　太　郎	大正 昭和 平成　○○ 年○○月○○日 生 （　○○　歳）	
	職　業	飲食店経営		

(注)　太枠の中だけ記入してください。

※の部分は，申立人，法定代理人，成年被後見人となるべき者，不在者，共同相続人，被相続人等の区別を記入してください。

申　　立　　て　　の　　趣　　旨
別紙物件目録記載の区分所有建物の管理者を相手方から申立人に変更する。

申　　立　　て　　の　　理　　由
1　申立人は，平成○年○月○日，飲食店を経営する相手方と婚姻しました。 2　申立人と相手方とは婚姻に際し，別紙物件目録記載の区分所有建物（店舗）を申立人が所有し，婚姻後は相手方が管理するとの夫婦財産契約を結び，平成○年○月○日にその登記をしました。 3　ところが，相手方は，平成○年○月ころから先物取引にのめり込んで家業を疎かにするようになり，しばしば取引に失敗しました。この結果，相手方は，不足した資金を調達するため，申立人に無断で上記店舗を担保に供していました。 4　このような事情が判明したことにより，申立人は相手方に対し，管理者を申立人に変更するよう求めましたが，相手方はこれに応じません。 5　したがって，申立人は，上記店舗の管理者を申立人に変更するよう求めます。

第2 夫婦財産契約による財産の管理者の変更及び共有財産分割請求手続

解　説

(1) 制度の趣旨

本章第1節第1の夫婦財産契約による財産の管理者の変更の請求とともに，共有財産の分割を請求することができる（民758条2項・3項）。

この手続は，家事事件手続法別表第1に掲げる審判事件で（家手別表第1の58項），家庭裁判所の専権事項とされる。

家事事件手続法では，旧家事審判法と異なり，夫婦財産契約による財産の管理者の変更等につき調停を申し立てることはできない。

なお，この審判事件は，夫婦財産契約の存在を前提として財産管理者の変更，共有財産の分割を求めるものであるため，同契約を締結していない状態での申立ては不適法となる（福岡高決昭39・9・17判タ180号157頁・家月17巻1号79頁）。

(2) 申立手続

(a) 申立権者　　夫又は妻（民758条2項・3項）。

(b) 管轄裁判所　　夫又は妻の住所地を管轄する家庭裁判所（家手150条2号）。

(c) 申立手続費用

(イ) 収入印紙　　800円（民訴費3条1項・別表第1の15項）。なお，立件の基準は申立書であるので，本件は1件として立件される（事件の受付及び分配に関する事務の取扱いについての通達別表第5⒅）。

(ロ) 予納郵便切手　　約3060円分（内訳：500円×2枚，82円×20枚，20円×5枚，10円×30枚，1円×20枚）。裁判所によって取扱金額が異なるので問い合わせること。

(d) 添付書類

(イ) 夫婦の戸籍謄本（全部事項証明書），戸籍附票。

(ロ) 住民票写し。

(ハ) 夫婦財産契約の登記事項証明書。

(ニ) 財産目録（家手規91条）。

(ホ) 不動産登記事項証明書。

332　第3編　各種審判手続の書式実例　第5章　婚姻等に関する審判事件

　(ヘ)　固定資産評価証明書。

　　　＊　戸籍謄本（全部事項証明書），住民票写し及び不動産登記事項証明書等は，3ヵ
　　　月以内に発行されたもの。

(3) 審判手続

　(a)　陳述の聴取　　家庭裁判所は，夫婦財産契約による財産の管理者の変
更等の審判をする場合，夫及び妻（申立人を除く）の陳述を聴かなければなら
ない（家手152条1項）。

　(b)　事実の調査及び証拠調べ　　家庭裁判所は，職権で事実の調査をし，
かつ，申立てにより又は職権で，必要と認める証拠調べをしなければならな
い（家手56条1項）。

　　事実の調査方法としては，家庭裁判所調査官による調査，関連機関等への
調査嘱託等がある（家手58条・62条）。

　　証拠調べについては，民事訴訟法の規定が準用される（家手64条）。

　(c)　審　　判　　家庭裁判所は，申立人の請求を認める場合，夫婦財産契
約の財産管理者の変更とともに共有財産の分割請求の審判をする（家手73条
1項）。

　　そして，家庭裁判所は審判において，夫又は妻に対し，金銭の支払，物の
引渡し，登記義務の履行その他の給付を命じることができる（家手154条2項
2号）。

　　また，共有財産分割に関する処分の審判をする場合において，特別の事情
がある場合は，分割方法として，一方に他方の当事者に対する債務を負担さ
せて，現物の分割に代えることができる（家手155条）。

　　なお，財産管理者の変更等をしたときは，その登記をしなければ，これを
夫婦の承継人及び第三者に対抗することができない（民759条）。

　　そして，この登記の申請は，財産管理者の変更等の審判があったことを証
する情報を提供した上，当該夫婦の双方が共同してしなければならない（外
国法人等登記7条）。

　　この点，登記義務の履行を命じた給付命令（家手154条2項2号）の審判が確
定したときは，債務者に登記手続の意思表示があったものとみなされる（民
執174条1項本文）。

　　したがって，登記手続においては，この給付命令の審判により債務者の登
記申請行為に代わるものとなり，債権者は単独で登記申請をすることができ

る。

この給付命令は，執行力のある債務名義と同一の効力を有するため（家手75条），執行文の付与を要しない。

(d) 審判の告知　家庭裁判所は，申立人及び相手方に対し，相当と認める方法で審判の告知をする（家手74条1項）。

(e) 即時抗告　夫又は妻は，夫婦財産契約による財産の管理者の変更及び共有分割請求の審判及びその申立てを却下する審判に対し，即時抗告をすることができる（家手156条2号）。

(f) 審判前の保全処分　家庭裁判所は，財産を管理する必要があるときは，当該審判の申立人又は相手方の申立て若しくは職権で，財産の管理者の変更の申立てについての審判が効力を生ずるまでの間，財産の管理者を選任し，又は事件の関係人に対し，他の一方の管理する申立人所有の財産若しくは共有財産の管理に関する事項を指示することができる（家手158条1項）。

また，家庭裁判所は，強制執行の保全等の必要があるときは，当該審判の申立人又は相手方の申立てにより，仮差押え，仮処分その他の必要な保全処分を命ずることができる（家手158条2項）。

そして，財産の管理者の改任等については，第三者が成年被後見人に与えた財産の管理者の改任等の規定が準用される（家手158条3項・125条1項ないし6項）。

財産の管理者の職務等については，不在者の財産の管理人の規定（民27条ないし29条（民27条2項を除く））が準用される（家手158条3項）。

なお，審判前の保全処分については，家事事件手続法105条以下にも定めがある。

【植田　智洋】

334 第3編 各種審判手続の書式実例 第5章 婚姻等に関する審判事件

書式 66 夫婦財産契約による財産の管理者の変更及び共有財産の分割請求審判申立書

	受付印	家事審判申立書 事件名（ 財産管理者の変更， 共有財産の分割 ）

収入印紙 800 円
予納郵便切手 円
予納収入印紙 円

（この欄に申立手数料として1件について800円分の収入印紙を貼ってください。）
（貼った印紙に押印しないでください。）
（注意）登記手数料としての収入印紙を納付する場合は，登記手数料としての収入印紙は貼らずにそのまま提出してください。

準口頭	関連事件番号 平成 年（家 ）第 号

○○ 家庭裁判所 御中 平成 ○○ 年 ○○ 月 ○○ 日	申 立 人 （又は法定代理人など） の 記 名 押 印	甲 野 花 子 ㊞

添付書類	（審理のために必要な場合は，追加書類の提出をお願いすることがあります。） 申立人の戸籍謄本（全部事項証明書），戸籍附票 各1通　相手方の戸籍謄本（全部事項証明書），戸籍附票 各1通 住民票写し，夫婦財産契約登記事項証明書，財産目録，不動産登記事項証明書，固定資産評価証明書 各1通

申 立 人 （妻）	本　籍 （国籍）	（戸籍の添付が必要とされていない申立ての場合は，記入する必要はありません。） 都　道 府　県		
	住　所	〒○○○ － ○○○○ 東京都○○区×××○丁目○番○号	電話 03（×××）×××× （ 方）
	連絡先	〒 －	電話 （ ） （ 方）
	フリガナ 氏　名	コウ ノ ハナ コ 甲 野 花 子	大正 昭和 ○○ 年○○月○○日 生 平成 （ ○○ 歳）
	職　業	主 婦	

※ 相 手 方 （夫）	本　籍 （国籍）	（戸籍の添付が必要とされていない申立ての場合は，記入する必要はありません。） 都　道 府　県　申立人の本籍と同じ		
	最後の 住　所	〒 － 申立人の住所と同じ	電話 （ ） （ 方）
	連絡先	〒 －	電話 （ ） （ 方）
	フリガナ 氏　名	コウ ノ タ ロウ 甲 野 太 郎	大正 昭和 ○○ 年○○月○○日 生 平成 （ ○○ 歳）
	職　業	飲食店経営	

（注）太枠の中だけ記入してください。
※の部分は，申立人，法定代理人，成年被後見人となるべき者，不在者，共同相続人，被相続人等の区別を記入してください。

申 立 て の 趣 旨

1　別紙物件目録記載1の建物の管理者を相手方から申立人に変更する。
2　申立人と相手方が2分の1の割合で共有する同目録記載2の土地を同一の割合で分割する。

申 立 て の 理 由

1　申立人は，平成○年○月○日，飲食店を経営する相手方と婚姻しました。
2　申立人と相手方とは婚姻に際し，次のような夫婦財産契約を締結し，平成○年○月○日にその登記をしました。
　　①　別紙物件目録記載1の建物（以下「本件建物」という。）を申立人の所有とし，婚姻後は相手方が管理する。
　　②　同目録記載2の土地（以下「本件土地」という。）は，申立人と相手方の，2分の1の割合による共有とする。
3　ところが，相手方は，平成○年○月ころから先物取引にのめり込んで家業を疎かにするようになり，しばしば取引に失敗しました。この結果，相手方は，不足した資金を調達するため，申立人に無断で本件建物を担保に供しています。
4　このような事情が判明したことにより，申立人は相手方に対し，本件建物の管理者を申立人に変更するよう求めましたが，相手方はこれに応じません。
5　したがって，申立人は，本件建物の管理者を申立人に変更するとともに，共有財産である本件土地の2分の1の割合による分割を求めます。

第2節　別表第2に掲げる審判事件

第1　子の監護者の指定及び子の引渡しを求める審判手続

解　説

(1)　手続の概要

(a)　根　　拠　　子の監護者の指定及び子の引渡しは，民法766条2項及び3項，家事事件手続法別表第2（以下「別表第2」という）の3項に規定する「子の監護に関する処分」に該当し，審判事項として家事審判の対象なる。また，「家庭に関する事件」（家手244条）に該当し，調停事項として家事調停の対象ともなる。

(b)　子の監護者の指定　　親権者が子の監護を行うのが通常であるが（民820条等），離婚の際に親権者とは別に子の監護者が指定されることがある。この場合，子の監護者の指定は，父母の協議で定めることになるが，協議が調わないときや協議することができないときは，家庭裁判所の調停又は審判によって決定される（民766条1項・2項）。

　監護者の指定に関する民法の規定は，協議離婚後の監護者の指定のみであるところ離婚前の別居中の夫婦間において，父母のどちらが子を監護養育するかについて争いが生じた場合には，民法766条を類推適用して監護者の指定を認めるのが実務の大勢である（神戸家尼崎審昭49・3・19家月27巻1号116頁，奈良家審平元・4・21家月41巻11号96頁，新潟家審平14・7・23家月55巻3号88頁，面会交流に関して最決平12・5・1民集54巻5号1607頁）。

(c)　子の引渡し　　離婚に際し，子の父母間で子の引渡しについての紛争が生じた場合には，監護者の指定と同様に，子の監護に関する問題となり，民法766条2項・3項に基づいて家庭裁判所が相当な処分を命じることができる。離婚前の別居中の夫婦間に子の奪い合いが生じた場合にも，監護者の指定と同様に民法766条が類推適用される。

(2)　他の手続

(a)　親権に基づく引渡請求　　子の親権者から，子を支配下に置く第三者に対する子の引渡請求は，親権行使妨害排除の訴えであり，訴訟事項である（最判昭35・3・15民集14巻3号430頁）。

336　第3編　各種審判手続の書式実例　第5章　婚姻等に関する審判事件

(b)　人身保護請求（人保1条・2条，人保規4条）　　人身保護請求は，法律上正当な手続によらないで身体の自由を拘束されている者を救済するための制度である。共同親権者間の子の奪い合いの場合，夫婦の一方による監護は，親権に基づくものとして，特段の事情のない限り適法であり，この手続によることは相当ではない。拘束している親の監護が一方の親の監護に比べて子の福祉に反することが明白な場合（最判平5・10・19民集47巻8号5099頁），合意に基づく面会交流中に子を連れ去った場合（最判平11・4・26家月51巻10号109頁）など限定される。

(3)　申立手続

(a)　申立権者　　父，母又は監護者（祖父母や里親などの第三者にも監護者指定の調停・審判の申立権を認めるのが多数説である）。

(b)　管轄裁判所　　子の住所地（父又は母を同じくする数人の子がある場合は，その1人の子の住所地）を管轄する家庭裁判所（家手150条4号）又は当事者が合意で定める家庭裁判所（家手66条1項）。合意は書面等による（家手66条2項，民訴11条2項・3項。管轄合意書の書式については第10編第3を参照）。

(c)　申立ての方式　　家事審判の申立ては，申立書を管轄家庭裁判所に提出して行う（家手49条1項）。申立書には，当事者及び法定代理人，申立ての趣旨及び理由を記載しなければならない（同条2項）。

(d)　申立手続費用

(イ)　収入印紙　　子1人につき1200円（民訴費3条1項・別表第1の15項の2）。子1人について子の監護者の指定及び子の引渡しを同時に申し立てる場合，いずれも別表第2の3の項に規定される「子の監護に関する処分」に含まれるが，それぞれ審判を求める事項（審判事項）は別個であると考えられるため，申立ての事件は2件となり，収入印紙は2400円となる。

(ロ)　郵便切手　　3000円程度（裁判所によって取扱金額及び内訳が異なるので問い合わせること）。

(e)　添付書類　　未成年者（子）の戸籍謄本（全部事項証明書），申立書の写し。

(4)　審判手続

(a)　審判前の保全処分　　家庭裁判所は，子の監護に関する処分についての審判又は調停の申立てがあった場合において，強制執行を保全し又は子その他の利害関係人の急迫の危険を防止するため必要があるときは，当該申立

てをした申立人の申立てにより，子の監護に関する処分を本案とする仮差押え，仮処分その他の必要な保全処分を命じることができる（家手157条1項3号）。

家庭裁判所は，子の監護費用の分担に関する仮処分を除き，仮の地位を定める仮処分を命ずる場合には，審判を受ける者となるべき者（父又は母）の陳述を聴く（家手107条）ほか，当該仮処分が子に与える影響が重大であるため，15歳以上の子の陳述を聴かなければならない（家手157条2項）。ただし，子の陳述を聴く手続を経ることにより保全処分の目的を達することができない事情がある場合には，子の陳述を聴くことを要しない（家手157条2項ただし書）。

　(b)　申立書の写しの送付等　　別表第2に掲げる事項についての審判の申立てであるため，家庭裁判所は，申立てが不適法であるとき又は申立てに理由がないことが明らかなときを除き，家事審判の申立書の写しを相手方に送付する（家手67条1項本文）。ただし，審判手続の円滑な進行を妨げるおそれがあると認めるときは，審判の申立てがあったことのみを通知する（家手67条1項ただし書）。

　(c)　事実の調査・証拠調べ等　　家庭裁判所は職権により事実の調査をし，かつ，申立て又は職権で必要と認める証拠調べをしなければならない（家手56条・58条）。

　(d)　陳述の聴取と審問　　別表第2に掲げる事項についての審判申立てであるため，申立てが不適法であるとき又は申立てに理由がないことが明らかなときを除き，当事者の陳述を聴かなければならない（家手68条1項）。陳述の聴取は，事実の調査の一種であり，その方法としては，裁判官の審問のほか，書面照会，家庭裁判所調査官による調査などがある。また，家庭裁判所は，当事者の申出があるときは，審問期日を開き，陳述を聴取する（家手68条2項）。

　(e)　子の意思の把握・陳述の聴取　　家庭裁判所は，子の監護者の指定及び子の引渡しなど未成年者の子がその結果により影響を受ける審判手続においては，子の意思を把握するよう努め，子の年齢や発達程度に応じてその意思を考慮しなければならない（家手65条）。また，子が15歳以上の場合に，子の陳述を聴かなければならない（家手152条2項）。子の陳述聴取は，裁判官の直接審問によるほか，子の状況によっては家庭裁判所調査官による意向調査，

陳述書の提出，書面照会等の方法により行われる。

　(f)　子の利害関係参加　　子の監護に関する処分事件において，意思能力のある子は，自ら手続行為をすることができる（家手151条2号・118条）。また，子は審判の結果により自己の法的地位や権利関係に直接影響を受ける者であるから，家庭裁判所の許可を受けて利害関係参加をすることができる（家手42条2項）。さらに，利害関係参加をすることが事実上困難な子に強制的に手続に参加させることができる（同条3項）。その際，裁判長は職権又は申立てにより，子に弁護士の手続代理人を選任することもできる（家手23条）。

　(g)　審　　判

　　(イ)　判断基準　　子の監護者の指定の審判にあたっては，「子の利益」を最も優先し（民766条1項後段），子を監護するのに相応しい者を指定することになる。具体的には，監護能力，精神的・経済的家庭環境，居住・教育環境，子に対する愛情の度合，従来の監護状況，親族の援助の可能性，子の年齢・性別，心身の発育の状況，従来の環境への適応状況，環境の変化への適応性，子の意思，子と親との情緒的結びつき等の諸般の事情が総合的に考慮される。子の引渡しの審判においても「子の利益」を最優先することは子の監護者の指定と同じであるが，加えて，現在の子の監護の開始が無断連れ去りなど違法性を帯びたものかどうか（最決平17・12・6家月58巻4号59頁）が審理される。

　　(ロ)　給付命令　　家庭裁判所は，子の監護に関する処分の審判において，子の監護者の指定又は変更，父又は母との面会及びその他の交流，子の監護に要する費用の分担その他子の監護について必要な事項を定める場合には，その当事者に対し，子の引渡し又は金銭の支払その他の財産上の給付その他の給付を命じることができる（家手154条3項）。

　「財産上の給付その他の給付」とは，子を監護する上で不可欠な物の引渡しを指す。「財産上の給付」としては，子が所有し，利用している携帯電話やパソコンの引渡しなど財産的価値があり子を監護する上で不可欠な物の引渡し等を，「その他の給付」とは，子が利用している衣類やランドセルの引渡しなど，必ずしも財産的価値があるとはいえないが子を監護する上で不可欠な物の引渡し等を想定している。

　これらの確定した審判は，執行力ある債務名義と同一の効力を有する（家手75条）ことから，単純執行文の付与（民執26条参照）を受けることなく，こ

の審判を債務名義として強制執行することができる。もっとも，給付が条件にかかっている場合は条件成就執行文の付与（民執27条1項参照）が，当事者に承継があった場合は承継執行文の付与（同条2項参照）が必要である。

　(h)　不服申立て　　子の監護に関する処分の審判及びその申立てを却下する審判に対しては，父，母，及び子の監護者が即時抗告をすることができる（家手156条4号。子の監護に関する処分についての審判は，子に重大な影響を与えるものであるが，子には不服申立てを認めていない）。

(5)　監護者の指定の審判の効力等

　(a)　監護者の指定の確定した審判の効力　　監護者の指定を受けた者に子の監護に関する権利義務（親権者の権利義務のうち身上監護に関するもの）を付与する効果を形成する。なお，監護者の指定に関する事項は，戸籍記載事項ではない。

　(b)　子の引渡しの実現方法　　乳幼児の引渡しの執行は，直接強制（民執169条1項）できるが（広島高松江支決昭28・7・3高民集6巻6号356頁，東京家審平8・3・28家月49巻7号80頁（審判時5歳及び2歳の男児）），執行官は子の人格や情緒面を最大限配慮した執行方法をとるべきである（東京地立川支決平21・4・28家月61巻11号80頁（7歳9ヵ月の児童））とするもの，意思能力のある子の引渡しは，間接強制（民執172条1項）の方法による（大阪高決昭30・12・14高民集8巻9号692頁（15歳の女児），札幌地決平6・7・8家月47巻4号71頁（2歳6ヵ月））とするものがある。

　7歳の幼児について，申立人（母）は「子を引き渡せ」との審判を求めたが，直接強制を肯定するのは相当でないとして，「子の監護者を申立人と定め，相手方（父）は申立人が子を引き取ることを妨害してはならない」とした審判例（札幌家審平8・8・5家月49巻3号80頁）がある。

【原田　和朋】

340　第3編　各種審判手続の書式実例　第5章　婚姻等に関する審判事件

書式 67　子の監護者の指定及び子の引渡しを求める審判申立書

受付印		家事審判申立書　事件名（　監護者の指定 子の引渡し　　）

収入印紙　2,400 円 予納郵便切手　　　円 予納収入印紙　　　円	（この欄に申立手数料として1件について800円分の収入印紙を貼ってください。） （注意）登記手数料としての収入印紙を納付する場合は，登記手数料として の収入印紙は貼らずにそのまま提出してください。　（貼った印紙に押印しないでください。）

準口頭	関連事件番号　平成　　　年（家　）第　　　　　　　　　号

横浜　家庭裁判所　御中 平成 ○○ 年 ○○ 月 ○○ 日	申　立　人 （又は法定代理人など） の　記名押印	横須賀　春子　　㊞

添付書類	（審理のために必要な場合は，追加書類の提出をお願いすることがあります。） 未成年者の戸籍謄本（全部事項証明書），申立書写し

申 立 人	本　籍 （国　籍）	（戸籍の添付が必要とされていない申立ての場合は，記入する必要はありません。） 　　　　　都　道 　　　　　府　県	
	住　所	〒○○○－○○○○ 　横浜市鶴見区○○町○丁目○番○号	電話　×××（×××）×××× （　　△△　　方）
	連絡先	〒　　－	電話　（　　　　　） （　　　　　　方）
	フリガナ 氏　名	ヨコスカ　ハル　コ 横須賀　春子	大正 昭和 平成 ○○年○○月○○日 生 （　○○　歳）
	職　業	無職	

※ 相 手 方	本　籍 （国　籍）	（戸籍の添付が必要とされていない申立ての場合は，記入する必要はありません。） 　　　　　都　道 　　　　　府　県	
	住　所	〒○○○－○○○○ 　相模原市南区○○町○丁目○番○号	電話　045（×××）×××× （　　　　　　方）
	連絡先	〒	電話　（　　　　　） （　　　　　　方）
	フリガナ 氏　名	ヨコスカ　タ　ロウ 横須賀　太郎	大正 昭和 平成 ○○年○○月○○日 生 （　○○　歳）
	職　業	会社員	

(注)　太枠の中だけ記入してください。
※の部分は，申立人，法定代理人，成年被後見人となるべき者，不在者，共同相続人，被相続人等の区別を記入してください。

※ 未 成 年 者	本　籍	神奈川　都道 　　　府県	相模原市南区○○町○丁目○番地	
	住　所	申立人と同じ		（　　　　　方）
	フリガナ 氏　名	ヨコスカ　ハナ　コ 横須賀　花子	大正 昭和 平成 ○○年○○月○○日 （　○○　歳）	

(注)　太枠の中だけ記入してください。※の部分は，申立人，相手方，法定代理人，不在者，共同相続人，被相続人等の区別を記入してください。

申　立　て　の　趣　旨
1　未成年者の監護者を申立人と指定する。
2　相手方は申立人に対し，未成年者を引き渡す。
との審判を求めます。

申　立　て　の　理　由
1　申立人と相手方は，平成○○年○○月○○日婚姻し，翌年○○月○○日未成年者が出生しました。平成○○年○○月頃，相手方の不貞が発覚し，申立人と未成年者が申立人の実家に転居し別居しました。
2　申立人と相手方は，相手方による不貞の発覚以来，離婚について話し合いを行ってきましたが，親権者の指定や養育費，慰謝料について争いがあり，当事者間での話し合いは困難な状況となっていました。
3　平成○○年○○月○○日，相手方は，未成年者の通っている保育園に行き，保育士に対して，申立人の代わりに未成年者を迎えにきたと申し述べ，未成年者を相手方宅へ連れて帰り，未成年者を申立人のもとに帰宅させず，申立人と会わせることも拒絶しています。申立人は，相手方に対し，未成年者を引き渡すよう何度も求めましたが，相手方はこれに応じず，現在に至っています。
4　未成年者は，ぜんそくの持病があり，複数の食物アレルギーを有していますが，相手方は同居時には未成年者の監護に関心がなく育児に関与してこなかったので，これらの事情や対処方法等を知りません。したがって，相手方は未成年者を適切に監護養育することはできません。
　　よって，申立ての趣旨記載のとおりの審判を求めます。
　　　　　　　　　　　　　　　　　　　　　　　　　　　　　　　　　　以　上

第6章

親子に関する審判事件

第1 嫡出否認の訴え（調停）の特別代理人の選任手続

解　説

(1)　制度の趣旨

(a)　事案及び根拠　　妻が婚姻中に懐胎した子は夫の子と推定され（民772条1項），婚姻成立日から200日を経過した後又は婚姻の解消若しくは取消しの日から300日以内に生まれた子は，婚姻中に懐胎したものと推定される（民772条2項）。こうした推定が及ぶ子について，夫は，自分の生物学上の子であることを否認し，自ら法律上の子であることを否認できる（民774条）。夫が嫡出性を否認する場合には，身分的秩序の安定という要請から，子又は親権を行う母に対する嫡出否認の訴えによらなければならない。そして，子に親権を行う母がいないときには，家庭裁判所に申立てをして，子のために特別代理人を選任しなければならない（民775条後段，家手39条・別表第1の59項。なお，調停前置主義が働くこと及び合意に相当する審判の対象となることにつき家手257条・277条）。

(b)　注　意　点

(イ)　嫡出否認の訴えの提起期間　　夫が子の出生を知った時から1年以内に訴えを提起しないと否認権は消滅する。夫が成年被後見人であるときは，その期間は後見開始の審判の取消後，夫が子の出生を知った時から起算する（民777条・778条）。また，後見人・後見監督人が訴えを提起するときは，それらの者が子の出生を知った時から起算する。

(ロ)　「親権を行う母がないとき」（民775条後段）　　①母の死亡・行方不明，②母の親権喪失・辞任（民834条・837条），③父母が離婚し父が子の親権者となっている場合等がある。なお，未成年者たる子に意思能力がある限り自ら

訴訟行為をすることができ（人訴13条1項），特別代理人の選任は不要である。また，未成年者たる子に後見人が選任されている場合であっても，特別代理人の選任を要する。

(2) **申立手続**

(a) 申立権者　否認権を有する夫（民774条），夫が被後見人である場合は，後見人又は後見監督人（人訴14条1項・2項），夫が子の出生前又は嫡出否認の訴えの出訴期間（民777条）内に訴えを提起しないで死亡したときは，その子のために相続権を害される者，その他夫の3親等内の血族（この場合においては，夫の死亡の日から1年以内の出訴期間の制限がある。人訴41条1項）。

(b) 管轄裁判所　子の住所地の家庭裁判所（家手159条1項）。

(c) 申立手数料

(イ) 手数料　子1名につき収入印紙800円（民訴費3条1項・別表第1の15項）。

(ロ) 予納郵便切手　900円程度（82円×10枚，10円×8枚。ただし，家庭裁判所により取扱いが異なる）。

(d) 添付書類

(イ) 申立人・子及び父母の戸籍謄本（全部事項証明書）。

(ロ) 特別代理人候補者の住民票又は戸籍附票。

(ハ) 子が出生届未了の場合は，子の出生証明書写し及び母の戸籍（除籍）謄本（全部事項証明書）。

(3) **審判手続**

特別代理人候補者等に照会・回答書を送付する等，申立ての実情を審理し，理由ありと認めるときは特別代理人を選任する。その後，審判書謄本を申立人及び特別代理人候補者に送付する。特別代理人選任審判の効力は特別代理人への告知により生ずる（家手74条）。選任審判に対する不服申立ての方法はない。却下審判に対しては，申立人は即時抗告をすることができる（家手159条3項）。

【長谷川　智之】

第1 嫡出否認の訴え（調停）の特別代理人の選任手続　*343*

書式 68　特別代理人の選任審判申立書(1)——嫡出否認の場合

受付印	
	家事審判申立書　事件名（　特別代理人選任　）

収入印紙　　800　円	
予納郵便切手　　　　円	
予納収入印紙　　　　円	

（この欄に申立手数料として1件について800円分の収入印紙を貼ってください。）

（貼った印紙に押印しないでください。）

（注意）登記手数料としての収入印紙を納付する場合は、登記手数料としての収入印紙は貼らずにそのまま提出してください。

準口頭	関連事件番号　平成　　年（家　）第　　　　　　　　　号

横浜　家庭裁判所 御中 平成　○○　年　○○　月　○○　日	申　立　人 （又は法定代理人など） の　記　名　押　印	甲　野　太　郎　　㊞

添付書類	（審理のために必要な場合は、追加書類の提出をお願いすることがあります。） 申立人の戸籍謄本（全部事項証明書）　　1通 未成年者及びその父母の戸籍謄本（全部事項証明書）　　1通 特別代理人候補者の戸籍附票又は住民票　　1通

申立人	本　籍 （国　籍）	（戸籍の添付が必要とされていない申立ての場合は、記入する必要はありません。） 神奈川　都道府県　横浜市中区○○町○丁目○番地
	住　所	〒　　　　　横浜市中区○○町○丁目○番○号　　電話　×××（×××）××××（　　　　　　方）
	連絡先	〒　　　　　　　　　　　　　　　　　　　　電話　　　（　　　）（　　　　　　方）
	フリガナ 氏　名	コウ　ノ　　タ　ロウ 甲　野　太　郎　　大正・昭和・平成　○○年○月○○日　生（　　○○　歳）
	職　業	会社員

※ 未成年者	本　籍 （国　籍）	（戸籍の添付が必要とされていない申立ての場合は、記入する必要はありません。） 都道府県　申立人の本籍と同じ
	住　所	〒　○○○－○○○○　横浜市金沢区○○町○丁目○番○号　　電話　×××（×××）××××（　乙川月子　方）
	連絡先	〒　　　－　　　　　　　　　　　　　　　電話　　　（　　　）（　　　　　　方）
	フリガナ 氏　名	コウ　ノ　コタロウ 甲　野　小太郎　　大正・昭和・平成　○○年○月○○日　生（　○○　歳）
	職　業	な　し

（注）太枠の中だけ記入してください。
※の部分は、申立人、法定代理人、成年被後見人となるべき者、不在者、共同相続人、被相続人等の区別を記入してください。

申　立　て　の　趣　旨
未成年者甲野小太郎のために特別代理人の選任を求めます。

申　立　て　の　理　由
1　申立人は平成○年○月○日に乙川浜子と婚姻しました。 2　浜子は、遊び友達である丙山一夫と男女の関係になり、未成年者を出産しましたが、その後、未成年者を残して丙山とともに家を出て、行方不明となってしまいました。 3　未成年者は、戸籍上は申立人の長男となっていますが、申立人は浜子とはここ数年不仲で、浜子が申立人の子を懐胎する状況ではありませんでした。 4　申立人は現在、未成年者の嫡出性を否認すべく訴訟を準備していますが、未成年者の親権者である浜子が行方不明のため、特別代理人として浜子の母であり、現在未成年者と同居している乙川月子（本籍　東京都大田区○○町○丁目○番地　住所　未成年者と同じ　生年月日　昭和○年○月○日　職業　なし）を選任されたく、本申立てに及びました。

344 第3編 各種審判手続の書式実例 第6章 親子に関する審判事件

第2 子の氏の変更許可

解 説

(1) 制度の趣旨

(a) 事案及び根拠　子が父又は母と氏を異にする場合には，子は，家庭裁判所の許可を得て，入籍届をすることによって，その父又は母の氏を称することができる（民791条1項，家手別表第1の60項，戸98条1項）。子の氏の変更について家庭裁判所に関与させたのは，因襲的感情にとらわれた濫用を防止し，かつ，関係者の利害対立の調整をはかる趣旨である。

(b) 注 意 点

(イ) 子の婚姻又は養子縁組のように，子が父又は母と氏を異にするに至った原因が子の側にあるときにはこの規定の適用はない。

(ロ) 父又は母が氏を改めたことにより子が父又は母と氏を異にする場合，それが，①父と母の婚姻，②父又は母の養子縁組，離縁，縁組の取消し，民法791条による氏の変更，③認知された子についての婚姻準正の発生によるときは，子は，父母の婚姻中に限り，家庭裁判所の許可を得ないで入籍届をすることができる（民791条2項，昭62・10・1民二第5000号民事局長通達第5・3）。

(ハ) 離婚によって婚姻前の氏に復した父又は母が民法767条2項の届出により離婚時の氏を称している場合，呼称上は同じでも，民法上の氏は異なるので，子の氏の変更許可の申立てができる。

(ニ) 子が未成年者か成年かは問わない。既婚者については，子が婚姻の際に自己の氏を称することになった者に限られる。

(ホ) 兄弟姉妹の氏，祖父母と孫の氏は，呼称上は同じでも，民法上の氏は異なると解されている（昭和25年9月全国家事審判官会同家庭局見解・会同要録164頁）。

(2) 申立手続

(a) 申立権者　子。ただし，子が15歳未満のときは法定代理人（民791条1項・3項）。なお，子と氏を異にする父又は母が子の親権者でない場合に，子を代理して申立てをするには，親権者変更の調停又は審判の申立てが必要である。

(b) 管轄裁判所　子の住所地の家庭裁判所（家手160条1項）。

(c) 申立手数料　手数料として子1名につき収入印紙800円，予納郵便

切手276円程度（82円×3枚，10円×3枚。ただし，家庭裁判所により取扱いが異なる）。

　(d)　添付書類　　子，その法定代理人の戸籍謄本（全部事項証明書）。父母の戸籍謄本（全部事項証明書。離婚の場合には，離婚の記載のあるものが必要）。なお，事案により，子の父母の過去の戸籍謄本（全部事項証明書）を要する場合がある。

(3)　審判手続

　子の氏の変更が子の福祉にかなうものかどうか，氏を異にする父又は母との同居の有無等，諸般の事情が審理される。例えば認知した父の戸籍に入る場合には，父の婚姻家庭の事情も考慮される。審判は告知により効力を生ずるが（家手74条），許可審判に対する不服申立ての方法はない。却下審判に対しては，申立人は即時抗告をすることができる（家手160条3項）。

(4)　戸籍届出（創設的届出）

　子が許可審判の謄本を添付して入籍届をすることにより子の氏の変更の効力が生じる（民791条1項，戸98条1項）。なお，入籍届により氏を改めた未成年の子は，成年に達した時から1年以内に入籍届（民791条4項，戸99条1項）をすることによって従前の氏に復することができる。なお，その者に配偶者があるときは，配偶者とともに入籍届をしなければならない（戸99条2項）。

【長谷川　智之】

346 第3編 各種審判手続の書式実例 第6章 親子に関する審判事件

書式 69 子の氏変更を求める審判申立書

受付印	子 の 氏 の 変 更 許 可 申 立 書

収入印紙 800円	（この欄に申立人1人について収入印紙800円分を貼ってください。）
予納郵便切手 円	（貼った印紙に押印しないでください。）

準口頭	関連事件番号 平成 年（家 ）第 号

横浜 家庭裁判所 御中 平成 ○○ 年 ○○ 月 ○○ 日	申 立 人 〔15歳未満の場合 は法定代理人〕 の 記 名 押 印	甲野太郎法定代理人 乙 川 浜 子 ㊞

添付書類	（同じ書類は1通で足ります。審理のために必要な場合は，追加書類の提出をお願いすることがあります。） ☑ 申立人（子）の戸籍謄本（全部事項証明書） ☑ 父・母の戸籍謄本（全部事項証明書）

申 立 人 （子）	本 籍	神奈川 都道 ㊞ 府県 横浜市中区○○町○丁目○番地
	住 所	〒○○○-○○○○ 横浜市中区○○町○丁目○番○号 電話 ×××（×××）×××× （ 方）
	フリガナ 氏 名	コウノ タロウ 甲 野 太 郎	昭和 ⦿平成 ○年 ○月 ○日 生 （ ○○ 歳）
	本 籍 住 所	※上記申立人と同じ
	フリガナ 氏 名		昭和 平成 年 月 日 生 （ 歳）
	本 籍 住 所	※上記申立人と同じ
	フリガナ 氏 名		昭和 平成 年 月 日 生 （ 歳）

☆法定代理人 （父・後見人・母）	本 籍	神奈川 都道 ㊞ 府県 横浜市中区○○町○丁目○番地
	住 所	〒 - 申立人の住所と同じ 電話 （ ） （ 方）
	フリガナ 氏 名	オツカワ ハマコ 乙 川 浜 子	フリガナ 氏 名

(注) 太枠の中だけ記入してください。 ※の部分は，各申立人の本籍及び住所が異なる場合はそれぞれ記入してください。
☆の部分は，申立人が15歳未満の場合に記入してください。

申 立 て の 趣 旨

※
申立人の氏（ 甲野 ）を
① 母
② 父 の 氏 （ 乙川 ）に変更することの許可を求める。
③ 父母

(注) ※の部分は，当てはまる番号を○で囲み，（ ）内に具体的に記入してください。

申 立 て の 理 由

父 ・ 母 と 氏 を 異 に す る 理 由

※
① 父 ・ 母 の 離 婚 5 父 （ 母 ） の 認 知
2 父 ・ 母 の 婚 姻 6 父（母）死亡後，母（父）の復氏
3 父 ・ 母 の 養 子 縁 組 7 その他（ ）
4 父 ・ 母 の 養 子 離 縁 （その年月日 平成 ○○ 年 ○○ 月 ○○ 日）

申 立 て の 動 機

※
① 母との同居生活上の支障 5 結 婚
2 父との同居生活上の支障 6 その他 〔 〕
3 入 園 ・ 入 学
4 就 職

(注) 太枠の中だけ記入してください。 ※の部分は，当てはまる番号を○で囲み，父・母と氏を異にする理由の7，申立ての動機の6を選んだ場合には，（ ）内に具体的に記入してください。

【備考】
1. 申立人及び法定代理人の本籍は戸籍謄本（全部事項証明）の表示どおりに記載する必要がある。「1-2」等の簡略な記載は不可。
2. 申立人と法定代理人の本籍は，その表示がまったく同じであっても，異なる戸籍に記載されている以上，同じではないから「申立人の本籍と同じ」という記載をしてはならない。
3. 子が15歳以上であれば子が単独で申立てをする。

第3 養子縁組をするについての許可手続(1)──未成年者を養子とする場合

解説

(1) 制度の趣旨

(a) 事案及び根拠　未成年者を養子とする場合には，家庭裁判所の許可を得なければならない（民798条本文，家手別表第1の61項）。養子制度が家のため，親のために濫用されることを防止し，子の福祉を保護する趣旨である。

(b) 注意点

(イ) 自己又は配偶者の直系卑属を養子とする場合には，未成年者の福祉を損なうおそれがないものとして，裁判所の許可は要しない（民798条ただし書）。ここで，配偶者とは，内縁の配偶者を含まず，現在婚姻中の配偶者を指す。したがって，離婚した配偶者や死別した配偶者の直系卑属を養子とする場合は許可を要する。

(ロ) 養子縁組前に出生していた養子の子を養子とする場合には，養親にとって直系卑属ではないから裁判所の許可を要する。

(ハ) 自己の嫡出子や養子との縁組は，法律上の利益を欠き認められない。

(ニ) 養親となる者が夫婦である場合は，夫婦共同縁組とする必要がある。ただし，配偶者の嫡出子を養子とする場合又は配偶者がその意思を表示することができない場合はその必要がない（民795条本文・ただし書）。

(ホ) 未成年者が15歳未満で法定代理人が代諾縁組をする場合に，未成年者の父母でその監護をすべき者が他にあるときは，その者の同意を得なければ，縁組の代諾をすることができない（民797条2項）。監護者は養子縁組によってその地位を失うので，縁組につき発言権を与え，法定代理人のみの意思で子の監護に関する父母の合意を変更することを防止する趣旨である。

(ヘ) 後見人が未成年者である被後見人を養子とする場合には，後見養子縁組と未成年養子縁組の双方の許可を得なければならない（民794条，昭25・11・1第11回戸籍事務連絡協議会協議結果（家月25巻11号65頁））。この場合，被後見人が15歳未満で，後見監督人がいないときには，縁組代諾者として特別代理人の選任が必要である。

(2) 申立手続

(a) 申立権者　養親となるべき者。

348 第3編 各種審判手続の書式実例 第6章 親子に関する審判事件

(b) 管轄裁判所　養子となるべき者の住所地の家庭裁判所（家手161条1項）。

(c) 申立手数料　手数料として養子1名につき収入印紙800円，予納郵便切手818円程度（82円×9枚，10円×8枚。ただし，家庭裁判所により取扱いが異なる）。

(d) 添付書類　養親となる者・養子となる者・養子となる者が15歳未満の場合は代諾者となる法定代理人の各戸籍謄本（全部事項証明書）。

(3) 審判手続

養子縁組が未成年者の福祉にかなうものかどうか，縁組の動機・養親側の事情等総合的に審理される。養子縁組について許可の審判をする場合には，養子となるべき者（15歳以上のものに限る），養子となるべき者に対し親権を行う者又は未成年後見人がいる場合にはその陳述を聴かなければならない（家手161条3項）。また，上記については，家庭裁判所調査官の事前調査，裁判官の審問がなされることが多い。審判の告知により効力を生じるが（家手74条），許可審判に対する不服申立ての方法はない。却下審判に対しては，申立人は即時抗告をすることができる（家手161条4項）。

(4) 戸籍届出（創設的届出）

養親となる者と養子となる者が，許可審判の謄本を添付して養子縁組届をすることにより養子縁組の効力が生じる（戸66条・38条2項）。届出は，届出事件の本人の本籍地又は届出人の所在地でこれを行い（戸25条1項），届出人は，縁組の当事者である養親と養子，代諾縁組の場合は代諾権者となる（戸68条）。

【長谷川　智之】

第3 養子縁組をするについての許可手続(1)——未成年者を養子とする場合　　349

書式70　養子縁組許可審判申立書(1)——未成年者を養子とする場合

養子縁組許可申立書

受付印		
収入印紙　　　800円	（この欄に収入印紙800円分を貼ってください。）	
予納郵便切手　　　円	（貼った印紙に押印しないでください。）	

準口頭	関連事件番号　平成　　年（家　　）第　　　　号

横浜　　家庭裁判所 御中 平成 ○○ 年 ○○ 月 ○○ 日	申　立　人 〔養親となる者〕 の記名押印	甲 野 太 郎　　㊞ 甲 野 浜 子　　㊞

添付書類	（同じ書類は1通で足ります。審理のために必要な場合は，追加書類の提出をお願いすることがあります。） ☑ 申立人（養親となる者）の戸籍謄本（全部事項証明書） ☑ 未成年者の戸籍謄本（全部事項証明書） ☑ （未成年者が15歳未満の場合）代諾者の戸籍謄本（全部事項証明書） ☑ 未成年者の住民票

申立人	本籍 （国籍）	神奈川　都道 　　　　府県　横浜市中区○○町○丁目○番地	
	住所	〒○○○-○○○○ 横浜市中区○○町○丁目○番○号	電話 ×××（×××）×××× （　　　　　　方）
	フリガナ 氏名 （養父となる者）	コウ ノ タ ロウ 甲 野 太 郎	大正 昭和 ○○年○○月○○日生 平成　（　○○　歳）
	フリガナ 氏名 （養母となる者）	コウ ノ ハマ コ 甲 野 浜 子	大正 昭和 ○○年○○月○○日生 平成　（　○○　歳）

未成年者	本籍 （国籍）	神奈川　都道 　　　　府県　川崎市川崎区○○町○丁目○番地	
	住所	〒　　- 申立人の住所と同じ	電話 ×××（×××）×××× （　　　　　　方）
	フリガナ 氏名 （養子となる者）	オツ カワ ホシ コ 乙 川 星 子	平成 ○○年○○月○○日生 （　○○　歳）
	職業又は 在学名とその 学年	○○幼稚園	
	養親となる者との 関係	※ 養父の…1　おいめい　2　弟妹　3　そのほかの親族　4　被後見人　5　その他（　　） 　 養母の…1　おいめい　2　弟妹　③　そのほかの親族　4　被後見人　5　その他（　　）	

(注) 太枠の中だけ記入してください。　※の部分は，当てはまる番号を○で囲み，5を選んだ場合には，（　）内に具体的に記入してください。

申　立　て　の　趣　旨

申立人が未成年者を養子とすることの許可を求める。

申　立　て　の　理　由

縁組をしようとする事情	未成年者は，申立人甲野浜子のいとこである乙川花子夫婦の長女です。 　花子は数年前に病死し，その後，父である乙川氏が未成年者を含む3人の子を養育してきましたが，生活が苦しいとのことで，以前から花子夫婦と親交があり未成年者をわが子のように思っていた，申立人夫婦が，ちょうど子どももいないので未成年者を引き取り暮らしています。本申立てについては，未成年者及びその父も同意しています。

申立人の状況	婚姻の日 ……………………… 平成 ○ 年 ○ 月 ○ 日 未成年者と同居をはじめた日 ……… 平成 ○ 年 ○ 月 ○ 日	
	養父となる者について 子の有無　男　　人・女　　人 職業　○○○ 勤務先名　○○○ 収入　月収 約 ○○万 円	養母となる者について 子の有無　男　　人・女　　人 職業　○○○ 勤務先名　○○○ 収入　月収 約 ○○万 円

備考	（特に考慮してほしい事項などを記入してください。） 　未成年者はあと3ヵ月で小学校に上るので，できるだけ早い審判をお願いします。		

※法定代理人①親権者②後見人 未成年者の	住所	〒○○○-○○○○ 川崎市川崎区○○町○丁目○番○号	電話 ×××（×××）×××× （　　　　　　方）	
	フリガナ 氏名	オツカワ イチロウ 乙 川 一 郎	職業	会 社 員
	住所	〒　　- 	電話 （　　　　　　方）	
	フリガナ 氏名		職業	
親権者でない父母	住所	〒　　- 	電話 （　　　　　　方）	
	フリガナ 氏名		職業	

(注) 太枠の中だけ記入してください。　※の部分は，当てはまる番号を○で囲んでください。

第4 養子縁組をするについての許可手続(2)——後見人が被後見人を養子とする場合

解　説

(1) 制度の趣旨

(a) 事案及び根拠　後見人（未成年後見人及び成年後見人）が被後見人を養子とする場合には，家庭裁判所の許可が必要である。また，後見人の任務が終了した後も，管理の計算が終わらない間は，同様に家庭裁判所の許可が必要である（民794条，家手別表第1の61項）。

後見人が被後見人の財産を管理することから，後見中の不正行為を縁組によって隠蔽することを防止し，被後見人の利益の保護を図るものである。

(b) 注意点

(イ) 後見人が未成年者である被後見人を養子とする場合は，後見養子縁組の許可のほか，未成年養子縁組の許可が必要である（民798条，昭25・10・10民事甲2633号回答）。両制度の立法趣旨及び許可の目的が異なるからである。

(ロ) 後見人が15歳未満の被後見人を養子とするときは，利益相反行為になり（民860条・826条），後見監督人がない場合は特別代理人の代諾が必要である（昭23・12・22民甲3914号回答）。

(2) 申立手続

(a) 申立権者　養親となるべき後見人。

(b) 管轄裁判所　養子となるべき被後見人の住所地を管轄する家庭裁判所（家手161条1項）。

(c) 申立手続費用　以下の費用が考えられる。

(イ) 収入印紙　800円（養子となるべき者1名につき）（民訴費3条1項・別表第1の15項）。

(ロ) 予納郵便切手　818円程度。

(d) 添付書類　申立人・被後見人の戸籍謄本（全部事項証明書）。

(3) 審判手続

縁組が後見人の不正な目的によるものでないか，後見人による被後見人の財産管理の状況，縁組の動機等の事情を考慮して審理される。

15歳以上の養子となるべき者は，一般的に行為能力の制限を受けていても，自ら有効に手続行為をすることができ（家手161条2項），家庭裁判所は，養子

縁組許可の審判をする場合は，原則として，養子となるべき者（15歳以上の者に限る）等の陳述を聴くことが必要となる（同条3項1号）。

許可審判は申立人に告知されることにより効力が生ずる（家手74条2項）。

却下審判に対して，申立人は即時抗告をすることができる（家手161条4項）。

(4) 戸籍上の手続

養親となる者と養子となる者が，養子縁組許可審判書謄本を添付して養子縁組届（創設的届出）をすることにより養子縁組の効力が生じる（戸66条・38条2項）。

未成年被後見人が15歳未満の場合で，かつ，後見監督人がない場合には，特別代理人選任審判書謄本の添付を要する。

また，養子縁組により未成年後見人が未成年被後見人の親権者となった場合には，後見は終了するから，未成年後見人は後見の終了の届出をしなければならない（戸84条）。

【峰野　哲】

352　第3編　各種審判手続の書式実例　　第6章　親子に関する審判事件

書式 71　養子縁組許可審判申立書(2)——後見人が被後見人を養子とする場合

受付印	

家事審判申立書　事件名（　　養子縁組の許可　　）

収入印紙　　800　円
予納郵便切手　　　　円
予納収入印紙　　　　円

（この欄に申立手数料として1件について800円分の収入印紙を貼ってください。）

（注意）登記手数料としての収入印紙を納付する場合は，登記手数料としての収入印紙は貼らずにそのまま提出してください。

（貼った印紙に押印しないでください。）

準口頭	（関連事件番号　平成　　　年（家　　）第　　　　　　号

横浜　家庭裁判所 御中 平成　○○年○○月○○日	申　立　人 （又は法定代理人など） の記名押印	甲　野　太　郎　　㊞

（審理のために必要な場合は，追加書類の提出をお願いすることがあります。）

添付書類	申立人の戸籍謄本（全部事項証明書）　　1通 被後見人の戸籍謄本（全部事項証明書）　　1通

申 立 人	本　籍 （国籍）	（戸籍の添付が必要とされていない申立ての場合は，記入する必要はありません。） 神奈川県　都道 　　　　　府県　横浜市中区○○町○丁目○番地	
	住　所	〒○○○－○○○○　　横浜市中区○○町○丁目○番○号	電話　×××（×××）×××× （　　　　　　　　方）
	連絡先	〒　　　－	電話　（　　　） （　　　　　　　　方）
	フリガナ 氏　名	コウ　ノ　　タ　ロウ 甲　野　太　郎	大正 平成　○○年○○月○○日 生 （　○○　歳）
	職　業	会　社　員	

※ 被 後 見 人	本　籍 （国籍）	（戸籍の添付が必要とされていない申立ての場合は，記入する必要はありません。） 神奈川　　都道 　　　　府県　横浜市南区○○町○丁目○番○号	
	住　所	〒　　　　申立人の住所と同じ	電話　（　　　） （　　　　　　　　方）
	連絡先	〒　　　－	電話　（　　　） （　　　　　　　　方）
	フリガナ 氏　名	オツ　ノ　　ジ　ロウ 乙　野　次　郎	大正 昭和　○○年○○月○○日 生 （　○○　歳）
	職　業	な　し	

（注）　太枠の中だけ記入してください。

※の部分は，申立人，法定代理人，成年被後見人となるべき者，不在者，共同相続人，被相続人等の区別を記入してください。

申　立　て　の　趣　旨

申立人が被後見人を養子とすることの許可を求めます。

申　立　て　の　理　由

1　申立人は被後見人の後見人であり，父方の叔父です。
2　被後見人の両親は離婚し，母は外国へ行ったきり行方不明となり，親権者となった父と2人で暮らしていましたが，父が事故で1人になってから申立人が引き取り，申立人の家で家族同様に暮らしています。被後見人は未成年者であるため，その後見人に選任されました。
3　被後見人は，申立人の家族とも仲がよく，今後は親として被後見人を見守っていきたいと思い，家族や被後見人も同意してくれたので，本申立てに及びました。

第5　渉外養子縁組をするについての許可手続──フィリピン人未成年者を養子とする場合

解　説

(1)　制度の趣旨

(a)　事案及び根拠　　当事者の一方又は双方が外国人である渉外養子縁組においては，養子又は養親のうち一方の住所が日本にあれば，日本の裁判所に国際裁判管轄があると解されており，①外国人である養親の本国法（養父と養母が国籍を異にする場合はそれぞれの本国法）で裁判所等の公的機関の養子決定により養子縁組が成立するとされる場合（決定型）又は裁判所等の公的機関の許可を要する場合や，②外国人である養子の本国法で養子になる者の保護要件として裁判所等の公的機関の許可その他の処分を要する場合には，家庭裁判所の許可が必要である（家手別表第1の61項）。

準拠法については，「法の適用に関する通則法」（以下「通則法」という）31条1項前段により養子縁組当時の養親の本国法によるところ，養親の本国法が養子縁組の成立を裁判所等の公的機関の許可又は決定による旨を定めている場合には，これに代えて家庭裁判所が養子縁組許可の審判をすることができる（平元・10・2民二代3900号通達）。

また，通則法31条1項後段で養子の本国法が養子縁組の成立につき裁判所等の公的機関の許可その他の処分のあることを要件としている場合（養子保護のための要件）にも，これに代えて家庭裁判所が養子縁組の許可の審判をすることができる。

(b)　注　意　点　　未成年者を養子とする場合には，配偶者の直系卑属を養子とする場合でかつ縁組当事者の本国法で裁判所等の国家機関の許可等を要する旨の定めがない場合を除き，家庭裁判所の養子縁組の審判を要する。なお，フィリピン法上は満18歳をもって成人とされるので，18歳以上のフィリピン人を養子とする場合には養子縁組許可は不要である。

(2)　申立手続

(a)　申立権者　　養親となるべき者。

(b)　日本の裁判所の管轄権　　養親となるべき者又は養子となるべき者の住所（住所がない場合又は不明の場合には居所）が日本国内にあるときは，日本の裁判所が管轄権を有する（平成30年民法等改正後の家手3条の5）。

354　第3編　各種審判手続の書式実例　第6章　親子に関する審判事件

(c)　管轄裁判所　　養子となるべき者の住所地を管轄する家庭裁判所（家手161条1項）。

(d)　申立手続費用　　以下の費用が考えられる。

(イ)　収入印紙　　800円（養子となるべき者1名につき）（民訴費3条1項・別表第1の15項）。

(ロ)　予納郵便切手　　818円程度。

(e)　添付書類　　養親となるべき者・養子となるべき者・養子となる者が15歳未満の場合は代諾者・養子となる者の父母で監護者の各戸籍謄本（全部事項証明書），住民票，出生証明書など。

(3)　審判手続

　養親の本国法により当事者双方について養子縁組の要件がすべて具備されているか，さらに養子の本国法により養子の保護要件が具備されているかが審理される。

　15歳以上の養子となるべき者は，一般的に行為能力の制限を受けていても，自ら有効に手続行為をすることができ（家手161条2項），家庭裁判所は，養子縁組許可の審判をする場合は，原則として，養子となるべき者（15歳以上の者に限る）等の陳述を聴くことが必要となる（同条3項1号）。

　許可審判は申立人に告知されることにより効力が生ずる（家手74条2項）。

　却下審判に対して，申立人は即時抗告をすることができる（家手161条4項）。

(4)　戸籍上の手続

　養子縁組届出をする。この際，決定型の場合は報告的届出（戸68条の2）に，その他の場合は創設的届出になる。

　なお，渉外養子縁組において養子が日本人の場合は，日本人である養子の氏は変わらないとされており，養子（戸籍の筆頭に記載した者又はその配偶者を除く）が外国人である養父母の氏に変更しようとするときは，家庭裁判所の許可を得て，その届出をする（戸107条4項）。

【峰野　　哲】

第5　渉外養子縁組をするについての許可手続──フィリピン人未成年者を養子とする場合　　*355*

書式72　渉外養子縁組許可審判申立書──フィリピン人未成年者を養子とする場合

受付印		養　子　縁　組　許　可　申　立　書
収入印紙	800円	（この欄に収入印紙800円を貼ってください。）
予納郵便切手	円	（貼った印紙に押印しないでください。）

準口頭		関連事件番号　平成　　年（家　　）第		号

横浜	家庭裁判所 御中 平成 ○○ 年 ○○ 月 ○○ 日	申　立　人 （養親となる者） の記名押印	甲　野　太　郎　㊞ 印

添付書類	（同じ書類は1通で足ります。審理のために必要な場合は，追加書類の提出をお願いすることがあります。） ☑ 申立人（養親となる者）の戸籍謄本（全部事項証明書）及び住民票　各1通 ☑ 未成年者の戸籍謄本（全部事項証明書）　住民票　1通 □ （未成年者が15歳未満の場合）代諾者の戸籍謄本（全部事項証明書） ☑ 未成年者の出生証明書及び訳文　各1通

申立人	本籍（国籍）	神奈川 都道府県 横浜市中区○○町○丁目○番地		
	住所	〒○○○－○○○○　横浜市中区○○町○丁目○番○号	電話 ×××（×××）×××× （　　　　方）	
	フリガナ 氏名（養父となる者）	コウノ　タロウ　甲野太郎	大正昭和平成 ○○年○○月○○日生 （　　　歳）	
	フリガナ 氏名（養母となる者）		大正昭和平成 年　月　日生 （　　　歳）	

未成年者	本籍（国籍）	都道府県　フィリピン共和国		
	住所	〒　－　申立人の住所と同じ	電話 （　　）（　　　　方）	
	フリガナ 氏名（養子となる者）	オーシャン　ジョン	大正昭和平成 ○○○○年○○月○○日生 （　　　歳）	
	職業 又は 在校名	な　し		
	養親となる者との続柄	※ 養父の…1　おいめい　2　弟妹　3　そのほかの親族　4　被後見人　⑤　その他（配偶者の子） ※ 養母の…1　おいめい　2　弟妹　3　そのほかの親族　4　被後見人　5　その他（　　　）		

(注)　太枠の中だけ記入してください。　※の部分は，当てはまる番号を○で囲み，5を選んだ場合には，（　）内に具体的に記入してください。

申　立　て　の　趣　旨
申立人が未成年者を養子とすることの許可を求める。

申　立　て　の　理　由

縁組をしようとする事情	申立人の妻はフィリピン人です。未成年者は妻とその前夫との間の長男であり，妻の前夫が事故で死亡した後は，フィリピンの妻の母の家で暮らしていました。ところが，妻の母も大病を患い，これ以上未成年者の養育はできないとのことで，3ヵ月ほど前から未成年者を日本に呼び，自宅で一緒に暮らしています。未成年者も私になついてくれ，今後は本当の親子として妻と家族3人で暮らしたいと考えています。
申立人の状況	婚姻の日………………………………………………平成 ○○ 年 ○ 月 ○ 日 未成年者と同居をはじめた日……………………平成 ○○ 年 ○ 月 ○ 日
	養父となる者について 　子の有無　男 一 人・女 一 人 　職業　会社員 　勤務先名　（株）○○商事関内支店 　収入　月収 約 約700万 円 ／ 養母となる者について 　子の有無　男　　人・女　　人 　職業 　勤務先名 　収入　月収 約　　　円
備考	（特に考慮してほしい事項などを記入してください。） 　日本の学校へ通わせる手続を急ぎますので，なるべく早い審判をお願いします。

※法定代理人①親権者	住所	〒　－　申立人の住所と同じ	電話 （　　） （　　　　方）		
	フリガナ 氏名	コウノ　オーシャン　メアリー		職業	な　し
②後見人	住所	〒　－	電話 （　　） （　　　　方）		
	フリガナ 氏名			職業	
親権者でない父母	住所	〒　－	電話 （　　） （　　　　方）		
	フリガナ 氏名			職業	

(注)　太枠の中だけ記入してください。　※の部分は，当てはまる番号を○で囲んでください。

356 第3編 各種審判手続の書式実例 第6章 親子に関する審判事件

第6 死後離縁をするについての許可手続

解　説

(1) 制度の趣旨

(a) 事案及び根拠　養子縁組当事者の一方が死亡した後に生存する他方の縁組当事者がその者と離縁するには，家庭裁判所の許可が必要である（民811条6項，家手別表第1の62項）。そもそも親族的身分関係は生存者間の法律関係であるから，養子縁組当事者の一方が死亡すれば，その者と生存当事者との間の養子縁組関係は消滅し，その後に残存するのは，縁組当事者の法定血族関係だけである。この法定血族関係を消滅させる行為を民法811条6項では「離縁」といっており，これは夫婦の一方が死亡した場合に生存配偶者が姻族関係を消滅させる意思表示をするのと同じ性質のものと解される（ただし，離縁の場合は本条の家庭裁判所の許可が必要である）。

(b) 注意点　本条の申立てが上述のとおり，養子縁組当事者の法定血族関係（身分関係）を解消するにとどまるものである以上，亡養親（養子）の相続関係に影響を及ぼすものではないから，死亡した養子縁組当事者の相続関係の処理の必要がある場合は別途申立てを行う必要がある。特に相続放棄等期間の制限のあるものについては注意を要する（相続放棄は被相続人の最後の住所が管轄裁判所となるため，異なる家庭裁判所に別途申立てをしなければならない場合があることにも注意を要する）。

(2) 申立手続

(a) 申立権者　養子縁組の生存当事者（民811条6項）。

(イ) 本手続は法定血族関係の消滅のためのものであるから，養子からだけではなく養親からもできる（昭和62年改正前の民法では，本申立ての主体は養子のみであった）。

(ロ) 本申立ては15歳以上の者は単独で行うことができる。養親及び15歳以上の養子は，一般的に行為能力の制限を受けていても，自ら有効に手続行為をすることができる（家手162条2項・118条）。

申立人が15歳未満である場合は，原則としてその現在の法定代理人（生存養親又は後見人）が行うことになるが，(i)養親の一方が死亡している場合に，養子が生存養親と死亡養親の双方と同時に離縁する場合には，離縁後法定代理人となるべき養子の実親がはじめから離縁の協議者となり，生存養親とは

離縁協議をし，死亡養親については本申立てをして離縁許可の審判を得た後，生存養親とともに離縁の届出をすることができると解されている（昭30・3・12民甲251号回答）。(ⅱ)また，養父母死亡後に離縁する場合に，養子に後見人がないときは，実親が本申立てをして亡養親との離縁許可の審判を得て，離縁の届出をすることができる（平3・6・26第172回戸籍事務連絡協議会）。

(b) 管轄裁判所　　申立人の住所地を管轄する家庭裁判所（家手162条1項）。

(c) 申立手続費用　　以下の費用が考えられる。

(イ) 収入印紙　　800円（養親子関係ごとに）（民訴費3条1項・別表第1の15項）。

(ロ) 予納郵便切手　　1532円程度（審判書の特別送達料として1072円1組，通信等用として82円5枚，10円5枚。ただし，家庭裁判所により取扱いが異なる場合あり。また，戸籍の届出に必要な確定証明書の申請に別途収入印紙150円が必要）。

(d) 添付書類　　養親・養子・法定代理人（現在の法定代理人がいない場合は離縁後法定代理人となるべき者）の戸籍謄本（全部事項証明書）。

(3) 審判手続

事件の記録上，養子の死後，養親から死後離縁をするについての許可申立てがあった場合には，養子を代襲して養親の相続人となる者の氏名及び住所又は居所が判明している場合には，申立てが不適法又は理由がないことが明らかである場合を除き，家庭裁判所からその者に対し，係属通知がなされる（家手162条3項）。これは，養親による死後離縁により，養子の代襲者は養親に対する第1順位の代襲相続人たる地位を失うことから設けられた規定である。

裁判所書記官による書面照会等により審理が行われるが，事案によっては，さらに参与員による申立人からの説明聴取（家手40条3項）や裁判官による審問が行われる場合がある。

家庭裁判所は，死亡した養子縁組当事者の親族との親族関係を消滅させることが生存する養子縁組当事者（とりわけ未成年者養子）にとって望ましいかどうか，養方の多額の相続をしながら養方の親族に対する扶養義務や祭祀を免れることのみを目的とする濫用的なものでないか等の一切の事情を審理する。

許可審判は利害関係人（申立人を除く）から，却下審判は申立人から，即時抗告の申立てができる（家手162条4項）ので，各審判は申立人へ審判書謄本

を送達する方法により告知される。

⑷　戸籍上の手続

　申立人は離縁の届出をする必要があり，これにより離縁の効力が生じるが（創設的届出，戸72条），その際には離縁許可の審判書謄本及びその審判の確定証明書を添付する。

【峰野　　哲】

第6 死後離縁をするについての許可手続　*359*

書式 73　死後離縁の許可審判申立書

受付印	離　縁　の　許　可　申　立　書

収入印紙　　　800円
予納郵便切手　　　円

（この欄に，縁組1つについて800円の収入印紙をはる。）

（はった印紙に押印しないでください。）

| 準口頭 | 関連事件番号　平成　　年（家　　）第 | | 号 |

| 横浜 平成 ○○ 年 ○○ 月 ○○ 日 | 家庭裁判所 御中 | 申立人 の署名押印 又は記名押印 | 甲 野 小 太 郎　　㊞ |

| 添付書類 | 申立人の戸籍謄本　1通　　亡養親又は養子の戸（除）籍謄本　1通 |

申 立 人	本　籍	神奈川 都道府県 横浜市中区○○町○丁目○番地	
	住　所	〒○○○-○○○○ 横浜市中区○○町○丁目○番○号	電話　×××（×××）×××× （　　　　　）　　　方）
	連絡先	〒	電話　（　　　　　） （　　　　　）　　　方）
	フリガナ 氏　名	コウノ　コタロウ 甲 野 小 太 郎	
	生年月日	明治 大正 昭和 ○○年○○月○○日生	職業 会 社 員

申 立 人	本　籍	都道 府県	
	住　所	〒	電話　（　　　　　） （　　　　　）　　　方）
	連絡先	〒	電話　（　　　　　） （　　　　　）　　　方）
	フリガナ 氏　名		
	生年月日	明治 大正 昭和 　　年　　月　　日生	職業

（注）　太枠の中だけ記入してください。

申 立 て の 趣 旨

申立人が本籍（　　　　　神奈川県横浜市中区○○町○丁目○番地　　　　　）の
養親・養子 亡（　　　甲野太郎　　　）と離縁することを許可する旨の審判を求める。

申 立 て の 理 由

縁組をした年月日	大正 昭和 平成 ○○年○○月○○日
養親・養子が死亡 した 年 月 日	昭和 平成 ○○年○○月○○日
縁組時のいきさつ	養父母は父の友人ですが，子に恵まれず申立人が養子となりました。その後，養父母と生活してきましたが，その間に養父母に2人の子が生まれました。
離縁をしたい理由	養父母に実子が生まれてからは，養父母との仲が悪くなり，ここ数年はほとんど行き来がありませんでした。亡養父の遺産については既に相続放棄をしており，縁組後も行き来のあった実方の両親の所へ戻りたいと思い，本申立てに及びました。
生存している養親・ 養子との協議離縁の合意	※① あり　　　2 なし
亡養親・養子の 遺 産 の 相 続	※① あり　　　2 なし （ある場合はその内訳） 自宅の土地，建物，預貯金約5000万円
（特記事項） 養父母の実子は2人とも成人し，現在は養母とともに暮らしています。	

（注）太枠の中だけ記入してください。　※の部分は，当てはまる番号を○で囲んでください。

【備考】
　1．本申立書は横浜家庭裁判所で用いられているものである。

360 第3編 各種審判手続の書式実例 第6章 親子に関する審判事件

第7 特別養子縁組の成立手続

解 説

(1) 制度の趣旨

特別養子縁組は，もっぱら子の利益を図るための養子制度として昭和62年の民法改正の際新設され，家庭裁判所の審判により成立し（宣言型）（民817条の2第1項），養子となる者と実父母及びその血族との親族関係が終了する（断絶型）（民817条の9）養子縁組である。その点で，契約型・非断絶型である普通養子縁組とは大きく異なる。戸籍上も特別な措置がおかれ（戸20条の3等），離縁も原則的として禁止されている（民817条の10）。民法817条の2の規定による特別養子縁組に関する手続は，家事事件手続法別表第1の63項に掲げる審判事項であり，その手続については同法164条及び家事事件手続規則93条に規定されている。

(2) 手続行為能力

養親となるべき者及び養子となるべき者の父母は，一般的に行為能力が制限されていても，自ら手続行為をすることができる（家手164条2項・118条）。

(3) 申立手続

(a) 申立権者 養親となる者である（民817条の2第1項）。

(b) 管轄裁判所 養親となるべき者の住所地を管轄する家庭裁判所（家手164条1項）。

(c) 申立手続費用 以下の費用が考えられる。

 (イ) 収入印紙 養子となるべき者1名につき800円（民訴費3条1項・別表第1の15項）。

 (ロ) 予納郵便切手 5000円程度（裁判所によって異なる）。

(d) 添付書類

 (イ) 養親となる者の戸籍謄本（全部事項証明書）。

 (ロ) 養子となる者の戸籍謄本（全部事項証明書）。

 (ハ) 養子となる者の実父母の戸籍謄本（全部事項証明書）。

(e) 申立書記載事項 申立書には，当事者及び法定代理人，申立ての趣旨及び申立ての理由（家手49条2項）のほか，養子となるべき者の父母の同意の有無及び同意がないときは民法817条の6ただし書に規定する場合に該当することを示す事情，養子となるべき者の監護を開始した年月日・経緯・開

始後の状況，児童相談所等のあっせんの有無・当該あっせん機関の名称及び住所等を記載しなければならない（家手規93条1項）。

（f）**審判前の保全処分**　特別養子縁組の申立てがされた場合，養子となる者の利益のため必要があるときは，家庭裁判所は，当該審判の申立人の申立てにより，特別養子縁組に関する審判の効力が生じるまでの間の保全処分として，申立人を養子となる者の監護者に選任し，又は養子となる者の親権者若しくは未成年後見人の職務執行を停止し，若しくはその職務代行者を選任することができる（家手166条）。

(4)　審判手続

（a）**審判手続**　審判手続は，養親となるべき者の請求，すなわち申立てにより開始する。申立てがあると，家庭裁判所は，特別養子縁組を成立させるための要件の有無を調査する。

　（イ）　実質的要件

　（i）　**夫婦共同縁組**（民817条の3）　養親となる者は，配偶者のある者で，原則として夫婦の共同縁組によらなければならない。例外として，夫婦の一方が他の一方の実子たる嫡出子又は特別養子の養親となる場合には他の一方は養親となる必要がない。

　（ii）　**養親となる者の年齢**（民817条の4）　原則として審判時に25歳に達していなければならないが，夫婦が共同して縁組する場合には，一方が25歳以上であれば他方は20歳に達していればよい。法律上，養親の最高年齢については規定はない。

　（iii）　**養子となる者の年齢**（民817条の5）　原則として審判申立時に6歳未満でなければならない。例外として，6歳に達する以前から養親となる者に監護されている場合は，8歳未満の者でもよい。

　（iv）　**父母の同意**（民817条の6）　原則として養子となる者の法律上の父母すべての同意が必要である。普通養子縁組の養父母，非嫡出子を認知した父等も含まれ，親権者であるか否か，監護者であるか否かは問わない。審判時までに同意があればよい。例外として，父母がその意思を表示することができない場合又は父母による虐待，悪意の遺棄その他養子となる者の利益を著しく害する事由がある場合には，不要である。

　（v）　**特別養子縁組の必要性があること**（民817条の7）　父母による監護が著しく困難又は不適当であることその他特別の事情がある場合において，

子の利益のために特に必要があると認められなければならない。

　　㋺　手続的要件

　　(i)　試験養育期間の考慮（民817条の8）　　原則として養親となる者が養子となる者を申立時を起算点として6ヵ月以上の期間監護した状況を考慮しなければならない。例外として，申立以前の監護状況が明らかである場合には，申立以前の監護養育期間を含めて6ヵ月以上となればよい。

　　(ii)　関係者の陳述の聴取（家手164条3項・4項）　　家庭裁判所は，特別養子縁組の成立の審判をする場合には，①養子となるべき者の父母，②養子となるべき者に対し親権を行う者（①を除く）及び養子となるべき者の未成年後見人，③養子となるべき者の父母に対し親権を行う者及び養子となるべき者の父母の後見人，から陳述を聴かなければならない（ただし，養子となるべき者の父母が知れないときは，上記①及び③の者の陳述聴取は不要である（家手164条7項））。特に養子となるべき者の父母の同意がない場合には，父母の陳述は審問の期日において聴取しなければならない。また，特別養子縁組の成立の申立てを却下する場合には，養子となるべき者に対し親権を行う者及び養子となるべき者の未成年後見人の陳述を聴かなければならない。

　㋑　審判の効力

　　㋑　審判の告知及び確定　　特別養子縁組を成立させる審判は，家事事件手続法74条1項に規定する者のほか，上記(4)(a)(ロ)(ii)②及び③の者に対し，告知しなければならない（家手164条5項）。養子となるべき者の父母（同上①）には即時抗告権があるから，告知するのが相当であるが，養子となるべき者の父母が知れないときは，同上①及び③の者に対する告知は不要である（家手164条7項）。また，養子となるべき者に告知することを要しない（家手164条6項）。

　　告知の方法としては，成立の審判に対しては，養子となるべき者の父母（上記(4)(a)(ロ)(ii)①），養子となるべき者に対し親権を行う者で養子となるべき者の父母でないもの，養子となるべき者の未成年後見人，養子となるべき者の父母に対し親権を行う者（同上②）及び養子となるべき者の父母の後見人（同上③）から，却下の審判に対しては申立人から，それぞれ即時抗告ができる（家手164条8項）ので，審判書謄本の送達による方法が相当である（家手74条1項，家手規25条，民訴規40条1項）。

　　即時抗告期間は2週間であり（家手86条1項），その起算日は，即時抗告を

する者が，審判の告知を受ける者である場合にあってはその者が審判の告知を受けた日から，審判の告知を受ける者でない場合にあっては申立人が審判の告知を受けた日（２以上あるときは，当該日のうち最も遅い日）である（同条２項）。特別養子縁組を成立させる審判は，即時抗告の期間が満了すると確定し，効力が発生する（家手74条２項・４項）。

　　(ロ)　特別養子縁組の効果　　普通養子縁組と同様の効果として，①養親の嫡出子たる身分の取得（民809条），②養親の氏を称する（民810条），③養親の親権に服する（民818条２項），④養父母及びその血族との親族関係の発生（民727条），⑤婚姻禁止の規定の適用（民734条・735条）があり，特別養子縁組の特有の効果として，⑥養子と実方の父母及びその血族との親族関係の終了（民817条の９）がある。したがって，認知されていない非嫡出子が特別養子となったときには，実父からの認知はできず，また，縁組成立の審判確定以前に発生している相続等の効果は影響を受けない。例外として，民法817条の３第２項ただし書の場合には実親である夫婦の一方と養子との親族関係は断絶しない。

　(c)　関係機関への通知　　特別養子縁組を成立させる審判が確定したときは，裁判所書記官は，遅滞なく，①養親の本籍地の戸籍事務を掌握する者に対しその旨を通知し（家手規93条２項），②当該特別養子縁組のあっせんを行った児童相談所等及び当該特別養子縁組につき家庭裁判所からの嘱託に応じて調査を行った児童相談所に対してその旨を通知しなければならない（家手規93条３項）。

(5)　戸籍上の手続

　(a)　特別養子縁組の報告的届出　　養親となった者は，審判が確定した日から10日以内に審判書の謄本及び確定証明書を添付し，養親若しくは養子の本籍地又は住所地の戸籍役場に，特別養子縁組届をする（戸68条の２・63条１項）。

　(b)　戸籍の記載　　特別養子縁組の届出があると，実の嫡出子と同様の戸籍が編成される。

　　(イ)　従前の養子の本籍地に養親の氏で養子の単独戸籍が編成される（戸20条の３第１項本文・30条３項）。

　　(ロ)　その単独戸籍から養親の戸籍に入籍し（戸18条３項），単独戸籍は除籍になる。

㈡　養子の父母欄には養父母の氏名のみが記載され，続柄欄には長男・長女等と記載し，養父母に養子よりも年少の実子がある場合にはその続柄も訂正される。

㈢　縁組事項は，養子の身分事項欄に，「○年○月○日民法第817条の２による裁判確定単独戸籍より入籍」等と記載される。

㈣　養親の身分事項欄には縁組事項は記載されないが，外国人を養子とした場合は，記載される（戸規35条３号の２）。

㈤　既に養子が養親の戸籍に記載されている場合（配偶者の実子や普通養子を特別養子にしたとき等）は，上記の単独戸籍への移行は行われず，養親の戸籍の末尾に記載し直す（戸20条の３第２項・14条３項，戸規40条３項）。

【大澤　清美】

第7 特別養子縁組の成立手続　*365*

書式 74　特別養子縁組審判申立書

受付印	特 別 養 子 縁 組 申 立 書
収入印紙　　800円 予納郵便切手　　　円	（この欄に収入印紙800円を貼ってください。） （貼った印紙に押印しないでください。）

準口頭	関連事件番号　平成　　年（家　）第　　　　　　　　　　号

岡山　　　　家庭裁判所 　　　　　　御中 平成 〇〇 年 〇〇 月 〇〇 日	申　立　人 〔養親となる者〕 の記名押印	甲 村 太 郎　　㊞ 甲 村 花 子　　㊞

添付書類	（同じ書類は1通で足ります。審理のために必要な場合は，追加書類の提出をお願いすることがあります。） ☑養親となる者の戸籍謄本（全部事項証明書） ☑養子となる者の戸籍謄本（全部事項証明書） ☑養子となる者の実父母の戸籍謄本（全部事項証明書） □

申立人ら （養親となる者）	本籍 （国籍）	岡山　都道 　　　府県　　岡山市〇〇町〇丁目〇番地	
	住所	〒〇〇〇-〇〇〇〇 岡山県岡山市〇〇町〇丁目〇番〇号	電話 ×××（×××）×××× （　　　　　　　方）
	フリガナ 氏名 （養父となる者）	コウ ムラ タ ロウ 甲 村 太 郎	昭和 平成 〇〇年〇〇月〇〇日 生 （　〇〇　歳）
	フリガナ 氏名 （養母となる者）	コウ ムラ ハナ コ 甲 村 花 子	昭和 平成 〇〇年〇〇月〇〇日 生 （　〇〇　歳）

養子となる者	本籍 （国籍）	岡山　都道 　　　府県　　玉野市〇〇町〇丁目〇番地	
	住所	〒〇〇〇-〇〇〇〇 岡山県岡山市〇〇町〇丁目〇番〇号	電話（　　　） （　　　　　　　方）
	フリガナ 氏名	オツ ダイラ サクラ 乙 平 桜	平成 〇〇年 〇月 〇日 生 （　〇　歳）

養子となる者の父	本籍 （国籍）	岡山　都道 　　　府県　　津山市〇〇町〇丁目〇番地	
	住所	〒〇〇〇-〇〇〇〇 不詳 （住民票上の住所　津山市〇〇町〇丁目〇番〇号）	電話（　　　） （　　　　　　　方）
	フリガナ 氏名	ヘイ チ ハル オ 丙 地 春 男	昭和 平成 〇〇年〇〇月〇〇日 生 （　〇〇　歳）

（注）　太枠の中だけ記入してください。

養子となる者の母	本籍 （国籍）	岡山　都道 　　　府県　　玉野市〇〇町〇丁目〇番地	
	住所	〒〇〇〇-〇〇〇〇 岡山県玉野市〇〇町〇丁目〇番〇号	電話 ×××（×××）×××× （　　　　　　　方）
	フリガナ 氏名	オツ ダイラ ヤ ヨイ 乙 平 弥 生	昭和 平成 〇〇年〇〇月〇〇日 生 （　〇〇　歳）

※1 〔　〕	住所	〒　-	電話（　　　） （　　　　　　　方）
	フリガナ 氏名		昭和 平成　　年　月　日生 （　　　歳）

※1 〔　〕	住所	〒　-	電話（　　　） （　　　　　　　方）
	フリガナ 氏名		昭和 平成　　年　月　日生 （　　　歳）

申　立　て　の　趣　旨
養子となる者を申立人らの特別養子とするとの審判を求める。

366　第3編　各種審判手続の書式実例　　第6章　親子に関する審判事件

<table>
<tr><td colspan="4" align="center">申　立　て　の　理　由</td></tr>
<tr>
<td>※2
(1)
縁組の動機・事情等</td>
<td colspan="3">1　申立人らは，平成○年○月に結婚しましたが，実子に恵まれず，専門医に相談しても，その望みは薄く，平成○年○月○日に児童相談所に里親登録をしました。
2　桜の実母は未婚のまま出産，無収入で養育できず，実父は認知後行方不明のため，桜は出生後まもなく乳児院に預けられました。
3　申立人らは平成○年○月から○○児童相談所のあっせんで桜を養育していますが，申立人らのもとで，順調に成長し，家族の一員として十分親和しています。</td>
</tr>
<tr>
<td rowspan="7">(2)
申立人らの生活状況等</td>
<td></td>
<td align="center">養父となる者</td>
<td align="center">養母となる者</td>
</tr>
<tr>
<td>職　業
(勤務先)</td>
<td align="center">○○株式会社</td>
<td align="center">主　婦</td>
</tr>
<tr>
<td>収入等</td>
<td>月収（平均）　　　○○万円くらい
主な資産等　　預金○○万円</td>
<td>月収（平均）　　　　　万円くらい
主な資産等　　預金○○円</td>
</tr>
<tr>
<td>子の有無</td>
<td>① 無　2 有（男　人，女　人）</td>
<td>① 無　2 有（男　人，女　人）</td>
</tr>
<tr>
<td>婚姻の日</td>
<td colspan="2">昭和
平成　○○年○月○○日</td>
</tr>
<tr>
<td>住宅事情</td>
<td colspan="2">1　自宅　② 社宅等　3　アパート　4　借家　5　その他（　　　）</td>
</tr>
<tr>
<td>申立人，養子となる者以外の同居家族等</td>
<td colspan="2">な　し</td>
</tr>
</table>

(注) 太枠の中だけ記入してください。

<table>
<tr>
<td>※3
(3)
縁組のあっせんを受けた機関等</td>
<td>住　所
(所在地)</td>
<td colspan="2">〒○○○－○○○○　　　　　　　　　電話　×××（×××）××××
岡山県岡山市○○町○丁目○番○号</td>
</tr>
<tr>
<td>氏　名
又は
名　称</td>
<td colspan="2">○○児童相談所</td>
</tr>
<tr>
<td rowspan="3">※4
(4)
申立人らによる養子となる者の監護状況等</td>
<td>監護の
有無
(申立時)</td>
<td colspan="2">① 有　監護開始年月日　平成○年○月○日（監護開始時の子の年齢　○歳　2ヵ月）
2　無</td>
</tr>
<tr>
<td>監護の
経　緯</td>
<td colspan="2">(1)　記載のとおり</td>
</tr>
<tr>
<td>監　護
状況等</td>
<td colspan="2">1　桜の健康状態は良好で，保健所の定期検診でも特に発育についての問題点は指摘されませんでした。
2　桜は，申立人らを「パパ」「ママ」と呼び，申立人らも実子同様に愛情をもって養育してきました。今後も良好な家族関係を保ちつつ，心身の成長に合わせたしつけや教育，社会性を身につけさせたいと思っています。</td>
</tr>
<tr>
<td rowspan="2">※5
(5)
縁組同意の有無等</td>
<td>父</td>
<td>1 有
②無</td>
<td>(同意を得られない事情)
桜を認知した直後から所在不明のため，連絡がとれず，縁組の同意を得られません。</td>
</tr>
<tr>
<td>母</td>
<td>①有
2無</td>
<td>(同意を得られない事情)</td>
</tr>
</table>

(注) 太枠の中だけ記入してください。

記　入　要　領

※1　養子となる者に実父母のほかに養父母がある場合には，それぞれについて，養子となる者に未成年後見人，父母以外で親権を行う者（父母が未成年であるときのその父母又は未成年後見人，審判前の保全処分によって選任された親権者又は未成年後見人の職務代行者，児童福祉法第47条第1項又は第2項の児童福祉施設の長等）又は監護者がある場合には，これらの者について，（　）内に養子となる者との関係を特定した上，所要事項を記入してください。

※2　申立ての動機，経緯のほかに，ア　養子となる者の出生の経緯，生活歴及び心身の状況（出生時の状況，申立人と同居するまでの家庭環境，監護状況等，申立人と同居するまでの病歴，健康状態，心身の発達状況等），イ　父母の家庭状況及び経済状況（家族構成，家庭の人間関係，生活態度，資産，収入等），ウ　未成年後見人，父母以外で親権を行う者，監護者の縁組についての意向等について記入してください。

※3　児童相談所又は養子縁組をあっせんする事業を行う者からあっせんを受けた場合に記入してください。なお，審判の結果は，当該機関等にも通知されます。

※4　「監護の有無」について，「2　無」に○を付けた場合には，監護開始予定年月日を記入してください。「監護状況等」については，養子となる者に対する保健衛生上の配慮，教育的関心及び配慮等，養子となる者との感情的交流及び親密さの程度，養子となる者の心身の発達の経過，同居後の家庭の人間関係と雰囲気，今後の監護教育についての意向等を記入してください。

※5　「同意を得られない事情」中には，民法第817条の6ただし書に規定する場合に該当することを示す事情も記入してください。

第8 特別養子縁組の離縁手続

解　説

(1) 制度の趣旨

(a) はじめに　特別養子縁組は，養親を唯一の親としてその間に実親子と同様の関係を発生させるものであるから，実親子に離縁がないのと同様に，原則として離縁は認められない。例外的に離縁が認められる場合においても，法は厳格な要件・手続を要求している。すなわち，①養親による虐待，悪意の遺棄その他養子の利益を著しく害する事由があり，かつ，②実父母が相当の監護をすることができる場合に限って，家庭裁判所は，養子の利益のために特に必要がある場合には，特別養子縁組の当事者を離縁させることができる（民817条の10第1項）としている。特別養子縁組の離縁は，これ以外の場合はすることができない（同条2項）。よって，養親からの離縁の申立てや普通養子に認められているような協議上の離縁や調停・裁判上の離縁は認められない。また，②により，実父母の監護が要件となっていることから，離縁ができるのは，特別養子が未成年の間に限られることになり，実父母双方がともに死亡している場合は，離縁はもはや許されないものと解されている（最高裁判所事務総局家庭局『改正家事審判規則の解説』家月39巻12号71頁）。

特別養子縁組の離縁の申立ては，家事事件手続法別表第1の64項の家事審判事件である。

(b) 手続行為能力　意思能力を有する養子，養親及び実父母は，未成年者又は成年被後見人であっても，法定代理人によらず，自ら有効な手続行為をすることができる（家手165条2項・118条）。

(2) 申立手続

(a) 申立権者　養子（意思能力のあることを要する），実父母，検察官（民817条の10第1項）。なお，養親に申立権はない。

(b) 管轄裁判所　養親の住所地を管轄する家庭裁判所（家手165条1項）（養子の住所地ではないので注意が必要）。

(c) 申立手続費用

(イ) 収入印紙　（養子1名につき）800円（民訴費3条1項・別表1の15項）。

(ロ) 郵便切手　3000円程度。

(d) 添付書類　養親の戸籍謄本（全部事項証明書），養子の戸籍謄本（全部

事項証明書）（養親と戸籍が別の場合），養子の実父母の戸籍謄本（全部事項証明書），このほか，特別養子縁組前の戸籍謄本（全部事項証明書）や養子に対し親権を行う者，養子の後見人，養子の実父母に対し親権を行う者又は養子の実父母の後見人があるときは，必要に応じてその者の戸籍謄本（全部事項証明書）等の提出を求められることがある。このほかに，離縁の原因を証する資料（子が虐待を受けたことがわかる写真や医師の診断書等）を求められることが多い。なお，提出した資料は審判の当事者等による閲覧謄写の対象となることがあるため，秘匿情報等があるときはあらかじめマスキング処理をして提出する必要がある。

(3) 審判手続

(a) 審　　理　　家庭裁判所は，民法で定められている①養親による虐待，悪意の遺棄その他養子の利益を著しく害する事由があること（民817条の10第1項1号）及び②実父母が相当の監護をすることができること（同2号）に該当し，かつ養子の利益のために特に必要があるかを審理する。

(b) 陳述聴取

(イ) 家庭裁判所は，特別養子縁組の離縁の審判をする場合には，次の者の陳述を聴かなければならない（家手165条3項）。この場合において，(i)ないし(iii)の陳述の聴取は，審問の期日においてしなければならない（家手165条3項柱書）。

(i) 15歳以上の養子（申立人を含む）

(ii) 養親

(iii) 養子の実父母（申立人を含む）

(iv) 養親以外の養子に対し親権を行う者及び養子の後見人

(v) 養親の後見人

(vi) 養子の実父母に対し親権を行う者及び実父母の後見人

なお，(iii)については，養子を認知したが親権者とはなっていなかった養子の実父を含み，(vi)については，養子を認知したが親権者とはなっていなかった養子の実父が未成年である場合における養子の両親や未成年後見人を含む。

(ロ) 家庭裁判所は，特別養子縁組の離縁の申立てを却下する場合には，次の者の陳述を聴かなければならない（家手165条4項）。なお，陳述を聴く方法についての定めはない。

(i) 養子の実父母（申立人を除く）

(ii)　養子に対し親権を行う者及び養子の後見人

　(iii)　養子の実父母に対し親権を行う者及び養子の実父母の後見人

　(c)　保全処分　　家庭裁判所（本案の家事審判事件が高等裁判所に係属する場合は，その高等裁判所）は，特別養子縁組の離縁の申立てがあった場合において，養子の利益のために必要があるときは，当該申立てをした者の申立てにより，特別養子縁組の離縁の申立てについての審判が効力を生ずるまでの間，申立人を養子の監護者に選任し，又は養子の親権者若しくは未成年後見人の職務の執行を停止し，若しくはその職務代行者を選任することができる（家手166条1項・5項。第7編第1章第15参照）。

　申立ての趣旨については，「1　本案審判申立事件の審判が効力を生ずるまでの間，親権者○○の養子に対する親権者としての職務の執行を停止する。2　前項の期間中，本籍○○，住所○○，氏名○○を親権者の職務代行者に選任する。との審判を求める。」が考えられる。親権者（養親）の職務執行停止の審判が発効したとき及び職務代行者選任の審判が発効したときは，裁判所書記官は，養子の本籍地の戸籍事務管掌者に対し，戸籍記載の嘱託をする（家手116条2号）。この際，職務代行者に選任された者の氏名及び戸籍の表示が必要になる（家手規76条2項1号）ことから，申立ての際に職務代行者候補者の戸籍謄本（全部事項証明書）の提出を求められる。

(4)　審判の告知

　(a)　審判の告知　　特別養子縁組の離縁を認容審判した場合，家庭裁判所は，申立人，利害関係参加人及び審判を受ける者（養子，養親及び養子の実父母）のほか，養子に対し親権を行う者及び養子の後見人，養親の後見人，養子の実父母に対し親権を行う者及び養子の実父母の後見人に対し，審判を告知する（家手165条5項）。ただし，養子の年齢及び発達の程度その他一切の事情を考慮して養子の利益を害すると認める場合には，養子に告知をすることはない（同条6項）。

　特別養子縁組の離縁の申立てを却下する審判をした場合，家庭裁判所は，申立人，利害関係参加人に対し審判の告知をする。なお，陳述の聴取（家手165条3項）を行い，当該審判を了知している上記(3)(b)の(イ)及び(ロ)で掲げた者に対しても，手続の終了を知らせるために審判の結果を連絡することがある。

　(b)　即時抗告権者　　認容の審判については，養子（申立人を除く），養親，養子の実父母（申立人を除く），養子に対し親権を行う者で養親でないもの，

養子の後見人，養親の後見人，養子の実父母に対し親権を行う者及び養子の実父母の後見人が即時抗告をすることができ（家手165条7項1号），却下の審判については，申立人が即時抗告をすることができる（家手165条7項2号）。

　(c)　即時抗告期間　　認容の審判は，養子については，養子以外の者が審判の告知を受けた日（2以上あるときは，当該日のうち最も遅い日）から2週間（家手165条8項・86条），養子以外の者については，その者が審判の告知を受けた日から2週間の即時抗告期間が定められている。却下の審判については，申立人が審判の告知を受けた日から2週間（家手165条7項2号・86条）である。

(5)　戸籍上の手続

　特別養子縁組の離縁の審判が確定した場合，裁判所書記官は，養子の本籍地の戸籍事務管掌者あてにその旨の通知を行う（家手規94条）。

　申立人（検察官を除く）は，特別養子縁組離縁の審判の確定の日から10日以内に特別養子離縁届をする（戸73条1項・63条）。届出には，審判書謄本，審判確定証明書を添付する。検察官の申立てによる場合は，審判確定後，遅滞なく戸籍記載の請求をする（戸73条2項・75条2項）。

(6)　審判の効力

　特別養子縁組の離縁の審判が確定すると，養子と養親及びその血族との親族関係は終了し（民729条），その結果として，養子は養親の嫡出子たる地位を失う。養子と実父母及びその血族との間においては，特別養子離縁の審判が確定した日から，特別養子縁組によって終了した親族関係と同一の親族関係を生ずる（民817条の11）。

　養子は，離縁により実親の氏に復し（民816条1項），原則として実親の戸籍に復籍する（戸19条）。また，実親の親権に服する（民818条1項・820条）ので，子が特別養子縁組前に実父母の共同親権に服していた場合には，その離縁によって再びその共同親権に服することになる。特別養子縁組前に実父母が離婚していた場合には，特別養子縁組の離縁によって，従前の親権者が子の親権者となるが，実父母が特別養子縁組の後に離婚した場合には，あらかじめ離縁後の親権者を定める旨の手続がないため，離縁後の子の親権者は，審判の確定後に両者の協議又は審判によって定まることになる（前掲家月39巻12号73頁・74頁）ので，注意が必要である。

【小林　敦子】

第8 特別養子縁組の離縁手続　　*371*

書式 75　特別養子縁組の離縁審判申立書

	受付印

家事審判申立書　事件名（　特別養子縁組の離縁　）

収 入 印 紙　　800 円	
予納郵便切手　　　　円	
予納収入印紙　――　円	

（この欄に申立手数料として1件について800円分の収入印紙を貼ってください。）
　　　　　　　　　　　（貼った印紙に押印しないでください。）
（注意）登記手数料としての収入印紙を納付する場合は，登記手数料としての収入印紙は貼らずにそのまま提出してください。

準口頭	関連事件番号　平成　　年（家　　）第　　　　　　　　　号

東京　家庭裁判所 　　　　　御中 平成 ○○ 年 ○○ 月 ○○ 日	申　立　人 （又は法定代理人など） の 記 名 押 印	丙 川 春 子　　㊞

添付書類	（審理のために必要な場合は，追加書類の提出をお願いすることがあります。） 申立人の戸籍謄本（全部事項証明書）1通　事件本人の戸籍謄本（全部事項証明書），事件本人（養子）の除籍謄本（全部事項証明書）　各1通

		（戸籍の添付が必要とされていない申立ての場合は，記入する必要はありません。）
申	本　籍 （国　籍）	神奈川　都道府県　横浜市中区○○町○丁目○番地
立	住　所	〒 ○○○-○○○○　神奈川県小田原市○○町○丁目○番○号　電話 090（×××）××××（　　方）
人	連絡先	〒　　　　　　　　　　　　　　　　　　　　　　　電話（　　）（　　方）
	フリガナ 氏　名	ヘイ カワ ハル コ 丙 川 春 子　　　　大正昭和平成 ○○ 年○月○○日生　　歳
	職　業	パート職員

		（戸籍の添付が必要とされていない申立ての場合は，記入する必要はありません。）
※ **養**	本　籍 （国　籍）	神奈川　都道府県　横浜市中区○○町○丁目○番地
父	住　所	〒 ○○○-○○○○　東京都文京区○○町○丁目○番○号　電話 03（　　）××××（　　方）
	連絡先	〒　　　　　　　　　　　　　　　　　　　　　　　電話（　　）（　　方）
	フリガナ 氏　名	テイ ノ アキ オ 丁 野 秋 男　　　　昭和平成 ○○ 年○月○日生　　歳
	職　業	会社員

(注)　太枠の中だけ記入してください。
※の部分は，申立人，法定代理人，成年被後見人となるべき者，不在者，共同相続人，被相続人等の区別を記入してください。

		（戸籍の添付が必要とされていない申立ての場合は，記入する必要はありません。）
※ **養**	本　籍	都道府県　養父の本籍と同じ
母	住　所	〒　養父の住所と同じ　　　　　　　　　　　　　電話（　　）（　　方）
	連絡先	〒　　　　　　　　　　　　　　　　　　　　　　　電話（　　）（　　方）
	フリガナ 氏　名	ヘイ ノ ハナ コ 丁 野 花 子　　　　昭和平成 ○○ 年○月○日生　　歳
	職　業	無職

		（戸籍の添付が必要とされていない申立ての場合は，記入する必要はありません。）
※ **養**	本　籍	都道府県　養父の本籍と同じ
子	住　所	〒　養父の住所と同じ　　　　　　　　　　　　　電話（　　）（　　方）
	連絡先	〒　　　　　　　　　　　　　　　　　　　　　　　電話（　　）（　　方）
	フリガナ 氏　名	テイ ノ 丁 野 みゆき　　　　大正昭和平成 ○○ 年○月○○日生　　歳
	職　業	

(注)　太枠の中だけ記入してください。※の部分は，申立人，相手方，法定代理人，事件本人又は利害関係人の区別を記入してください。

申　立　て　の　趣　旨
養子と養父及び養母とを離縁するとの審判を求める。

申　立　て　の　理　由
1　申立人は，養子の実母です。
2　申立人は，未成年の時に養子を出産しましたが，当時は学生で自身の手で養子を育てることができなかったため，養子の監護教育を申立人の兄夫婦である養父母に任せました。
3　平成○○年○月○日，養子を養父母の特別養子とする審判が確定しました。
4　それから2年経った平成○○年○月○日，養父母の間に長男○○が誕生しました。
5　長男の誕生後，養父母は長男ばかりを可愛がり，養子に対する養育を放棄するようになりました。養子は十分な食事も与えられていないため，その体重は平均体重には及ばない，わずか○kgです。また，養子の体には原因不明のあざがいくつもあります。このままでは養子の健全な育成は望めません。
6　申立人は現在，養子の実父である丙川太郎と婚姻し，同人の収入で安定した生活を送っており，養子に対する相当な監護を行うことが可能です。
7　よって，申立ての趣旨どおりの審判を求めます。

372 第3編 各種審判手続の書式実例 第7章 親権に関する審判事件

第7章

親権に関する審判事件

第1節 別表第1に掲げる審判事件

第1 子に関する特別代理人選任の手続(1)——親権者と子の利益相反行為の場合（子の所有不動産に抵当権を設定する場合）

解 説

(1) 制度の趣旨

(a) 事案及び根拠 親権者である父が金融機関から融資を受けるに際し,その債務の担保として未成年者である子が所有する不動産に抵当権を設定する場合など,親権を行う父又は母とその子との利益が相反する行為については,親権の公正な行使が期待できず,子の利益を守るため,親権者は家庭裁判所に申立てをして,特別代理人を選任しなければならない（民826条1項,家手別表第1の65項）。

また,後見人と被後見人の利益が相反する場合で後見監督人がないときも同様である（民860条・851条・826条1項,家手別表第1の12項及び79項）。

(b) 注 意 点 利益相反行為に該当するかどうかは,親権者が子を代理してした行為自体を外形的・客観的に考察して判定すべきであって,親権者の動機・意図をもって判定すべきないとされる（最判昭42・4・18民集21巻3号671頁）。これにより,取引の安全は図られるが,他方,子の保護が十分になされない場合があり,事案によっては,親権者の行為が代理権の濫用にあたるとされる場合がある（最判平4・12・10民集46巻9号2727頁）。

(c) 利益相反行為とされる具体例

(イ) 子の財産を親権者に譲渡する行為は，対価の有無を問わず常に利益相反にあたる（大判昭6・11・24民集10巻108頁ほか）。

(ロ) 親権者の債務を担保するために，子を連帯債務者としたり，子所有の不動産に抵当権を設定したり（大判大3・9・28民録20輯690頁），保証人とする行為（大判昭11・8・7民集15巻1630頁）。

(ハ) 第三者の債務について，親権者及び子を連帯保証人とし，かつ，親権者と子の共有不動産に抵当権を設定する行為（最判昭43・1・8民集22巻10号217頁）。

(ニ) 親権者及び子が共同相続人となる場合又は親権者は相続権を有しないが，その複数の子が共同相続人となる場合の遺産分割協議（後者につき最判昭49・7・22家月27巻2号69頁）。

(ホ) 親権者及び子が共同相続人である場合の相続放棄。ただし，親権者が予め相続放棄をし，その後にその親権に服する子全員の相続放棄をする場合や，親権者及び子全員が同時に相続放棄をする場合は利益相反にあたらないとされる（後見人と被後見人の場合につき最判昭52・2・24民集32巻1号98頁）。

(ヘ) 後見人と15歳未満の被後見人との養子縁組（昭23・12・22民甲3914号回答）。

(ト) 訴訟行為や非訟行為（前橋地（中間）判昭48・3・19判時710号92頁）。

(d) 利益相反ではないとされる具体例

(イ) 子が親権者から単純に贈与を受ける行為（大判昭6・11・24民集10巻1103頁ほか）。

(ロ) 子に債務を負担させる行為や，子の財産を処分する行為（大判昭9・12・21ほか，親権者である母が子の継父である夫の債務の担保として子所有の不動産に抵当権を設定した場合につき最判昭35・7・15家月12巻10号88頁）。

(ハ) 親権者が子と共有する株式につき，株主の権利を行使すべき者を親権者と指定する行為（最判昭52・11・8民集31巻6号847頁）。

(ニ) 親権者と子が共同所持人の関係にある手形の譲渡行為（最判昭33・12・11民集12巻16号3313頁）。

(ホ) 債務の履行行為（有効な契約の履行としての公正証書の作成につき大判明40・10・30民録13輯1036頁）。

(ヘ) 配偶者とともにする，親権者とその15歳未満の非嫡出子との養子縁組（昭63・9・17民二5165号通達）。

(2) **申立手続**

(a) 申立権者　　親権者，後見人，利害関係人（民860条・826条，昭37・2・28法曹会決議）。なお，共同親権の場合も，父母の一方が単独で申し立てることができる（最判昭57・11・26家月35巻9号43頁）。

(b) 管轄裁判所　　子の住所地を管轄する家庭裁判所（家手167条）。

　なお，成年被後見人に関する特別代理人選任は，後見開始の審判をした家庭裁判所又は同審判事件が係属する家庭裁判所（家手117条2項），未成年被後見人に関する特別代理人選任は，未成年被後見人の住所地を管轄する家庭裁判所（家手176条）が管轄裁判所となる。

(c) 申立手続費用　　以下の費用が考えられる。

　（イ）　収入印紙　　800円（子（被後見人）1名につき）（民訴費3条1項・別表第1の15項）。

　（ロ）　予納郵便切手　　900円程度。

(d) 添付書類　　申立人（親権者又は後見人），子（被後見人）の戸籍謄本（全部事項証明書），特別代理人候補者の住民票又は戸籍附票，利益相反に関する資料（金銭消費貸借契約書案，抵当権設定契約書等の案，抵当権を設定する不動産の不動産登記事項証明書等（抵当権設定の場合），遺産分割協議書の案（遺産分割協議の場合））。なお，利害関係人からの申立ての場合，利害関係を証する資料（戸籍謄本（全部事項証明書）等）。

(3) **審判手続**

　特別代理人候補者等に照会・回答書を送付する等して審理した後，審判書謄本を申立人及び特別代理人に送付する。

　なお，家庭裁判所は，未成年者である子がその結果により影響を受ける審判手続においては，子の陳述の聴取等の方法により，子の意思を把握するように努め，審判をするにあたり，子の年齢及び発達の程度に応じて，その意思を考慮しなければならないとされる（家手65条）ところ，必要に応じて未成年者に対して照会・回答書を送付する等の方法により子の意思が把握されることとなる。

　特別代理人選任審判の効力は，特別代理人への告知により生ずる（家手74条2項）。

　選任，却下のいずれの審判に対しても不服申立ての方法はない。

(4) **特別代理人の権限と効果**

(a) 権　　　限　　特別代理人は，当該利益相反行為につき審判書の主文で定められた範囲で代理権又は同意権を有する。近時は，特別代理人の権限を厳格に解する傾向がある（最判昭44・11・18判時580号55頁）。また，父母の一方のみ利益相反が生ずる場合には，特別代理人の選任を要し，代理行為をする際には他方の親権者と共同して代理することになる（最判昭35・2・25民集14巻2号279頁）。

(b) 効　　　果　　親権者（後見人）が利益相反行為をした場合は無権代理となり，子（被後見人）が追認可能となった時点で追認しない限り有効とはならない（大判昭11・8・7民集15巻1630頁ほか）。また，特別代理人と子（被後見人）との利益相反行為や特別代理人がその権限を超える行為をした場合にも，無権代理となる（前者につき最判昭57・11・18民集36巻11号2274頁，後者につき前掲最判昭44・11・18）。

(5)　成年後見人に関する規定の類推適用

例えば成年後見に関する，①善管注意義務等（民644条・654条・655条），②選任の考慮事情（民843条4項），③辞任・解任・欠格事由（民844条・846条・847条），④成年後見人が数人ある場合の権限の行使等（民859条の2），⑤成年被後見人の居住用不動産の処分許可（民859条の3），⑥後見事務の費用（民861条2項），⑦報酬（民862条）が成年後見監督人に準用されるが（民852条），特別代理人も利益相反行為に関しては後見監督人と同様の権限を有する保護機関であり，臨時保佐人・臨時補助人と同様，基本的にこれらの各規定が類推適用されると解されている（小林昭彦ほか『新成年後見制度の解説』196頁）。

(6)　特別代理人の任務の終了

特別代理人選任の目的である特定の行為の完了により，任務が終了する。

また，特別代理人が病気等により責務を果たすことができない状態になったときは，家庭裁判所は，家事事件手続法78条により，職権で特別代理人の選任を取り消し，あらためて特別代理人を選任することが考えられる（昭34・4・15家二第84号家庭局長回答（家月11巻4号179頁）参照）。

【峰野　　哲】

376 第3編 各種審判手続の書式実例 第7章 親権に関する審判事件

書式 76　子に関する特別代理人選任審判申立書(1)——親権者と子の利益相反行為の場合（子の所有不動産に抵当権を設定する場合）

	受付印		特　別　代　理　人　選　任　申　立　書

（この欄に収入印紙800円分を貼ってください。）

収入印紙　　　　800円
予納郵便切手　　　円

（貼った印紙に押印しないでください。）

準口頭　　関連事件番号　平成　　年（家　　）第　　　　　号

横　浜　　家庭裁判所　御中	申立人の記名押印	甲　野　太　郎　㊞
平成 ○○ 年 ○○ 月 ○○ 日		甲　野　浜　子　㊞

（同じ書類は1通で足ります。審理のために必要な場合は、追加書類の提出をお願いすることがあります。）

添付書類
☑未成年者の戸籍謄本（全部事項証明書）　　　☑親権者又は未成年後見人の戸籍謄本（全部事項証明書）
☑特別代理人候補者の住民票又は戸籍附票　　　☑利益相反に関する資料（遺産分割協議書案，契約書案等）
□（利害関係人からの申立ての場合）利害関係を証する資料
☑不動産登記事項証明書

申立人	住所	〒○○○－○○○○　　　　　　　　　　電話　×××（×××）×××× 横浜市中区○○町○丁目○番○号　　　　　　　（　　　　方）
	フリガナ 氏名	コウノ　タロウ 甲　野　太　郎	大正昭和平成 ○○年○○月○○日生（　○○　歳）	職業	会　社　員
	フリガナ 氏名	コウノ　ハマコ 甲　野　浜　子	大正昭和平成 ○○年○○月○○日生（　○○　歳）	職業	なし
	未成年者との関係	※　①父　母　　2父　　3母　　4後見人　　5利害関係人

未成年者	本籍（国籍）	神奈川　都道府県　横浜市中区○○町○丁目○番地
	住所	〒　　－　　　　　　　　　　　　　　電話　　　（　　　） 申立人の住所と同じ　　　　　　　　　　　　　（　　　　方）
	フリガナ 氏名	コウノ　コタロウ 甲　野　小太郎	平成 ○○年○○月○○日生（　○○　歳）
	職業又は在校名	○○中学校

（注）　太枠の中だけ記入してください。　※の部分は，当てはまる番号を○で囲んでください。

申　立　て　の　趣　旨
特　別　代　理　人　の　選　任　を　求　め　る　。

申　立　て　の　理　由

利　益　相　反　す　る　者	利　益　相　反　行　為　の　内　容
※ ①　親権者と未成年者との間で利益が相反する。 2　同一親権に服する他の子と未成年者との間で利益が相反する。 3　後見人と未成年者との間で利益相反する。 4　その他（ 　　　　　　　　　　　　）	※ 1　被相続人亡 　　　　　　　　　　　　　　の遺産を分割するため 2　被相続人亡 　　　　　　　　　　　　　　の相続を放棄するため 3　身分関係存否確定の調停・訴訟の申立てをするため ④　未成年者の所有する物件に ①抵当権 2根抵当権 を設定するため 5　その他（　　　　　　　　　　　　　　　　　　　　） （その詳細） 　債権者株式会社丙銀行，債務者申立人甲野太郎，連帯保証人甲野浜子間の金銭消費貸借契約に基づく債務の担保として，未成年者が所有する不動産（別添の不動産登記事項証明書に表示のもの）に債務額金○○万円の抵当権を設定するため。

特別代理人候補者	住所	〒○○○－○○○○　　　　　　　　　　電話　×××（×××）×××× 神奈川県相模原市南区○○町○丁目○番○号　　　（　　　　方）
	フリガナ 氏名	オツカワ　ツキコ 乙　川　月　子	大正昭和平成 ○○年○○月○○日生（　○○　歳）	職業	なし
	未成年者との関係	母方の祖母

（注）　太枠の中だけ記入してください。　※の部分については，当てはまる番号を○で囲み，利益相反する者欄の4及び利益相反行為の内容欄の5を選んだ場合には，（　）内に具体的に記入してください。

【備考】
　1．契約書案は具体的に内容の記載されたものが必要である。ただし，署名，押印，作成日付の記入は不要である。
　2．申立人が複数の場合は，同じ氏でも異なる印を使用するのが望ましい。

第2 子に関する特別代理人選任の手続(2)——同一親権に服する子相互間の利益相反行為の場合（遺産分割協議の場合）

解　説

(1)　制度の趣旨

(a)　事案及び根拠　　父の死後，父方祖父が死亡し，数人の子が代襲相続人として祖父の遺産分割協議を行う場合など，子相互間の利益が相反する行為については，親権の公正な行使が期待できず，子の利益を守るため，親権者は家庭裁判所に申立てをして，特別代理人を選任しなければならない（民826条2項，家手別表第1の65項）。

また，後見人が同一である場合の数人の被後見人の利益が相反する場合で後見監督人がないときも同様である（民860条・851条・826条2項，家手別表第1の12項及び79項）。

(b)　注 意 点

(イ)　同一の親権に服する数人の子に利益相反が生じた場合，不利益を受ける子について特別代理人を選任し，他方の子は親権者が代理する。いずれの子が不利益を受けるか不明のときは，親権者が適宜選択する（我妻栄『親族法』345頁・346頁）。

(ロ)　遺産分割協議は，その行為の客観的性質上，相続人相互間に利害の対立の生ずるおそれがある行為と認められるから利益相反行為となり，例えば，相続人中の数人の子が相続権を有しない1人の親の親権に服するときは，その子らのうち当該親権者によって代理される1人の者を除くその余の子らについては，格別に選任された特別代理人がその各人を代理して遺産分割協議に参加することを要する（最判昭49・7・22家月27巻2号69頁）。しかし，例えば，ある未成年の子のために他の数名の未成年の子らの共有不動産に抵当権を設定するといった担保提供者間に利益相反の関係がない場合は，1名の特別代理人がその数名の子を代表できる（最高裁判所事務総局『裁判所書記官合同協議要録（家庭関係）』（訟廷執務資料52号）2頁）。

(2)　利益相反行為等の具体例，審判手続，特別代理人の権限，申立手続等

これらについては本章第1節第1を参照。

【峰野　　哲】

378　第3編　各種審判手続の書式実例　第7章　親権に関する審判事件

書式 77　子に関する特別代理人選任審判申立書(2)──同一親権に服する子相互間の利益相反行為の場合（遺産分割協議の場合）

受付印	**特 別 代 理 人 選 任 申 立 書**
	（この欄に収入印紙800円を貼ってください。）
収入印紙　　800円 予納郵便切手　　円	（貼った印紙に押印しないでください。）

準口頭	関連事件番号　平成　　年（家　　）第　　　　　　号

横浜　家庭裁判所　御中 平成 ○○ 年 ○○ 月 ○○ 日	申立人の 記名押印	甲 野 浜 子　　㊞

添付書類	（同じ書類は1通で足ります。審判のために必要な場合は、追加書類の提出をお願いすることがあります。） ☑未成年者の戸籍謄本（全部事項証明書）　　☑親権者又は未成年後見人の戸籍謄本（全部事項証明書） ☑特別代理人候補者の住民票又は戸籍附票　　☑利益相反に関する資料（遺産分割協議書案、契約書案等） □（利害関係人からの申立ての場合）利害関係を証する資料 ☑被相続人の除籍謄本（全部事項証明書）

申立人	住　所	〒○○○-○○○○ 横浜市中区○○町○丁目○番○号	電話 ×××（×××）×××× （　　　　　　方）
	フリガナ 氏　名	コウ ノ ハマ コ 甲 野 浜 子	大正 昭和 ○○年○○月○○日生 平成（ ○○ 歳 ）	職業 会 社 員
	フリガナ 氏　名		大正 昭和　年　月　日生 平成（　　歳 ）	職業
	未成年者 との関係	※　1 父母　2 父　③母　4 後見人　5 利害関係人		

未成年者	本　籍 (国　籍)	神奈川　都道 府県　横浜市中区○○町○丁目○番地	
	住　所	〒　　- 申立人の住所と同じ	電話　（　　　） （　　　　　方）
	フリガナ 氏　名	コウ ノ コタロウ 甲 野 小太郎	平成 ○○年○○月○○日生 （ ○○ 歳 ）
	職　業 又は 在校名	○○中学校	

(注)　太枠の中だけ記入してください。　※の部分は、当てはまる番号を○で囲んでください。

申　立　て　の　趣　旨
特 別 代 理 人 の 選 任 を 求 め る 。

申　立　て　の　理　由

利 益 相 反 す る 者	利 益 相 反 行 為 の 内 容
※ 1　親権者と未成年者との間で利益が相反する。 ②　同一親権に服する他の子と未成年者との間で利益が相反する。 3　後見人と未成年者との間で利益が相反する。 4　その他（ 　　　　　　　　　）	※ ①　被相続人亡　甲 野 大 作　の遺産を分割するため 2　被相続人亡　　　　　　の相続を放棄するため 3　身分関係存否確定の調停・訴訟の申立てをするため 4　未成年者の所有する物件に　1 抵当権　を設定するため 　　　　　　　　　　　　　　　　2 根抵当権 5　その他（　　　　　　　　　　　　　　　　　） （その詳細） 　申立人の夫であり、未成年者の父である被相続人亡大作の遺産につき、別添の遺産分割協議書案のとおり遺産分割を行うため。

特別代理人候補者	住　所	〒○○○-○○○○ 神奈川県相模原市南区○○町○丁目○番○号	電話 ×××（×××）×××× （　　　　　　方）
	フリガナ 氏　名	オツカワ ツキ コ 乙 川 月 子	大正 昭和 ○○年○○月○○日生 平成（ ○○ 歳 ）	職業
	未成年者 との関係	母方の祖母	

(注)　太枠の中だけ記入してください。　※の部分については、当てはまる番号を○で囲み、利益相反する者欄の4及び利益相反行為の内容欄の5を選んだ場合には、（　）内に具体的に記入してください。

【備考】
1．遺産分割協議書案は具体的内容が記載されたものが必要である。

第1節　別表第1に掲げる審判事件　第3　第三者が子に与えた財産の管理者の選任手続　*379*

第3　第三者が子に与えた財産の管理者の選任手続

解　説

(1)　制度の趣旨

　未成年の子に無償で財産を与える第三者（親権者及び未成年者以外の者を指す）が，親権を行う父又は母に，その財産を管理させない意思を表示したときは，その財産は，父又は母の管理に属しない（民830条1項）。共同親権者の一方について授与財産の管理者をさせない意思表示をしたときは，他方の親権者が当然授与財産の管理者となる。共同親権者である父母ともに授与財産の管理権を有しない場合や単独親権者が同管理権を有しない場合には，財産の管理者がいない状態となるが，授与者である第三者が管理者を指定しなかったときは，家庭裁判所は，子，その親族又は検察官の請求によって，その管理者を選任する（民830条2項）。

　また，第三者が指定した管理者がいても，その管理者の権限が消滅し又は管理者を改任する必要がある場合に，第三者がさらに管理人を指定しないときも，同様に前記の者による請求によって家庭裁判所は管理者を選任する（民830条3項）。

　第三者が，未成年の子に財産を無償で与えたいが，その親権者に財産を管理させるのは好ましくないと考え贈与等を躊躇することになると，未成年者が財産を受けるチャンスを逃しかねない。そこで民法は，このような場合に，財産贈与者の意思を尊重して，親権者の管理権を奪いうるものとしたのである。

　民法830条2項・3項の管理者選任手続は，家事事件手続法別表第1の66項の審判事件である。また，第三者が子に与えた財産のその他の財産管理に関する処分（民27条から29条準用による財産目録作成命令，権限外行為許可，管理者の報酬付与等）も，同法別表第1の66項の審判事件である。

(2)　申立手続

　(a)　申立権者　　子（未成年であっても意思能力があれば，法定代理人によらず未成年者自身に手続行為能力がある（家手168条2号・118条）），その親族又は検察官（民830条2項・3項）。

　(b)　管轄裁判所　　子（父又は母を同じくする数人の子についての申立てに係るものについてはそのうちの1人）の住所地を管轄する家庭裁判所（家手167条）。

（c）　申立手続費用

（ｲ）　収入印紙　　800円（民訴費3条1項・別表1の15項）。

（ロ）　予納郵便切手　　460円程度（例82円5枚，10円5枚）。

（d）　添付書類　　申立人及び子・親権者の戸籍謄本（全部事項証明書），管理者の候補者がある場合は候補者の住民票又は戸籍附票，贈与契約書の写し又は遺言書写し（自筆遺言であれば検認済み遺言書の写し），授与財産に関する資料（不動産登記事項証明書，評価証明書，預金通帳写し等）。

（3）　**審判手続**

（a）　審　　理　　第1に民法830条所定の要件，すなわち，「無償で財産を与える第三者」が，「親権者にこれを管理させない意思表示」をしたときに，「当該第三者が財産の管理者を指定しなかった」ことの要件を備えているかを審理し，第2に財産管理者としての適任性が審理される。

（ｲ）　第三者　　民法830条で定められた親権者の管理権を禁止しうる者は，「無償で子に財産を与える第三者」である。無償とは対価を伴わないということであるので，有償の譲渡はこれにあたらない。また，ここでいう第三者とは，親権者及び未成年者以外の者をいう。親権者でない父又は母も第三者である。親権者が2人ある場合にその一方が子に無償で財産を与えるとき，他方の親権者の管理権を奪えるか否かについては，法の趣旨からすれば，財産の贈与者が，第三者か親権者かで区別する理由はないので，許されると解されている（於保不二雄＝中川淳編『新版注釈民法(25)』164頁〔中川淳〕）。

（ロ）　意思表示　　第三者が親権者に財産を管理させない意思表示は，財産授与行為と同時に行わなければならない。贈与の場合は贈与の申込みのとき（子が意思能力を有するときは子本人に対し，意思能力を有しないときは親権者に対してする），遺贈の場合は遺言書において意思表示をすることを要する（於保・前掲164頁）ので，その有無を審理する。

（ハ）　選定管理者　　管理者については，不在者財産管理人に準じて選任されるが，法の趣旨からすると親権者の影響を受けずに財産を管理できる者が適任と考えられる。なお，授与者を財産管理人に選任することもできる（斎藤秀夫＝菊池信男編『注釈家事審判法（改訂）』222頁〔菅野国夫〕）。

（ニ）　子の意思の把握　　審判の結果は子に影響を及ぼすことになるので，家庭裁判所は，未成年者の年齢及び発達の程度に応じて，子である未成年者の意思を把握する（家手65条）。

（b）　審判の告知　　管理者選任審判は，申立人，利害関係参加人及び審判を受ける者である財産管理者に相当と認める方法で告知される。却下の審判は，申立人に対し相当と認める方法で告知される。

認容審判の効力は，管理者に告知されて生じる（家手74条2項）。

申立てを却下する審判は，申立人に告知されたときに効力が生じる（家手74条3項）。

なお，認容審判，却下の審判のいずれに対しても即時抗告をすることはできない。

(4)　管理人の権限と責務

（a）　財産管理者は，第三者からの授与財産については，未成年者の委任に基づかないで事務処理をする子の法定代理人であり，その職務，権限，担保の提供及び報酬付与は，不在者の財産管理に関する規定が準用される（民830条）。財産管理者は，管理している財産について子に代わって民法103条に定められた保存行為，利用及び改良行為をすることができ，また，子がその財産について法律行為をするについて同意を与える権限がある。財産管理者が民法103条に定められた権限を超える行為をするときは，家庭裁判所の許可が必要である。

（b）　財産管理者と未成年者の関係は，委任契約に類似するため，財産管理者には，受任者の善管注意義務（民644条），受取物引渡義務（民646条），受任者の金銭消費についての責任（民647条），費用償還請求権（民650条）に関する規定が準用される（家手173条・125条6項）。

（c）　財産管理者は，財産目録作成義務（民830条4項・27条1項・2項），財産状況の報告及び管理計算義務（家手173条・125条2項），財産保存に必要な処分をする義務（民830条4項・27条3項），担保提供義務（民830条4項・29条1項，家手173条・125条4項）を負う。財産管理者が財産目録を作成する場合には，2通作成しその1通を家庭裁判所に提出しなければならない（家手規96条・82条）。家庭裁判所は，管理者作成の財産目録が不十分であると認めるときは，管理者に対し，公証人に財産目録を作成することを命ずることができる（家手規96条・82条2項）。

(5)　管理者の改任

財産管理者の改任（旧管理者を解任し，新管理者を選任すること）は，不在者財産管理人に関する規定が準用され，家庭裁判所はいつでも職権により財産管

理者を改任することができる（家手173条・125条1項）。改任の必要がある場合とは，管理者が病気等の理由で職務執行が困難となった場合や，怠慢や不正などで職務遂行上不適正な点が窺われ，管理者として不適任と認められる事情が生じた場合などである。

　なお，家庭裁判所が選任した財産管理者は，自ら任意に辞任することはできず，改任の審判を要する。

　財産管理者が財産の管理を継続することが相当でなくなったときは，当該管理者の申立て又は職権により，家庭裁判所が管理者の選任その他の財産管理に関する処分の取消しの審判をすることになる（家手173条・125条7項）。

【小林　敦子】

第1節 別表第1に掲げる審判事件　第3　第三者が子に与えた財産の管理者の選任手続　*383*

書式 78　第三者が子に与えた財産の管理者の選任を求める審判申立書

<table>
<tr><td rowspan="4">受付印</td><td colspan="2">家事審判申立書　事件名（　財産管理者選任　）</td></tr>
<tr><td colspan="2">（この欄に申立手数料として1件について800円分の収入印紙を貼ってください。）</td></tr>
<tr><td colspan="2">（貼った印紙に押印しないでください。）
（注意）登記手数料としての収入印紙を納付する場合は，登記手数料としての収入印紙は貼らずにそのまま提出してください。</td></tr>
</table>

収 入 印 紙	800円
予納郵便切手	460円
予納収入印紙	——円

準口頭	関連事件番号　平成　　年（家　）第　　　　　号

横浜　　家庭裁判所 　　　　　　御中 平成 ○○ 年 ○○ 月 ○○ 日	申　立　人 （又は法定代理人など） の 記 名 押 印	甲 野 一 郎　　　　㊞

添付書類	（審理のために必要な場合は，追加書類の提出をお願いすることがあります。） 申立人・未成年者の戸籍謄本（全部事項証明書），申立人の住民票， 検認済遺言書写し，預金残高証明書2通

<table>
<tr><td rowspan="6">申
立
人</td><td>本　　籍
（国　籍）</td><td colspan="2">（戸籍の添付が必要とされていない申立ての場合は，記入する必要はありません。）
　　　　　　都 道
　　　　　　府 県</td></tr>
<tr><td>住　　所</td><td colspan="2">〒 ○○○－○○○○
神奈川県鎌倉市○○町○丁目○番○号　　電話 ×××× （ ×× ） ××××
　　　　　　　　　　　　　　　　　　　（　　　　　　）　　　方）</td></tr>
<tr><td>連 絡 先</td><td colspan="2">〒　　　－
　　　　　　　　　　　　　　　　　　　電話（　　　　　　）
　　　　　　　　　　　　　　　　　　　（　　　　　　）　　　方）</td></tr>
<tr><td>フリガナ
氏　　名</td><td>コウノ　イチロウ
甲 野 一 郎</td><td>大正
昭和
平成　○○年○月○○日 生
（　　○○　　歳）</td></tr>
<tr><td>職　　業</td><td colspan="2">会 社 員</td></tr>
</table>

<table>
<tr><td rowspan="6">※
未
成
年
者</td><td>本　　籍
（国　籍）</td><td colspan="2">（戸籍の添付が必要とされていない申立ての場合は，記入する必要はありません。）
　　　　　　都 道
　　　　　　府 県</td></tr>
<tr><td>住　　所</td><td colspan="2">〒 ○○○－○○○○
神奈川県藤沢市○○町○丁目○番○号　　電話（　　　　　　）
　　　　　　　　　　　　　　　　　　　（　　　　　　）　　　方）</td></tr>
<tr><td>連 絡 先</td><td colspan="2">〒　　　－
　　　　　　　　　　　　　　　　　　　電話（　　　　　　）
　　　　　　　　　　　　　　　　　　　（　　　　　　）　　　方）</td></tr>
<tr><td>フリガナ
氏　　名</td><td>コウノ　ミユキ
甲 野 み ゆ き</td><td>大正
昭和
平成　○○年○月○○日 生
（　　○　　歳）</td></tr>
<tr><td>職　　業</td><td colspan="2">小学3年生</td></tr>
</table>

（注）　太枠の中だけ記入してください。
※の部分は，申立人，法定代理人，成年被後見人となるべき者，不在者，共同相続人，被相続人等の区別を記入してください。

申　　立　　て　　の　　趣　　旨
未成年者の別紙財産目録記載の財産の管理者を選任する審判を求める。

申　　立　　て　　の　　理　　由
1　申立人は，未成年者の父方伯父です。 2　未成年者の父甲野二郎は，平成○○年○月○日死亡しました。 3　亡甲野二郎は，自筆遺言書において未成年者に対し別紙財産目録記載の預金を相続させる旨の遺言をしましたが，同時に同遺言書において未成年者の親権者である母甲野花子にはその管理をさせないとしています。 4　しかし，授与者である亡甲野二郎はその財産管理者を指定していません。 5　よって，申立ての趣旨どおりの審判を求めます。 　　なお，財産管理者には申立人を選任することを希望します。

第4　親権喪失の手続

解　説

(1)　制度の趣旨

(a)　はじめに　　父又は母による虐待又は悪意の遺棄があるときその他父又は母による親権の行使が著しく困難又は不適当であることにより子の利益を著しく害するときは，家庭裁判所は，子，その親族，未成年後見人，未成年後見監督人又は検察官の請求により，その父又は母について，親権喪失の審判をすることができる。ただし，2年以内にその原因が消滅する見込みがあるときは，この限りでない（民834条）。

また，児童相談所長もこの請求をすることができる（児福33条の7）。

親権喪失の申立ては，民法で定められた親権制限の申立ての一種で，この申立てが認められると，親権者が失った親権を回復することは困難なため，慎重に運用されている。この申立ては，家事事件手続別表第1の67項の審判事項である。

(b)　親権制限をめぐる民法改正　　旧民法では，児童虐待を行う親への対応として親権喪失宣告ができるとされていたが，要件も効果も重く，活用しにくいとの指摘があった。平成23年6月に民法等の一部を改正する法律が公布され，親権停止制度が創設されるとともに，親権喪失等の原因も見直され，改正前の文言では明示されていなかった「子の利益が著しく害されている場合」に親権が制限され得ることが明示され，親権喪失の原因の意味内容が明確にされた。

また親権喪失の原因がある場合でも，2年以内にその原因が消滅する見込みがあるときは，親権喪失の審判はできないとされた（民834条ただし書）ので，医療ネグレクトなど短期間のうちにその原因が消滅すると見込まれる事案では親権停止制度（本章第1節第5）の利用を検討することになる（飛澤知行『一問一答平成23年民法等改正』24頁）。

(c)　手続行為能力　　子は，審判の結果に重大な影響を受けることから，意思能力を有する限り，手続行為能力を有する（家手168条3号・118条）。親権者についても，その行為能力が制限されていても，子の親権者になることができるので，行為能力の制限を受けている親権者も法定代理人によらず，自ら有効な手続行為をすることができる（家手168条3号・118条）。

(2) 申立手続

(a) 申立権者

（イ）　子，その親族，未成年後見人，未成年後見監督人又は検察官（民834条）。

（ロ）　児童相談所長（児福33条の7）。

(b) 管轄裁判所

子の住所地を管轄する家庭裁判所（家手167条）（なお，数人の子について申し立てる場合でも，「そのうちの一人の住所地」とはならないので注意が必要である）。

(c) 申立手続費用

（イ）　収入印紙　　800円（子1名，親権を喪失する親権者1名につき）（民訴費3条1項・別表第1の15項）。

（ロ）　予納郵便切手　　約3000円程度。

(d) 添付書類

子及び親権者の戸籍謄本（全部事項証明書），子の親族が申立人の場合は子と申立人の関係がわかる戸籍謄本（全部事項証明書），児童相談所長が申立人の場合は児童相談所長の在職証明書（写し）。未成年後見人及び未成年後見監督人が申立人の場合は登記事項証明書。そのほか，親権喪失の原因を証する資料（医師の診断書や子が虐待を受けたことがわかる写真等）の提出を求められる場合も多い。なお，提出した資料は，当事者等からの閲覧謄写の対象となることがあるため，秘匿情報などがある場合には，あらかじめマスキング処理をして提出する必要がある。

(3) 審判手続

(a) 審理

家庭裁判所は「父又は母による虐待又は悪意の遺棄があるとき」，その他「父又は母による親権の行使が著しく困難又は不適当であることにより子の利益を著しく害するとき」という民法上の親権喪失の原因があるか，さらに「2年以内にその原因が消滅する見込みがあるとはいえない」のかどうかを対象に審理する。

「虐待」とは子を身体的又は精神的に苛酷に取り扱うことを意味し，「児童虐待の防止等に関する法律」2条は，虐待について，親権者等の保護者によるその監護する児童（18歳未満の者）に対する①身体的暴行，②わいせつ行為，③著しい食事制限又は長時間の放置，④著しい心理的外傷を与える言動を児童虐待と定義し，虐待から児童を保護する観点から親権喪失制度が適切に運用されなければならないとしている（同法15条）。学説や審判例も身体的虐待，

性的虐待，心理的虐待で同法に該当する行為は子への虐待としている。

「親権の行使が著しく困難」とは，精神的又は身体的故障等により適切な親権の行使が不可能であるか又はこれに近い状態をいい，「親権の行使が著しく不適当である」とは，子を虐待し，又は通常未成年の子の養育に必要な措置をほとんどとっていないなど，親権行使の方法が適切を欠く程度が高い場合や，父又は母に親権を行使させることが子の健全な成育等のために著しく不適当な場合をいう（飛澤・前掲43頁）。なお，親権者の有責性は要求されていない。

審理の結果，親権喪失の要件はないが，親権停止や管理権喪失の要件があると裁判官が判断したときは，親権喪失の審判の請求には親権停止や管理権喪失の審判の請求も含まれると考えられているから，家庭裁判所は，申立ての変更（家手50条）の手続を経ずに親権停止又は管理権喪失の審判をすることができる。一方，親権停止又は管理権喪失の審判の請求には，親権喪失の審判の請求は含まれないから，親権停止又は管理権喪失の申立てに対し，審判喪失の審判をするには申立ての変更を要する（飛澤・前掲52頁）。

(b) 陳述聴取　審判にあたって家庭裁判所は，（親権の喪失を求められている）親権者及び15歳以上の子の陳述を聴かなければならず（家手169条1項1号），親権者の聴取については，その方法として審問期日において聴取しなければならない（家手169条1項柱書後段）。陳述を聴くにあたり，審問期日の通知とともに申立書の写しを送付する扱いもある。

(c) 事件係属時における通報　外国籍の未成年者が「領事関係に関するウィーン条約」に加入している派遣国の国籍の場合，その親権者について親権喪失の審判の申立てがあった場合には，同条37条(b)の規定により，原則として，裁判所が領事機関に対する通報をする。

(d) 保全処分　親権喪失の審判の申立てがあった場合，家庭裁判所（本案の家事審判事件が高等裁判所に係属する場合は，その高等裁判所）は，子の利益のため必要があると認めるときは，申立人の申立てにより，親権喪失の審判の効力が生じるまで，親権者の職務を停止し，又はその職務代行者を選任することができる（家手174条）（第7編第1章第15参照）。

親権喪失の審判を本案とする保全処分の申立ての趣旨としては「1　本案審判申立事件の審判が効力を生ずるまでの間，親権者○○の未成年者に対する親権者としての職務を停止する。2　前項の期間中，本籍○○，住所○○，

氏名○○を親権者の職務代行者に選任する。との審判を求める。」となろう。親権者の職務執行停止の審判が発効したとき及び職務代行者選任の審判が発効したときは，裁判所書記官は，未成年者の本籍地の戸籍事務管掌者に対し，戸籍記載の嘱託をする（家手116条）。この際，職務代行者に選任された者の氏名及び戸籍の表示が必要になる（家手規76条3項1号）ことから，申立ての際に職務代行者候補者の戸籍謄本（全部事項証明書）の提出が求められる。

　なお，児童が一時保護されている場合等に親権者の親権が停止されると，児童福祉施設に入所中の子については施設長が（児福47条1項）が，一時保護されている子（児福33条の2第1項）や里親等に委託されている子（児福47条2項）については児童相談所長が，それぞれ未成年後見人が選任されるまでの間親権を行うことになるので，これらの場合については職務代行者の選任の必要はないと考えられている（細谷郁『児童福祉法28条事件及び親権喪失等事件の合理的な審理の在り方に関する考察』家月64巻6号60頁参照）。

(4)　審判の告知

　(a)　審判の告知　　申立人，親権を喪失する親権者，利害関係参加人（家手74条1項），子（家手170条本文1号）に告知する。ただし，子については，子の年齢及び発達の程度その他一切の事情を考慮して子の利益を害すると認める場合は，告知は不要である（家手170条ただし書）。

　(b)　即時抗告権者　　認容の審判については，親権を喪失する者及びその親族（子もその親族に該当）に即時抗告権が認められており（家手172条1項1号），却下の審判については，申立人，子及びその親族，未成年後見人，未成年後見監督人が即時抗告をすることができる（家手172条1項4号）。

　即時抗告の期間は2週間で，その起算点は即時抗告をする者が審判の告知を受ける者である場合は，その者が告知を受けた日から（家手86条2項前段），即時抗告をする者が審判を受ける者でない者及び子については，認容審判の場合は親権を喪失する者が審判の告知を受けた日（家手172条2項1号）から進行し，却下審判の場合は申立人が告知を受けた日（家手86条2項）から進行する。

(5)　戸籍上の手続と審判の効力

　親権喪失の裁判が確定した場合，裁判所書記官は，子の本籍地の戸籍事務管掌者に対し戸籍記載の嘱託をする（家手116条，家手規76条1項1号）。

　共同親権者の一方が親権を喪失した場合，他の一方の単独親権となる。

共同親権者双方又は単独親権者が親権を喪失した場合は，子について親権を行う者がいなくなり，未成年後見が開始する（民838条1号）。未成年後見人は，追加して選任する場合を除いては職権で選任することはなく，申立てによらなければ選任できないので（民841条），申立権者は速やかに未成年後見人選任の申立て（本編第2章第2参照）を検討する必要がある。

【小林　敦子】

第1節　別表第1に掲げる審判事件　　第4　親権喪失の手続　　389

書式 79　親権喪失を求める審判申立書

受付印	家事審判申立書　事件名（　　　　親権喪失　　　　）

収入印紙	800円
予納郵便切手	3,012円
予納収入印紙	——円

（この欄に申立手数料として1件について800円分の収入印紙を貼ってください。）
（貼った印紙に押印しないでください。）
（注意）登記手数料としての収入印紙を納付する場合は，登記手数料としての収入印紙は貼らずにそのまま提出してください。

準口頭	関連事件番号　平成　　　年（家　　　）第　　　　　　　　　号

横浜　　　家庭裁判所　御中　平成 ○○ 年 ○○ 月 ○○ 日	申　立　人（又は法定代理人など）の 記 名 押 印	甲 野 みゆき　㊞

添付書類	（審理のために必要な場合は，追加書類の提出をお願いすることがあります。）委任状，申立人の戸籍謄本（全部事項証明書）1通，診断書1通

申立人（未成年者）

本籍（国籍）	（戸籍の添付が必要とされていない申立ての場合は，記入する必要はありません。）神奈川　都道府県　大和市○○町○丁目○番地
住所	〒○○○－○○○○　神奈川県大和市○○町○丁目○番○号　電話（　）　方）
連絡先	〒　　－　　　　電話（　）　方）
フリガナ　氏名	コウノ　ミユキ　甲野　みゆき　　大正昭和平成 ○○年○○月○○日生（ ○○ 歳）
職業	中学2年生

※親権者（養父）

本籍（国籍）	（戸籍の添付が必要とされていない申立ての場合は，記入する必要はありません。）都道府県　申立人の本籍と同じ
住所	〒　　－　　　申立人の住所と同じ　電話（　）　方）
連絡先	〒　　－　　　　電話（　）　方）
フリガナ　氏名	コウノ　イチ　ロウ　甲野　一郎　　大正昭和平成 年 月 日生（ 歳）
職業	

（注）　太枠の中だけ記入してください。
※の部分は，申立人，法定代理人，成年被後見人となるべき者，不在者，共同相続人，被相続人等の区別を記入してください。

申　立　て　の　趣　旨
親権者甲野一郎の申立人に対する親権を喪失させるとの審判を求める。

申　立　て　の　理　由
1　申立人は平成○○年○月○日，母甲野花子（以下「実母」という。）の非嫡出子として生まれた。実父は不明である。
2　実母は申立人を出産する前から複数の男性との交際をくり返し，申立人が小学3年生の頃本件親権者甲野一郎（以下「親権者一郎」という。）と婚姻した。 　　同時に，実母が代諾者となり申立人は親権者一郎と普通養子縁組をした。
3　親権者一郎は，申立人が小学4年生の頃から申立人に対し，日常的に性的虐待をするようになり，申立人は親権者一郎の子を妊娠した。 　　平成○○年○○月○日，申立人は姉甲野あかねの援助を得て中絶手術を受けた。
4　実母は，前項の事実を知っても黙認しており，親権者一郎と申立人の離縁に反対するばかりか，親権者一郎とともにギャンブルに明け暮れている。また，親権者一郎は，中学を卒業したら申立人が働いて実母と親権者一郎を養うことを申立人に強要しており，申立人が進学の希望を伝えても協力をしない。
5　このような状況から逃れるため，平成○○年○月頃，申立人は家を飛び出し，現在は姉あかねのもとに身を寄せている。
6　以上のとおり，親権者一郎による親権の行使は著しく不適当であり，このままでは，申立人は親権者一郎に健全な成育を害されてしまうため，申立ての趣旨とおりの審判を求める。

第5　親権停止の手続

解　説

⑴　制度の趣旨

(a)　はじめに　　父又は母による親権の行使が困難又は不適当であることにより子の利益を害するときは，家庭裁判所は，子，その親族，未成年後見人，未成年後見監督人又は検察官の請求により，その父又は母について，2年を超えない範囲で親権停止の審判をすることができる（民834条の2第1項・2項）。また，児童相談所長も親権停止の請求をすることができる（児福33条の7）。

親権停止の審判申立ては，家事事件手続法別表第1の67項の審判事項である。

(b)　平成23年民法改正　　親権停止は平成23年に公布された民法の一部を改正する法律により創設された。旧民法では児童虐待を行う親への対応としては親権喪失制度があったが，親権喪失制度は，要件も効果も重く，活用しにくいとの指摘がされていた。児童虐待のように親権の行使が不適切な場合には，必要に応じて適切に親権を制御することが必要であるため，親権喪失の要件を満たすまでには至らない比較的程度の軽い事案や一定期間親権を制限すれば足りる事案（医療ネグレクトなど）でも，必要に応じて親権を制限できるようにするため，柔軟な活用を期待して親権停止制度が設けられた。

(c)　停止期間　　家庭裁判所は，親権停止の審判をするときは，その原因が消滅するまでに要すると見込まれる期間，子の心身の状態及び生活の状況その他一切の事情を考慮して，2年を超えない範囲内で，親権を停止する期間を定める（民834条の2第2項）。

親権停止の期間に更新や延長の規定はない。したがって，期間満了後も，親権停止の原因が認められるような場合には再度申立てをする必要がある。停止期間が満了すると，原則として親権を停止されていた父又は母は親権を行うことができるようになる。親権停止期間の終了により本来の親権者が親権を行うことができるようになると未成年後見人の職務が終了するため，子の親族でない未成年後見人が停止期間中に再度の申立てを行う場合は，親権停止の期間が終了すると申立人が手続追行権を失うと解されているので注意が必要である。

（d）手続行為能力　民法上，親権者はその行為能力が制限されていても，子の親権者になることができるので，行為能力の制限を受けている親権者も法定代理人によらず，自ら有効な手続行為をすることができる（家手168条3号・118条）。また，子についても審判の結果が子に重大な影響を与えることから，子が意思能力を有する限り，手続行為能力を有する（家手168条3号・118条）。

(2) 申立手続

(a) 申立権者

（イ）子，その親族，未成年後見人，未成年後見監督人又は検察官（民834の2第1項）。

（ロ）児童相談所長（児福33条の7）。

(b) 管轄裁判所　子の住所地を管轄する家庭裁判所（家手167条）。

(c) 申立手続費用

（イ）収入印紙　800円（子1名，親権者1名につき）（民訴費3条1項・別表第1の15項）。

（ロ）予納郵便切手　約3000円程度。

(d) 添付書類　子及び親権者の戸籍謄本（全部事項証明書），子の親族が申立人の場合は子と親族の関係がわかる戸籍謄本（全部事項証明書），児童相談所長が申立人の場合は児童相談所長の在職証明書（写し），未成年後見人や未成年後見監督人が申立人の場合は登記事項証明書。このほかに，親権停止の原因を証する資料（医師の診断書や子が虐待を受けたことがわかる写真等）を求められることが多い。なお，提出した資料は審判の当事者等による閲覧謄写の対象となることがあるため，秘匿情報等があるときはあらかじめマスキング処理をして提出する必要がある。

(3) 審判手続

(a) 審　理　親権停止審判手続では，非公開，職権探知主義を原則とし，父又は母による親権の行使が困難又は不適当であることにより子の利益を害することの認定ができるか否かを家庭裁判所が判断する。

(b) 陳述聴取　審判にあたって家庭裁判所は，子（15歳以上の子に限る）及び子の親権者の陳述を聴かなければならない（家手169条1項1号）。そして，子の親権者の聴取については，審問の期日においてしなければならない（家手169条1項柱書）。

（c） 事件係属時における通報　　外国籍の未成年者が「領事関係に関する
ウィーン条約」に加入している派遣国の国籍の場合，その親権者について親
権停止の審判の申立てがあった場合には，同条37条(b)の規定により，原則と
して，裁判所が領事機関に対する通報をする。

（d） 保全処分　　家庭裁判所（本案の家事審判事件が高等裁判所に係属する場合
は，その高等裁判所）は親権停止の申立てがあった場合は，子の利益のため必
要があると認めるときは，申立人の申立てにより，親権停止の審判の効力が
生じるまで，親権者の職務の執行を停止し，又はその職務代行者を選任でき
る（家手174条）（第7編第1章第15参照）。

　申立ての趣旨については，「1　本案審判申立事件の審判が効力を生ずる
までの間，親権者○○の未成年者に対する親権者としての職務を停止する。
2　前項の期間中，本籍○○，住所○○，氏名○○を親権者の職務代行者に
選任する。との審判を求める。」となろう。親権者の職務執行停止の審判が
発効したとき及び職務代行者選任の審判が発効したときは，裁判所書記官は，
未成年者の本籍地の戸籍事務管掌者に対し，戸籍記載の嘱託をする（家手116
条2号，家手規76条2項2号）。この際，職務代行者に選任された者の氏名及び
戸籍の表示が必要になる（家手規76条3項1号）ことから，申立ての際に職務
代行者候補者の戸籍謄本（全部事項証明書）の提出を求められる。

　親権者の職務執行停止が認められた裁判例としては，療育手帳の取得等の
諸手続に親権者が応じなかったため，親権者の親権停止を本案とし，支援学
校の入学に間に合わないとして親権者の職務執行停止と職務代行者の選任が
認容された審判例（千葉家館山支審平28・3・17判タ1433号247頁）や未成年者が
可及的速やかに手術を行う必要があるにもかかわらず，親権者が宗教的信念
を理由として手術に必要な同意をしないことが子の利益を害することが明ら
かであるとして，親権者の職務執行停止と職務代行者の選任を認められた審
判例（東京家審平27・4・14判タ1423号379頁）がある。

　なお，児童が一時保護されている場合等に親権者の親権が停止されると，
児童福祉施設に入所中の子については施設長が（児福47条1項）が，一時保護
されている子（児福33条の2第1項）や里親等に委託されている子（児福47条2
項）については児童相談所長が，それぞれ親権を行うことになるので，これ
らの場合については職務代行者の選任の保全処分の必要はないと考えられて
いる（細谷郁『児童福祉法28条事件及び親権喪失等事件の合理的な審理の在り方に関す

る考察』家月64巻6号60頁参照)。

(4) 審判の告知

(a) **審判の告知**　親権停止審判は，申立人，審判を受けるものとなる親権者，利害関係参加人（家手74条1項），子（家手170条本文1号）に告知する。ただし，子については，子の年齢及び発達の程度その他一切の事情を考慮し子への告知が子の利益を害すると認める場合は，告知不要である（家手170条ただし書）。却下審判は，申立人に告知することによりその効力を生じる（家手74条3項）。

(b) **即時抗告権者**　認容の審判については，親権を停止される者及びその親族（子もその親族に該当する）に即時抗告権が認められており（家手172条1項2号），却下の審判については，申立人，子及びその親族，未成年後見人，未成年後見監督人が即時抗告をすることができる（家手172条1項4号）。

即時抗告の期間は2週間で，その起算点は即時抗告をする者が審判の告知を受ける者である場合は，その者が告知を受けた日から（家手86条2項前段），即時抗告をする者が審判を受ける者でない者及び子については，認容審判の場合は親権を停止される者が審判の告知を受けた日（家手172条2項1号）から進行し，却下審判の場合は申立人が告知を受けた日（家手86条2項）から進行する。

(5) 戸籍上の手続と審判の効力

親権停止の裁判が確定した場合，裁判所書記官は，未成年者（子）の本籍地の戸籍事務管掌者に対し戸籍記載の嘱託をする（家手116条，家手規76条1項1号）。

共同親権者の一方が親権を停止された場合，他の一方の単独親権となる。

共同親権者双方又は単独親権者が親権を停止された場合は，子について親権を行う者がいなくなり，未成年後見が開始する（民838条1号）。未成年後見人は，追加して選任する場合を除き，申立てによらなければ選任できないので（民841条），申立権者は速やかに未成年後見人選任の申立て（本編第2章第2参照）を検討する必要がある。

なお，親権停止期間中であっても，15歳未満の子が，法定代理人（未成年後見人，児童相談所長などの親権代行者等）の代諾により養子縁組をするにあたっては，親権を停止されている父母の同意が必要になる（民797条2項）。

【小林　敦子】

394　第3編　各種審判手続の書式実例　　第7章　親権に関する審判事件

書式 80　親権停止を求める審判申立書

受付印	家事審判申立書　事件名（　　　　親権停止　　　　）
収入印紙　　　800　円 予納郵便切手　　　　円 予納収入印紙　——　円	（この欄に申立手数料として1件について800円分の収入印紙を貼ってください。） 　　　　　　　　　　　　　　（貼った印紙に押印しないでください。） （注意）登記手数料としての収入印紙を納付する場合は，登記手数料としての収入印紙は貼らずにそのまま提出してください。

準口頭	関連事件番号　平成　　　年（家　　　）第　　　　　　　　　号

横　浜　家庭裁判所 　　　　　　　御中 平成　○○　年　○○　月　○○　日	申　立　人 （又は法定代理人など） の　記　名　押　印	乙　山　葉　子　　　　㊞

添付書類	（審理のために必要な場合は，追加書類の提出をお願いすることがあります。） 申立人，親権者の戸籍膳本（全部事項証明書）　各1通

申 立 人	本　籍 （国　籍）	（戸籍の添付が必要とされていない申立ての場合は，記入する必要はありません。） 　　　　都　道 　　　　府　県		
	住　所	〒○○○ － ○○○○ 神奈川県秦野市○○町○丁目○番○号	電話　××××（××）×××× （　　　　）　　　　　方）
	連絡先	〒　　－	電話　　（　　　　） （　　　　）　　　方）
	フリガナ 氏　名	オツヤマ　ヨウコ 乙　山　葉　子	大正 平成　○○年○○月○○日生 （　　○○　歳）
	職　業	パート職員	

※ 親 権 者 （父）	本　籍 （国　籍）	（戸籍の添付が必要とされていない申立ての場合は，記入する必要はありません。） 神奈川　　都道府県　横浜市中区○○町○丁目○○○番地		
	住　所	〒　　－ 神奈川県横浜市中区○○町○丁目○番○号	電話　　（　　　　） （　　　　）　　　方）
	連絡先	〒　　－	電話　　（　　　　） （　　　　）　　　方）
	フリガナ 氏　名	コウノ　イチロウ 甲　野　一　郎	大正 平成　○○年○○月○○日生 （　　○○　歳）
	職　業	会社員	

（注）　太枠の中だけ記入してください。
　　※の部分は，申立人，法定代理人，成年被後見人となるべき者，不在者，共同相続人，被相続人等の区別を記入してください。

※ 未 成 年 者	本　籍	（戸籍の添付が必要とされていない申立ての場合は，記入する必要はありません。） 　　　　都　道　　親権者の本籍と同じ 　　　　府　県	
	住　所	〒　　－　親権者の住所と同じ	電話　　（　　　　） （　　　　）　　　方）
	連絡先	〒　　－	電話　　（　　　　） （　　　　）　　　方）
	フリガナ 氏　名	コウノ 甲　野　みゆき	大正 昭和　○○年○月○日生 平成
	職　業	中学3年生	

（注）　太枠の中だけ記入してください。※の部分は，申立人，相手方，法定代理人事件本人又は利害関係人の区別を記入してください。

申　立　て　の　趣　旨
親権者の未成年者に対する親権を本審判確定の日から2年間停止するとの審判を求める。

申　立　て　の　理　由
1　申立人は，未成年者の母方伯母である。 2　未成年者は平成○○年○月○日親権者である甲野一郎と甲野花子の間の長女として出生しましたが，母甲野花子は平成○○年○○月○日死亡し，現在甲野一郎が未成年者の単独親権者となっています。 3　親権者は，平成○○年○月ころから交際相手の家に入り浸り，未成年者を一人家に残したまま，その監護を一切しなくなり，生活費の負担もしなくなりました。 4　このような状況を見かねて，平成○○年○月○日から申立人が未成年者を保護しています。 5　未成年者は来年4月から高校に進学することを希望していますが，親権者は未成年者に「働け」と言って，進学のために必要な書類の作成を拒んでいます。 6　このままでは，未成年者は高校へ進学することも健全な生活を送ることもできません。 7　よって，申立人は申立ての趣旨どおりの審判を求めます。

第6　管理権喪失の手続

解　説

(1)　制度の趣旨

(a)　はじめに　　親権者は，子の財産を管理し，かつ，その財産に関する法律行為についてその子を代表する（民824条）。父又は母による管理権の行使が困難又は不適当であることにより子の利益を害するときは，家庭裁判所は，子，その親族，未成年後見人，未成年後見監督人又は検察官の請求により，その父又は母について，管理権喪失の審判をすることができる（民835条）。管理権喪失を求める審判申立ては家事事件手続法別表第1の67項の審判事項である（親権を行う父又は母につき破産手続が開始された場合に破産法61条により民法835条が準用されてされる管理権喪失の審判は，家事事件手続法別表第1の132項）の審判事項である（本編第19章第2参照）。

(b)　平成23年の民法改正　　旧法では，管理権の喪失宣告をすることができる場合について，「親権を行う父又は母が，管理が失当であったことによってその子の財産を危うくしたとき」と定められていたが，平成23年の民法改正は，管理権喪失の要件を子の利益の観点から見直すとともに，管理が失当であったか否かを必須のものとしないこととした。また，親権者が合理的な理由なく子の法律行為に同意せず，それによって子の利益が害されていると評価することができる場合にも管理権喪失の審判をできるようにするため，「管理権の行使が困難又は不適当」な場合を喪失事由とするなど，管理権喪失の対象を拡大し，事案に応じて適切に管理権を制限できるようにした（飛澤知行『一問一答平成23年民法等改正』59頁）。

(c)　管理権　　管理権とは，親権の一部である財産管理権のことである。親権者である父又は母による子の身上監護面には問題がないものの，財産管理が不適当であるために，子の利益が害されたようなときは，親権のうちの管理権のみを失わせることが相当な場合があり，管理権喪失の審判がされる。

(d)　身上監護　　共同親権者の一方が管理権を喪失すると，管理財産は他の一方の親権者の単独行使となるが，身上監護については父母共同行使のままである。

(e)　手続行為能力　　管理権喪失の対象となる親権者が民法上行為能力を制限されていても，子の親権者になることができる（ただし，子の財産管理をす

るにあたり，その行使には行為能力が必要である）。行為能力の制限を受けている親権者も本審判手続につき法定代理人によらず，自ら審判手続につき有効な手続行為をすることができる（家手168条3号・118条）。また，子も意思能力を有する限り，手続行為能力を有する（家手168条3号・118条）。

(2) 申立手続

(a) 申立権者

(イ) 子，その親族，未成年後見人，未成年後見監督人又は検察官（民835条）。

(ロ) 児童相談所長（児福33条の7）。

(b) 管轄裁判所　子の住所地を管轄する家庭裁判所（家手167条）。

(c) 申立手続費用

(イ) 収入印紙　800円（子1名，管理権を喪失する親権者1名につき）（民訴費3条1項・別表1の15項）。

(ロ) 予納郵便切手　約3000円程度。

(d) 添付書類　子及び親権者の戸籍謄本（全部事項証明書），子の親族が申立人の場合は子と親族の関係がわかる戸籍謄本（全部事項証明書），児童相談所長が申立人の場合は児童相談所長の在職証明書（写し），未成年後見人や未成年後見監督人が申立人の場合は登記事項証明書。このほかに，管理権喪失の原因を証する資料（督促状の写し等），子の財産，収入及びその管理状況を示す資料を求められることが多い。なお，提出した資料は審判の当事者等による閲覧謄写の対象となることがあるため，秘匿情報等があるときはあらかじめマスキング処理をして提出する必要がある。

(3) 審判手続

(a) 審　理　父・母による管理権の行使が困難又は不適当であることにより，子の利益を害するかどうかを家庭裁判所が判断することになる。

なお，審理の結果，親権者の身上監護面にも問題があり，親権喪失の原因が認められる場合でも，管理権喪失の申立てに対し親権喪失の審判をすることはできないと考えられる（飛澤・前掲52頁）。

(b) 陳述聴取　審判にあたって家庭裁判所は，親権者及び子（15歳以上の子に限る）の陳述を聴かなければならず（家手169条1項1号），親権者の聴取については，その方法として審問期日において聴取しなければならない（家手169条1項）。

(c) 事件係属時における通報　　外国籍の未成年者が「領事関係に関する
ウィーン条約」に加入している派遣国の国籍の場合，その親権者について管
理権喪失の審判の申立てがあった場合には，同条37条(b)の規定により，原則
として，裁判所が領事機関に対する通報をする。

(d) 保全処分　　家庭裁判所（本案の家事審判事件が高等裁判所に係属する場合
は，その高等裁判所）は管理権停止の申立てがあった場合は，子の利益のため
必要があると認めるときは，申立人の申立てにより，管理権停止の審判の効
力が生じるまで，親権者の職務の執行を停止し，又はその職務代行者を選任
できる（家手174条）（第7編第1章第15参照）。

(4) 審判の告知

(a) 審判の告知　　管理権喪失審判は，申立人，審判を受けるものとなる
親権者，利害関係参加人（家手74条1項），子（家手170条本文1号）に告知する。
ただし，子については，子の年齢及び発達の程度その他一切の事情を考慮し
子への告知が子の利益を害すると認める場合は，告知不要である（家手170条
ただし書）。却下審判は，申立人に告知することによりその効力を生じる（家
手74条3項）。

(b) 即時抗告　　認容の審判については，管理権を喪失する者及びその親
族（子もその親族に該当する）に即時抗告権が認められており（家手172条1項3
号），却下の審判については，申立人，子及びその親族，未成年後見人，未
成年後見監督人が即時抗告をすることができる（家手172条1項4号）。

即時抗告の期間は2週間で，その起算点は即時抗告をする者が審判の告知
を受ける者である場合は，その者が告知を受けた日から（家手86条2項前段），
即時抗告をする者が審判を受ける者でない者及び子については，認容審判の
場合は管理権を喪失する者が審判の告知を受けた日（家手172条2項1号）から
進行し，却下審判の場合は申立人が告知を受けた日から進行する（家手86条
2項）。

(5) 戸籍上の手続と審判の効力

管理権喪失の審判が確定すると，裁判所書記官は戸籍事務管掌者に対し戸
籍記載の嘱託をする（家手116条，家手規76条1項1号）。

共同親権者の一方が管理権を喪失した場合，他の一方の単独管理となる。
共同親権者双方又は単独親権者が管理権喪失の審判を受けた場合，子につい
て財産管理権を行う者がなくなるため未成年後見が開始となる（民838条・841

条)。この場合，身上監護については管理権を喪失した親権者が引き続き行い，未成年後見人は財産管理に関する権限のみを有する（民868条）。

【小林　敦子】

第1節　別表第1に掲げる審判事件　　第6　管理権喪失の手続　　*399*

書式 81　管理権喪失を求める審判申立書

受付印	家事審判申立書　事件名（　　　管理権喪失　　　）

収入印紙　　　800　円
予納郵便切手　　　　　円
予納収入印紙　—　　　円

（この欄に申立手数料として1件について800円分の収入印紙を貼ってください。）

（注意）登記手数料としての収入印紙を納付する場合は，登記手数料としての収入印紙は貼らずにそのまま提出してください。

（貼った印紙に押印しないでください。）

準口頭　　　関連事件番号　平成　　年（家　　）第　　　　　　　　　号

横浜　　家庭裁判所 　　　　　御中 平成 ○○ 年 ○○ 月 ○○ 日	申　立　人 （又は法定代理人など） の記名押印	乙 川 エ イ　　　　　㊞

添付書類　（審理のために必要な場合は，追加書類の提出をお願いすることがあります。）
申立人・親権者の戸籍謄本（全部事項証明書）各1通，遺言書写し，不動産登記事項証明書2通，預金通帳写し

申立人

本　籍 （国　籍）	（戸籍の添付が必要とされていない申立ての場合は，記入する必要はありません。）　　　　都　道 　　　　府　県

住　所	〒 ○○○ － ○○○○　神奈川県鎌倉市○○町○丁目○番○号　　電話 ××× （×××）××××　（　　　　　　　方）
連絡先	〒 　　－　　　　　　　　　　　　　　　　　　　　　　電話　　　（　　　）　（　　　　　　　方）
フリガナ 氏　名	オツカワ　エ　イ 乙 川 エ イ	大正 平成 ○○ 年○○月○○日 生 　　　　○○　歳
職　業	会社役員	

※ 親権者（母）

本　籍 （国　籍）	（戸籍の添付が必要とされていない申立ての場合は，記入する必要はありません。） 神奈川　都・道・府・県　横浜市中区○○町○丁目○番○号

住　所	〒 ○○○ － ○○○○　神奈川県鎌倉市○○町○丁目○番○号　　電話 ××× （×××）××××　（　　　　　　　方）
連絡先	〒 　　－　　　　　　　　　　　　　　　　　　　　　　電話　　　（　　　）　（　　　　　　　方）
フリガナ 氏　名	コウノ　ハナコ 甲 野 花 子	大正 平成 ○○ 年○○月○○日 生 　　　　○○　歳
職　業	会社員	

（注）　太枠の中だけ記入してください。
※の部分は，申立人，法定代理人，成年被後見人となるべき者，不在者，共同相続人，被相続人等の区別を記入してください。

※ 未成年者

本　籍	（戸籍の添付が必要とされていない申立ての場合は，記入する必要はありません。） 　　　　都　道 　　　　府　県　親権者と同じ

住　所	〒　　－　　親権者と同じ　　　　　　　　　　　　　　電話　　　（　　　）　（　　　　　　　方）
連絡先	〒　　－　　　　　　　　　　　　　　　　　　　　　　電話　　　（　　　）　（　　　　　　　方）
フリガナ 氏　名	コウノ　みゆき 甲 野 みゆき	大正 昭和 平成 ○○ 年 ○ 月 ○ 日 生
職　業		

（注）　太枠の中だけ記入してください。※の部分は，申立人，相手方，法定代理人，事件本人又は利害関係人の区別を記入してください。

申　立　て　の　趣　旨

　親権者の未成年者に対する管理権を喪失させる
との審判を求める。

申　立　て　の　理　由

1　未成年者の父乙川一郎は平成○○年○月○日死亡し，未成年者は母である甲野花子の親権に服しています。
2　申立人は未成年者の父方祖母です。
3　未成年者は，亡乙川一郎の遺産を相続し，別紙財産目録記載の不動産を所有し，現在親権者名義となっている預金500万円を有しています。
4　未成年者は，前項記載の財産のほかに亡乙川一郎の生命保険金300万円を受領しましたが，親権者は，未成年者の財産を管理していることをいいことに，その大半を自己のために費消してしまいました。
5　親権者は，3項に記載したとおり本来未成年者の名義として管理すべき預金を自己名義のまま保管し，申立人が再三指摘しているにもかかわらず一向に改めないなど，未成年者の財産を適切に管理しません。
6　このままでは，残りの未成年者の財産を危うくされてしまいます。
7　よって，申立ての趣旨とおり，親権者の管理権を喪失させる旨の審判を求めます。

400 第3編　各種審判手続の書式実例　第7章　親権に関する審判事件

第7　親権（管理権）喪失の審判の取消手続

解　説

(1)　制度の趣旨

(a)　はじめに　　親権喪失（民834条本文）や管理権喪失（民835条）の原因が消滅したときは，本人又はその親族（子も親族に該当する）の請求により家庭裁判所は失権の取消しをすることができる（民836条）。また，児童相談所長もこの請求をすることができる（児福33条の7）。親権又は管理権喪失の審判の取消しを求める手続は，家事事件手続法別表第1（68項）の審判事項である。

なお，旧民法による親権喪失宣告（旧民834条本文）・管理権喪失宣告（旧民835条）を受けた者については民法834条の親権喪失審判，民法835条の管理権喪失審判とみなされるので，旧法に基づく宣告審判の取消しも新法836条が適用される。

(b)　手続行為能力　　父・母は行為能力が制限されていても，子の親権者になることができるので，行為能力の制限を受けている父母も法定代理人によらず，自ら有効な手続行為をすることができる（家手168条4号・118条）。また，子についても審判の結果が子に重大な影響を与えることから，子が意思能力を有する限り，手続行為能力を有する（家手168条4号・118条）。

(2)　申立手続

(a)　申立権者　　本人（親権又は管理権を喪失された父又は母），子，親族（民836条），児童相談所長（児福33条の7）。

(b)　管轄裁判所　　子の住所地を管轄する家庭裁判所（家手167条）。

(c)　申立手続費用

(イ)　収入印紙　　800円（子1名，親権者1名につき）（民訴費3条1項・別表第1の15項）。

(ロ)　予納郵便切手　　約3000円程度（裁判所によって取扱いが異なるので，管轄裁判所に問い合わせてください）。

(d)　添付書類　　申立人の戸籍謄本（全部事項証明書），子及び親権者の戸籍謄本（全部事項証明書），児童相談所長の申立ての場合は，児童相談所長の在職証明書（写し），親権（管理権）喪失審判書謄本。親権喪失等の原因が消滅したことを証する資料。

(3) 審判手続

　親権喪失（又は管理権喪失）の審判の取消しの審判にあたって家庭裁判所は，喪失の原因が消滅したかどうかを検討する。「喪失の原因が消滅した」とは虐待等の親権喪失原因がなくなり親権者に再び親権を行使させたとしても（管理権喪失の場合は，子の財産を自分名義にするなどの失当原因がなくなり再び管理権を行使させたとしても）子の利益を害さない状態になったことをいう。なお，子が成人したり，養子縁組したりして再び親権に復する余地がなくなったときは，取消しは認められない。

　また，審判にあたり，家庭裁判所は，子（15歳以上の子に限る），子に対し親権を行う者，子の未成年後見人及び親権を喪失（又は管理権を喪失）した者の陳述を聴かなければならない（家手169条1項2号）。その方法については，親権喪失の審判の場合のように審問の期日においてしなければならない等の制限がないので，書面照会や調査官調査など適宜の方法で行われる。申立人が提出した資料以外の資料について家庭裁判所が事実の調査をした場合，その調査結果により家事審判の手続の追行に重要な変更を生じ得るものと認めるときは（例えば，事実調査で申立却下の心証を裁判官が得た場合），当該資料について閲覧又は謄写の機会を与える必要があるので，申立人及び利害関係参加人に事実の調査の通知をしなければならない（家手63条）。

(4) 審判の告知

　(a)　認容審判の告知は，申立人及び利害関係参加人，親権（又は管理権）を喪失した父又は母，子，子に対し親権を行う者及び子の未成年後見人に告知する（家手74条1項・170条本文・1項2号）。ただし，子については，子の年齢及び発達の程度その他一切の事情を考慮して子への告知が子の利益を害すると認める場合は，告知は不要である（家手170条ただし書）。却下審判は申立人に告知する（家手74条3項）。

　(b)　即時抗告権者　親権（又は管理権）喪失の審判の取消しを認容する審判に対して申立人には即時抗告権はない。子及びその親族，子に対し親権を行う者，未成年後見人並びに未成年後見監督人は即時抗告ができる（家手172条1項5号）。親権（又は管理権）喪失の審判の取消しを却下する審判には，申立人並びに親権（又は管理権）を喪失した者及びその親族が即時抗告をすることができる（家手172条1項6号）。即時抗告の期間は2週間で，その起算点は，即時抗告をする者が審判の告知を受ける者である場合はその者が告知を受け

た日から進行する（家手86条2項前段）。即時抗告をする者が審判の告知を受ける者でない者や子である場合は認容審判のときは親権（又は管理権）を喪失した者が審判の告知を受けた日（家手172条2項2号）から，却下審判のときは，申立人が告知を受けた日（2以上あるときは当該日のうち最も遅い日）から進行する（家手86条2項・74条3項）。

(5) **審判の効力**

親権（又は管理権）喪失審判の取消しの審判が確定した場合は，親権（又は管理権）は回復し，単独親権となっていたのは，共同親権に，未成年後見開始となっていたのは，後見終了となる。

(6) **戸籍上の手続**

(a) 戸籍通知　裁判所書記官は認容審判が確定したら，子の本籍地の戸籍事務管掌者にその旨の戸籍通知を要する（家手規95条）。

(b) 戸籍届け　親権（管理権）の喪失の取消しの審判が確定した場合，申立人は，確定から10日以内に審判書謄本に確定証明書を添付して親権・管理権の喪失の取消届（報告的届出）をしなければならない（戸79条・63条1項）。

【石井　久美子】

第1節　別表第1に掲げる審判事件　第7　親権（管理権）喪失の審判の取消手続　*403*

書式 82　親権喪失審判の取消審判申立書

受付印	**家事審判申立書　事件名（　親権喪失審判取消し　）**

	（この欄に申立手数料として1件について800円分の収入印紙を貼ってください。） 　　　　　　　　　　　　　（貼った印紙に押印しないでください。） （注意）登記手数料としての収入印紙を納付する場合は，登記手数料としての収入印紙は貼らずにそのまま提出してください。

収入印紙	800円
予納郵便切手	円
予納収入印紙	円

準口頭	関連事件番号　平成　　年（家　　）第　　　　　　　　号

横　浜　家庭裁判所 　　　　　　　御中 平成 ○○ 年 ○○ 月 ○○ 日	申　立　人 （又は法定代理人など） の記名押印	甲　野　一　郎　　㊞

添付書類	（審理のために必要な場合は，追加書類の提出をお願いすることがあります。） 申立人・未成年者の戸籍勝本（全部事項証明書）

申立人

本　籍 （国　籍）	（戸籍の添付が必要とされていない申立ての場合は，記入する必要はありません。） 神奈川　都道府県　大和市○○町○丁目○番地
住　所	〒○○○－○○○○ 神奈川県大和市○○町○丁目○番○号　電話　×××（××）××××　　　　　方）
連絡先	〒　－　　　　　　　　　　　　　電話　　（　　）　　　　　方）
フリガナ 氏　名	コウノ　イチロウ 甲野　一郎 　　大正昭和平成 ○○年○○月○○日生（　○○　歳）
職　業	会　社　員

※ 未成年者

本　籍 （国　籍）	（戸籍の添付が必要とされていない申立ての場合は，記入する必要はありません。） 都道府県　申立人の本籍と同じ
住　所	〒　－　申立人の住所と同じ　　　　　　電話　　（　　）　　　　　方）
連絡先	〒　－　　　　　　　　　　　　　電話　　（　　）　　　　　方）
フリガナ 氏　名	コウノ　ミユキ 甲野　みゆき 　　大正昭和平成 ○○年○○月○○日生（　○○　歳）
職　業	

（注）太枠の中だけ記入してください。
※の部分は，申立人，法定代理人，成年被後見人となるべき者，不在者，共同相続人，被相続人等の区別を記入してください。

申　　立　　て　　の　　趣　　旨
申立人の未成年者甲野みゆきに対する親権の喪失審判はこれを取り消すとの審判を求める。

申　　立　　て　　の　　理　　由
1　申立人は未成年者甲野みゆきの父です。 2　申立人は，横浜家庭裁判所において未成年者に対する親権喪失審判を受け，未成年者は，亡妻の母乙山エイが未成年後見人となり監護してきました。 3　申立人は，未成年者から引き離され，初めて自己の過去の行状を反省し，酒，賭け事をやめ，定職につき未成年者を養育できる環境を整えてきました。 4　平成○○年○○月○○日乙山エイが病に倒れたことから，申立人は未成年者を引き取り養育し，未成年者もなついてよい親子関係をつくっております。2年前のように未成年者をほったらかしたことはせず，仕事を終えるとすぐ帰宅して食事の支度をし，未成年者を養育しています。 5　よって，親権喪失審判の取消しを求めるためこの申立てをします。

【備考】
　親権喪失宣告（管理権喪失宣告）の取消しであれば「喪失審判」とあるのを「喪失宣告」と記載する。

第8 親権停止の審判の取消手続

解　説

(1) 制度の趣旨

(a) はじめに　親権停止（民834条の2）の原因が消滅したときは，親権停止を受けた本人又はその親族（子も親族に該当する）の請求により，家庭裁判所は親権停止の審判の取消しをすることができる（民836条）。また，児童相談所長もこの請求をすることができる（児福33条の7）。

親権停止の審判の原因が消滅したときとは，親権の行使が困難又は不適当であることにより子の利益を損なうおそれがなくなることで，本手続は親権の停止を取り消して再び子の親権の行使を再開させることである（審判事例：和歌山家審平27・9・30判タ1427号248頁）。この審判の取消しを求める申立ては，家事事件手続法別表第1（68項）の審判事項である。

(b) 手続行為能力　父・母は行為能力が制限されていても，子の親権者になることができるので，行為能力の制限を受けている親権者も法定代理人によらず，自ら有効な手続行為をすることができる（家手168条4号・118条）。また，子についても審判の結果が子に重大な影響を与えることから，子は意思能力を有する限り，手続行為能力を有する（家手168条4号・118条）。

(2) 申立手続

(a) 申立権者　本人（親権停止された父又は母），その親族（子も親族に該当する），児童相談所長（児福33条の7）。

(b) 管轄裁判所　子の住所地を管轄する家庭裁判所（家手167条）。

(c) 申立手続費用

(イ) 収入印紙　800円（子1名，親権者1名につき）（民訴費3条1項・別表第1の15項）。

(ロ) 予納郵便切手　約3000円程度（裁判所によって取扱いが異なるので，管轄裁判所に問い合わせてください）。

(d) 添付書類　子及び親権者の戸籍謄本（全部事項証明書），親権停止審判書謄本。親権停止の原因が消滅したことを証する資料。児童相談所長の申立ての場合は，児童相談所長の在職証明書（写し）。

(3) 審判手続

親権停止の審判の取消しの審判にあたって家庭裁判所は，子（15歳以上の子

に限る），子に対し親権を行う者，子の未成年後見人及び親権を停止された者の陳述を聴かなければならない（家手169条1項2号）。その方法については，親権喪失等の審判の場合のように審問の期日においてしなければならない等の制限がないので，書面照会や調査官調査など適宜の方法で行われる。申立人が提出した資料以外の資料について家庭裁判所が事実の調査をした場合，その調査結果により家事審判の手続の追行に重要な変更を生じ得るものと認めるときは（例えば，事実調査で裁判官が申立却下の心証を得た場合），申立人及び利害関係参加人に事実の調査の通知をしなければならない（家手63条）。

(4) 審判の告知

(a) 審判の告知 　認容審判は，申立人，親権停止の父・母，子，子に対し親権を行う者及び子の未成年後見人に告知する（家手74条1項・170条本文・1項2号）。ただし，子については，子の年齢及び発達の程度その他一切の事情を考慮して，子への告知が子の利益を害すると認める場合は，告知は不要である（家手170条ただし書）。却下の審判は，申立人に告知する（家手74条3項）。

(b) 即時抗告 　親権停止の取消しを認容する審判に対して，子及び子の親族，子に対し親権を行う者，未成年後見人並びに未成年後見監督人は即時抗告をすることができる（家手172条1項5号）。親権停止の審判の取消しを却下する審判には，申立人，親権を停止された者及びその親族が即時抗告をすることができる（家手172条1項6号）。即時抗告の期間は2週間で，その起算点は，即時抗告をする者が審判の告知を受ける者である場合はその者が告知を受けた日から（家手86条2項前段），即時抗告をする者が審判の告知を受ける者でない者や子である場合は，認容審判のときは親権を停止された者が審判の告知を受けた日（家手172条2項2号）から，却下審判のときは申立人が告知を受けた日（2以上あるときは，当該日のうち最も遅い日）から（家手86条2項・74条3項）進行する。

(5) 取消しの審判の効力

親権停止の審判取消しの審判が確定すると，親権が復活し，単独親権になっていた場合，共同親権に，未成年後見開始となっていた場合は，後見終了となる。

(6) 戸籍上の手続

(a) 戸籍通知 　裁判所書記官は，親権停止の審判取消しの審判が確定したら子の本籍地の戸籍事務管掌者にその旨の通知をしなければならない（家

手規95条)。

(b) 戸籍届 親権停止の取消しの審判が確定した場合，申立人は，確定から10日以内に審判書謄本に確定証明書を添付して親権停止の取消届（報告的届出）をしなければならない（戸79条・63条1項）。

【石井 久美子】

第1節　別表第1に掲げる審判事件　　第8　親権停止の審判の取消手続　　*407*

書式 83　親権停止審判の取消審判申立書

受付印	**家事審判申立書　事件名（　親権停止審判取消し　）**
収入印紙　　　800円 予納郵便切手　　　　円 予納収入印紙　　　　円	（この欄に申立手数料として1件について800円分の収入印紙を貼ってください。） 　　　　　　　　　　　　　　　（貼った印紙に押印しないでください。） （注意）登記手数料としての収入印紙を納付する場合は，登記手数料としての収入印紙は貼らずにそのまま提出してください。

準口頭	関連事件番号　平成　　　年（家　　　）第　　　　　　　　　　　号

横浜　家庭裁判所 　　　　　　御中 平成 ○○ 年 ○○ 月 ○○ 日	申　立　人 （又は法定代理人など） の 記 名 押 印　　　甲　野　一　郎　　　㊞

添付書類	（審理のために必要な場合は，追加書類の提出をお願いすることがあります。） 申立人・未成年者の戸籍謄本（全部事項証明書），親権停止審判書謄本（写）

申 立 人	本　籍 （国　籍）	（戸籍の添付が必要とされていない申立ての場合は，記入する必要はありません。） 神奈川　都道 　　　　府県　鎌倉市○○町○丁目○番地
	住　所	〒○○○－○○○○ 神奈川県鎌倉市○○町○丁目○番○号　　電話携帯×××(××××)×××× 　　　　　　　　　　　　　　　　　　　　（　　　　　　　　方）
	連絡先	〒　　　－ 　　　　　　　　　　　　　　　　　　　　電話（　　　　　　　　方）
	フリガナ 氏　名	コウノ　イチロウ 甲　野　一　郎　　　　　　大正 　　　　　　　　　　　　平成 ○○ 年○○月○○日 生 　　　　　　　　　　　　　　　（　○○　歳）
	職　業	会社員

※ 未 成 年 者	本　籍 （国　籍）	（戸籍の添付が必要とされていない申立ての場合は，記入する必要はありません。） 　　　　　都道 　　　　　府県　申立人と同じ
	住　所	〒○○○－○○○○ 横浜市中区○○町○○丁目○番○号乙山園　　電話（　　　　　　　　方）
	連絡先	〒　　　－ 　　　　　　　　　　　　　　　　　　　　電話（　　　　　　　　方）
	フリガナ 氏　名	コウノ 甲　野　みゆき　　　　　　大正 　　　　　　　　　　　　昭和 　　　　　　　　　　　　平成 ○○ 年○○月○○日 生 　　　　　　　　　　　　　　　（　○○　歳）
	職　業	

(注)　太枠の中だけ記入してください。
　※の部分は，申立人，法定代理人，成年被後見人となるべき者，不在者，共同相続人，被相続人等の区別を記入してください。

申　　立　　て　　の　　趣　　旨
申立人の未成年者甲野みゆきに対する親権停止の審判はこれを取り消すとの審判を求める。

申　　立　　て　　の　　理　　由
1　申立人は未成年者甲野みゆきの父です。 2　申立人は横浜家庭裁判所において未成年者に対する親権の停止の審判を受け，未成年者は亡妻の母乙山エイが未成年後見人となり監護してきました。 3　申立人は，アルコール依存症のため，未成年者の監護を十分尽くさなかったことを反省し，病院に入院して断酒し，今では酒を必要としない状態となりました。毎日午後6～7時に帰宅しています。 4　未成年者を引き取れる家庭環境をつくり，乙山エイからも親権停止の審判が取り消されたら，未成年者を引き渡すとの了解も得ました。 5　よって，申立ての趣旨の審判を求めます。

第9 親権（管理権）辞任の許可手続

解　説

(1) 制度の趣旨

(a) 親権を行う父又は母は，やむを得ない事由があるときは，家庭裁判所の許可を得て親権や管理権を辞することができる（民837条１項）。親権又は管理権の辞任の許可は，家事事件手続法別表第１（69項）の審判事項である。子の福祉に直接関係することから家庭裁判所の許可を要件とし，辞任が濫用されたり，他から辞任を強要されることがないようにしたものである。

(b) 親権の辞任についてやむを得ない事由とは，親権者の重病・海外旅行・服役などによる長期の不在や子を置いて再婚する場合などで親権行使が困難な場合をいう。

管理権の辞任についてやむを得ない事由とは，健康・知識・経験・能力などの関係で，財産管理が不適な場合が挙げられる（於保不二雄＝中川淳編『新版注釈民法⑳』236頁〔中川淳〕）。やむを得ない事由にあたるかは，子の福祉，子の利益保護の観点から個別的に判断される。

(c) 親権に関する規定は公の秩序に関するものであるから，契約であらかじめ親権や管理権を辞任したり，放棄したりすることは無効である（大判明31・11・24民録４輯10号36頁）。また，親権者が親権や管理権を辞する旨の調停が成立しても，家庭裁判所で親権・管理権の辞任の許可の審判を得なければ辞任の効力は生じない（昭25・2・6民事甲第284号民事局長回答）。また，管理権を除く身上監護権のみの辞任許可の審判はできない。

(d) 親権者の一方が親権を辞任すると，他の一方が単独親権者となる。父母双方が親権を辞任して未成年後見人を選任する必要が生じたときは，その父又は母は未成年後見人の選任の請求を家庭裁判所にしなければならない（民838条・841条）。親権者の一方が管理権を辞任すると，双方が親権を有するが，財産管理権は他方のみがもつことになる。

(2) 手続行為能力

父・母は行為能力が制限されていても，法定代理人によらず，自ら有効な手続行為をすることができる（家手168条５号・118条）。また，子についても審判の結果が子に重大な影響を与えることから，子が意思能力を有する限り，手続行為能力を有する（家手168条５号・118条）。

(3) 申立手続

(a) 申立権者　　親権を行う父又は母（民837条1項）。

(b) 管轄裁判所　　子の住所地を管轄する家庭裁判所（家手167条）。

(c) 申立手続費用

　(イ) 収入印紙　　800円（子1名，親権者1名につき）（民訴費3条1項・別表第1の15項）。

　(ロ) 予納郵便切手　　約410円程度。

(d) 添付書類　　子及び親権者の戸籍謄本（全部事項証明書），辞任事由を証する資料（診断書，旅券，陳述書等）。

(4) 審判手続

親権又は管理権を辞任する理由が，やむを得ない事由に該当するかどうか，また申立てが親権者の真意に基づいてなされたものか審理する。また，家庭裁判所は申立人（申立人は家事事件手続法169条柱書の括弧書きの対象外なので申立人は必要的陳述の対象者から除外されない（金子修編著『逐条解説家事事件手続法』551頁））及び子（15歳以上の子に限る）の陳述の聴取をしなければならない（家手169条1項3号）。陳述の方法及び事実の調査の通知については，本節第8(3)を参照。

(5) 審判の告知

審判は，申立人への告知で効力が生じ，認容，却下のいずれの審判についても不服申立てはできない。

(6) 戸籍上の手続

辞任許可審判は，辞任する者が審判書謄本を添えて親権（管理権）の辞任の届出行為によって親権（管理権）の辞任の効果が生じる（戸80条）。

辞任の効果は戸籍の届出により生じるが，単独親権者の場合，実務では親権辞任許可申立てと未成年後見選任の申立てが出され，親権辞任許可審判と未成年後見選任審判が同時になされることがある。この場合，未成年後見人選任審判は，親権辞任の審判に基づく戸籍法80条の届出が受理された場合における未成年後見人選任をあらかじめ選任したものと解して戸籍上の処理をすることになる（昭27・10・6第23回戸籍事務連絡協議会決議（家月5巻5号272頁））。

【石井　久美子】

410　第3編　各種審判手続の書式実例　　第7章　親権に関する審判事件

書式 84　親権辞任の許可審判申立書

受付印	

家事審判申立書　事件名（　　親権辞任　　）

収 入 印 紙　　　　800円	
予納郵便切手　　　　　円	
予納収入印紙　　　　　円	

（この欄に申立手数料として1件について800円分の収入印紙を貼ってください。）

（貼った印紙に押印しないでください。）

（注意）登記手数料としての収入印紙を納付する場合は，登記手数料としての収入印紙は貼らずにそのまま提出してください。

準口頭	関連事件番号　平成　　年（家　　）第　　　　　　　号

横　浜　家庭裁判所 御中 平成 ○○ 年 ○○ 月 ○○ 日	申　立　人 （又は法定代理人など） の 記 名 押 印	甲　野　一　郎　　㊞

添付書類	（審理のために必要な場合は，追加書類の提出をお願いすることがあります。） 申立人・未成年者の戸籍謄本（全部事項証明書）　1通

申 立 人	本　籍 （国 籍）	（戸籍の添付が必要とされていない申立ての場合は，記入する必要はありません。） 神奈川 都道府県 鎌倉市○○町○丁目○番地
	住　所	〒○○○−○○○○　　　　　　電話 ×××（××）×××× 神奈川県鎌倉市○○町○丁目○番○号　　　　　　（　　　　　方）
	連絡先	〒　　−　　　　　　　　　　　電話　　（　　　）（　　　　　方）
	フリガナ 氏　名	コウノ　イチロウ 甲　野　一　郎	大正 昭和 平成 ○○年○○月○○日生（○○歳）
	職　業	な　し

※ 未 成 年 者	本　籍 （国 籍）	（戸籍の添付が必要とされていない申立ての場合は，記入する必要はありません。） 都道府県 申立人の本籍と同じ
	住　所	〒○○○−○○○○　　　　　　電話 ×××（××）×××× 神奈川県藤沢市○○町○丁目○番○号　　（乙川三郎　方）
	連絡先	〒　　−　　　　　　　　　　　電話　　（　　　）（　　　　　方）
	フリガナ 氏　名	コウノ 甲　野　みゆき	大正 昭和 平成 ○○年○○月○○日生（○○歳）
	職　業	

（注）　太枠の中だけ記入してください。

　※の部分は，申立人，法定代理人，成年被後見人となるべき者，不在者，共同相続人，被相続人等の区別を記入してください。

申　　立　　て　　の　　趣　　旨
申立人が未成年者甲野みゆきに対する親権を辞任するとの許可を求める。

申　　立　　て　　の　　理　　由
1　未成年者甲野みゆきは，申立人と亡妻甲野花子との間の長女です。 2　未成年者は亡妻甲野花子が平成○○年○月○日死亡後は，母方の祖父母である乙山三郎・エイ夫妻に現在まで養育されてきました。 3　申立人は，この度ブラジルに渡り，現地で農業に従事することになり，平成○○年○月○日渡航の予定です。 　現地は生活環境も厳しく，幼い未成年者を伴うことはできませんので，今までどおり，乙山夫婦に未成年者を託すことにしました。申立人のブラジル滞在は長期になる予定で場合によっては帰国しないかもしれません。ブラジルに行くと未成年者の親権の行使はできなくなります。 4　よって，申立人が未成年者に対する親権を辞することの許可をしていただきたく，この申立てをします。

第1節　別表第1に掲げる審判事件　　第10　親権（管理権）回復の許可手続　　*411*

第10　親権（管理権）回復の許可手続

解　　説

(1)　制度の趣旨

(a)　はじめに　　民法837条1項による親権又は管理権の辞任の理由とな
った事由が消滅したときは，父又は母は，家庭裁判所の許可を得て親権又は
管理権を回復することができる（民837条2項）。親権又は管理権の回復の許可
は，家事事件手続法別表第1（69項）の審判事項である。

(b)　手続行為能力　　申立人となる父・母が，行為能力の制限を受けてい
ても法定代理人によらず，自ら有効な手続行為をすることができる（家手168
条5号・118条）。また，子についても審判の結果が子に重大な影響を与えるこ
とから，子が意思能力を有する限り，手続行為能力を有する（家手168条5号・
118条）。

(2)　申立手続

(a)　申立権者　　親権（又は管理権）を辞任した父又は母（民837条2項）。

(b)　管轄裁判所　　子の住所地を管轄する家庭裁判所（家手167条）。

(c)　申立手続費用

(イ)　収入印紙　　800円（子1名，親権者1名につき）（民訴費3条1項・別表
第1の15項）。

(ロ)　予納郵便切手　　約400円程度（裁判所によって取扱いが異なるので，管
轄裁判所に問い合わせてください）。

(d)　添付書類　　子及び親権者の戸籍謄本（全部事項証明書）。

(3)　審判手続

家庭裁判所は，①親権（又は管理権）を辞任する理由となったやむを得ない
事由が消滅していること，②辞任していた父母が親権（又は管理権）を行使す
ることが子の利益保護・福祉にかなうものであるかどうかを審理する。また，
審理するにあたり，家庭裁判所は子（15歳以上の子に限る），子に対し親権を行
う者及び子の未成年後見人の陳述の聴取をしなければならない（家手169条1
項4号）。陳述の方法及び事実の調査の通知については，本節第8(3)を参照。

(4)　審判の告知

審判は，申立人への告知で効力が生じる。認容の審判については不服申立
てはできない。却下の審判については，申立人が2週間以内に即時抗告がで

きる（家手172条1項7号）。

(5) 戸籍上の手続（創設的届出）

親権（管理権）の回復許可審判は，申立人が回復許可審判書謄本を添えて親権（又は管理権）の回復の届出行為によって親権（又は管理権）の回復の効果が生じる（戸80条）。未成年後見が開始している場合は，回復の届出により未成年後見は終了する。

【石井　久美子】

第1節　別表第1に掲げる審判事件　　第10　親権（管理権）回復の許可手続　　413

書式 85　親権回復の許可審判申立書

受付印	家事審判申立書　事件名（　　親権回復許可　　）

	（この欄に申立手数料として1件について800円分の収入印紙を貼ってください。）
収入印紙　　　　800円	（貼った印紙に押印しないでください。）
予納郵便切手　　　　円	（注意）登記手数料としての収入印紙を納付する場合は，登記手数料として
予納収入印紙　　　　円	の収入印紙は貼らずにそのまま提出してください。

準口頭　　　関連事件番号　平成　　年（家　　）第　　　　　　　　　　　号

横浜　　家庭裁判所 御中 平成 ○○ 年 ○○ 月 ○○ 日	申　立　人 （又は法定代理人など） の記名押印	甲　野　一　郎　　㊞

添付書類	（審理のために必要な場合は，追加書類の提出をお願いすることがあります。） 申立人・未成年者の戸籍謄本（全部事項証明書）　1通

申立人	本　籍 （国　籍）	（戸籍の添付が必要とされていない申立ての場合は，記入する必要はありません。） 神奈川　都道府県　鎌倉市○○町○丁目○番地	
	住　所	〒○○○-○○○○ 神奈川県鎌倉市○○町○丁目○番○号	電話　×××（××）×××× （　　　　　　　方）
	連絡先	〒　　-	電話　（　　　） （　　　　　　　方）
	フリガナ 氏　名	コウノ　イチロウ 甲野　一郎	大正 昭和 平成　○○年○○月○○日 生 （　　○○　　歳）
	職　業	会　社　員	

※ 未成年者	本　籍 （国　籍）	（戸籍の添付が必要とされていない申立ての場合は，記入する必要はありません。） 都道府県　申立人の本籍と同じ	
	住　所	〒 申立人の住所と同じ	電話　（　　　） （　　　　　　　方）
	連絡先	〒　　-	電話　（　　　） （　　　　　　　方）
	フリガナ 氏　名	コウノ 甲野　みゆき	大正 昭和 平成　○○年○○月○○日 生 （　　○○　　歳）
	職　業		

（注）　太枠の中だけ記入してください。
　※の部分は，申立人，法定代理人，成年被後見人となるべき者，不在者，共同相続人，被相続人等の区別を記入してください。

申　立　て　の　趣　旨
申立人が未成年者甲野みゆきに対する親権を回復するとの許可を求める。

申　立　て　の　理　由
1　未成年者甲野みゆきは，申立人と亡妻甲野花子との間の長女です。
2　申立人は，ブラジルに渡航するため親権行使ができないことを理由に，平成○○年○月○日横浜家庭裁判所で，親権を辞する許可審判を受け，同月○日未成年者の本籍地で辞任届が受理されました。
3　申立人は，平成○○年○月○日ブラジルより帰国し，○月○日未成年者と同居し，同人を養育監護しています。
4　よって，申立人は未成年者に対する親権行使ができる状態になったので，親権を回復したく，この申立てをします。

414 第3編 各種審判手続の書式実例 第7章 親権に関する審判事件

第2節 別表第2に掲げる審判事件

第1 親権者の指定手続(1)——養子の離縁後に親権者となるべき者を指定する場合

解 説

(1) 制度の趣旨

この申立ては，養子の縁組後に実父母が離婚したため，養子の離縁後の親権者となるべき者を定める協議をしたが，協議が調わないため，親権者の指定を家庭裁判所へ申し立てる審判手続である（民811条4項，家手別表第2の7項）。

上記養子が15歳未満の場合，離縁する前に実父母の一方を離縁後の親権者と定めて離縁協議者とする必要があるが，この協議が調わないとき又は協議ができないときに申し立てることになる。

この申立ては，別表第2に掲げる事項についての審判事件であり，当事者は審判を申し立てることも，調停を申し立てることもできる（家手244条）。調停手続を経ることなく，いきなり審判の申立てがあったような場合には，家庭裁判所は，当事者（本案について被告又は相手方の陳述がされる前にあっては，原告又は申立人に限る）の意見を聴いて，いつでも，職権で，事件を家事調停に付することができる（家手274条1項）。

(2) 申立手続

(a) 申立権者 父若しくは母又は養親（民811条4項）。

(b) 管轄裁判所 子の住所地を管轄する家庭裁判所（家手167条），当事者が合意で定める家庭裁判所（家手66条1項）。

(c) 申立手続費用 以下の費用が考えられる。

（イ) 収入印紙 1200円（子1名につき）（民訴費3条1項・別表第1の15項の2）。

（ロ) 予納郵便切手 800円程度。

(d) 添付書類 申立人，相手方及び未成年者の各戸籍謄本（全部事項証明書）。

(3) 審判手続

（a）**保全処分**　親権者指定の申立てがあった場合に，強制執行を保全し，又は子その他の利害関係人の急迫の危険を防止するため必要があるときは，家庭裁判所は，申立人の申立てにより，親権者の指定の審判を本案とする仮処分その他の必要な保全処分を命ずることができる（家手175条1項）。

　また，子の利益のため必要があるときは，家庭裁判所は，申立人の申立てにより，親権者の指定の審判が効力を生ずるまでの間，親権者の職務の執行を停止し，又はその職務代行者を選任することができる（家手175条3項）。

（b）養子，その父母及び養親は，一般的に行為能力の制限を受けていても，自ら有効に手続行為をすることができ（家手168条6号），家庭裁判所は，当事者の陳述を聴く（家手68条1項）ほか，子（15歳以上の者に限る）の陳述を聴くことが必要となる（家手169条2項）。

　このほか，申立書の写しの相手方への送付（家手67条1項），審問の期日の他方当事者の立会い（家手69条，家手規48条），事実の調査の通知（家手70条），審理の終結（家手71条），審判日の指定（家手72条）などの手続が必要となる。

（c）認容の審判において，家庭裁判所は子の引渡し又は財産上の給付その他の給付を命ずることができる（家手171条）。

（d）**即時抗告権者**　認容の審判について，養子の父母及び養子の監護者。却下の審判について，申立人，養子の父母及び養子の監護者（家手172条1項8号・9号）。

(4)　戸籍上の手続

　認容の審判が確定したときは，裁判所書記官は，遅滞なく，子の本籍地の戸籍事務管掌者に対し，その旨を通知しなければならない（家手規95条）。

　親権者となった者は，審判確定の日から10日以内に，審判書謄本及び確定証明書を添付して，親権者指定届をする（戸79条・63条1項）。

【峰野　　哲】

416　第3編　各種審判手続の書式実例　第7章　親権に関する審判事件

書式 86　親権者指定審判申立書(1)——離縁後に親権者となるべき者を指定する場合

受付印	家事	□調停 ☑審判	申立書　事件名（離縁後の親権者の指定）

（この欄に申立て1件あたり収入印紙1,200円分を貼ってください。）

収入印紙　1,200円	
予納郵便切手　　　円	

（貼った印紙に押印しないでください。）

東京　家庭裁判所 　　　御中 平成 ○○ 年 ○○ 月 ○○ 日	申　立　人 （又は法定代理人など） の記名押印	甲 野 美 恵　㊞

添付書類	（審理のために必要な場合は，追加書類の提出をお願いすることがあります。） 申立人の戸籍謄本（全部事項証明書）　　1通 未成年者の戸籍謄本（全部事項証明書）　1通 相手方の戸籍謄本（全部事項証明書）　　1通	準口頭

申	本　籍 （国籍）	（戸籍の添付が必要とされていない申立ての場合は，記入する必要はありません。） 東京　都道府県　港区○○町○丁目○番地	
立	住　所	〒○○○－○○○○ 東京都港区○○町○丁目○番○号	（　　　　　　　方）
人	フリガナ 氏　名	コウ ノ ヨシ エ 甲 野 美 恵	大正・昭和 平成 ○○ 年○○月○○日 生 （　○○　歳）
相	本　籍 （国籍）	（戸籍の添付が必要とされていない申立ての場合は，記入する必要はありません。） 神奈川　都道府県　横浜市中区○○町○丁目○番地	
手	住　所	〒○○○－○○○○ 本籍と同じ	（　　　　　　　方）
方	フリガナ 氏　名	オツ ノ シ ロウ 乙 野 四 郎	大正・昭和 平成 ○○ 年○○月○○日 生 （　○○　歳）

（注）太枠の中だけ記入してください。

※ 未 成 年 者	本　籍	東京　都道府県　千代田区○○町○丁目○番地	
	住　所	〒 申立人の住所と同じ	（　　　　　　　方）
	フリガナ 氏　名	ヘイ ノ イチ ロウ 丙 野 一 郎	大正・昭和 平成 ○○ 年○○月○○日 生 （　○○　歳）

（注）太枠の中だけ記入してください。※の部分は，申立人，相手方，法定代理人，不在者，共同相続人，被相続人等の区別を記入してください。

申　立　て　の　趣　旨

　未成年者が養父丙野清と離縁するにつき，未成年者の離縁後に親権者となるべき者を申立人に指定する旨の審判を求める。

申　立　て　の　理　由

1　未成年者は，申立人と相手方間の三男で，平成○○年○○月○○日丙野清の養子となりました。その後，申立人と相手方とは，平成○○年○○月○○日協議離婚しました。
2　平成○○年○○月○○日未成年者の養父から未成年者と離縁したい旨の申入れが申立人にありました。
3　そこで，申立人は養父との離縁の協議をするため，相手方との間で，未成年者の離縁後に親権者となるべき者の指定について協議をしましたが，協議が調いませんので，この申立てをします。

第2　親権者の指定手続(2)——離婚後出生した子の親権者を父に指定する場合

解　説

(1)　制度の趣旨

　この申立ては，夫婦が協議離婚した後に出生した嫡出子につき，離婚した父母間に，その子の親権者指定に関して協議が調わないとき又は協議ができないとき，親権者の指定を家庭裁判所へ申し立てる審判手続である。

　子の出生前に父母の離婚が成立した場合には，生まれた子に対する親権は母がこれを行う（民819条3項本文）。子の出生後に，父母の協議によって父を親権者と定めることができるが，この協議が調わないとき又は協議ができないときに申し立てることになる（民819条3項ただし書・5項）。

　根拠規定は，民法819条5項及び同条に基づく家事事件手続法別表第2の8項による。

(2)　調停を行うことができる事件と付調停

　この申立ては，調停を行うことができる事件であり，当事者は審判を申し立てることも，調停を申し立てることもできる。調停手続を経ることなく，いきなり審判の申立てがあったような場合には，家庭裁判所は，当事者（本案について相手方の陳述がされる前にあっては，申立人に限る）の意見を聴いて，いつでも，職権で，事件を調停に付することができる（家手274条1項）。これは，家庭の平和と健全な親族共同生活の維持を図るためには，なるべく当事者の合意による自主的解決である調停によって解決することが望ましいことから，家庭裁判所は，いつでも，何度でも審判手続中の事件を調停に付することができると規定したものである（秋武憲一編著『概説家事事件手続法』311頁）。調停に付しても審判手続は当然に中止となるものではなく，中止にする旨の審判をしなければならない（家手275条2項参照）。

　家庭裁判所が事件を調停に付した場合は，当初から申立てがなされた調停事件と同様の取扱いがなされ，新たな調停事件として立件されるが，手数料の納付は必要ない。このようにして立件された事件が調停成立によって終了したときは，当該審判事件は，終了する（家手276条2項）。また，立件された調停事件が不成立で終了したときは，調停が終了するまで中止とされていた審判手続は再開することになる。再開するにあたっては，中止の審判の取消

418　第3編　各種審判手続の書式実例　第7章　親権に関する審判事件

しは不要と解されている。審判手続が再開されるときは，審判事件としての立件及び手数料の納付は不要である。

(3)　**申立手続**

(a)　申立権者　　父又は母である（民819条5項）。この場合の父とは，法律上の父である。

(b)　管轄裁判所　　子（父又は母を同じくする数人の子については，そのうちの1人）の住所地を管轄する家庭裁判所（家手167条）又は当事者が合意で定める家庭裁判所（家手66条1項）。

(c)　申立手続費用

　　(イ)　収入印紙　　子1人につき1200円（民訴費3条1項・別表第1の15項の2）。

　　(ロ)　予納郵便切手　　820円程度（裁判所によって取扱いが異なるので，管轄裁判所に問い合わせてください）。

(d)　添付書類　　申立人，相手方の各戸籍謄本（全部事項証明書）及び申立書の写し。

　この申立てをするときは，申立人及び相手方の各戸籍謄本（全部事項証明書）のほかに申立書の写し1通（相手方と同数）を添付しなければならない（家手規47条参照）。

　家事事件手続規則47条は，家事事件手続法67条1項本文が，同法別表第2に掲げる事件についての家事審判の申立書の写しの送付について規定したことを受け，その送付に必要な写しを当該申立書に添付することを申立人に求める新設規定である。もっとも，家事事件手続規則47条は，訓示的なものであり，申立人が申立書の写しを提出しない場合に，そのことをもって補正命令の対象としたり，家事審判の申立書を却下したりすることはできないとされている（最高裁判所事務総局家庭局監修『条解家事事件手続規則』（家裁資料196号）117頁，118頁）。

(4)　**審判手続**

(a)　申立書の写しの送付　　この申立てがあった場合には，家庭裁判所は，申立てが不適法であるとき又は申立てに理由がないことが明らかなときを除き，家事審判の申立書の写しを相手方に送付しなければならないこととされた（家手67条1項本文）。これは，手続の透明性確保，当事者の手続保障等の観点から，相手方に対し，どのような事件が申し立てられたのかを知らせて，

手続への適切な対応を可能にすることによって，審理を充実させ，事件の早期解決に資するとして，申立書の写しの送付を原則としたものである（秋武・前掲132頁）。

ただし，家事審判の手続の円滑な進行を妨げるおそれがあると認められるときは，家事審判の申立てがあったことを通知することをもって，家事審判の申立書の写しの送付に代えることができる（家手67条１項ただし書）。

(b) 当事者からの陳述聴取　　この審判の手続においては，申立てが不適法であるとき又は申立てに理由がないことが明らかなときを除き，当事者の陳述を聴取しなければならないとされており（家手68条１項），この陳述の聴取は，当事者の申出があるときは，審問の期日においてしなければならない（家手68条２項）。

(c) 子の陳述聴取　　この申立ての審判をする場合には，子が15歳以上のときは，その子の陳述を聴かなければならない（家手169条２項）。

(d) 審判の告知　　審判は，当事者及び利害関係参加人に対し，告知しなければならない（家手74条１項）。

(5) 終了後の手続

(a) 親権者の指定の審判及びその申立てを却下する審判に対して，子の父母及び子の監護者は即時抗告をすることができる（家手172条１項10号）。

(b) 審判が確定したときは，裁判所書記官は，遅滞なく，子の本籍地の戸籍事務を管掌する者に対し，その旨を通知しなければならない（家手規95条前段）。

(c) 親権者となった者は，審判が確定した日から10日以内に，審判の謄本に審判確定証明書を添えて，親権者指定届をする（戸79条・63条１項）。

【太田　伸司】

420 第3編 各種審判手続の書式実例 第7章 親権に関する審判事件

書式 87 親権者指定審判申立書(2)——離婚後出生した子の親権者を父に指定する場合

	受付印	家事審判申立書 事件名（ 親権者指定 ）

収入印紙 1,200 円	（この欄に申立手数料として1件について800円分の収入印紙を貼ってください。）
予納郵便切手 円	（注意）登記手数料としての収入印紙を納付する場合は，登記手数料として （貼った印紙に押印しないでください。）
予納収入印紙 円	の収入印紙は貼らずにそのまま提出してください。

準口頭		関連事件番号 平成 年（家 ）第 号

横浜 家庭裁判所 御中 平成 ○○ 年 ○○ 月 ○○ 日	申 立 人 （又は法定代理人など） の 記 名 押 印	甲 野 太 郎 ㊞

添付書類	（審理のために必要な場合は，追加書類の提出をお願いすることがあります。） 申立人の戸籍謄本（全部事項証明書） 1通 相手方の戸籍謄本（全部事項証明書） 1通 申立書の写し 1通

申　立　人

本　籍 (国　籍)	（戸籍の添付が必要とされていない申立ての場合は，記入する必要はありません。） 東京 都 港区○○町○丁目○番地
住　所	〒○○○−○○○○ 東京都港区○○町○丁目○番○号 電話 03 (××××) ×××× （ 方）
連絡先	〒 − 電話 （ 方）
フリガナ 氏　名	コウノ　タロウ 甲　野　太　郎 昭和 ○○年○○月○○日生 平成 （ ○○ 歳）
職　業	会 社 員

※ 相　手　方

本　籍 (国　籍)	（戸籍の添付が必要とされていない申立ての場合は，記入する必要はありません。） 神奈川 県 横浜市中区○○町○丁目○番地
住　所	〒○○○−○○○○ 横浜市中区○○町○丁目○番○号 電話 ××× (×××) ×××× （ 方）
連絡先	〒 − 電話 （ 方）
フリガナ 氏　名	オツノ　カズエ 乙　野　和　江 大正 昭和 ○○年○○月○○日生 平成 （ ○○ 歳）
職　業	会 社 員

(注) 太枠の中だけ記入してください。
※の部分は，申立人，法定代理人，成年被後見人となるべき者，不在者，共同相続人，被相続人等の区別を記入してください。

※ 未成年者

本　籍	都 道 府 県 申立人の本籍と同じ
住　所	〒 − 相手方の住所と同じ （ 方）
フリガナ 氏　名	コウノ　カズオ 甲　野　一　男 大正 昭和 ○○年○○月○○日生 平成 （ ○○ 歳）

(注) 太枠の中だけ記入してください。※の部分は，申立人，相手方，法定代理人，不在者，共同相続人，被相続人等の区別を記入してください。

申　立　て　の　趣　旨

未成年者の親権者を申立人に指定する旨の審判を求める。

申　立　て　の　理　由

1　申立人と相手方とは，平成○○年○○月○○日協議離婚しましたが，未成年者は平成○○年○○月○○日に出生し，現在相手方が養育しています。
2　協議離婚時においては，離婚後に出生してくる子の親権者は申立人に指定する旨の話し合いができていたのですが，いざ出生してみると相手方は自分が親権者になってこのまま養育すると言い出し，話がつきません。
3　申立人としては，離婚時の話し合いのとおり，未成年者の親権者の指定を求めてこの申立てをします。

第3 親権者の指定手続(3)──父が認知した子の親権者を父に指定する場合

解 説

(1) 制度の趣旨

この申立ては，父が認知した子につき，その子の親権者指定に関して，父母間に協議が調わないとき，又は協議ができないとき，親権者の指定を家庭裁判所へ申し立てる審判手続である。

根拠規定は，民法819条5項及び同条に基づく家事事件手続法別表第2の8項による。

(2) 調停を行うことができる事件と付調停

この申立ては，調停を行うことができる事件であり，当事者は審判を申し立てることも，調停を申し立てることもできる。調停手続を経ることなく，いきなり審判の申立てがあったような場合には，家庭裁判所は，当事者 (本案について相手方の陳述がされる前にあっては，申立人に限る) の意見を聴いて，いつでも，職権で，事件を調停に付することができる (家手274条1項)。これは，家庭の平和と健全な親族共同生活の維持を図るためには，なるべく当事者の合意による自主的解決である調停によって解決することが望ましいことから，家庭裁判所は，いつでも，何度でも審判手続中の事件を調停に付することができると規定したものである (秋武憲一編著『概説家事事件手続法』311頁)。調停に付した後の審判手続及び調停手続については本節第2(2)参照。

(3) 申立手続

(a) 申立権者　　父又は母である (民819条5項)。

(b) 管轄裁判所　　子 (父又は母を同じくする数人の子については，そのうちの1人) の住所地を管轄する家庭裁判所 (家手167条) 又は当事者が合意で定める家庭裁判所 (家手66条1項)。

(c) 申立手続費用

(イ) 収入印紙　　子1名につき1200円 (民訴費3条1項・別表第1の15項の2)。

(ロ) 予納郵便切手　　820円程度 (裁判所によって取扱いが異なるので，管轄裁判所に問い合わせてください)。

(d) 添付書類　　申立人，相手方の各戸籍謄本 (全部事項証明書) 及び申立

書の写し。

この申立てをするときは，申立人及び相手方の各戸籍謄本（全部事項証明書）のほかに申立書の写し1通（相手方と同数）を添付しなければならない（家手規47条参照）。

家事事件手続規則47条は，家事事件手続法67条1項本文が，同法別表第2に掲げる事件についての家事審判の申立書の写しの送付について規定したことを受け，その送付に必要な写しを当該申立書に添付することを申立人に求める新設規定である。もっとも，家事事件手続規則47条は，訓示的なものであり，申立人が申立書の写しを提出しない場合に，そのことをもって補正命令の対象としたり，家事審判の申立書を却下したりすることはできないとされている（最高裁判所事務総局家庭局監修『条解家事事件手続規則』（家裁資料 196号）117頁，118頁）。

(4) 審判手続

(a) 申立書の写しの送付　　この申立てがあった場合には，家庭裁判所は，申立てが不適法であるとき又は申立てに理由がないことが明らかなときを除き，家事審判の申立書の写しを相手方に送付しなければならないこととされた（家手67条1項本文）。これは，手続の透明性確保，当事者の手続保障等の観点から，相手方に対し，どのような事件が申し立てられたのかを知らせて，手続への適切な対応を可能にすることによって，審理を充実させ，事件の早期解決に資するとして，申立書の写しの送付を原則としたものである（秋武・前掲132頁）。

ただし，家事審判の手続の円滑な進行を妨げるおそれがあると認められるときは，家事審判の申立てがあったことを通知することをもって，家事審判の申立書の写しの送付に代えることができる（家手67条1項ただし書）。

(b) 当事者からの陳述聴取　　この審判の手続においては，申立てが不適法であるとき又は申立てに理由がないことが明らかなときを除き，当事者の陳述を聴取しなければならないとされており（家手68条1項），この陳述の聴取は，当事者の申出があるときは，審問の期日においてしなければならない（家手68条2項）。

(c) 子の陳述聴取　　この申立ての審判をする場合には，子が15歳以上のときは，その子の陳述を聴かなければならない（家手169条2項）。

(d) 審判の告知　　審判は，当事者及び利害関係参加人に対し，告知しな

ければならない（家手74条1項）。

(5) 終了後の手続

(a) 親権者の指定の審判及びその申立てを却下する審判に対して，子の父母及び子の監護者は即時抗告をすることができる（家手172条1項10号）。

(b) 審判が確定したときは，裁判所書記官は，遅滞なく，子の本籍地の戸籍事務を管掌する者に対し，その旨を通知しなければならない（家手規95条前段）。

(c) 親権者となった者は，審判が確定した日から10日以内に，審判の謄本に審判確定証明書を添えて，親権者指定届をする（戸79条・63条1項）。

【太田　伸司】

424 第3編 各種審判手続の書式実例 第7章 親権に関する審判事件

書式 88 親権者指定審判申立書(3)——父が認知した子の親権者を父に指定する場合

受付印	**家事審判申立書 事件名（　　親権者指定　　）**

収入印紙　　1,200 円	（この欄に申立手数料として1件について800円分の収入印紙を貼ってください。）
予納郵便切手　　　　円	（貼った印紙に押印しないでください。）
予納収入印紙　　　　円	（注意）登記手数料としての収入印紙を納付する場合は，登記手数料としての収入印紙は貼らずにそのまま提出してください。

準口頭	関連事件番号 平成　　年（家　）第　　　　　　　号

横　浜　家庭裁判所　御中 平成 ○○ 年 ○○ 月 ○○ 日	申　立　人 （又は法定代理人など） の　記　名　押　印	甲　野　二　郎　　㊞

添付書類	（審理のために必要な場合は，追加書類の提出をお願いすることがあります。） 申立人の戸籍謄本（全部事項証明書）1通　相手方の戸籍謄本（全部事項証明書）1通 申立書の写し　1通

申 立 人	本　籍 （国　籍）	（戸籍の添付が必要とされていない申立ての場合は，記入する必要はありません。） 東京　都道府県　港区○○町○丁目○番地
	住　所	〒　　－ 東京都港区○○町○丁目○番○号　電話 03（××××）×××× （　　　　）方
	連絡先	〒　　－　電話 （　　　　）方
	フリガナ 氏　名	コウノ ジロウ 甲　野　二　郎　　大正・昭和・平成 ○○ 年 ○○ 月 ○○ 日生（○○歳）
	職　業	自　営　業

※ 相 手 方	本　籍 （国　籍）	（戸籍の添付が必要とされていない申立ての場合は，記入する必要はありません。） 神奈川　都道府県　横浜市中区○○町○丁目○番地
	住　所	〒　　－ 本籍と同じ　電話 ×××（×××）×××× （　　　　）方
	連絡先	〒　　－　電話 （　　　　）方
	フリガナ 氏　名	オツノ ケイコ 乙　野　恵の子　　大正・昭和・平成 ○○ 年 ○○ 月 ○○ 日生（○○歳）
	職　業	な　し

（注）太枠の中だけ記入してください。
※の部分は，申立人，法定代理人，成年被後見人となるべき者，不在者，共同相続人，被相続人等の区別を記入してください。

※ 未 成 年 者	本　籍	都道府県　相手方の本籍と同じ
	住　所	〒　　－ 申立人の住所と同じ （　　　　）方
	フリガナ 氏　名	オツノ マイ 乙　野　舞　　大正・昭和・平成 ○○ 年 ○○ 月 ○○ 日生（○○歳）

（注）太枠の中だけ記入してください。※の部分は，申立人，相手方，法定代理人，不在者，共同相続人，被相続人等の区別を記入してください。

申　　立　　て　　の　　趣　　旨
未成年者の親権者を申立人に指定する旨の審判を求める。

申　　立　　て　　の　　理　　由
1　未成年者は，平成○○年○○月○○日出生し，申立人は，平成○○年○○月○○日同人の認知届出をしました。 2　申立人と相手方との協議で，未成年者の親権者には申立人がなり，申立人が未成年者を養育する旨の合意ができ，現在申立人が養育しています。 3　ところが，いざ親権者指定届出を作成することになったとき，相手方は，未成年者を養育したいと言い出してしまい，当事者間では協議が調いませんので，この申立てをします。

第4　親権者変更の手続(1)——親権者が行方不明の場合

解　説

(1)　制度の趣旨

　この申立ては，離婚によって父母の一方の単独親権の場合に，親権者と定められた父又は母が行方不明のとき，親権者の変更を家庭裁判所へ申し立てる審判手続である。

　根拠規定は，民法819条6項及び同条に基づく家事事件手続法別表第2の8項による。

(2)　調停申立ての可否

　この申立ては，家事事件手続法別表第2に掲げる審判事件であるが，相手方が行方不明であり，当事者の協議による解決が期待できないから，当事者は調停を申し立てることができない。

(3)　申立手続

(a)　申立権者　　子の親族（一般的には父又は母）である（民819条6項）。

(b)　管轄裁判所　　子（父又は母を同じくする数人の子については，そのうちの1人）の住所地を管轄する家庭裁判所（家手167条）。

(c)　申立手続費用

　(イ)　収入印紙　　子1名につき1200円（民訴費3条1項・別表第1の15項の2）。

　(ロ)　予納郵便切手　　820円程度（裁判所によって取扱いが異なるので，管轄裁判所に問い合わせてください）。

(d)　添付書類　　申立人，子及び父母の各戸籍謄本（全部事項証明書），親権者の行方不明を証する資料（戸籍附票等）。

(4)　審判手続

(a)　当事者からの陳述聴取　　この申立てがあった場合には，家事事件手続法上は，申立てが不適法であるとき又は申立てに理由がないことが明らかなときを除き，当事者の陳述を聴取しなければならないとされており（家手68条1項），この陳述の聴取は，当事者の申出があるときは，審問の期日においてしなければならない（家手68条2項）となっているが，この申立ては，親権者が行方不明であり，相手方たる親権者の陳述を聴くことが困難であり，審問期日を開かずに，家庭裁判所調査官による調査によって，申立人から陳

述を聴取する。

(b) 子の陳述聴取　　この申立ての審判をする場合には，子が15歳以上のときは，その子の陳述を聴かなければならない（家手169条2項）。

(c) 審判の告知　　審判は，当事者及び利害関係参加人に対し，告知しなければならない（家手74条1項）。なお，所在不明の親権者に対する審判の告知については，公示送達（民訴110条以下）方法によっている。

(5) 終了後の手続

(a) 親権者の変更の審判及びその申立てを却下する審判に対して，子の父母及び子の監護者は即時抗告をすることができる（家手172条1項10号）。

(b) 審判が確定したときは，裁判所書記官は，遅滞なく，子の本籍地の戸籍事務を管掌する者に対し，その旨を通知しなければならない（家手規95条前段）。

(c) 親権者となった者は，審判が確定した日から10日以内に，審判の謄本に審判確定証明書を添えて，親権者変更届をする（戸79条・63条1項）。

【太田　伸司】

第2節　別表第2に掲げる審判事件　　第4　親権者変更の手続(1)——親権者が行方不明の場合　　427

書式 89　親権者変更審判申立書(1)——親権者が行方不明の場合

受付印		家事審判申立書　事件名（　　親権者変更　　）

収入印紙	1,200 円
予納郵便切手	円
予納収入印紙	円

（この欄に申立手数料として1件について800円分の収入印紙を貼ってください。）

　　　　　　　　　　　　（貼った印紙に押印しないでください。）
（注意）登記手数料としての収入印紙を納付する場合は，登記手数料としての収入印紙は貼らずにそのまま提出してください。

準口頭	関連事件番号　平成　　年（家　）第　　　　　　　　号

東　京　家庭裁判所 　　　　　　　御中 平成 ○○ 年 ○○ 月 ○○ 日	申　立　人 （又は法定代理人など） の 記 名 押 印	甲　野　幸　一　　㊞

添付書類	（審理のために必要な場合は，追加書類の提出をお願いすることがあります。） 申立人の戸籍謄本（全部事項証明書）1通　相手方の戸籍謄本（全部事項証明書）1通 未成年者の戸籍謄本（全部事項証明書）1通　相手方の戸籍の附票の写し　1通

申 立 人	本　籍 （国　籍）	（戸籍の添付が必要とされていない申立ての場合は，記入する必要はありません。） 東京 都道府県 港区○○町○丁目○番地
	住　所	〒○○○－○○○○　　東京都港区○○町○丁目○番○号　　電話　03（××××）×××× （　　　　　方）
	連絡先	〒　　－　　　　　　　　　電話　（　　　） （　　　　　方）
	フリガナ 氏　名	コウノ　コウイチ 甲　野　幸　一	大正 平成 ○○ 年○○月○○日 生 （　○○ 歳）
	職　業	会　社　員

※ 相 手 方	本　籍 （国　籍）	（戸籍の添付が必要とされていない申立ての場合は，記入する必要はありません。） 神奈川 都道府県 横浜市中区○○町○丁目○番地
	住　所	〒○○○－○○○○　不　詳　　　　　　　　　　　電話　×××（×××）×××× （　　　　　方）
	連絡先	〒　　－　　　　　　　　　電話　（　　　） （　　　　　方）
	フリガナ 氏　名	オツノ　キョウコ 乙　野　恭　子	大正 平成 ○○ 年○○月○○日 生 （　○○ 歳）
	職　業	不　詳

（注）　太枠の中だけ記入してください。
※の部分は，申立人，法定代理人，成年被後見人となるべき者，不在者，共同相続人，被相続人等の区別を記入してください。

※ 未 成 年 者	本　籍	都道府県　相手方の本籍と同じ
	住　所	〒　　　申立人の住所と同じ （　　　　　方）
	フリガナ 氏　名	オツノ　アイ 乙　野　愛	昭和 平成 ○○ 年○○月○○日 生 （　○○ 歳）

（注）　太枠の中だけ記入してください。※の部分は，申立人，相手方，法定代理人，不在者，共同相続人，被相続人等の区別を記入してください。

申　立　て　の　趣　旨

未成年者の親権者を相手方から申立人に変更する旨の審判を求める。

申　立　て　の　理　由

1　申立人と相手方とは平成○○年○○月○○日協議離婚をし，その際未成年者の親権者を母である相手方と定めました。

2　離婚後，未成年者の養育は相手方が行っていたのですが，平成○○年○○月○○日頃に相手方が行方不明になり，以後申立人が未成年者を引き取って養育して現在に至っています。

3　現在申立人が未成年者を養育しており，未成年者の親権者を申立人に変更したほうが生活上便利であるため，この申立てをします。

428 第3編 各種審判手続の書式実例 第7章 親権に関する審判事件

第5 親権者変更の手続⑵──親権者死亡の場合

解　説

(1) 制度の趣旨

この申立ては，離婚によって父母の一方の単独親権の場合に，親権者と定められた父又は母が死亡したとき，親権者の変更を家庭裁判所へ申し立てる審判手続である。

単独親権者である父又は母が死亡した場合，後見人がすでに就職しているか否かにかかわりなく，審判によって生存する父又は母に親権者の変更をなし得ることは，家庭裁判所の実務ではすでに定着している取扱いである。

戸籍実務は，父母離婚の際親権者となった父が死亡したため母が後見人に選任された後，母を親権者とする親権者変更の審判が確定し，親権者変更の届出があったときはこれを受理し，これに基づく戸籍の記載をして，職権によって後見終了の記載をして差し支えないとしている（昭50・7・2民二第3517号回答）。

根拠規定は，民法819条6項及び同条に基づく家事事件手続法別表第2の8項による。

(2) 調停申立ての可否

この申立ては，家事事件手続法別表第2に掲げる審判事件であるが，親権者と定められた母が死亡しており，当事者の協議による解決ができないから，当事者は調停を申し立てることができない。

(3) 申立手続

(a) 申立権者　　子の親族（一般的には生存親）である（民819条6項）。

(b) 管轄裁判所　　子（父又は母を同じくする数人の子については，そのうちの1人）の住所地を管轄する家庭裁判所（家手167条）。

(c) 申立手続費用

(イ) 収入印紙　　子1名につき1200円（民訴費3条1項・別表第1の15項の2）。

(ロ) 予納郵便切手　　820円程度（裁判所によって取扱いが異なるので，管轄裁判所に問い合わせてください）。

(d) 添付書類　　申立人，子及び父母の各戸籍謄本（全部事項証明書）。

(4) 審判手続

第2節　別表第2に掲げる審判事件　　第5　親権者変更の手続(2)——親権者死亡の場合　　*429*

(a)　当事者からの陳述聴取　　この申立てがあった場合には，家事事件手続法上は，申立てが不適法であるとき又は申立てに理由がないことが明らかなときを除き，当事者の陳述を聴取しなければならないとされており（家手68条1項），この陳述の聴取は，当事者の申出があるときは，審問の期日においてしなければならない（家手68条2項）となっているが，この申立ては，親権者が死亡しており，相手方たる親権者の陳述を聴くことが不可能であり，審問期日を開かずに，家庭裁判所調査官による調査によって，申立人から陳述を聴取する。

(b)　子の陳述聴取　　この申立ての審判をする場合には，子が15歳以上のときは，その子の陳述を聴かなければならない（家手169条2項）。

(c)　審判の告知　　審判は，当事者及び利害関係参加人に対し，告知しなければならない（家手74条1項）。

(5)　終了後の手続

(a)　親権者の変更の審判及びその申立てを却下する審判に対して，子の父母及び子の監護者は即時抗告をすることができる（家手172条1項10号）。

(b)　審判が確定したときは，裁判所書記官は，遅滞なく，子の本籍地の戸籍事務を管掌する者に対し，その旨を通知しなければならない（家手規95条前段）。

(c)　親権者となった者は，審判が確定した日から10日以内に，審判の謄本に審判確定証明書を添えて，親権者変更届をする（戸79条・63条1項）。

【太田　伸司】

430 第3編 各種審判手続の書式実例 第7章 親権に関する審判事件

書式 90 親権者変更審判申立書(2)——親権者死亡の場合

受付印	家事審判申立書　事件名（　　親権者変更　　）

収 入 印 紙	1,200 円
予納郵便切手	円
予納収入印紙	円

（この欄に申立手数料として1件について800円分の収入印紙を貼ってください。）

（貼った印紙に押印しないでください。）

（注意）登記手数料としての収入印紙を納付する場合は，登記手数料としての収入印紙は貼らずにそのまま提出してください。

| 準口頭 | | 関連事件番号　平成 ○○ 年（家　）第 ○○ 号 |

| 東京 家庭裁判所
御中
平成 ○○ 年 ○○ 月 ○○ 日 | 申 立 人
（又は法定代理人など）
の 記 名 押 印 | 甲 野 耕 三 　㊞ |

| 添付書類 | （審理のために必要な場合は，追加書類の提出をお願いすることがあります。）
申立人の戸籍謄本（全部事項証明書）　1通
未成年者の戸籍謄本（全部事項証明書）　1通
未成年者の母の戸籍謄本（全部事項証明書）　1通 |

申 立 人	本　籍 （国　籍）	（戸籍の添付が必要とされていない申立ての場合は，記入する必要はありません。） 東京　㊞道　港区○○町○丁目○番地 　　　府県
	住　所	〒 ○○○－○○○○　　　　　　　　　　電話　03（××××）×××× 東京都港区○○町○丁目○番○号　　　　　　　（　　　　　　方）
	連絡先	〒　　－　　　　　　　　　　　　　　　電話（　　） 　　　　　　　　　　　　　　　　　　　　　（　　　　　　方）
	フリガナ 氏　名	コウ ノ コウ ゾウ 甲 野 耕 三	大正 昭和　○○年○○月○○日 生 平成　（　○○　歳）
	職　業	会 社 員

※ 未 成 年 者	本　籍 （国　籍）	（戸籍の添付が必要とされていない申立ての場合は，記入する必要はありません。） 神奈川　都道 　　　　府㊞　横浜市中区○○町○丁目○番地
	住　所	〒　　－ 申立人の住所と同じ　　　　　　　　　　電話（　　） 　　　　　　　　　　　　　　　　　　　　　（　　　　　　方）
	連絡先	〒　　－　　　　　　　　　　　　　　　電話（　　） 　　　　　　　　　　　　　　　　　　　　　（　　　　　　方）
	フリガナ 氏　名	オツ ノ メグミ 乙 野 恵	大正 昭和　○○年○○月○○日 生 平成　（　○○　歳）
	職　業	

（注）太枠の中だけ記入してください。

※の部分は，申立人，法定代理人，成年被後見人となるべき者，不在者，共同相続人，被相続人等の区別を記入してください。

申 立 て の 趣 旨

　未成年者の親権者を未成年者の亡母（本籍横浜市中区○○町○丁目○番地）乙野桜から申立人に変更する旨の審判を求める。

申 立 て の 理 由

1　申立人と亡乙野桜とは平成○○年○○月○○日協議離婚をし，その際未成年者の親権者を母である亡野桜と定めました。
2　離婚後の未成年者の養育は亡野桜が行っていたのですが，同人が平成○○年○○月○○日に死亡し，以後申立人が未成年者を引き取って養育して現在に至っています。
3　現在，申立人が未成年者を養育しており，未成年者の親権者を申立人に変更したほうが生活上便利であるため，この申立てをします。

第1節　別表第1に掲げる審判事件　　第1　扶養義務設定の手続　　*431*

第8章

扶養に関する審判事件

第1節　別表第1に掲げる審判事件

第1　扶養義務設定の手続

解　説

(1)　**はじめに**

　民法上，直系血族，兄弟姉妹が第1次的に扶養義務を負う（民877条1項）が，それ以外の親族については当然に扶養義務を負うわけではない。もっとも，3親等内の親族については，家庭裁判所が「特別の事情」があると認めた場合には，扶養義務を負う（同条2項。なお，いうまでもないが，同条1項により直系血族及び兄弟姉妹は当然に扶養義務が認められているため，本項の「3親等内の親族」のうち，血族でこれに該当するのは伯叔父母及び甥姪のみである）。本申立ては，かかる3親等内の親族に対し，「特別の事情」があるとして扶養義務の設定を求める審判である。家事事件手続法では，扶養義務の設定及びこれの取消しにつき，別表第1事件として規定している（家手別表第1の84項・85項）。

　【書式91】では，扶養権利者たる申立人が，自身の子の夫（1親等の姻族）を扶養義務者として，扶養義務の設定を求める審判例を紹介している。

(2)　**申立手続**

(a)　申立権者　　扶養権利者又は扶養義務者。

(b)　管　　轄　　扶養義務者となるべき者の住所地を管轄する家庭裁判所（家手182条1項）。

(c)　申立費用

(イ)　収入印紙　　800円（民訴費3条1項・別表第1の15項）。

（ロ）　郵便切手代は，申立てを予定する各裁判所に問い合わせられたい。

　(d)　**添付資料**　　申立人，相手方の戸籍謄本（全部事項証明書）や，申立人と相手方が３親等内の親族であることを示す改製原戸籍など。

(3)　審判手続

　(a)　**意見聴取**　　本申立ては，扶養義務者となるべき者（申立人を除く）の陳述を聴かなければならない（家手184条１号）。

　(b)　**即時抗告**　　本申立てに基づく審判に対しては，即時抗告をすることができる（設定の審判に対し扶養義務者が行う即時抗告は家手186条１号，却下審判に対し申立人が行う即時抗告は同条２号）。

(4)　要　　件

　どのような事情があれば「特別の事情」に該当するかについては，家庭裁判所の判断となるが，「よほど已むを得ない特別の事情」がなければならないとすべきであろう（中川善之助編『註釈親族法（下）』248頁〔於保不二雄〕。同頁では，具体例として，親族として特別の恩義又は扶養を受けていたにもかかわらずその親族が要扶養状態になった場合に捨てた場合，一親族の財産を食い潰しその後この親族を捨てた場合，これまで同居親族として共同生活を営んでいたにもかかわらず扶養の継続を止めたとき，従前家族として扶養を受けていたときなどの事情を挙げている。また，３親等内の親族については，同居しているところの舅姑と嫁婿，継親子などの扶養を予定していると考えるべきであろうとする）。下級審判例においても「要扶養者の３親等内の親族に扶養義務を負担させることが相当とされる程度の経済的対価を得ている場合，高度の道義的責任を得ている場合，同居者である場合等に限定して解すべきである」としたものがある（大阪家審昭50・12・12家月28巻９号67頁）。

　そのほか，具体的な事案としては以下のものがある。

　①　申立人の子どもの配偶者（１親等の直系姻族）を相手方とする申立てにおいて，申立人と相手方は同居したことはなく，疎遠であったことから，「特別の事情」を否定した事例（東京家審昭36・５・６家月14巻５号160頁）

　②　確かに申立人が病弱になっているという事情は認められるものの，他方で，申立人が一方的に親族家を去り相手方との親族共同生活が十数年なかったこと，申立人が一応の収入を得ていること，相手方の生活も余裕があるとまではいいきれないとして，「特別の事情」を否定した事例（仙台高決昭38・２・25家月15巻８号84頁）

　③　認知された異母姉についてその異母妹の夫（姻族２親等）に「特別の事

情」があるとして扶養の義務を負わせた事例（東京高決昭46・11・19判タ274号257頁。同書では「特別の事情」を認めた根拠となる詳細な事情は掲載されていなかったため，執筆者の推測にはなるが，異母姉に扶養義務が認められることや，扶養権利者の名称（ないしそれに関連する名称）等を義務者自身の事業に用いていたことが考慮されたものと思料される）

④　3親等内の親族関係にある継母からの扶養請求において，申立人と相手方との同居期間中に申立人に一家の家計を助けた等の見るべき事情がないことや，同居期間中も申立人はしばし家族らと離れて独自の行動をしていたこともあったこと，申立人と相手方の同居が終わってから30年経過していることなどから，「特別の事情」を否定した事例（福岡家決昭46・12・23家月25巻4号54頁）

⑤　亡夫の先妻との間の子（1親等の姻族）を相手方として扶養申立てをした事案で，亡夫の遺産分割において土地建物のすべて及び金融資産の半分以上を子が取得したこと，相手方は申立人を扶養すると約した文書が存在することから，相手方に扶養義務を認めた事例（和歌山家妙寺支審昭56・4・6家月34巻6号49頁）

【芝口　祥史】

434　第3編　各種審判手続の書式実例　第8章　扶養に関する審判事件

書式 91　扶養義務者指定審判申立書──妻の母の扶養義務者に夫を指定する場合

受付印	家事 □調停 ☑審判 申立書 事件名（　扶養義務設定　）
	（この欄に申立1件あたり収入印紙1,200円分を貼ってください。）

収入印紙　　800　円	
予納郵便切手　　　円	（貼った印紙に押印しないでください。）

準口頭	関連事件番号　平成　　年（家　　）第　　　　　　号

○○　　　家庭裁判所 御中 平成 ○○年 ○○月 ○○日	申 立 人 （又は法定代理人など） の 記 名 押 印	甲 野 花 子　　㊞

添付書類	（審理のために必要な場合は，追加書類の提出をお願いすることがあります。） 申立人の戸籍謄本（全部事項証明書）　1通 相手方の戸籍謄本（全部事項証明書）　1通	準口頭

申立人	本　籍 （国　籍）	（戸籍の添付が必要とされていない申立ての場合は，記入する必要はありません。） ○○　都道府県　○○市○○区○○町○丁目○番地	
	住　所	〒○○○－○○○○ ○○県○○市○○区○○町○丁目○番○号 （　　　　　　方）	
	フリガナ 氏　名	コウノ ハナコ 甲 野 花 子	大正 昭和 平成 ○○年 ○○月○○日生 （　○○　歳）

相手方 扶養義務者となるべき者	本　籍 （国　籍）	（戸籍の添付が必要とされていない申立ての場合は，記入する必要はありません。） 都道 府県　申立人と同じ	
	住　所	〒○○○－○○○○ ○○県○○市○○区○○町○丁目○番○号 （　　　　　　方）	
	フリガナ 氏　名	オツノ タロウ 乙 野 太 郎	大正 昭和 平成 ○○年 ○○月○○日生 （　○○　歳）

（注）　太枠の中だけ記入してください。

申　立　て　の　趣　旨

扶養義務者となるべき者を申立人の扶養義務者と定めるとの審判を求める。

申　立　て　の　理　由

申立人は扶養権利者であり，扶養義務者となるべき者は，申立人の子である亡乙野雪子の夫であり，一親等内の親族である。

申立人の亡夫である甲野一郎は平成○年○月○日に亡くなったが，亡一郎は，自身と申立人の子である雪子のみならず，扶養義務者となるべき者に対しても多額の遺産を贈与する旨の遺言をした。しかし，平成○年○月に亡雪子が死亡し，申立人には他に援助を受けられる親族もいなかったことから，亡雪子死亡の翌月，申立人と扶養義務者となるべき者とは，事件本人が申立人を扶養する旨を約した。

しかし，亡雪子の遺産分割を巡りトラブルとなり，扶養義務者となるべき者は，かかる遺産分割が解決するまでの間は申立人を扶養することもできないとして，扶養を拒絶した。

以上の事情より，扶養義務者となるべき者が民法877条2項にいう「特別の事情」のある3親等内の親族であるとして，本申立てに及んだ次第である。

第2節　別表第2に掲げる審判事件

第1　扶養の順位決定の手続──養親より実親の扶養の順序を 先にする場合

解　説

(1)　はじめに

　現行民法においては，扶養義務者の範囲については法定されている（民877 条）。しかし，扶養義務者が複数いる場合における順位決定の基準に関する 規定はなく，順位決定の方法につき，「当事者間に協議が調わないとき，又 は協議することができないときは，家庭裁判所が，これを定める」と規定さ れている（民878条）。本件は，家庭裁判所に対しかかる順位決定の審判を求 める申立てである。

　なお，本章第1節第1で解説した扶養義務の設定ないしこれの取消しの審 判申立てとは異なり，本件審判事件は，家事事件手続法別表第2の事件に該 当する（家手別表第2の9項）。そのため，本件につき家事調停を申し立てるこ ともできる（第4編第5章第4。本書の〔初版第1版〕404頁〔貴島慶四郎＝芝口典男〕 では，実務上，当初から家事審判を申し立てるのではなく，まずは家事調停による申立て がされるのが通常であるとしている。その理由として，裁判所は，当事者の意見を聴いて， いつでも，職権で，事件を家事調停に付することができるからであるとする（家手274条 1項））。

(2)　申立手続

(a)　申立権者　　扶養権利者又は扶養義務者。

　なお，扶養義務者が他の扶養義務者のみを当事者として審判申立てをする ことは可能ではあるが，扶養権利者が手続に参加しておらず，事実上扶養権 利者から意見等を聴取する措置もとっていないことのみをもって，「その余 の点を判断するまでもなく，原審判の手続及びそれに基づく原審判は違法で あるといわなければならない」とされた審判例がある（東京高決平6・4・20 家月47巻3号76頁）ことからも，少なくとも扶養権利者を本件審判手続に参加 させる措置（家手41条・42条）はとるべきであろう。

(b)　管　轄　　相手方（数人に対する申立てにかかるものにあっては，そのうち

436　第 3 編　各種審判手続の書式実例　　第 8 章　扶養に関する審判事件

の 1 人）の住所地を管轄する家庭裁判所（家手182条 3 項）。

　　（c）　申立費用

　　　（イ）　収入印紙　　　1200円（民訴費 3 条 1 項・別表第 1 の15項の 2 ）。

　　　（ロ）　郵便切手代は，申立てを予定する各裁判所に問い合わせられたい。

　　（d）　添付資料　　申立書 3 通（裁判所用，相手方用，申立人控），申立人，相手方の戸籍謄本（全部事項証明書）など。

　（3）　**審判手続**

　　（a）　要扶養状態の有無や扶養能力のほか，後述する順位決定をする際に考慮すべき事情を審理し，認容審判ないし却下審判を下すことになる。

　　（b）　本申立てに基づく認容審判ないし却下審判に対して，不服のある申立人及び相手方は即時抗告をすることができる（家手186条 5 号）。

　　（c）　家庭裁判所は，強制執行を保全し，又は事件の関係人の急迫の危険を防止するため必要があるときは，申立人の申立てにより，当該事項についての審判を本案とする仮差押え，仮処分その他の必要な処分を命ずることができる（家手187条 1 号，第 7 編第 1 章も参照されたい）。

　（4）　**要　　件**

　【書式92】では，未成熟子の養親が未成熟子の法定代理人親権者として，実親に対し扶養の順位決定を求める審判を申し立てているが，未成熟子と養子縁組をした事案においては，未成熟子に対しては養親が第一次的に扶養義務を負い，養親に資力がない等の事情がある場合に限り実親が扶養義務を負うとした審判例があるため，留意されたい（長崎家審昭51・9・30家月29巻 4 号141頁）。

　　その他考慮すべき事情としては，以下のとおりである。

　　（a）　まず，生活保持義務までを負う扶養義務者と，生活扶助義務を負うにすぎない義務者との関係では，生活保持義務を負う者が優先されることはいうまでもない。両者の間には義務の内容に差異があるからである（詳細は，第 4 編第 5 章第 2 参照）。

　　（b）　それ以外の事案としては，他にどのような扶養権利者・義務者がいるか，従前の当該関係の親疎，相続や贈与による家産的財産の取得状況，相続権の有無，相続順位，相続分，当事者の意思，当該関係における扶養請求権の濫用といえるような事実の存否など，諸般の事情が考慮される（於保不二雄＝中川淳編『新版注釈民法(25)親族(5)』〔改訂版〕783頁〔松尾知子〕。また，中川善之助

編『註釈親族法下』250頁〔於保不二雄〕では，旧民法955条及び956条の規定も1つの基準となる，としている）。

(c) なお，兄弟姉妹等（絶対的扶養義務者）がいるものの，上記の「特別の事情」があり3親等内の親族にも扶養義務（相対的扶養義務）が認められた場合，その順位の先後も問題となるが，これは，「特別の事情」がどのようなものであるかによって決せられる（松尾・前掲778頁）。

【芝口　祥史】

438　第3編　各種審判手続の書式実例　　第8章　扶養に関する審判事件

書式 92　扶養の順位決定審判申立書——養親より実親の扶養の順位を先にする場合

| 受付印 | 家事 | □調停　☑審判 | 申立書　事件名（ 扶養の順位決定 ） |

（この欄に申立て1件あたり収入印紙1,200円分を貼ってください。）

| 収入印紙　1,200 円 |
| 予納郵便切手　　　円 |

（貼った印紙に押印しないでください。）

| ○○ 家庭裁判所 御中 | 申　立　人（又は法定代理人など）の記名押印 | 甲野太郎法定代理人　甲　野　花　子　　㊞ |
| 平成 ○○ 年 ○○ 月 ○○ 日 |

| 添付書類 | （審理のために必要な場合は，追加書類の提出をお願いすることがあります。）申立書3通（裁判所用，相手方用，申立人控用），申立人・相手方の戸籍謄本（全部事項証明書） | 準口頭 |

申立人	本　籍（国　籍）	（戸籍の添付が必要とされていない申立ての場合は，記入する必要はありません。）○○ 都道府県　○○市○○区○○町○丁目○番地	
	住　所	〒○○○ － ○○○○　○○県○○市○○区○○町○丁目○番○号	（　　　　　方）
	フリガナ氏　名	コウ ノ タ ロウ　甲　野　太　郎	大正昭和平成 ○○年○○月○○日生（　○○　歳）
相手方	本　籍（国　籍）	（戸籍の添付が必要とされていない申立ての場合は，記入する必要はありません。）　都道府県　申立人と同じ	
	住　所	〒○○○ － ○○○○　横浜市中区○○町○丁目○番○号	（　　　　　方）
	フリガナ氏　名	コウ ノ ハナ コ　甲　野　花　子	大正昭和平成 ○○年○○月○○日生（　○○　歳）

（注）　太枠の中だけ記入してください。

※相手方	本　籍	○○ 都道府県　○○市○○区○○町○丁目○番地	
	住　所	〒○○○ － ○○○○　○○県○○市○○区○○町○丁目○番○号	（　　　　　方）
	フリガナ氏　名	オツ ノ イチ ロウ　乙　野　一　郎	大正昭和平成 ○○年○○月○○日生（　○○　歳）

（注）　太枠の中だけ記入してください。※の部分は，申立人，相手方，法定代理人，不在者，共同相続人，被相続人等の区別を記入してください。

| 申　　立　　て　　の　　趣　　旨 |
| 　相手方乙野一郎に扶養能力がなくなったときは，相手方甲野花子が申立人を扶養するとの審判を求める。 |

| 申　　立　　て　　の　　理　　由 |
| 　申立人は，相手方甲野花子と亡甲野次郎との間の養子であり，相手方乙野一郎は申立人の実親である。
　申立人の養親であった亡次郎は，平成○年○月に交通事故により死亡した。
　それ以降，相手方花子1人で申立人を監護してきたが，相手方花子の収入のみでは十分に申立人を扶養するに足りない。
　これに対し，相手方乙野一郎は，自営業を営んでおり，申立人を扶養する十分な資力がある。
　そこで，申立人の第一次的な扶養義務者を相手方乙野一郎にしていただきたく，本件審判を申し立てた次第である。 |

第2 扶養の順位決定の取消手続

解 説

(1) はじめに

本申立ては，先の調停ないし審判等で，扶養義務者の扶養順位決定をした場合（例えば，老親の扶養について，子ども2名のうち，長男を第1順位の扶養義務者，次男を第2順位の扶養義務者とするとの調停が成立した場合）において，同調停等で定められた扶養順位の変更を求める審判申立てである。民法880条では，「扶養をすべき者若しくは扶養を受けるべき者の順序」につき，「協議又は審判があった後事情に変更を生じたとき」，家庭裁判所はかかる協議又は審判の変更又は取消しを命ずることができる，と規定している。

本章第1節第1で解説した扶養義務の設定ないしこれの取消しの審判申立てとは異なり，本件審判事件は，家事事件手続法別表第2の事件に該当する（家手別表第2の9項）。そのため，本件につき家事調停を申し立てることもできる（第4編第5章第5参照）。

(2) 申立手続，審判手続

本節第1(2)(3)を参照されたい。

(3) 具体的事案

民法880条では，「協議又は審判があった後事情に変更を生じたとき」に従前の協議・審判を変更等することができるとしている。

(a) 元の協議等の前提となった「事情」であること

(イ) 事実上夫婦の関係にあった申立人と相手方との間の子につき，先の扶養料調停において相手方との間に成立した扶養料の増額を求めた事案について，確かに子の小学校入学に伴う新たな教育費のことも考慮されなければならないとしつつも，調停成立後2年を経たにすぎないこと，その間当事者双方とも収入がわずかに増加していること，申立人は現金収入こそ少ないが一応農家として最低生活の安定を得ていること，相手方は未だその家族生活を維持した上さらに財政的余力を生ずる程度の事情変更があったものとは認め難いことから，扶養料増額申立てを却下した事例（長野家上田支審昭31・4・9家月8巻4号52頁）。

(ロ) 夫婦であった申立人と相手方との離婚等調停において，申立人が両者の間の子の親権者となり養育監護すること，申立人は子の養育費等を含め

一切経済的負担を相手方にさせないことを条件として離婚した後，子の教育費や養育費が増大したことから相手方に対しこれを請求した事案について，子の扶養請求権は法定代理人親権者であっても処分することができないことや，当事者間において上記の条件を絶対的なものとする趣旨ではなかったと認定しつつも，①将来申立人がその資力で子の扶養を賄うことができなくなる，あるいは，②子の重病等で臨時的又は恒常的に経済的需要が著しく増大した場合は相手方も負担することを予定して調停したものと解すべきであり，これこそが事情変更にあたるものであるが，①事件本人が学齢期に達すれば就学しその教育費を含めて養育費が多少増加する程度のことは調停の際に十分斟酌してなされたものであり，申立人も負担を承知していたものであって，その費用は上記相手方の予定した負担に含まれないと解するのが相当であり，かつ，②申立人の生活程度が普通以上で子の日常生活に事欠くようなことがなく，本件申立ても経済的需要が臨時又は恒常的に著しく増大したことを理由とするものでないことから，事情の変更があったものとは認めがたいとした事案（福島家審昭46・4・5家月24巻4号206頁）。

(ハ) 先の婚姻費用分担調停において婚費額が定められた後，①支払義務者が相手方と別居するために転居に要する費用が発生したこと，②長女の手術費用が発生したこと，③支払権利者が調停成立後に従前居住していた自宅を売却した上で母親の元に転居したこと，④住居費や，母親の仕事を手伝うことで食費を負担しなくなったこと等が事情の変更にあたると申し立てた事案において，①②は先の調停時から予見可能であったことを理由に事情変更にはあたらないこと，③④は一応の事情変更事由に該当するとした事例（神戸家尼崎支審昭44・9・1家月22巻6号71頁。ただし，上記④については，形式的には事情変更にはあたるものの，転居しなかったとしても住居費の負担は生じないことや，権利者においても何らかの方法で収入を得ることも予想されたこと，食費を負担していないのは就労による現金収入がない代わりであることから，結論としては「経済的に見れば実質的に大差がなく，この点は変更された事情とはいえない」とされている）。

(ニ) 離婚等訴訟の和解において未成年子の養育費支払義務を負った者が，養育費を支払っている相手方に対し，当該和解の際に行った財産分与として根抵当権が設定された不動産の持分権を移転したがその後根抵当権が抹消されたこと（すなわち，財産分与の際に分与した資産の価値が分与後に上昇したこと）をもって養育費の免除を求めた事案において，「当時本件土地につき極度額金

3000万円の根抵当権設定登記があること，将来解除により根抵当権が消滅してその抹消登記がなされることがありうることは当然に予測できた」ことなどを理由に，事情変更にあたらないとした事例（広島家審平11・3・17家月51巻8号64頁）。なお，本審判は養育費減免に関する申立て（民766条3項）であるが，同項の規定は扶養料について定める明文規定（民880条）と同様に解されている（於保不二雄＝中川淳編『新版注釈民法⑵親族(2)』（初版）157頁〔梶村太市〕）。

(b) 当該「事情」の重要性

(イ) 夫婦間において婚姻費用についての和解が成立した後，消費者物価指数の上昇率が15パーセントを超える事態（時期的に，石油危機直後ではないかと思料される）となった事案において，かかる物価の上昇は，著しい事情の変更に該当することや，婚姻費用分担の和解成立時にその後の経済事情の変化までを考慮して決定されたものであるとも認めがたいことから，従前の分担額決定の基準となった事情に変更を生じ，従前の協議が実情に適せず不公平となった場合に該当するとした事例（東京高決昭50・7・9判時795号52頁。なお，本件は婚姻費用分担調停事件であるが，「婚姻費用の分担について当事者間に協議が成立した後に，分担額決定の基準とされた事情に変更を生じ，従来の協議が実情に適せず不公平なものになつたときは，民法第880条を類推適用して事情変更時を基準として従前の協議を変更する審判申立てが許されると解すべき」としている）。

(ロ) 扶養義務者が，先に扶養料を定めた調停後に宅地を購入し新築建物を建築したが，購入等資金の借入金を返済することにより生活費が圧迫されていることをもって事情の変更があったと申し立てた事案において，それまで居住していた借家の明渡しを迫られる等の切迫した事情があったわけではないこと，同購入等の資金調達方法があまりに無謀であったことなどから，「結局自ら招いたものというの外なく，これを打開するためには，本件養育費の支払を免れ，もしくは減額をうけるという方途以外の抜本的措置を真剣に考慮する必要がある」ことなどから，当該事情が重要ではないと判断した事例（福岡高宮崎支決昭56・3・10家月34巻7号25頁）。

(ハ) なお，面倒見的扶養の場合，変更された事情の重要性が要求されるものではないことについて，第4編第5章第3を参照されたい。

【芝口　祥史】

442　第3編　各種審判手続の書式実例　第8章　扶養に関する審判事件

書式93　扶養の順位決定の取消審判申立書

受付印	家事	□調停 ☑審判	申立書　事件名（扶養の順位決定の取消し）

収入印紙　1,200　円	（この欄に申立て1件あたり収入印紙1,200円分を貼ってください。）
予納郵便切手　　　　円	（貼った印紙に押印しないでください。）

○○　家庭裁判所 御中 平成　○○　年　○○　月　○○　日	申　立　人 （又は法定代理人など） の記名押印	乙　野　一　郎　　㊞

添付書類	（審理のために必要な場合は，追加書類の提出をお願いすることがあります。） 申立人の戸籍謄本1通，相手方の戸籍謄本1通，審判書1通	準口頭

申 立 人	本　籍 （国　籍）	（戸籍の添付が必要とされていない申立ての場合は，記入する必要はありません。） ○○　都道府県　○○市○○区○○町○丁目○番地	
	住　所	〒 ○○県○○市○○区○○町○丁目○番○号　　　　（　　　　　方）	
	フリガナ 氏　名	オツ ノ イチ ロウ 乙　野　一　郎	大正 昭和 平成 ○○年○○月○○日生 （　○○　歳）

相 手 方	本　籍 （国　籍）	（戸籍の添付が必要とされていない申立ての場合は，記入する必要はありません。） ○○　都道府県　○○市○○区○○町○丁目○番地	
	住　所	〒 ○○県○○市○○区○○町○丁目○番○号　　　　（　　　　　方）	
	フリガナ 氏　名	コウ ノ タ ロウ 甲　野　太　郎	大正 昭和 平成 ○○年○○月○○日生 （　○○　歳）

(注)　太枠の中だけ記入してください。

※ 相 手 方	本　籍	都道府県　相手方甲野太郎と同じ	
	住　所	〒　相手方甲野太郎と同じ　　　　　　　　　　　（　　　　　方）	
	フリガナ 氏　名	コウ ノ ハナ コ 甲　野　花　子	大正 昭和 平成 ○○年○○月○○日生 （　○○　歳）

(注)　太枠の中だけ記入してください。※の部分は，申立人，相手方，法定代理人，不在者，共同相続人，被相続人等の区別を記入してください。

申　立　て　の　趣　旨

　横浜家庭裁判所平成○年（家イ）第○○○号扶養審判事件の審判書第○項を取り消すとの審判を求める。

申　立　て　の　理　由

　申立人は，相手方甲野太郎の実親であり，相手方甲野花子は相手方甲野太郎の養親である。
　平成○年○月，相手方太郎は，交通事故により養親亡甲野次郎を亡くし，かつ相手方花子の収入のみでは相手方太郎を扶養するのに足りないとして，申立人に対し扶養順位決定の審判を申し立て，同審判第○項にて，「申立人に扶養能力がなくなったときは，相手方甲野花子が相手方甲野太郎を扶養する」との審判が下された（横浜家庭裁判所平成○年（家イ）第○○○号扶養審判事件）。
　しかし，その後，国内経済情勢の変化等により，申立人の事業の業績が悪化し，破産せざるを得ない状況に追い込まれている。
　他方，相手方甲野花子は，上記審判申立時の職業から転職し，現在では相手方太郎を十分に扶養できる能力がある。
　したがって，本件審判を申し立てた次第である。

第1 推定相続人廃除の手続 *443*

第9章

推定相続人廃除に関する審判事件

第1 推定相続人廃除の手続

解　説

(1) **制度の概要**

(a) 申立ての要旨

(イ) **【書式94】の事例**　父が，著しい非行を続けている二男に対し，推定相続人という地位を廃除する旨の審判を求めるものである。

(ロ) **【書式95】の事例**　被相続人の推定相続人である長女を廃除する旨の遺言に基づき，遺言執行者が，長女に対し，推定相続人という地位を廃除する旨の審判を求めるものである。

(b) 根　　拠　推定相続人廃除は，民法892条及び893条，家事事件手続法別表第1（以下「別表第1」という）の86項の事項についての審判事件である。

(c) 推定相続人廃除の意義　推定相続人廃除は，遺留分を有する推定相続人（相続が開始した場合に相続人となるべき者）が被相続人に対し虐待をし，若しくはこれに重大な侮辱を加えたとき，又は推定相続人にその他の著しい非行があったときに，被相続人は，その推定相続人の廃除を家庭裁判所に請求することができる（民892条）。被相続人が遺言により推定相続人の廃除の意思表示をしたときは，遺言執行者は，遺言の効力が生じた後，遅滞なく，家庭裁判所にその推定相続人の廃除の請求をしなければならない（民893条前段）。遺留分を有しない推定相続人は廃除の対象とならず，廃除された者でも遺贈を受ける資格は失わない（民965条参照）から，実質は遺留分減殺請求（民1031条）（平成30年民法等改正では，同条は削除され，新設される1046条では遺留分侵害額請求となる）を阻止することにあるといえる。

(d) 要　　件（廃除事由）　廃除事由は，①被相続人に対して虐待をし，

又は重大な侮辱を加えたこと，②推定相続人にその他の著しい非行があったことである（民892条）。これらの事由に該当するというためには，被相続人の主観ではなく，客観的に当該事由の存在が明らかであり，かつ，推定相続人の虐待，侮辱その他の著しい非行が，被相続人と推定相続人との相続的協同関係を破壊する程度に重大なものであると評価される必要がある。その評価は，推定相続人の行動の背景の事情や被相続人の態度及び行為も斟酌考量した上で判断されなければならないとされている（東京高決平8・9・2家月49巻2号153号）。

「虐待又は重大な侮辱」とは，被相続人に対し精神的苦痛を与え，又はその名誉を棄損する行為であって，それにより被相続人と当該相続人との家族的協同生活関係が破壊され，その修復を著しく困難にするものと解されている（東京高決平4・12・11判時1448号130頁）。

「その他の著しい非行」とは，社会的に非難されるような違法ないし不当な行為をいうものと解されている。被相続人に対する非行であることを要せず，他人に対する非行であってもそれが被相続人に対し財産的損害や精神的苦痛を与え，そのため家族的協同関係が破壊される程度のものであれば廃除原因となりうるとするのが多数説である。

推定相続人廃除が認められた事例としては，脅迫的言辞を吐いて金銭を強要するなど，正業につかず金銭浪費を重ねる（東京家審昭42・6・30家月20巻1号107頁），浪費，遊興，犯罪行為，女性問題を繰り返す（徳島家審昭43・8・15家月20巻12号98頁），賭博を繰り返し多額の借財を作り，これを被相続人に支払わせ，愛人と同棲して妻子を顧みない（青森家八戸支審昭63・9・7家月41巻2号141頁），金品等の持ち出しを繰り返し，被相続人に対して暴力を振るい，家出して行方不明となる（岡山家審平2・8・10家月43巻1号138頁），被相続人の財産の不当処分（東京家八王子支審昭63・10・25家月41巻2号145頁），暴言による重大な侮辱（東京高決平4・10・14家月45巻5号74頁），養子縁組後に海外に住み養親が入院している時に看病に来ることもなく金銭を受け取るのみであった養子が，離縁訴訟を遅延させたり，訴訟の取下げを電話で執拗に迫ったりした場合に一連の行為が著しい非行にあたる（東京高決平23・5・9家月63巻11号60頁。その他の審判例として，福島家審平19・10・31家月61巻4号101頁，京都家審平20・2・28家月61巻4号105頁，神戸家伊丹支審平20・10・17家月61巻4号108頁）とするものなどがある。

（e）　廃除の遺言　　遺言が相続人の廃除を明言していなくとも，廃除の効果が終局的には推定相続人から遺留分を奪うものであるから，その趣旨を読み取ることができる場合には，遺言の解釈として遺言による推定相続人廃除の意思表示があるものと解される。

(2)　申立手続

（a）　申立権者

　(イ)　生前廃除の場合　　被相続人（民892条）。被相続人が，廃除を求める推定相続人の後見人又は保佐人であるときは，廃除請求は利益相反行為となるから，当該推定相続人のために特別代理人又は臨時保佐人の選任が必要となる（民860条・826条・876条の2第3項）。

　(ロ)　遺言廃除の場合　　遺言により廃除の申立てを行う場合は遺言執行者（民893条）。

（b）　審判を受ける者となるべき者　　廃除を求められた推定相続人（民892条）。

（c）　管轄裁判所　　被相続人の住所地を管轄する家庭裁判所（家手188条1項本文）。遺言による廃除申立ての場合は，相続が開始した地（被相続人の最後の住所地）を管轄する家庭裁判所（家手188条1項ただし書）。

（d）　申立ての方式　　家事審判の申立ては，申立書を管轄の家庭裁判所に提出して行う（家手49条1項）。申立書には当事者及び法定代理人，申立ての趣旨及び理由を記載しなければならない（家手49条2項）。

（e）　申立手続費用

　(イ)　収入印紙　　800円（民訴費3条1項・別表1の15項）。

　(ロ)　予納郵便切手　　家庭裁判所が定める額（2000円程度（裁判所によって取扱金額及び内訳が異なるので問い合わせること））。

（f）　添付書類

　(イ)　生前廃除の場合　　申立人（被相続人）の戸籍謄本（全部事項証明書）及び廃除を求める推定相続人の戸籍謄本（全部事項証明書），申立書の写し（廃除を求める推定相続人の人数分），廃除事由の存在等についての証拠資料。

　(ロ)　遺言廃除の場合　　遺言者の死亡が記載された戸籍（除籍，改製原戸籍）謄本（全部事項証明書），廃除を求められた推定相続人の戸籍謄本（全部事項証明書），遺言書の写し又は遺言書の検認調書謄本の写し，家庭裁判所の審判により選任された遺言執行者が申し立てる場合は遺言執行者選任審判謄本。

(3) 審判手続

(a) 概　　要　　推定相続人廃除の審判事件は，旧家事審判法9条1項の乙類審判事項とされていたが，別表第1の事項についての審判事件（家手188条1項・別表第1の86項）と変更されたため，調停を行うことはできない（家手244条）。推定相続人廃除の審判事件は争訟性のある審判事項であり，廃除を求められた推定相続人は，廃除の審判の確定により相続権が剥奪されるという重大な不利益を被ることから，廃除を求められた推定相続人について，特に陳述聴取の規定（家手188条3項）を設けるとともに当事者とみなして別表第2に掲げる事項についての審判事件の特則である家事事件手続法67条（申立書写しの送付），同69条（審判期日への立会い），同70条（事実の調査の通知），同71条（審理の終結）及び同72条（審判日）の規定が準用されている（家手188条4項）。

(b) 手続行為能力　　意思能力を有する被相続人は，成年被後見人や未成年者であっても，法定代理人によらず自ら手続行為をすることができ，被保佐人又は被補助人であっても，その保佐人又は補助人の同意を得ることを要しない（家手188条2項・118条柱書）。

(c) 申立書の写しの送付等　　推定相続人廃除の審判の申立てがあった場合には，家庭裁判所は，申立てが不適法又は申立てに理由がないことが明らかである場合を除き，廃除を求められた推定相続人に対して申立書の写しを送付する（家手188条4項・67条1項）。ただし，申立書の写しを送付することにより手続の円滑な進行を妨げるおそれがあると認められるときは，審判の申立てがあったことを通知することをもって申立書の写しの送付に代えることができる（家手67条1項ただし書）。

(d) 推定相続人の陳述の聴取　　家庭裁判所は，申立てが不適法であるとき又は申立てに理由がないことが明らかなときを除いて，審問期日において，廃除を求められた推定相続人の陳述を聴かなければならない（家手188条3項）。

(e) 受　　継　　生前申立てによる廃除の審判事件係属中に申立人である被相続人が死亡した場合，民法895条の遺産管理人が受継する（家手44条1項。金子修編『逐条解説家事事件手続法』605頁・606頁）。なお，旧家事審判法下において，名古屋高金沢支決昭61・11・4（家月39巻4号27頁）は，被相続人が遺言で同一の事由により同じ推定相続人を廃除する旨の意思を表示し遺言執行者を指定したときは，その遺言執行者が手続を受継できるとしている。また，

遺言により廃除を求められた推定相続人が死亡した場合，当事者の権利ない
し地位の一身専属性，推定相続廃除の目的の消滅，廃除の利益の不存在等の
理由により，廃除の審判手続は当然に終了するとするのが一般的であるが，
被廃除者である推定相続人に配偶者がいるときは，被相続人が遺言により他
の相続人等に遺産のすべてを遺贈し被廃除者が遺留分減殺請求権を行使しな
いことが確定している等の特別の事情が存在しない限り，被廃除者を廃除す
る利益は失われないから，審判手続上の地位は，当該配偶者に承継されると
した裁判例（東京高決平23・8・30家月64巻10号48頁）がある。

　(f)　不服申立て　　廃除の審判に対しては，廃除された推定相続人が即時
抗告をすることができる（家手188条5項1号）。廃除の申立てを却下する審判
に対しては，申立人が即時抗告をすることができる（家手188条5項2号）。遺
言執行者が申し立てた推定相続人の廃除を求める審判手続に利害関係人とし
て参加した他の推定相続人は，廃除の申立てを却下する審判に対して即時抗
告をすることはできない（最判平14・7・12家月55巻2号162頁）。

(4)　廃除の効果

　廃除の効果については直接の規定はない。しかし，民法887条2項に「被
相続人の子が，（略）廃除によって，その相続権を失ったとき」と規定され
ていることから，廃除の審判の確定により廃除された相続人は相続人として
の地位を喪失する。廃除された推定相続人は，相続人の地位を失うことから
遺留分も失う（民1028条柱書参照（平成30年民法等改正では1042条。同改正により民
1028条は削除））。廃除された者に代襲者がいる場合には，代襲相続が行われる
（民887条2項・3項）。廃除の意思表示が遺言によって行われた場合には，廃
除の審判が確定すると，廃除された推定相続人は，被相続人の死亡時に遡っ
て相続権を剥奪される（民893条後段）。

(5)　審判手続終了後の手続

　(a)　戸籍の届出　　廃除の審判が確定したときは，申立人は，確定した日
から10日以内に審判書謄本及び確定証明書を添付して推定相続人廃除届をし
なければならない（報告的届出。戸97条・63条1項）。なお，遺産管理人が手続
を承継した場合には，その遺産管理人が廃除届をしなければならないとされ
ている（昭36・7・3民甲1578号回答）。推定相続人の廃除に関する事項は，廃
除された者の戸籍の身分事項欄に記載される（戸規35条8号）。

　(b)　戸籍通知　　廃除の審判が確定したときは，裁判所書記官は遅滞なく

448　第3編　各種審判手続の書式実例　　第9章　推定相続人廃除に関する審判事件

その旨を被廃除者の本籍地の戸籍事務管掌者（市区町村長）に通知する（家手規100条）。

【原田　和朋】

第1 推定相続人廃除の手続　　449

書式 94　推定相続人の廃除審判申立書(1)——生前の場合

受付印	家事審判申立書　事件名（　推定相続人廃除　）
収入印紙　　800　円	（この欄に申立手数料として1件について800円分の収入印紙を貼ってください。）
予納郵便切手　　　円	（貼った印紙に押印しないでください。）
予納収入印紙　　　円	（注意）登記手数料としての収入印紙を納付する場合は，登記手数料としての収入印紙は貼らずにそのまま提出してください。

準口頭｜関連事件番号　平成　　年（家　）第　　　　　号

横浜　家庭裁判所 御中 平成　〇〇年　〇〇月　〇〇日	申　立　人 （又は法定代理人など） の記名押印	乙　野　太　郎　　㊞

添付書類	（審理のために必要な場合は，追加書類の提出をお願いすることがあります。） 申立人及び本人の戸籍謄本（全部事項証明書），申立書の写し

申 立 人	本　籍 （国　籍）	（戸籍の添付が必要とされていない申立ての場合は，記入する必要はありません。） 都　道 府　県　横浜市中区〇〇町〇丁目〇番地
	住　所	〒 〇〇〇 － 〇〇〇〇 横浜市神奈川区〇〇町〇丁目〇番〇号　　電話　045（×××）×××× （　　　）　　　　方
	連絡先	〒　　－　　　　　　　　電話　（　　　） （　　　）　　　　方
	フリガナ 氏　名	オツ ノ タ ロウ 乙　野　太　郎	大正 昭和 平成　〇〇年〇〇月〇〇日 生 （　〇〇　歳）
	職　業	無職

※ 廃除されるべき推定相続人 （本人）	本　籍 （国　籍）	（戸籍の添付が必要とされていない申立ての場合は，記入する必要はありません。） 都　道 府　県　横浜市中区〇〇町〇丁目〇番地
	住　所	〒　　－ 申立人の住所と同じ　　　　　　　電話　（　　　） （　　　）　　　　方
	連絡先	〒　　－　　　　　　　　電話　（　　　） （　　　）　　　　方
	フリガナ 氏　名	オツ ノ ジ ロウ 乙　野　次　郎	大正 昭和 平成　〇〇年〇〇月〇〇日 生 （　〇〇　歳）
	職　業	無職

（注）　太枠の中だけ記入してください。
※の部分は，申立人，法定代理人，成年被後見人となるべき者，不在者，共同相続人，被相続人等の区別を記入してください。

申　立　て　の　趣　旨
乙野次郎が申立人の推定相続人であることを廃除するとの審判を求めます。

申　立　て　の　理　由
1　申立人は別紙財産目録記載の財産を有しています。 2　乙野次郎（以下「本人」という。）は，申立人の二男です。本人は，大学卒業後，仕事に就かず遊び歩いていました。平成〇〇年〇〇月頃，申立人が本人の生活態度等を注意したところ，以来，事あるごとに申立人に対し，殴る，蹴る等の暴力を振るうようになりました。平成〇〇年〇月には，本人は，申立人の暴力により肋骨を骨折するなどの傷害を負いました。また，本人は，申立人の預金口座から複数回にわたり預金を引き出し，浪費しています。このように，本人が非行を重ねている状況では，同人に申立人の財産を相続させることはできません。 3　よって，申立ての趣旨記載のとおりの審判を求めます。 　　　　　　　　　　　　　　　　　　　　　　　　　　　（財産目録省略）

450　第3編　各種審判手続の書式実例　第9章　推定相続人廃除に関する審判事件

書式 95　推定相続人の廃除審判申立書(2)——遺言の場合

受付印	家事審判申立書　事件名（　推定相続人廃除　）

収入印紙　　　800　円	（この欄に申立手数料として1件について800円分の収入印紙を貼ってください。）
予納郵便切手　　　　円	（貼った印紙に押印しないでください。）
予納収入印紙　　　　円	（注意）登記手数料としての収入印紙を納付する場合は、登記手数料としての収入印紙は貼らずにそのまま提出してください。
準口頭	関連事件番号　平成　　　年（家　　　）第　　　　　　　　号

横浜　家庭裁判所　御中 平成 ○○ 年 ○○ 月 ○○ 日	申　立　人（又は法定代理人など）の記名押印	甲　野　一　郎　　㊞

添付書類	（審理のために必要な場合は、追加書類の提出をお願いすることがあります。） 本人の戸籍謄本（全部事項証明書）、被廃除人の除籍謄本（全部事項証明書）、遺言書の写し、申立書の写し

			（戸籍の添付が必要とされていない申立ての場合は、記入する必要はありません。）
申立人	本　籍（国　籍）		都道府県
	住　所	〒 ○○○-○○○○　横浜市港南区○○町○丁目○番○号	電話　045（××××）×××× （　　　　方）
	連絡先	〒	電話　（　　　　）　（　　　　方）
	フリガナ 氏　名	コウ ノ イチ ロウ 甲　野　一　郎	大正 昭和 平成 ○○年○○月○○日生 （　　歳）
	職　業	司法書士	

(注)　太枠の中だけ記入してください。
※の部分は、申立人、法定代理人、成年被後見人となるべき者、不在者、共同相続人、被相続人等の区別を記入してください。

※廃除されるべき推定相続人（本人）			（戸籍の添付が必要とされていない申立ての場合は、記入する必要はありません。）
	本　籍（国　籍）	東京都 都道府県　太田区○○町○丁目○番地	
	住　所	〒 ○○○-○○○○　神奈川県三浦郡葉山町○○町○丁目○番○号	電話　×××（×××）×××× （　　　　方）
	連絡先	〒	電話　（　　　　）　（　　　　方）
	フリガナ 氏　名	オツ ノ フユ コ 乙　野　冬　子	大正 昭和 平成 ○○年○○月○○日生 （　　歳）
	職　業	無職	

(注)　太枠の中だけ記入してください。※の部分は、申立人、相手方、法定代理人、不在者、共同相続人、被相続人等の区別を記入してください。

※被相続人	本　籍	神奈川 都道府県　鎌倉市○○町○丁目○番地	
	最後の住所	〒 ○○○-○○○○　神奈川県鎌倉市○○町○丁目○番○号	（　　　　方）
	フリガナ 氏　名	オツ ノ ナツ オ 乙　野　夏　夫	大正 昭和 平成 ○○年○○月○○日死亡 （　　歳）

(注)　太枠の中だけ記入してください。※の部分は、申立人、相手方、法定代理人、不在者、共同相続人、被相続人等の区別を記入してください。

申　立　て　の　趣　旨
乙野冬子が被相続人乙野夏夫の推定相続人であることを廃除するとの審判を求めます。

申　立　て　の　理　由
1　乙野冬子（以下「本人」という。）は、被相続人の長女であり、推定相続人です。被相続人は、平成○○年○○月○○日死亡し、相続が開始しました。 2　被相続人は、平成○年○○月○○日、公正証書遺言を作成しました。被相続人は、この遺言書の中で、①本人が、昭和○○年○月に離婚して以来、ギャンブルに依存し、多額の借金を負ったため被相続人が本人に代わり借金を弁済したこと、②本人は、被相続人所有の不動産を無断で売却し、売却代金をギャンブルに費消したこと、③本人が要介護状態の被相続人と二人暮らしであるにもかかわらず、被相続人の世話をせず、被相続人に対し、暴言を吐き暴力を振るうようになった事等の著しい非行を重ねていることを理由として、本人を推定相続人から廃除する旨の遺言をしています。 3　この遺言には、遺言執行者として申立人が指定されており、申立人は、平成○○年○月○日にその就任を承諾しました。 4　この遺言は、被相続人の死亡によりその効力が生じました。 　よって、申立ての趣旨記載のとおりの審判を求めます。

第2　推定相続人廃除の審判の取消手続

解　説

(1)　制度の概要

　被相続人は，いつでも，推定相続人の廃除の取消しを家庭裁判所に請求することができる（民894条）。遺言で廃除の取消しの意思表示をしたときは，遺言執行者は，その遺言が効力を生じた後，遅滞なく家庭裁判所に廃除の取消しの申立てをしなければならない（民894条2項・893条）（なお，遺言による廃除の取消しは，基本的に生前廃除の効力を取り消すものであるが（前の遺言による廃除の意思表示を後の遺言で取り消す場合は，遺言の撤回である（民1022条）），一度遺言廃除の審判が確定した後，その遺言を取り消す旨の遺言書が発見された場合，前の遺言は取り消されるが，審判確定による廃除の効力の取消しは審判によることが必要であるから，改めて遺言による推定相続人廃除の取消しの申立てが必要となる）。廃除取消しの請求には，被相続人の廃除取消しの意思表示があれば足り，廃除原因が消滅した等特別の事由は必要とされない。家庭裁判所への申立てが必要とされているのは，廃除が家庭裁判所への申立てが必要とされていることに対応し，加えて，手続の慎重を期し，取消しの請求が被相続人の真意に基づくものか否かを家庭裁判所において審理し権利関係を明確にするためである。本申立ては家事事件手続法別表第1の87項の審判事件である。

(2)　申立手続

　(a)　申立権者　　生前申立ての場合，被相続人（民894条1項）。遺言による（被相続人死亡後）場合，遺言執行者（民894条2項・893条）。

　(b)　審判を受ける者となるべき者　　廃除され，その廃除を取り消されるべき者（推定相続人）。

　(c)　管轄裁判所　　被相続人が生前の場合，被相続人の住所地を管轄する家庭裁判所。被相続人死亡後の場合，相続開始地を管轄する家庭裁判所（家手188条1項）。

　(d)　申立手続費用

　　(イ)　収入印紙　　800円（民訴費3条1項・別表第1の15項）。

　　(ロ)　予納郵便切手　　1500円程度（裁判所によって取扱金額及び内訳が異なるので問い合わせること）。

　(e)　添付書類

（イ）　生前申立ての場合　　①申立人（被相続人）の戸籍謄本（全部事項証明書），②廃除された推定相続人の戸籍謄本（全部事項証明書）。

（ロ）　遺言による場合　　①被相続人の戸籍謄本（全部事項証明書）（死亡の事実が記載されているもの），②廃除された推定相続人の戸籍謄本（全部事項証明書），③遺言書の写し又は遺言書の検認調書謄本，④遺言執行者の資格証明書（遺言執行者選任審判書謄本等），⑤推定相続人廃除審判書謄本。

(3)　審判手続

（a）　概　　要　　家事事件手続法別表第1の87項の審判事件であるため，調停を行うことはできない（家手244条）。推定相続人廃除とは異なり，権利を回復させる手続であるため，必要的陳述聴取の規定はなく，別表第2審判事件の特則の準用規定はない（家手188条3項・4項参照）。

（b）　手続行為能力　　生前申立ての場合，申立人である被相続人が成年被後見人であっても，法定代理人によらず自ら手続行為をすることができ，被保佐人又は被補助人であっても，その保佐人又は補助人の同意を得ることを要しない（家手188条2項・118条柱書）。

（c）　不服申立て　　申立ての認容審判に対して即時抗告は許されず，告知と同時に効力が生じる。申立却下審判に対しては，申立人は即時抗告をすることができる（家手188条5項2号）。

（d）　廃除取消しの効力　　被相続人生前の申立ての場合には，被廃除者の相続人の地位が回復する。被相続人死亡後の申立ての場合には，被相続人の死亡の時に遡って効力が生じ，被廃除者は相続人の地位を回復する（民894条2項・893条）。

（e）　受　　継　　推定相続人廃除の取消しの審判の申立権は，推定相続人廃除の申立てと同様に，一身専属権として相続の対象にならないとされるが，廃除の審判事件の係属中に被相続人である申立人が死亡した場合には，民法895条の遺産管理人が受継する（家手44条1項。金子修編『逐条解説家事事件手続法』605頁及び606頁参照）。

(4)　審判手続終了後の手続

（a）　戸籍の届出　　廃除取消しの認容審判が確定したときは，申立人は，その確定の日から10日以内に審判書謄本及び確定証明書を添付して推定相続人廃除取消届をしなければならない（戸97条・63条1項）。

（b）　戸籍通知　　廃除取消認容審判の効力が発生したときには，裁判所書

記官は遅滞なく廃除された者の本籍地の戸籍事務管掌者にその旨の通知をしなければならない（家手規100条）。

【原田　和朋】

454　第3編　各種審判手続の書式実例　第9章　推定相続人廃除に関する審判事件

書式 96　推定相続人廃除の審判の取消審判申立書(1)——生前の場合

受付印	**家事審判申立書　事件名**（推定相続人廃除審判の取消し）	

収入印紙　　800　円	（この欄に申立手数料として1件について800円分の収入印紙を貼ってください。）
予納郵便切手　　　　円	（貼った印紙に押印しないでください。）
予納収入印紙　　　　円	（注意）登記手数料としての収入印紙を納付する場合は，登記手数料としての収入印紙は貼らずにそのまま提出してください。

準口頭	関連事件番号　平成　　　年（家　　）第　　　　　　　　　号

横浜　家庭裁判所 御中 平成　○○年　○○月　○○日	申立人 （又は法定代理人など） の記名押印	乙　野　太　郎　　㊞

添付書類	申立人及び本人の戸籍謄本(全部事項証明書)　各1通，推定相続人廃除の審判書謄本

申立人	本　籍 （国　籍）	（戸籍の添付が必要とされていない申立ての場合は，記入する必要はありません。） 都　道 府　県　　横浜市中区○○町○丁目○番地	
	住　所	〒○○○－○○○○ 横浜市神奈川区○○町○丁目○番○号	電話　045（×××）×××× （　　　　　　　　　方）
	連絡先	〒　　　－	電話　　（　　　） （　　　　　　　　　方）
	フリガナ 氏　名	オツ ノ　タ ロウ 乙　野　太　郎	昭和 平成　○○年○○月○○日 生 （　○○　歳）
	職　業	無職	

※ 本人 （被廃除者）	本　籍 （国　籍）	（戸籍の添付が必要とされていない申立ての場合は，記入する必要はありません。） 都　道 府　県　　横浜市中区○○町○丁目○番地	
	住　所	〒○○○－○○○○ 神奈川県三浦市○○町○丁目○番○号A棟105号	電話　×××（×××）×××× （　　　　　　　　　方）
	連絡先	〒　　　－	電話　　（　　　） （　　　　　　　　　方）
	フリガナ 氏　名	オツ ノ　ジ ロウ 乙　野　次　郎	昭和 平成　○○年○○月○○日 生 （　○○　歳）
	職　業	会社員	

（注）　太枠の中だけ記入してください。
　　※の部分は，申立人，法定代理人，成年被後見人となるべき者，不在者，共同相続人，被相続人等の区別を記入してください。

申　立　て　の　趣　旨
横浜家庭裁判所が平成○○年○○月○○日本人に対してなした申立人乙野太郎の 推定相続人廃除の審判の取消しの審判を求めます。

申　立　て　の　理　由
1　本人は申立人の二男です。 2　本人は，平成○年○○月○○日御庁において推定相続人廃除の審判により，申立人乙 　野太郎の相続権を喪失しました。 3　本人は，廃除審判を受けた当時は，仕事に就かず遊び歩き，申立人の預貯金を使い込 　み，さらに申立人に暴力を振るうなどの行為のために，御庁で平成○年○○月○○日推定 　相続人廃除の審判を受けました。 4　その後，申立人はくも膜下出血の後遺症により右半身不随となってしまいました。本人は， 　これまでの振る舞いを反省し，正業に就き自らが使い込んだ預貯金の弁済をしました。現在 　は，申立人の身の回りの世話を行い，申立人の日々の生活を支援しています。 5　そのため，申立人は本人の相続権を回復させたいと考えております。 　　よって，申立ての趣旨記載のとおりの審判を求めます。

第2　推定相続人廃除の審判の取消手続　　*455*

書式 97　推定相続人廃除の審判の取消審判申立書(2)——遺言による場合

受付印	家事審判申立書　事件名 （推定相続人廃除審判の取消し）

収入印紙　　　800円	（この欄に申立手数料として1件について800円分の収入印紙を貼ってください。）
予納郵便切手　　　円	（貼った印紙に押印しないでください。）
予納収入印紙　　　円	（注意）登記手数料としての収入印紙を納付する場合は，登記手数料としての収入印紙は貼らずにそのまま提出してください。
準口頭	関連事件番号　平成　　年（家　　）第　　　　　　　号

横浜　家庭裁判所 御中	申　立　人 （又は法定代理人など） の　記　名　押　印	甲　川　五　郎　　㊞
平成　○○年　○○月　○○日		

添付書類	本人の戸籍勝本（全部事項証明書）　1通 被相続人の戸籍勝本（全部事項証明書）　1通，遺言書写し，推定相続人廃除，遺言執行選任各審判書勝本

申 立 人	本　籍 （国　籍）	（戸籍の添付が必要とされていない申立の場合は，記入する必要はありません。） 　　　　都　道 　　　　府　県
	住　所	〒○○○-○○○○ 　神奈川県藤沢市○○町○丁目○番○号　×××（×××）×××× 　　　　　　　　　　　　　　　　　　　　（　　　　　方）
	連絡先	〒　　－　　　　　　　　　　　電話（　　　　）　（　　　　　方）
	フリガナ 氏　名	コウ　カワ　ゴ　ロウ 甲　川　五　郎　　　　大正・昭和・平成　○○年○○月○○日 生（　　歳）
	職　業	無　職

※ 本（被廃除）人	本　籍 （国　籍）	（戸籍の添付が必要とされていない申立の場合は，記入する必要はありません。） 　神奈川　都・道・府・県　鎌倉市○○町○丁目○番地
	住　所	〒○○○-○○○○ 　神奈川県鎌倉市○○町○丁目○番○号　電話　×××（×××）×××× 　　　　　　　　　　　　　　　　　　　　（　　　　　方）
	連絡先	〒　　－　　　　　　　　　　　電話（　　　　）　（　　　　　方）
	フリガナ 氏　名	オツ　ヤマ　キョウ　コ 乙　山　京　子　　　　大正・昭和・平成　○○年○○月○○日 生（　　歳）
	職　業	無　職

（注）　太枠の中だけ記入してください。
※の部分は，申立人，法定代理人，成年被後見人となるべき者，不在者，共同相続人，被相続人等の区別を記入してください。

※ 被相続人	本　籍	東　京　都・道・府・県　太田区○○町○丁目○番地
	最後の住　所	〒○○○-○○○○ 　神奈川県鎌倉市○○町○丁目○番○号　（　　　　　方）
	フリガナ 氏　名	オツ　ヤマ　テツ　オ 乙　山　哲　夫　　　　大正・昭和・平成　○○年○○月○○日 死亡（　　歳）

（注）　太枠の中だけ記入してください。※の部分は，申立人，相手方，法定代理人，不在者，共同相続人，被相続人等の区別を記入してください。

申　立　て　の　趣　旨
横浜家庭裁判所が平成○○年○○月○○日本人に対してなした被相続人乙山哲夫の推定相続人廃除の審判の取消しの審判を求めます。

申　立　て　の　理　由
1　本人は，平成○○年○○月○○日，御庁において推定相続人廃除の審判により，被相続人乙山哲夫の相続権を喪失しました。 2　被相続人は，平成○○年○月○日死亡し，相続が開始しました。 3　被相続人には，平成○○年○○月○○日付自筆証書遺言があり，被相続人の妻が，御庁に検認の申立てを行い，平成○○年○○月○○日自筆証書遺言の検認が行われました。検認にあたり遺言書を開封したところ，本人に対する推定相続人廃除を取り消す旨の遺言及び申立人を遺言執行者に指定する旨の遺言がしてありました。申立人は，平成○○年○月○○日に遺言執行者への就任を承諾しました。 4　よって，申立ての趣旨記載のとおりの審判を求めます。

第3　推定相続人廃除の審判確定前の遺産の管理人選任の手続

解　説

(1)　制度の趣旨

①被相続人が推定相続人について，その廃除やその取消しの申立てを行い（民892条・894条），その審判が確定する前に相続が開始した場合や，②遺言によって推定相続人廃除の意思表示が行われた場合に遺言執行者が家庭裁判所に推定相続人廃除の請求を行い（民893条），その審判が確定するまでの間は，いずれの場合も相続人の地位に関して不安定な状態が生じる。また，推定相続人廃除又は取消しの効力は相続開始時まで遡る（民893条）ことから，相続財産に利害関係を有する第三者との間で相続財産をめぐって紛争を生じるおそれがある。

上記のような局面で生ずる相続財産の帰属をめぐる紛争を防止するため，家庭裁判所は，親族，利害関係人又は検察官の請求により，遺産の管理に関し必要な処分をすることができる（民895条1項）。

この処分の内容としては，遺産管理人を選任してその管理人に遺産の管理を命じ，場合によっては，遺産の処分禁止や占有移転禁止の命令，相続財産の封印・換価等財産についての措置を直接命ずることができる。

上記の遺産の管理に関する処分の申立ては，家事審判事件として処理するものとされている（家手39条・別表第1の88項）。

(2)　申立手続

(a)　申立権者　　親族，利害関係人，検察官（民895条1項）。

(b)　管轄裁判所　　推定相続人廃除又はその取消審判事件が係属中の場合には当該事件の係属する家庭裁判所，審判事件が抗告裁判所に係属している場合にはその高等裁判所，係属する審判事件がない場合には相続開始地の家庭裁判所（家手189条1項）。

(c)　申立手続費用　　収入印紙800円（民訴費3条1項・別表第1の15項），予納郵便切手800円程度（ただし，郵便切手額については，裁判所により金額が異なるので問い合わせること）。

(d)　添付書類　　申立人・被相続人の戸籍謄本（全部事項証明書），候補者の戸籍謄本（全部事項証明書）・住民票，財産目録，申立人の利害関係を証する資料，遺言書写し，推定相続人廃除やその取消しの事件係属証明書。

(3) 審判手続

(a) 審　　理　　家庭裁判所は，形式的要件（管轄，申立権，遺産の保全についての利害関係の有無）及び実質的要件（推定相続人廃除又はその取消しの審判申立てや推定相続人廃除の遺言があったこと，その審判手続中に相続が開始しており，遺産の管理に関する処分をする必要があること）について調査をし，申立てを相当と認めるときは，管理人候補者の適格性，就職の意向などを調査のうえ，遺産管理人を選任するほか，事案に応じて相続財産の封印，換価，処分禁止などの処分を命ずる。

　なお，申立時に提出された資料を精査するほか，事案によっては必要に応じて，事実の調査（家手56条）を行う。事実の調査の結果，家庭裁判所は申立てを却下すべき事情が判明するなど，手続の追行に重要な変更を生じうると認めるときには，当事者及び利害関係参加人に対して通知（家手63条）をし，記録の閲覧等の機会を与える。

(b) 審　　判　　審判は，相当と認める方法により告知することで効力が生じる（家手74条）。遺産管理人の選任を求める審判については，即時抗告についての規定がないため，結果の如何にかかわらず審判に対して即時抗告をすることができないから，認容については管理人，却下については申立人に審判の告知がされるとその効力を生じることになる（家手85条・74条）。

(4) 遺産管理人の職務等

(a) 　家庭裁判所が選任した遺産管理人は，将来確定される相続人の法定代理人であり，裁判所の許可のない処分行為は無権代理行為となる（大判昭14・11・18民集18巻1269頁）。遺産管理人の権利義務に関しては，不在者の財産管理人に関する規定（民895条2項・27条ないし29条），成年後見における財産管理の規定（家手189条2項・125条1項ないし6項），委任に関する規定（家手146条6項，民644条・646条・647条・650条）が準用される。

　なお，推定相続人廃除又はその取消審判事件が係属中に遺産管理人が選任されたときは，係属中の事件における被相続人を受継しなければならない（家手44条1項）。

　(イ) 遺産管理人は，その管理すべき財産の目録を作成し（民895条2項・27条1項），処分行為をするには家庭裁判所の許可を要する（民895条2項・28条）。家庭裁判所の命令があったときは，担保を提供しなければならない（民895条2項・29条1項）。また，報酬付与の申立てをすることができる（民895条

2項・29条2項）。

　　㈡　推定相続人の廃除の審判又はその取消しの審判確定前の遺産管理に関する処分を命じた裁判所は，いつでも，遺産管理人を改任することができる（家手189条2項・125条1項）。

　　㈢　推定相続人の廃除の審判又はその取消しの審判確定前の遺産管理に関する処分を命じた裁判所は，遺産管理人に対し，遺産財産の状況の報告及び管理の計算を命ずることができる（家手189条2項・125条2項）。

　　㈣　前記の報告及び計算に要する費用は，遺産の中から支弁する（家手189条2項・125条3項）。

　　㈤　推定相続人の廃除の審判又はその取消しの審判確定前の遺産管理に関する処分を命じた裁判所は，遺産管理人に対し，提供した担保の増減，変更又は免除を命ずることができる（家手189条2項・125条4項）。

　　㈥　遺産管理人の不動産又は船舶の上に抵当権の設定（設定した抵当権の変更又は消滅の登記についても同様）を命ずる審判が効力を生じたときは，裁判所書記官は，その設定の登記を嘱託しなければならない（家手189条2項・125条5項）。

　　㈦　委任における受任者の善管注意義務についての規定（民644条），受任者による受取物，収受果実，取得した権利の引渡し等についての規定（民646条），受任者の金銭の消費についての責任の規定（民647条），受任者による費用等の償還請求等の規定（民650条）は，遺産管理人に準用される（家手189条2項・125条6項）。

　⒝　推定相続人廃除の審判又はその取消しの審判確定前の遺産に関する処分を命じた裁判所は，推定相続人廃除の審判又はその取消しの審判が確定したときは，廃除を求められた推定相続人，遺産管理人若しくは利害関係人の申立てにより又は職権で，その処分の取消しの審判をしなければならない（家手189条3項）。なお，旧法（家事審判法）下においては，被相続人が推定相続人廃除又はその取消しの請求後に死亡したときは，遺産管理人がその手続を受継すると判断された例（大判大6・7・9民録23輯1105頁），遺言執行者がある場合には遺言執行者が手続を受継することになるため，遺産管理人を選任する必要はないと判断された例（名古屋高金沢支判昭61・11・4家月39巻4号27頁）がある。

　⒞　民法895条は，推定相続人廃除に関する事件について管理に関する処

分ができると規定するものであるが，学説では相続財産の帰属が定まらない状態におかれる点の同一性を根拠にして，相続人たる身分関係の存否を争う事件（相続欠格，親子関係存否確認，離婚無効等）が係属中に，相続が開始した場合にも類推適用されてよいとする考え方（中川善之助＝山畠正男編『新版注釈民法㉔』270頁〔泉久雄〕）もある。また，その他に民法918条2項によるとの提言もある（最高裁事務総局『改訂家事執務資料集（上巻の1）』（家裁資料125号）307頁）。

【遠藤　鈴枝】

460 第3編 各種審判手続の書式実例 第9章 推定相続人廃除に関する審判事件

書式98 推定相続人の廃除の審判確定前の遺産の管理人の選任審判申立書

受付印	家事審判申立書　事件名（　遺産管理人の選任　）

収入印紙　　800　円	（この欄に申立手数料として1件について800円分の収入印紙を貼ってください。）
予納郵便切手　　　円	（貼った印紙に押印しないでください。）
予納収入印紙　　　円	（注意）登記手数料としての収入印紙を納付する場合は，登記手数料としての収入印紙は貼らずにそのまま提出してください。

準口頭	関連事件番号　平成　　年（家　）第　　　　　号

千葉　家庭裁判所 　　　　　　御中 平成　○○年　○○月　○○日	申　立　人 （又は法定代理人など） の　記　名　押　印	甲　野　太　郎　　㊞

（審理のために必要な場合は，追加書類の提出をお願いすることがあります。）

添付書類	申立人・被相続人の戸籍謄本（全部事項証明書），候補者の戸籍謄本（全部事項証明書）・住民票，財産目録，申立人の利害関係を証する資料，遺言書写し，推定相続人廃除やその取消しの事件係属証明書

申 立 人	本　籍 （国　籍）	（戸籍の添付が必要とされていない申立ての場合は，記入する必要はありません。） 千葉　都道府県　習志野市○○町○丁目○番地	
	住　所	〒○○○－○○○○ 千葉県習志野市○○町○丁目○番○号	電話　×××（×××）×××× （　　　　　方）
	連絡先	〒　　－	電話　（　　　） （　　　　　方）
	フリガナ 氏　名	コウ　ノ　タ　ロウ 甲　野　太　郎	大正・昭和・平成　○○年○○月○○日　生 （　○○　歳）
	職　業	会　社　員	

※ 被 相 続 人	本　籍 （国　籍）	（戸籍の添付が必要とされていない申立ての場合は，記入する必要はありません。） 千葉　都道府県　市原市○○町○丁目○番地	
	住　所	〒○○○－○○○○ 千葉県市原市○○町○丁目○番○号	電話　×××（×××）×××× （　　　　　方）
	連絡先	〒　　－	電話　（　　　） （　　　　　方）
	フリガナ 氏　名	コウ　ノ　ハナ　コ 甲　野　花　子	大正・昭和・平成　○○年○○月○○日　生 （　○○　歳）
	職　業		

（注）　太枠の中だけ記入してください。
　　※の部分は，申立人，法定代理人，成年被後見人となるべき者，不在者，共同相続人，被相続人等の区別を記入してください。

申　立　て　の　趣　旨

　相続人甲野次郎に対する推定相続人廃除審判に至るまでの間，被相続人甲野花子の遺産につき管理人の選任を求める。

申　立　て　の　理　由

1　申立人は，被相続人の長男である。
2　被相続人は，次男甲野次郎の推定相続人廃除を千葉家庭裁判所に請求中であったが，平成○年○月○日に死亡した。
3　申立人は，上記推定相続人廃除手続を受継し，かつ，推定相続人廃除審判確定までの間の被相続人の遺産を管理する遺産管理人の選任を求める。
4　遺産管理人の候補者は次のとおりである。
　　　住　所　東京都港区○○町○丁目○番○号
　　　事務所　東京都港区○○町○丁目○番○号・ビル○階　乙川法律事務所
　　　氏　名　乙川三郎
　　　職　業　弁護士
　　　電　話　03－○○○○－○○○○

第1　相続放棄の申述受理の手続　*461*

第10章

相続の承認及び放棄，財産分離に関する審判事件

第1　相続放棄の申述受理の手続

解　説

(1)　制度の趣旨

(a)　はじめに　　人（被相続人）が死亡した場合，相続人は，相続開始の時から被相続人の財産に属した一切の権利義務（ただし，扶養を受ける権利（民881条）など一身に専属した権利義務を除く）について，相続人の意思とは関係なく当然に相続の効果を承継する（民896条本文）。しかし，相続財産には権利のほか借金などの義務も含まれるから，すべての場合に被相続人の権利義務を当然に承継することになると，不利益となる場合があるので，相続人にはその相続について単純承認するか，限定承認するか，相続放棄するか，自由に選択できる権利が与えられている。

(b)　「相続放棄」とは　　相続放棄とは，相続人が相続による効果を全面的に拒絶し，そして，家事審判において相続放棄の申述が受理された場合，その相続に関しては，初めから相続人とならなかったものとみなすものである（民939条）。家事事件手続法は，相続放棄の申述の受理を別表第1事件として規定している（家手別表第1の95項）。

相続放棄の申述は相続人の単独の意思表示である。相続放棄の申述を受理したときは，相続開始時から自己に帰属すべき積極財産・消極財産のすべての相続財産についての権利義務を承継しないことになる。

相続人は，自己のために相続の開始があったことを知った時から3ヵ月以内に単純若しくは限定の承認又は放棄をしなければならない（民915条1項本文）。

(c)　相続放棄の期間の起算点について　　「自己のために相続の開始があ

ったことを知った時」とは，相続人が相続開始の原因事実を知り，かつ，自己が相続人となったことを覚知した時をいう（大決大15・8・3民集5巻679頁）。

　3ヵ月の期間については，法律の不知や事実の誤認により，自己が相続人であると知らない場合（福岡高決昭23・11・29家月2巻1号7頁，仙台高決昭59・11・9家月37巻6号56頁）や自己が代襲相続人となったことを知らない場合（大阪高決昭27・6・28家月5巻4号105頁）には熟慮期間の進行はしないとされる。また，前記事実を知っていたとしても相続人がまったく相続財産がないと信ずるについて相当な理由があるときには熟慮期間の進行はしないとされ，相続人が相続すべき積極及び消極財産の全部又は一部の存在を認識した時又は通常これを認識しうべき時から起算すべき（最判昭59・4・27民集38巻6号698頁）と判示している。

　昨今の実務で相続放棄申述の実情として多々見受けられるのが，相続開始3ヵ月経過後に債権者からの通知により，初めて被相続人の債務の存在を知ったというものである。熟慮期間後に相続人が被相続人の債務の存在を具体的に認識した場合は，その認識した時から熟慮期間が起算される（大阪高判昭54・3・22判タ380号72頁）。

　また，相続人が積極財産があることを認識していたが，遺言等により自己が相続すべき財産が何もないと信じていたところ，被相続人の死亡の3ヵ月経過後に債権者からの通知や訴状の送達によって債務の存在を知ったときは，その日を相続放棄の熟慮期間の起算点とした（東京高決平12・12・7判タ1051号302頁，名古屋高決平11・3・31判タ1036号190頁，名古屋高決平19・6・25家月60巻1号97頁）。

　相続人が未成年者又は成年被後見人であるときの熟慮期間は，その法定代理人が未成年者又は成年被後見人のために相続の開始があったことを知った時から起算する（民917条）。熟慮期間を徒過した場合や相続財産を処分した場合等は単純承認したものとみなされる。

(2)　**申述手続**

(a)　申述権者　　　相続人（民915条・938条）。

　　(イ)　相続人が制限能力者及びその法定代理人の場合，相続人である制限能力者と法定代理人は共同相続人になり，両者の関係は利益相反となるので，制限能力者が相続放棄をするためには特別代理人の選任を要する。しかし，判例は，共同相続人が他の共同相続人の後見人となっている場合，後見人自

第1　相続放棄の申述受理の手続　　*463*

身が相続放棄をした後か，あるいは制限能力者と後見人自身が同時に相続放棄をしたときは，利益相反行為にあたらないとした（最判昭53・2・24家月30巻7号50頁）。

　　(ロ)　相続人が不在者の場合，不在者の財産管理人が家庭裁判所の許可を得て（民28条前段，家手39条・別表第1の55項），放棄の申述をする（熟慮期間の起算点は，財産管理人が不在者の法定代理人として不在者のために相続の開始を知った時（小山昇ほか編『遺産分割の研究』127頁〔糟谷忠男〕））。

　(b)　管轄裁判所　　相続開始地の家庭裁判所（家手201条1項）。

　(c)　申述方法　　相続の放棄をしようとする者は，その旨を家庭裁判所に申述しなければならない（民938条）。申述書には，申述者の氏名，被相続人の氏名及び最後の住所，申述人と被相続人との続柄，相続の開始があったことを知った年月日，相続の放棄をする旨を記載しなければならない（家手201条5項，家手規105条1項）。

　(d)　申述手続費用　　以下の費用が考えられる。

　　(イ)　収入印紙　　800円（申述人1名につき）（民訴費3条1項・別表第1の15項）。

　　(ロ)　予納郵便切手　　460円程度（裁判所によって取扱金額が異なるので，管轄裁判所に問い合わせること）。

　(e)　添付書類　　同一の被相続人についての相続の承認・放棄の期間伸長事件や相続放棄申述受理事件が先行している場合，同事件で提出済みのものは不要。もし，申立前に入手が不可能な戸籍等がある場合は，その戸籍等は，申立後に追加提出することでも差し支えない。

【共通】
　①　被相続人の住民票除票又は戸籍附票（最後の住所を明らかにするもの）
　②　申述人の戸籍謄本（全部事項証明書）
【申述人が配偶者又は第一順位相続人（子及びその代襲者）の場合】
　③　被相続人の死亡の記載のある戸籍（除籍，改製原戸籍）謄本（全部事項証明書）
　④　申述人が代襲者（孫，ひ孫等）の場合，被代襲者（本来の相続人）の死亡の記載のある戸籍（除籍，改製原戸籍）謄本（全部事項証明書）
【申述者が第二順位相続人（直系尊属）の場合（先順位相続人等から提出済みのものは添付不要）】

③ 被相続人の出生時から死亡時までのすべての戸籍（除籍，改正原戸籍）謄本（全部事項証明書）

④ 被相続人の子（及びその代襲者）で死亡している者がある場合，その子（及びその代襲者）の出生時から死亡時までのすべての戸籍（除籍，改製原戸籍）謄本（全部事項証明書）

⑤ 死亡している直系尊属がある場合，その直系尊属の死亡の記載のある戸籍（除籍，改正原戸籍）謄本（全部事項証明書）

【申述人が第三順位相続人（兄弟姉妹及びその代襲者としての甥姪）の場合（先順位相続人等から提出済みのものは添付不要)】

③ 被相続人の出生時から死亡時までのすべての戸籍（除籍，改正原戸籍）謄本（全部事項証明書）

④ 相続人の子（及びその代襲者）で死亡している者がある場合，その子（及びその代襲者）の出生時から死亡時までのすべての戸籍（除籍，改製原戸籍）謄本（全部事項証明書）

⑤ 被相続人の直系尊属の死亡の記載のある戸籍（除籍，改正原戸籍）謄本（全部事項証明書）

⑥ 代襲者（甥姪）の場合，被代襲者（本来の相続人）の死亡の記載のある戸籍（除籍，改正原戸籍）謄本（全部事項証明書）

＊申述の実情によっては，債権者からの債権通知書等

(3) 審判手続

(a) 申述人が相続人であること（民886条～890条）を確認し，申述が法定の方式を具備しているか，申述が申述人の真意に基づいてなされたものであるか，単純承認とみられる事実がないかを現在の実務では審理している。

なお，単純承認行為の事由の存在（民921条）に関して，実務上比較的出てくる問題は，被相続人の死後，被相続人の預貯金から，葬儀費用を支出したり，入院費用の支払にあててしまった場合，単純承認行為に該当するとみなすか否かである。

葬儀費用に関しては，身分相応の，当然営まれるべき程度の葬儀を行った費用であれば相続財産から支出しても単純承認行為にあたらないとの判例がある（東京控判昭11・9・21新聞4059号13頁）。また，経済的価値のない見回り品，僅少な所持金を引き取り，相続人の所持金を加えて被相続人の火葬費用及び治療費の残額の支払にあてた行為につき単純承認行為にはあたらないとの判

例がある（大阪高決昭54・3・22判時938号51頁）。

実務では，相続財産の多少，内容などを総合的にみて，処分した物や権利の経済的価値で単純承認行為かを判断している。また，その際，社会的観念も無視できないとする（雨宮則夫＝石田敏明編『相続の承認・放棄の実務』249頁〔島田充子〕）。

また，相続人が，自己の固有財産の中から被相続人の債務を弁済した場合は，相続人としての弁済をした場合でも，第三者としての弁済をした場合でも法定単純承認にあたらないとされる（平8・4・17法曹会決議）。

(b) 申述書の補正・却下　相続放棄申述書につき家事事件手続法201条5項の記載に違反するときや手数料を納めない場合は，裁判長が相当期間を定め補正命令をし，補正されない場合は申述の却下をすることとなる（家手201条6項・49条4項・5項）。

(c) 受理の告知　家庭裁判所は，申述の受理の審判をするときは，家事事件手続法76条の適用がなく，申述書にその旨を記載しなければならない。この場合において，当該審判は，申述書に受理する旨を記載した時に，その効力を生ずる（家手201条7項・8項）。裁判所書記官は，受理した旨を当事者及び利害関係参加人に通知する（家手規106条2項）。

実務の扱いとしては，申述人に対して相続放棄受理通知書を交付又は送付している。

(d) 即時抗告　申述の却下審判に対しては，申述人は，即時抗告をすることができる（家手201条9項3号）。家事審判規則においては相続人又は利害関係人とされていたが（旧家審規115条2項・111条），変更された。

申述受理審判に対しては定めがなく即時抗告はできない。

【石倉　　航】

466　第3編　各種審判手続の書式実例　　第10章　相続の承認及び放棄，財産分離に関する事件

書式 99　相続放棄の申述書

	受付印	相　続　放　棄　申　述　書
収入印紙　　　800円		（この欄に収入印紙800円を貼ってください。）
予納郵便切手　　　円		（貼った印紙に押印しないでください。）
準口頭	関連事件番号　平成　　年（家）　第	号

横　浜　　　家庭裁判所 御中 平成 ○○ 年 ○○ 月 ○○ 日	申　述　人 （未成年者などの場合は法定代理人） の記名押印	甲　川　太　郎　　　㊞

添付書類	（同じ書類は1通で足ります。審理のために必要な場合は，追加書類の提出をお願いすることがあります。） ☑ 戸籍（除籍・改製原戸籍）謄本（全部事項証明書）　合計2通 ☑ 被相続人の住民票除票又は戸籍附票 □

申述人

本　籍 （国　籍）	東京　㊞都道府県　　新宿区○○町○丁目○番地
住　所	〒○○○－○○○○ 東京都杉並区○○町○丁目○番○号　　電話 03 （×××\×）×××\× 　　　　　　　　　　　　　　　　　　電話 090 （×××\×）×××\× （　　　　方）
フリガナ　氏　名	コウ カワ タ ロウ 甲　川　太　郎　　大正 ○○ 年○○月○○日 生 （　　歳）　職　業　会　社　員
被相続人との関係	※　被相続人の……　① 子　2 孫　3 配偶者　4 直系尊属（父母・祖父母） 　　　　　　　　　　5 兄弟姉妹　6 おいめい　7 その他（　　　　　　　）

法定代理人等	※ 1 親権者 2 後見人 3	住　所	〒　－ 電話（　　　　）（　　　方）
		フリガナ 氏　名	フリガナ 氏　名

被相続人

本　籍 （国　籍）	東京　㊞都道府県　　新宿区○○町○丁目○番地
最後の住　所	横浜市中区○○町○丁目○番○号　　死亡当時の職業　な し
フリガナ　氏　名	コウ カワ ジ ロウ 甲　川　次　郎　　平成 26 年1月2日 死亡

（注）　太枠の中だけ記入してください。　※の部分は，当てはまる番号を○で囲み，被相続人との関係欄の7，法定代理人等欄の3を選んだ場合には，具体的に記入してください。

申　　　述　　　の　　　趣　　　旨
相　続　の　放　棄　を　す　る　。

申　　　述　　　の　　　理　　　由
※　相続の開始を知った日………平成 26 年 1 月 2 日 　　① 被相続人死亡の当日　　　3 先順位者の相続放棄を知った日 　　2 死亡の通知をうけた日　　　4 その他

放　棄　の　理　由	相　続　財　産　の　概　略		
※ 1　被相続人から生前に贈与を受けている。 2　生活が安定している。 3　遺産が少ない。 4　遺産を分散させたくない。 ⑤　債務超過のため 6　その他（　　　）	資 産	農　地……約＿＿＿＿平方メートル 山　林……約＿＿＿＿平方メートル 宅　地……約＿＿＿＿平方メートル 建　物……約＿＿＿＿平方メートル	現　金 預貯金……約＿＿＿万円 有価証券…約＿＿＿万円
	負　債……………………………約　○○○　万円		

（注）　太枠の中だけ記入してください。　※の部分は，当てはまる番号を○で囲み，申述の理由欄の4，放棄の理由欄の6を選んだ場合には，（　）内に具体的に記入してください。

第2 相続の限定承認の申述受理の手続

(1) 制度の趣旨

(a) はじめに　　人（被相続人）が死亡した場合，相続人は，相続開始の時から被相続人の財産に属した一切の権利義務（ただし，扶養を受ける権利（民881条）など一身に専属した権利義務を除く）について，相続人の意思とは関係なく当然に相続の効果を承継する（民896条本文）。しかし，相続財産には権利のほか借金などの義務も含まれるから，すべての場合に被相続人の権利義務を当然に承継することになると，不利益となる場合があるので，相続人にはその相続について単純承認するか，限定承認するか，相続放棄するか，自由に選択できる権利が与えられている。

(b) 「限定承認」とは　　限定承認とは，被相続人の債務も一応承継するが，その責任は相続によって得た積極財産の限度においてのみ被相続人の債務及び遺贈を弁済すべきことを留保して承認するというものであり，相続の条件付承認といえる（民922条）。

限定承認により，相続人は，相続によって得た積極財産の限度においてのみ，被相続人の債務を弁済すれば足り，清算の結果，残余の相続財産があれば，その相続財産は相続人に帰属するので，相続財産が債務超過であるか否か不明の場合に実益があるといえる。家事事件手続法は，限定承認の申述の受理を別表第1事件として規定している（家手別表第1の92項）。

相続人は，自己のために相続の開始があったことを知った時から3ヵ月以内に単純若しくは限定の承認又は放棄をしなければならない（民915条1項本文）が，うち限定承認については，相続人が数人あるときは，共同相続人の全員が共同してのみこれをすることができる（民923条）。共同相続人の中に熟慮期間を経過した者がいる場合，他の相続人のうち1人でも熟慮期間内の者がいれば，共同相続人全員で限定承認することができる（東京地判昭30・5・6下民集6巻5号927頁）。熟慮期間については本章第1(1)(c)に同じ。

(2) 申述手続

(a) 申述権者　　相続人全員（民923条）。

(イ) 共同相続人の中に相続放棄をした者がある場合，相続放棄者は初めから相続人とならなかったものとみなされるので（民939条），限定承認の申述は，残りの共同相続人全員でできる（通説）。

(ロ)　共同相続人の中に行方不明の者がある場合，行方不明の者について
は，不在者財産管理人を選任し，不在者財産管理人と他の共同相続人とで限
定承認をすることが可能であると解されている。

　(b)　管轄裁判所　　相続開始地の家庭裁判所（家手201条1項）。

　(c)　申述方法　　民法915条1項の期間内に，財産目録を作成してこれを
家庭裁判所に提出し，限定承認をする旨を申述しなければならない（民924
条）。申述書には，申述者の氏名，被相続人の氏名及び最後の住所，申述人
と被相続人との続柄，相続の開始があったことを知った年月日，相続の限定
承認をする旨を記載しなければならない（家手201条5項，家手規105条1項）。

　(d)　申述手続費用　　以下の費用が考えられる。

　　(イ)　収入印紙　　800円（被相続人1名につき）（民訴費3条1項・別表第1の
15項）。

　　(ロ)　予納郵便切手　　1000円程度（裁判所によって取扱金額が異なるので，管
轄裁判所に問い合わせること）。

　(e)　添付書類

　　(イ)　戸籍等関係　　同一の被相続人についての相続の承認・放棄の期間
伸長事件や相続放棄申述受理事件が先行している場合，同事件で提出済みの
ものは不要。もし，申立前に入手が不可能な戸籍等がある場合は，その戸籍
等は，申立後に追加提出することでも差し支えない。

【共通】

　①　被相続人の出生時から死亡時までのすべての戸籍（除籍，改製原戸籍）
　　謄本（全部事項証明書）

　②　被相続人の住民票除票又は戸籍附票（最後の住所を明らかにするもの）

　③　申述人全員の戸籍謄本（全部事項証明書）

　④　被相続人の子（及びその代襲者）で死亡している者がある場合，その子
　　（及びその代襲者）の出生時から死亡時までのすべての戸籍（除籍，改製原戸
　　籍）謄本（全部事項証明書）

【申述人が（配偶者と）第二順位相続人（直系尊属）の場合】

　⑤　死亡している直系尊属がある場合，その直系尊属の死亡の記載のある
　　戸籍（除籍，改製原戸籍）謄本（全部事項証明書）

【申述人が配偶者のみの場合又は（配偶者と）第三順位相続人（兄弟姉妹及びそ
　の代襲者としての甥姪）の場合】

第2 相続の限定承認の申述受理の手続 469

⑤ 被相続人の父母の出生時から死亡時までのすべての戸籍（除籍，改製原戸籍）謄本（全部事項証明書）

⑥ 被相続人の直系尊属の死亡の記載のある戸籍（除籍，改製原戸籍）謄本（全部事項証明書）

⑦ 死亡している兄弟姉妹がある場合，その兄弟姉妹の出生時から死亡時までのすべての戸籍（除籍，改製原戸籍）謄本（全部事項証明書）

⑧ 代襲者としての甥姪で死亡している者がある場合，その甥姪の死亡の記載のある戸籍（除籍，改製原戸籍）謄本（全部事項証明書）

(ロ) 財産目録　財産目録には，少額の債権であってもそれが相続財産である以上は，取立ての見込みの有無にかかわらず，これを財産目録に記載しなければならない（大判昭3・7・3評論17巻民法964頁，要旨集・家審法1082頁）。悪意で記載しなかった場合，単純承認をしたものとみなされる場合がある（民921条3号）。

(3) 審判手続

(a) 申述人が相続人であること（民886条〜890条）を確認し，申述が申述人の真意に基づいてなされたものであるか審理する。数人の相続人が申述人の場合に家庭裁判所が限定承認を受理したときは，職権で，相続人の中から，相続財産管理人を選任しなければならないので（民936条1項，家手201条3項），実務では申述書に相続財産管理人候補者を記載するのが一般的である。

(b) 申述書の補正・却下　限定承認申述書につき家事事件手続法201条5項の記載に違反するときや手数料を納めない場合は，裁判長が相当期間を定め補正命令をし，補正されない場合は申述の却下をすることとなる（家手201条6項・49条4項・5項）。

(c) 受理の告知　家庭裁判所は，申述の受理の審判をするときは，申述書にその旨を記載しなければならない。この場合において，当該審判は，申述書にその旨を記載した時に，その効力を生ずる（家手201条7項）。裁判所書記官は，その旨を当事者及び利害関係参加人に通知する（家手規106条2項）。

(d) 即時抗告　申述の却下審判に対しては，申述人は，即時抗告をすることができる（家手201条9項3号）。旧法においては相続人又は利害関係人とされていたが（旧家審規115条2項・111条），変更された。申述受理審判に対しては定めがなく，即時抗告ができないとされる。

(e) 限定承認後の清算　管理人又は限定承認者（申述人が唯一の相続人であ

る場合）は，相続債権者や受遺者に公平な分配をするため，民法926条ないし935条規定の管理・清算手続を行う。

限定承認者は民法927条に定める公告や催告をするのを怠ったり，同条1項の公告期間内に一部の債権者・受遺者に弁済をするなどして，所定の期間内に債権を申し出た債権者，受遺者に弁済をすることができなくなったときは，自己の固有財産で損害賠償の責任を負う（民934条1項）。

【石倉　　航】

第2　相続の限定承認の申述受理の手続　　*471*

書式100　限定承認の申述書

受付印		家事審判申立書　事件名（　相続の限定承認　）
収入印紙　　　　800 円		（この欄に申立手数料として1件について800円分の収入印紙を貼ってください。） 　　　　　　　　　　　　　（貼った印紙に押印しないでください。） （注意）登記手数料としての収入印紙を納付する場合は，登記手数料としての収入印紙は貼らずにそのまま提出してください。
予納郵便切手　　　　円		
予納収入印紙　　　　円		

準口頭	関連事件番号　平成　　　年（家）　　　第　　　　　　　号

横浜　　家庭裁判所 　　　　　　　　御中 平成 ○○ 年 ○○ 月 ○○ 日	申　立　人 （又は法定代理人など） の 記 名 押 印	甲 川 花 子　　　㊞ 甲 川 太 郎　　　㊞

添付書類	申述人の戸籍謄本(全部事項証明書)，被相続人の戸籍(除籍)謄本，住民票除票，財産目録

申述人

本　籍 (国　籍)	（戸籍の添付が必要とされていない申立ての場合は，記入する必要はありません。） 東京　都道府県　新宿区○○町○丁目○番地	
住　所	〒○○○-○○○○ 　東京都杉並区○○町○丁目○番○号	電話　03 　　　090 (××××) ×××× 　　　　　　　　　　　　　方)
連絡先	〒　　-	電話　（　　） 　　　　　　　　　方)
フリガナ 氏　名	コウ カワ ハナ コ 甲 川 花 子	大正 昭和 平成 ○○ 年 ○○ 月 ○○ 日 生 （　○○　歳）
職　業	無　職	

※申述人

本　籍 (国　籍)	（戸籍の添付が必要とされていない申立ての場合は，記入する必要はありません。） 　　都道府県　上記申述人の本籍と同じ	
住　所	上記申述人の住所と同じ	電話　××× (×××) ×××× 　　　　　　　　　　　　方)
連絡先	〒　　-	電話　（　　） 　　　　　　　　　方)
フリガナ 氏　名	コウ カワ タ ロウ 甲 川 太 郎	大正 昭和 平成 ○○ 年 ○○ 月 ○○ 日 生 （　○○　歳）
職　業	会　社　員	

(注)　太枠の中だけ記入してください。
　　　※の部分は，申立人，法定代理人，成年被後見人となるべき者，不在者，共同相続人，被相続人等の区別を記入してください。

※被相続人

本　籍	都道府県　上記申述人らの本籍と同じ	
住　所	〒○○○-○○○○ 　横浜市中区○○町○丁目○番○号	（　　　　　　　　方)
フリガナ 氏　名	コウ カワ ジ ロウ 甲 川 次 郎	大正 昭和 ○○ 年 ○○ 月 ○○ 日 死亡 平成　　（　　　歳）

(注)　太枠の中だけ記入してください。※の部分は，申立人，相手方，法定代理人，不在者，共同相続人，被相続人等の区別を記入してください。

申　立　て　の　趣　旨

　被相続人の相続の限定承認をします。

申　立　て　の　理　由

1　申述人らは被相続人の妻・子です。被相続人の相続人は申述人らの2名だけです。
2　被相続人は，平成○○年○○月○○日に死亡し，同日申述人らは相続が開始したことを知りました。
3　申述人らが把握している被相続人の遺産は別紙財産目録記載のとおりですが，相当な債務もあると聞いていたので，申述人らは相続によって得た積極財産の限定においてのみ，債務を弁済したいので限定承認の申述をします。
　　なお，相続財産管理人には申述人甲川花子を選任してください。

第3 相続の承認・放棄の期間伸長の手続

解　説

(1) 制度の趣旨

相続人は，自己のために相続の開始があったことを知った時から3ヵ月以内に単純若しくは限定の承認又は放棄をしなければならない（民915条1項本文）が，債務調査に時間を要する必要がある場合や相続財産が複雑多大で各地に分散していたり，財産の所在が海外や遠隔地のため，その調査が3ヵ月以内では足りず，自己がその相続財産を承認するか放棄するか判断できない場合，この特別の事情を考慮して，利害関係人又は検察官の請求によって，家庭裁判所において，その熟慮期間を伸長することができるものとした（民915条1項ただし書）。期間伸長の申立ては，熟慮期間内にしなければならない。なお，期間伸長の審判は，熟慮期間内になされる必要はない。家事事件手続法は，期間伸長の申立手続を，別表第1事件として規定している（家手別表第1の89項）。「自己のために相続の開始があったことを知った時」は本章第1(1)(c)を参照。

(2) 申立手続

(a) 申立権者　　利害関係人又は検察官（民915条1項ただし書）。この利害関係人とは，相続関係の確定に法律上の利害を有する者であるので，当該相続人や包括受遺者のほか，共同相続人，受遺者，次順位の相続人，相続債権者等である。

(b) 管轄裁判所　　相続開始地の家庭裁判所（家手201条1項）。

(c) 申立手続費用　　以下の費用が考えられる。

(イ) 収入印紙　　800円（伸長の対象となる相続人1名につき）（民訴費3条1項・別表第1の15項）。

(ロ) 予納郵便切手　　460円分程度（伸長の対象となる相続人1名につき）（裁判所によって取扱金額が異なるので，管轄裁判所に問い合わせること）。

(d) 添付書類　　もし，申立前に入手が不可能な戸籍等がある場合は，その戸籍等は，申立後に追加提出することでも差し支えない。

【共通】

① 被相続人の住民票除票又は戸籍附票（最後の住所を明らかにするもの）

② 利害関係人からの申立ての場合，利害関係を証する資料（親族の場合，

戸籍謄本（全部事項証明書），包括受遺者であれば，遺言所の写し等）

③　伸長を求める相続人の戸籍謄本（全部事項証明書）

【配偶者又は第一順位相続人（子及びその代襲者）に関する申立ての場合】

④　被相続人の死亡の記載のある戸籍（除籍，改製原戸籍）謄本（全部事項証明書）

⑤　代襲者（孫，ひ孫等）の場合，被代襲者（本来の相続人）の死亡の記載のある戸籍（除籍，改製原戸籍）謄本（全部事項証明書）

【第二順位相続人（直系尊属）に関する申立ての場合（先順位相続人等から提出済みのものは添付不要）】

④　被相続人の出生時から死亡時までのすべての戸籍（除籍，改正原戸籍）謄本（全部事項証明書）

⑤　被相続人の子（及びその代襲者）で死亡している者がある場合，その子（及びその代襲者）の出生時から死亡時までのすべての戸籍（除籍，改製原戸籍）謄本（全部事項証明書）

⑥　死亡している直系尊属がある場合，その直系尊属の死亡の記載のある戸籍（除籍，改製原戸籍）謄本（全部事項証明書）

【第三順位相続人（兄弟姉妹及びその代襲者としての甥姪）に関する申立ての場合（先順位相続人等から提出済みのものは添付不要）】

④　被相続人の出生時から死亡時までのすべての戸籍（除籍，改製原戸籍）謄本（全部事項証明書）

⑤　被相続人の子（及びその代襲者）で死亡している者がある場合，その子（及びその代襲者）の出生時から死亡時までのすべての戸籍（除籍，改製原戸籍）謄本（全部事項証明書）

⑥　被相続人の直系尊属の死亡の記載のある戸籍（除籍，改正原戸籍）謄本（全部事項証明書）

⑦　代襲者（甥姪）の伸長を求める場合，被代襲者（本来の相続人）の死亡の記載のある戸籍（除籍，改製原戸籍）謄本（全部事項証明書）

(3)　審判手続

　相続財産の構成の複雑性，所在地，相続人の海外や遠隔地所在などの状況等を考慮して審理する。また，限定承認の期間伸長の申立てを審理するにあたっては，積極財産・消極財産の存在，限定承認をするについての共同相続人全員の協議期間並びに財産目録の作成期間などを考慮して審理することを

要する（大阪高決昭50・6・25家月28巻8号49頁）。

申立てを認容した場合，申立人及び熟慮期間を伸長された相続人に告知されて効力を生ずる（家手74条1項・2項）。

(4) 即時抗告

申立ての却下審判に対しては，申立人は，即時抗告をすることができる（家手201条9項1号）。旧家審法においては相続人又は利害関係人が申立権者であったが（旧家審規113条・111条，旧家審14条），相続の承認又は放棄をすべき期間は相続人ごとに進行し伸長の要否及び必要な期間も各相続人によって異なること，期間の伸長が必要な相続人は自ら申立てをすれば足りることから，家事事件手続法にて改められた。

伸長期間は家庭裁判所の裁量であるので，その伸長期間に不服があっても，必要に応じて，再度，伸長の申立てをすればよいので，一部却下を理由に即時抗告をすることはできないと解する。

(5) そ の 他

相続放棄の期間伸長の審判申立てが適法期間内になされ，その経過後に却下の審判があり即時抗告がなく確定した場合，その後に相続放棄の申立てがされてもこれを受理することはできないと解されている。

したがって，実務的には，熟慮期間経過後に，期間伸長の事由を欠くなどの理由で申立てを却下すべきときは，当該相続人が単純承認の意思を明確にしている場合を除き，却下の審判をせず，審判告知の日から1週間ないしは10日程度の余裕がある短期間の伸長を認めて，放棄あるいは限定承認するかどうかの判断をする機会を与えるのが相当であろうと解される（雨宮則夫=石田敏明編『相続の承認・放棄の実務』114頁）。

【石倉　　航】

第3　相続の承認・放棄の期間伸長の手続　　*475*

書式101　相続の承認・放棄の期間伸長の審判申立書

受付印	家事審判申立書　事件名（	相続の承認又は放棄の期間伸長	）

収入印紙　　800 円	（この欄に申立手数料として1件について800円分の収入印紙を貼ってください。）
予納郵便切手　　円	（貼った印紙に押印しないでください。）
予納収入印紙　　円	（注意）登記手数料としての収入印紙を納付する場合は，登記手数料としての収入印紙は貼らずにそのまま提出してください。

準口頭	関連事件番号　平成　　年（家　　）第	号

横浜　家庭裁判所 御中 平成 ○○年 ○○月 ○○日	申　立　人 （又は法定代理人など） の記名押印	甲　川　太　郎　　㊞

添付書類	（審理のために必要な場合は，追加書類の提出をお願いすることがあります。） 申立人の戸籍謄本（全部事項証明書）　被相続人の戸籍謄本（全部事項証明書）

申 立 人	本　籍 （国　籍）	（戸籍の添付が必要とされていない申立ての場合は，記入する必要はありません。） 東京　　　㊞道　新宿区○○町○丁目○番地 府県		
	住　所	〒 ○○○ － ○○○○ 東京都杉並区○○町○丁目○番○号	電話 03（××××）××××（　　　　　　方）	
	連絡先	〒　　　－	電話 090（××××）××××（　　　　　　方）	
	フリガナ 氏　名	コウ カワ タ ロウ 甲 川 太 郎	大正 昭和 平成 ○○年○○月○○日生（ ○○歳）	
	職　業	会 社 員		

※ 被 相 続 人	本　籍 （国　籍）	（戸籍の添付が必要とされていない申立ての場合は，記入する必要はありません。） 都道 申立人の本籍と同じ 府県	
	住　所	〒 横浜市中区○○町○丁目○番○号	電話（　　）（　　　　方）
	連絡先	〒　　　－	電話（　　）（　　　　方）
	フリガナ 氏　名	コウ カワ ジ ロウ 甲 川 次 郎	大正 昭和 平成 ○○年○○月○○日死亡（　　歳）
	職　業	な し	

（注）　太枠の中だけ記入してください。

※の部分は，申立人，法定代理人，成年被後見人となるべき者，不在者，共同相続人，被相続人等の区別を記入してください。

申　立　て　の　趣　旨
申立人が，被相続人甲川次郎の相続の承認又は放棄する期間を平成○○年○○月○○日まで伸長する，との審判を求めます。

申　立　て　の　理　由
1　申立人は被相続人の子です。
2　被相続人は平成○○年○○月○○日死亡し，同日申立人は相続が開始したことを知りました。
3　申立人は現在被相続人の相続財産の調査をしていますが，相続財産が複雑多大で各地に分散しているため，法定期間内に相続を承認するか放棄するか判断することが困難な状況にあります。
4　よって，この期間を平成○○年○○月○○日まで伸長してもらいたく申立てをします。

476 第3編 各種審判手続の書式実例 第10章 相続の承認及び放棄，財産分離に関する事件

第4 渉外相続放棄の申述受理の手続——被相続人が韓国人の場合

解　説

(1) 制度の趣旨

相続放棄や相続の限定承認の申述事件などの相続に関する事件について，被相続人が日本人ではない場合には，当然には日本人と同様の処理をすることはできない。相続については，諸外国にあっては，日本のように，被相続人の死亡により積極財産も消極財産も包括的に相続人に承継させるという包括承継主義を採用する国以外にも英米諸国のように被相続人の財産を直接相続人は承継せず，遺産管理人による管理清算後の積極財産のみを相続人に帰属させるという管理清算主義を採用する国もある。また，日本のように，相続財産の種類を問わず相続関係を一体とし，統一的に処理する統一主義を採用する国以外にも，相続財産のうち不動産と動産を区別し，適用法を区別する分割主義を採用する国もある。

そこで，被相続人が日本人ではない場合に，いかなる法律を適用し，いかに処理すべきかについては，被相続人及び相続人の国籍，常居所，遺言書の有無や遺産の内容等によって異なり，一律に決定することは困難であることから，被相続人が日本人以外である場合における相続放棄や相続の限定承認の申述などの事件についての国際裁判管轄権及び準拠法が問題となる。

まず，国際裁判管轄権については，相続の要素である被相続人，相続人及び遺産がすべて日本にある場合に日本に国際裁判管轄権が認められるほか，遺産が日本に存在する場合には，その他の要素が外国にあっても，日本と生活関連性など一定の関係を有するときには日本に国際裁判管轄権があると解されている。なお，日本国内で死亡した日本国籍を有しない被相続人にかかる相続の限定承認事件において，相続人が日本国内に在住する場合には日本に国際裁判管轄権があるとする審判例（東京家審昭52・7・19ジュリ689号137頁）がある。

次に，いかなる国の法規を適用すべきかについては，伝統的な解釈である，手続法と実体法とで区別する考え方を採用するのが相当である。すなわち，実体法上の問題については国際私法の準則に従い，いずれかの国の法律が準拠法となるのに対し，手続法上の問題については，「手続は法廷地法による」

の原則に従い，法廷地法である日本国の法律を適用すべきである。「手続は法廷地法による」の原則とは，そもそも事件処理を行う裁判所ないし裁判官は，その属する国家の法律に従うことが求められており，その属する国家の法律に拘束されるものであるから，当該事件の国際裁判管轄が定まり，処理をする裁判所ないし裁判官が決定すれば，その裁判所ないし裁判官の属する国家の法律が適用されることになる，というものである。したがって，手続法においては当該裁判を行う地の法律，法廷地法によるべきであり，国際私法によって，法廷地法の適用が否定された場合においても，当該事件における権利関係などの法律関係を決する実体法について法廷地法の適用が否定されたにすぎず，手続法に関しては法廷地法を適用すべきことになる。ただし，上記原則に基づくとしても，現実には，手続法と実体法が必ずしも歴然と区別できないことが多く，手続法と実体法の分別が問題となることも多い。手続法と実体法の分別が問題となるような場合においては，国際私法を尊重し，関係者の利益遵守を考慮して，実体法の適用分野を広く認め，あるいは，手続法の適用にあたって解釈による修正を加えることが必要となる場合もあり得よう。

　なお，相続放棄の申述については，裁判所が判断をして決定（審判）をするという他の家事審判事件と異なり，裁判所は申述を受理するという手続であることから，同手続は手続法上の問題というよりは，法律行為の方式の問題と解すべきである。したがって，日本において外国人が死亡した場合の相続放棄については，日本国の法の適用に関する通則法36条に「相続は，被相続人の本国法による」との規定により，当該被相続人の本国法に基づいて相続放棄をすることになるが，上述のとおり，相続放棄をするために裁判所への申述，届出等の手続が必要である場合には，法廷地法である日本の法律に従って，日本の裁判所へ申立てをすることになる。そして，上述のとおり，相続放棄手続については，手続法上の問題ではなく，法律行為の方式の問題と考えるべきであるから，申立ての方法については，法の適用に関する通則法10条2項に基づき，日本法に適合する方式により，日本における相続放棄，相続の限定承認の申述事件の方式に則って家庭裁判所において手続をすることになる。

　ただし，日本の裁判所の管轄権について，平成30年4月25日に公布された同日号外法律第20号による家事事件手続法の改正により，同法に3条の11が

新設された。これにより，裁判所は，相続放棄の申述の受理に係る審判事件については，相続開始の時における被相続人の住所が日本国内にあるとき，住所がない場合又は住所が知れない場合には相続開始の時における被相続人の居所が日本国内にあるとき，居所がない場合又は居所が知れない場合には被相続人が相続開始の前に日本国内に住所を有していたとき（日本国内に最後に住所を有していた後に外国に住所を有していたときを除く）は，管轄権を有するとされた（1項）。なお，この改正新法は，公布の日から起算して1年6月を超えない範囲内において政令で定める日から施行される（付則1条）が，この法律の施行の際現に係属している家事事件の日本の裁判所の管轄権については適用しないとされている（付則3条1項）。

(2) 被相続人が韓国人の場合

現在，日本において，「韓国人」という場合，日本国が国家として承認している大韓民国の国民である場合のほか，朝鮮民主主義人民共和国の国民である場合も含まれていることがある。この両国は，それぞれ別個の法律を有し，それぞれの基準に基づき国民の定義，確定を行っており，別個の本国法を有することから，その各本国法をいかに解すべきかが問題となる。

この点については，日本国が国家として承認している大韓民国の法律だけを適用すべきであるとする考え方，被相続人や相続人の常居所，帰属意思などを総合考慮していずれかの国の本国法を提供すべきであるとする考え方，日本に永住している場合には日本法のみを適用すべきであるとする考え方などがある。なお，一般に実務においては，国籍が「韓国」であるとされる場合，朝鮮民主主義人民共和国の国民であると明示されたとき以外は，大韓民国の国民であると解しているのが通常である。

そこで，まず，大韓民国の国民である韓国人が被相続人である場合について説明する。

大韓民国の国際私法では，相続については，死亡当時の被相続人の本国法によるものとされていることから（大韓民国国際私法49条1項），被相続人が大韓民国の国民である場合は，大韓民国民法を適用することになる。ただし，大韓民国の国際私法では，大韓民国の国民である被相続人が死亡時まで常居所を有していた国の法律を適用する旨の遺言を残していた場合や，不動産に関する相続について不動産の所在地の法律を適用することを指定していた場合には，被相続人の遺言による指定が優先し，指定された国の法律を適用す

べきものとされている（同法49条2項）。そうすると，日本で死亡した大韓民国の国民である被相続人が日本法を指定する遺言を残していた場合には，法の適用に関する通則法41条に基づくこととなる（日本の国際私法では大韓民国法を適用するとの条項があり，大韓民国法によれば日本法によるという場合，日本法の適用によって大韓民国法が適用された結果日本法に基づくことになるという適用関係，いわゆる「反致」）。

　次に，被相続人が朝鮮民主主義人民共和国の国民であることが明らかである場合について説明する。

　朝鮮民主主義人民共和国の対外民事関係法では，不動産相続についてはその所在地の法律を，動産相続については被相続人の本国法によることを原則としているが，外国に住所を有する被相続人の動産相続については，被相続人の住所地の法律を適用すると規定している（朝鮮対外民事関係法45条）。したがって，朝鮮民主主義人民共和国の国民が日本で死亡した場合には，被相続人の遺産が不動産であっても動産であっても，法の適用に関する通則法41条により日本法に反致することになる。

(3)　相続人の範囲等

　大韓民国民法によると，相続人の範囲は次のとおりである。

　被相続人の①直系卑属，②直系尊属，③兄弟姉妹，④4親等内の傍系血族の順で相続人となり，同順位の相続人が複数いるときには最も近親の者を先順位とし，同じ親等の相続人が複数いるときには共同相続人となり，胎児は既に出生したものとみなされる（大韓民国民法1000条）。

　日本法と相続人の範囲については異なるので注意が必要である。第一順位において，日本民法では「子」であるのに対し，大韓民国民法では「直系卑属」であるから，子だけにとどまらず孫，曾孫などが含まれること，第三順位において，日本民法では被相続人に配偶者がいても兄弟姉妹は相続人になるのに対し，大韓民国民法では兄弟姉妹がいない場合には配偶者が単独相続をすること，日本民法では第四順位という概念はなく被相続人に兄弟姉妹がいない場合には相続人はいない状態となるのに対し，大韓民国民法では第四順位として「おじ」，「おば」，「いとこ」といった4親等内の傍系血族が相続人になる。

　また，相続開始前に死亡し又は欠格となった相続人に直系卑属があるときにはその者が代襲する（同法1001条）。配偶者は上記①又は②の相続人がある

場合はその相続人と同順位で共同相続人となり，配偶者は上記①又は②の相続人がない場合には単独相続人となる（同法1003条）。

なお，朝鮮民主主義人民共和国相続法によると，相続人の範囲は次のとおりである。

被相続人の①配偶者，実子，養子，継子，胎児，実父母，養父母，継父母，②孫，実祖父母，義祖父母，実兄弟姉妹，半血兄弟姉妹，継兄弟姉妹，③4親等内の親族の順で相続人となり，同順位の相続人が複数いる場合は共同相続人となり（朝鮮民主主義人民共和国相続法17条），相続人である子又は兄弟姉妹が相続開始前に死亡した場合にはその子が代襲する（同法18条）。

(4) 相続放棄の期間

大韓民国民法では，相続開始があったことを知った日から3ヵ月以内に単純承認若しくは限定承認又は相続放棄をすることができ，この期間は利害関係人又は検事の請求により家庭裁判所が延長をすることができるとされている（大韓民国民法1019条1項）。また，相続人が相続の承認又は放棄をせず，上記期間内に死亡したときには，当該死亡した相続人の相続人が自己の相続開始があったことを知った日から起算する（同法1021条）とされている。大韓民国民法も日本民法（915条）と同様に，相続の承認又は放棄の熟慮期間を，相続の開始があったことを知った日から3ヵ月以内とするのが原則であるが，大韓民国民法においては，2002年の改正により，相続債務が相続財産を超過する事実を，重大な過失なく相続開始を知った日から3ヵ月以内に知らずに単純承認をした場合には，その事実を知った日から3ヵ月以内に限定承認をすることができるとする，特別限定承認制度（同法1019条3項）が新設された。

なお，朝鮮民主主義人民共和国相続法によると，相続が開始したことを知った時から6ヵ月以内に裁判所に書面又は口頭で承認又は相続放棄を申し立てることができ，6ヵ月以内に申立てをしなかったときには相続を承認したものとみなされる（朝鮮民主主義人民共和国相続法20条）。日本国民法では相続放棄をできる期間である熟慮期間が3ヵ月と規定されており，熟慮期間の規定が手続法上の規定とも解されることから，3ヵ月を超えて6ヵ月以内に申立てがされた場合の処理が問題となるが，上述のとおり，国際私法を尊重し，関係者の利益遵守を考慮すると，これを直ちに却下するのは相当ではないであろう。

(5) 審判の効力

韓国人の相続放棄の申述が，日本の家庭裁判所で受理された場合における当該申述については，日本の国際私法等の関係法規に基づいて適法に行われた手続であっても，当該本国においてこれを承認しなければ，本国において当然に効力を有するものとはいえない。被相続人が日本国以外にも遺産を有している，相続人が日本国以外にも存在するなどの事情がある場合には，承認されないこともありうることから，承認されない危険がある場合には，さらに当該本国においても手続をとる必要があることに注意が必要である。

(6)　申述手続

(a)　申述権者　　相続人。

(b)　管轄裁判所　　相続開始地の家庭裁判所。

(c)　申述期間　　相続開始ないし相続開始の事実を知ったときから3ヵ月（被相続人が朝鮮民主主義共和国の国民であることが明らかなときには相続開始から6ヵ月）。

(d)　申述費用　　収入印紙800円（民訴費3条1項・別表第1の15項），予納郵便切手800円程度（ただし，郵便切手額については裁判所により金額が異なるので問い合わせること）。

(e)　添付書類　　申述人が被相続人の相続人であることを確定するに足りる資料（本国の家族関係証明書，基本証明書，入養関係証明書等），被相続人の死亡時の住居所を示す資料（外国人住民票等）。

大韓民国においても，日本と同様，戸籍制度がとられていたが，2005年戸主制度を廃止することを主な内容とする大韓民国家族法の改正があり，これに伴い大韓民国戸籍法は廃止となり，2008年1月1日施行の家族関係の登録等に関する法律に基づいて戸籍簿は除籍となって家族関係登録簿に移記された。したがって，従前の身分関係については，除籍謄本によって確認し，家族関係の登録等に関する法律施行後の身分関係は家族関係登録簿に登載された内容によって確認することになる。ただし，家族関係登録簿は，人権保護の観点からその登載事項のすべてを一度に証明することができない制度がとられている。家族関係登録簿の登載事項は，①本人の登録基準地（日本における本籍地に相当する地），姓名，性別，本（本人の父方祖の出身地），生年月日，住民登録番号，実父母，養父母，子の姓名，性別，本，生年月日，住民登録番号，を証明する「家族関係証明書」，②本人の登録基準地，姓名，性別，本，生年月日，住民登録番号のほか，本人の出生，死亡，国籍喪失，取得，回復等に関する事項を証明する「基本証明書」，③本人の登録基準地，姓名，

性別，本，生年月日，住民登録番号のほか，配偶者の姓名，性別，本，生年月日，住民登録番号，婚姻及び離婚に関する事項を証明する「婚姻関係証明書」，④本人の登録基準地，姓名，性別，本，生年月日，住民登録番号のほか，養父母又は養子の姓名，性別，本，生年月日，住民登録番号，養子縁組及び離縁に関する事項を証明する「入養関係証明書」，⑤本人の登録基準地，姓名，性別，本，生年月日，住民登録番号のほか，親生父母，養父母又は親養子の姓名，性別，本，生年月日，住民登録番号，特別養子の縁組及び離縁に関する事項を証明する「親養子入養関係証明書」（「親養子入養」とは，日本民法でいう特別養子縁組に相当するものである）の５種類の証明書に分けて証明される。したがって，相続関係を確認するには，家族関係の登録等に関する法律施行前の除籍謄本のほか，家族関係登録簿登載後の被相続人の基本証明書，婚姻関係証明書，入養関係証明書，相続人の基本証明書が必要となる。

　なお，朝鮮民主主義共和国においては，現時点においても日本と同様に戸籍制度が採用されているが，日本における居住が長期にわたる者の場合など，本国においては正確な戸籍届出をしていない場合も多い。そのような場合には，相続人の範囲を確定することが困難である場合もある。このような場合には，親族等の供述等，戸籍以外の方法によってしか相続人を確定できないこともある。

(7)　審判手続

　(a)　受理の審判　　相続放棄については，いわゆる審判という形式ではなく，家庭裁判所が申述を受理することにより，相続放棄を認める審判がされたのと同様の効力が生ずる。すなわち，家庭裁判所は申述を受理する旨を申述書に記載し，この記載がされたときに相続放棄の効果が生じる（家手201条7項）。ここにいう受理とは，申立てを受け付けるという意味での受理ではなく，有効な相続放棄として認容するという裁判所の判断としての受理であることに注意しなければならない。

　相続人から，相続放棄の申述がされたときには，家庭裁判所は，受付後，申述が方式に適い，適法なものであって，本人の真意に基づくものであるかについて調査する。調査にあたっては，申告書とともに提出された資料を精査するほか，事案によって必要に応じて事実の調査（家手56条）を行う。調査の結果，申述を受理するのを相当と認めるときは，申述を受理し，そうでない場合には申述を却下する審判をする。

なお，事実の調査の結果，申述を却下すべき事情が判明するなど手続の追行に重要な変更を生じうると認めるとき，家庭裁判所は審判をする前に当事者及び利害関係参加人に対し通知（家手63条）をし，記録の閲覧等の機会を与える。

(b)　受理後の手続　　相続放棄の申述が受理されると，家庭裁判所から，申述人には，受理された旨の通知書が送付して通知される。申述人は，相続放棄受理証明書をもって自らの相続放棄が受理されていることを債権者等に示すことができる。申述人は，当該相続放棄を受理した家庭裁判所の裁判所書記官に対し，手数料（1通につき150円）を納付して，相続放棄受理証明書の交付を請求することができる。

(8)　**不服申立て**

家庭裁判所により相続放棄の申述が受理された場合には，受理に対する不服申立てをすることはできないが，申述が却下された場合には，却下審判に対し即時抗告をすることができる（家手201条9項3号）。

(9)　**留 意 点**

渉外事件処理においては，適法法令の調査を適切かつ慎重に行わなければならないことに十分注意すべきである。特に，相続関係事件の処理においては，相続開始当時の法律が適用されることに留意し，法律改正の有無等をよく確認する必要がある。

【遠藤　鈴枝】

484　第3編　各種審判手続の書式実例　第10章　相続の承認及び放棄，財産分離に関する事件

書式102　渉外相続放棄の申述書──被相続人が韓国人の場合

相　続　放　棄　申　述　書

受付印	
収入印紙　　　800円	（この欄に収入印紙800円を貼ってください。）
予納郵便切手　　　　円	（貼った印紙に押印しないでください。）

準口頭　　　関連事件番号　平成　　　年（家）第　　　　　　　　　　号

東　京　　家庭裁判所	申　述　人	李　春　男	㊞
御中	［未成年者などの場合は法定代理人の記名押印］		
平成　〇〇　年　〇〇　月　〇〇　日			

添付書類	（同じ書類は1通で足ります。審理のために必要な場合は，追加書類の提出をお願いすることがあります。）
	☑ 戸籍（除籍・改製原戸籍）謄本（全部事項証明書）　合計　　通
	☑ 被相続人の住民票除票又は戸籍附票
	☐

申述人	本　籍（国　籍）	大韓民国　都道府県		
	住　所	〒〇〇〇-〇〇〇〇　東京都台東区〇〇町〇丁目〇番〇号	電話　03（××××）×××× （　　　　　　）方	
	フリガナ　氏　名	リ　　ハルオ　李　春　男	昭和〇〇〇〇年〇〇月〇〇日生（〇〇歳）	職　業　会　社　員
	被相続人との関係	※ 被相続人の……　① 子　2 孫　3 配偶者　4 直系尊属（父母・祖父母）　5 兄弟姉妹　6 おいめい　7 その他（　　　）		

法定代理人等	※ 1 親権者　2 後見人　3	住　所	〒	電話　（　　　）　　（　　　　　　）方
		フリガナ　氏　名		フリガナ　氏　名

被相続人	本　籍（国　籍）	大韓民国　都道府県		
	最後の住　所	東京都台東区〇〇町〇丁目〇番〇号	死亡当時の職業	無　職
	フリガナ　氏　名	パク　レイカ　朴　麗　華	平成　26　年1月4日死亡	

(注)　太枠の中だけ記入してください。　※の部分は，当てはまる番号を〇で囲み，被相続人との関係欄の7，法定代理人等欄の3を選んだ場合には，具体的に記入してください。

申　述　の　趣　旨
相　続　の　放　棄　を　す　る　。

申　述　の　理　由

※　相続の開始を知った日………平成 26年 1 月 4 日
　　① 被相続人死亡の当日　　　3　先順位者の相続放棄を知った日
　　2　死亡の通知をうけた日　　4　その他（　　　　　　　　　　　　　）

放　棄　の　理　由	相　続　財　産　の　概　略		
※ 1　被相続人から生前に贈与を受けている。 2　生活が安定している。 3　遺産が少ない。 4　遺産を分散させたくない。 ⑤　債務超過のため 6　その他（　　　）	資 産	農　地……約＿＿＿平方メートル 山　林……約＿＿＿平方メートル 宅　地……約＿＿＿平方メートル 建　物……約＿＿＿平方メートル	現　金……約＿＿＿万円 預貯金 有価証券…約＿＿＿万円 不明
	負　債………………………………約＿＿＿3000＿＿＿万円		

(注)　太枠の中だけ記入してください。　※の部分は，当てはまる番号を〇で囲み，申述の理由欄の4，放棄の理由欄の6を選んだ場合には，（　）内に具体的に記入してください。

第5 渉外限定承認の申述受理の手続──被相続人が韓国人の場合

解　説

(1)　制度の趣旨

　相続放棄や相続の限定承認の申述事件などの相続に関する事件における被相続人が日本人ではない場合の処理については，一律に決定することは困難であり，その国際裁判管轄権や準拠法をいかにすべきかが問題となる。この点に関する総括的な概要については，本章第4(1)における解説を参照されたい。

　なお，日本の裁判所の管轄権について，平成30年4月25日に公布された同日号外法律第20号による家事事件手続法の改正により，同法に3条の11が新設された。これにより，裁判所は，限定承認の申述の受理に係る審判事件については，相続開始の時における被相続人の住所が日本国内にあるとき，住所がない場合又は住所が知れない場合には相続開始の時における被相続人の居所が日本国内にあるとき，居所がない場合又は居所が知れない場合には被相続人が相続開始の前に日本国内に住所を有していたとき（日本国内に最後に住所を有していた後に外国に住所を有していたときを除く）は，管轄権を有するとされた（1項）。ただし，この改正新法は，公布の日から起算して1年6月を超えない範囲内において政令で定める日から施行される（付則1条）が，この法律の施行の際現に係属している家事事件の日本の裁判所の管轄権については適用しないとされている（付則3条1項）。

(2)　被相続人が韓国人の場合

　現在，日本において，「韓国人」という場合，日本国が国家として承認している大韓民国の国民である場合のほか，朝鮮民主主義人民共和国の国民である場合も含まれていることがあり，この両国は，それぞれ固有の国籍法があり，それぞれの基準に基づき国民の確定を行っていることから，適用法をいかに解すべきかが問題となる。この点については，本章第4(2)における解説を参照されたい。

(3)　相続の限定承認

　まず，大韓民国の国民である韓国人が被相続人である場合について説明する。

相続の限定承認については，大韓民国民法においても日本民法とほぼ同様の制度が採用されている。すなわち，相続人が１人の場合は相続により取得する財産の限度において，相続人が複数人である場合には各相続人が相続分に応じて取得する財産の限度において，被相続人の債務及び遺贈を弁済することを条件として相続を承認することができるものとされている（大韓民国民法1028条・1029条）。

この相続の限定承認をすべき期間については，相続の単純承認，放棄の期間（同法1019条１項・３項）である相続開始があった時から３ヵ月以内が原則となる。ただし，2002年の改正により，相続債務が相続財産を超過する事実を，重大な過失なく相続開始を知った日から３ヵ月以内に知らずに単純承認をした場合には，その事実を知った日から３ヵ月以内に限定承認をすることができるとする，特別限定承認制度（同法1019条３項）が新設された。

相続の限定承認をしようとするときには，この期間内に相続財産目録を添付して裁判所に相続の限定承認の申告をしなければならない（同法1030条・1019条）。なお，相続債務が相続財産を超過する事実を，重大な過失なく相続開始を知った日から３ヵ月以内に知らずに単純承認をしたために，その事実を知った日から３ヵ月以内に限定承認をした場合（同法1019条３項）において，相続財産中に既に処分した財産があるときには，その価額を記載した目録を一緒に提出しなければならない。

また，相続人が複数人である場合には相続財産管理人を選任することができ（同法1040条），相続の限定承認後の手続についても，日本における手続とほぼ同様に，相続の限定承認をした日から５日以内に一般相続債権者と受遺者に対し，限定承認の事実と２ヵ月以上の期間内にその債権又は受贈を申告することを公告しなければならないこと（同法1032条），限定承認者若しくは相続財産管理人が相続財産を管理し，弁済配当を行うものとし，必要に応じて競売手続を利用するなどして清算する（同法1034条ないし1037条）などと規定されている。

次に，朝鮮民主主義人民共和国の国民が被相続人である場合について説明する。

朝鮮民主主義人民共和国相続法においても，相続の限定承認の制度が採用されており，限定相続人は，相続を受けた財産の範囲内で被相続人の債務及び遺言による贈与を履行することができるものとされ（朝鮮民主主義人民共和

国相続法22条），被相続人の債務を履行して贈与を受けることとなった者に財産を譲渡しなければならない（同法23条）とされる。相続人は，相続の開始を知った時から6ヵ月以内に裁判所に相続の限定承認を申請でき（同法20条），裁判所は限定相続人に相続財産目録の編纂を要求できる（同法22条）。朝鮮民主主義共和国相続法においては，限定相続財産の清算につき，①被相続人の債権者が複数である場合には債権比率によって債務を履行すること，②国家又は社会協同団体の債務が優先すること，③相続財産によって被相続人の債務を完済できないときには遺言による贈与は履行しないことが定められている（同法24条）。

　以上のとおり，大韓民国民法においても，朝鮮民主主義人民共和国相続法においても，相続の限定承認については，日本民法とほぼ同様の制度が採用されている。そこで，被相続人が大韓民国民ないし朝鮮民主主義共和国民である場合における相続の限定承認手続の処理についてであるが，まず，申述受理手続については法律行為の方式の問題として処理するのが相当である（本章第4(1)の解説を参照されたい）。その上で，相続の限定承認によって裁判所が相続財産管理人の選任をする場合には，選任手続は手続法上の問題というべきであることから，選任手続については，法廷地法である日本法に適合する方式によって，日本における相続の限定承認の手続の方式に則って家庭裁判所において手続をすべきことになる。

(4)　審判の効力

　韓国人の相続の限定承認の申述が，日本の家庭裁判所で受理された場合における当該申述については，日本の国際私法等の関係法規に基づいて適法に行われた手続であっても，当該本国においてこれを承認しなければ，本国において当然に効力を有するものとはいえない。被相続人が日本国以外にも遺産を有している，相続人が日本国以外にも存在するなどの事情がある場合には，承認されないこともありうることから，承認されない危険がある場合には，さらに当該本国においても手続をとる必要があることに注意が必要である。

(5)　申述手続

(a)　申述権者　　相続人全員。

(b)　管轄裁判所　　相続開始地の家庭裁判所（家手201条1項）。

(c)　申述期間　　相続開始ないし相続開始の事実を知った時から3ヵ月

（被相続人が朝鮮民主主義人民共和国の国民であることが明らかなときには相続開始日から6ヵ月）。

　(d)　申述費用　　収入印紙800円（民訴費3条1項・別表第1の15項），予納郵便切手800円程度（ただし，郵便切手額については裁判所により金額が異なるので問い合わせること）。

　(e)　添付書類　　申述人が被相続人の相続人であることを確定するに足りる資料（本国の家族関係証明書，基本証明書，入養関係証明書等），被相続人の死亡時の住居所を示す資料（外国人住民票等），相続財産目録。

　相続関係を確定する足りる資料については，大韓民国において戸籍制度が廃止されたことに伴い，2008年1月1日以降の分については，家族関係登録簿による証明が必要となった。この点についての詳細は，本章第4(6)(e)の解説を参照されたい。

　(6)　審判手続

　(a)　受理の審判　　相続の限定承認については，いわゆる審判という形式ではなく，家庭裁判所が申述を受理することにより，相続放棄を認める審判がされたのと同様の効力が生ずる。すなわち，家庭裁判所は申述を受理する旨を申述書に記載し，この記載がされたときに相続の限定承認の効果が生じる（家手201条7項）。ここにいう受理とは，申立てを受け付けるという意味での受理ではなく，有効な相続の限定承認として認容するという裁判所の判断としての受理であることに注意しなければならない。相続人から，相続の限定承認の申述がされたときには，家庭裁判所は，受付後，申述が方式に適い，適法なものであって，本人の真意に基づくものであるかについて調査する。調査にあたっては，申述書とともに提出された資料を精査するほか，事案によって必要に応じて事実の調査（家手56条）を行う。調査の結果申述を受理するのを相当と認めるときは，申述を受理し，相続人が複数人であるときには，裁判所は，共同相続人の中から相続財産管理人を選任し，そうでない場合には申述を却下する審判をする。

　なお，事実の調査の結果，申述を却下すべき事情が判明するなど手続の追行に重要な変更を生じうると認めるとき，家庭裁判所は審判をする前に当事者及び利害関係参加人に対して通知をし（家手63条），記録の閲覧等の機会を与える。

　(b)　受理後の手続　　相続の限定承認の申述が受理されると，家庭裁判所

から，申述人には，受理された旨の通知書，相続財産管理人が選任されたときにはその旨の審判書謄本が送付される。相続の限定承認が受理された相続人（限定承認者）又は相続財産管理人は，相続財産の管理，清算を行うことになるが，この限定承認者及び相続財産管理人に対しては，当然には家庭裁判所の指示，監督が及ばないものとされることから，自らの責任において，自己の固有財産におけるのと同一の注意をもって相続財産を管理し，適切に清算処理を行う必要がある。特に，相続の限定承認後5日以内に相続債権者及び受遺者に対する公告をしなければならないなど，法律に従った手続を履行して，相続財産の管理，清算手続を進める必要があるので，事前の準備が不可欠である。

(7) 不服申立て

家庭裁判所により相続の限定承認の申述が受理された場合，受理に対する不服はもとより，選任された相続財産管理人に不服があっても不服申立てをすることはできないが，申述が却下された場合には，却下審判に対し即時抗告をすることができる（家手201条9項3号）。

(8) 留 意 点

渉外事件処理においては，適法法令の調査を適切かつ慎重に行わなければならないことに十分注意すべきである。特に，相続関係事件の処理においては，相続開始当時の法律が適用されることに留意し，法律改正の有無等をよく確認する必要がある。

【遠藤　鈴枝】

490　第3編　各種審判手続の書式実例　　第10章　相続の承認及び放棄，財産分離に関する事件

書式103　渉外限定承認の申述書──被相続人が韓国人の場合

受付印		家事審判申立書　事件名（　相続の限定承認　）
収入印紙　　800 円		（この欄に申立手数料として1件について800円分の収入印紙を貼ってください。）
予納郵便切手　800 円		（貼った印紙に押印しないでください。）
予納収入印紙　　　円		（注意）登記手数料としての収入印紙を納付する場合は，登記手数料としての収入印紙は貼らずにそのまま提出してください。

| 準口頭 | | 関連事件番号　平成　　年（家）第　　　　　号 |

| 東京　家庭裁判所　御中 平成 ○○ 年 ○○ 月 ○○ 日 | 申　立　人 （又は法定代理人など） の記名押印 | 李　　春　男　　㊞ 朴　　春　子　　㊞ |

| 添付書類 | （審理のために必要な場合は，追加書類の提出をお願いすることがあります。） 大韓民国の家族関係証明書，基本証明書，入養関係証明書，外国人住民票，相続財産目録 |

申述人 申立人	本　籍 （国　籍）	（戸籍の添付が必要とされていない申立ての場合は，記入する必要はありません。） 大韓民国　　都　道 府　県	
	住　所	〒○○○-○○○○ 　東京都台東区○○町○丁目○番○号	03（××××）×××× （　　　　方）
	連絡先	〒　　-	電話　　（　　　） （　　　　方）
	フリガナ 氏　名	リ　　ハルオ 李　　春　男	昭和 平成 ○○○○ 年○○月○○ 日 生 （　○○　歳）
	職　業	会　社　員	

※ 申述人	本　籍 （国　籍）	（戸籍の添付が必要とされていない申立ての場合は，記入する必要はありません。） 大韓民国　　都　道 府　県	
	住　所	〒○○○-○○○○ 　東京都台東区○○町○丁目○番○号	電話　03（××××）×××× （　　　　方）
	連絡先	〒　　-	電話　（　　　） （　　　　方）
	フリガナ 氏　名	パク　ハルコ 朴　　春　子	昭和 平成 ○○○○ 年○○月○○ 日 生 （　○○　歳）
	職　業	無　　職	

（注）太枠の中だけ記入してください。
　※の部分は，申立人，法定代理人，成年被後見人となるべき人，不在者，共同相続人，被相続人等の区別を記入してください。

※ 被相続人	国本 籍	大韓民国　　都　道 府　県	
	最後の 住　所		（　　　　方）
	フリガナ 氏　名	リ　シュンサン 李　　春　山	昭和 平成 ○○○○ 年○○月○○ 日 死亡 （　　　　歳）

（注）太枠の中だけ記入してください。※の部分は，申立人，相手方，法定代理人，不在者，共同相続人，被相続人等の区別を記入してください。

申　　立　　て　　の　　趣　　旨
被相続人の相続につき，限定承認します。

申　　立　　て　　の　　理　　由
1　申述人らは，いずれも被相続人の子であり，被相続人の相続人は申述人らのみです。
2　被相続人は，2013年1月10日に死亡しました。
3　申述人らは，いずれも被相続人の死亡当日に相続の開始を知りました。
4　被相続人には別紙遺産目録記載の遺産があるものの，相当の負債もあるため，申述人らはいずれも相続財産の限度で債務を弁済したいので，相続の限定承認をすることを申述します。
5　なお，相続財産管理人には，申述人李春男を選任してください。

【備考】
　1．「申立ての理由」欄の5は，申述人が複数の場合のみ記載する。

第5　渉外限定承認の申述受理の手続——被相続人が韓国人の場合　　*491*

遺　産　目　録　（□特別受益目録）

【土　地】

番号	所　　　　　在	地　　番		地　目	面　　積		備　考
		番			平方メートル		
1	東京都台東区○○町 1丁目	2	3	宅地	250	00	

（注）この目録を特別受益目録として使用する場合には，（□特別受益目録）の□の部分にチェックしてください。
　　また，備考欄には，被相続人から生前に贈与を受けた相続人の氏名を記載してください。

遺　産　目　録　（□特別受益目録）

【建　物】

番号	所　　　　　在	家屋番号	種　類	構　　造	床　面　積		備　考
					平方メートル		
1	東京都台東区○○町 1丁目	2番3	居宅	木造瓦葺 2階建	1階 200 2階 150	51 80	

（注）この目録を特別受益目録として使用する場合には，（□特別受益目録）の□の部分にチェックしてください。
　　また，備考欄には，被相続人から生前に贈与を受けた相続人の氏名を記載してください。

492 第3編 各種審判手続の書式実例 第10章 相続の承認及び放棄，財産分離に関する事件

第6 限定承認をした場合における鑑定人の選任手続(1)──限定承認における条件付債権評価の場合

解　説

(1) 制度の趣旨

　限定承認者又は相続人の中から選任された相続財産管理人は，相続債務の清算手続において，一定の条件成就によって発生又は消滅する条件付債権や終身定期金債権のような存続期間の不確定な債権について，それらの条件成就や終期の確定まで待たずに，家庭裁判所が選任した鑑定人の評価に従って弁済しなければならないとされている（民930条2項・936条3項）。これは，条件付債権の価値は，条件成就の見通しなどによって定まるものであるが，その判断は困難であることから，家庭裁判所が選任した鑑定人が弁済すべき債権額の評価をすることにより，公正を担保しようとするものであって，家庭裁判所が選任した鑑定人により公平な評価がなされることになる。なお，ここにいう条件付債権とは，停止条件及び解除条件のいずれもが対象となる。

　上記の限定承認をした場合における条件付債権の評価のための鑑定人の選任を求める申立ては，家事審判事件として処理するものとされている（家手39条・別表第1の93項）。

(2) 申立手続

　(a) 申立権者　　限定承認者，相続財産管理人。

　(b) 管轄裁判所　　限定承認の申述を受理した家庭裁判所，抗告裁判所が受理した場合にはその第一審裁判所である家庭裁判所（家手201条2項）。

　(c) 申立手続費用　　収入印紙800円（民訴費3条1項・別表第1の15項），予納郵便切手800円程度（ただし，郵便切手額については裁判所により金額が異なるので問い合わせること）。

　(d) 添付書類　　申立人・被相続人・相続人の戸籍謄本（全部事項証明書），住民票，限定承認申述受理証明書，鑑定の対象となる条件付債権を記載した遺産目録等。

(3) 審判手続

　(a) 審　理　　家庭裁判所は，鑑定評価の対象となる条件付債権，存続期間の不確定な債権について調査し，その評価をする鑑定人候補者としての適格性を審査し，就職の意思を確認する。調査，審査にあたっては，申立時

に提出された資料を精査するほか，事案によって必要に応じて事実の調査（家手56条）を行う。なお，事実の調査の結果，却下の審判をすべき事情が判明するなど手続の追行に重要な変更を生じうると認めるときには，家庭裁判所は，審判をする前に当事者又は利害関係参加人に通知をし（家手63条），記録の閲覧等の機会を与える。

　(b)　審　　判　　家庭裁判所は，申立てを相当と認めるときは，鑑定人の選任の審判をし，不相当と認めるときは，却下の審判をし，申立人及び鑑定人に告知する。審判は，相当と認める方法により告知することで効力が生ずる（家手74条）。鑑定人の選任を求める審判については，即時抗告についての規定がないため，結果の如何にかかわらず審判に対して即時抗告をすることができず，申立人及び鑑定人のうちの1人に審判の告知がされるとその効力を生じる（家手85条・74条）。

　なお，本申立ては，限定承認者の弁済すべき価格を決定するためのみであるので，鑑定を命じたり，鑑定結果を提出させたり，鑑定に要した費用の負担を申立人らに命じたりする必要はないとされる（昭40・7・16法曹会決議「法曹会決議要録」365頁）。申立人は，選任された鑑定人に評価を依頼し，鑑定人は鑑定結果を依頼者に提出すれば足り，家庭裁判所が関与する必要はない。

　また，鑑定人の辞任については，明文の規定はないが，評価未了のうちに鑑定人が辞任の届出をしたときは，家庭裁判所は職権をもって，別の鑑定人を選任することができるものと解されている。

【遠藤　鈴枝】

494　第3編　各種審判手続の書式実例　第10章　相続の承認及び放棄，財産分離に関する事件

書式104　鑑定人の選任審判申立書(1)——限定承認における条件付債権評価の場合

受付印	家事審判申立書　事件名（　　　鑑定人の選任　　　）
収入印紙　　　800　円 予納郵便切手　　　　円 予納収入印紙　　　　円	（この欄に申立手数料として1件について800円分の収入印紙を貼ってください。） 　　　　　　　　　　（貼った印紙に押印しないでください。） （注意）登記手数料としての収入印紙を納付する場合は，登記手数料としての収入印紙は貼らずにそのまま提出してください。

準口頭	関連事件番号　平成　　　年（家　　　）第　　　　　　　　号

	千　葉　家庭裁判所 御中 平成　〇〇　年　〇〇　月　〇〇　日	申　立　人 （又は法定代理人など） の　記　名　押　印	甲　野　太　郎　　㊞

添付書類	（審理のために必要な場合は，追加書類の提出をお願いすることがあります。） 申立人・被相続人・相続人の戸籍謄本（全部事項証明書），住民票，限定承認申述受理証明書， 鑑定の対象となる条件付債権を記載した遺産目録等

申　立　人	本　籍 （国　籍）	（戸籍の添付が必要とされていない申立ての場合は，記入する必要はありません。） 千葉　都道府県　習志野市〇〇町〇丁目〇番地		
	住　所	〒〇〇〇－〇〇〇〇 千葉県習志野市〇〇町〇丁目〇番〇号	電話　×××（×××）×××× （　　　　　　　　方）	
	連絡先	〒　　　－	電話　（　　　） （　　　　　　　　方）	
	フリガナ 氏　名	コウ ノ　タ ロウ 甲　野　太　郎	大正 平成　〇〇年〇〇月〇〇日生 （　〇〇　歳）	
	職　業	会　社　員		

※ 被　相　続　人	本　籍 （国　籍）	（戸籍の添付が必要とされていない申立ての場合は，記入する必要はありません。） 千葉　都道府県　市原市〇〇町〇丁目〇番地		
	住　所	〒〇〇〇－〇〇〇〇 千葉県市原市〇〇町〇丁目〇番〇号	電話　×××（×××）×××× （　　　　　　　　方）	
	連絡先	〒　　　－	電話　（　　　） （　　　　　　　　方）	
	フリガナ 氏　名	コウ ノ　ハナ コ 甲　野　花　子	大正 平成　〇〇年〇〇月〇〇日生 （　〇〇　歳）	
	職　業			

（注）　太枠の中だけ記入してください。
　　※の部分は，申立人，法定代理人，成年被後見人となるべき者，不在者，共同相続人，被相続人等の区別を記入してください。

申　　立　　て　　の　　趣　　旨
別紙目録記載の条件付債権を評価する鑑定人の選任を求める。

申　　立　　て　　の　　理　　由
1　申立人は，被相続人の長男であり，被相続人の相続を限定承認して相続財産管理人に選任された者である（千葉家庭裁判所平成〇年（家）第〇号）。 2　被相続人の遺産財産には，別紙目録記載の条件付債務があるので，その弁済額の確定のため，同条件付債権を評価する鑑定人の選任を求める。 3　鑑定人の候補者は次のとおりである。 　　　住　所　東京都中央区〇〇町〇丁目〇番〇号 　　　事務所　東京都中央区〇〇町〇丁目〇番〇号　ビル〇階　乙川会計事務所 　　　氏　名　乙川三郎 　　　職　業　公認会計士 　　　電　話　03－〇〇〇〇－〇〇〇〇

第6 限定承認をした場合における鑑定人の選任手続(1)——限定承認における条件付債権評価の場合　　495

遺　産　目　録　（□特別受益目録）

【現金，預・貯金，株式等】

番　号	品　　　　　　　　　　　　　目	単　位	数量（金額）	備　　　考
1	条件は贈与債務 ・債権者　山田太郎 ・債務者　被相続人 ・内　容　被相続人の非嫡出子で		100万円	平成○年○月 ○日付公正証 書あり
	ある山田太郎が婚姻したとき には，祝金として，被相続人 が山田太郎に対し，100万円 を贈与する			

（注）この目録を特別受益目録として使用する場合には，（□特別受益目録）の□の部分にチェックしてください。
　　　また，備考欄には，被相続人から生前に贈与を受けた相続人の氏名を記載してください。

496 第3編 各種審判手続の書式実例 第10章 相続の承認及び放棄，財産分離に関する事件

第7 限定承認をした場合における鑑定人の選任手続(2)――限定承認における相続財産評価の場合

解　説

(1) 制度の趣旨

　限定承認者又は相続人の中から選任された相続財産管理人が，相続債務を弁済するため相続財産を売却する必要があるときは，競売手続によって換価しなければならない（民932条本文）。しかしながら，競売手続でなく当該相続財産を取得させても，その衡平な対価を弁済できるのであれば相続債務の弁済に支障を生ずることはないことから，相続人は家庭裁判所が選任した鑑定人の評価した価額を弁済することにより，その競売を止めて，当該相続財産を取得することができるとされている（民932条ただし書）。なお，民法932条ただし書の手続によって差止めができるのは民法932条本文の規定に基づく競売に限り，抵当権実行による競売の差止めはできないとされている（大決昭15・8・10民集19巻1456頁）。

　上記の限定承認をした場合における相続財産の評価のための鑑定人の選任を求める申立ては，家事審判事件として処理するものとされている（家手別表第1の93項）。

(2) 申立手続

　(a) 申立権者　　限定承認者，相続財産管理人，当該相続財産の取得を求める相続人。

　(b) 管轄裁判所　　限定承認の申述を受理した家庭裁判所，抗告裁判所が受理した場合にはその第一審裁判所である家庭裁判所（家手201条2項）。

　(c) 申立手続費用　　収入印紙800円（民訴費3条1項・別表第1の15項），予納郵便切手800円程度（ただし，郵便切手額については裁判所により金額が異なるので問い合わせること）。

　(d) 添付書類　　申立人・被相続人・相続人の戸籍謄本（全部事項証明書），限定承認申述受理証明書，鑑定の対象となる財産目録，不動産登記簿謄本（登記事項証明書）等。

(3) 審判手続

　(a) 審　理　　家庭裁判所は，相続人が競売手続によらないで取得を希望している相続財産の種類，態様について調査し，その評価をする鑑定人候

補者としての適格性を審査し，就職の意思を確認する。調査，審査にあたっては，申立時に提出された資料を精査するほか，事案によって必要に応じて事実の調査（家手56条）を行う。なお，事実の調査の結果，却下の審判をすべき事情が判明するなど，手続の追行に重要な変更を生じうると認めるときには，家庭裁判所は，審判をする前に当事者又は利害関係人に通知をし（家手63条），記録の閲覧等の機会を与える。

（b）審　　判　　家庭裁判所は，申立てを相当と認めるときは，鑑定人の選任の審判をし，不相当と認めるときは，却下の審判をし，申立人及び鑑定人に告知する。審判は，相当と認める方法により告知することで効力が生ずる（家手74条）。鑑定人の選任を求める審判については，即時抗告についての規定がないため，結果の如何にかかわらず審判に対して即時抗告をすることができず，申立人及び鑑定人のうちの１人に審判の告知がされるとその効力を生じる（家手85条・74条）。

なお，本申立ては，限定承認者の弁済すべき価格を決定するためのみであるので，家庭裁判所が改めて鑑定を命じたり，鑑定結果を家庭裁判所に提出させたり，鑑定に要した費用の負担を申立人らに命じたりする必要はない。家庭裁判所は鑑定人を選任するのみであり，申立人は，選任された鑑定人に評価を依頼し，鑑定人は鑑定結果を依頼者に提出すれば足り，家庭裁判所は鑑定人選任以後について個別具体的には関与しない。

また，辞任については，明文の規定はないが，評価未了のうちに鑑定人が辞任の届出をしたときは，家庭裁判所は職権をもって，別の鑑定人を選任することができるものと解されている。

【遠藤　鈴枝】

498　第3編　各種審判手続の書式実例　　第10章　相続の承認及び放棄，財産分離に関する事件

書式105　鑑定人の選任審判申立書(2)——限定承認における相続財産評価の場合

受付印	**家事審判申立書　事件名（　鑑定人の選任　）**

収入印紙　　800　円
予納郵便切手　　　　円
予納収入印紙　　　　円

（この欄に申立手数料として1件について800円分の収入印紙を貼ってください。）
　　　　　　　　　　　　（貼った印紙に押印しないでください。）
（注意）登記手数料としての収入印紙を納付する場合は，登記手数料としての収入印紙は貼らずにそのまま提出してください。

準口頭	関連事件番号　平成　　　年（家　　）第　　　　　　　　　　　　号

千葉　家庭裁判所　御中 平成　○○　年　○○　月　○○　日	申　立　人 （又は法定代理人など） の　記　名　押　印	甲　野　太　郎　　㊞

添付書類	（審理のために必要な場合は，追加書類の提出をお願いすることがあります。） 申立人・被相続人・相続人の戸籍謄本（全部事項証明書），限定承認申述受理証明書， 鑑定の対象となる財産目録，不動産登記簿謄本（登記事項証明書）等

申立人	本　籍 （国　籍）	（戸籍の添付が必要とされていない申立ての場合は，記入する必要はありません。） 千葉　都道府県　習志野市○○町○丁目○番地
	住　所	〒○○○－○○○○　　　　　　　　　　電話　×××（×××）×××× 千葉県習志野市○○町○丁目○番○号　　　　　　　（　　　　　　方）
	連絡先	〒　　－　　　　　　　　　　　　　　　電話　　（　　　） 　　　　　　　　　　　　　　　　　　　　　　（　　　　　　方）
	フリガナ 氏　名	コウ ノ タ ロウ 甲　野　太　郎　　　平成　○○年○○月○○日生　（　○○　歳）
	職　業	会　社　員

※ 被相続人	本　籍 （国　籍）	（戸籍の添付が必要とされていない申立ての場合は，記入する必要はありません。） 千葉　都道府県　市原市○○町○丁目○番地
	住　所	〒○○○－○○○○　　　　　　　　　　電話　×××（×××）×××× 千葉県市原市○○町○丁目○番○号　　　　　　　（　　　　　　方）
	連絡先	〒　　－　　　　　　　　　　　　　　　電話　　（　　　） 　　　　　　　　　　　　　　　　　　　　　　（　　　　　　方）
	フリガナ 氏　名	コウ ノ ハナ コ 甲　野　花　子　　　平成　○○年○○月○○日生　（　○○　歳）
	職　業	

（注）　太枠の中だけ記入してください。
　※の部分は，申立人，法定代理人，成年被後見人となるべき者，不在者，共同相続人，被相続人等の区別を記入してください。

申　立　て　の　趣　旨
別紙物件目録記載の相続財産の価額を評価する鑑定人の選任を求める。

申　立　て　の　理　由
1　申立人は，被相続人の長男であり，被相続人の相続を限定承認して相続財産管理人に選任された者である（千葉家庭裁判所平成○年（家）第○号）。 2　被相続人の遺産財産の中には，別紙物件目録記載の建物があるが，同建物は，一級建築士であった被相続人自身が申立人の婚姻の祝いに自ら設計施工してくれたものである。申立人としては，上記建物が他人の所有物になることは忍びがたく，申立人が同建物の価額相当額を相続債権者に弁済して，同建物を取得したいので，上記建物の価額を評価する鑑定人の選任を求める。 3　鑑定人の候補者は次のとおりである。 　　住　所　東京都葛飾区○○町○丁目○番○号 　　事務所　東京都葛飾区○○町○丁目○番○号　乙川不動産鑑定事務所 　　氏　名　乙川三郎 　　職　業　不動産鑑定士 　　電　話　03－○○○○－○○○○

第7　限定承認をした場合における鑑定人の選任手続(2)——限定承認における相続財産評価の場合　　*499*

遺　産　目　録　（□特別受益目録）

【建　物】

番　号	所　　　　　在	家屋番号	種　類	構　造	床　面　積	備　考
1	千葉県市原市○○町 1丁目2番地	2番3	居宅	木造瓦葺 2階建	平方メートル 1階　200　51 2階　150　80	敷地利用権は借地権

（注）この目録を特別受益目録として使用する場合には，（□特別受益目録）の□の部分にチェックしてください。
　　　また，備考欄には，被相続人から生前に贈与を受けた相続人の氏名を記載してください。

第8 相続財産の管理人選任手続——相続人による遺産の管理が困難な場合

解　説

(1)　制度の趣旨

　相続の放棄をした者は，その放棄によって相続人となった者が相続財産の管理を始めることができるまで，自己の財産におけるのと同一の注意をもって，その遺産財産の管理を継続しなければならない（民940条1項）。また，①相続人が相続の承認・放棄の熟慮期間中にある場合（民915条1項），②相続の限定承認があった場合（単独相続人の限定承認につき民926条2項・918条2項，複数相続人の限定承認につき民936条3項・926条2項・918条2項）の相続財産の清算中，及び，③先順位者の放棄によって相続人となった者が相続財産を管理することができない場合（民940条2項・918条2項）については，それぞれ，①の場合は相続人が，②の場合は限定承認者又は相続人の中から選任された管理人が，③の場合は相続放棄をした者が，いずれもその固有財産と同一の注意をもって相続財産を管理すべきものとされている（①につき民918条1項，②につき民926条1項・936条3項，③につき民940条1項）。

　一方で，その管理行為が適切でなかったり，管理が困難な諸事情が存在したりするときは，家庭裁判所は，申立てにより相続財産の管理に関する処分をすることができる（民918条2項）。この処分の内容は，最も有効な管理人を選任し，その管理人に管理を命ずる方法であるが，そのほかに相続財産の封印，換価や処分禁止命令等の財産について直接保全命令を命ずる方法や，財産目録の作成，提出を命ずる方法もある。

　上記の相続財産の管理に関する処分の申立ては，家事審判事件として処理するものとされている（家手別表第1の90項）。

(2)　申立手続

　(a)　申立権者　　利害関係人，検察官（民918条2項・926条2項・936条3項・940条2項）。

　(b)　管轄裁判所　　相続開始地を管轄する家庭裁判所（家手201条1項）。

　(c)　申立手続費用　　収入印紙800円（民訴費3条1項・別表第1の15項），予納郵便切手800円程度（ただし，郵便切手額については裁判所により金額が異なるので問い合わせること）。

第8　相続財産の管理人選任手続——相続人による遺産の管理が困難な場合　*501*

(d)　添付書類　　申立人・被相続人の戸籍謄本（全部事項証明書），候補者の戸籍謄本（全部事項証明書）・住民票，財産目録，不動産登記簿謄本（登記事項証明書），申立人の利害関係を証する資料。

(3)　審判手続

(a)　審　　理　　家庭裁判所は，書面上，形式的要件（管轄，申立権，相続財産についての利害関係の有無）及び実質的要件（処分の必要性のあること）を審理し，申立てを相当と認めるときは，管理人を選任するほか，事案に応じて物的保全処分を命ずる。審理にあたっては，申立時に提出された資料を精査するほか，事案によって必要に応じて事実の調査（家手56条）を行う。

　事実の調査の結果，却下の審判をすべき事情が判明するなど，手続の追行に重要な変更を生じ得ると認めるとき，家庭裁判所は，審判をする前に当事者又は利害関係参加人に通知をし（家手63条），記録の閲覧等の機会を与える。

(b)　審　　判　　家庭裁判所は，申立てを相当と認めるときは，相続財産管理人の選任の審判をし，不相当と認めるときは，却下の審判をし，申立人に告知する。審判は，相当と認める方法により告知することで効力が生ずる（家手74条）。相続人による遺産の管理が困難な場合における相続財産管理人の選任を求める審判については，即時抗告についての規定がないため，結果の如何にかかわらず審判に対して即時抗告をすることができない。

(4)　相続財産管理人の職務等

(a)　家庭裁判所が選任した相続財産管理人は，上記(1)の①ないし③の場合の相続人等の法定代理人であり，自らその財産を管理することが困難又は不適当である他人のために，確定的に管理ができるまでの間，当面暫定的に相続財産の管理を行うことを目的とする民法895条による管理人と同じ性質を有するため，地位ないし権限の定めも同一である（家手201条10項）。相続財産管理人の権利義務に関しては，不在者の財産管理人に関する規定（民895条2項・27条ないし29条），成年後見における財産管理の規定（家手201条10項・125条1項ないし6項），委任に関する規定（家手146条6項，民644条・646条・647条・650条）が準用される。

　(イ)　相続財産管理人は，その管理すべき財産の目録を作成し（民895条2項・27条1項），処分行為をするには家庭裁判所の許可を要する（民895条2項・28条）。家庭裁判所の命令があったときは，担保を提供しなければならない

（民895条2項・29条1項）。また，報酬付与の申立てをすることができる（民895条2項・29条2項）。

　　(ロ)　相続人による遺産の管理が困難な場合における相続財産管理に関する処分を命じた裁判所は，いつでも，遺産管理人を改任することができる（家手201条10項・125条1項）。

　　(ハ)　相続人による遺産の管理が困難な場合における相続財産管理に関する処分を命じた裁判所は，遺産管理人に対し，遺産財産の状況の報告及び管理の計算を命ずることができる（家手201条10項・125条2項）。

　　(ニ)　前記の報告及び計算に要する費用は，遺産の中から支弁する（家手201条10項・125条3項）。

　　(ホ)　相続人による遺産の管理が困難な場合における相続財産管理に関する処分を命じた裁判所は，遺産管理人に対し，提供した担保の増減，変更又は免除を命ずることができる（家手201条10項・125条4項）。

　　(ヘ)　遺産管理人の不動産又は船舶の上に抵当権の設定（設定した抵当権の変更又は消滅の登記についても同様）を命ずる審判が効力を生じたときは，裁判所書記官は，その設定の登記を嘱託しなければならない（家手201条10項・125条5項）。

　　(ト)　委任における受任者の善管注意義務についての規定（民644条），受任者による受取物，収受果実，取得した権利の引渡し等についての規定（民646条），受任者の金銭の消費についての責任の規定（民647条），受任者による費用等の償還請求等の規定（民650条）は，遺産管理人に準用される（家手201条10項・125条6項）。

　(b)　相続人による遺産の管理が困難な場合における相続財産管理に関する処分を命じた裁判所は，相続人等が遺産財産を管理することができるようになったとき，管理すべき遺産財産がなくなったとき，財産管理人が遺産財産を管理するのが相当でなくなったときは，相続人，財産管理人，利害関係人の申立てにより又は職権で，その処分の取消しの審判をしなければならない（家手201条10項・125条7項）。

　(c)　限定承認の場合の限定承認者又は相続人の中から選ばれた管理人（民936条1項）には相続財産の清算義務及び権限が課せられているが（民929条等，民936条2項），この義務及び権限が相続人による遺産の管理が困難な場合における相続財産管理人にも課せられるかという点については，特に清算権の

帰属において，学説上，積極及び消極の両説に分かれている。

【遠藤　鈴枝】

504　第3編　各種審判手続の書式実例　　第10章　相続の承認及び放棄，財産分離に関する事件

書式106　相続財産の管理人選任審判申立書——相続人による遺産の管理が困難な場合

受付印	**家事審判申立書　事件名（相続財産管理人の選任）**

収入印紙　　800　円	（この欄に申立手数料として1件について800円分の収入印紙を貼ってください。） 　　　　　　　　　　　　　　（貼った印紙に押印しないでください。） （注意）登記手数料としての収入印紙を納付する場合は，登記手数料としての収入印紙は貼らずにそのまま提出してください。
予納郵便切手　　　円	
予納収入印紙　　　円	

準口頭	関連事件番号　平成　　年（家　　）第　　　　　　　　　　　号

千葉　家庭裁判所 　　　　　　　御中 平成　○○年　○○月　○○日	申　立　人 （又は法定代理人など） の記名押印	甲　野　太　郎　　㊞

	（審理のために必要な場合は，追加書類の提出をお願いすることがあります。）
添付書類	申立人・被相続人の戸籍謄本（全部事項証明書），候補者の戸籍謄本（全部事項証明書）・住民票， 財産目録，不動産登記簿謄本（登記事項証明書），申立人の利害関係を証する資料

申 立 人	本　籍 （国　籍）	（戸籍の添付が必要とされていない申立ての場合は，記入する必要はありません。） 千葉　都道 　　　府県　習志野市○○町○丁目○番地
	住　所	〒○○○－○○○○　　　　　　　　　　電話　×××（×××）×××× 千葉県習志野市○○町○丁目○番○号　　　　　　　　（　　　　　　方）
	連絡先	〒　　－　　　　　　　　　　　　　　　　電話　　　（　　　） 　　　　　　　　　　　　　　　　　　　　　　　　（　　　　　　方）
	フリガナ 氏　名	コウ ノ　タ ロウ 甲　野　太　郎　　　　　　　　　　　　大正 　　　　　　　　　　　　　　　　　　　平成　○○年○○月○○日 生 　　　　　　　　　　　　　　　　　　　　　　　　（　　○○　　歳）
	職　業	会　社　員

※ 被 相 続 人	本　籍 （国　籍）	（戸籍の添付が必要とされていない申立ての場合は，記入する必要はありません。） 千葉　都道 　　　府県　市原市○○町○丁目○番地
	住　所	〒○○○－○○○○　　　　　　　　　　電話　×××（×××）×××× 千葉県市原市○○町○丁目○番○号　　　　　　　　　（　　　　　　方）
	連絡先	〒　　－　　　　　　　　　　　　　　　　電話　　　（　　　） 　　　　　　　　　　　　　　　　　　　　　　　　（　　　　　　方）
	フリガナ 氏　名	コウ ノ　ハナ コ 甲　野　花　子　　　　　　　　　　　　大正 　　　　　　　　　　　　　　　　　　　平成　○○年○○月○○日 生 　　　　　　　　　　　　　　　　　　　　　　　　（　　○○　　歳）
	職　業	

（注）　太枠の中だけ記入してください。
　　　※の部分は，申立人，法定代理人，成年被後見人となるべき者，不在者，共同相続人，被相続人等の区別を記入してください。

申　立　て　の　趣　旨
被相続人甲野花子の相続財産管理人の選任を求める。

申　立　て　の　理　由
1　申立人は，被相続人の長男であるが，平成○年○月○日に死亡した被相続人の相続を放棄すべきか，承認すべきか，現在熟慮中である。 2　被相続人の財産は，別紙遺産目録記載のとおりであるが，現在，被相続人の債権者と称する者が同財産を管理しており，申立人が自ら管理することが困難である。 3　よって，申立人が被相続人の相続の承認又は放棄するまでの間の相続財産管理人の選任を求める。 4　相続財産管理人の候補者は次のとおりである。 　　　住　所　東京都港区○○町○丁目○番○号 　　　事務所　東京都港区○○町○丁目○番○号○ビル○階　乙川法律事務所 　　　氏　名　乙川三郎 　　　職　業　弁護士 　　　電　話　03－○○○○－○○○○

第8　相続財産の管理人選任手続——相続人による遺産の管理が困難な場合　　*505*

遺　産　目　録　（□特別受益目録）

【土　地】

番号	所　　　　　　在	地　番		地　目	面　積		備　考
		番			平方メートル		
1	千葉県市原市○○町 1丁目	2	3	宅地	250	00	

(注)　この目録を特別受益目録として使用する場合には，（□特別受益目録）の□の部分にチェックしてください。
　　　また，備考欄には，被相続人から生前に贈与を受けた相続人の氏名を記載してください。

遺　産　目　録　（□特別受益目録）

【建　物】

番号	所　　　　　　在	家屋番号	種　類	構　造	床　面　積		備　考
					平方メートル		
1	千葉県市原市○○町 1丁目2番地	2番3	居宅	木造瓦葺 2階建	1階 200 2階 150	51 80	

(注)　この目録を特別受益目録として使用する場合には，（□特別受益目録）の□の部分にチェックしてください。
　　　また，備考欄には，被相続人から生前に贈与を受けた相続人の氏名を記載してください。

第9 相続放棄取消しの申述を求める手続

解 説

(1) 制度の趣旨

相続人はいったん家庭裁判所において相続放棄が受理されると，民法915条1項の期間内でも，これを撤回することができない（民919条1項）。しかし，民法919条2項に定める取消原因があるときは，その旨を家庭裁判所に申述することができるものとした。

相続放棄の取消しをなしうる場合とは，詐欺又は強迫によってした場合（民96条），未成年者が法定代理人の同意を得ないでした場合（民120条），後見監督人があるにもかかわらず，後見人が後見監督人の同意を得ないで被後見人に代わってした場合（民864条・865条）である。

相続放棄の取消権の消滅時効は，他の相続人や相続債権者等の地位を早期に確定させるため，通常の取消権の消滅時効（追認をすることができる時から5年）よりも短く，追認をすることができる時から6ヵ月とし，放棄の時から10年を経過したときも，同様にその取消権は消滅する（民919条3項ただし書後段）ものとした。「追認をすることができる時」とは，取消しの原因たる状況が消滅したとき（民124条1項）であり，詐欺の場合は詐欺であることを知った時，強迫の場合は強迫から免れた時，成年被後見人の場合は本人が能力を回復して放棄をしたということを知った時である。家事事件手続法は，相続放棄取消しの申述の受理を，別表第1事件として規定している（家手別表第1の91項）。

(2) 申述手続

(a) 申述権者　　取消権者（民120条・865条1項，家手201条4項・118条）。なお，旧家事審判法においては未成年者等自身についての規定はなかったが，民法上，未成年者等も意思能力を有する限り，自ら有効に取消権を行使することができる（民120条参照）ことから，限定承認又は相続放棄の取消しについても明確にすべく，家事事件手続法において明文化された（秋武憲一編著『概説家事事件手続法』235頁）。

(b) 管轄裁判所　　相続開始地の家庭裁判所（家手201条1項）。

(c) 申述手続費用　　以下の費用が考えられる。

(イ) 収入印紙　　800円（申述人1名につき）（民訴費3条1項・別表第1の15

項)。

　　㈑　予納郵便切手　　460円程度（申述人1名につき）（裁判所によって取扱金額が異なるので，管轄裁判所に問い合わせること）。

　⒟　添付書類　　申述の段階では，特になし。

⑶　**審判手続**

　申述が申述人の真意に基づいてなされているものか審理する。取消しの申述受理は，取消原因の存否を終局的に確定するものではないので，取消原因の存否は審理の範囲対象外とする裁判例がある（東京高決昭34・4・23家月11巻7号51頁。札幌高決昭55・7・16家月32巻12号47頁）。

　取消しの申述を受理した家庭裁判所は，受理した旨を先に放棄の申述を受理した家庭裁判所に速やかに通知する。管轄は相続開始地の家庭裁判所であるので，取消しの申述も相続放棄を受理した裁判所にすることがほとんどであろうが，事情のいかんによっては，必ずしも相続開始地又は前の申述が受理された裁判所に申述しなければならないわけではない（岡垣学＝野田愛子編『家事審判法講座第2巻』177頁〔岡垣学〕）。

　取消しの申述が受理されたのち，相続放棄受理証明書を交付する場合には，証明書の末尾に「前記申述人○○については，○年○月○日○家庭裁判所において相続放棄取消しの申述が受理されている」旨を付記し，裁判所書記官の押印をするなどの扱いをすることが望ましい（最高裁家庭局長昭37・6・28最高裁家二116号通達）。

⑷　**即時抗告**

　申述の却下審判に対しては，取消しをすることができる者は即時抗告をすることができる（家手201条9項2号）。旧家事審判法においては相続人及び利害関係人としていたが，改められた（旧家審規115条2項・111条）。申述受理審判に対しては，定めがなく即時抗告ができないとされる。

　　　　　　　　　　　　　　　　　　　　　　【石倉　　航】

508 第3編 各種審判手続の書式実例 第10章 相続の承認及び放棄，財産分離に関する事件

書式107 相続放棄取消しの申述書

受付印	家事審判申立書 事件名（ 相続放棄の取消し ）
収入印紙 800 円 予納郵便切手 円 予納収入印紙 円	（この欄に申立手数料として1件について800円分の収入印紙を貼ってください。） （貼った印紙に押印しないでください。） （注意）登記手数料としての収入印紙を納付する場合は，登記手数料としての収入印紙は貼らずにそのまま提出してください。

準口頭	関連事件番号 平成　年（家）第　　　号

横浜 家庭裁判所 御中 平成 ○○ 年 ○○ 月 ○○ 日	申 立 人 （又は法定代理人など） の 記 名 押 印	甲 川 太 郎 ㊞

添付書類	（審理のために必要な場合は，追加書類の提出をお願いすることがあります。）

<table>
<tr><td rowspan="6">申
述
人</td><td>本　籍
（国　籍）</td><td colspan="4">（戸籍の添付が必要とされていない申立ての場合は，記入する必要はありません。）
東京　㊞道府県　新宿区○○町○丁目○番地</td></tr>
<tr><td>住　所</td><td colspan="4">〒 ○○○ － ○○○　　　　　　電話　（　　）
東京都杉並区○○町○丁目○番○号　　　　　　方）</td></tr>
<tr><td>連絡先</td><td colspan="4">〒　　－　　　　　　　　　　　電話　（　　）
方）</td></tr>
<tr><td>フリガナ
氏　名</td><td colspan="4">コウ カワ タ ロウ
甲 川 太 郎　　　　　　　大正 平成 ○○ 年 ○○ 月 ○○ 日 生
（ ○○ 歳）</td></tr>
<tr><td>職　業</td><td colspan="4">会 社 員</td></tr>
</table>

<table>
<tr><td rowspan="5">※
被
相
続
人</td><td>本　籍
（国　籍）</td><td colspan="4">（戸籍の添付が必要とされていない申立ての場合は，記入する必要はありません。）
都道府県　申述人の本籍と同じ</td></tr>
<tr><td>住　所</td><td colspan="4">〒 ○○○ － ○○○　　　　　　電話　（　　）
横浜市中区○○町○丁目○番○号　　　　　　方）</td></tr>
<tr><td>連絡先</td><td colspan="4">〒　　－　　　　　　　　　　　電話　（　　）
方）</td></tr>
<tr><td>フリガナ
氏　名</td><td colspan="4">コウ カワ ジ ロウ
甲 川 次 郎　　　　　　　大正 昭和 ○○ 年 ○○ 月 ○○ 日 死亡
（ ○○ 歳）</td></tr>
<tr><td>職　業</td><td colspan="4">な し</td></tr>
</table>

（注）太枠の中だけ記入してください。
※の部分は，申立人，法定代理人，成年被後見人となるべき者，不在者，共同相続人，被相続人等の区別を記入してください。

申　立　て　の　趣　旨
申述人は，平成○年○月○日に横浜家庭裁判所が受理した被相続人甲川次郎の相続放棄を取り消します。

申　立　て　の　理　由
1　申述人は，被相続人の長男です。 2　申述人は，横浜家庭裁判所に相続放棄の申述をし，平成○年○月○日受理されました（事件番号平成○年（家）第○号）。 3　申述人は，被相続人の次男○○（申述人の弟）は被相続人の遺産を独占しようと考え，申述人に対して，「被相続人の相続財産を調査したが，多大な債務しか残らない，自分も放棄するから」と，申述人を誤信させて，申述人に相続放棄させたことが平成○年○月○日に判明しました。 4　申述人の相続放棄は，弟○○の詐欺によるものなので，申立ての趣旨のとおり，相続放棄の取消しの申述をします。

第10　限定承認取消しの申述の受理の手続

解　説

(1)　制度の趣旨

本章第9(1)参照。相続放棄取消しと同条文。

(2)　申述手続

(a)　申述権利者　　取消権者（民120条・865条1項，家手201条4項・118条）。なお，旧家事審判法においては未成年者等自身についての規定はなかったが，民法上，未成年者等も意思能力を有する限り，自ら有効に取消権を行使することができる（民120条参照）ことから，限定承認又は相続放棄の取消しについても明確にすべく，家事事件手続法において明文化された（秋武憲一編著『概説家事事件手続法』235頁）。

共同相続人全員でした限定承認申述の取消申述は，その取消原因のある相続人だけが申述人になる（岡垣学＝野田愛子編『家事審判法講座第2巻』176頁〔岡垣学〕）。

(b)　管轄裁判所　　相続開始地の家庭裁判所（家手201条1項）。

(c)　申述手続費用　　以下の費用が考えられる。

　(イ)　収入印紙　　800円（申述人1名につき）（民訴費3条1項・別表第1の15項）。

　(ロ)　予納郵便切手　　460円程度（申述人1名につき）（裁判所によって取扱金額が異なるので，管轄裁判所に問い合わせること）。

(d)　添付書類　　申述の段階では，特になし。

(3)　審判手続

本章第9(3)参照。

共同相続人の一部について限定承認の取消しが受理された場合の法律関係については，他の共同相続人の限定承認を無効とすることなく，取り消さない限定承認相続人だけで限定承認の清算手続を行い，残った財産があれば相続分に応じた分配を与えてもよいのではないか（谷口知平＝久貴忠彦編『新版注釈民法(27)』457頁〔谷口知平〕）という考え方と，限定承認は遡及的に効果を失う（岡垣・前掲180頁）という考えがある。

取消しの申述を受理した家庭裁判所は，受理した旨を先に限定承認の申述を受理した家庭裁判所に速やかに通知する。管轄は相続開始地の家庭裁判所

であるので，取消しの申述も限定承認を受理した裁判所にすることがほとん
どであろうが，事情のいかんによっては，必ずしも相続開始地又は前の申述
が受理された裁判所に申述しなければならないわけではない（岡垣・前掲177
頁）。

　取消しの受理は，取消しの審判を知らない相続人に不測の損害を与えるお
それがあるので，共同相続人全員に告知されなければならない（山崎邦彦「限
定承認」『家族法大系Ⅶ』85頁）。

　取消しの申述が受理されたのち，限定承認受理証明書を交付する場合には，
証明書の末尾に「前記申述人○○については，○年○月○日○家庭裁判所に
おいて限定承認取消しの申述が受理されている」旨を付記し，裁判所書記官
の押印をするなどの扱いをすることが望ましい（最高裁家庭局長昭37・6・28最
高裁家二116号通達）。

(4)　即時抗告

　申述の却下審判に対しては，取消しをすることができる者は即時抗告をす
ることができる（家手201条9項2号）。旧家事審判法においては相続人及び利
害関係人としていたが，改められた（旧家審規115条2項・111条）。申述受理審
判に対しては，定めがなく即時抗告ができないとされる。

【石倉　　航】

第10 限定承認取消しの申述の受理の手続 *511*

書式108 限定承認取消しの申述書

受付印	家事審判申立書　事件名（相続の限定承認取消し）

収入印紙　　　800　円	（この欄に申立手数料として1件について800円分の収入印紙を貼ってください。）
予納郵便切手　　　　円	（注意）登記手数料としての収入印紙を納付する場合は，登記手数料として
予納収入印紙　　　　円	（貼った印紙に押印しないでください。） の収入印紙は貼らずにそのまま提出してください。
準口頭	関連事件番号　平成　　　年（家　　）第　　　　　　号

横浜　家庭裁判所 御中 平成 ○○ 年 ○○ 月 ○○ 日	申　立　人 （又は法定代理人など） の　記　名　押　印	甲　川　太　郎　　　　㊞

添付書類	（審理のために必要な場合は，追加書類の提出をお願いすることがあります。）

申 述 人	本　籍 （国　籍）	（戸籍の添付が必要とされていない申立ての場合は，記入する必要はありません。） 東京 ㊞道　新宿区○○町○丁目○番地 　　　府県
	住　所	〒○○○－○○○○ 　東京都杉並区○○町○丁目○番○号　電話　　（　　　） 　　　　　　　　　　　　　　　　　　　　　　　　（　　　　　方）
	連絡先	同　上　電話　　（　　　） 　　　　　　　　　　　　　　　（　　　　　方）
	フリガナ 氏　名	コウ　カワ　タ　ロウ 甲　川　太　郎　　大正 　　　　　　　　昭和 ○○年○○月○○日 生 　　　　　　　　平成 （　○○　歳）
	職　業	無　職

※ 保 佐 人	本　籍 （国　籍）	（戸籍の添付が必要とされていない申立ての場合は，記入する必要はありません。） 東京 ㊞道　港区○○町○丁目○番地 　　　府県
	住　所	〒○○○－○○○○ 　東京都杉並区○○町○丁目○番○号　電話　×××（×××）×××× 　　　　　　　　　　　　　　　　　　　　　　　　（　　　　　方）
	連絡先	同　上　電話　　（　　　） 　　　　　　　　　　　　　　　（　　　　　方）
	フリガナ 氏　名	オツ　ヤマ　ハナ　コ 乙　山　花　子　　大正 　　　　　　　　昭和 ○○年○○月○○日 生 　　　　　　　　平成 （　○○　歳）
	職　業	会　社　員

（注）　太枠の中だけ記入してください。
※の部分は，申立人，法定代理人，成年被後見人となるべき者，不在者，共同相続人，被相続人等の区別を記入してください。

※ 被 相 続 人	本　籍	都　道 　　　　府　県　上記申述人らの本籍と同じ
	住　所	〒○○○－○○○○ 　横浜市中区○○町○丁目○番○号 　　　　　　　　　　　　　　　（　　　　　方）
	フリガナ 氏　名	コウ　カワ　ジ　ロウ 甲　川　次　郎　　大正 　　　　　　　　昭和 ○○年○○月○○日 死亡 　　　　　　　　平成 （　　　　歳）

（注）　太枠の中だけ記入してください。※の部分は，申立人，相手方，法定代理人，不在者，共同相続人，被相続人等の区別を記入してください。

申　　立　　て　　の　　趣　　旨
申述人は，横浜家庭裁判所で平成○年○月○日に受理された被相続人甲川次郎の相続の限定承認を取り消します。

申　　立　　て　　の　　理　　由
1　被相続人甲川次郎の相続について，申述人甲川太郎（被相続人の長男）は相続人○○○○，相続人○○○○と限定承認の申述をし，同申述は平成○年○月○日横浜家庭裁判所で受理されました。 2　限定承認申述前である平成○年○月○日に申述人甲川太郎は保佐が開始しており，保佐人には乙山花子が選任されています。 3　限定承認の申述は保佐人の同意を得ないでしたものであるので，同申述を取り消したくこの申述をします。

第11　相続財産分離の手続(1)——第一種の財産分離の場合

解　説

(1)　制度の趣旨

(a)　はじめに　　相続債権者又は受遺者は，相続開始の時から3ヵ月以内に，相続人の財産から相続財産を分離することを家庭裁判所に請求することができる。また，相続財産が相続人の固有財産と混同しない間は，相続開始後3ヵ月経過しても同様の請求ができる（民941条1項）。この家庭裁判所への申立ては，家事事件手続法別表第1（96項）の審判事項である。

　相続が開始すると被相続人に属していた一切の財産は相続人に包括的に承継され，その結果，相続財産と相続人の固有財産とは混合する。この混合した財産から相続人は，相続債権者又は受遺者に弁済するとともに，相続人固有の債務につきその債権者に弁済することになる。その場合，相続人の財産が債務超過のときは，相続債権者・受遺者は，十分な弁済を受けられず不利益を被るおそれがある。このような場合に，債権者間の衡平を図るため，相続債権者・受遺者は，相続財産と相続人の固有の財産を特別財団として分離し，相続財産の清算を行う手続を家庭裁判所に求めることができる（民941条）。相続債権者・受遺者の請求による財産分離を「第一種の財産分離」という。

(b)　財産分離の効果　　財産分離の請求をした者及び民法941条2項により配当加入の申出をした者は，相続財産について相続人の債権者に優先して

	第一種の財産分離	第二種の財産分離
目　的	相続人が債務超過のための相続財産と相続人固有財産の分離	相続財産が債務超過のための相続財産と相続人固有財産の分離
申立権者	相続債権者又は受遺者	相続人の債権者
申立期間	相続開始の時から3ヵ月以内。相続財産が相続人の固有の財産と混合しない間は，相続開始後3ヵ月経過後でも分離の請求をすることができる。	相続人が限定承認することができる間，又は相続財産が相続人の固有財産と混同しない間，請求することができる。
分離後の効果	相続財産について相続債権者又は受遺者は相続人の債権者に優先して弁済を受けられる。	相続人の固有財産から相続人の債権者が，相続債権者・受遺者より優先して弁済を受けられる。

弁済を受けることができる（民942条）。

(2) 申立手続

(a) 申立権者　　相続債権者又は受遺者（包括受遺者を除く）（民941条1項）。

(b) 申立期間　　相続開始の時から3ヵ月以内。相続財産が相続人の固有の財産と混合しない間は，相続開始後3ヵ月経過後でも分離の請求をすることができる。

(c) 管轄裁判所　　相続開始地の家庭裁判所（家手202条1項1号）。

(d) 申立手続費用　　以下の費用が考えられる。

　(イ) 収入印紙　　800円（民訴費3条1項・別表第1の15項）。

　(ロ) 予納郵便切手　　410円程度。

(e) 添付書類　　本人（財産分離の対象となる者）の戸籍謄本（全部事項証明書），被相続人の出生時から死亡時までのすべての戸籍（除籍，改製原戸籍）謄本（全部事項証明書），本人が第2・第3順位相続人や代襲相続人である場合，相続人であることを証する戸籍（除籍）謄本（全部事項証明書），申立人が法人の場合，商業登記簿謄本（登記事項証明書），相続債権者又は受遺者であることを証する資料（債権証書，遺言書など），財産目録。

(3) 審判手続

(a) 財産分離の必要性　　第一種の財産分離請求があった場合，家庭裁判所は財産分離の必要性があるときに限り分離を命ずる審判をする（東京高決昭59・6・20判時1122号117頁）。したがって，財産分離をしなくても相続債権の弁済に何らの影響を与えるおそれのない場合にまで相続債権者の恣意により相続財産を分離することは許されない（新潟家新発田支審昭41・4・18家月18巻11号70頁）。

(b) 財産分離に伴う管理に必要な処分　　相続人は，財産分離の請求があった後は，以後，自身の固有財産におけると同一の注意をもって相続財産の管理をしなければならない（民944条1項）。また，財産分離の請求があったときは，家庭裁判所は，その事件の係属中又は財産分離の審判と同時に相続財産の管理について職権で必要な処分として管理人の選任，相続財産の封印，財産目録の作成，供託，換価などを命ずることができる（民943条1項）。相続財産の管理に関する処分は，家事事件手続法別表第1（97項）の審判事項であるが，申立てはできず裁判所の職権立件のみと解されている（君野雅一＝石居友紀『家事事件手続法下における書記官事務の運用に関する実証的研究－別表第一事件

を中心に』（平成27年度書記官実務研究）582頁，谷口知平＝久貴忠彦編『新版注釈民法
(27)』622頁〔塙陽子〕）。したがって，申立人が相続財産の管理について必要な
処分を申し立てた場合，家庭裁判所の職権発動を促す申立てとなる。管理人
を選任した場合は，不在者の財産管理人の権利義務の規定（民27条〜29条）が
準用される（民943条2項）。

　(c)　財産分離の阻止　　相続人は，固有財産で，相続債権者・受遺者に弁
済し又は担保を供して財産分離の請求を防止し又はその効力を消滅させるこ
とができる（民949条本文）。

　(d)　審判の告知　　認容審判については，申立人，相続人全員に，却下審
判は申立人に告知される（家手74条1項・2項・3項）。なお，却下審判につい
ても相続人全員に対し，普通郵便で結果の連絡の方法として審判書謄本を送
付するのが相当である。

　(e)　即時抗告　　分離を命じる審判に対しては相続人から（家手202条2項
1号），申立却下の審判に対しては相続債権者，受遺者（民941条1項）が即時
抗告をすることができる（家手202条2項2号）。

(4)　債権申出の公告

　家庭裁判所が財産の分離を命じたときは，申立人は，5日以内に，他の相
続債権者及び受遺者に対し，財産分離の命令があったこと及び一定の期間内
（その期間は2ヵ月を下ることができない）に配当加入の申出をすべき旨を公告し
なければならない（民941条2項）。

【石井　久美子】

第11 相続財産分離の手続(1)——第一種の財産分離の場合 515

書式109 相続財産の分離を求める審判申立書(1)——第一種の財産分離の場合

受付印	家事審判申立書　事件名（ 第一種相続財産分離 ）

収入印紙　　　 800 円	（この欄に申立手数料として１件について 800 円分の収入印紙を貼ってください。）
予納郵便切手　　　円	（貼った印紙に押印しないでください。）
予納収入印紙　　　円	（注意）登記手数料としての収入印紙を納付する場合は、登記手数料としての収入印紙は貼らずにそのまま提出してください。

| 準口頭 | 関連事件番号 平成　　年（家　　）第　　　　　号 |

| 横浜　家庭裁判所　御中 平成 ○○年 ○○月 ○○日 | 申立人 （又は法定代理人など） の記名押印 | 乙川木材株式会社 代表者代表取締役 乙川三郎 ㊞ |

| 添付書類 | （審理のために必要な場合は、追加書類の提出をお願いすることがあります。） 申立会社商業登記簿勝本（登記事項証明書）、事件本人の戸籍勝本（全部事項証明書） 被相続人の除籍勝本（全部事項証明書）　売買契約書写し、遺産目録 |

申立人

本　籍 (国　籍)	（戸籍の添付が必要とされていない申立ての場合は、記入する必要はありません。）　　都 道 府 県
住　所	〒○○○-○○○○ 神奈川県平塚市○○町○丁目○番○号 ×××（×××）×××× （　　　　　方）
連絡先	〒　　　　　　　電話（　　　　　）　　　（　　　　　方）
フリガナ 氏　名	オツカワモクザイカブシキカイシャ　　代表者代表取締役 乙川木材株式会社　　乙川三郎 ㊞ 昭和・平成 ○○年○○月○○日 生（　○○　歳）
職　業	

※ 被相続人

本　籍 (国　籍)	（戸籍の添付が必要とされていない申立ての場合は、記入する必要はありません。） 神奈川　都道府県 横浜市中区○○町○丁目○番地
最後の 住　所	〒○○○-○○○○ 横浜市泉区○○町○丁目○番○号 電話 ×××（×××）×××× （　　　　　方）
連絡先	〒　　　　　　　電話（　　　　　）　　　（　　　　　方）
フリガナ 氏　名	コウノ　タロウ 甲野太郎 昭和・平成 ○○年○○月○○日 生（　○○　歳）
職　業	

(注)　太枠の中だけ記入してください。
※の部分は、申立人、法定代理人、成年被後見人となるべき者、不在者、共同相続人、被相続人等の区別を記入してください。

※ 相続人

本　籍	神奈川　都道府県 鎌倉市○○町○丁目○番地
住　所	〒○○○-○○○○ 神奈川県鎌倉市○○町○丁目○番○号 （　　　　　方）
フリガナ 氏　名	コウノ　イチ　ロウ 甲野一郎 昭和・平成 ○○年○○月○○日 生（　○○　歳）

(注)　太枠の中だけ記入してください。※の部分は、申立人、相手方、法定代理人、不在者、共同相続人、被相続人等の区別を記入してください。

申　立　て　の　趣　旨

相続人甲野一郎の財産から被相続人甲野太郎の相続財産を分離するとの審判を求める。

申　立　て　の　理　由

1　被相続人甲野太郎は平成○○年○○月○○日死亡し、相続人甲野一郎は同人の唯一の相続人です。

2　申立会社は被相続人に対し、平成○○年○月○日、木材販売代金債権1000万円を有し、その弁済期も既に到来していましたが、未だ支払を受けていません。

3　相続人は、自身の固有財産が債務超過の状況にあり、その固有財産と相続財産が混合した場合は、申立会社は不測の損害を受けるおそれがあります。

4　よって、申立ての趣旨のとおりの審判を求めます。

第12　相続財産分離の手続(2)──第二種の財産分離の場合

解　説

(1)　制度の趣旨

(a)　はじめに　　相続人が限定承認をすることができる間又は相続財産が相続人の固有財産と混同しない間は，相続人の債権者は家庭裁判所に対して相続財産と相続人の固有財産を分離することを請求することができる（民950条1項）。この相続人の債権者からの家庭裁判所への申立ては，第二種の財産分離の申立てで，家事事件手続法別表第1（96項）の審判事項である。

この申立ては，相続財産が債務超過であるにもかかわらず相続人が相続放棄や限定承認をしないときに，相続人の債権者の利益を保護するための規定である。

(b)　財産分離の効果　　相続債権者，受遺者は，相続財産で弁済を受けることができないと，残額について相続人固有の財産から弁済を受けるが，財産分離をすると相続人の債権者の弁済のほうが優先する。

(c)　財産分離の請求があったときは，家庭裁判所は，相続財産の管理について必要な処分として管理人を選任し，その他必要な処分を命ずることができる（民950条2項・943条1項）。詳細は本章第11(3)(b)参照。

管理人を選任した場合は，不在者の財産管理人の権利義務の規定（民27条～29条）が準用される（民943条2項）。

(2)　申立手続

(a)　申立権者　　相続人の債権者（民950条1項）。

(b)　申立期間　　相続人が限定承認することができる間，又は相続財産が相続人の固有財産と混同しない間，請求することができる。

(c)　管轄裁判所　　相続開始地の家庭裁判所（家手202条1項1号）。

(d)　申立手続費用　　以下の費用が考えられる。

(イ)　収入印紙　　800円（民訴費3条1項・別表第1の15項）。

(ロ)　予納郵便切手　　410円程度。

(e)　添付書類　　本人（財産分離の対象となる者）の戸籍謄本（全部事項証明書），被相続人の出生時から死亡時までのすべての戸籍（除籍・改製原戸籍）謄本（全部事項証明書），本人が，第2・第3順位相続人や代襲相続人である場合，相続人であることを証する戸籍（除籍）謄本（全部事項証明書），相続人の

固有債権者であることを証する資料（金銭消費貸借契約書，売買契約書等），財産目録。

(3) 審判手続

(a) 家庭裁判所は債務超過等の実態を審理し，財産分離の必要性があるときに限り分離を命ずる審判をする。財産分離の請求があったときは，家庭裁判所は，職種で相続財産の管理について管理人を選任し，その他必要な処分を命ずることができる（民950条2項・943条1項）。

(b) 審判の告知　　認容審判については申立人，相続人全員に，却下審判は申立人に告知される（家手74条1項・2項・3項）。なお，却下審判についても相続人全員に対し，普通郵便で結果の連絡の方法として審判書謄本を送付するのが適切である。

(c) 即時抗告　　分離を命じる審判に対しては相続人から（家手202条2項1号），申立却下の審判に対しては相続人の債権者から（民950条1項），即時抗告をすることができる（家手202条2項3号）。

(4) 債権申出の公告

家庭裁判所が財産の分離を命じる審判が確定したら，申立人は，財産分離の命令後5日以内に，一切の相続債権者及び受遺者に対し，財産分離の命令があったこと及び一定の期間内（その期間は2ヵ月を下ることができない）にその請求の申出をすべき旨を，また期限内に申出がないときは弁済から除斥されるべき旨公告し，かつ知れたる債権者には各別に催告しなければならない（民950条2項ただし書・927条）。

【石井　久美子】

518　第3編　各種審判手続の書式実例　　第10章　相続の承認及び放棄，財産分離に関する事件

書式110　相続財産の分離を求める審判申立書(2)——第二種の財産分離の場合

受付印	家事審判申立書　事件名（ 第二種相続財産分離 ）

収入印紙	800 円
予納郵便切手	円
予納収入印紙	円

（この欄に申立手数料として1件について800円分の収入印紙を貼ってください。）

（注意）登記手数料としての収入印紙を納付する場合は，登記手数料としての収入印紙は貼らずにそのまま提出してください。

（貼った印紙に押印しないでください。）

準口頭	関連事件番号　平成　　年（家　　）第　　　　　　　　号

	横浜　　家庭裁判所 御中 平成　○○年　○○月　○○日	申 立 人 （又は法定代理人など） の 記 名 押 印	乙 川 三 郎　　　　㊞

添付書類	（審理のために必要な場合は，追加書類の提出をお願いすることがあります。） 本人の戸籍謄本（全部事項証明書） 被相続人の除籍謄本（全部事項証明書）　　金銭消費貸借契約書　　遺産目録

申　立　人

（戸籍の添付が必要とされていない申立ての場合は，記入する必要はありません。）

本　籍 （国　籍）	都　道 　府　県

住　所	〒○○○－○○○○ 神奈川県海老名市○○町○丁目○番○号	×××（×××）×××× 電話（　　　　　　方）

連絡先	電話（　　　　　　方）

フリガナ 氏　名	オツカワ　サブロウ 乙 川 三 郎	明・大・昭㊞ 平成　○○年○○月○○日 生 （　○○　歳）

職　業	会社役員

※ 被相続人

（戸籍の添付が必要とされていない申立ての場合は，記入する必要はありません。）

本　籍 （国　籍）	神奈川　都道㊞　横浜市中区○○町○丁目○番地 　　　　　府県

最後の 住　所	横浜市泉区○○町○丁目○番○号	電話　×××（×××）×××× （　　　　　　方）

連絡先	電話（　　　　　　方）

フリガナ 氏　名	コウノ　タロウ 甲 野 太 郎	明・大・昭㊞ 平成　○○年○○月○○日 生 （　○○　歳）

職　業	

(注)　太枠の中だけ記入してください。

※の部分は，申立人，法定代理人，成年被後見人となるべき者，不在者，共同相続人，被相続人等の区別を記入してください。

※ 相続人

本　籍	神奈川　都道㊞　鎌倉市○○町○丁目○番地 　　　　府県

住　所	〒○○○－○○○○ 神奈川県鎌倉市○○町○丁目○番○号	（　　　　　　方）

フリガナ 氏　名	コウノ　イチ　ロウ 甲 野 一 郎	明・大・昭㊞ 平成　○○年○○月○○日 生 （　○○　歳）

(注)　太枠の中だけ記入してください。※の部分は，申立人，相手方，法定代理人，不在者，共同相続人，被相続人等の区別を記入してください。

申　立　て　の　趣　旨

相続人甲野一郎の財産から被相続人甲野太郎の相続財産を分離するとの審判を求める。

申　立　て　の　理　由

1　被相続人甲野太郎は平成○○年○○月○○日死亡し，相続人甲野一郎は同人の唯一の相続人です。

2　申立人は，相続人に対し平成○○年○月○○日1000万円を，返済日平成○○年○○月○○日，利息年5分の定めで貸し渡しましたが，弁済期が既に到来しているのに返済がありません。

3　被相続人の相続財産は債務超過の状況にあり，相続人甲野一郎の固有財産と相続財産が混合した場合，申立人は不測の損害を受けるおそれがあります。

4　よって，申立ての趣旨のとおりの審判を求めます。

第11章

遺産分割に関する事件

第1 遺産の分割禁止を求める手続

解　説

(1) 根　拠

民法907条3項に基づく遺産の分割禁止の申立ては，家事審判事件である（平4・8・21最高裁総三第26号事務総長通達別表第5・1・家事法別表第2関係(13)）。

(2) 制度の趣旨

(a) 家庭裁判所は，遺産分割の審判の中で，特別な事由があるときは，期間を定めて，遺産の全部又は一部について，その分割を禁ずることができる（民907条3項）。通説は，禁止期間を民法256条，908条との均衡から5年を超えてはならないと解している（島津一郎ほか編『基本法コンメンタール相続』〔第5版〕93頁〔松川正毅〕）。

ただし，5年を超えない期間であれば，分割禁止の更新は否定されない（民256条2項）。審判によって分割を禁止する具体的な期間については分割を禁止すべき特別の事由を斟酌して裁量によって定める（上原裕之＝長秀之＝高山浩平編著『ＬＰ(10)遺産分割』〔改訂版〕424～425頁〔山本由美子〕）。

(b) 裁判例によれば，分割禁止の要件である「特別の事由」とは，遺産の全部又は一部を当分の間分割しないほうが共同相続人ら全体にとって利益になると思われる特殊な事情をいう（東京高決平14・2・15家月54巻8号36頁）。具体的には，「特別の事由」とは，①訴訟で決着をつけるべき重要な事実の争いがあること，②決着まで相当程度長期間を要することが予想されること，③訴訟の決着後に遺産分割をしたほうが当事者の共通の利益となること，④一部分割を行うことが相当でない場合をいう（名古屋高決平15・3・17判タ1198号256頁，岡口基一『要件事実マニュアル(5)家事事件・人事訴訟』〔第5版〕470頁）。例

えば，遺産分割の前提問題に争いがある場合としては，①相続人の範囲に争いがあり，その解決までに相当長期間を要する見込みの場合，②遺産の全部についての遺言の効力ないし解釈，遺産分割の協議の効力が争われ，その判断が容易につかない場合等が考えられる（山本・前掲425〜426頁）。

遺産分割の前提問題における争い以外の場合としては，遺産の現状が分割に適さない場合や相続人の事情から即時の分割に適さない場合がある。具体的には，①重要な遺産に高額の抵当権が設定されていて，債務を整理しなければ分割に適さない場合，②即時の分割が遺産の価値に著しい損失を与える場合，③農業用地や営業用資産等でこれを分割すると価値が下落するか，家事従業者による事業継続が不能となる場合，④相続人の全員又は一部が幼年者で独立しての生活力がない場合等である（山本・前掲426頁）。

(3)　申立手続

(a)　申立権者　　共同相続人（民907条2項・3項），包括受遺者（民990条），相続分の譲受人（民905条），相続人の債権者（名古屋高決昭43・1・30家月20巻8号47頁，名古屋高決昭47・6・29家月25巻5号37頁），遺言執行者（民1012条）。

遺産分割が係属していない場合でも，分割禁止の審判を申し立てることができる。この審判の申立権者は，遺産分割の申立権者と同範囲である（岡口・前掲469頁）。

(b)　相 手 方　　申立人以外の共同相続人全員。

(c)　管轄裁判所　　被相続人の相続が開始した地（家手191条1項）又は当事者が合意で定める家庭裁判所（家手66条1項）。

(d)　申立手続費用

(イ)　収入印紙　　被相続人1名について1200円（民訴費3条1項・別表第1の15項の2）。

(ロ)　予納郵便切手　　3023円（内訳：500円×4枚，82円×9枚，50円×2枚，20円×4枚，10円×8枚，2円×10枚，1円×5枚）程度。ただし，裁判所によって取扱金額が異なるので，事前に確認をされたい。

(e)　添付書類

(イ)　共通

①　被相続人の出生時から死亡時までのすべての戸籍（除籍，改製原戸籍）謄本（全部事項証明書）

②　相続人全員の戸籍謄本（全部事項証明書）

③ 被相続人の子（及びその代襲者）で死亡している者がある場合，その子（及びその代襲者）の出生時から死亡時までのすべての戸籍（除籍，改製原戸籍）謄本（全部事項証明書）

④ 相続人全員の住民票又は戸籍附票

⑤ 遺産に関する証明書（不動産登記事項証明書及び固定資産評価証明書，預貯金の通帳の写し（残高証明書の写しでも可），有価証券の写し等）

(ロ) 相続人が（配偶者と）第二順位相続人（直系尊属）の場合

⑥ 死亡している直系尊属（相続人と同じ代及び下の代の直系尊属に限る（例：相続人が祖母の場合，父母と祖父））がある場合，その直系尊属の死亡の記載のある戸籍（除籍，改製原戸籍）謄本（全部事項証明書）

(ハ) 相続人が配偶者のみの場合又は（配偶者と）第三順位相続人（兄弟姉妹及びその代襲者としての甥姪）の場合

⑦ 被相続人の父母の出生時から死亡時までのすべての戸籍（除籍，改製原戸籍）謄本（全部事項証明書）

⑧ 被相続人の直系尊属の死亡記載がある戸籍（除籍，改製原戸籍）謄本（全部事項証明書）

⑨ 死亡している兄弟姉妹がある場合，その兄弟姉妹の出生時から死亡時までのすべての戸籍（除籍，改製原戸籍）謄本（全部事項証明書）

⑩ 代襲者としての甥姪で死亡している者がある場合には，その甥姪の死亡の記載がある戸籍（除籍，改製原戸籍）謄本（全部事項証明書）

(ニ) 包括受遺者が当事者となる場合は，遺言書の写し

（冨永忠祐＝伊庭潔『家事事件手続法ハンドブック』248頁）

(ホ) 相手方の数と同数の申立書写し（家手規47条）。

これらの添付書類は，同一の家庭裁判所に関連事件として，遺産分割の審判・調停事件が係属している場合には，これを援用することができる。

(4) 審理手続

(a) 本件審理手続については，後記第4編第6章第2節第4の審理手続を参照。

(b) これは，家事事件手続法別表第2に掲げる事項であるため（家手197条），家事審判の申立てがなされても，裁判所は，当事者の意見を聴いて，いつでも，職権で，事件を家事調停に付することができる（家手274条1項）。そのため，実務では，家事調停の申立てがなされることが通常である。また，

調停が不成立で終了した場合には，家事調停の申立ての時に，家事審判の申立てがあったものとみなされ（家手272条4項），それ以後は，家事審判の手続が進められる（富永＝伊庭・前掲248頁）。

(c) 審判手続には，参与員を関与させることができるが（家手40条1項・2項），他の審判事件とは違い，申立人が提出した資料の内容について，申立人から説明を聴くことはできない（家手40条3項）。

(d) 審判は，例えば，遺産分割について分割禁止をする場合には，「被相続人の遺産全部について，平成〇〇年〇月〇日まで，その分割をすることを禁止する。」と，一部について分割禁止をする場合には，「被相続人の遺産のうち別紙遺産目録3記載の土地につき，平成〇〇年〇月〇日まで，その分割を禁止する。」といった主文となる（上原裕之＝長秀之＝高山浩平編著『ＬＰ⑽遺産分割』〔改訂版〕216頁〔牧真千子〕）。一部分割が認められるのは，合理的理由があり，全体として適正な分割をするのに支障がない場合である（高松高決昭50・12・10家月28巻9号50頁，大阪高決昭46・12・7判タ289号404頁，岡口・前掲471頁）。

(5) 事件終了後の手続等

(a) 遺産分割の審判等は，単に分割を延期するものであるから，従前の遺産共有状態が継続し，分割禁止の期間経過後に改めて遺産分割を行うことになる。審判による分割禁止がされている場合には，家庭裁判所に対し，分割禁止審判の取消し，変更を求めたうえで遺産分割協議を行うのが相当である（家手197条）（山本・前掲427頁）。

(b) 遺産分割禁止の対象物が不動産である場合，共有物分割禁止の定めに係る権利の登記の申請は，当該権利の共有者全員でしなければならない（不登65条）。民法907条3項の規定により，家庭裁判所が遺産である共有物の分割を禁止した場合には，共有物分割禁止の定めを登記する（不登59条6号）。登記申請に協力しない相続人がいる場合には，その他の相続人が登記申請をすることになるが，この登記申請には，審判書に相続人全員が共有物不分割の登記手続をする旨及び不動産の表示が記載されていることが必要である（不登63条1項，家手75条，民執174条）。

(c) 遺産の分割の禁止の審判に対して，相続人は即時抗告をすることができる（家手198条1項2号）。法律上の利害関係を有する者（利害関係人——特定受遺者，遺産の一部の買受人，遺産につき用益権・担保権等の権利を有する者，（遺産に担

保権等を有しない）相続債権者や相続人の債権者等）には，即時抗告権はない（松川正毅ほか編『新基本法コンメンタール人事訴訟法・家事事件手続法』446頁〔浦野由紀子〕）。一方，遺産の分割の禁止の申立てを却下する審判に対しては，即時抗告をすることはできない（裁判所職員総合研修所監修『家事事件手続法下における書記官事務の運用に関する実証的研究－家事調停事件及び別表第二審判事件を中心に－』553頁）。

【五十部　鋭利】

524　第3編　各種審判手続の書式実例　第11章　遺産分割に関する事件

書式111　遺産の分割禁止審判申立書

受付印	家事審判申立書　事件名（　遺産の分割禁止 　　　　　　　　　　　　　　　　　　　　申立事件　　　）
収 入 印 紙　　1,200 円 予納郵便切手　　　　　円 予納収入印紙　　　　　円	（この欄に申立手数料として1件について800円分の収入印紙を貼ってください。） 　　　　　　　　　　　　　（貼った印紙に押印しないでください。） （注意）登記手数料としての収入印紙を納付する場合は，登記手数料としての収入印紙は貼らずにそのまま提出してください。

準口頭	関連事件番号　平成　　年（家　）第　　　　　　号

東　京　家庭裁判所 　　　　　　　　　　　御中 平成　○○　年　○○　月　○○　日	申　立　人 （又は法定代理人など） の 記 名 押 印	甲　野　一　郎　　㊞

添付書類	（審理のために必要な場合は，追加書類等の提出をお願いすることがあります。） 被相続人の出生から死亡時までの戸籍（除籍，改製原戸籍）謄本（全部事項証明書），申立人及び相手方の 戸籍謄本（全部事項証明書），不動産登記事項証明書は，上記関連事件の添付書類を援用します。

申 立 人	本　　籍 （国　籍）	（戸籍の添付が必要とされていない申立ての場合は，記入する必要はありません。） 東京　　㊞道　　文京区○○町○丁目○番地 　　　　　　府県
	住　　所	〒 ○○○ － ○○○　　　　　　　　　電話　03（××××）×××× 東京都文京区○○町○丁目○番○号　　　　　　　　（　　　　　　方）
	連 絡 先	〒　　　－　　　　　　　　　　　　　　電話　　　（　　　　　　方）
	フリガナ 氏　　名	コウ ノ イチ ロウ 甲　野　一　郎	大正 昭和 平成 ○○ 年○○月○○日 生 （　　○○　歳）
	職　　業	会 社 員

※ 相 手 方	本　　籍 （国　籍）	（戸籍の添付が必要とされていない申立ての場合は，記入する必要はありません。） 東京　　㊞道　　文京区○○町○丁目○番地 　　　　　　府県
	住　　所	〒 ○○○ － ○○○　　　　　　　　　電話　03（××××）×××× 東京都新宿区○○町○丁目○番○号　　　　　　　　（　　　　　　方）
	連 絡 先	〒　　　－　　　　　　　　　　　　　　電話　　　（　　　　　　方）
	フリガナ 氏　　名	コウ ノ ジ ロウ 甲　野　二　郎	大正 昭和 平成 ○○ 年○○月○○日 生 （　　○○　歳）
	職　　業	会 社 員

（注）　太枠の中だけ記入してください。
　　※の部分は，申立人，法定代理人，成年被後見人となるべき者，不在者，共同相続人，被相続人等の区別を記入してください。

申　　立　　て　　の　　趣　　旨
当事者間において，別紙遺産目録記載の被相続人甲野太郎の遺産全部について，平成○○年 ○○月○○日まで分割を禁止することの審判を求めます。

申　　立　　て　　の　　理　　由
1　申立人は，平成○○年○○月○○日死亡した被相続人甲野太郎の別紙遺産目録記載1の不動 　産につき，平成○○年○○月○○日御庁に遺産分割の調停を申し立てました。 2　相手方は，前記不動産は自分の資金で購入したもので，その名義だけを被相続人としたもの 　で，真実の所有者は自分であると主張しており，相続人間に遺産分割の合意が成立しません。 3　そこで，申立人は，相手方を被告として，前記不動産について，東京地方裁判所に遺産確認 　の訴訟を提起しました。しかし，その解決には，なお相当の時間を要しますので，遺産分割の 　調停ないし審判による解決は不可能です。 4　よって，申立人は，本件不動産の実質的帰属が確定するまで遺産全部につき遺産分割を禁止 　し，その期間を訴訟の経過その他諸般の事情を考慮して平成○○年○○月○○日までとするこ 　との審判を求めます。

第1　遺産の分割禁止を求める手続　　*525*

遺　産　目　録

1　不動産
　(1)　所　　　在　　東京都○○区○○町○丁目
　　　　地　　　番　　○番○
　　　　地　　　目　　宅地
　　　　地　　　積　　○○㎡
　　　　固定資産評価額（平成○○年）　　○○○○万○○○○円
　　　　使用状況等　　被相続人の持分2分の1　　(2)の敷地
　(2)　所　　　在　　東京都○○区○○町○丁目○○番地○
　　　　家屋番号　　○○番○
　　　　種　　　類　　居宅
　　　　構　　　造　　木造瓦葺2階建
　　　　床 面 積　　1階　○○．○○㎡
　　　　　　　　　　　2階　○○．○○㎡
　　　　固定資産評価額（平成○○年）　　○○○万○○○○円
　　　　使用状況等　　相手方が居住
2　預貯金
　(1)　○○銀行○○支店普通預金（口座番号○○○○○○○）
　　　　残高　　○○○万○○○○円（平成○○年○月○○日現在）
　　　　保管状況等　　通帳，印鑑は申立人が保管
　(2)　ゆうちょ銀行通常貯金（記号番号○○○○○－○○○○○○○）
　　　　残高　　○○○万○○○○円（平成○○年○月○○日現在）
　　　　保管状況等　　通帳，印鑑は相手方が保管
3　株式
　　　　○○株式会社　　○○○株
　　　　評価額　　○○万○○○○円（平成○○年○月○○日終値○○円）
　　　　保管状況等　　○○証券○○支店管理
4　現金
　　　　○○○万○○○○円
　　　　保管状況等　　申立人が保管

以上

【備考】

1．家事審判の申立書には，当事者及び法定代理人，申立ての趣旨及び理由が必要的記載事項とされている（家手49条2項）。家事事件手続規則37条1項は，これに加えて，「事件の実情」を申立書に記載することを求めている。「事件の実情」とは，申立ての基礎となる事実をいい，申立ての動機や紛争の経過を含み得る。①前記の「申立ての理由」と異なり，この記載がなくとも補正命令・申立書却下（家手49条4項・5項）の対象とはならないから，その意味で本条は訓示的な規定である（最高裁判所事務総局家庭局監修『条解家事事件手続規則』（家庭裁判資料196号）94頁）こと，②家事事件においては，弁護士が代理人に選任されない場合も多く，「事件の実情」と「申立ての理由」を判然と区別することが難しい申立ても多く予想されることや，「事件の実情」は事案により非定型的かつ多様であることから，本書式を含め，以下の書式では，この「事件の実情」の記載を省略して記載する。

2．遺産の分割に関する審判事件（別表第2の12項から14項までの事項についての審判事件をいう）には遺産目録を添付しなければならない（家事規102条，家手191条1項）。遺産目録には，相続開始時における被相続人の積極財産を記載する必要があるが，その際，当該財産の現在の状態（例えば，利用関係や保管状況）についても，正確に調査し，備考欄等適宜の箇所に記載することが望ましい（最高裁判所事務総局家庭局監修『条解家事事件手続規則』（家庭裁判資料196号）258頁）。

526 第3編　各種審判手続の書式実例　第11章　遺産分割に関する事件

第2　遺産の分割の禁止の審判の取消し・変更を求める手続

解　説

(1)　根　拠

家事事件手続法197条に基づく遺産の分割禁止の審判の取消し・変更の申立ては，家事審判事件である（平4・8・21最高裁総三第26号事務総長通達別表第5・1・家事法別表第2関係(15)）。

(2)　制度の趣旨

(a)　共同相続人は，被相続人が遺言で分割を禁じた場合を除いて，いつでも，遺産の分割を請求することができる（民907条1項）。しかし，例外的に特別の事情があると認められるときは，家庭裁判所は，遺産の分割を禁止することができる（民907条3項）。また，共同相続人は分割をしない合意をすることができる（民256条1項ただし書）。分割禁止の期間は，5年を超えることができない（民908条）。禁止期間中，共同相続人は，遺産分割を請求することができない。

(b)　しかし，特別な事情や禁止状態を継続する必要がなくなった場合は，本来速やかになされ権利関係を確定すべき遺産分割について，分割禁止の措置は例外的なものであるから，これを取り消したり，必要に応じて変更するのが合理的であり，相続人の利益にもかなう。そこで，家庭裁判所は，相続人の申立てによって事情の変更があると認められるときは，遺産の分割禁止の審判を取り消し，又は変更することができる（家手197条）とした。調停において分割禁止の合意が成立しているとき及び被相続人が遺言で遺産の分割を禁止している場合も同様である。

(3)　申立手続

(a)　申立権者　　相続人（家手197条）。

(b)　管轄裁判所　　分割禁止をした家庭裁判所。高等裁判所が遺産の分割の審判に代わる裁判をした場合には，その原審である家庭裁判所（金子修編著『逐条解説家事事件手続法』625～626頁）。

(c)　申立手続費用

(イ)　収入印紙　　1200円（民訴費3条1項・別表第1の15項の2）。

(ロ)　予納郵便切手　　3023円（内訳：500円×4枚，82円×9枚，50円×2枚，20円×4枚，10円×8枚，2円×10枚，1円×5枚）程度。ただし，裁判所によっ

て取扱金額が異なるので，事前に確認をされたい。

(d) **添付書類**　申立人と被相続人の各戸籍謄本（全部事項証明書），事情の変更を証する書面・相手方の数と同数の申立書写し（家手規47条）。

(4) **審判手続**

(a)　遺産分割の禁止の審判の取消し・変更の申立てについては，別表第2に掲げる事項についての審判事件とみなされるので（家手197条後段），遺産の分割の禁止の審判事件と同様の規律により審理される（金子・前掲626頁）。

　この審理の実質的要件としては，遺産の分割が禁止された際の基礎となった事情が変更したことにより禁止状態を維持する必要がなくなったか，あるいは禁止する内容を変更する必要が生じているか，の点にある。

(b)　相続人は，遺産分割を禁止した審判を取り消し又は変更する審判に対し，即時抗告をすることができる（家手198条1項3号）。一方，遺産の分割の禁止の審判の取消し・変更の申立てを却下する審判に対しては，即時抗告をすることはできない（裁判所職員総合研修所監修『家事事件手続法下における書記官事務の運用に関する実証的研究－家事調停事件及び別表第二審判事件を中心に－』555頁）。

【五十部　鋭利】

528　第3編　各種審判手続の書式実例　　第11章　遺産分割に関する事件

書式112　遺産の分割禁止の審判の取消し・変更を求める申立書

	受付印	家事審判申立書　事件名（	遺産の分割禁止取消申立事件	）

収入印紙　1,200　円	（この欄に申立手数料として1件について800円分の収入印紙を貼ってください。）
予納郵便切手　　　円	（貼った印紙に押印しないでください。）
予納収入印紙　　　円	（注意）登記手数料としての収入印紙を納付する場合は，登記手数料としての収入印紙は貼らずにそのまま提出してください。

準口頭		関連事件番号　平成　　年（家　　）第　　　　　　　　　号

東　京　家庭裁判所 御中 平成　〇〇　年　〇〇　月　〇〇　日	申　立　人 （又は法定代理人など） の記名押印	甲　野　一　郎　　㊞

添付書類	（審理のために必要な場合は，追加書類の提出をお願いすることがあります。） 申立人の戸籍謄本（全部事項証明書）　各1通 被相続人の戸籍謄本（全部事項証明書）　各1通　　判決正本の写し，判決確定証明書　各1通

申立人	本　籍 （国　籍）	（戸籍の添付が必要とされていない申立ての場合は，記入する必要はありません。） 東京　㊞道府県　文京区〇〇町〇丁目〇番地		
	住　所	〒〇〇〇－〇〇〇〇 東京都文京区〇〇町〇丁目〇番〇号	電話　03（×××）×××× （　　　）　　　方	
	連絡先	〒　　－	電話　（　　　） （　　　）　　　方	
	フリガナ 氏　名	コウ　ノ　イチ　ロウ 甲　野　一　郎	大正 昭和 平成　〇〇　年〇〇月〇〇日　生 （　〇〇　歳）	
	職　業	会　社　員		
※ 相手方	本　籍 （国　籍）	（戸籍の添付が必要とされていない申立ての場合は，記入する必要はありません。） 東京　㊞道府県　文京区〇〇町〇丁目〇番地		
	最後の 住　所	〒〇〇〇－〇〇〇〇 東京都新宿区〇〇町〇丁目〇番〇号	電話　03（×××）×××× （　　　）　　　方	
	連絡先	〒　　－	電話　（　　　） （　　　）　　　方	
	フリガナ 氏　名	コウ　ノ　ジ　ロウ 甲　野　二　郎	大正 昭和 平成　〇〇　年〇〇月〇〇日　生 （　〇〇　歳）	
	職　業			

（注）　太枠の中だけ記入してください。
　※の部分は，申立人，法定代理人，成年被後見人となるべき者，不在者，共同相続人，被相続人等の区別を記入してください。

申　　立　　て　　の　　趣　　旨
被相続人甲野太郎の別紙遺産目録記載の遺産について，遺産の分割を禁止した審判を取り消す， との審判を求めます。

申　　立　　て　　の　　理　　由
1　申立人と相手方は，被相続人甲野太郎の長男及び次男です。相続人は，この2名です。 2　被相続人は，平成〇〇年〇〇月〇〇日死亡し，その相続が開始しました。 3　御庁において，平成〇〇年〇〇月〇〇日付けで本件遺産である別紙遺産目録記載1(1)の土地についてその遺産性に争いがあり，訴訟でその実質的帰属が確定するであろう平成〇〇年〇〇月〇〇日まで，被相続人の遺産の全部について，その分割を禁止する旨の審判がされました（平成〇〇年（家）第〇〇〇号）。 4　この度，訴訟において（東京地方裁判所（ワ）第〇〇〇号遺産確認請求事件）本件土地が被相続人の遺産である旨を確認する判決が出され，同判決は平成〇〇年〇〇月〇〇日確定しました。 5　よって，遺産分割を禁じた審判の取消しをされたく，この申立てをします。

遺 産 目 録

1 不動産
 (1) 所　　在　　東京都○○区○○町○丁目
　　　地　　番　　○番○
　　　地　　目　　宅地
　　　地　　積　　○○㎡
　　　固定資産評価額（平成○○年）　　○○○○万○○○○円
　　　使用状況等　被相続人の持分2分の1　(2)の敷地
 (2) 所　　在　　東京都○○区○○町○丁目○○番地○
　　　家屋番号　　○○番○
　　　種　　類　　居宅
　　　構　　造　　木造瓦葺2階建
　　　床 面 積 1 階　○○.○○㎡
　　　　　　　　2 階　○○.○○㎡
　　　固定資産評価額（平成○○年）　　○○○万○○○○円
　　　使用状況等　相手方が居住
2 預貯金
 (1) ○○銀行○○支店普通預金（口座番号○○○○○○○）
　　　残高　　○○○万○○○○円（平成○○年○月○○日現在）
　　　保管状況等　通帳，印鑑は申立人が保管
 (2) ゆうちょ銀行通常貯金（記号番号○○○○○－○○○○○○○○）
　　　残高　　○○○万○○○○円（平成○○年○月○○日現在）
　　　保管状況等　通帳，印鑑は相手方が保管
3 株式
　　○○株式会社　　○○○株
　　評価額　　○○万○○○○円（平成○○年○月○○日終値○○円）
　　保管状況等　○○証券○○支店管理
4 現金
　　○○○万○○○○円
　　保管状況等　申立人が保管

以上

第3編　各種審判手続の書式実例　第12章　相続人不存在に関する審判事件

第12章

相続人不存在に関する審判事件

第1　相続財産管理人の選任手続(1)──相続人不存在の場合

解　説

(1)　制度趣旨

　自然人の死亡や失踪宣告により相続が開始したが，相続人のあることが明らかでない場合に，相続財産は法人とされ（民951条），利害関係人又は検察官の請求により家庭裁判所が相続財産管理人を選任する（民952条）。相続人不存在の場合に帰属主体の不明な相続財産を管理し，相続債務の弁済，遺贈の履行及び特別縁故者に対する相続財産分与の審判がされたときはその履行に関する行為をし，残余財産を国庫へ帰属させる手続を行い，相続財産を清算するための制度である。本手続は，家事事件手続法別表第1の99項の審判事項である。

(2)　要　件

　相続財産管理人選任の要件は，①相続が開始したこと，②相続財産が存在すること，③相続人のあることが明らかでないこと，④利害関係人又は検察官の請求があること，⑤選任の必要性があること，である。

　(a)　相続の開始　　被相続人の死亡によって開始する（民882条）ところ，自然的死亡のほか，失踪宣告による擬制死亡（民30条・31条）も含まれる。

　(b)　相続人のあることが明らかでないこと　　相続人のあることが明らかでない場合とは，相続人の存否が不明である場合を意味し，戸籍上の相続人がいない場合や相続人全員が相続放棄をした場合がこれに該当する。相続人が生死不明又は行方不明の場合は，相続人のあることが明らかであり本申立ては認められない（東京高決昭50・1・30判時778号64頁）。相続財産全部につき包括受遺者がいるときは，包括受遺者が相続人と同一の権利義務を有する

（民990条）ことから，相続人のあることが明らかでないことに該当しない（最判平9・9・12民集51巻8号3887頁）。

(3) 申立手続

(a) 管　轄　相続が開始した地（被相続人の最後の住所地）を管轄する家庭裁判所（家手203条1号）。

(b) 申立権者　利害関係人又は検察官（民952条1項）。利害関係人とは，相続財産の管理・清算について法律上の利害関係を有する者である。特定遺贈の受遺者・相続債権者・相続債務者・相続財産の分与を請求する者（特別縁故者）がこれにあたる。利害関係を有する国や地方公共団体も申し立てることが可能と解されている（昭38・12・18家二第163号家庭局長回答（家月16巻2号138頁）参照）。

(c) 申立手続費用

　(イ) 収入印紙　800円（民訴費3条1項・別表第1の15項）。

　(ロ) 予納郵便切手　930円程度（裁判所によって取扱金額及び内訳が異なるので問い合わせること）。

　(ハ) 官報公告料　3775円。

　(ニ) 予納金　事案に応じて異なるが100万円程度。

(d) 添付書類　①被相続人の出生時から死亡時までのすべての戸籍（除籍，改製原戸籍）謄本，②被相続人の父母の出生時から死亡時までのすべての戸籍（除籍，改製原戸籍）謄本，③被相続人の子（及びその代襲者）で死亡している者がある場合，その子（及びその代襲者）の出生時から死亡時までのすべての戸籍（除籍，改製原戸籍）謄本，④被相続人の直系尊属の死亡の記載のある戸籍（除籍，改製原戸籍）謄本，⑤被相続人の兄弟姉妹で死亡している者がある場合，その兄弟姉妹の出生時から死亡時までのすべての戸籍（除籍，改製原戸籍）謄本，⑥代襲者としての甥・姪で死亡している者がある場合，その甥又は姪の死亡の記載のある戸籍（除籍，改製原戸籍）謄本，⑦被相続人の住民票除票又は戸籍附票，⑧財産目録及び財産を証する資料（不動産登記事項証明書（未登記の場合は固定資産評価証明書），預貯金及び有価証券の残高がわかる書類），⑨利害関係人からの申立ての場合，利害関係を証する資料（戸籍謄本（全部事項証明書），金銭消費貸借契約書写し等），⑩相続財産管理人の候補者がある場合，その者の住民票又は戸籍附票，⑪相続関係図，⑫相続人が相続放棄をしている場合には，相続放棄の申述が受理されたことを証する資料（相続放棄申述の

有無の照会回答書又は相続放棄申述の受理証明書）。

(4) 審判手続

(a) 概　　要　　被相続人の相続財産につき，相続財産管理人選任の要否及び誰を相続財産管理人に選任するか等を判断するために事実の調査を行い（家手56条），適任と考えられる者を相続財産管理人に選任する。相続財産管理人は，民法が定める手続を確実かつ速やかに行うことができる高度の法的知識や経験を有する者である必要があり，家庭裁判所の監督の下で公正中立かつ適正な事務処理が要請されるため，申立人や相続財産と利害関係を有しない，弁護士や司法書士等の専門職を裁判所が独自に選任することが多い。

　認容・却下いずれの審判に対しても，即時抗告はできず，認容審判は，管理人に告知されたときに効力が生じる（家手74条2項）。

(b) 相続財産管理人選任の公告　　相続財産の管理人を選任したときは，家庭裁判所は遅滞なくその公告をしなければならない（民952条2項）。この公告には，家事事件手続規則109条1項所定の事項を掲げなければならない。公告の方法は，原則として，家庭裁判所の掲示板に掲示し，かつ，官報に掲載する。

【原田　和朋】

第1 相続財産管理人の選任手続(1)——相続人不存在の場合　　*533*

書式113 相続財産管理人選任申立書——相続人不存在の場合

	受付印	家事審判申立書　事件名（　相続財産管理人選任　）

収入印紙　　800　円		（この欄に申立手数料として1件について800円分の収入印紙を貼ってください。）
予納郵便切手　　　　円		（貼った印紙に押印しないでください。）
予納収入印紙　　　　円		（注意）登記手数料としての収入印紙を納付する場合は，登記手数料としての収入印紙は貼らずにそのまま提出してください。

準口頭		関連事件番号　平成　　年（家　　）第　　　　　　　　　　　号

横　浜　　家庭裁判所 御中 平成　○○　年　○○　月　○○　日	申　　立　　人 （又は法定代理人など） の　記　名　押　印	甲　山　一　男　　　㊞

添付書類	（審理のために必要な場合は，追加書類の提出をお願いすることがあります。） 被相続人の出生から死亡までの戸籍（除籍，改製原戸籍）謄本，被相続人の住民票除票，被相続人の父母の出生から死亡までの戸籍（除籍，改製原戸籍）謄本，財産目録，不動産登記事項証明書，預貯金通帳写し等，申立人の利害関係を証する書面

	本　籍 （国　籍）	（戸籍の添付が必要とされていない申立ての場合は，記入する必要はありません。） 　都　道 　府　県
申	住　　所	〒 ○○○ － ○○○　　　　　　　　　　　　電話　045（×××）×××× 　横浜市港北区○○町○丁目○番○号　　　　　　　　　　（　　　　方）
立	連絡先	〒 －　　　　　　　　　　　　　　　　　電話　（　　　） 　　　　　　　　　　　　　　　　　　　　　　　　　（　　　　方）
人	フリガナ 氏　　名	コウ　ヤマ　カズ　オ 甲　山　一　男　　　　　　　　大正 　　　　　　　　　　　　　　　　平成　○○年○○月○○日 生 　　　　　　　　　　　　　　　　　（　○○　歳）
	職　　業	会　社　員

※ 被 相 続 人	本　籍 （国　籍）	（戸籍の添付が必要とされていない申立ての場合は，記入する必要はありません。） 神奈川　都　道　横須賀市○○町○丁目○番地 　　　　府　県
	最後の 住　所	〒 ○○○ － ○○○　　　　　　　　　　　　電話　×××（×××）×××× 　横浜市港北区○○町○丁目○番○号　　　　　　　　　　（　　　　方）
	連絡先	〒 －　　　　　　　　　　　　　　　　　電話　（　　　） 　　　　　　　　　　　　　　　　　　　　　　　　　（　　　　方）
	フリガナ 氏　　名	ヘイ　ヤマ　シ　ロウ 丙　山　四　郎　　　　　　　　大正 　　　　　　　　　　　　　　　　平成　○○年○○月○○日 生 　　　　　　　　　　　　　　　　　（　○○　歳）
	職　　業	無　職

（注）太枠の中だけ記入してください。
　※の部分は，申立人，法定代理人，成年被後見人となるべき者，不在者，共同相続人，被相続人等の区別を記入してください。

申　　立　　て　　の　　趣　　旨
被相続人の相続財産管理人を選任するとの審判を求めます。

申　　立　　て　　の　　理　　由
1　申立人は，被相続人の同じ町内に居住する親族です。平成○年ころから一人暮らしの被相続人の身の回りの世話をし，平成○○年ころからは足が不自由となった被相続人の介護を行ってきました。また，被相続人は別紙遺産目録記載の被相続人所有の不動産を賃貸しており，申立人は被相続人からこの不動産の管理を任されてきました。 2　被相続人は，平成○○年○○月○○日に死亡し，相続が開始しましたが，相続人があることが明らかでないため，申立人が管理する不動産を引き継ぐことができません。 　　したがって，申立ての趣旨記載のとおりの審判を求めます。

534　第3編　各種審判手続の書式実例　　第12章　相続人不存在に関する審判事件

遺　産　目　録　（□特別受益目録）

【土　地】

番　号	所　　　　　　　　在	地　　　番		地　目	地　　積	備　考
		番			平方メートル	
1	横浜市港北区○丁目	○	○	宅地	210 ¦ 00	建物1の敷地

（注）この目録を特別受益目録として使用する場合には，（□特別受益目録）の□の部分にチェックしてください。
　　　また，備考欄には，被相続人から生前に贈与を受けた相続人の氏名を記載してください。

遺　産　目　録　（□特別受益目録）

【建　物】

番　号	所　　　　　　　在	家屋番号	種類	構　造	床　面　積	備　考
					平方メートル	
1	鎌倉市港北区○丁目○番地	○○○	居宅	木造瓦葺2階建	1階 120 ¦ 00 2階 90 ¦ 00	土地1上の建物

（注）この目録を特別受益目録として使用する場合には，（□特別受益目録）の□の部分にチェックしてください。
　　　また，備考欄には，被相続人から生前に贈与を受けた相続人の氏名を記載してください。

遺　産　目　録　（□特別受益目録）

【現金，預・貯金，株式等】

番　号	品　　　　　　　　目	単　位	数　量（金　額）	備　　　考
1	現　　金		3,000,000円	
2	○○銀行○○支店 普通預金 口座番号○○○○○○		1,200,000円	

（注）この目録を特別受益目録として使用する場合には，（□特別受益目録）の□の部分にチェックしてください。
　　　また，備考欄には，被相続人から生前に贈与を受けた相続人の氏名を記載してください。

第2　渉外相続人不存在の場合における相続財産管理人選任手続——被相続人が韓国人の場合

解　説

(1)　制度の趣旨

　相続に関する事件における被相続人が日本人ではない場合の処理については，一律に決定することは困難であり，その国際裁判管轄権や準拠法をいかにすべきかが問題となる。この点に関する総括的な概要については，本編第10章第4(1)における解説を参照されたい。

　なお，日本の裁判所の管轄権について，平成30年4月25日に公布された同日号外法律第20号による家事事件手続法の改正により，同法に3条の11が新設された。これにより，裁判所は，相続人の不存在の場合における相続財産の管理に関する処分に係る審判事件については，相続開始の時における被相続人の住所が日本国内にあるとき，住所がない場合又は住所が知れない場合には相続開始の時における被相続人の居所が日本国内にあるとき，居所がない場合又は居所が知れない場合には被相続人が相続開始の前に日本国内に住所を有していたとき（日本国内に最後に住所を有していた後に外国に住所を有していたときを除く）（1項）及び相続財産に関する財産が日本国内にあるとき（3項）は，管轄権を有するとされた。

　ただし，この改正新法は，公布の日から起算して1年6月を超えない範囲内において政令で定める日から施行される（付則1条）が，この法律の施行の際現に係属している家事事件の日本の裁判所の管轄権については適用しないとされている（付則3条1項）。

(2)　被相続人が韓国人の場合

　現在，日本において，「韓国人」という場合，日本国が国家として承認している大韓民国の国民である場合のほか，朝鮮民主主義人民共和国の国民である場合も含まれていることがあり，この両国は，それぞれ固有の国籍法があり，それぞれの基準に基づき国民の確定を行っていることから，適用法をいかに解すべきかが問題となる。この点については，本編第10章第4(2)における解説を参照されたい。

(3)　相続財産の管理

　まず，大韓民国の国民である韓国人が被相続人である場合について説明す

る。

　大韓民国民法においては，相続人不存在の場合における相続財産管理につき，次のとおり規定されている。

　すなわち，相続人存否が明らかでない場合には，裁判所は被相続人の親族（8親等内の血族，4親等内の姻族，配偶者。大韓民国民法777条）その他利害関係人又は検事の請求により，相続財産管理人を選任し，公告手続をする（同法1053条）。相続財産管理人の任務は，相続人の存在が明らかになったときには，その相続人が相続の承認をした時に終了し（同法1055条），相続人が存在しない場合には相続財産の清算が終了したときに終了する。相続財産管理人は，相続債権者又は受遺者の請求があるときには財産目録を提示して状況報告をしなければならない（同法1054条）。また，相続財産管理人は，前記の相続人捜索の公告（同法1053条）があった日から3ヵ月以内に相続人の存在を知ることができない場合には，遅滞なく，一般相続債権者及び受遺者に対して，2ヵ月以上の期間内に債権又は受贈について申告すべき旨を公告しなければならず（同法1056条），この期間内にも相続人の存在が明らかにならない場合には，この期間満了後2年以上の期間内に，相続人が存在するならば権利を主張すべき旨を公告しなければならない（相続人捜索の公告。同法1057条）。そして，前記相続人捜索の公告をもってしても相続権を主張する者がない場合において，前記1056条の期間満了から2ヵ月以内に被相続人と特別な縁故があった者から請求があったときには，裁判所は，相続財産の全部又は一部を分与することができ（同法1057条の2），この特別縁故者への財産分与がされない場合には相続財産は国に帰属することになる（同法1058条）。

　次に，朝鮮民主主義人民共和国の国民が被相続人である場合について説明する。

　朝鮮民主主義人民共和国相続法においては，相続人不存在の場合における相続財産管理につき，次のとおり規定されている。

　すなわち，相続人が現れないか資格がない場合には，遺言又は行政機関により相続財産管理人を選任し（朝鮮民主主義人民共和国相続法50条），相続財産管理人は，相続人が現れないときには，相続債権者又は受遺者からの申出を受理し，受理した時から6ヵ月が経過しても相続人が現れないときには，相続債務の履行又は遺贈を行い（同法53条），相続債権者も受遺者もいないときには，裁判所は，特別縁故者からの申請により財産を分与することができる

（同法56条）が，これらをもっても相続財産が残余したときには，相続財産は
国庫に帰属する（同法55条）とされる。

　以上のとおり，大韓民国民法においても，朝鮮民主主義人民共和国相続法
においても，相続人不存在の場合における相続財産管理については，日本民
法とほぼ同様の制度が採用されているが，本編第10章第4⑴の解説において
記したように，手続は法廷地法によるとの原則により，実体法である大韓民
国民法ないし朝鮮民主主義人民共和国相続法による相続財産の管理を，法廷
地法である日本民法に則った手続によって処理すべきである。そうすると，
相続財産管理に関する各規定が実体法上の規定であるか手続法上の規定であ
るかを分別する必要が生じる。相続財産に関する目録の編纂や報告，各種公
告についての規定は，手続法上の規定であると理解してよいであろう。ただ
し，各種公告において，日本国民法とは期間が異なる規定がされているもの
があることに注意が必要である。公告期間が日本国民法と異なるものについ
ては，本編第10章第4⑴において述べたとおり，国際私法を尊重し，関係者
の利益遵守を考慮すると，本国法の規定と日本法の規定のうちより長期の期
間と解するのが相当であろう。

⑷　残余相続財産の引継ぎ

　大韓民国民法においても，朝鮮民主主義人民共和国相続法においても，日
本民法と同様に，清算後の残余相続財産が存在する場合には国庫に引き継ぐ
ものとされていることから，韓国人の被相続人の残余相続財産の引継先及び
その方法が問題となる。

　本編第10章第4⑴においても述べたとおり，手続は法廷地法によるとの原
則により，実体法である大韓民国民法ないし朝鮮民主主義人民共和国相続法
による相続財産の管理を，法廷地法である日本法に則った手続によって行う
ことになるが，残余相続財産の引継ぎに関する規定について，実体法上の規
定と解すべきか，手続法上の規定と解すべきかが問題となる。「国庫に引き
継ぐ」との条文を文字通りに解釈するならば，「国庫に引き継ぐ」とは，「国
家の財産に帰属させる」ことを指すと理解するのが素直といえよう。そうす
ると，実体法であるとして，残余相続財産は，被相続人の本国法により被相
続人の本国の国庫に引き継ぐべきということになりそうである。そうであれ
ば，残余相続財産が動産等のみの場合のみならず，日本の不動産の場合にも，
大韓民国ないし朝鮮民主主義人民共和国の国庫に引き継ぐべきことになって

しまう。しかしながら，日本国の不動産を他国の国庫に引き継ぐことは相当ではないから，残余相続財産に不動産がある場合には，売却して現金化するなど適宜の方法により清算すべきである。また，残余相続財産が動産等のみである場合においても，日本国と国交のない朝鮮民主主義人民共和国はもとより，大韓民国に対してであっても，外国の国庫に財産を引き継ぐことが可能なのかさえ不明確であり，実務上も事例はほぼないものと思われる。仮に，残余相続財産が生じて被相続人の本国の国庫に引き継がなければならなくなった場合には，最高裁判所を通じ，被相続人の本国当局と事前によく協議，調整を行った上で行う必要があると思われる。いずれにしろ，国庫引継ぎには非常な困難が伴うことが予想されることから，相続人不分明の場合における外国人を被相続人とする相続財産管理については，国庫引継ぎが困難である点を考慮した清算手続を行うことが望ましい。

(5) 申立手続

(a) 申立権者　　被相続人が大韓民国の国民である場合，被相続人の親族（8親等内の血族，4親等内の姻族，配偶者。大韓民国民法777条）その他の利害関係人又は検察官。被相続人が朝鮮民主主義人民共和国の国民である場合，利害関係人又は検察官。

(b) 管轄裁判所　　相続開始地の家庭裁判所（家手203条1号）。

(c) 申立手続費用　　収入印紙800円（民訴費3条1項・別表第1の15項），予納郵便切手800円程度，官報公告費用3670円程度（ただし，郵便切手額については裁判所により金額が異なるので問い合わせること）。

(d) 添付書類　　被相続人の相続人が存在しないことを示す資料（被相続人の本国の家族関係証明書，基本証明書，入養関係証明書等），被相続人の死亡時の住居所を示す資料（外国人住民票等），相続財産目録。

　相続関係を確定するに足りる資料については，大韓民国において戸籍制度が廃止されたことに伴い，2008年1月1日以降の分については，家族関係登録簿による証明書が必要となった。この点についての詳細は，本編第10章第4(6)(e)の解説を参照されたい。

(6) 審判手続

　本編第10章第4(1)の解説に記したように，手続は法廷地法によるとの原則により，実体法である大韓民国民法ないし朝鮮民主主義人民共和国相続法による相続財産の管理を，法廷地法である日本法の手続法に従って手続をする

ことになる。

　家庭裁判所は，申立てを相当と認めるときには，相続財産管理人選任の審判をし，この審判は，相続財産管理人に告知したときに効力を生じる。なお，誰を相続財産管理人として選任するかは裁判所が決定すべきであるから，必ずしも申立人の推薦する候補者を選任する必要はないが，実務においては，申立人の推薦する候補者を選任する例が多い。裁判所は，申立人の推薦する候補者を不適任であると判断するときには，申立人に対し，改めて他の候補者を推薦し直すよう求めるか，裁判所において適任者を選定する。

(7)　不服申立て

　相続財産管理人選任審判に対する不服申立ては認められないため，選任された相続財産管理人に不満があったとしても不服を申し立てることはできず，申立てが却下された場合にも不服を申し立てることはできない（家手85条1項）。ただし，憲法の解釈の誤りや憲法違反があるときには最高裁判所に特別抗告をすることはできる（家手94条1項）。

(8)　留　意　点

　渉外事件処理においては，適法法令の調査を適切かつ慎重に行わなければならないことに十分注意すべきである。特に，相続関係事件の処理においては，相続開始当時の法律が適用されることに留意し，法律改正の有無等をよく確認する必要がある。

【遠藤　鈴枝】

540　第3編　各種審判手続の書式実例　　第12章　相続人不存在に関する審判事件

書式114　渉外相続財産管理人選任申立書──韓国籍の被相続人の相続人不存在の場合

受付印	**家事審判申立書　事件名（** 相続財産管理人の選任 **）**

	（この欄に申立手数料として1件について800円分の収入印紙を貼ってください。）
収入印紙　　　800　円	（貼った印紙に押印しないでください。）
予納郵便切手　　　　円	（注意）登記手数料としての収入印紙を納付する場合は，登記手数料として
予納収入印紙　　　　円	の収入印紙は貼らずにそのまま提出してください。

準口頭	関連事件番号　平成　　年（家　　）第	号

東京　家庭裁判所 御中 平成　○○年○○月○○日	申　立　人 （又は法定代理人など） の　記名押印	朴　　春　子 ㊞

添付書類	（審理のために必要な場合は，追加書類の提出をお願いすることがあります。） 被相続人の大韓民国の家族関係証明書，外国人住民票，相続財産目録

申 立 人	本　籍 （国　籍）	（戸籍の添付が必要とされていない申立ての場合は，記入する必要はありません。） 大韓民国　都　道 　　　　　　府　県	
	住　所	〒○○○－○○○ 東京都荒川区○○町○丁目○番○号	電話　×××（×××）×××× （　　　　　　方）
	連絡先	〒　　－	電話 （　　　　　　方）
	フリガナ 氏　名	パク　　ハル　コ 朴　　春　子	大正 昭和 平成 ○○○○年○○月○○日 生 （　○○　歳）
	職　業	会　社　員	

※ 被 相 続 人	本　籍 （国　籍）	（戸籍の添付が必要とされていない申立ての場合は，記入する必要はありません。） 大韓民国　都　道 　　　　　　府　県	
	最後の 住　所	〒○○○－○○○ 東京都荒川区○○町○丁目○番○号	電話 （　　　　　　方）
	連絡先	〒　　－	電話 （　　　　　　方）
	フリガナ 氏　名	リ　　シュン　サン 李　　春　山	大正 昭和 平成 ○○○○年○○月○○日 死亡 （　○○　歳）
	職　業		

（注）　太枠の中だけ記入してください。
　　※の部分は，申立人，法定代理人，成年被後見人となるべき者，不在者，共同相続人，被相続人等の区別を記入してください。

申　立　て　の　趣　旨
被相続人李春山の相続財産管理人の選任を求めます。

申　立　て　の　理　由
1　申立人は，被相続人の内縁の妻甲野花子の子です。
2　被相続人は，大韓民国国籍の特別永住者であり，2013年1月10日に死亡しましたが，法定相続人がいません。
3　申立人と内縁の妻甲野花子が同居を始めた1985年から，母とともに被相続人と共に生活をするようになり，2011年12月10日に甲野花子が死亡した後も，被相続人と同居して身の回りの世話をしてきました。
4　被相続人は，別紙財産目録記載のとおりの財産を残しており，現在は申立人が管理していますが，引き継ぐ相続人がいないため，下記の者を相続財産管理人として選任することを求めます。 　相続財産管理人候補者 　　東京都中央区○○町○丁目○番○号○○ビル9階乙山法律事務所 　　弁護士　乙山太郎

第2 渉外相続人不存在の場合における相続財産管理人選任手続——被相続人が韓国人の場合　　*541*

遺　産　目　録　（□特別受益目録）

【土　地】

番号	所　　　　　　　在	地　　番		地　目	面　　積		備　考
		番			平方メートル		
1	東京都荒川区〇〇町 1丁目	2	3	宅地	250	00	

（注）この目録を特別受益目録として使用する場合には，（□特別受益目録）の□の部分にチェックしてください。
　　また，備考欄には，被相続人から生前に贈与を受けた相続人の氏名を記載してください。

遺　産　目　録　（□特別受益目録）

【建　物】

番号	所　　　　　　　在	家屋 番号	種類	構　造	床　面　積		備　考
					平方メートル		
1	東京都荒川区〇〇町 1丁目	2番3	居宅	木造瓦葺 2階建	1階 200 2階 150	51 80	

（注）この目録を特別受益目録として使用する場合には，（□特別受益目録）の□の部分にチェックしてください。
　　また，備考欄には，被相続人から生前に贈与を受けた相続人の氏名を記載してください。

542　第3編　各種審判手続の書式実例　　第12章　相続人不存在に関する審判事件

第3　鑑定人選任手続——相続人不存在における存続期間不確定債権評価の場合

解　説

(1)　制度の趣旨

　相続人不存在の場合の相続財産管理人による一定の条件成就によって発生又は消滅する条件付債権や終身定期金債権のような存続期間の不確定な遺産債権に対する弁済については，限定承認における相続財産の清算を定めた民法927条1項ないし4項及び928条ないし935条の規定（932条ただし書を除く）が準用されており，家庭裁判所が選任した鑑定人の評価に従って弁済しなければならない（民957条2項・930条2項）。これにより，家庭裁判所が選任した鑑定人が弁済すべき債権額の評価をすることにより，公正を担保できることから，相続債務を終期まで待たずに，迅速に清算することが可能となる。

　上記の相続人不存在の場合の相続財産管理人による一定の条件成就によって発生又は消滅する条件付債権や終身定期金債権のような存続期間の不確定な遺産債権の評価のための鑑定人の選任を求める申立ては，家事審判事件として処理するものとされている（家手別表第1の100項）。

(2)　申立手続

(a)　申立権者　　相続財産管理人（民957条2項・930条2項）。

(b)　管轄裁判所　　相続財産の管理人の選任の審判をした家庭裁判所（家手203条2号）。

(c)　申立手続費用　　収入印紙800円（民訴費3条1項・別表第1の15項），予納郵便切手800円程度（ただし，郵便切手額については，裁判所により金額が異なるので問い合わせること）。

(d)　添付書類　　鑑定の対象となる債権目録。

(3)　審判手続

(a)　審　　理　　家庭裁判所は，鑑定評価の対象となる条件付債権，存続期間の不確定な債権について調査し，その評価をする鑑定人候補者としての適格性を審査し，就職の意思を確認する。調査，審査にあたっては，申立時に提出された資料を精査するほか，事案によって必要に応じて事実の調査（家手56条）を行う。事実の調査の結果，却下の審判をすべき事情が判明するなど手続の追行に重要な変更を生じうると認めるときには，家庭裁判所は，

審判をする前に当事者又は利害関係参加人に通知をし（家手63条），記録の閲覧等の機会を与える。

(b) 審　判　　家庭裁判所は，申立てを相当と認めるときは，鑑定人の選任の審判をし，不相当と認めるときは，却下の審判をし，申立人及び鑑定人に告知する。審判は，相当と認める方法により告知することで効力が生ずる（家手74条）。鑑定人の選任を求める審判については，即時抗告についての規定がないため，結果の如何にかかわらず審判に対して即時抗告をすることができず，申立人及び鑑定人のうちの1人に審判の告知がされるとその効力を生じる（家手85条・74条）。

なお，本申立ては，限定承認をした場合における条件付債権の評価のための鑑定人の選任と同様に，相続財産管理人が弁済すべき価格を決定するためのものであるから，鑑定を命じたり，鑑定結果を提出させたり，鑑定に要した費用の負担を申立人らに命じたりする必要はない。申立人は，選任された鑑定人に評価を依頼し，鑑定人は鑑定結果を依頼者に提出すれば足り，家庭裁判所が関与する必要はない。

また，鑑定人の辞任については，明文の規定はないが，評価未了のうちに鑑定人が辞任の届出をしたときは，家庭裁判所は職権をもって，別の鑑定人を選任することができるものと解されている。

【遠藤　鈴枝】

544　第3編　各種審判手続の書式実例　　第12章　相続人不存在に関する審判事件

書式115　鑑定人選任審判申立書——相続人不存在における存続期間不確定債権評価の場合

受付印		**家事審判申立書　事件名（** 　鑑定人の選任　**）**
収入印紙　　　800　円		（この欄に申立手数料として1件について800円分の収入印紙を貼ってください。） 　　　　　　　　　　　　　　（貼った印紙に押印しないでください。）
予納郵便切手　　　　円		（注意）登記手数料としての収入印紙を納付する場合は，登記手数料として
予納収入印紙　　　　円		の収入印紙は貼らずにそのまま提出してください。

| 準口頭 | 関連事件番号　平成　　　年（家　　）第　　　　　　　　　　　号 | |

東　京　家庭裁判所 　　　　　　　　御中 平成　○○年　○○月　○○日	申　立　人 （又は法定代理人など） の記名押印	丙　山　一　郎　　㊞

添付書類	（審理のために必要な場合は，追加書類の提出をお願いすることがあります。） 　債権目録

<table>
<tr><td rowspan="5">申
立
人</td><td>本　　籍
（国　籍）</td><td colspan="2">（戸籍の添付が必要とされていない申立ての場合は，記入する必要はありません。）
　　　　　　都　道
　　　　　　府　県</td></tr>
<tr><td>住　　所</td><td colspan="2">〒○○○－○○○○　　　　　　　　　　電話　×××（×××）××××
○○県○○○市○○町1丁目2番3号　　　　　　　（　　　　　　方）</td></tr>
<tr><td>連絡先</td><td colspan="2">〒○○○－○○○○　　　　　　　　　　電話　03（××××）××××
東京都港区○○町○丁目○番○号　丙山法律事務所　（　　　　　　方）</td></tr>
<tr><td>フリガナ
氏　　名</td><td>ヘイヤマ　イチ　ロウ
丙　山　一　郎</td><td>大正
昭和
平成　　○○年○○月○○日　生
　　　　　（　　○○　　歳）</td></tr>
<tr><td>職　　業</td><td colspan="2">弁　護　士</td></tr>
<tr><td rowspan="5">※
被
相
続
人</td><td>本　　籍
（国　籍）</td><td colspan="2">（戸籍の添付が必要とされていない申立ての場合は，記入する必要はありません。）
○○　　　都　道　　○○○市○○町4丁目5番地
　　　　　　府　県</td></tr>
<tr><td>住　　所</td><td colspan="2">〒○○○－○○○○　　　　　　　　　　電話　○○○（○○○）○○○○
○○県○○○市○○町4丁目5番6号　　　　　　（　　　　　　方）</td></tr>
<tr><td>連絡先</td><td colspan="2">〒　　　－　　　　　　　　　　　　　　電話　　　（　　　）
　　　　　　　　　　　　　　　　　　　　　　（　　　　　　方）</td></tr>
<tr><td>フリガナ
氏　　名</td><td>コウ　ノ　ハナ　コ
甲　野　花　子</td><td>大正
昭和
平成　　○○年○○月○○日　生
　　　　　（　　○○　　歳）</td></tr>
<tr><td>職　　業</td><td colspan="2"></td></tr>
</table>

（注）　太枠の中だけ記入してください。
※の部分は，申立人，法定代理人，成年被後見人となるべき者，不在者，共同相続人，被相続人等の区別を記入してください。

申　　立　　て　　の　　趣　　旨
別紙目録記載の存続期間不確定債権の評価をする鑑定人の選任を求める。

申　　立　　て　　の　　理　　由
1　申立人は，被相続人の相続人が不存在であるために相続財産管理人に選任された者である 　（○○家庭裁判所平成○年（家）第○号）。 2　申立人は，相続債権者及び受遺者に対し，3ヵ月の期間内に請求の申出をするよう公告をし 　たところ，相続債権者として，山田太郎が，別紙債権目録記載の存続期間が不確定な債権を有 　している旨届け出たため，同債権の弁済をするため，同弁価額を評価する必要がある。 3　よって，別紙目録記載の存続期間不確定債権の評価をする鑑定人の選任を求める。 4　鑑定人の候補者は次のとおりである。 　　　住　所　東京都港区○○町○丁目○番○号 　　　事務所　東京都港区○○町○丁目○番○号　乙川公認会計事務所 　　　氏　名　乙川三郎　　職　業　公認会計士 　　　電　話　03－○○○○－○○○○

第3 鑑定人選任手続——相続人不存在における存続期間不確定債権評価の場合　　*545*

遺　産　目　録　（□特別受益目録）

【現金，預・貯金，株式等】

番　号	品　　　　　　　　　　　目	単　位	数量（金額）	備　　　　考
1	定期金給付債権 　平成○年○月○日付 　債権者　山田太郎 　債務者　被相続人		月額5万円	平成○年○月 ○日付公正証 書あり
	内　容　債務者が債権者に対し， 交通事故による損害賠償（後遺 障害分）として，債務者の生存 中，債務者が債権者に対し，月 額5万円の支払を約したもの。			

(注) この目録を特別受益目録として使用する場合には，（□特別受益目録）の□の部分にチェックしてください。
　　　また，備考欄には，被相続人から生前に贈与を受けた相続人の氏名を記載してください。

第4 相続人捜索の公告手続

解　説

(1) 制度の概要

相続人捜索の公告（民958条）は，家庭裁判所が行う相続財産管理人選任の公告（民952条）及び相続財産管理人が行う相続債権者・受遺者に対する請求申出の公告（民957条1項）に次いで行われる最後の公告である。相続債権者・受遺者に対する請求申出の公告の期間を経過してもなお相続人が不明のときは，家庭裁判所は，相続財産管理人又は検察官の請求により，相続人がいるならば一定期間内（6ヵ月以上）にその権利を主張すべき旨を公告する（民958条）。

この期間内に相続人としての権利を主張する者がいないときは，相続人並びに相続財産管理人に知れなかった相続債権者及び受遺者は，その権利を行使することができない（民958条の2。特別縁故者への相続財産分与後に残余財産があったとしても，その残余財産に対して相続権を主張することは許されない（最判昭56・10・30民集35巻7号1243頁））。これにより，相続人の不存在が確定し，特別縁故者に対する財産分与や国庫帰属の対象となる財産が確定する。このように，この公告は特別縁故者に対する財産分与や国庫帰属の対象となる財産を確定するために行うものであることから，債務超過が明らかになった場合や弁済等により相続財産がなくなった場合には，その公告を行う必要はない。

この手続は，家事事件手続法別表第1の99項の審判事項である。

(2) 申立手続

(a) 管轄裁判所　相続が開始した地（被相続人の最後の住所地）を管轄する家庭裁判所（家手203条1項1号）。

(b) 申立権者　相続財産管理人又は検察官（民958条）。

(c) 申立手続費用

(イ) 収入印紙　800円（民訴費3条1項・別表第1の15項）。

(ロ) 予納郵便切手　350円程度（裁判所によって取扱金額及び内訳が異なるので問い合わせること）。

(ハ) 官報公告料　3775円。

(d) 添付書類　相続債権者及び受遺者に対する請求申出の公告が掲載された官報の写し。

(3) 公告手続

　家庭裁判所は，この申立てを認容する場合には，別に審判書を作成する必要はなく，直ちに公告手続をとる。

　公告の内容は，①申立人の氏名又は名称及び住所，②被相続人の氏名，職業及び最後の住所，③被相続人の出生及び死亡の場所及び年月日，④相続人は，一定の期間までにその権利の申出をすべきこと，である。

　公告の方法は，原則として，家庭裁判所の掲示板に掲示し，かつ，官報に掲載する。

【原田　和朋】

548　第3編　各種審判手続の書式実例　　第12章　相続人不存在に関する審判事件

書式116　相続人捜索の公告を求める審判申立書

収入印紙　　800　円	受付印	家事審判申立書　　事件名（　相続人捜索の公告　）
予納郵便切手　　　　円		（この欄に申立手数料として1件について800円分の収入印紙を貼ってください。） （貼った印紙に押印しないでください。） （注意）登記手数料としての収入印紙を納付する場合は，登記手数料として の収入印紙は貼らずにそのまま提出してください。
予納収入印紙　　　　円		

| 準口頭 | | 関連事件番号　平成　　　年（家　　）第　　　　　　　　号 |

| 横浜　家庭裁判所
御中
平成　○○　年　○○　月　○○　日 | 申　立　人
（又は法定代理人など）
の記名押印 | 被相続人丙山四郎相続財産管理人　㊞
乙　川　太　郎 |

| 添付書類 | （審理のために必要な場合は，追加書類の提出をお願いすることがあります。）
官報公告（相続債権者及び受遺者に対する請求申出の催告）の写し |

申 立 人	本　籍 （国　籍）	（戸籍の添付が必要とされていない申立ての場合は，記入する必要はありません。） 　　　　都　道 　　　　府　県	
	住　所	〒○○○－○○○○ 横浜市西区○○町○丁目○番○号	電話　045（×××）×××× （　　　　　　　　方）
	連絡先	〒　　－	電話　（　　　　　） （　　　　　　　　方）
	フリガナ 氏　名	被相続人丙山四郎相続財産管理人 オツ カワ タ ロウ 乙　川　太　郎	大正 昭和　○○年○○月○○日生 平成　（　○○　歳）
	職　業		

※ 被 相 続 人	本　籍 （国　籍）	（戸籍の添付が必要とされていない申立ての場合は，記入する必要はありません。） 神奈川　都　道 　　　　府　県　横須賀市○○町○丁目○番地	
	最後の 住　所	〒　　－ 横浜市港北区○○町○丁目○番○号	電話　（　　　　　） （　　　　　　　　方）
	連絡先	〒　　－	電話　（　　　　　） （　　　　　　　　方）
	フリガナ 氏　名	ヘイ ヤマ シ ロウ 丙　山　四　郎（平成○○年○○月○○日死亡）	昭和 平成　○○年○○月○○日生 （　○○　歳）
	職　業		

（注）　太枠の中だけ記入してください。
　　※の部分は，申立人，法定代理人，成年被後見人となるべき者，不在者，共同相続人，被相続人等の区別を記入してください。

申　立　て　の　趣　旨
被相続人に相続人があるならば一定の期間内にその権利を主張すべき旨の公告手続を求めます。

申　立　て　の　理　由
1　申立人は，平成○○年○○月○○日横浜家庭裁判所において相続財産管理人に選任され，相続財産管理人選任の公告が平成○○年○○月○日官報に掲載されました。 2　しかし，同公告から2ヵ月以内に相続人のあることが明らかにならなかったので，申立人は，相続債権者及び受遺者に対して債権申出の催告をなし，この公告は平成○○年○○月○○日官報に掲載されましたが，この催告期間を経過しても相続人のあることが明らかになりませんでした。 3　よって，申立人は，御庁において相続人があるならば一定の期間内にその権利を主張すべき旨の公告手続をされたく民法958条に基づきこの申立てをします。

第5　相続財産管理人の権限外行為の許可手続

解　説

(1)　制度の概要

相続財産管理人は，相続財産法人の代理人と考えられる（民956条1項）が，遺言執行者のような権限の定め（民1012条）がないので，権限の定めのない代理人として民法103条に規定する行為（保存行為，代理の目的である物又は権利の性質を変えない範囲内においてその利用又は改良を目的とする行為）をする権限を有するにすぎない。相続財産管理人がこの権限の範囲を超える行為（売却処分，廃棄処分，訴訟行為等）を必要とするときは，家庭裁判所の許可を得て，その行為をすることができる（民953条・28条）。

弁済等は，民法が定める相続財産管理人の固有の権限であるため，権限外行為許可は不要である。また，預貯金の払戻しや解約は，債権の取立てとして権利の性質を変えない範囲内の利用行為と解されているため，権限外行為許可は不要である。

この手続は，家事事件手続法別表第1の99項の審判事項である。

(2)　申立手続

(a)　管轄裁判所　　相続が開始した地（被相続人の最後の住所地）を管轄する家庭裁判所（家手203条1項1号）。

(b)　申立権者　　相続財産管理人（民953条・28条）。

(c)　申立手続費用

　(イ)　収入印紙　　800円（民訴費3条1項・別表第1の15項）。

　(ロ)　予納郵便切手　　92円程度（裁判所によって取扱金額及び内訳が異なるので問い合わせること）。

(d)　申立書　　申立ての趣旨及び理由において，許可を求める行為の内容を特定し，その行為を行う必要性，行為内容の相当性について記載する必要がある。

(e)　添付資料　　①許可の対象である財産を特定するための資料（不動産登記事項証明書等），②許可を求める行為を特定するための資料（売買契約書案・和解条項案等），③許可を求める行為の相当性を証する資料（固定資産評価証明書・査定書等）等を添付する必要がある。

(3)　審判手続

家庭裁判所は，権限外行為許可の必要性，許可を求める行為の相当性について審理し，許可又は却下の審判をする。いずれの審判に対しても，申立人は即時抗告をすることはできない。

【原田　和朋】

第5　相続財産管理人の権限外行為の許可手続　　*551*

書式117　相続財産管理人の権限外行為許可を求める審判申立書

受付印	家事審判申立書　事件名（ 相続財産管理人の権限外行為許可 ）

収入印紙　　800　円	（この欄に申立手数料として1件について800円分の収入印紙を貼ってください。）
予納郵便切手　　　　円	（注意）登記手数料としての収入印紙を納付する場合は，登記手数料としての収入印紙は貼らずにそのまま提出してください。（貼った印紙に押印しないでください。）
予納収入印紙　　　　円	

準口頭　　　　関連事件番号　平成　　　年（家　　）第　　　　　　　号

横浜　家庭裁判所　御中 平成　○○年　○○月　○○日	申　立　人 （又は法定代理人など） の記名押印	被相続人丙山四郎相続財産管理人 乙　川　太　郎　　　　　㊞

添付書類	（審理のために必要な場合は，追加書類の提出をお願いすることがあります。） 不動産登記事項証明書，不動産評価証明書，売買契約書案

申立人	本　籍 （国　籍）	（戸籍の添付が必要とされていない申立ての場合は，記入する必要はありません。） 　　　　　　　　　都　道 　　　　　　　　　府　県		
	住　所	〒 ○○○ － ○○○○ 　横浜市西区○○町○丁目○番○号	電話　045（×××）×××× （　　　　　　　方）	
	連絡先	〒　　　－	電話　　（　　　） （　　　　　　　方）	
	フリガナ 氏　名	被相続人丙山四郎相続財産管理人 オツ カワ　タ ロウ 乙　川　太　郎	大正 昭和　○○年○○月○○日 生 平成　（　　○○　歳）	
	職　業			
※ 被相続人	本　籍 （国　籍）	（戸籍の添付が必要とされていない申立ての場合は，記入する必要はありません。） 神奈川　都　道 　　　　府　県　横須賀市○○町○丁目○番○号		
	最後の 住　所	〒 ○○○ － ○○○○ 　横浜市港北区○○町○丁目○番○号	電話　　（　　　） （　　　　　　　方）	
	連絡先	〒　　　－	電話　　（　　　） （　　　　　　　方）	
	フリガナ 氏　名	ヘイ ヤマ シ ロウ 丙　山　四　郎（平成○○年○○月○○日死亡）	昭和 平成　○○年○○月○○日 生 （　　　　○○歳）	
	職　業			

（注）　太枠の中だけ記入してください。
　※の部分は，申立人，法定代理人，成年被後見人となるべき者，不在者，共同相続人，被相続人等の区別を記入してください。

申　立　て　の　趣　旨
被相続人の相続財産管理人である申立人が，相続財産である別紙目録記載の土地建物を丁川春子（住所神奈川県小田原市○○町○○番地○○号）に金○○○万円で売却することを許可するとの審判を求めます。

申　立　て　の　理　由
1　被相続人亡丙山四郎は，平成○○年○○月○○日死亡しました。 2　被相続人亡丙山四郎には相続人のあることが明らかでないため，申立人が平成○○年○○月○○日，相続財産管理人に選任されました。 3　被相続人亡丙山四郎の相続財産は，申立人が平成○○年○○月○○日に提出した第1回管理報告書に添付した財産目録記載のとおりです。 4　申立人が別紙目録記載の土地建物を換価するために買受人を探したところ，丁川春子（住所神奈川県小田原市○○町○○番地○○号）が金○○○万円での買受を希望しております。不動産鑑定士の評価及び近隣の類似物件の取引事例に照らして相当価額であると考えます。 5　したがって，申立ての趣旨記載のとおりの審判を求めます。

第6 特別縁故者に対する相続財産の分与手続

解　説

(1) 制度の概要

　家庭裁判所の相続人捜索の公告（民958条）の期間内に相続人である権利を主張する者がなかった場合，家庭裁判所は，相当と認めるときは被相続人と特別の縁故があった者の請求により，その者に，清算後残存した相続財産の全部又は一部を与えることができる（民958条の3第1項）。これは相続人不存在の場合に相続財産を国庫に帰属させるよりも内縁の配偶者や事実上の養親子のように相続人ではないが被相続人と特別な縁故関係にあった者に帰属させるほうが被相続人の遺志にかない，また国民感情に合致することから設けられた制度である。

　この手続は，家事事件手続法別表第1の101項の家事審判事件である。

(2) 特別縁故者の範囲

　特別縁故者について民法958条の3は，①被相続人と生計を同じくしていた者，②被相続人の療養看護に努めた者，③その他被相続人と特別の縁故があった者と規定している。①及び②は例示であり，③に該当するか否かについては，抽象的な親族関係の遠近ではなく，具体的実質的な縁故関係の濃淡をその判断基準とすべきと解されている。

　(a) 被相続人と生計を同じくしていた者　　被相続人と生計を同一にし，生活関係は密接であったけれども相続権のない者をいう。裁判例として，内縁の妻（東京家審昭38・10・7家月16巻3号123頁ほか），事実上の養子（大阪家審昭40・3・11家月17巻4号70頁ほか）などがある

　(b) 被相続人の療養看護に努めた者　　被相続人に対し献身的に療養看護に尽くした者をいい，通常の扶養義務の範囲を超えることが必要とされている。裁判例として，東京高決昭55・4・21判時966号34頁，大阪高決平4・3・19家月45巻2号162頁などがある。また，看護師や家政婦（夫）のように対価を得ている者は，原則として特別縁故者にあたらないが，対価以上に献身的に看護に尽力したという特別の事情があれば特別縁故者にあたるとした裁判例（神戸家審昭51・4・24判時822号17頁）がある。

　(c) その他被相続人と特別の縁故があった者　　被相続人との間に前二者（前記(a)及び(b)）に準ずる程度に密接な縁故関係があった者をいう。被相続人

との間に生前具体的な交渉があり，相続財産を分与することが，被相続人の遺志に合致するであろうと推測されるような者がこれにあたる（東京家審昭60・11・19判タ575号56頁）。被相続人と親族関係にはないが，アルバイト料をもらいながら被相続人の世話をしていた者及び被相続人の成年後見人として報酬を得ていたが，成年後見人に就任する前から身の回りの世話をしていた者について，被相続人がその死亡後にその者に遺産を遺贈しようとしていたと認められる場合に，その者は，相続財産を分与することが被相続人の意思に合致する程度に被相続人と密接な関係があったと評価して特別縁故者として認めた裁判例（大阪高決平28・3・2判時2310号85頁）がある。

　法人等の団体も特別縁故者となり得，宗教法人や地方自治体，社会福祉法人，老人ホームが特別縁故者として認められた例がある。

　特別縁故関係は，被相続人死亡の当時だけでなく，過去のある時期に存在した場合でも足りると解されている。しかし，被相続人の死後にその葬儀や供養等を行った者のように死後の縁故をもって特別縁故者に該当するかについては，実務上も見解が分かれている。

(3) 申立手続

(a) **申立権者**　被相続人と生計を同じくしていた者，被相続人の療養看護に努めた者，その他被相続人と特別の縁故があった者（民958条の3第1項）。

(b) **管轄裁判所**　相続開始地を管轄する家庭裁判所（家手203条3号）。

(c) **申立期間**　相続権主張の催告期間満了後3ヵ月以内（民958条の3第2項）。期間経過後の申立ては認められない。相続権主張の催告期間満了前に申立てがなされた場合でも，相続権を主張する者がなく催告期間が満了することにより，その瑕疵は治癒されると解される。

(d) **申立手続費用**

　(イ)　収入印紙　　800円（民訴費3条1項・別表第1の15項）。

　(ロ)　予納郵便切手　　3200円程度（裁判所によって取扱金額及び内訳が異なるので問い合わせること）。

(e) **添付書類**　申立人の住民票又は戸籍附票，特別な縁故関係にあることを証する資料。

(4) 審判手続

(a) **申立ての通知**　特別縁故者に対する財産分与の申立てがあったときは，裁判所書記官は，遅滞なく相続財産管理人に対し，その旨を通知しなけ

ればならない（家手規110条 2 項前段）。

（b） 手続及び審判の併合　　同一の相続財産に関し特別縁故者に対する財産分与の審判事件が数個同時に係属するときは，これらの審判の手続及び審判は併合してしなければならない（家手204条 2 項）。

（c） 事実の調査　　家庭裁判所は，申立人と被相続人との間の縁故関係の有無やその程度，相続財産の内容や現況，分与の相当性等について，事実の調査を行う。調査の方法としては，家庭裁判所調査官による調査が行われることが多い。なお，家庭裁判所は，相続財産分与の審判をするには，相続財産管理人の意見を聴かなければならない（家手205条）。

（d） 審判の時期　　相続権主張の催告期間満了後 3 ヵ月を経過した後にしなければならない（家手204条 1 項）。

（e） 不服申立て

（イ） 不服申立権者　　認容審判に対しては，申立人及び相続財産管理人が即時抗告をすることができる（家手206条 1 項 1 号）。申立人は，分与の審判がなされた場合においても，その内容に利害関係を有し，不服申立ての利益が認められる。また，相続財産管理人は，相続財産法人を代表する立場から，分与の審判の内容の妥当性について争うことが考えられる。却下審判に対しては，申立人が即時抗告をすることができる（家手206条 1 項 2 号）。

（ロ） 即時抗告の効力　　数人から特別縁故者に対する相続財産の分与の申立てがあった場合には，その手続及び審判は併合して行われるが，この申立てについての審判に対して即時抗告がされたときには，その効力は，当該即時抗告をした者だけでなく申立人全員に及び，その全員について審判の確定遮断と移審の効果が生じる。抗告審において，即時抗告をしなかった申立人に対する分与の審判を変更される場合もある。

(5) 審判確定後の手続

特別縁故者に対する相続財産の分与の申立てについての審判が確定したときは，裁判所書記官は，遅滞なく，相続財産管理人に対し，その旨を通知しなければならない（家手規110条 2 項後段）。認容審判が確定した場合には，相続財産管理人は，特別縁故者に対し，分与された財産を引き継がなければならず，却下審判が確定した場合には，国庫帰属の手続を進めることになる。

相続財産のうち不動産について分与を受けた特別縁故者は，審判書正本及び確定証明書を添付することにより，単独で，所有権移転登記手続を行うこ

とが可能となる。

【原田　和朋】

556　第3編　各種審判手続の書式実例　第12章　相続人不存在に関する審判事件

書式118　特別縁故者に対する相続財産の分与を求める審判申立書

受付印	家事審判申立書　事件名（　特別縁故者に対する相続財産の分与　）
収入印紙　　800　円 予納郵便切手　　　　円 予納収入印紙　　　　円	（この欄に申立手数料として1件について800円分の収入印紙を貼ってください。） 　　　　　　　　　　　　　（貼った印紙に押印しないでください。） （注意）登記手数料としての収入印紙を納付する場合は，登記手数料としての収入印紙は貼らずにそのまま提出してください。

準口頭	関連事件番号　平成　　年（家　　）第　　　　　　　号

横浜　家庭裁判所 　　　　　　御中 平成　○○年　○○月　○○日	申　立　人 （又は法定代理人など） の　記　名　押　印	甲　山　一　男　　㊞

添付書類	（審理のために必要な場合は，追加書類の提出をお願いすることがあります。） 申立人の住民票

<table>
<tr><td rowspan="6">申立人</td><td>本　籍
（国　籍）</td><td colspan="2">（戸籍の添付が必要とされていない申立ての場合は，記入する必要はありません。）
　　　都　道
　　　府　県</td></tr>
<tr><td>住　所</td><td>〒　○○○　－　○○○
横浜市港北区○○町○丁目○番○号</td><td>電話　045（×××）××××
（　　　　）　　　　　方）</td></tr>
<tr><td>連絡先</td><td>〒　　　－</td><td>電話　（　　　）
（　　　　）　　　　　方）</td></tr>
<tr><td>フリガナ
氏　名</td><td>コウ　ヤマ　カズ　オ
甲　山　一　男</td><td>大正
平成　○○年○○月○○日 生
（　　○○　　歳）</td></tr>
<tr><td>職　業</td><td colspan="2">会社員</td></tr>
</table>

<table>
<tr><td rowspan="6">※
被相続人</td><td>本　籍
（国　籍）</td><td colspan="2">（戸籍の添付が必要とされていない申立ての場合は，記入する必要はありません。）
神奈川　都　道
　　　　府　県　横須賀市○○町○丁目○番地</td></tr>
<tr><td>最後の
住　所</td><td>〒　○○○　－　○○○
横浜市港北区○○町○丁目○番○号</td><td>電話　（　　　）
（　　　　）　　　　　方）</td></tr>
<tr><td>連絡先</td><td>〒　　　－</td><td>電話　（　　　）
（　　　　）　　　　　方）</td></tr>
<tr><td>フリガナ
氏　名</td><td>ヘイ　ヤマ　シ　ロウ
丙　山　四　郎（平成○○年○○月○○日死亡）</td><td>大正
昭和
平成　○○年○○月○○日 生
（　　　　歳）</td></tr>
<tr><td>職　業</td><td colspan="2"></td></tr>
</table>

（注）　太枠の中だけ記入してください。
※の部分は，申立人，法定代理人，成年被後見人となるべき者，不在者，共同相続人，被相続人等の区別を記入してください。

申　立　て　の　趣　旨

申立人に対し，被相続人の相続財産を分与するとの審判を求めます。

申　立　て　の　理　由

1　申立人は，被相続人のいとこですが，子どものいない被相続人とは親子のような付き合いをしてきました。長年，被相続人と同じ町内に居住し，平成○年ころから妻子がおらず一人暮らしの被相続人の話し相手となり身の回りの世話をし，平成○○年ころからは足が不自由となった被相続人の介護を行ってきました。
2　被相続人は，平成○○年○○月○○日死亡しましたが，相続人がいないため，平成○○年○○月○○日私が御庁に相続財産管理人選任の申立てを行い，同年○○年○日，相続財産管理人として丙山四郎が選任されました。相続財産管理人の申立てに基づき御庁が相続人捜索の公告を行い，翌年○月○○日に公告期間が満了しましたが，権利の申出はありませんでした。
3　被相続人には，別紙目録記載のとおり遺産があります。被相続人は，別紙目録記載の被相続人所有の不動産を賃貸していましたが，前述のように体が不自由となってからは，申立人がこれを事実上管理し，申立人は被相続人の財産の維持形成に寄与してきました。
4　被相続人の遺言はありません。
5　したがって，相続債務清算後の残余財産は，被相続人と特別縁故関係にある申立人に分与されたくこの申立てをします。

第7 相続財産管理人に対する報酬付与手続

解　説

(1) 概　要

　家庭裁判所は，被相続人の相続財産の中から，相当な報酬を管理人に与えることができる（民953条・29条2項）。

　相続財産管理人からの申立てにより，家庭裁判所は，財産管理事務の内容，管理状況，難易度，管理期間，管理財産の内容及び額，管理人の職業，管理人と被相続人との関係等を総合的に考慮して報酬額を定める。

　管理人の報酬請求権は報酬付与審判により形成される。

　この手続は，家事事件手続法別表第1の99項の審判事項である。

(2) 審判手続

(a) 申立権者　　相続財産管理人（民953条・29条2項）。

(b) 管轄裁判所　　相続が開始した地（被相続人の最後の住所地）を管轄する家庭裁判所（家手203条1号）。

(c) 申立費用

　(イ) 収入印紙　　800円（民訴費3条1項・別表第1の15項）。

　(ロ) 予納郵便切手　　82円程度（裁判所によって取扱金額及び内訳が異なるので問い合わせること）。

(d) 添付書類　　管理報告書，財産目録，管理経過一覧表，管理財産に関する資料。

(3) 審判手続

(a) 事実の調査　　報酬付与の可否及び付与する場合における報酬額について判断するために，申立書，申立添付書類のほか相続財産管理人選任申立事件及びこれに付随する事件（権限外行為許可申立事件等）記録，従前提出されている管理報告書等により，管理財産の内容及び管理行為の具体的な内容等について調査する。

(b) 不服申立て　　認容・却下いずれの審判に対しても，即時抗告はできない。

【原田　和朋】

558　第3編　各種審判手続の書式実例　　第12章　相続人不存在に関する審判事件

書式119　相続財産管理人に対する報酬付与審判申立書

収入印紙	800	円	受付印
予納郵便切手		円	
予納収入印紙		円	

家事審判申立書　事件名（相続財産管理人に対する報酬付与）

（この欄に申立手数料として1件について800円分の収入印紙を貼ってください。）

（貼った印紙に押印しないでください。）

（注意）登記手数料としての収入印紙を納付する場合は，登記手数料としての収入印紙は貼らずにそのまま提出してください。

準口頭		関連事件番号　平成　　年（家　　）第　　　　　　号

横浜　家庭裁判所　御中 平成　〇〇年　〇〇月　〇〇日	申　立　人 （又は法定代理人など） の　記　名　押　印	被相続人丙山四郎相続財産管理人 乙　川　太　郎　　㊞

添付書類	（審理のために必要な場合は，追加書類の提出をお願いすることがあります。） 財産目録

申立人	本　籍 （国　籍）	（戸籍の添付が必要とされていない申立ての場合は，記入する必要はありません。） 　　　　　　　都　道 　　　　　　　府　県	
	住　所	〒〇〇〇－〇〇〇〇 横浜市西区〇〇町〇丁目〇番〇号	電話　045（×××）×××× （　　　　　　方）
	連絡先	〒　　－	電話　（　　　　　） （　　　　　　方）
	フリガナ 氏　名	被相続人丙山四郎相続財産管理人 オツ カワ タ ロウ 乙　川　太　郎	大正 昭和　〇〇年〇〇月〇〇日 生 平成　（　〇〇　歳）
	職　業	弁護士	

※ 被相続人	本　籍 （国　籍）	（戸籍の添付が必要とされていない申立ての場合は，記入する必要はありません。） 神奈川　　都道 　　　　　府県　横須賀市〇〇町〇丁目〇番〇号	
	最後の 住　所	〒〇〇〇－〇〇〇〇 横浜市港北区〇〇町〇丁目〇番〇号	電話　（　　　　　） （　　　　　　方）
	連絡先	〒　　－	電話　（　　　　　） （　　　　　　方）
	フリガナ 氏　名	ヘイ ヤマ シ ロウ 丙　山　四　郎　（平成〇〇年〇〇月〇〇日死亡）	昭和 平成　〇〇年〇〇月〇〇日 生 （　　　　歳）
	職　業		

（注）　太枠の中だけ記入してください。

※の部分は，申立人，法定代理人，成年被後見人となるべき者，不在者，共同相続人，被相続人等の区別を記入してください。

申　立　て　の　趣　旨
申立人に対し，被相続人の相続財産の中から相当額の報酬を付与することを求めます。

申　立　て　の　理　由
1　申立人は，平成〇〇年〇〇月〇〇日，被相続人の相続財産管理人に選任され，既に提出済みの管理報告書記載のとおり，管理清算業務を行ってきました。 2　相続債権者に対する弁済及び特別縁故者に対する相続財産の分与審判に基づく相続財産の引渡しを完了し，残余財産は別紙財産目録記載のとおりです。 3　申立人は，相続財産の中から相当額の報酬の付与を受けたのち，残余財産について国庫に引き継ぎ，管理業務を終了させる予定です。 4　よって，申立ての趣旨記載のとおりの審判を求めます。

第1　遺言の確認を求める手続　*559*

第13章

遺言・遺留分に関する審判事件

第1　遺言の確認を求める手続

解　説

(1)　制度の趣旨

　遺言には，普通方式の遺言である自筆証書遺言，公正証書遺言，秘密証書遺言と，特別方式の遺言である危急時遺言（死亡危急者の遺言及び船舶遭難者の遺言），隔絶地遺言（伝染病隔離者の遺言及び在船者の遺言）がある。

　死亡危急者の遺言（民976条）は，疾病その他の事由により死亡の危急に迫った者がする遺言で，3名以上の証人が立ち会い，うち1人に対し遺言の趣旨を口授し，口授を受けた者が，その趣旨を筆記し，遺言者と他の証人に読み聞かせるか閲覧をさせ，各証人がその筆記が正確であることを承認した後，各証人が遺言書に署名，押印をすることにより成立する。

　船舶遭難者の遺言（民979条）は，遭難した船舶の中に在って死亡の危急に迫った者が，2人以上の証人の立会いのもと口頭でする遺言で，証人がその趣旨を筆記し，署名，押印をしなければならない。

　遺言の確認は，危急時遺言においては上述のように遺言者の自書，署名の要件が緩和され，口授が認められていることから，家庭裁判所の関与により遺言者の真意に基づかない遺言書が作成されることを防ぐことを目的とする制度であり，家庭裁判所による遺言の確認を得ない遺言はその効力を生じない。また，家庭裁判所は，遺言が遺言者の真意に出たものとの心証を得なければ遺言の確認をすることができない。

　遺言の確認は，家事事件手続法別表第1の102項に定める家事審判事件である。

(2)　申立手続関係

560　第3編　各種審判手続の書式実例　第13章　遺言・遺留分に関する事件

(a)　申立権者　　証人の1人又は利害関係人（利害関係人は，相続人，受遺者，遺言執行者等遺言の確認の審判の結果に法律上の利害関係を有する者）。

(b)　申立期間　　遺言者の生死に関わりなく，①死亡危急者遺言は，遺言の日から20日以内，②船舶遭難者遺言は，遅滞なく確認の請求をする。

　　　＊　①につき，20日の法定期間内に確認を請求して確認を得ることが遺言の効力発生要件であるから，期間経過後の申立ては確認の利益を欠くものとして却下すべきである（仙台高決昭28・4・10家月5巻7号48頁）が，期間経過後にされた確認の申立てであっても，交通，通信手段の著しい困難等の事由により期間を遵守することを客観的に期待し得ない事情がある場合は，申立てが遅滞なくされたものである限り，民法979条2項（現3項）の趣旨を類推して，確認の審判をすることができる場合があるとされている（札幌高決昭55・3・10家月32巻7号48頁）。

　　　　　②につき，「遅滞なく」とは，遭難が止み確認を求めることができるようになった時から速やかに申し立てる必要がある。

(c)　管　　轄　　相続開始地を管轄する家庭裁判所，遺言者が生存中のときは，遺言者の住所地を管轄する家庭裁判所（家手209条）。

(d)　申　立　書　　申立ての理由には，申立人の地位，申立てに至る経緯，遺言時の状況及び立ち会った証人などを記載する。

　なお，申立人以外の証人は当事者でなく必要的記載事項ではないが，家庭裁判所が審判をするにあたり，証人の陳述を聴取するのが一般的であることから，申立書に証人の住所，氏名を記載するのが相当である。

(e)　申立手続費用

　　(イ)　申立手数料　　遺言書1通につき収入印紙800円（民訴費3条1項・別表第1の15項）。

　　(ロ)　予納郵便切手　　2000円程度（家庭裁判所により異なる）。

(f)　添付書類　　遺言者の戸籍謄本（全部事項証明書）及び住民（除）票，立会証人の住民票，遺言書の写し，医師の診断書（遺言者が生存している場合），申立人が利害関係人である場合の利害関係を証する資料（推定相続人の場合は相続関係を明らかにする戸籍謄本（全部事項証明書）等，遺言執行者の場合は審判書謄本等）。

(3)　**審判手続**

(a)　審　　理　　職権により遺言が遺言者の真意に出たものかについて事実の調査及び必要と認める証拠調べを行う。具体的には，遺言作成時の状況や作成に至る経緯，遺言者の病状や意思能力等，遺言者と立会証人との関係，

遺言者の平素の言動，家族の状況，資産の状況，遺言者，立会証人と遺産を取得する者との関係等について事実の調査を行う。

遺言者が生存中の場合，遺言が遺言者の真意に基づくものかの調査を行う。

(b) 審　　判　　審理の結果，家庭裁判所において申立てが適法で，遺言が遺言者の真意に出たものであるとの心証を得たときは，確認の審判がされる。

確認の審判は，申立人及び利害関係参加人に告知され，不服申立期間の経過で確定し，審判の効力が生じる。申立却下の審判は，申立人に告知されたときに効力が生じ，不服申立期間の経過で確定する（家手74条）。

(c) 不服申立て　　確認の審判には利害関係人（申立人，推定相続人，受遺者，遺言執行者等）が，申立却下の審判には遺言に立ち会った証人及び利害関係人が，告知を受けた日から2週間以内に即時抗告ができる（家手86条・214条1号・2号）。

(d) 取下げの制限　　遺言の確認の審判の取下げは，家庭裁判所による許可を要する（家手212条）。取下げが自由にできると，申立期間経過後に取り下げられた場合に他の申立権者の申立権を害するためである。

(4) 審判の効力

確認の審判の確定により作成時に遡り遺言書が成立する。ただし，家事審判手続が非訟事件手続であり，審判の目的が，遺言が遺言者の真意に出たことを一応確保しておくことに過ぎないものであることから，遺言の有効を確定する効力は有しないものとされている（大阪高決昭31・2・23家月8巻4号41頁）。

なお，遺言書の効力につき，遺言者が普通方式の遺言をすることができるようになった時から6ヵ月間生存していた時，遺言の効力は生じない（民983条）。

(5) 遺言書の検認

遺言の執行にあたっては，家庭裁判所において確認を得た遺言であっても遺言書検認の手続を経なければならない。

【堀口　洋一】

562　第3編　各種審判手続の書式実例　　第13章　遺言・遺留分に関する事件

書式120　遺言の確認申立書

	受付印	**家事審判申立書　事件名（　　遺言の確認　　）**

収入印紙　　　800　円	（この欄に申立手数料として1件について800円分の収入印紙を貼ってください。）
予納郵便切手　　　　　円	（貼った印紙に押印しないでください。）
予納収入印紙　　　　　円	（注意）登記手数料としての収入印紙を納付する場合は，登記手数料としての収入印紙は貼らずにそのまま提出してください。

準口頭		関連事件番号　平成　　　年（家　　）第　　　　　　号

横浜　家庭裁判所 御中 平成　○○ 年 ○○ 月 ○○ 日	申　立　人 （又は法定代理人など） の　記　名　押　印	甲　野　一　郎　　㊞

添付書類	（審理のために必要な場合は，追加書類の提出をお願いすることがあります。） 申立人の戸籍謄本（全部事項証明書）　1通 遺言者の戸籍（除籍）謄本（全部事項証明書）　1通，遺言者の住民票（除票）　1通 立会証人の住民票　各1通，遺言書の写し，診断書

申 立 人	本　籍 （国　籍）	（戸籍の添付が必要とされていない申立ての場合は，記入する必要はありません。） 東京　㊞道府県　千代田区○○町○丁目○○番地
	住　所	〒 ○○○−○○○○　　　　　　　電話　×××（×××）×××× 横浜市港北区○○町○丁目○番○−○号　　　　　（　　　　　方）
	連絡先	〒　　−　　　　　　　　　　　　　電話　　（　　　） 　　　　　　　　　　　　　　　　　　　　　　（　　　　　方）
	フリガナ 氏　名	コウ ノ イチ ロウ 甲　野　一　郎	大正昭和平成 ○○年○○月○○日 生 （　○○　歳）
	職　業	会社員

※ 遺 言 者	本　籍 （国　籍）	（戸籍の添付が必要とされていない申立ての場合は，記入する必要はありません。） 東京　㊞道府県　千代田区○○町○丁目○○番地
	住民票上の 住　所	〒 ○○○−○○○○　　　　　　　電話　×××（×××）×××× 横浜市港中区○○町○丁目○番○−○○号　　　　　（　　　　　方）
	連絡先	〒　　−　　　　　　　　　　　　　電話　　（　　　） 　　　　　　　　　　　　　　　　　　　　　　（　　　　　方）
	フリガナ 氏　名	コウ ノ タ ロウ 甲　野　太　郎	大正昭和平成 ○○年○○月○○日 生 （　○○　歳）
	職　業	無職

(注)　太枠の中だけ記入してください。
※の部分は，申立人，法定代理人，成年被後見人となるべき者，不在者，共同相続人，被相続人等の区別を記入してください。

申　　立　　て　　の　　趣　　旨
遺言者が平成○○年○○月○○日にした別紙遺言書の確認を求める。

申　　立　　て　　の　　理　　由

1　申立人は遺言者の長男です。
2　遺言者は，平成○○年○○月に肺ガンを患い，平成○○年○○月に入院し，同年○○月○○日病状が悪化し死亡の危急に迫ったため，入院先である○○病院（横浜市港北区○○町○丁目○○番○○号所在）の遺言者の病室において下記3名の証人立会いのもと，証人北山春男に対し，遺言の趣旨を口授し，同証人がこれを筆記したうえで遺言者及び他の証人に読み聞かせ，各証人はその筆記の正確なことを承認し，これに署名押印して別紙危急時遺言書を作成しました。申立人は，同日，証人北山春男より別紙危急時遺言書を預かり，これを保管しています。
3　よって本申立てをします。
4　なお，遺言者は，上記病院に現在も入院中です。
　遺言立会証人
　　住　所　川崎市高津区○○町○丁目○○番○○号　　遺言者の友人　　北山春男
　　住　所　東京都大田区○○町○丁目○○番○○号　　遺言者の姪　　　南田夏樹
　　住　所　横浜市港北区○○町○丁目○○番○○号　　○○病院事務長　西川秋夫

第2 包括遺贈放棄の申述受理を求める手続 *563*

第2 包括遺贈放棄の申述受理を求める手続

解　説

(1) 制度の趣旨

包括遺贈を放棄するについて直接の定めは存在しないが，遺言者の財産の全部又は一部につき割合をもって遺贈を受ける包括受遺者は相続人と同一の権利義務を有するとされている（民990条）ことから，包括受遺者には相続の放棄・承認に関する規定（民915条～940条）が準用される。

包括遺贈の放棄の申述は，家事事件手続法別表第1の95項に定める家事審判事件として扱われる。

(2) 申述手続関係

(a) 申述権者　　包括受遺者。

(b) 申述期間　　申述人が自己のために包括遺贈があったことを知った時から3ヵ月以内（民990条・915条1項本文）。

(c) 管　　轄　　相続開始地（被相続人の最後の住所地）を管轄する家庭裁判所（家手201条1項）。

(d) 申 述 書　　申述の理由には，包括遺贈のあったことを知った日，放棄の理由，相続財産の概略などを記載する。

(e) 申立手続費用

　(イ) 申立手数料　　収入印紙800円（民訴費3条1項・別表第1の15項）。

　(ロ) 予納郵便切手　　82円切手5枚程度（家庭裁判所により異なる）。

(f) 添付書類　　遺言者の除籍謄本（戸籍記載全部事項証明書）及び住民票除票，包括受遺者の住民票，遺言書の写し。

(3) 審判手続

(a) 審　　理　　家庭裁判所は，申述が法定期間内にされたものか，放棄の申述が申述人の真意に基づくものかなどについて事実の調査及び必要と認める証拠調べを行う。

(b) 申述の受理　　申述受理の審判は，申述書に申述を受理する旨を記載し，裁判官が記名押印をすることで効力が生ずる（家手201条7項，家手規50条1項）。

(c) 不服申立て　　受理の審判に対する不服申立ての方法はない。却下の審判に対しては，申述人が告知を受けた日から2週間以内に即時抗告をする

ことができる（家手201条9項3号・86条）。

(4) 申述受理の証明

申述人は，包括遺贈放棄申述受理証明書の交付を請求することができる（家手47条6項）。利害関係を疎明した第三者は，家庭裁判所の許可を得て，申述人の包括遺贈放棄申述受理証明書の交付を請求できる（家手47条1項・5項）。

【堀口　洋一】

第2　包括遺贈放棄の申述受理を求める手続　　*565*

書式121　包括遺贈放棄の申述書

受付印	~~相　　続　　放　　棄~~ 包 括 遺 贈 放 棄 申　述　書
	（この欄に収入印紙800円を貼ってください。）
収入印紙　　800円	
予納郵便切手　　　円	（貼った印紙に押印しないでください。）
準口頭　　関連事件番号　平成　　年（家　　）第　　　　　　　　　　　号	

横浜　家庭裁判所 御中 平成 ○○ 年 ○○ 月 ○○ 日	申　述　人 ［未成年者などの場 合は法定代理人］ の　署名押印	乙　野　二　郎　　㊞

添付書類	（同じ書類は1通で足ります。審理のために必要な場合は、追加書類の提出をお願いすることがあります。） ☑ 戸籍（除籍・改製原戸籍）謄本（全部事項証明書）　合計　　通　　遺言者　遺言者の除籍謄本 ☑ 被相続人の住民票除票又は戸籍附票　　　　　　　　　　　　　　　　　（全部事項証明書） ☑ 遺言書の写し，受遺者の住民票

申述人	本籍 （国籍）	東京 ㊟道 府県	北区○○町○丁目○番地		
	住所	〒○○○－○○○○ 東京都中野区○○町○丁目○番○号		電話　03（××××）×××× （　　　　　）　　方）	
	フリガナ 氏名	オツ ノ ジ ロウ 乙　野　二　郎	㊟昭 平成 ○○年○○月○○日生 （　　　　）○○歳	職業	自営業
	被相続人 との関係	㊟ 被相続人の……① 子　2 孫　3 配偶者　4 直系尊属（父母・祖父母） 　　　　　　　5 兄弟姉妹　6 おいめい　7 その他（　　　　　　）			

法定代理人等	㊟ 1 親権者 2 後見人 3	住所	〒　－ 	電話 （　　　　　）　　方）	
		フリガナ 氏名		フリガナ 氏名	

被相続人 （遺言者）	本籍 （国籍）	東京 ㊟道 府県	千代田区○○町○丁目○番地		
	最後の 住所	横浜市中区○○町○丁目○番○号		死亡当時 の職業	無職
	フリガナ 氏名	コウ ノ タ ロウ 甲　野　太　郎	平成○○年○○月○○日 死亡		

（注）　太枠の中だけ記入してください。　※の部分は，当てはまる番号を○で囲み，被相続人との関係欄の7，法定代理人等欄の3を選んだ場合には，具体的に記入してください。

申　述　の　趣　旨
平成○○年○○月○○日付け自筆証書遺言による包括遺贈を放棄する。 ~~相　続　の　放　棄　を　す　る。~~

申　述　の　理　由
~~包括遺贈のあったこと~~ ※相続の開始を知った日………平成○○年○○月○○日 　　1　被相続人死亡の当日　　3　先順位者の相続放棄を知った日 　　2　死亡の通知をうけた日　④　その他（遺言書の保管者より遺言書を見せられた日　　　　　）

放　棄　の　理　由	相　続　財　産　の　概　略		
※ 1　被相続人から生前に贈与を受けている。 ②　生活が安定している。 3　遺産が少ない。 4　遺産を分散させたくない。 5　債務超過のため 6　その他（　　　）	資 産	農　地……約　　　平方メートル 山　林……約　　　平方メートル 宅　地……約　○○平方メートル 建　物……約　○○平方メートル	現　金 預貯金……約　○○万円 有価証券…約　　　万円
		負　　債……………………約　　　○○　　万円	

（注）　太枠の中だけ記入してください。　※の部分は，当てはまる番号を○で囲み，申述の理由欄の4，放棄の理由欄の6を選んだ場合には，（　）内に具体的に記入してください。

第3 遺言書の検認を求める手続

解 説

(1) 制度の趣旨

公正証書遺言を除く遺言書の保管者又は遺言書を発見した相続人は，相続の開始を知った後，遅滞なく，遺言書を家庭裁判所に提出して検認を請求しなければならない。封印のある遺言書は，家庭裁判所において相続人又はその代理人の立会いがなければ開封することができない（民1004条）。

なお，「法務局における遺言書の保管等に関する法律」（平成30年6月7日成立，同月13日公布，公布の日から起算して2年以内に施行）により，遺言保管所（法務局）に保管された自筆証書遺言については，遺言書の検認手続を経る必要はないものとされた。

遺言書の検認は，相続人や受遺者等の利害関係人に対し，遺言の存在及びその内容を知らせることと，検認時における遺言の内容を明らかにし，その後の偽造・変造を防止することを目的とするものであり，その有効，無効を審査する手続ではない。

遺言書の発見者又は保管者が，遺言書の提出をせず，検認の手続を経ないで遺言の執行を行ったとき，封印のある遺言書を家庭裁判所外で開封したときは，5万円以下の過料の制裁を受けることとなる（民1005条）。

遺言書の検認は，家事事件手続法別表第1の103項に定める家事事件である。

(2) 申立手続関係

(a) 申立権者　遺言書の保管者又は遺言書を発見した相続人。保管者は，遺言者から遺言書の保管を委託された者に限らず，事実上の保管者も含む。

(b) 申立期間　相続の開始を知った後，遅滞なく請求する。

(c) 管　轄　相続開始地（遺言者の最後の住所地）を管轄する家庭裁判所（家手209条1項）。

(d) 申立書　申立人及び遺言者の表示のほか，相続人，知れたる受遺者等を記載する。申立ての理由には，遺言発見時の状況や保管に至った経緯，保管の状況等及び遺言の状態（封印等の状況）等を記載する。

(e) 申立手続費用

(イ) 申立手数料　遺言書1通につき収入印紙800円（民訴費3条1項・別

表第1の15項）。遺言書が封入されている場合，封筒1通につき収入印紙800円（開封の結果，複数の遺言書が封入されていた場合，2通目以降，1通ごとに収入印紙800円）。

　　(ロ)　予納郵便切手　　80円切手を申立人，相続人，受遺者の総数の2倍程度（家庭裁判所により異なる）。

　(f)　添付書類　　遺言者の出生から死亡に至るまでのすべての戸籍（除籍，改製原戸籍）謄本（全部事項証明書），相続人の戸籍謄本（全部事項証明書）及び相続人であること明らかにする戸籍（除籍，改製原戸籍）謄本（全部事項証明書）全部，遺言者の住民票除票，遺言書の写し（遺言書が開封されている場合）。

(3)　審判手続

　(a)　遺言書検認の申立てがあると，家庭裁判所は検認期日を定め，これを申立人及び相続人に対し通知する（家手規115条1項）。封印のある遺言書を開封するには，相続人又はその代理人の立会いが求められているが，家庭裁判所は，立会いの機会を与えればこれらの者の立会いがなくとも検認の手続を実施できるものとされている。

　(b)　検認は，申立人が遺言書を家庭裁判所に提出して行うとされていて，検認期日に申立人が遺言書を持参して提出するのが一般的である。遺言書が提出されると，家庭裁判所は，遺言の方式に関する一切の事実を調査し，当事者等の陳述の要旨や事実の調査の結果（提出された遺言書及び封筒の紙質，形状，文言，字体，加除訂正の状態，日付，署名，押印された印の印影その他の状態）を記載した検認調書を作成する（家手211条）。

　(c)　遺言書の検認がされたときは，家庭裁判所は，検認期日に立ち会わなかった相続人，受遺者，家事事件手続規則115条1項で通知を受けた者を除くその他の利害関係人に対し，検認がされた旨を通知する（家手規115条2項）。この通知は，利害関係人等に遺言書の検認が行われたことを知らせ，権利行使の機会を保障するものである。

　(d)　不服申立て　　遺言書の検認は，一種の検証手続であるから，検認に対する不服申立てをすることはできない（福岡高決昭38・4・24家月15巻7号105頁）。

　(e)　証　　明　　検認を了した遺言書には，申立人の申立てにより検認をした旨の証明がされる（家手47条6項，この証明には，遺言書1通につき収入印紙150円が必要となる）。

568 第3編 各種審判手続の書式実例 第13章 遺言・遺留分に関する事件

（f）取下げの制限 遺言書検認の取下げには，家庭裁判所による許可を必要とする（家手212条）。これは，遺言書検認の申立てが法律上義務付けられているため申立人が自由に取り下げられるとするのは相当ではないと考えられるからで，申立ての取下げが認められる場合としては，申立後に遺言書が焼失等により滅失してしまった場合，遺言書でないことが明らかになった場合，生存者の遺言書について申立てした場合などがある。

⑷　検認の効果

遺言書の検認は，遺言を執行するための準備行為であり，遺言書が遺言者の真意によるものか否かといった，遺言書の実体法上の効果を判断する手続ではない。そのため検認手続を経た遺言書の効力を争うことは可能である。

【堀口　洋一】

第3 遺言書の検認を求める手続　　*569*

書式122　遺言書検認申立書

受付印	**家事審判申立書　事件名（　遺言書の検認　）**

（この欄に申立手数料として1件について800円分の収入印紙を貼ってください。）

収入印紙　　　800　円	
予納郵便切手　　　　円	（貼った印紙に押印しないでください。）
予納収入印紙　　　　円	（注意）登記手数料としての収入印紙を納付する場合は，登記手数料としての収入印紙は貼らずにそのまま提出してください。

準口頭	関連事件番号　平成　〇〇　年（家　）第　　　〇〇　　　号

横浜　家庭裁判所 御中 平成　〇〇　年　〇〇　月　〇〇　日	申　立　人 （又は法定代理人など） の　記名押印	甲　野　一　郎　　㊞

添付書類	（審理のために必要な場合は，追加書類の提出をお願いすることがあります。） 遺言者の戸籍（除籍）謄本（全部事項証明書）（出生から死亡までのもの）　各1通 相続人全員の戸籍謄本（全部事項証明書）　各1通，　遺言者の住民票（除票）　1通

申立人

本　籍 （国　籍）	（戸籍の添付が必要とされていない申立ての場合は，記入する必要はありません。） 東京　都道　千代田区〇〇町〇丁目〇〇番地 　　　府県
住　　所	〒〇〇〇-〇〇〇〇　横浜市港北区〇〇町〇丁目〇番〇-〇〇号　電話　×××（×××）×××× （　　　　　　方）
連絡先	〒　　-　　　電話　　　（　　　） （　　　　　　方）
フリガナ 氏　名	コウノ　イチロウ 甲　野　一　郎　　平成　〇〇年〇〇月〇〇日生 （〇〇歳）
職　業	会　社　員

※遺言者

本　籍 （国　籍）	（戸籍の添付が必要とされていない申立ての場合は，記入する必要はありません。） 東京　都道　千代田区〇〇町〇丁目〇〇番地 　　　府県
住　所 （住民票上の）	〒〇〇〇-〇〇〇〇　横浜市北区〇〇町〇丁目〇番〇-〇〇号　電話　×××（×××） （　　　　　　方）
連絡先	〒　　-　　　電話　　　（　　　） （　　　　　　方）
フリガナ 氏　名	コウノ　タロウ 甲　野　太　郎　　平成　〇〇年〇〇月〇〇日生 （〇〇歳）
職　業	無　　職

(注)　太枠の中だけ記入してください。
※の部分は，申立人，法定代理人，成年被後見人となるべき者，不在者，共同相続人，被相続人等の区別を記入してください。

※相続人

本　籍 （国　籍）	都道 　府県
住　　所	〒〇〇〇-〇〇〇〇　神奈川県横須賀市〇〇町〇丁目〇番〇-〇〇号　電話　×××（×××） （　　　　　　方）
フリガナ 氏　名	コウノ　ジロウ 甲　野　二　郎　　平成　〇〇年〇〇月〇〇日生 （〇〇歳）

※相続人

本　籍 （国　籍）	都道 　府県
住　　所	〒〇〇〇-〇〇〇〇　東京都八王子市〇〇町〇丁目〇番〇-〇〇号　電話　×××（×××） （　　　　　　方）
フリガナ 氏　名	オツヤマ　ハルコ 乙　山　春　子　　平成　〇〇年〇〇月〇〇日生 （〇〇歳）

(注)　太枠の中だけ記入してください。
※の部分は，申立人，法定代理人，成年被後見人となるべき者，不在者，共同相続人，被相続人等の区別を記入してください。

申　　立　　て　　の　　趣　　旨
遺言者の自筆証書による遺言書の検認を求める。

申　　立　　て　　の　　理　　由
1　申立人は遺言者の長男です。 2　遺言者は，平成〇〇年〇〇月〇〇日死亡し，申立人が遺言者の自宅を整理していたところ，遺言者の書斎にある机の引き出しの中から遺言書を発見しました。 3　よって，本件遺言書の検認を求めます。なお，本件遺言書は，封印された状態です。

第4 渉外遺言書の検認手続——遺言者が韓国人の場合

解　説

(1) 制度の趣旨

(a) はじめに　遺言者が日本人でない場合，いかなる法律を適用するか（準拠法の指定），国際裁判管轄はどこにあるか（当該法律問題について日本の裁判所に申立てをし，審理することができるか）を検討しなければならない。

外国人の遺言の準拠法について，法の適用に関する通則法（以下「通則法」という）は，遺言の成立及び効力についてはその成立当時における遺言者の本国法によるとしている（通則法37条１項）。遺言書の方式については，遺言の方式の準拠法に関する法律（昭和39年法律第100号）２条により，①行為地法（遺言をした国の法律），②遺言の成立又は死亡当時の遺言者の国籍地の法，③遺言の成立又は遺言者の死亡当時の住所地法，④遺言の成立又は死亡当時の遺言者の常居所地法，⑤不動産に関する遺言についてはその不動産の所在地法のいずれかに適合すれば，遺言は方式に関し有効なものとしている。

(b) 検認の国際裁判管轄及び準拠法　遺言書の検認の国際裁判管轄は，遺言者の最後の住所地法に原則的管轄権を認めるのが通説で，実務では日本在住の外国人の遺言書の検認については日本の裁判所に国際裁判管轄権があるとされる（最高裁判所事務総局編『渉外家事事件執務提要（下）』（家裁資料150号）74頁）。

もっとも，平成30年４月25日公布「人事訴訟法等の一部を改正する法律」（平成30年法律第20号）により，国際裁判管轄についても明確な規定が設けられた。

家事事件手続法３条の11第１項の規定により相続に関する審判事件の管轄の規定が定められ，同法により，別表第１の103項にある遺言書検認の管轄は，次の場合には日本の裁判所に管轄があることが明示された。

① 相続開始時の被相続人の住所が日本国内にあるとき

② 住所がない場合又は住所が知れない場合でも被相続人の相続開始時の居所が日本国内にあるとき

③ 居所がない場合又は居所が知れない場合でも，被相続人の相続開始前に被相続人が日本国内に住所を有していたとき

ただし，③の場合，被相続人が日本国内に最後の住所を有していた後に外

国に住所を有していたときは③の適用はない。

改正法は，公布の日から1年6ヵ月以内に政令の定めにより施行期日が設けられることになっており，施行後は改正法の規定により日本の家庭裁判所に管轄があれば日本の家庭裁判所に申立てをすることができることになる。

遺言書の検認の準拠法については，①遺言者の本国法によるべきであるとする説，②遺言書の検認は証拠保全的な手続であるから，手続は法廷地法によるとの原則により法廷地法によるべきであるとする説，③遺言自体の成立効力等に関する場合は遺言の準拠法，遺言によってなされる法律行為の成立効力等に関する場合はその法律行為に適用される準拠法（例えば遺言の内容が遺贈の場合は遺贈の準拠法，認知の場合は認知の準拠法）を，④検認の手続については法廷地法をそれぞれ適用すべきであるとする説等がある。実務上は遺言書の検認は法廷地法により処理されていることが多い。

したがって，在日韓国人が自筆証書遺言を残して死亡した場合，最後の住所地法の日本の家庭裁判所で日本民法1004条の遺言書検認の規定により処理されることになる。

日本民法では，遺言書は相続開始後，遺言書の保管者又は発見者は遅滞なく遺言書を家庭裁判所に提出して検認を請求しなければならないとされている（民1004条1項）。

日本の遺言書検認の制度は，遺言書の形式・形状等を調査確認し，偽造変造を防ぐことを目的としている一種の検証・証拠保全手続で，遺言書の内容の真否や効力の有無を判断するものではない。封印のある遺言書は，家庭裁判所において，相続人の立会い又はその代理人の立会いがなければ開封することができない（民1004条3項）。

また，在日韓国人が韓国法の方式で録音遺言をした場合，手続は法廷地法によるとの原則により，日本の家庭裁判所は録音内容を文字に起こした検認調書を作成することになる（林範夫ほか編『Q＆A新・韓国家族法』252頁）。

渉外遺言書検認手続については，国によっては遺言書の有効性の判断まで求めている法則（英米法系諸国）がある。そのような国の場合は，日本でなされが検認手続は日本の民法上の検証的効果しかない。日本の家庭裁判所で行われた検認手続を当該国がどう扱うかは当該外国の問題となる。したがって，日本の裁判所の検認手続が外国で「検認」とは認められない可能性もある。

(2) **申立手続**

572　第３編　各種審判手続の書式実例　第13章　遺言・遺留分に関する事件

(a)　申立権者　　遺言書の保管者又は遺言書を発見した相続人である（民1004条１項）。

(b)　申立期間　　相続の開始を知った後，遅滞なく請求する（民1004条１項）。

(c)　管轄裁判所　　相続開始地（遺言者の最後の住所地）を管轄する裁判所（家手209条１項）。

(d)　申立手続費用

　(イ)　収入印紙　　遺言書１通につき800円（民訴費３条１項・別表第１の15項）。

　(ロ)　予納郵便切手　　82円切手を申立人，相続人，受遺者の総数×２。

(e)　添付書類

　(イ)　戸籍謄本（全部事項証明書）等遺言者の相続人であることを証するもの（韓国の家族証明書，基本証明書，入養関係証明書等）。

　(ロ)　遺言者の韓国の出生から死亡までの一連の韓国の家族関係の登録等に関する法律施行前の除籍謄本のほか，家族関係登録後の被相続人の基本証明書，婚姻関係証明書，入養関係証明書。

　(ハ)　被相続人の住民票。

(3)　審判手続

　日本国裁判所のなす遺言の検認手続は，法廷地法として日本法に従うことになるので，家事事件手続法により不服申立てはできない。その他本章第３(3)参照。

【前島　憲司】

第4　渉外遺言書の検認手続——遺言者が韓国人の場合　　*573*

書式123　渉外遺言書の検認を求める審判申立書

受付印	
収入印紙　　800　円	
予納郵便切手　　　　円	
予納収入印紙　　　　円	

家事審判申立書　事件名（　　遺言書の検認　　）

（この欄に申立手数料として1件について800円分の収入印紙を貼ってください。）
（貼った印紙に押印しないでください。）
（注意）登記手数料としての収入印紙を納付する場合は，登記手数料としての収入印紙は貼らずにそのまま提出してください。

準口頭　　関連事件番号　平成　　年（家　　）第　　　　　　号

横浜　家庭裁判所 御中 平成　〇〇年　〇〇月　〇〇日	申　立　人 （又は法定代理人など） の記名押印	金　　　哲　　　㊞

（審理のために必要な場合は，追加書類の提出をお願いすることがあります。）

添付書類	戸籍謄本（全部事項証明書）　除籍謄本（全部事項証明書）　韓国戸籍翻訳文

	本　籍 （国　籍）	（戸籍の添付が必要とされていない申立ての場合は，記入する必要はありません。） 　都道 　府県
申 立 人	住　所	〒　〇〇〇−〇〇〇〇 横浜市中区〇〇町〇丁目〇番〇号　　電話　×××（×××）×××× 　　　　　　　　　　　　　　　　　　　　　　　　　　　　（　　　　）方
	連絡先	〒　　−　　　　　　　　　　　　　　　　　電話　　（　　　） 　　　　　　　　　　　　　　　　　　　　　　　　　　　　（　　　　）方
	フリガナ 氏　名	キム　　　　チョル 金　　　哲	大正西暦 昭和〇〇〇〇年　〇〇月　〇〇日 生 平成（　　　　　歳）
	職　業	会　社　員　　　　　　　　　　　遺言者の長男

※	本　籍 （国　籍）	（戸籍の添付が必要とされていない申立ての場合は，記入する必要はありません。） 韓国　　都道 　　　　府県
遺 言 者	住　所	〒　〇〇〇−〇〇〇〇 横浜市中区〇〇町〇丁目〇番〇号　　電話　　（　　　） 　　　　　　　　　　　　　　　　　　　　　　　　　　　　（　　　　）方
	連絡先	〒　　−　　　　　　　　　　　　　　　　　電話　　（　　　） 　　　　　　　　　　　　　　　　　　　　　　　　　　　　（　　　　）方
	フリガナ 氏　名	キム　　ヨンチョル 金　英　哲	大正西暦 昭和〇〇〇〇年　〇〇月　〇〇日 生 平成（　　　　　歳）
	職　業	会　社　員　　　　　　西暦〇〇〇〇年〇月〇月死亡

（注）　太枠の中だけ記入してください。
　※の部分は，申立人，法定代理人，成年被後見人となるべき者，不在者，共同相続人，被相続人等の区別を記入してください。

申　　立　　て　　の　　趣　　旨
遺言者の自筆証書による遺言書の検認を求める。

	申　　立　　て　　の　　実　　情
封印等の状況	※　①　封印されている。　2　封印されていたが相続人（　　　　　　）が開封した。 　　3　開封されている。　4　その他（　　　　　　　　　　　　　　　）
遺言書の保管・発見の状況・場所等	※　1　申立人が遺言者から昭和・平成　年　月　日に預かり，下記の場所で保管してきた。 　　2　申立人が平成　年　月　日下記の場所で発見した。 　　③　遺言者が貸金庫に保管していたが，遺言者の死後，申立人が平成〇〇年〇月〇日から下記の場所で保管している。 　　4　その他（　　　　　　　　　　　　　　　　　　　　　　　　　） 　　　（場所）　申立人の自宅金庫
特記事項その他	
相続人等の表示	別紙相続人目録のとおり

※の部分は，当てはまる番号を〇で囲み，4を選んだ場合には，（　）内に具体的に記入してください。

相　　続　　人　　等　　目　　録

※	本　籍	都道 　　府県
相 続 人	住　所	〒　〇〇〇−〇〇〇〇 鎌倉市〇〇町〇丁目〇番〇号　　電話　×××（×××）×××× 　　　　　　　　　　　　　　　　　　　　　　　　　　　（　　　　）方
	連絡先	〒　　−　　　　　　　　　　　　　　　電話　　（　　　） 　　　　　　　　　　　　　　　　　　　　　　　　　　　（　　　　）方
	フリガナ 氏　名	ユン　　エイコ 尹　英　子	大正西暦 昭和〇〇〇〇年〇〇月〇〇日 生 平成
	続　柄	長　女

※	本　籍	都道 　　府県
相 続 人	最後の 住　所	〒　〇〇〇−〇〇〇〇 横浜市中区〇〇町〇丁目〇番〇号　　電話　×××（×××）×××× 　　　　　　　　　　　　　　　　　　　　　　　　　　　（　　　　）方
	連絡先	〒　　−　　　　　　　　　　　　　　　電話　　（　　　） 　　　　　　　　　　　　　　　　　　　　　　　　　　　（　　　　）方
	フリガナ 氏　名	コウヤマ　ハルコ 甲　山　春　子	大正西暦 昭和〇〇〇〇年〇〇月〇〇日 生 平成
	続　柄	二　女

（注）　太枠の中だけ記入してください。　　※の部分は，相続人，受遺者，利害関係人の区別を記入してください。

574 第3編 各種審判手続の書式実例 第13章 遺言・遺留分に関する事件

第5 遺言執行者の選任を求める手続

解 説

(1) 制度の趣旨

遺言の執行は，遺言の効力が生じた後に遺言の内容を実現する行為をいう。遺言の内容には，遺言の効力が生ずることにより当然に実現されるものもあるが，遺言の効力が生じてもその内容が当然には実現されず，一定の手続を経て初めて実現されるものもある。また，遺言の実現のための手続についても，相続人自らが行い得るものもあるが，相続人の利益と相反する内容のものも存在し，遺言の公平な実現を期待し得ない場合があることから，遺言執行者の制度が設けられている。

遺言執行者指定の方法は，遺言による指定と，遺言で委託を受けた第三者による指定（民1006条）とがあるが，遺言執行者の指定がないとき又はなくなったとき（被指定者の死亡や就任の拒絶，遺言執行者の辞任・解任等）は，家庭裁判所は利害関係人の請求によって遺言執行者を選任することとなる（民1010条）。

遺言執行者の選任を求める手続は，家事事件手続法別表第1の104項に定める家事審判事件である。

(2) 申立手続関係

(a) 申立権者 利害関係人（民1010条）。利害関係人は，相続人，受遺者，相続人・受遺者の債権者，相続債権者，指定の委託を受けた第三者，共同遺言執行者等法律上の利害関係を有する者をいう。

(b) 管 轄 相続開始地を管轄する家庭裁判所（家手209条）。

(c) 申 立 書 申立ての理由には，申立人の地位，遺言執行者の選任を求める理由等を記載し，遺言執行者の候補者がいるときは，その候補者を記載する。

(d) 申立手続費用

(イ) 申立手数料 執行対象の遺言書1通につき収入印紙800円（民訴費3条1項・別表第1の15項）。

(ロ) 予納郵便切手 800円程度（家庭裁判所により異なる）。

(e) 添付書類 遺言者の戸籍（除籍）謄本（全部事項証明書）及び住民票除票，遺言執行者候補者の住民票，遺言書の写し，利害関係を証する資料（申

立人が親族の場合の戸籍謄本（全部事項証明書），債権者であることを明らかにする資料等）。

(3) 審判手続

(a) 審　理　　家庭裁判所は，申立てにかかる遺言が遺言執行者による執行及び選任を要するものであるかを判断し，候補者から意見を聴き，候補者について欠格事由の有無，適格性，就任の諾否等について事実の調査及び必要と認める証拠調べを行う。

(b) 審　判　　選任の審判がされると，申立人，利害関係参加人及び遺言執行者に告知され，遺言執行者に告知されたときにその効力が生じる。却下の審判は，申立人に対する告知により効力が生じ，不服申立期間の経過により確定する（家手74条）。

(c) 不服申立て　　申立てを却下する審判に対しては，利害関係人から，申立人が告知を受けた日から2週間以内に即時抗告をすることができる（家手86条・214条3号）。

(4) 遺言執行者の地位，任務等

遺言執行者は，相続人の代理人とみなされ（民1015条），遺言執行者と相続人との間の法律関係は委任の規定が準用される（民1012条2項・644条（受任者の注意義務）・645条から647条（受任者の義務及び責任）・650条（受任者による費用等の償還請求））が，遺言執行者の任務が遺言者の真実の意思を実現することにあるとして，必ずしも相続人の利益のためにのみ行為すべき責務を負うものではない（最判昭30・5・10民集9巻6号657頁）とされている。

遺言執行者は，その職に就いたときは，遅滞なく相続財産の目録を作成し，相続人に交付しなければならず（民1011条1項），対象となる相続財産の管理その他遺言の執行に必要な一切の行為をする権利義務を有する（民1012条1項）こととなり，相続人は，相続財産の処分その他遺言の執行を妨げる行為をすることができなくなる（民1013条）。これらの規定は遺言が特定の財産に関する場合は，その財産についてのみ適用される（民1014条）。また，遺言者が遺言に反対の意思表示をしたときを除き，遺言執行者は，やむを得ない事由がなければ，第三者にその任務を行わせることができない（民1016条）。

遺言執行者が複数人あるときは，その任務の執行は，過半数で決することとなる（民1017条1項本文）が，保存行為については，遺言執行者各自が行うことができる（民1017条2項）。

なお，遺言執行者の地位や任務については，平成30年民法等改正により改正されており，その概要は次のとおりである。

・現行の遺言者を相続人とみなす条文の削除と遺言執行者がその権限内において遺言執行者であることを示してした行為の効力が，相続人に対し直接に生ずる旨の条文の新設（改正民1015条）。

・遺言執行者の任務開始の際，遺言内容を相続人に通知すべき旨の条文の新設（改正民1007条2項）

・遺言執行者は，遺言の内容を実現するため，相続財産の管理その他遺言の執行に必要な一切の行為をする権利義務を有する旨の改正及び遺言執行者がある場合の遺贈の履行については，遺言執行者のみが行うことができる旨を定める条文の新設（改正民1012条）

・遺言執行妨害行為の禁止に関する条文の整備（改正民1013条）

・特定財産の遺言執行に関する条文の整備（改正民1014条）

・遺言執行者の復任権に関し，自己の責任で第三者にその任務を行わせることができるとすること等を内容とする条文の改正（改正民1016条）

(5) 遺言執行者による執行を要する遺言事項について

遺言執行者による遺言の執行を要する事項と執行を要しない事項は**図表1**のとおりである。

なお，特定の不動産を特定の相続人に「相続させる」旨の遺言については，特段の事情のない限り，何らの行為を要せずに，被相続人の死亡により直ちに相続により承継され，相続人が単独で移転登記手続することができ，遺言執行者は，遺言の執行として登記手続義務を負うものではない（最判平7・1・24裁判集民事174号67頁）とされたが，上記と同様の遺言がされた場合で，他の相続人が相続開始後に当該不動産を被相続人から自己への所有権移転登記手続を経由したために，遺言の実現が妨害される状態が出現したような場合には，遺言執行者は，遺言執行の一環として，妨害を排除するため所有権移転登記の抹消登記手続又は真正な登記名義の回復を原因とする所有権移転登記手続をすることができるものとした（最判平11・12・16民集53巻9号1989頁）。

【堀口　洋一】

図表1　遺言事項と遺言執行者による執行の要否

	執行を要するもの	執行を要しないもの
身分上の事項	①認知（民781条2項）	①未成年後見人の指定（民839条） ②未成年後見監督人の指定（民848条）
相続に関する事項	②推定相続人の廃除・取消し（民893条・894条2項）	③相続分の指定及びその委託（民902条） ④特別受益者の相続分に関する意思表示（民903条3項） ⑤遺産分割方法の指定又は指定の委託（民908条） ⑥遺産分割の禁止（民908条） ⑦共同相続人間の担保責任の減免・加重（民914条） ⑧遺留分による遺贈の減殺順序又は割合の指定（民1034条ただし書）
遺産の処分に関する事項	③遺贈（民964条） ④一般社団法人設立の意思表示（一般法人152条2項） ⑤信託の設定（信託3条2号）	
遺言の執行に関する事項		⑨遺言執行者の指定・指定の委託（民1006条）
そ の 他	⑥祭祀主宰者の指定（民897条1項ただし書）	

578　第3編　各種審判手続の書式実例　　第13章　遺言・遺留分に関する事件

書式124　遺言執行者の選任審判申立書

受付印	**家事審判申立書　事件名（　遺言執行者選任　）**

収入印紙　　800　円
予納郵便切手　　　円
予納収入印紙　　　円

（この欄に申立手数料として1件について800円分の収入印紙を貼ってください。）

（貼った印紙に押印しないでください。）

（注意）登記手数料としての収入印紙を納付する場合は，登記手数料としての収入印紙は貼らずにそのまま提出してください。

準口頭	関連事件番号　平成　　年（家）　第　　　　　　号

横浜　家庭裁判所	申立人	
御中	（又は法定代理人など）	乙　野　二　郎　　㊞
平成　○○　年　○○　月　○○　日	の記名押印	

添付書類	（審理のために必要な場合は，追加書類の提出をお願いすることがあります。） 遺言者の戸籍（除籍）謄本（全部事項証明書）及び住民票（除票）　各1通 遺言執行者候補者の住民票　1通，　遺言書の写し

申立人	本　籍 （国　籍）	（戸籍の添付が必要とされていない申立ての場合は，記入する必要はありません。） 　　　　　都　道 　　　　　府　県		
	住　所	〒　○○○－○○○○ 　東京都中野区○○町○丁目○番○－○○号	電話　03（××××）×××× （　　　　　　　　方）
	連絡先	〒	電話　（　　　　　） （　　　　　　　　方）
	フリガナ 氏　名	オツ　ノ　ジ　ロウ 乙　野　二　郎	大正 昭和　○○年○○月○○日 生 平成 （　　○○　　歳）
	職　業	自営業	

※ 遺言者	本　籍 （国　籍）	（戸籍の添付が必要とされていない申立ての場合は，記入する必要はありません。） 東　京　　㊞道　府県　千代田区○○町○丁目○○番地○		
	住民票上の 住　所	〒　○○○－○○○○ 　横浜市港中区○○町○丁目○番○－○○号	電話　×××（×××）×××× （　　　　　　　　方）
	連絡先	〒　　－	電話　（　　　　　） （　　　　　　　　方）
	フリガナ 氏　名	コウ　ノ　タ　ロウ 甲　野　太　郎	大正 昭和　○○年○○月○○日 生 平成 （　　○○　　歳）
	職　業	無職	

（注）　太枠の中だけ記入してください。

※の部分は，申立人，法定代理人，成年後見人となるべき者，不在者，共同相続人，被相続人等の区別を記入してください。

申　立　て　の　趣　旨
遺言者が平成○○年○○月○○日にした遺言につき，遺言執行者の選任を求める。

申　立　て　の　理　由
1　申立人は，遺言者から平成○○年○○月○○日付遺言書により同人所有の不動産の遺贈を受けた者です。 2　この遺言書は，平成○○年○○月○○日御庁において遺言書の検認を受けました（平成○○年（家）第○○○号）が，遺言執行者の指定がされていませんので，その選任を求めます。 　　なお，遺言執行者には，弁護士である次の者を選任することを希望します。 　　住　所　　東京都あきる野市○○町○丁目○○番 　　連絡先　　東京都中央区○○町○丁目○○番○－○○号　　○○ビル4階 　　　　　　　○○綜合法律事務所　（電話　03（○○○○）○○○○） 　　氏　名　　東田　保夫　（　昭和○○年○○月○○日生　）

第6 死因贈与執行者の選任を求める手続

解　説

(1)　制度の趣旨

贈与者の死亡によってその効力を生ずる死因贈与については，執行者を選任する旨の規定は存在しないが，死因贈与が遺贈に関する規定に従う（民554条）とされていることから，その内容の実現にあたって遺言執行者に関する規定を準用するとするのが実務の扱いである（名古屋高決平元・11・21家月42巻4号44頁，昭37・7・3家二最高裁家庭局長回答家月14巻8号229頁，昭41・6・14民事一第227号法務省民事局第一課長回答民月21巻7号121頁）。

死因贈与は贈与者と受贈者との間の契約であるから，本来は義務を承継した相続人が一次的に贈与の履行義務を負うことになるが，その履行が期待できないときに初めて死因贈与執行者の選任を認められることとなる。

なお，自筆証書遺言による遺贈が方式の違背により無効とされるときに，遺贈を目的とする意思表示が遺贈者と受贈者との間の死因贈与契約としての要件を備える場合には，これに死因贈与としての効力が認められる（水戸家審昭53・12・22家月31巻9号50頁）。

死因贈与執行者の選任を求める手続は，家事事件手続法別表第1の104項に定める家事審判事件として扱われる。

(2)　申立手続関係

(a)　申立権者　　利害関係人（民1010条）。利害関係人は，相続人・受贈者・受贈者の債権者・相続債権者等法律上の利害関係を有する者をいう。

(b)　管　　轄　　相続開始地を管轄する家庭裁判所（家手209条）。

(c)　申　立　書　　申立ての理由に，申立人の地位，死因贈与契約の内容及び死因贈与執行者の選任を求める理由等を記載し，死因贈与執行者の候補者がいるときは，その候補者を記載する。

(d)　申立手続費用

(イ)　申立手数料　　執行の対象となる死因贈与契約1件につき収入印紙800円（民訴費3条1項・別表第1の15項）。

(ロ)　予納郵便切手　　800円程度（家庭裁判所により異なる）。

(e)　添付書類　　死因贈与者の戸籍（除籍）謄本（全部事項証明書）及び住民票除票，死因贈与執行者候補者の住民票，利害関係を証する資料（申立人が

相続人の場合の戸籍謄本（全部事項証明書），債権者であることを明らかにする資料等），死因贈与契約書の写し，贈与の対象が不動産の場合の不動産登記事項証明書等。

(3) 審判手続

(a) 審　理　　家庭裁判所は，申立てが執行者の選任を要するものであるか，欠格事由の有無，適格性，就任の諾否等について事実の調査及び必要と認める証拠調べを行い，適当と認める者を死因贈与執行者に選任する。なお，選任にあたっては，執行者の候補者から意見を聴かなければならない（家手210条2項）。

(b) 審　判　　選任の審判がされると，申立人，利害関係参加人及び死因贈与執行者に告知され，死因贈与執行者に告知されたときにその効力が生じる。却下の審判は，申立人に告知されたときに効力が生じ，不服申立期間の経過により確定する（家手74条）。

(c) 不服申立て　　申立てを却下する審判に対しては，利害関係人から，申立人が告知を受けた日から2週間以内に即時抗告をすることができる（家手86条・214条3号）。

(4) 死因贈与執行者の地位，任務等

遺言執行者に関する規定が準用され，贈与する財産の管理その他契約の執行に必要な一切の行為をする権利義務を有することとなり，相続人は贈与財産の処分その他契約の執行を妨げるような行為をすることができなくなり（民1012条・1013条），これに反してされた処分は無効なものとなる。

【堀口　洋一】

第6 死因贈与執行者の選任を求める手続　581

書式125　死因贈与執行者選任審判申立書

受付印	家事審判申立書　事件名（死因贈与執行者選任）

	（この欄に申立手数料として1件について800円分の収入印紙を貼ってください。）
収入印紙　　800　円	（貼った印紙に押印しないでください。）
予納郵便切手　　　円	（注意）登記手数料としての収入印紙を納付する場合は，登記手数料として
予納収入印紙　　　円	の収入印紙は貼らずにそのまま提出してください。

準口頭	関連事件番号　平成　　年（家　　）第　　　　　　　号

横浜　家庭裁判所　御中
平成 ○○ 年 ○○ 月 ○○ 日

申立人
（又は法定代理人など）
の記名押印　　　　乙野二郎　　㊞

添付書類	（審理のために必要な場合は，追加書類の提出をお願いすることがあります。） 死因贈与者の戸籍（除籍）謄本（全部事項証明書）及び住民票（除票）　各1通 死因贈与執行者候補者の住民票　1通，　死因贈与契約書の写し， 不動産登記事項証明書　2通

	本　籍 （国　籍）	（戸籍の添付が必要とされていない申立ての場合は，記入する必要はありません。） 　　　　都道 　　　　府県
申立人	住　所	〒○○○－○○○○　　　　　　　　電話　03（××××）×××× 東京都中野区○○町○丁目○番○－○○号　　　（　　　　　　方）
	連絡先	〒　　　　　　　　　　　　　　　　電話　（　　　） 　　　　　　　　　　　　　　　　　　　　　　（　　　　　　方）
	フリガナ 氏　名	オツ ノ　ジ ロウ 乙野二郎　　　　　　　　　大正㊐平成　○○年○○月○○日 生 　　　　　　　　　　　　　　　　　　　（　○○　歳）
	職　業	自営業

	本　籍 （国　籍）	（戸籍の添付が必要とされていない申立ての場合は，記入する必要はありません。） 東京　都道 　　　　府県　千代田区○○町○丁目○○番地○
※死因贈与者	住民票上の 住　所	〒○○○－○○○○　　　　　　　　電話　×××（×××）×××× 横浜市港中区○○町○丁目○○番○○号　　　（　　　　　　方）
	連絡先	〒　　　　　　　　　　　　　　　　電話　（　　　） 　　　　　　　　　　　　　　　　　　　　　　（　　　　　　方）
	フリガナ 氏　名	コウ ノ　タ ロウ 甲野太郎　　　　　　　　　大正㊐平成　○○年○○月○○日 生 　　　　　　　　　　　　　　　　　　　（　○○　歳）
	職　業	無職

（注）　太枠の中だけ記入してください。
※の部分は，申立人，法定代理人，成年被後見人となるべき者，不在者，共同相続人，被相続人等の区別を記入してください。

申　立　て　の　趣　旨
申立人と死因贈与者間の平成○○年○○月○○日付け死因贈与の執行者の選任を求める。

申　立　て　の　理　由
1　申立人と甲野太郎は，平成○○年○○月○○日死因贈与者を甲野太郎，受遺者を申立人とし 　て別紙財産目録記載の不動産につき死因贈与契約を締結し，甲野太郎は別紙財産目録記載の不 　動産を無償贈与し，申立人はこれを受贈しました。 2　上記死因贈与契約は，死因贈与執行者が指定されていませんでした。 3　甲野太郎は，平成○○年○○月○○日死亡し，別紙財産目録記載の不動産の所有権は申立人 　に移転しました。 4　然るに別紙相続人目録記載の甲野太郎の法定相続人らは，上記死因贈与契約の履行に対し非 　協力的で，なかにはその所在がわからず，連絡の取れない者もいます。 5　よって，申立人の知人である次の者を上記死因贈与契約の執行者に選任することを求めま 　す。 　　　　住　所　埼玉県和光市○○町○丁目○○番　（電話 ○○○（○○○）○○○○） 　　　　氏　名　丙野四朗　（昭和○○年○○月○○日生 ）

582　第3編　各種審判手続の書式実例　第13章　遺言・遺留分に関する事件

第7　遺言執行者の解任を求める手続

解　説

(1)　制度の趣旨

　遺言執行者がその任務を怠ったとき，その他正当な事由があるときは，利害関係人は，家庭裁判所にその解任を請求することができる（民1019条1項）。

　解任請求の対象となる遺言執行者は，家庭裁判所が選任した遺言執行者（選定遺言執行者）のほか，遺言者が指定又は遺言により委託を受けた第三者が指定した遺言執行者（指定遺言執行者）である。

　なお，遺言執行者が欠格事由（民1009条）に該当した場合には，当然に遺言執行者としての地位を失う。また，家庭裁判所が職権で遺言執行者を解任することはできない。

　遺言執行者の解任を求める手続は，家事事件手続法別表第1の106項に定める家事審判事件である。

(2)　申立手続関係

　(a)　申立権者　　利害関係人（民1019条）。利害関係人は，相続人，受遺者，相続人・受遺者の債権者，相続債権者，共同遺言執行者等法律上の利害関係を有する者をいう。

　(b)　管　　轄　　相続開始地を管轄する家庭裁判所（家手209条）。

　(c)　申　立　書　　申立ての理由には，申立人の地位，遺言者を解任する理由等を記載する。

　(d)　申立手続費用

　　(イ)　申立手数料　　収入印紙800円（民訴費3条1項・別表第1の15項）。

　　(ロ)　予納郵便切手　　2000円程度（相続人の数により追加される場合がある。具体的な金額は，家庭裁判所により異なる）。

　(e)　添付書類　　遺言者の戸籍（除籍）謄本（全部事項証明書）及び住民票除票，遺言執行者の住民票，利害関係を証する資料（申立人が親族の場合の戸籍謄本（全部事項証明書），債権者であることを明らかにする資料等），遺言書の写し，解任を必要とすることを証する資料（診断書，催告書等）。

(3)　審判手続

　(a)　審　　理　　家庭裁判所は，遺言執行者の陳述を聴かなければならず（家手210条1項1号），解任に正当な事由があるか否かについて事実の調査及

び必要と認める証拠調べを行う。

解任事由があるとされるものに，①怠慢，疾病，所在不明，長期不在等で任務を果たさなかった場合，②一部相続人に迎合し，受遺者の利益を無視した目的財産の処分をした場合（名古屋高決昭32・6・1家月9巻6号34頁），③一部相続人の利益代表者のごとき振る舞いをし，受益者全員の意思を無視し，その意思に反する行為をして，全受益者の利益を保護する任務をしない場合（福岡家大牟田支審昭45・6・17家月23巻2号104頁）などがあげられる。

解任事由がないとされたものとしては，④遺産である家屋の賃料の支払を通告すること，⑤遺言無効確認の訴えを提起すること，⑥相続人と遺言の解釈を異にする場合，⑦遺産管理処分をするために相続人に対し訴えを提起すること，⑧遺産である動産の管理を第三者にさせること，⑨遺産中に現金がない場合に遺産についての訴訟費用を利害関係人から立替支払を受ける場合，⑩紛争事件の存在する相続人と連絡を疎遠にする場合などがある。

（b）審　判　解任の審判がされると，申立人，相続人，利害関係参加人及び遺言執行者に告知され，遺言執行者の不服申立期間が経過することにより確定し，審判の効力が生じる。却下の審判は，申立人に告知されることにより効力が生じ，不服申立期間の経過により確定する（家手74条・213条1号）。

（c）不服申立て　解任の審判に対しては遺言執行者が，申立てを却下する審判に対しては利害関係人が，それぞれ告知を受けた日（即時抗告権者が審判の告知を受ける者以外の場合は，申立人が告知を受けた日）から2週間以内に即時抗告をすることができる（家手86条・214条4号・5号）。

（d）保全処分　遺言執行者の職務停止又はその代行者を選任する審判前の保全処分（家手215条）については，後記第7編第1章第15を参照。

(4)　遺言執行者の解任後の事務等

遺言執行者の解任により，相続人は相続財産に対する管理処分権を回復する。遺言執行者の行う任務終了後の措置については委任の終了に関する規定が準用され（民1020条），相続人及び受遺者らに対する任務終了の通知，保管中の相続財産の相続人への引渡し，遺言の執行に関する報告をしなければならない。相続人らに対する通知を怠った場合，相続人らが解任の事実を知らないときは，遺言執行の終了を相続人らに対抗することができず（民655条），遺言執行の終了時に急迫の事情があるときは，相続人らが相続財産を管理す

ることができるようになるまで，相続人らに不測の与えることを防止するための必要な処分をしなければならない（民654条）。

また，遺言の執行に関する訴訟が係属していた場合，その訴訟手続は中断する（民訴124条1項5号）。

【堀口　洋一】

第7　遺言執行者の解任を求める手続　　585

書式126　遺言執行者の解任審判申立書

受付印	家事審判申立書　事件名（　　遺言執行者解任　　）

収入印紙　　　800　円
予納郵便切手　　　　　円
予納収入印紙　　　　　円

（この欄に申立手数料として1件について800円分の収入印紙を貼ってください。）
　　　　　　　　　　　　　　　　（貼った印紙に押印しないでください。）
（注意）登記手数料としての収入印紙を納付する場合は，登記手数料としてその収入印紙は貼らずにそのまま提出してください。

準口頭	関連事件番号　平成　　年（家　　）第　　　　　　　　号

横浜　家庭裁判所 　　　　　　　御中 平成　○○　年　○○　月　○○　日	申立人 （又は法定代理人など） の記名押印	乙野二郎　　㊞

添付書類	（審理のために必要な場合は，追加書類の提出をお願いすることがあります。） 遺言者の戸籍（除籍）謄本（全部事項証明書）及び住民票（除票）　各1通 遺言執行者の住民票　1通，　遺言書の写し，診断書

申 立 人	本　籍 （国　籍）	（戸籍の添付が必要とされていない申立ての場合は，記入する必要はありません。） 　　　都　道 　　　府　県	
	住　所	〒○○○ － ○○○○ 　東京都中野区○○町○丁目○番○－○○号	電話　03（××××）×××× 　　　（　　　　　）　　　　方）
	連絡先	〒	電話　（　　　　　） 　　　（　　　　　）　　　　方）
	フリガナ 氏　名	オツ ノ　ジ ロウ 乙野二郎	大正・昭和 平成　○○年○○月○○日 生 　　　（　　○○　歳）
	職　業	自営業	

※の部分は，申立人，法定代理人，成年被後見人となるべき者，不在者，共同相続人，被相続人等の区別を記入してください。

※ 遺 言 者	本　籍 （国　籍）	（戸籍の添付が必要とされていない申立ての場合は，記入する必要はありません。） 東京　　都・道 　　　　府・県　千代田区○○町○丁目○○番地	
	住民票上の 住　所	〒○○○ － ○○○○ 　横浜市中区○○町○丁目○○番○○号	電話　×××（×××）×××× 　　　（　　　　　）　　　　方）
	連絡先	〒	電話　（　　　　　） 　　　（　　　　　）　　　　方）
	フリガナ 氏　名	コウ ノ　タ ロウ 甲野太郎	大正・昭和 平成　○○年○○月○○日 生 　　　（　　○○　歳）
	職　業	無職	

（注）太枠の中だけ記入してください。
※の部分は，申立人，法定代理人，成年被後見人となるべき者，不在者，共同相続人，被相続人等の区別を記入してください。

※ 遺 言 執 行 者	本　籍	神奈川　都・道 　　　　府・県　相模原市南区○○町○丁目○○番地	
	住　所	〒○○○ － ○○○○ 　神奈川県厚木市○○町○丁目○番○－○○号	電話　×××（×××）×××× 　　　（　　　　　）　　　　方）
	フリガナ 氏　名	ヘイ ノ　シ ロウ 丙野四朗	大正・昭和 平成　○○年　　月○○日 生 　　　（　　○○　歳）

（注）太枠の中だけ記入してください。※の部分は，申立人，相手方，法定代理人，不在者，共同相続人，被相続人等の区別を記入してください。

申　立　て　の　趣　旨

遺言者の平成○○年○○月○○日付け遺言の遺言執行者丙野四朗を解任するとの審判を求める。

申　立　て　の　理　由

1　申立人は，遺言者から平成○○年○○月○○日付遺言書により同人所有の不動産の遺贈を受けた者です。
2　遺言者は，平成○○年○○月○○日死亡しましたが，上記遺言書において丙野四朗が遺言執行者に指定され，同人も就職を承諾していましたが，平成○○年○○月○○日事故に遭い，重度の後遺障害が残ったことから，遺言執行者の職務を遂行できない状態となっています。
3　よって，遺言執行者の解任を求めるため，本申立てをします。

586 第3編 各種審判手続の書式実例 第13章 遺言・遺留分に関する事件

第8 遺言執行者の辞任の許可を求める手続

解 説

(1) 制度の趣旨

遺言執行者は，正当な事由があるときは，家庭裁判所の許可を得て，その任務を辞任することができる（民1019条2項）。辞任許可の対象となる遺言執行者は，家庭裁判所が選任した遺言執行者（選定遺言執行者）のほか，遺言者が指定又は遺言により委託を受けた第三者が指定した遺言執行者（指定遺言執行者）である。

遺言執行者の辞任の許可を求める手続は，家事事件手続法別表第1の107項に定める家事審判事件である。

(2) 申立手続関係

(a) 申立権者 辞任を求める遺言執行者。

(b) 管 轄 相続開始地を管轄する家庭裁判所（家手209条）。

(c) 申 立 書 申立ての理由に，辞任を求める理由を記載する。

(d) 申立手続費用

(イ) 申立手数料 収入印紙800円（民訴費3条1項・別表第1の15項）。

(ロ) 予納郵便切手 400円程度（家庭裁判所により異なる）。

(e) 添付書類 遺言者の戸籍（除籍）謄本（全部事項証明書）及び住民票除票，遺言執行者（申立人）の住民票，遺言書写し，遺言執行者選任審判書謄本，辞任の理由を証する資料（診断書等）。

(3) 審判手続

(a) 審 理 家庭裁判所は，辞任を許可するのが相当かにつき，遺言書の内容や遺言執行者の状況（就職時や現在の状況，相続人・受遺者との関係等），執行事務の難易等の事情等について事実の調査及び必要と認める証拠調べを行う。

辞任の正当事由としては，①病気，②遠隔地への転居，③職務の多忙などが考えられる。

(b) 審 判 辞任を許可する審判は，申立人に対する告知により効力が生じる。却下の審判は，申立人に告知されることにより効力が生じ，不服申立期間の経過により確定する（家手74条）。

(c) 不服申立て 申立てを却下する審判に対しては申立人が，告知を受

けた日から2週間以内に即時抗告をすることができる（家手86条・214条6号）。

(4) 遺言執行者の辞任後の事務等

遺言執行者の辞任により，相続人は相続財産に対する管理処分権を回復する。遺言執行者の行う任務終了後の措置については委任の終了に関する規定が準用され（民1020条），相続人及び受遺者らに対する任務終了の通知，保管中の相続財産の相続人への引渡し，遺言の執行に関する報告をしなければならない。相続人らに対する通知を怠った場合，相続人らが辞任の事実を知らないときは，遺言執行の終了を相続人らに対抗することができず（民655条），遺言執行の終了時に急迫の事情があるときは，相続人らが相続財産を管理することができるようになるまで，相続人らに不測の損害を与えることを防止するための必要な処分をしなければならない（民654条）。

また，遺言の執行に関する訴訟が係属していた場合，その訴訟手続は中断する（民訴124条1項5号）。

【堀口　洋一】

588　第3編　各種審判手続の書式実例　　第13章　遺言・遺留分に関する事件

書式127　遺言執行者の辞任許可審判申立書

	受付印

家事審判申立書　事件名（　遺言執行者辞任許可　）

収入印紙　　　800　円
予納郵便切手　　　　円
予納収入印紙　　　　円

（この欄に申立手数料として1件について800円分の収入印紙を貼ってください。）

（貼った印紙に押印しないでください。）

（注意）登記手数料としての収入印紙を納付する場合は，登記手数料としての収入印紙は貼らずにそのまま提出してください。

| 準口頭 | 関連事件番号　平成　　　年（家　　）第　　　　　　　　号 |

横浜　家庭裁判所 　　　　　　御中 平成　○○年　○○月　○○日	申　立　人 （又は法定代理人など） の　記　名　押　印	丙　野　四　朗　　　㊞

（審理のために必要な場合は，追加書類の提出をお願いすることがあります。）

添付書類	遺言者の戸籍（除籍）勝本（全部事項証明書）及び住民票（除票）　各1通，申立人の住民票 遺言書の写し，　遺言執行者選任審判書勝本，　辞令写し

申 立 人	本　籍 （国　籍）	（戸籍の添付が必要とされていない申立ての場合は，記入する必要はありません。） 　　　　　　　　　都　道 　　　　　　　　　府　県
	住　所	〒○○○ － ○○○○　　　　　　　　　　電話　×××（×××）×××× 　神奈川県厚木市○○町○丁目○番－○○号　　　　（　　　　　　方）
	連絡先	〒　　　－　　　　　　　　　　　　　　　　電話　　　（　　　） 　　　　　　　　　　　　　　　　　　　　　　　　（　　　　　　方）
	フリガナ 氏　名	ヘイ ノ　シ ロウ 丙　野　四　郎	大正 昭和 平成　○○年○○月○○日 生 （　　○○　　歳）
	職　業	会社員

※ 遺 言 者	本　籍 （国　籍）	（戸籍の添付が必要とされていない申立ての場合は，記入する必要はありません。） 　東京　　都 道　　千代田区○○町○丁目○○番地○ 　　　　　　　府 県
	住民票上の 住　所	〒○○○ － ○○○○　　　　　　　　　　電話　×××（×××）×××× 　横浜市港中区○○町○丁目○番○○号　　　　　（　　　　　　方）
	連絡先	〒　　　－　　　　　　　　　　　　　　　　電話　　　（　　　） 　　　　　　　　　　　　　　　　　　　　　　　　（　　　　　　方）
	フリガナ 氏　名	コウ ノ　タ ロウ 甲　野　太　郎	大正 昭和 平成　○○年○○月○○日 生 （　　○○　　歳）
	職　業	無職

（注）　太枠の中だけ記入してください。

※の部分は，申立人，法定代理人，成年被後見人となるべき者，不在者，共同相続人，被相続人等の区別を記入してください。

申　　立　　て　　の　　趣　　旨
申立人が，遺言者の平成○○年○○月○○日付け遺言の遺言執行者を辞任することを許可するとの審判を求める。

申　　立　　て　　の　　理　　由
1　申立人は，平成○○年○○月○○日，御庁において，遺言者の平成○○年○○月○○日付け遺言の遺言執行者に選任され（平成○○年（家）第○○○号），その職務を執行してきました。 2　申立人は，このたび仕事のためドイツに長期に亘り赴任することとなり遺言執行者としての職務を遂行することができなくなりました。 3　よって，遺言執行者の辞任を求めるため，本申立てをします。

第9 負担付遺贈遺言の取消しを求める手続

解 説

(1) 制度の趣旨

　負担付遺贈遺言は，受遺者に遺贈の目的の価額を超えない限度での一定の法律上の義務を負担させる遺言であり（民1002条），受遺者は遺贈の目的の価額を超えない限度で負担した義務を履行しなければならないが，受遺者がこれを履行しない場合，相続人は，相当の期間を定めてその履行を催告し，その期間内に履行がないときに，遺贈に係る遺言の取消しを請求することができる（民1027条）。

　これは，遺贈に付された負担が遺贈の効力発生の条件でなく，遺言者の死亡により遺贈の効力が生じることから，受遺者が負担を履行しないときは，遺言を取り消すことができるとしたほうが遺言者の意思に沿うと考えられるためである。

　負担付遺贈遺言の取消しを求める手続は，家事事件手続法別表第1の108項に定める家事審判事件である。

(2) 申立手続関係

(a) 申立権者　　相続人。

(b) 管　　轄　　相続開始地を管轄する家庭裁判所（家手209条）。

(c) 申　立　書　　申立ての理由には，申立人の地位，負担付き遺贈の内容，遺贈の取消しを求める理由等を記載する。

(d) 申立手続費用

　(イ) 申立手数料　　収入印紙800円（民訴費3条1項・別表第1の15項）。

　(ロ) 予納郵便切手　　1500円程度（家庭裁判所により異なる）。

(e) 添付書類　　申立人及び遺言者の戸籍（除籍）謄本（全部事項証明書），遺言者の住民票除票，受遺者・受益者の住民票，遺言書の写し，遺贈承認書の写し，催告書の写し

　　＊　戸籍（除籍）謄本（全部事項証明書）については，申立人が遺言者の相続人であることがわかる範囲のものを要する。

(3) 審判手続

(a) 審　　理　　受遺者が義務を履行しないこと，相続人により相当期間の催告がされていること，遺言者の意思や遺言が取り消されると負担の利益

を受けるべき者（受益者）の利益も喪失するものであることなどに配慮して，取消しにより相続人のみが利益を受け，受遺者や受益者が不利益を受けることがないか等について事実の調査及び必要と認める証拠調べを行う。

なお，審判をするにあたって家庭裁判所は，受遺者及び受益者の陳述を聴かなければならない（家手210条1項2号）。

(b) 審　　判　　負担付遺贈遺言取消しの審判がされると，申立人，受遺者，利害関係参加人及び受益者に告知され，受遺者の不服申立期間が経過することにより確定し，審判の効力が生じる。却下の審判は，申立人（相続人）に告知されたときに効力が生じ，不服申立期間の経過により確定する（家手74条・213条2号）。

(c) 不服申立て　　負担付遺贈遺言の取消しの審判に対しては，受遺者，申立人を除くその他の利害関係人が，申立てを却下する審判に対しては，相続人がそれぞれ告知を受けた日（即時抗告権者が審判の告知を受ける者以外の場合は，申立人が告知を受けた日）から2週間以内に即時抗告をすることができる（家手86条・214条7号・8号）。

(4) 負担付遺贈遺言取消しの効果

負担付遺贈遺言が取り消されると，遺贈の効力は相続の時に遡り失われ（民121条），受遺者が受けるべきであったものは相続人に帰属することになる。ただし，遺言者が遺言書に別段の意思表示をしていたときは，その意思に従うことになる（民995条）。

【堀口　洋一】

第9 負担付遺贈遺言の取消しを求める手続　*591*

書式128　負担付遺贈遺言の取消審判申立書

受付印	家事審判申立書　事件名（負担付遺贈遺言の取消し）

（この欄に申立手数料として1件について800円分の収入印紙を貼ってください。）

収入印紙　　　800　円	（貼った印紙に押印しないでください。）
予納郵便切手　　　　円	（注意）登記手数料としての収入印紙を納付する場合は，登記手数料として
予納収入印紙　　　　円	の収入印紙は貼らずにそのまま提出してください。

準口頭　　関連事件番号　平成　　年（家　　）第　　　　　　　　　号

横浜　家庭裁判所　御中	申　立　人（又は法定代理人など）の　記　名　押　印	甲 野 一 郎　㊞
平成 〇〇年 〇〇月 〇〇日		

添付書類	（審理のために必要な場合は，追加書類の提出をお願いすることがあります。）申立人の戸籍勝本(全部事項証明書)　1通　遺言者の戸籍（除籍）勝本(全部事項証明書)及び住民票（除票）　各1通，受遺者の住民票　1通遺言書の写し，遺贈承認書写し，催告書写し

申立人	本籍（国籍）	（戸籍の添付が必要とされていない申立ての場合は，記入する必要はありません。）東京　㊞道府県　千代田区〇〇町〇丁目〇番地
	住所	〒〇〇〇－〇〇〇〇　横浜市港北区〇〇町〇丁目〇番〇－〇〇号　　電話　×××（×××）××××（　　　　方）
	連絡先	〒　－　　　電話（　　　　方）
	フリガナ氏名	コウ ノ イチ ロウ　甲 野 一 郎　大正昭和平成 〇〇年〇〇月〇〇日 生（〇〇歳）
	職業	会社員

※遺言者	本籍（国籍）	（戸籍の添付が必要とされていない申立ての場合は，記入する必要はありません。）東京　㊞道府県　千代田区〇〇町〇丁目〇番地
	住民票上の住所	〒　　　横浜市中区〇〇町〇丁目〇番〇－〇〇号　　電話　×××（×××）××××（　　　　方）
	連絡先	〒　－　　　電話（　　　　方）
	フリガナ氏名	コウ ノ タ ロウ　甲 野 太 郎　大正昭和平成 〇〇年〇〇月〇〇日 生（〇〇歳）
	職業	無職

（注）　太枠の中だけ記入してください。
　　※の部分は，申立人，法定代理人，成年被後見人となるべき者，不在者，共同相続人，被相続人等の区別を記入してください。

※受遺者	本籍	神奈川　㊞道府県　川崎市川崎区〇〇町〇丁目〇番地
	住所	〒〇〇〇－〇〇〇〇　川崎市川崎区〇〇町〇丁目〇番〇－〇〇号　　電話　×××（×××）××××（　　　　方）
	フリガナ氏名	ヘイ ノ シ ロウ　丙 野 四 朗　大正昭和平成 〇〇年〇〇月〇〇日 生（〇〇歳）

（注）　太枠の中だけ記入してください。※の部分は，申立人，相手方，法定代理人，不在者，共同相続人，被相続人等の区別を記入してください。

申　立　て　の　趣　旨

遺言者が丙野四朗に対してなした平成〇〇年〇〇月〇〇日付け負担付遺贈遺言の取消しを求める。

申　立　て　の　理　由

1　申立人は遺言者（被相続人）の長男で，その相続人です。
2　遺言者は，平成〇〇年〇〇月〇〇日付け公正証書遺言により，受遺者丙野四朗に対し「遺言者は，丙野四朗に対し，遺言者が所有する別紙目録記載の土地を遺贈する。この遺贈を承認したとき丙野四朗は，甲野一郎に対し毎年〇〇万円を〇年間交付する。」旨の遺贈をし，遺言者は平成〇〇年〇〇月〇〇日死亡したため，この遺言は効力が生じました。
3　受遺者丙野四朗は，上記負担付遺贈遺言を承認し，上記土地について所有権移転登記を受けています。
4　しかし，受遺者丙野四朗は負担した義務の履行を1度も行わないため，申立人は受遺者丙野四朗に対し，平成〇〇年〇〇月〇〇日までに負担した義務の履行をなすように催告を行いましたが，現在に至るまで履行がされていません。
5　よって，上記負担付遺贈遺言を取消しを求め，本申立てをします。

592　第3編　各種審判手続の書式実例　　第13章　遺言・遺留分に関する事件

第10　遺留分を算定するための財産の価額を定める場合における鑑定人の選任

解　説

(1)　制度の趣旨

　遺留分の額を算定するためには，相続財産，贈与財産の価額を評価する必要があるが，そのうち，条件付権利又は存続期間の不確定な権利については，家庭裁判所が選任した鑑定人の評価に従ってその価額を定めるものとされている（民1029条2項。ただし，平成30年民法等改正により民1043条2項となる）。これは，一定の条件成就によって発生又は消滅する条件付債権や終身定期金債権のような存続期間の不確定な債権の価値は，それらの条件成就や存続期間の見通しによって定まるが，その判断は困難で，相続人や減殺請求（平成30年民法等改正により「遺留分侵害額請求」となる）を受ける者などの関係者の利害が対立するおそれがあるため，家庭裁判所が選任した鑑定人により公平な評価をさせるためである。なお，条件付債権は，停止条件付権利及び解除条件付権利のいずれもが対象となる。

　上記の遺留分を算定する場合における鑑定人選任を求める申立ては，家事審判事件として処理するものとされている（家手39条・別表第1の109項）。

(2)　申立手続

　(a)　申立権者　　遺留分権利者（被相続人の配偶者・子，直系尊属）（民1028条。ただし，平成30年民法等改正により民1042条となる）。

　(b)　管轄裁判所　　相続開始地を管轄する家庭裁判所（家手216条1項1号）。

　(c)　申立手続費用　　収入印紙800円（民訴費3条1項・別表第1の15項），予納郵便切手800円程度（ただし，郵便切手額については裁判所により金額が異なるので問い合わせること）。

　(d)　添付書類　　申立人・被相続人・相続人の戸籍謄本（全部事項証明書），鑑定の対象となる条件付債権ないし存続期間不確定債権を記載した遺産目録。

(3)　審判手続

　(a)　審　理　　家庭裁判所は，鑑定評価の対象となる条件付債権，存続期間の不確定な債権について調査し，その評価をする鑑定人候補者の適格性を審査し，就職の意思を確認する。調査，審査にあたっては，申立時に提出された資料を精査するほか，事案によって必要に応じて事実の調査（家手56

条）を行う。事実の調査の結果，却下の審判をすべき事情が判明するなど，手続の追行に重要な変更を生じうると認めるときには，家庭裁判所は審判をする前に当事者又は利害関係参加人に通知をし（家手63条），記録の閲覧等の機会を与える。

(b) 審　判　家庭裁判所は，申立てを相当と認めるときは，鑑定人の選任の審判をし，不相当と認めるときは，却下の審判をし，申立人及び鑑定人に告知する。審判は，相当と認める方法により告知することで効力が生ずる（家手74条）。鑑定人の選任を求める審判については，即時抗告についての規定がないため，結果の如何にかかわらず審判に対して即時抗告をすることができず，申立人及び鑑定人のうちの1人に審判の告知がされるとその効力を生じる（家手85条・74条）。なお，動産，不動産，それぞれの評価のためなど，必要がある場合には，複数の鑑定人を選任することもできる。

また，本申立ては，限定承認をした場合における条件付債権等の評価のための鑑定人の選任などと同様に，遺留分を算定するためのものにすぎないから，鑑定を命じたり，鑑定結果を提出させたり，鑑定に要した費用の負担を申立人らに命じたりする必要はない。申立人は，選任された鑑定人に評価を依頼し，鑑定人は鑑定結果を依頼者に提出すれば足り，家庭裁判所が関与する必要はない。

また，鑑定人の辞任については，明文の規定はないが，評価未了のうちに鑑定人が辞任の届出をしたときは，家庭裁判所は職権をもって，別の鑑定人を選任することができるものと解されている。

【遠藤　鈴枝】

594　第3編　各種審判手続の書式実例　第13章　遺言・遺留分に関する事件

書式129　鑑定人選任申立書——遺留分算定の場合

	受付印
収入印紙　　800　円	
予納郵便切手　　　　円	
予納収入印紙　　　　円	

家事審判申立書　事件名（　　鑑定人の選任　　）

（この欄に申立手数料として1件について800円分の収入印紙を貼ってください。）

（貼った印紙に押印しないでください。）

（注意）登記手数料としての収入印紙を納付する場合は，登記手数料としての収入印紙は貼らずにそのまま提出してください。

準口頭	関連事件番号　平成　　年（家　　）第　　　　号

千葉　家庭裁判所 御中 平成　○○年　○○月　○○日	申　立　人 （又は法定代理人など） の　記　名　押　印	甲　野　太　郎　　㊞

添付書類	（審理のために必要な場合は，追加書類の提出をお願いすることがあります。） 申立人・被相続人，相続人の戸籍謄本（全部事項証明書），遺産目録

申立人

本　籍 （国　籍）	（戸籍の添付が必要とされていない申立ての場合は，記入する必要はありません。） 千葉　都道府県　習志野市○○町○丁目○番地
住　　所	〒○○○－○○○○　　　　　　　　　　　電話　×××（×××）×××× 千葉県習志野市○○町○丁目○番○号　　　　　　　　（　　　　　　　方）
連絡先	〒　　－　　　　　　　　　　　　　　　　　電話　　（　　　） （　　　　　　　方）
フリガナ 氏　　名	コウ　ノ　タ　ロウ 甲　野　太　郎	大正・昭和・平成　○○年○○月○○日生 （　　○○　歳）
職　　業	会　社　員

※被相続人

本　籍 （国　籍）	（戸籍の添付が必要とされていない申立ての場合は，記入する必要はありません。） 千葉　都道府県　市原市○○町○丁目○番地
住　　所	〒○○○－○○○○　　　　　　　　　　　電話　×××（×××）×××× 千葉県市原市○○町○丁目○番○号　　　　　　　　　（　　　　　　　方）
最後の 連絡先	〒　　－　　　　　　　　　　　　　　　　　電話　　（　　　） （　　　　　　　方）
フリガナ 氏　　名	コウ　ノ　ハ　ナ　コ 甲　野　花　子	大正・昭和・平成　○○年○○月○○日生 （　　○○　歳）
職　　業	

(注)　太枠の中だけ記入してください。

※の部分は，申立人，法定代理人，成年被後見人となるべき者，不在者，共同相続人，被相続人等の区別を記入してください。

申　　　　立　　　　て　　　　の　　　　趣　　　　旨
被相続人の相続財産に対する遺留分を算定するため，別紙目録記載の条件付権利の価額を評価する鑑定人の選任を求める。

申　　　　立　　　　て　　　　の　　　　理　　　　由
1　申立人は，被相続人の長男であり，被相続人の遺産に対し遺留分を有する相続人である。 2　被相続人は，平成○年○月○日に死亡し，相続が開始したが，被相続人の遺産財産の中には，別紙物目録記載の条件付権利があるため，被相続人の相続財産に対する遺留分を算定するためには，同条件付権利の価額を評価する必要がある。 3　よって，上記条件付権利の価額を評価する鑑定人の選任を求める。 4　鑑定人の候補者は次のとおりである。 　　　住　所　東京都港区○○町○丁目○番○号 　　　事務所　東京都港区○○町○丁目○番○号　乙川公認会計事務所 　　　氏　名　乙川三郎 　　　職　業　公認会計士 　　　電　話　０３－○○○○－○○○○

第10　遺留分を算定するための財産の価額を定める場合における鑑定人の選任　*595*

遺　産　目　録　（□特別受益目録）

【現金，預・貯金，株式等】

番　号	品　　　　　　　　　目	単　位	数　量（金　額）	備　　　考
1	投資信託解約返戻金請求債権 　名　　称　グローバルオープンフ 　　　　　　ァンド 　債権者　被相続人		額面200万円	
	債務者　株式会社○○信託銀行			

（注）この目録を特別受益目録として使用する場合には，（□特別受益目録）の□の部分にチェックしてください。
　　　また，備考欄には，被相続人から生前に贈与を受けた相続人の氏名を記載してください。

596　第3編　各種審判手続の書式実例　第13章　遺言・遺留分に関する事件

第11　遺留分の放棄許可を求める手続

解　説

(1)　制度の趣旨

　遺留分は，相続が開始した場合に，一定の相続人（兄弟姉妹以外の相続人）に対し，相続財産の一定割合の確保を保証するもので，自己の財産を自由に処分できることを原則とする私有財産制に一定の制限を加えるものである（民1028条以下）。

　なお，平成30年民法等の改正により，遺留分に関しては現行の民法1028条から1044条が削除され，民法1042条から1049条へ改正されることとなった。

　一方，遺留分が遺留分権利者の財産的な権利であることから，遺留分を放棄することも自由で，相続の開始前に放棄することもできる。しかし，相続開始前の遺留分放棄を自由に認めると，遺留分制度の趣旨に反し，他からの強制による放棄といった事態も起こり得るから，相続開始前に遺留分の放棄をする場合，家庭裁判所の許可を要するものとした（民1043条1項，改正民1049条1項）。

　遺留分放棄の許可を求める手続は，家事事件手続法別表第1の110項に定める家事審判事件である。

(2)　申立手続関係

　(a)　申立権者　　遺留分権を有する相続人。

　(b)　申立時期　　相続開始前。

　(c)　管　　轄　　被相続人の住所地を管轄する家庭裁判所（家手216条1項1号）。

　(d)　申　立　書　　申立ての理由に，被相続人と申立人との関係，遺留分を放棄する理由を記載する。

　(e)　申立手続費用

　　(イ)　申立手数料　　収入印紙800円（民訴費3条1項・別表第1の15項）。

　　(ロ)　予納郵便切手　　400円程度（家庭裁判所により異なる）。

　(f)　添付書類　　申立人及び被相続人の戸籍謄本（全部事項証明書），被相続人の住民票，被相続人の財産目録。

(3)　審判手続

　(a)　審　　理　　遺留分の放棄が，遺留分権利者の真意に基づくものか，

放棄の代償として相当な財産を得ているか，他からの強制に基づくものでないか，配偶者相続権，諸子均分相続，遺留分制度といった現行法規の理念に反していないか等について事実の調査及び必要と認める証拠調べを行う。

(b) 審　判　　許可，却下いずれの審判も申立人に告知されることにより効力が生じる（家手74条）。

(c) 不服申立て　　却下の審判に対し，申立人は，告知を受けた日から2週間以内に即時抗告をすることができる（家手86条・216条2項）。

許可の審判に対しては，不服申立てはできない。

(4) 遺留分放棄の効果

遺留分放棄の効果は，被相続人の相続財産に対する遺留分権はなくなるが，相続人としての地位は残っていることになり，被相続人が遺言等をしていないときは相続をする余地がある。また，仮に，被相続人の財産が負債のみであるような場合は，相続放棄の申述をしないと，負債を相続することとなる。

共同相続人のうちの1人がした遺留分の放棄は，他の共同相続人の遺留分に影響を及ぼさない（民1043条2項）。

(5) 許可審判の取消し等

遺留分放棄を許可した際の事情が変化し，遺留分放棄の状態を存続させることが客観的にみて不合理・不相当になったと認められるに至った場合は，遺留分放棄許可の審判を取り消し又は変更することができるとする裁判例がある（東京高決昭58・9・5家月38巻8号104頁等）。

【堀口　洋一】

598　第3編　各種審判手続の書式実例　　第13章　遺言・遺留分に関する事件

書式130　遺留分の放棄の許可審判申立書

受付印	家事審判申立書　事件名（　　遺留分放棄許可　　）

	（この欄に申立手数料として1件について800円分の収入印紙を貼ってください。）

収入印紙　　　800　円
予納郵便切手　　　　円
予納収入印紙　　　　円

（貼った印紙に押印しないでください。）
（注意）登記手数料としての収入印紙を納付する場合は，登記手数料としての収入印紙は貼らずにそのまま提出してください。

準口頭	関連事件番号　平成　　　年（家　　）第　　　　　　　　号

横浜　家庭裁判所 　　　　　　　御中 平成　○○年　○○月　○○日	申立人 （又は法定代理人など） の記名押印	甲　野　一　郎　　㊞

添付書類	（審理のために必要な場合は，追加書類の提出をお願いすることがあります。） 申立人の戸籍謄本(全部事項証明書)　1通 被相続人の戸籍謄本(全部事項証明書) 及び住民票　各1通，財産目録

申立人	本籍 （国籍）	（戸籍の添付が必要とされていない申立ての場合は，記入する必要はありません。） 東京　㊞道府県　千代田区○○町○丁目○○番地
	住所	〒○○○－○○○○ 横浜市港北区○○町○丁目○番○－○○号　電話　×××（×××）×××× （　　　　　　　方）
	連絡先	〒　　－　　　　電話（　　） （　　　　　　　方）
	フリガナ 氏名	コウ　ノ　イチ　ロウ 甲　野　一　郎　㊞平成　○○年○○月○○日生 （　○○　歳）
	職業	会社員

※ 被相続人	本籍 （国籍）	（戸籍の添付が必要とされていない申立ての場合は，記入する必要はありません。） 東京　㊞道府県　千代田区○○町○丁目○○番地
	住民票上の 住所	〒○○○－○○○○ 横浜市中区○○町○丁目○番○－○○号　電話　×××（×××）×××× （　　　　　　　方）
	連絡先	〒　　－　　　　電話（　　） （　　　　　　　方）
	フリガナ 氏名	コウ　ノ　タ　ロウ 甲　野　太　郎　㊞平成　○○年○○月○○日生 （　○○　歳）
	職業	無職

（注）　太枠の中だけ記入してください。
※の部分は，申立人，法定代理人，成年後見人となるべき者，不在者，共同相続人，被相続人等の区別を記入してください。

申　立　て　の　趣　旨
被相続人甲野太郎の相続財産に対する遺留分を放棄することを許可するとの審判を求める。

申　立　て　の　理　由
1　申立人は，被相続人の長男です。 2　申立人は，申立人が婚姻するに当たり自宅を購入した際，被相続人より多額の資金援助を受けています。また，申立人は，現在，自身で会社を経営しており，相当の収入があるため，生活は安定しています。 3　上記の理由から，申立人は，被相続人の遺産を相続する意思はありませんので，相続開始前において遺留分を放棄したいと考えており，遺留分を放棄することを許可する旨の審判を求めます。 4　なお，遺言者は，上記病院に現在も入院中です。

第1　氏の変更許可を求める手続(1)──永年使用の場合　　*599*

第14章

戸籍法及び性同一性障害者の性別の取扱いの特例に関する法律に規定する審判事件

第1　氏の変更許可を求める手続(1)──永年使用の場合

解　説

(1)　制度の趣旨

　通常，戸籍上の氏が変動するのは，婚姻，養子縁組などであり，身分関係の変動を伴わない氏の変更は，原則として想定されていない。しかし，社会生活上の支障があり，戸籍上の氏を称することについて不都合が生ずることも考えられる。戸籍法は，「やむを得ない事由」によって氏を変更するときは，家庭裁判所の許可を得て，その届出をすることによって氏を変更することができる旨を規定している（戸107条1項）。これは，「やむを得ない事由」という例外的な事情があり，家庭裁判所の許可を得た場合には，戸籍上呼称する氏を変更することができる旨を規定したものと解される。

　どのような場合に「やむを得ない事由」にあたるかは，個々の事案ごとに，家庭裁判所の判断に委ねられることになる。

　実務上，戸籍法107条1項による氏の変更を求める事案で最も多いのは，戸籍法77条の2の届出により婚姻中の氏を称していた者が，離婚後称すべき氏（婚姻前の旧姓）に復するために許可を求める場合である（本章第3参照）。

(2)　申立手続

　(a)　申立権者　　戸籍の筆頭者及びその配偶者（戸107条1項）。なお，申立人が行為能力の制限を受けていても，法定代理人等によらず自ら有効に手続行為をすることができる（家手227条・118条）。

　(b)　管轄裁判所　　申立人の住所地を管轄する家庭裁判所（家手226条1号）。

　(c)　申立手続費用

　(イ)　収入印紙　　800円（民訴費3条1項・別表第1の15項）。

(ロ) 予納郵便切手　1500円程度（各家庭裁判所の取扱いにより異なる）。

(d) 添付書類

(イ) 申立人の戸籍謄本（全部事項証明書。なお，事案により，申立人の除籍，改製原戸籍から現在の戸籍までのすべての謄本の提出を要する場合もある）。

(ロ) 氏の変更を必要とする理由を証する資料（永年使用していることがわかるもの。例えば，申立人宛ての郵便物，各種会員証，各種証明書などの写し）。

(ハ) 申立人の同一戸籍内にある15歳以上の者の同意書（筆頭者の氏が変更されることにより，自分の氏も変更されることに同意する旨の同意書）。

(3) 審判手続

(a) 審　理　　書面審理や参与員による予備審問がなされ，さらに必要があれば裁判官の審問がなされる取扱いが一般的である。

(b) 許可の要件

(イ) 氏を変更するやむを得ない事由があること。氏を永年使用したからといって直ちに許可されるものではなく，永年使用に至る経緯，使用期間，社会生活における支障の程度などの事情が総合考慮される。

(ロ) 家庭裁判所は，氏の変更を許可するには，申立人の戸籍に15歳以上の者がある場合には，その者の陳述を聴かなければならない（家手229条1項）。陳述の聴取は，必ずしも審問による必要はないと解され，同意書を提出させることで足りるとする取扱いも広く行われている。

(c) 審判の告知　　審判は，申立人に対して告知される（家手74条1項）。許可審判に対しては利害関係人（申立人を除く）が，申立てを却下する審判に対しては申立人が，即時抗告をすることができる（家手231条1号・2号）。

(4) 戸籍届出

氏の変更許可審判が確定したときは，申立人（戸籍の筆頭者及びその配偶者）は，氏の変更許可審判書謄本及び確定証明書を添付して，氏の変更届をすることにより，氏の変更の効力が生じる（戸107条1項）。

【関根　直樹】

第1　氏の変更許可を求める手続(1)——永年使用の場合　　*601*

書式131　氏の変更許可審判申立書(1)——永年使用の場合

受付印	家事審判申立書　事件名（　　　氏の変更　　　）

	（この欄に申立手数料として1件について800円分の収入印紙を貼ってください。）
収入印紙　　　800円	（貼った印紙に押印しないでください。）
予納郵便切手　　　　円	（注意）登記手数料としての収入印紙を納付する場合は，登記手数料として
予納収入印紙　　　　円	の収入印紙は貼らずにそのまま提出してください。

準口頭		関連事件番号　平成　　年（家　）第　　　　　　号

横浜　家庭裁判所 　　　　　　御中 平成 ○○ 年 ○○ 月 ○○ 日	申立人 （又は法定代理人など） の記名押印	甲　野　太　郎　　㊞

添付書類	（審理のために必要な場合は，追加書類の提出をお願いすることがあります。） 申立人の戸籍謄本(全部事項証明書)　1通 やむを得ない事由を疎明する資料（永年使用していることを証する資料），同意書

	本　籍 (国　籍)	（戸籍の添付が必要とされていない申立ての場合は，記入する必要はありません。） 神奈川　都道 　　　　府⑲県　横浜市中区○○町○丁目○番地
申 立 人	住　所	〒 ○○○ － ○○○○　　　　　　　　　　　電話　×××（×××）×××× 神奈川県横浜市中区○○町○丁目○番○号　　　　　（　　　　　　　方）
	連絡先	〒　　　－　　　　　　　　　　　　　　　　　電話　　（　　　　　） 　　　　　　　　　　　　　　　　　　　　　　　　　（　　　　　　　方）
	フリガナ 氏　名	コウ ノ　タ ロウ 甲　野　太　郎 |大正 昭和 平成| ○○年○○月○○日 生 （　○○　歳）
	職　業	会社員

※ 申 立 人 と 同 一 戸 籍 内 の 者	本　籍 (国　籍)	（戸籍の添付が必要とされていない申立ての場合は，記入する必要はありません。） 　　　　　都道 　　　　　府県　申立人の本籍と同じ
	住　所	〒　　　－　　　　　　　　　　　　　　　　　電話　　（　　　　　） 　　申立人の住所と同じ　　　　　　　　　　　　　（　　　　　　　方）
	連絡先	〒　　　－　　　　　　　　　　　　　　　　　電話　　（　　　　　） 　　　　　　　　　　　　　　　　　　　　　　　　　（　　　　　　　方）
満 15 歳 以 上	フリガナ 氏　名	コウ ノ　ハナ コ 甲　野　花　子 |大正 昭和 平成| ○○年○○月○○日 生 （　○○　歳）
	職　業	

（注）　太枠の中だけ記入してください。
※の部分は，申立人，法定代理人，成年後見人となるべき者，不在者，共同相続人，被相続人等の区別を記入してください。

申　　立　　て　　の　　趣　　旨
申立人の氏「甲野」を「申野」と変更することを許可するとの審判を求める。

申　　立　　て　　の　　理　　由
1　申立人は，戸籍上「甲野」という氏を称しているが，出生以来今日まで，「申野」が正しい氏と信じて使用してきた。 2　申立人の父母も同様に「申野」という氏を使用してきたが，父は平成○年○月○日，母も平成○年○月○日死亡している。申立人は，いつ頃から父母がこの氏を使用していたのか聞いたことはないが，「甲」と「申」が似ているため，このようなことになったのではないかと考えている。 3　申立人は，すでにこの氏が申立人の社会生活上定着しているため，今後も「申野」の氏を使用したいと考えている。 4　なお，同籍者である花子は，申立ての趣旨のとおり氏を変更することに同意している。

第2　氏の変更許可を求める手続(2)——珍奇・難読の場合

解　説

(1)　制度の趣旨
本章第1(1)参照。

(2)　申立手続
(a)　**申立権者**　　戸籍の筆頭者及びその配偶者（戸107条1項）。なお，申立人が行為能力の制限を受けていても，法定代理人等によらず自ら有効に手続行為をすることができる（家手227条・118条）。

(b)　**管轄裁判所**　　申立人の住所地を管轄する家庭裁判所（家手226条1号）。

(c)　**申立手続費用**

(イ)　収入印紙　　800円（民訴費3条1項・別表第1の15項）。

(ロ)　予納郵便切手　　1500円程度（各家庭裁判所の取扱いにより異なる）。

(d)　**添付書類**

(イ)　申立人の戸籍謄本（全部事項証明書。なお，事案により，申立人の除籍，改製原戸籍から現在の戸籍までのすべての謄本の提出を要する場合もある）。

(ロ)　氏の変更を必要とする理由を証する資料（珍奇・難読であるかは氏を見れば客観的に明らかであることもあるが，この場合の資料としては氏を使用することによる不利益等について記載した申立人の陳述書などが考えられるであろう。なお，申立ての理由に詳しく実情が記載されていれば，それで足りる場合もあろう）。

(ハ)　申立人の同一戸籍内にある15歳以上の者の同意書（筆頭者の氏が変更されることにより，自分の氏も変更されることに同意する旨の同意書）。

(3)　審判手続
(a)　**審　　理**　　書面審理や参与員による予備審問がなされ，さらに必要があれば裁判官の審問がなされる取扱いが一般的である。

(b)　**許可の要件**

(イ)　氏を変更するやむを得ない事由があること。氏が珍奇・難読であるか，その使用による不利益などの事情が総合考慮される。珍奇性・難読性の判断基準については，関係者の主観的感情によることなく，一般通常人を基準とした客観的判断によるべきであり，一般通常人が一見して珍奇あるいは難読であると感じる程度に顕著でなければならないとされている（名古屋高決昭44・10・8家月22巻5号62頁参照）。

㈏　家庭裁判所は，氏の変更を許可するには，申立人の戸籍に15歳以上の者がある場合には，その者の陳述を聴かなければならない（家手229条1項）。陳述の聴取は，必ずしも審問による必要はないと解され，同意書を提出させることで足りるとする取扱いも広く行われている。

（c）　審判の告知　　審判は，申立人に対して告知される（家手74条1項）。許可審判に対しては利害関係人（申立人を除く）が，申立てを却下する審判に対しては申立人が，即時抗告をすることができる（家手231条1号・2号）。

⑷　戸籍届出

　氏の変更許可審判が確定したときは，申立人（戸籍の筆頭者及びその配偶者）は，氏の変更許可審判書謄本及び確定証明書を添付して，氏の変更届をすることにより，氏の変更の効力が生じる（戸107条1項）。

【関根　直樹】

604　第3編　各種審判手続の書式実例　第14章　戸籍法及び性同一性障害者の性別の取扱いの特例に関する法律に規定する審判事件

書式132　氏の変更許可審判申立書(2)——珍奇・難読の場合

	受付印	**家事審判申立書　事件名（　　　　氏の変更　　　　）**

（この欄に申立手数料として1件について800円分の収入印紙を貼ってください。）

収入印紙　　　800　円	
予納郵便切手　　　　円	
予納収入印紙　　　　円	

（貼った印紙に押印しないでください。）
（注意）登記手数料としての収入印紙を納付する場合は，登記手数料としての収入印紙は貼らずにそのまま提出してください。

準口頭	関連事件番号　平成　　　年（家　　）第　　　　　　　　　号

横浜　家庭裁判所 　　　　　　　御中 平成　○○年○○月○○日	申　立　人 （又は法定代理人など） の記名押印	甲　甲　野　太　郎　　　㊞

添付書類	（審理のために必要な場合は，追加書類の提出をお願いすることがあります。） 申立人の戸籍謄本(全部事項証明書)　1　通 やむを得ない事由を疎明する資料（通常使用していることを証する資料），同意書

申 立 人	本　籍 (国　籍)	（戸籍の添付が必要とされていない申立ての場合は，記入する必要はありません。） 神奈川　都道 　　　　府県　横浜市南区○○町○丁目○番地	
	住　所	〒○○○－○○○○ 神奈川県横浜市南区○○町○丁目○番○号	電話　×××（×××）×××× （　　　　　　　方）
	連絡先	〒　　－	電話　（　　　　　　　） （　　　　　　　方）
	フリガナ 氏　名	コ　ウ　ノ　タ　ロウ 甲　甲　野　太　郎	大正 昭和　○○年○○月○○日　生 平成　（　　○○　　歳）
	職　業	会社員	

※申立人と同一戸籍内の満15歳以上の者	本　籍 (国　籍)	（戸籍の添付が必要とされていない申立ての場合は，記入する必要はありません。） 　　　　都道 　　　　府県　申立人の本籍と同じ	
	住　所	〒　　－ 申立人の住所と同じ	電話　（　　　　　　　） （　　　　　　　方）
	連絡先	〒　　－	電話　（　　　　　　　） （　　　　　　　方）
	フリガナ 氏　名	コ　ウ　ノ　ハナ　コ 甲　甲　野　花　子	大正 昭和　○○年○○月○○日　生 平成　（　　○○　　歳）
	職　業		

（注）　太枠の中だけ記入してください。
※の部分は，申立人，法定代理人，成年被後見人となるべき者，不在者，共同相続人，被相続人等の区別を記入してください。

申　　立　　て　　の　　趣　　旨
申立人の氏「甲甲野」を「甲野」と変更することを許可するとの審判を求める。

申　　立　　て　　の　　理　　由
1　申立人の氏は，「甲甲野」と書いて「こうの」と読むが，今まで正しく読まれたことがない。そのため，通常，「甲野」という氏を使用している。 2　申立人は，今後も「甲野」の氏を使用していきたいと考えているため，「甲野」の氏に変更する許可を求める。 3　なお，同籍者である花子は，申立ての趣旨のとおり氏を変更することに同意しています。

第3 氏の変更許可を求める手続(3)——婚氏・縁氏続称者の場合

解　説

(1)　制度の趣旨

本章第1(1)参照。

戸籍法77条の2の届出により婚姻中の氏を称していた者が，離婚後称すべき氏（婚姻前の旧姓）に復する場合，戸籍法73条の2の届出により縁組中の氏を称していた者が，離縁後称すべき氏（縁組前の旧姓）に復する場合は，本手続による許可を受ける必要がある。

(2)　申立手続

(a)　申立権者　　戸籍の筆頭者及びその配偶者（戸107条1項）。なお，申立人が行為能力の制限を受けていても，法定代理人等によらず自ら有効に手続行為をすることができる（家手227条・118条）。

(b)　管轄裁判所　　申立人の住所地を管轄する家庭裁判所（家手226条1号）。

(c)　申立手続費用

(イ)　収入印紙　　800円（民訴費3条1項・別表第1の15項）。

(ロ)　予納郵便切手　　1500円程度（各家庭裁判所の取扱いにより異なる）。

(d)　添付書類

(イ)　申立人の戸籍謄本（全部事項証明書。なお，事案により，申立人の除籍，改製原戸籍から現在の戸籍までのすべての謄本の提出を要する場合もある）。

(ロ)　氏の変更を必要とする理由を証する資料（この場合の資料としては現在の氏を使用することによる不利益等や旧姓に復する必要性等について記載した申立人の陳述書などが考えられるであろう。なお，申立ての理由に詳しく実情が記載されていれば，それで足りる場合もあろう）。

(ハ)　申立人の同一戸籍内にある15歳以上の者の同意書（筆頭者の氏が変更されることにより，自分の氏も変更されることに同意する旨の同意書）。

(3)　審判手続

(a)　審　理　　参与員による予備審問がなされ，さらに必要があれば裁判官の審問がなされる取扱いが一般的であるが，事案によっては，申立人に対する書面照会で足りるとする取扱いもある。

(b)　許可の要件

(イ)　氏を変更するやむを得ない事由があること。離婚（離縁）の際，婚氏（縁氏）続称の届出をした事情，現在の氏を使用することによる不利益等や旧姓に復する必要性などの事情が総合考慮される。

(ロ)　家庭裁判所は，氏の変更を許可するには，申立人の戸籍に15歳以上の者がある場合には，その者の陳述を聴かなければならない（家手229条1項）。陳述の聴取は，必ずしも審問による必要はないと解され，同意書を提出させることで足りるとする取扱いも広く行われている。

(c)　審判の告知　　審判は，申立人に対して告知される（家手74条1項）。許可審判に対しては利害関係人（申立人を除く）が，申立てを却下する審判に対しては申立人が，即時抗告をすることができる（家手231条1号・2号）。

(4)　戸籍届出

氏の変更許可審判が確定したときは，申立人（戸籍の筆頭者及びその配偶者）は，氏の変更許可審判書謄本及び確定証明書を添付して，氏の変更届をすることにより，氏の変更の効力が生じる（戸107条1項）。

【関根　直樹】

第3 氏の変更許可を求める手続(3)——婚氏・縁氏続称者の場合　607

書式133　氏の変更許可審判申立書(3)——婚氏・縁氏続称者の場合

受付印	家事審判申立書　事件名（　　氏の変更　　）
収入印紙　　800　円 予納郵便切手　　　　円 予納収入印紙　　　　円	（この欄に申立手数料として1件について800円分の収入印紙を貼ってください。） 　　　　　　　　　　（貼った印紙に押印しないでください。） （注意）登記手数料としての収入印紙を納付する場合は，登記手数料としての収入印紙は貼らずにそのまま提出してください。

準口頭	関連事件番号　平成　　年（家　　）第　　　　　　　号

横浜　家庭裁判所 　　　　　　御中 平成 ○○ 年 ○○ 月 ○○ 日	申　立　人 （又は法定代理人など） の 記 名 押 印	甲　野　花　子　　㊞

添付書類	（審理のために必要な場合は，追加書類の提出をお願いすることがあります。） 申立人の戸籍謄本（全部事項証明書）　1　通 申立人の改製原戸籍謄本（全部事項証明書）　1　通，除籍謄本（全部事項証明書）　1　通 同意書

申 立 人	本　籍 （国　籍）	（戸籍の添付が必要とされていない申立ての場合は，記入する必要はありません。） 神奈川　都道府県　横浜市神奈川区○○町○丁目○番地
	住　所	〒○○○－○○○○　　　　　　　電話　×××（×××）×××× 神奈川県横浜市神奈川区○○町○丁目○番○号　（　　　　　　方）
	連絡先	〒　　－　　　　　　　　　　　　電話　（　　　　　　方）
	フリガナ 氏　名	コウ ノ ハナ コ 甲　野　花　子	大正 昭和 平成 ○○年○○月○○日 生 （　　○○　　歳）
	職　業	会社員

※ 申立人と同一戸籍内の満15歳以上の者	本　籍 （国　籍）	（戸籍の添付が必要とされていない申立ての場合は，記入する必要はありません。） 都道府県　申立人の本籍と同じ
	住　所	〒　　－　　　　　　　　　　　　電話　（　　　　　　方） 申立人の住所と同じ
	連絡先	〒　　－　　　　　　　　　　　　電話　（　　　　　　方）
	フリガナ 氏　名	コウ ノ タ ロウ 甲　野　太　郎	大正 昭和 平成 ○○年○○月○○日 生 （　　○○　　歳）
	職　業	

(注)　太枠の中だけ記入してください。
※の部分は，申立人，法定代理人，成年被後見人となるべき者，不在者，共同相続人，被相続人等の区別を記入してください。

申　　立　　て　　の　　趣　　旨
申立人の氏「甲野」を「乙野」と変更することを許可するとの審判を求める。

申　　立　　て　　の　　理　　由
1　申立人は，平成○年に甲野一郎と婚姻し，長男太郎（平成○年○月○日生）をもうけた。 2　申立人は甲野一郎と平成○年○月に協議離婚した。その際，長男が当時中学校在学中のため，婚姻中の氏を称することとした。 3　長男太郎は本年3月高校を卒業するので，これを機に婚姻前の氏である「乙野」に変更する許可を求める。 4　なお，長男太郎は，申立ての趣旨のとおり氏を変更することに同意している。

第4　氏の変更許可を求める手続(4)──外国人父（又は母）の氏へ変更する場合

解　説

(1)　制度の趣旨

　戸籍法は，子は父母の氏又は父若しくは母の氏を称するものと規定している（戸18条）。父が外国人で母が日本人である場合，日本国籍の子は，日本国籍の母の戸籍に入る。この母が外国人配偶者の氏を称している場合（戸107条2項参照）は，子も父母の氏を称することになるが，母が外国人配偶者の氏を称する届出をしなければ，この母の氏は従前と変わらない。戸籍法はこの場合に，子が外国人の父の氏を称しようとするときは，家庭裁判所の許可を得て，その旨の届出をすることにより父の氏を称することができる旨を規定している（戸107条4項・1項）。

　この規定は，外国人父の氏への変更のみならず，外国人母の氏への変更の場合もあてはまる。

(2)　申立手続

(a)　申立権者　　父又は母が外国人である者で，戸籍の筆頭者又はその配偶者でない者（戸107条4項。戸籍の筆頭者は，戸籍法107条1項の氏の変更許可によることになろう）。なお，申立人が行為能力の制限を受けていても，法定代理人等によらず自ら有効に手続行為をすることができる（家手227条・118条）。15歳未満のときは，その法定代理人が代理する。

(b)　管轄裁判所　　申立人の住所地を管轄する家庭裁判所（家手226条1号）。

(c)　申立手続費用

(イ)　収入印紙　　800円（民訴費3条1項・別表第1の15項）。

(ロ)　予納郵便切手　　1500円程度（各家庭裁判所の取扱いにより異なる）。

(d)　添付書類

(イ)　申立人の戸籍謄本（全部事項証明書。なお，事案により，申立人の除籍，改製原戸籍から現在の戸籍までのすべての謄本の提出を要する場合もある）。

(ロ)　外国人父（又は母）の住民票（各家庭裁判所の取扱いにより異なる）。

(ハ)　申立人の同一戸籍内にある15歳以上の者の同意書

(3)　審判手続

(a)　審　理　　参与員による予備審問がなされ，さらに必要があれば裁

判官の審問がなされることもある。

(b) 許可の要件

(イ) 氏を変更するやむを得ない事由があること。

(ロ) 家庭裁判所は，氏の変更を許可するには，申立人の戸籍に15歳以上の者がある場合には，その者の陳述を聴かなければならない（家手229条１項）。また，15歳以上の未成年者が申立てをした場合や，父母が婚姻中ではない場合などは，父母の陳述を聴く場合もあろう。陳述の聴取は，必ずしも審問による必要はないと解され，同意書を提出させることで足りるとする取扱いも広く行われている。

(c) 審判の告知　審判は，申立人に対して告知される（家手74条１項）。許可審判に対しては利害関係人（申立人を除く）が，申立てを却下する審判に対しては申立人が，即時抗告をすることができる（家手231条１号・２号）。

(4)　戸籍届出

氏の変更許可審判が確定したときは，申立人（15歳未満の場合はその法定代理人）は，氏の変更許可審判書謄本及び確定証明書を添付して，外国人父母の氏への氏の変更届をすることにより，氏の変更の効力が生じ，変更後の氏で申立人の新戸籍が編製される（戸20条の２第２項）。

【関根　直樹】

610　第3編　各種審判手続の書式実例　第14章　戸籍法及び性同一性障害者の性別の取扱いの特例に関する法律に規定する審判事件

書式134　氏の変更許可審判申立書(4)——外国人父の氏へ変更する場合

	受付印	家事審判申立書　事件名（　　　　氏の変更　　　　）
収入印紙　　　800　円 予納郵便切手　　　　円 予納収入印紙　　　　円		（この欄に申立手数料として1件について800円分の収入印紙を貼ってください。） 　　　　　　　　　　　　　　　（貼った印紙に押印しないでください。） （注意）登記手数料としての収入印紙を納付する場合は，登記手数料としての収入印紙は貼らずにそのまま提出してください。

準口頭　　関連事件番号　平成　　年（家　　）第　　　　　　　　　　号

横浜　家庭裁判所 　　　　　　御中 平成　○○　年　○○　月　○○　日	申　立　人 （又は法定代理人など） の　記　名　押　印	甲　野　太　郎　　㊞

添付書類	（審理のために必要な場合は，追加書類の提出をお願いすることがあります。） 申立人の戸籍謄本(全部事項証明書)　1　通 父の住民票　1　通，同意書

申立人	本　籍 （国　籍）	（戸籍の添付が必要とされていない申立ての場合は，記入する必要はありません。） 神奈川　都道 　　　　府県　横浜市西区○○町○丁目○番地
	住　所	〒○○○－○○○○　　　　　　　　電話　×××（×××）×××× 神奈川県横浜市西区○○町○丁目○番○号　　　　　　（　　　　方）
	連絡先	〒　　－　　　　　　　　　　　　　電話　　　（　　　） 　　　　　　　　　　　　　　　　　　　　　　　（　　　　方）
	フリガナ 氏　名	コウ　ノ　タ　ロウ 甲　野　太　郎	大正 昭和 平成　○○年○○月○○日生 （　○○　歳）
	職　業	会社員

※申立人と満15歳以上の同一戸籍内の者	本　籍 （国　籍）	（戸籍の添付が必要とされていない申立ての場合は，記入する必要はありません。） 　　　　都道 　　　　府県　申立人の本籍と同じ
	住　所	〒　　－ 　　申立人の住所と同じ　　　　　　電話　　　（　　　） 　　　　　　　　　　　　　　　　　　　　　　　（　　　　方）
	連絡先	〒　　－　　　　　　　　　　　　　電話　　　（　　　） 　　　　　　　　　　　　　　　　　　　　　　　（　　　　方）
	フリガナ 氏　名	コウ　ノ　ハナ　コ 甲　野　花　子	大正 昭和 平成　○○年○○月○○日生 （　○○　歳）
	職　業	

(注)　太枠の中だけ記入してください。
※の部分は，申立人，法定代理人，成年後見人となるべき者，不在者，共同相続人，被相続人等の区別を記入してください。

申　立　て　の　趣　旨

　申立人の氏「甲野」を父の氏である「アダムス」と変更することを許可するとの審判を求める。

申　立　て　の　理　由

1　申立人は，米国籍の父アダムス・ブライアンと日本国籍の母甲野花子との間の長男である。
2　申立人は，申立人の父が経営している会社の後継者となる予定であるが，これを機に父の氏である「アダムス」に変更する許可を求める。
3　なお，母甲野花子は，申立ての趣旨のとおり申立人が氏を変更することに同意している。

第5 氏の変更許可を求める手続(5)——外国人夫（又は妻）の通称氏へ変更する場合

解　説

(1)　制度の趣旨

本章第1(1)参照。

外国人と婚姻をした者は，婚姻の日から6ヵ月以内であれば，家庭裁判所の許可を得ないで，その配偶者の称している氏に変更することができる（戸107条2項）が，外国人の夫（又は妻）が通称として日本名を称している場合に，日本人の妻（又は夫）が夫（又は妻）の通称の氏に変更したい場合には，本手続による許可を受ける必要がある。

(2)　申立手続

(a)　申立権者　　戸籍の筆頭者（戸107条1項）。なお，申立人が行為能力の制限を受けていても，法定代理人等によらず自ら有効に手続行為をすることができる（家手227条・118条）。

(b)　管轄裁判所　　申立人の住所地を管轄する家庭裁判所（家手226条1号）。

(c)　申立手続費用

　(イ)　収入印紙　　800円（民訴費3条1項・別表第1の15項）。

　(ロ)　予納郵便切手　　1500円程度（各家庭裁判所の取扱いにより異なる）。

(d)　添付書類

　(イ)　申立人の戸籍謄本（全部事項証明書。なお，事案により，申立人の除籍，改製原戸籍から現在の戸籍までのすべての謄本の提出を要する場合もある）。

　(ロ)　外国人夫（又は妻）の住民票。

　(ハ)　氏の変更を必要とする理由を証する資料（この場合の資料としては通名の氏に変更する必要性等について記載した申立人の陳述書などが考えられるであろう。なお，申立ての理由に詳しく実情が記載されていれば，それで足りる場合もあろう）。

　(ニ)　申立人の同一戸籍内にある15歳以上の者の同意書（筆頭者の氏が変更されることにより，自分の氏も変更されることに同意する旨の同意書）。

(3)　審判手続

(a)　審　理　　参与員による予備審問がなされ，さらに必要があれば裁判官の審問がなされることもある。

(b)　許可の要件

(イ) 氏を変更するやむを得ない事由があること。社会生活における支障の程度や通称の氏に変更する必要性などの事情が総合考慮される。

(ロ) 家庭裁判所は，氏の変更を許可するには，申立人の戸籍に15歳以上の者がある場合には，その者の陳述を聴かなければならない（家手229条1項）。陳述の聴取は，必ずしも審問による必要はないと解され，同意書を提出させることで足りるとする取扱いも広く行われている。

(c) 審判の告知　審判は，申立人に対して告知される（家手74条1項）。許可審判に対しては利害関係人（申立人を除く）が，申立てを却下する審判に対しては申立人が，即時抗告をすることができる（家手231条1号・2号）。

(4) **戸籍届出**

氏の変更許可審判が確定したときは，申立人は，氏の変更許可審判書謄本及び確定証明書を添付して，氏の変更届をすることにより，氏の変更の効力が生じる（戸107条1項）。

【関根　直樹】

第5 氏の変更許可を求める手続(5)——外国人夫（又は妻）の通称氏へ変更する場合　　*613*

書式135　氏の変更許可審判申立書(5)——外国人夫の通称氏へ変更する場合

受付印	**家事審判申立書　事件名（　　　氏の変更　　　）**

収入印紙　　800 円	（この欄に申立手数料として1件について800円分の収入印紙を貼ってください。）
予納郵便切手　　　　円	（貼った印紙に押印しないでください。）
予納収入印紙　　　　円	（注意）登記手数料としての収入印紙を納付する場合は，登記手数料としての収入印紙は貼らずにそのまま提出してください。

準口頭	関連事件番号　平成　　年（家　　）第　　　　　　　　号

横浜　家庭裁判所 御中 平成 ○○ 年 ○○ 月 ○○ 日	申　立　人 （又は法定代理人など） の 記 名 押 印	**甲　野　花　子**　㊞

添付書類	（審理のために必要な場合は，追加書類の提出をお願いすることがあります。） 申立人の戸籍謄本(全部事項証明書)　1　通 夫の住民票　1　通

申 立 人	本　籍 （国　籍）	（戸籍の添付が必要とされていない申立ての場合は，記入する必要はありません。） 神奈川　都道 　　　　府県　横浜市緑区○○町○丁目○番地	
	住　所	〒 ○○○ － ○○○○　　　　　　電話　×××（×××）×××× 神奈川県横浜市緑区○○町○丁目○番○号　（　　　　　　×××× 方）	
	連絡先	〒　　　－　　　　　　　　　　　電話　　（　　　） 　（　　　　　　 方）	
	フリガナ 氏　名	コウ ノ ハナ コ 甲　野　花　子	大正 昭和 平成 ○○年○○月○○日 生 （　○○　歳）
	職　業	会社員	

※	本　籍 （国　籍）	（戸籍の添付が必要とされていない申立ての場合は，記入する必要はありません。） 　　　　都道 　　　　府県	
	住　所	〒　　　－　　　　　　　　　　　電話　　（　　　） 　（　　　　　　 方）	
	連絡先	〒　　　－　　　　　　　　　　　電話　　（　　　） 　（　　　　　　 方）	
	フリガナ 氏　名		大正 昭和 平成　　年　月　日 生 （　　　歳）
	職　業		

（注）太枠の中だけ記入してください。

※の部分は，申立人，法定代理人，成年被後見人となるべき者，不在者，共同相続人，被相続人等の区別を記入してください。

申　立　て　の　趣　旨
申立人の氏「甲野」を「乙野」と変更することを許可するとの審判を求める。

申　立　て　の　理　由
1　申立人は，平成○年○月○日，韓国籍の李春男（通称名：乙野春男）と婚姻した。 2　申立人は，上記婚姻から現在に至るまで，夫の通称名の「乙野」を使用してきた。 3　よって，申立ての趣旨のとおりの審判を求める。

第6 名の変更許可を求める手続(1)——永年使用の場合

解　説

(1) 制度の趣旨

通常，戸籍上の名が変更されることは想定されていない。しかし，社会生活上の支障があり，戸籍上の名を称することについて不都合が生ずることも考えられる。戸籍法は，「正当な事由」によって名を変更するときは，家庭裁判所の許可を得て，その届出をすることによって名を変更することができる旨を規定している（戸107条の2）。

「正当な事由」とは，名の変更をしなければその人の社会生活において著しい支障を来す場合をいう。単なる個人的趣味，感情，信仰上の希望などのみでは足りないと解されており，単に，心機一転のためである，姓名判断の結果が悪いなどの事由では「正当な事由」とみなされない場合もある。どのような場合に「正当な事由」にあたるかは，個々の事案ごとに，家庭裁判所の判断に委ねられることになる。なお，「正当な事由」は氏の変更許可の要件である「やむを得ない事由」よりも緩やかに解されている。

実務上，名の変更許可を求める事案で多いのは永年使用の場合であり，そのほか，性同一性障害，僧侶になったため僧侶名を襲名する場合，珍奇・難読な名を変更する場合，同姓同名者がいて紛らわしい場合，戸籍上の名が旧字体であるなど，多岐にわたる。

(2) 申立手続

(a) 申立権者　名の変更をしようとする者（戸107条の2）。なお，申立人が行為能力の制限を受けていても，法定代理人等によらず自ら有効に手続行為をすることができる（家手227条・118条）。15歳未満のときは，その法定代理人が代理する。

(b) 管轄裁判所　申立人の住所地を管轄する家庭裁判所（家手226条1号）。

(c) 申立手続費用

(イ) 収入印紙　800円（民訴費3条1項・別表第1の15項）。

(ロ) 予納郵便切手　400円程度（各家庭裁判所の取扱いにより異なる）。

(d) 添付書類

(イ) 申立人の戸籍謄本（全部事項証明書）。

(ロ) 名の変更を必要とする理由を証する資料（永年使用していることがわか

るもの。例えば，申立人宛ての郵便物，各種会員証，各種証明書などの写し）。

(3) 審判手続

(a) 許可の要件　名を変更する正当な事由があること。名を永年使用したからといって直ちに許可されるものではなく，永年使用に至る経緯などその他の事情が総合考慮される。永年使用により社会生活上の一定範囲で変更しようとする名が定着しているときは，そのこと自体も一事由として考慮されることになろう。永年使用とはどの程度をいうかについても，申立人の年齢，社会生活上の名の使用範囲などが考慮され，最終的には家庭裁判所の判断に委ねられるが，実務上の基準について述べたものとして，成年者の場合で7年前後，未成年者の場合で5年前後，幼児の場合で3年前後をめどに弾力的に運用するというもの（「大阪高等裁判所管内家事審判官有志協議会協議結果（平成3年9月11日，平成4年5月22日開催分）」家月45巻4号151頁〔平3・9・11大阪高裁管内家事審判官有志協議会における多数意見〕），少なくとも5年以上継続して使用しているという実績がある場合に認め，子どもの場合はもう少し短く，3年から4年でも事案により認めてよいとするもの（島田充子「改名許可基準と手続」判タ1100号267頁），などがある。

(b) 審判の告知　審判は，申立人に対して告知される（家手74条1項）。申立てを却下する審判に対しては申立人が，即時抗告をすることができる（家手231条2号）。氏の変更の場合（同条1号）と異なり，許可審判に対し利害関係人が不服申立てをすることは認められていない。

(4) 戸籍届出

申立人（15歳未満の場合はその法定代理人）は，名の変更許可審判書謄本を添付して，名の変更届をすることにより，名の変更の効力が生じる（戸107条の2）。

【関根　直樹】

616　第3編　各種審判手続の書式実例　第14章　戸籍法及び性同一性障害者の性別の取扱いの特例に関する法律に規定する審判事件

書式136　名の変更許可審判申立書⑴——永年使用の場合

受付印	**家事審判申立書　事件名（　　名の変更　　）**

収入印紙　　　800　円
予納郵便切手　　　　円
予納収入印紙　　　　円

（この欄に申立手数料として1件について800円分の収入印紙を貼ってください。）

（貼った印紙に押印しないでください。）

（注意）登記手数料としての収入印紙を納付する場合は，登記手数料としての収入印紙は貼らずにそのまま提出してください。

準口頭　｜　　関連事件番号　平成　　　年（家　　）第　　　　　　　号

横浜　家庭裁判所　御中	申　立　人 （又は法定代理人など） の記名押印	甲野乙美の法定代理人親権者 甲　野　太　郎　㊞ 甲　野　花　子　㊞
平成　〇〇　年　〇〇　月　〇〇　日		

添付書類	（審理のために必要な場合は，追加書類の提出をお願いすることがあります。） 申立人の戸籍謄本(全部事項証明書)　1　通 名の変更の理由を証する資料

申 立 人	本　　籍 （国　籍）	（戸籍の添付が必要とされていない申立ての場合は，記入する必要はありません。） 神奈川　都道府県　横浜市栄区〇〇町〇丁目〇番地
	住　　所	〒 〇〇〇－〇〇〇〇　神奈川県横浜市栄区〇〇町〇丁目〇番〇号　電話　×××（×××）×××× （　　　　　　方）
	連 絡 先	〒　－　　　　　　　　　　　　　　　　　　　　　電話　（　　　　　　方）
	フリガナ 氏　　名	コウ ノ オツ ミ 甲　野　乙　美	大正 昭和 平成　〇〇年〇〇月〇〇日 生 （　　〇〇　　歳）
	職　　業	小学生

※法定代理人 父・母	本　　籍 （国　籍）	（戸籍の添付が必要とされていない申立ての場合は，記入する必要はありません。） 都道府県　申立人の本籍と同じ
	住　　所	〒　－　　申立人の住所と同じ　　　　　　　　　電話　（　　　　　　方）
	連 絡 先	〒　－　　　　　　　　　　　　　　　　　　　　　電話　（　　　　　　方）
	フリガナ 氏　　名	コウ ノ タ ロウ，コウ ノ ハナ コ 甲　野　太　郎，甲　野　花　子	大正 昭和 平成　　　年　　月　　日 生 （　　　　　歳）
	職　　業	

（注）太枠の中だけ記入してください。

※の部分は，申立人，法定代理人，成年被後見人となるべき者，不在者，共同相続人，被相続人等の区別を記入してください。

申　　立　　て　　の　　趣　　旨
申立人の名「乙美」を「乙子」と変更することを許可するとの審判を求める。

申　　立　　て　　の　　理　　由
1　申立人は，小学校6年生の女子である。戸籍上は「乙美」となっているが，幼稚園入園時から通称として「乙子」の名を使用してきた。 2　現在では，学校，友人や近所の人々の間では「乙子」として通用している。 3　今後の進学や就職などのことを考えると社会生活上，戸籍名では不便なので，申立ての趣旨のとおりの審判を求める。

第7　名の変更許可を求める手続(2)——同姓同名の場合

解　説

(1)　制度の趣旨

本章第6(1)参照。

(2)　申立手続

(a)　**申立権者**　名の変更をしようとする者 (戸107条の2)。なお，申立人が行為能力の制限を受けていても，法定代理人等によらず自ら有効に手続行為をすることができる (家手227条・118条)。15歳未満のときは，その法定代理人が代理する。

(b)　**管轄裁判所**　申立人の住所地を管轄する家庭裁判所 (家手226条1号)。

(c)　**申立手続費用**

(イ)　**収入印紙**　800円 (民訴費3条1項・別表第1の15項)。

(ロ)　**予納郵便切手**　400円程度 (各家庭裁判所の取扱いにより異なる)。

(d)　**添付書類**

(イ)　申立人の戸籍謄本 (全部事項証明書)。

(ロ)　名の変更を必要とする理由を証する資料 (同姓同名者がいて社会生活上不便を強いられていることがわかるもの。例えば，住宅地図，具体的に不便な事情を記載した陳述書など)。

(3)　審判手続

(a)　**許可の要件**　名を変更する正当な事由があること。氏名によっては，同姓同名の者は相当数いるはずであり，同姓同名者がいるからといって直ちに許可されるものではない。どの生活範囲にどのような者がいて，具体的にどのような不便を強いられているのかなどの事情が総合考慮される。

例えば，同姓同名者が同一生活領域内に存在する場合は，同姓同名者が場所的に近接して居住しているというだけでは足りず，郵便物の誤配が恒常的であるとか，同一世帯であるとか，永続的に同一職場であるというような事情があって，それにより本人も周囲の者も本人の識別に困惑している状態があり，それが将来解消される見込みが少ないことが必要である (草深重明「氏及び名の変更の許可」岡恒学＝野田愛子編『講座・実務家事審判法(4)』227頁)。

(b)　**審判の告知**　審判は，申立人に対して告知される (家手74条1項)。申立てを却下する審判に対しては申立人が，即時抗告をすることができる

（家手231条2号）。氏の変更の場合（同条1号）と異なり，許可審判に対し利害関係人が不服申立てをすることは認められていない。

(4) 戸籍届出

申立人（15歳未満の場合はその法定代理人）は，名の変更許可審判書謄本を添付して，名の変更届をすることにより，名の変更の効力が生じる（戸107条の2）。

【関根　直樹】

第7 名の変更許可を求める手続(2)──同姓同名の場合　　*619*

書式137　名の変更許可審判申立書(2)──同姓同名の場合

受付印		家事審判申立書　事件名（　　　名の変更　　　）
収入印紙　　800　円		（この欄に申立手数料として1件について800円分の収入印紙を貼ってください。）
予納郵便切手　　　円		（貼った印紙に押印しないでください。）
予納収入印紙　　　円		（注意）登記手数料としての収入印紙を納付する場合は，登記手数料としての収入印紙は貼らずにそのまま提出してください。

| 準口頭 | | 関連事件番号　平成　　　年（家　　）第　　　　　　　　号 |

横浜　家庭裁判所 　　　　御中 平成　○○　年　○○　月　○○　日	申　立　人 （又は法定代理人など） の　記　名　押　印	甲　野　太　郎　　㊞

添付書類	（審理のために必要な場合は，追加書類の提出をお願いすることがあります。） 申立人の戸籍膳本(全部事項証明書)　1　通 名の変更を必要とする理由を証する資料

	本　籍 （国　籍）	（戸籍の添付が必要とされていない申立ての場合は，記入する必要はありません。） 　神奈川　都道府県　横浜市泉区○○町○丁目○番地
申	住　所	〒○○○－○○○○　　　　　　　　　電話　×××（×××）×××× 神奈川県横浜市泉区○○町○丁目○番○号　○○マンション○○号室（　　　方）
立	連絡先	〒　　－　　　　　　　　　　　　　　電話　　　（　　） （　　　方）
人	フリガナ 氏　名	コウ ノ　タ ロウ 甲野太郎	大正 昭和 平成　○○年○○月○○日生 （　○○　歳）
	職　業	会社員

※	本　籍 （国　籍）	（戸籍の添付が必要とされていない申立ての場合は，記入する必要はありません。） 都道府県
	住　所	〒　　－　　　　　　　　　　　　　　電話　　　（　　） （　　　方）
	連絡先	〒　　－　　　　　　　　　　　　　　電話　　　（　　） （　　　方）
	フリガナ 氏　名		大正 昭和 平成　　年　月　日生 （　　歳）
	職　業	

(注)　太枠の中だけ記入してください。
※の部分は，申立人，法定代理人，成年後見人となるべき者，不在者，共同相続人，被相続人等の区別を記入してください。

申　　立　　て　　の　　趣　　旨
申立人の名「太郎」を「一郎」と変更することを許可するとの審判を求める。

申　　立　　て　　の　　理　　由
1　申立人が居住しているマンションには，同姓同名の「甲野太郎」という者がいるが，以前から同人宛ての貸金業者からの督促状が間違って申立人宅へ届くことがたびたびあり，債権者と思われる者の訪問を受けることもあった。 2　さらに，同人は，先日「○○事件」の被疑者として逮捕され，そのことが新聞に掲載されたため，「甲野太郎」の名が地域に知られることとなり，申立人及びその家族は，肩身の狭い思いをするようになった。 3　申立人としては，「甲野太郎」の名を使用することにより，社会生活上著しい支障を来しているので，申立ての趣旨のとおりの審判を求める。

620 第3編 各種審判手続の書式実例 第14章 戸籍法及び性同一性障害者の性別の取扱いの特例に関する法律に規定する審判事件

第8 就籍許可手続(1)——戸籍法110条1項による場合

解 説

(1) 根拠条文

本籍を有しない者は，家庭裁判所の許可を得て，許可の日から10日以内に就籍の届出をしなければならない（戸110条1項）。この家庭裁判所の許可（就籍許可）は，審判の方式によりなされる（家手39条・別表第1の123項）。

(2) 就籍許可審判の申立て

(a) 申立権者（戸110条1項，家手227条・118条）

(イ) 本籍を有しない者　　後記(3)(a)参照。

(ロ) 手続行為能力の制限についての特則　　一般的に手続行為能力の制限を受けている者であっても，意思能力を有していれば，自ら有効に手続行為をすることができる。

(b) 管轄裁判所（家手226条2号）　　就籍しようとする地を管轄する家庭裁判所。ただし，審理の便宜上，申立人の住所地を管轄する家庭裁判所が自庁処理の決定をすること（家手9条1項ただし書），逆に，就籍しようとする地を管轄する家庭裁判所が申立人の住所地を管轄する家庭裁判所に移送すること（家手9条2項2号）もありうる。

(c) 手続費用（民訴費3条1項・別表第1の15項）

(イ) 収入印紙　　800円。

(ロ) 予納郵便切手　　400円から4000円程度（追納が必要な場合もある）。

予納額や内訳は家庭裁判所により異なるが，例えば，500円を2枚，82円を20枚，50円を1枚，10円を5枚，2円を10枚，1円を5枚で合計2765円など。

(d) 添付書類　　申立人の身分を明らかにする資料など（後記(3)(b)も参照）。

(3) 就籍許可審判の審理手続

(a) 就籍許可の要件

(イ) 日本国民であること　　外国人は戸籍に記載されないため（戸6条ただし書参照），当然の前提として，日本国民であることが必要である。日本国民であるか否かは，国籍法（条約等を含むもの）に従い決まることになる。

(ロ) 本籍を有しないこと　　本籍を有しないとは，ある者について，次の①又は②の場合にあたることにより，戸籍に記載がされていないことをい

う（②については，本章第9も参照）。

① 出生届がなされておらず，かつ，出生の届出義務者がいない場合

② 従前定めていた本籍地が日本の領土でなくなった場合

＊ 本要件についての立証の程度は，相当の調査（後記(b)参照）が尽くされたことを前提として，「本籍を有するか否かが不明である」というレベルでよい。したがって，例えば，記憶喪失によって本籍がわからなくなってしまった者などについても，相当の調査を経た上で戸籍の記載を見つけることができない（故に上記①又は②の場合にあたるか否かも不明である）というのであれば，就籍の許可がなされることになろう。

＊ 転籍等により新戸籍が編製された際に，従前の戸籍に記載がされていた者についての記載を脱漏したというような場合は，本籍を有しないことにはならない（戸籍の訂正の手続によることになる。本章第10を参照）。

(b) 事実の調査　　家庭裁判所は，必要な事実の調査をし（家庭裁判所調査官に包括的に調査を命じることが多い），許可要件を満たしているか否かを判断することになる。

　事実の調査としては，提出された資料等を精査するほか（申立書に添付された書類だけでは判断に足りない場合には，資料の追加提出を求めることもある），学校や警察などに対して調査の嘱託をすることが行われている。

　判断に有用となる提出資料としては，申立人の住民票，申立人の写真，家族（として暮らしてきた者）の戸籍謄本（全部事項証明書）など（上記(a)(ロ)②の場合には，ほかに申立人が記載されていた戸籍謄本（全部事項証明書）や引揚証明書など）が考えられるが，就籍許可審判事件については，客観的な資料の収集が困難である場合も少なくない。そのような場合には，陳述書（生い立ちから現在に至るまでを時系列で説明したもの）や事情説明書（就籍を必要とするに至った事情や経緯を説明したもの）で補完することも重要になろう。

(4) 審判及び審判後の手続の流れ

(a) 審判の効力　　審判は，申立人に対して告知される（家手74条1項）。

　(イ) 就籍許可申立て却下審判　　申立人は，却下審判に対し，即時抗告をすることができる（家手231条3号）。

　(ロ) 就籍許可審判　　就籍許可の審判がなされた場合，誰も即時抗告をすることができないので（家手85条1項），申立人に対して告知された時点で審判の効力が生じる（家手74条2項本文）。

（b）　許可審判後の手続の流れ

　（イ）　就籍の届出　　申立人は，就籍の許可の日（審判が告知された日）から同日を含めて10日以内に，戸籍役場に就籍の届出をしなければならない（戸110条1項・43条1項）。この届出に際しては，審判書謄本を添付しなければならない（戸38条2項）。

　　　＊　審判の確定証明書は不要である（前記(a)(ロ)参照）。

　　　＊　裁判所書記官は，就籍許可審判が効力を生じた後，遅滞なく，就籍しようとする地の戸籍事務管掌者に対し，同審判の効力が生じた旨を通知をすることとされている（家手規119条1号）。これは就籍の届出がなされることを確保するためのものであり，届出がなされない場合には，戸籍事務管掌者が届出の催告等の手続をとることになる（戸44条）。

　（ロ）　戸籍への記載　　審判書に記載されている本籍及び氏に基づいて戸籍に記載がなされる。この場合，新しい戸籍が編製されることが多いが，父母が明らかとなっているときには，原則としてその父母の戸籍に記載がなされる。

（5）　他の手続との関係など

　（a）　就籍の定義　　就籍は，許可審判だけでなく判決（国籍存在確認判決や親子関係存在確認判決など）に基づいて行われることもある（戸111条）。そこで，就籍とは，ある者について日本国民でありながら本籍を有しないことを認定内容に含む裁判所の判断を経て，その者からの届出によって，その者を新しく戸籍に記載することをいうと定義することができる。

　（b）　就籍以外の手続（戸籍法4条については個別に記載しないこととする）　　戸籍にはすべての日本国民が記載されるべきものであり，帰化を除けば，通常は出生により原始的に戸籍に記載されることになる。しかし，何らかの理由により戸籍に記載されていない（又は戸籍に記載されているか否かが不明な）事態が生じうる。戸籍法は，そのような事態が判明した場合に対処するため，就籍のほかにも定めを置いている。

　（イ）　戸籍の職権記載（戸44条3項前段・24条2項）　　市区町村長が，届出義務者に対して催告をしても届出がない場合（又はそもそも催告をすることができない場合）に，監督法務局の長の許可を得て職権で戸籍の記載をすることをいう。出生の届出義務者が届出をしない場合や，出生の届出義務者が死亡等によりいない場合には，この手続がとられうる。

(ロ) 棄児発見（戸57条）　父母が不明で出生届がなされているか否かも判明しない子（棄児）が発見された旨の申出があった場合に，市区町村長が必要事項を調書に記載し（この調書は届書とみなされる），これに基づき新戸籍が編製されることをいう。

(c) 就籍の位置づけ　戸籍の職権記載や棄児発見においては，戸籍記載の可否の判断を行政機関限りで行えるのに対し，就籍においては，戸籍記載の可否の判断にあたって家庭裁判所の審判や判決も要求される。また，戸籍法は，「戸籍に記載がない者」（戸22条参照）に対してではなく，「本籍を有しない者」に対して，就籍の届出義務を課している。これらは，就籍が戸籍記載の最終手段的な制度として位置づけられていることの現れである。

それゆえ，同法の建前としては，戸籍に記載がない者については，就籍以外の手続の流れに乗った戸籍記載の可能性をまず探るべきであるということになる。

例えば，出生届がなされておらず，かつ，出生の届出義務者がいない場合で，出生証明書や母子手帳などの客観的資料が揃っており，いわゆる300日問題などにもあたらず，日本国民であることも明らかであるというようなケースにおいては，戸籍の職権記載の要件と就籍の要件のいずれも満たしうるが，戸籍の職権記載がまず検討されるべきであろう（就籍許可審判の申立てが許されないわけではないであろうが，戸籍の職権記載がされるのであればそのほうが簡便であろう）。

【渡邊　裕之】

624　第3編 各種審判手続の書式実例　第14章 戸籍法及び性同一性障害者の性別の取扱いの特例に関する法律に規定する審判事件

書式138　就籍許可審判申立書(1)──戸籍法110条1項による場合

受付印	家事審判申立書　事件名（　　　就籍許可　　　）
収入印紙　　800円 予納郵便切手　　　円 予納収入印紙　　　円	（この欄に申立手数料として1件について800円分の収入印紙を貼ってください。） 　　　　　　　　（貼った印紙に押印しないでください。） （注意）登記手数料としての収入印紙を納付する場合は，登記手数料としての収入印紙は貼らずにそのまま提出してください。

準口頭	関連事件番号　平成　　年（家　）第　　　　　　　　　　号

横浜　家庭裁判所 　　　　　　御中 平成 ○○ 年 ○○ 月 ○○ 日	申　立　人 （又は法定代理人など） の 記 名 押 印	甲 野 太 郎　　㊞

添付書類	（審理のために必要な場合は，追加書類の提出をお願いすることがあります。） 就籍を必要とする疎明資料

申立人

本　籍 （国　籍）	（戸籍の添付が必要とされていない申立ての場合は，記入する必要はありません。） 　　　都　道 　　　府　県
住　所	〒 ○○○ － ○○○○ 横浜市○○区○○町○丁目○番○号　　電話 ×××× （ ×× ） ×××× （　　　　　　方）
連絡先	〒　　　　　　　　　　　　　　　　　電話 （　　　　　　方）
フリガナ 氏　名	コウ ノ タ ロウ 甲 野 太 郎	大正 昭和 平成 ○○ 年 ○○ 月 ○○ 日 生 （　○○　歳）
職　業	会 社 員

※

本　籍 （国　籍）	（戸籍の添付が必要とされていない申立ての場合は，記入する必要はありません。） 　　　都　道 　　　府　県
住　所	〒　　　　　　　　　　　　　　　　　電話 （　　　　　　方）
連絡先	〒　　　　　　　　　　　　　　　　　電話 （　　　　　　方）
フリガナ 氏　名		大正 昭和 平成　　　年　　月　　日 生 （　　　歳）
職　業	

(注)　太枠の中だけ記入してください。
※の部分は，申立人，法定代理人，成年被後見人となるべき者，不在者，共同相続人，被相続人等の区別を記入してください。

申　立　て　の　趣　旨

　申立人が，本籍神奈川県横浜市○○区○○町○丁目○番地，父母の氏名不詳，父母との続柄
男，筆頭者甲野太郎，生年月日昭和○○年○月○日として就籍することを許可する
との審判を求める。

申　立　て　の　理　由

　申立人は，母から，申立人が生まれて間もない頃に父が亡くなったと聞かされていた。
その母も申立人が中学生の時に亡くなった。その後，申立人は，建築現場等の職場を転々とし
てきたが，今般，新たに決まった就職先から戸籍謄本の提出を求められたため，戸籍役場で申請
したところ，父母の戸籍には申立人についての記載がないことが判明した。戸籍から判明した母
の弟に事情を聞いたところ，「姉から夫の知り合いの子供を引き取って育てていると聞いたこと
があるような気がするが，昔のことであるし，疎遠だったので詳しい事情は知らない。」とのこ
とであった。その真偽のほどは定かではなく，仮に真実であったとしても申立人の戸籍があるの
かどうか手掛かりがない。
　よって，申立ての趣旨のとおりの審判を求める。

第9 就籍許可手続(2)——日本の領土でなくなった場合

解　説

(1)　手続の流れ

本章第8「就籍許可手続(1)」を参照。

(2)　意　義

本籍は日本の領土内に定めることから（戸6条参照），ある地域が日本の領土でなくなった場合，当該地域に本籍を定めていた者は，本籍を有しないことになる。現時点でこれにあたるのは，樺太や千島に本籍を有していた者である。

【渡邊　裕之】

626 第3編 各種審判手続の書式実例 第14章 戸籍法及び性同一性障害者の性別の取扱いの特例に関する法律に規定する審判事件

書式139 就籍許可審判申立書(2)——日本の領土でなくなった場合

受付印	家事審判申立書　事件名（　　　就籍許可　　　）

収入印紙　　　800円	（この欄に申立手数料として1件について800円分の収入印紙を貼ってください。）
予納郵便切手　　　円	（貼った印紙に押印しないでください。）
予納収入印紙　　　円	（注意）登記手数料としての収入印紙を納付する場合は，登記手数料としての収入印紙は貼らずにそのまま提出してください。

| 準口頭 | | 関連事件番号　平成　　　年（家　　）第　　　　　号 |

東　京　家庭裁判所　御中 平成　○○ 年 ○○ 月 ○○ 日	申　立　人 （又は法定代理人など） の 記 名 押 印	甲　野　花　子　　㊞

添付書類	（審理のために必要な場合は，追加書類の提出をお願いすることがあります。） 就籍を必要とする疎明資料

申 立 人	本　籍 （国　籍）	（戸籍の添付が必要とされていない申立ての場合は，記入する必要はありません。） 都道府県
	住　所	〒 ○○○ － ○○○○ 東京都○○区○○町○丁目○番○号 　電話 03 （×××× ） ×××× （　　　　　　方）
	連絡先	〒　　－ 　電話 （　　　　　　方）
	フリガナ 氏　名	コウ ノ ハナ コ 甲　野　花　子	大正 昭和 平成 ○○年○○月○○日 生 （　　○○　　歳）
	職　業	無　職

※	本　籍 （国　籍）	（戸籍の添付が必要とされていない申立ての場合は，記入する必要はありません。） 都道府県
	住　所	〒　　－ 　電話 （　　　　　　方）
	連絡先	〒　　－ 　電話 （　　　　　　方）
	フリガナ 氏　名	大正 昭和 平成 年　月　日 生 （　　　　歳）
	職　業	

(注)　太枠の中だけ記入してください。
　　※の部分は，申立人，法定代理人，成年被後見人となるべき者，不在者，共同相続人，被相続人等の区別を記入してください。

申　立　て　の　趣　旨
申立人が，本籍東京都中央区○○町○丁目○番，父の氏名甲野一郎，母の氏名甲野梅子，父母との続柄長女，筆頭者甲野花子，生年月日昭和○○年○月○日として就籍することを許可するとの審判を求める。

申　立　て　の　理　由
申立人は，第二次世界大戦中に旧樺太で生まれ，申立人の父母と共に樺太の「○○○」に本籍を有していたが，同地が日本の領土でなくなった関係で，現在，本籍を有していない。 　申立人は，上記大戦中に東京に出た後，各地を転々としてきた。申立人の父母はいずれも戦争で亡くなっており，転籍もしていなかったため，新しく日本国内に本籍を定める必要がある。 　よって，申立ての趣旨のとおりの審判を求める。

第10 戸籍訂正の許可手続(1)——戸籍の記載に錯誤・遺漏がある場合

解 説

(1) 根拠条文

戸籍の記載が法律上許されないものであること又はその記載に錯誤若しくは遺漏があることを発見した場合には，利害関係人は，家庭裁判所の許可を得て，戸籍の訂正を申請することができる（戸113条）。この家庭裁判所の許可（戸籍訂正許可）は，審判の方式によりなされる（家手39条・別表第1の124項）。

(2) 戸籍訂正許可審判の申立て

(a) 申立権者（戸113条，家手227条・118条）

(イ) 利害関係人 当該戸籍の記載につき身分上又は財産上の利害関係を有する者をいう。

(ロ) 手続行為能力の制限についての特則 一般的に手続行為能力の制限を受けている者であっても，意思能力を有していれば，自ら有効に手続行為をすることができる。

(b) 管轄裁判所（家手226条3号） 訂正しようとする戸籍がある地を管轄する家庭裁判所。ただし，審理の便宜上，申立人の住所地を管轄する家庭裁判所が自庁処理の決定をすること（家手9条1項ただし書），逆に，訂正しようとする戸籍がある地を管轄する家庭裁判所が申立人の住所地を管轄する家庭裁判所に移送すること（家手9条2項2号）もありうる。

(c) 手続費用（民訴費3条1項・別表第1の15項）

(イ) 収入印紙 800円（件数については，戸籍を訂正される者ごとに1件とされるが，その者が2人以上いても訂正原因が共通であれば1件とされる）。

(ロ) 予納郵便切手 1500円から3000円程度（追納が必要な場合もある）。
予納額や内訳は家庭裁判所により異なるが，例えば，500円を2枚，82円を10枚，50円を1枚，10円を5枚，2円を10枚，1円を5枚で合計1945円など。

(d) 添付書類 訂正しようとする戸籍謄本（全部事項証明書），申立人の利害関係を明らかにする資料など（後記(3)(c)も参照）。

(3) 戸籍訂正許可審判の審理手続

(a) 事件係属の通知 戸籍法113条による戸籍訂正の許可の審判手続は，

必ずしも届出人又は届出事件本人が申立人となるわけではない。そこで，それらの者に対する手続保障の観点から，家庭裁判所は，申立てが不適法である場合又は申立てに理由がないことが明らかである場合を除き，それらの者に対して事件が係属した旨を通知しなければならないこととされている（家手228条本文）。ただし，当該通知がされるのは，事件の記録上，それらの者の氏名，住居所が判明している場合に限られる（家手228条ただし書）。

> ＊　通知を受けた者が手続に関与したい場合には，当事者参加の申出（家手41条1項）又は利害関係参加の許可の申立て（家手42条2項）によることになる。

(b)　戸籍訂正許可の要件

次の(イ)又は(ロ)若しくは(ハ)にあたることである。

> ＊　ただし，いずれかにあたるとしても，創設的届出に無効事由がある場合については，戸籍法113条の特則である同法114条に基づく訂正の対象となる（本章第11を参照）。

(イ)　戸籍の記載が法律上許されないものであること　　例えば，無権限者がした記載，外国人等戸籍に記載され得ない者に関する記載，戸籍記載事項でない記載，届出義務者でない者の届出に基づく記載，偽造・変造の申出に基づく記載などがこれにあたる。

(ロ)　戸籍の記載に錯誤があること　　錯誤があるとは，戸籍の記載の全部又は一部が真実に合致していない場合をいう。

例えば，出生年月日・性別・続柄等が真実と相違して記載されている場合，夫の氏を称するつもりであったが誤って妻の氏を称する婚姻の届出がなされてそのとおり記載された場合，外国人配偶者の氏名表記に誤りがある場合などがこれにあたる。

(ハ)　戸籍の記載に遺漏があること　　遺漏があるとは，戸籍に記載すべき事項の一部が脱漏している場合をいう。

例えば，生年月日，性別，続柄，死亡の事実，婚姻による除籍の事実，従前の戸籍から移記すべき事項，転籍等に伴い新戸籍に随従入籍すべき同籍者などについての記載が抜けている場合がこれにあたる。

> ＊　届出がなされ受理されたにもかかわらず戸籍に記載すべき事項の全部について記載が漏れている場合は，戸籍の訂正ではなく，戸籍の職権記載（直接の規定はないが，戸籍法44条3項前段，同法24条2項，同法24条1項ただし書が準用される）によるべきこととなる（さらに，届出の有無等についての不明の度合いによ

第10　戸籍訂正の許可手続(1)——戸籍の記載に錯誤・遺漏がある場合　　*629*

っては就籍の問題ともなりうる）。

(c)　事実の調査　　家庭裁判所は，必要な事実の調査をし，許可要件を満たしているか否かを判断することになる。

訂正許可要件に該当する事由が多岐にわたるため個別の事案によって異なるが，判断に有用となる提出資料としては，従前の戸籍謄本（改製原戸籍謄本，除籍謄本など）や事情説明書（戸籍の訂正を必要とするに至った事情や経緯を説明したもの）のほか，戸籍役場からの通知書などが考えられる。

(4)　審判及び審判後の手続の流れ

(a)　審判の効力　　審判は，申立人に対して告知される（家手74条1項）。

(イ)　戸籍訂正許可申立て却下審判　　申立人は，却下審判に対し，即時抗告をすることができる（家手231条5号）。

(ロ)　戸籍訂正許可審判　　戸籍訂正許可の審判がなされた場合，利害関係人（申立人を除く）は，即時抗告をすることができる（家手231条4号）。即時抗告期間については，当該利害関係人が手続に参加している場合には同人が審判の告知を受けた日から，それ以外の場合には申立人に審判が告知された日から，2週間である（家手86条1項及び2項）。

(b)　許可審判確定後の手続の流れ

(イ)　申　請　　戸籍訂正許可審判が確定したときは，申立人は，審判確定日から同日を含めて1ヵ月以内に，審判書謄本を添付して，戸籍役場に戸籍の訂正を申請しなければならない（戸115条・117条・43条1項）。この申請に際しては，審判の確定証明書を添付することも必要である。

＊　許可審判が確定した場合には，戸籍訂正の申請が義務化される。

＊　審判の確定証明書については，裁判所書記官に対して交付の申請をする（家手47条6項，家手規49条1項）。証明事項1件ごとに収入印紙150円が必要となる（民訴費7条・別表第2の3項）。

＊　裁判所書記官は，戸籍訂正許可審判が確定した後，遅滞なく，その戸籍のある地の戸籍事務管掌者に対し，同審判の効力が生じた旨を通知をすることとされている（家手規119条2号）。これは戸籍の訂正の申請がなされることを確保するためのものであり，申請がなされない場合には，戸籍事務管掌者が申請の催告等の手続をとることになる（戸117条・44条）。

(ロ)　戸籍の訂正　　審判書に記載されている内容に基づいて戸籍の訂正がなされる。

(5) 他の手続との関係など

(a) 戸籍の訂正手続の種類　　戸籍の訂正手続についてはいくつか定めがあり，次のとおりである。

① 戸籍法113条に基づき，家庭裁判所の戸籍訂正許可を得て行うもの

② 戸籍法114条に基づき，家庭裁判所の戸籍訂正許可を得て行うもの（本章第11を参照）

③ 戸籍法116条に基づき，裁判所の確定判決を得て行うもの

④ 戸籍法59条に基づき，棄児を引き取って出生届をした後に行うもの

⑤ 戸籍法24条2項に基づき，監督法務局の長の許可を得て行うもの（事前包括許可によるものを含む）

これらのうち，①から④までが申請による訂正，⑤が職権による訂正である。

(b) 職権による訂正について

(イ) 関係条文（戸籍法4条については個別に記載しないこととする）　　市区町村長は，戸籍の記載が法律上許されないものであること又はその記載に錯誤若しくは遺漏があることを発見した場合には，遅滞なく，届出人又は届出事件本人にその旨を通知しなければならない（戸24条1項本文）。ただし，その錯誤又は遺漏が市区町村長の過誤によるものであるときは，通知をしなくてよい（戸24条1項ただし書）。

市区町村長は，戸籍法24条1項本文の通知をすることができない場合又はその通知をしても戸籍訂正の申請をする者がない場合，監督法務局の長の許可を得て，戸籍の訂正をすることができる（戸24条2項前段）。また，市区町村長は，戸籍の記載の錯誤又は遺漏が市区町村長の過誤によるものである場合（戸籍法24条1項ただし書の場合），監督法務局の長の許可を得て，戸籍の訂正をすることができる（戸24条2項後段）。

(ロ) 説　明　　条文の構造としては，戸籍の訂正は，①戸籍の記載の錯誤又は遺漏が市区町村長の過誤によるものである場合には，職権によって行われるが，②それ以外の場合には，原則として申請によって行われ，例外的に職権によって行われるということになる。

ところで，訂正すべき戸籍の記載の存在を利害関係人が知るに至る過程は様々であり，必ずしも市区町村長からの通知によって知るわけではない（市区町村長から通知がされるのは，「届出人」又は「届出事件の本人」であり，「利害関係

人」にはそれらの者以外も含まれる。前記(3)(a)も参照）。

そこで，例えば，届出人が市区町村長からの通知によらずに訂正すべき戸籍の記載の存在を知った場合で，適式に届出をした記憶があるというようなケースにおいては，職権による訂正の可能性も検討すべきであろう（戸籍訂正許可審判の申立てをすることもできるが，職権による訂正がされるのであればそのほうが簡便であろう）。

【渡邊　裕之】

632　第3編　各種審判手続の書式実例　第14章　戸籍法及び性同一性障害者の性別の取扱いの特例に関する法律に規定する審判事件

書式140　戸籍訂正許可審判申立書(1)——戸籍の記載に錯誤がある場合

	受付印		家事審判申立書　事件名（　　戸籍訂正許可　　）

収入印紙　　　　800 円	（この欄に申立手数料として1件について800円分の収入印紙を貼ってください。）
予納郵便切手　　　　円	（貼った印紙に押印しないでください。）
予納収入印紙　　　　円	（注意）登記手数料としての収入印紙を納付する場合は，登記手数料としての収入印紙は貼らずにそのまま提出してください。

準口頭	関連事件番号　平成　　　年（家　　）第　　　　　　　　　　号

横　浜　家庭裁判所 御中 平成　○○年　○○月　○○日	申　立　人 （又は法定代理人など） の　記　名　押　印	甲　野　太　郎　　　　　㊞

添付書類	（審理のために必要な場合は，追加書類の提出をお願いすることがあります。） 申立人の戸籍謄本（全部事項証明書），出生証明書，上申書

申 立 人	本　籍 （国　籍）	（戸籍の添付が必要とされていない申立ての場合は，記入する必要はありません。） 神奈川　都道府県　横浜市○○区○○町○丁目○番地
	住　所	〒○○○－○○○○ 横浜市○○区○○町○丁目○番○号　　電話 携帯×××（××××）×××× （　　　　　　方）
	連絡先	〒　　　－ 電話　　（　　　） （　　　　　　方）
	フリガナ 氏　名	コウノ　タロウ 甲　野　太　郎　　　　大正・昭和・平成　○○年○○月○○日 生（　○○　歳）
	職　業	会　社　員
※	本　籍 （国　籍）	（戸籍の添付が必要とされていない申立ての場合は，記入する必要はありません。） 都道府県
	住　所	〒　　　－ 電話　　（　　　） （　　　　　　方）
	連絡先	〒 電話　　（　　　） （　　　　　　方）
	フリガナ 氏　名	大正・昭和・平成　　　年　　　月　　　日 生（　　　歳）
	職　業	

（注）　太枠の中だけ記入してください。

※の部分は，申立人，法定代理人，成年被後見人となるべき者，不在者，共同相続人，被相続人等の区別を記入してください。

申　　立　　て　　の　　趣　　旨
本籍神奈川県横浜市○○区○○町○番筆頭者甲野太郎の戸籍において，長男一郎の出生日につき「平○○年6月5日」とあるのを「平成○○年6月6日」と訂正することを許可するとの審判を求める。

申　　立　　て　　の　　理　　由
申立人と妻花子との間の長男一郎は，平成○○年6月6日，が出生した。しかし，申立人は，産院の医師から交付を受けた出生証明書の出生日に「平成○○年6月5日」と記載されていたことから，届出書に同日を出生日として記載して提出してしまい，長男の出生日が真実と異なって戸籍に記載されている。申立人は，勤務先に提出するために戸籍記載事項証明書の交付を受けた際，同証明書を見た妻の指摘で初めて戸籍の記載が誤りであることに気が付いた。 　なお，上記産院の医師からは，新たに正しい出生日を記載した出生証明書及び前に誤記があった旨の上申書の交付を受けた。 　よって，申立ての趣旨のとおりの審判を求める。

第10　戸籍訂正の許可手続(1)──戸籍の記載に錯誤・遺漏がある場合　　633

書式141　戸籍訂正許可審判申立書(2)──外国人配偶者の氏名記載に錯誤がある場合

	受付印

家事審判申立書　事件名（　　戸籍訂正許可　　）

収入印紙　　　800　円
予納郵便切手　　　　円
予納収入印紙　　　　円

（この欄に申立手数料として1件について800円分の収入印紙を貼ってください。）

（貼った印紙に押印しないでください。）

（注意）登記手数料としての収入印紙を納付する場合は，登記手数料としての収入印紙は貼らずにそのまま提出してください。

準口頭		関連事件番号　平成　　　年（家　　）第　　　　号

横浜　家庭裁判所 御中 平成　○○年　○○月　○○日	申立人 （又は法定代理人など） の記名押印	甲野太郎　　㊞

添付書類	（審理のために必要な場合は，追加書類の提出をお願いすることがあります。） 申立人の戸籍謄本（全部事項証明書），除籍謄本，婚姻証明書

申 立 人	本　籍 （国　籍）	（戸籍の添付が必要とされていない申立ての場合は，記入する必要はありません。） 神奈川　都道府県　横浜市○○区○○町○丁目○番地	
	住　所	〒○○○-○○○○ 横浜市○○区○○町○丁目○番○号	電話 携帯×××（××××）×××× （　　　　　　方）
	連絡先	〒　　-	電話　　（　　　） （　　　　　　方）
	フリガナ 氏　名	コウノ　タロウ 甲野太郎	大正・昭和・平成　○○年○月○○日生 （　○○　歳）
	職　業	会社員	

※	本　籍 （国　籍）	（戸籍の添付が必要とされていない申立ての場合は，記入する必要はありません。） 都道府県	
	住　所	〒　　-	電話　　（　　　） （　　　　　　方）
	連絡先	〒　　-	電話　　（　　　） （　　　　　　方）
	フリガナ 氏　名		大正・昭和・平成　年　月　日生 （　　　歳）
	職　業		

（注）　太枠の中だけ記入してください。

※の部分は，申立人，法定代理人，成年後見人となるべき者，不在者，共同相続人，被相続人等の区別を記入してください。

申　立　て　の　趣　旨

　①本籍神奈川県横浜市○○区○○町○番地筆頭者甲野太郎の戸籍において，夫太郎の婚姻事項の配偶者氏名につき，②神奈川県鎌倉市○○町○丁目○番地甲野一郎の戸籍において，長男太郎の婚姻事項の配偶者氏名につき，「ジェームス・マリー」とあるのを「ジェイムズ・メアリー」とそれぞれ訂正することを許可する

　との審判を求める。

申　立　て　の　理　由

　申立人は，平成○○年○月○日に米国籍のジェイムズ・メアリー（James.Marie）と婚姻したが，婚姻届出の際，妻の氏名表記を「ジェームス・マリー」と記載したため，申立人の身分事項欄にそのまま記載された。しかし，妻の氏名の正しい表記は「ジェイムズ・メアリー」であり，妻からも正しい表記に訂正してほしいと求められている。

　よって，申立ての趣旨のとおりの審判を求める。

634　第3編 各種審判手続の書式実例　第14章 戸籍法及び性同一性障害者の性別の取扱いの特例に関する法律に規定する審判事件

書式142　戸籍訂正許可審判申立書(3)——戸籍の記載に遺漏がある場合

受付印	家事審判申立書　事件名（　　　戸籍訂正許可　　　）

収入印紙　　　　800 円	（この欄に申立手数料として1件について800円分の収入印紙を貼ってください。）
予納郵便切手　　　　円	（貼った印紙に押印しないでください。）
予納収入印紙　　　　円	（注意）登記手数料としての収入印紙を納付する場合は，登記手数料としての収入印紙は貼らずにそのまま提出してください。

準口頭	関連事件番号　平成　　　年（家　　）第　　　　　　　　　　　号

横浜　　家庭裁判所 御中 平成　○○年　○○月　○○日	申　立　人 （又は法定代理人など） の 記 名 押 印	甲　野　太　郎　　　㊞

添付書類	（審理のために必要な場合は，追加書類の提出をお願いすることがあります。） 申立人の除籍謄本（全部事項証明書），出生届記載事項証明書，母子手帳

申 立 人	本　籍 (国　籍)	（戸籍の添付が必要とされていない申立ての場合は，記入する必要はありません。） 神奈川　都道府県　横浜市○○区○○町○丁目○番地
	住　所	〒○○○-○○○○　横浜市○○区○○町○丁目○番○号　電話携帯×××（××××）×××× （　　　　　方）
	連絡先	〒　　-　　　　　　　　　　電話（　　　　　）（　　　　　方）
	フリガナ 氏　名	コウノ タロウ 甲　野　太　郎	大正昭和平成 ○○年○○月○○日生 （　○○　歳）
	職　業	会　社　員

※	本　籍 (国　籍)	（戸籍の添付が必要とされていない申立ての場合は，記入する必要はありません。） 都道府県
	住　所	〒　　-　　　　　　　　　　電話（　　　　　）（　　　　　方）
	連絡先	〒　　-　　　　　　　　　　電話（　　　　　）（　　　　　方）
	フリガナ 氏　名		大正昭和平成 年 月 日生 （　　　歳）
	職　業	

(注)　太枠の中だけ記入してください。
　※の部分は，申立人，法定代理人，成年被後見人となるべき者，不在者，共同相続人，被相続人等の区別を記入してください。

申　立　て　の　趣　旨
本籍神奈川県横浜市○○区○丁目○番地筆頭者甲野太郎の戸籍において，長女英子の身分事項欄に「平成○○年○月○日神奈川県横浜市で出生同日父届出入籍」と記載することを許可するとの審判を求める。

申　立　て　の　理　由
申立人は，平成○年○月○日，乙山花子と婚姻し，平成○○年12月8日，長女英子が横浜市内の△△医院において出生した。最近，機会があって戸籍を見ていたら，長女の出生に関する事項の記載がないことに気が付いた。出生届をした当時のことを思い出してみたところ，何らかの不備があって追完することにして受理してもらったようだに記憶しているが，多忙であったためそのままにしてしまっていた。出生届記載事項証明書を法務局から取り寄せたところ，届出の日は出生日であったが，医師の記入する欄のうち出生年月日や出生場所について記載がされていなかった。上記△△医院は既に廃業しているようで，医師の所在もわからない。 　なお，母子手帳には，長女の出生の事実が記載されている。 　よって，申立ての趣旨のとおりの審判を求める。

第11　戸籍訂正の許可手続(2)——創設的届出が無効な場合　　*635*

第11　戸籍訂正の許可手続(2)——創設的届出が無効な場合

解　説

(1)　根拠条文

　届出によって効力を生ずべき行為について戸籍の記載をした後に，その行為が無効であることを発見したときは，届出人又は届出事件の本人は，家庭裁判所の許可を得て，戸籍の訂正を申請することができる（戸114条）。この家庭裁判所の許可（戸籍訂正許可）は，審判の方式によりなされる（家手39条・別表第1の124項）。

(2)　戸籍訂正許可審判の申立て

(a)　申立権者（戸114条，家手227条・118条）

　(イ)　届出人又は届出事件の本人　　戸籍法113条の場合と異なり，届出人又は届出事件の本人以外の利害関係人は申立人となることができない。

　　＊　そのような利害関係人による手続参加は，利害関係参加（家手42条2項）に限られることになる。

　(ロ)　手続行為能力の制限についての特則　　一般的に手続行為能力の制限を受けている者であっても，意思能力を有していれば，自ら有効に手続行為をすることができる。

(b)　管轄裁判所及び手続費用　　本章第10「戸籍訂正の許可手続(1)」を参照。

(c)　添付書類　　訂正しようとする戸籍謄本（全部事項証明書），無効事由を証する資料など（後記(3)(b)も参照）。

(3)　戸籍訂正許可審判の審理手続

(a)　戸籍訂正許可の要件

　(イ)　届出によって効力を生ずべき行為（創設的届出に係る行為）であること　　具体例としては，婚姻，養子縁組，協議離婚，協議離縁，親権者の指定などの届出の受理によって実体法上の効力が生じるものや，入籍，分籍，転籍など戸籍法上の効力が生じるものがある。

　(ロ)　上記(イ)の行為につき無効事由があること　　無効であるとは，行為の当初から効力が生じないため，何人から何人に対しても当然にこれを主張できる場合をいう。

　取り消しうるにすぎない場合はこれに該当しない。

具体例としては，婚姻や養子縁組の当事者に人違いがあった場合，婚姻当事者の一方が死亡した後に婚姻届がなされた場合，代諾権のない者の代諾に基づき養子縁組がなされた（追認もなされていない）場合などがある。

＊　行為がそもそも不存在であるのに戸籍に記載がされている場合には，行為に無効事由があるわけではないため，戸籍法113条の訂正の対象となる。

＊　客観的に無効であることが戸籍上明らかでない場合や，それが明らかであっても親族，相続法上重大な影響を及ぼす場合には，原則として実体関係を裁判で確定させた上で同法116条によって訂正すべきであると考えられている。

(b)　事実の調査　　家庭裁判所は，必要な事実の調査をし，許可要件を満たしているか否かを判断することになる。

判断に有用となる提出資料としては，従前の戸籍謄本（改製原戸籍謄本，除籍謄本など）や事情説明書（戸籍の訂正を必要とするに至った事情や経緯を説明したもの）のほか，戸籍役場からの通知書などが考えられる。

(4)　審判及び審判後の手続の流れ

本章第10「戸籍訂正の許可手続(1)」を参照。

(5)　他の手続との関係など

戸籍法114条は，同法113条が対象とする事項のうち，創設的届出に無効事由がある場合についての特則であるから，要件を満たす限り，職権による訂正（戸24条2項）の対象となりうる（本章第10「戸籍訂正の許可手続(1)」も参照）。

【渡邊　裕之】

第11　戸籍訂正の許可手続(2)——創設的届出が無効な場合　　*637*

書式143　戸籍訂正許可審判申立書(4)——創設的届出が無効な場合

受付印	**家事審判申立書**　事件名（　　戸籍訂正許可　　）

収入印紙　　　　800　円	（この欄に申立手数料として1件について800円分の収入印紙を貼ってください。）
予納郵便切手　　　　　円	（貼った印紙に押印しないでください。）
予納収入印紙　　　　　円	（注意）登記手数料としての収入印紙を納付する場合は，登記手数料としての収入印紙は貼らずにそのまま提出してください。

準口頭	関連事件番号　平成　　　年（家）第　　　　　　　号

東　京　　家庭裁判所 御中 平成　○○年　○○月　○○日	申　立　人 （又は法定代理人など） の　記名押印	甲　野　花　子　　　㊞

添付書類	（審理のために必要な場合は，追加書類の提出をお願いすることがあります。） 訂正を必要とする疎明資料（戸籍謄本，除籍謄本等）

申 立 人	本　籍 （国　籍）	（戸籍の添付が必要とされていない申立ての場合は，記入する必要はありません。） 東京　　㊞道府県　　○○区○○町○丁目○番地	
	住　所	〒○○○－○○○○ 東京都○○区○○町○丁目○番地	電話　03（××××）×××× （　　　　　　　　方）
	連絡先	〒　　　－	電話　　　（　　　） （　　　　　　　　方）
	フリガナ 氏　名	コウノ　ハナコ 甲　野　花　子	大正 ㊞昭和 ○○年○○月○○日 生 平成 （　　○○　　歳）
	職　業	会　社　員	

※	本　籍 （国　籍）	（戸籍の添付が必要とされていない申立ての場合は，記入する必要はありません。） 　　　　　都道府県	
	住　所	〒　　　－	電話　　　（　　　） （　　　　　　　　方）
	連絡先	〒　　　－	電話　　　（　　　） （　　　　　　　　方）
	フリガナ 氏　名		大正 昭和 　　年　　月　　日 生 平成 （　　　　歳）
	職　業		

（注）太枠の中だけ記入してください。
※の部分は，申立人，法定代理人，成年被後見人となるべき者，不在者，共同相続人，被相続人等の区別を記入してください。

申　立　て　の　趣　旨
①本籍東京都○○区○○町○丁目○番筆頭者甲野花子の戸籍を全部消除する。②本籍東京都○○区○○町○丁目○番筆頭者甲野一郎の戸籍において，長女甲野花子の身分事項欄の婚姻事項を削除して同人の戸籍を回復する。③本籍東京都△△区△△町△丁目△番筆頭者乙野太郎の戸籍において，三男三郎の身分事項欄の婚姻事項を削除して同人の戸籍を回復するとの各訂正を許可する との審判を求める。

申　立　て　の　理　由
申立人は，平成○○年11月22日，東京都○○区長に対し，乙野三郎との婚姻届出をしたが，届出の前日である平成○○年11月21日，乙野三郎は，交通事故により死亡していた。申立人は，乙野三郎が記載した婚姻届出書を預かり，証人の署名押印を得た上で，この届出をしたものであるが，届出の際には同人の死亡の事実を知らなかった。届出は，届出日と同日の平成○○年11月22日に受理され，戸籍に記載がされたが，無効なものである。 　よって，申立ての趣旨のとおりの審判を求める。

第12 戸籍事件についての市町村長の処分に対する不服に関する手続

解 説

(1) 制度の趣旨

(a) はじめに 戸籍法124条に規定する請求を除く戸籍事件について市町村長の処分を不当とする者は，家庭裁判所に不服の申立てができる（戸121条・4条）。この不服申立ては，家事事件手続法別表第1（125項）に掲げる審判事項である。

(b) 不服申立ての対象となる市町村長の処分 不服申立ての対象となる市町村長の処分とは，戸籍事件についてした市町村長の違法処分で，行政不服審査や行政訴訟の対象とされない届出や申請の不受理又は受理についてである。

市町村長には，都の区長，政令指定都市の区長（戸4条）や職務代理者も含まれ，外国に駐在する日本の大使・領事の処分に対する不服申立ても戸籍法121条が類推適用される。上記のとおり区長も含むため，以下の説明において市（区）町村長と表記する。

(c) 本手続の対象とならない市（区）町村長の処分 単なる書類の保存整理のような処分性のない事務や，保存期間経過による廃棄処分後の焼却以前の除かれた戸籍に関する行政証明，住民基本台帳法に基づく住民票や戸籍附票や除票についての事務などは，戸籍法121条による処分行為ではない。

戸籍や除籍の謄抄本や記載事項証明書，磁気ディスクの記録事項証明書の交付請求書，市（区）町村長に受理された書類の閲覧請求や受理又は不受理の証明書の請求などについて市（区）町村長がした処分についても戸籍法121条による不服申立てに該当しない。これらに対し不服がある者は，戸籍法124条により市役所（区役所）又は町村役場の所在地を管轄する法務局又は地方法務局の長に審査請求をすることができる。そして，その審査請求の採決にも不服がある場合には，処分取消しの行政訴訟の訴えをすることになる。

また，法定の要件を欠いているため受理すべきでない場合に受理し，そのため戸籍の記載がなされた場合は，本手続の不服申立ての対象ではなく，戸籍訂正の手続によるべきものである。

(d) 申立手続能力 未成年者等手続行為能力の制限を受けている者であ

っても，当該市（区）町村長の処分を受けた届出その他の行為を自らすることができる者に限っては，意思能力を有する場合は法定代理人によらずに自ら有効に手続行為をすることができる（家手227条・118条）。

(2) 申立手続

(a) 申立権者 戸籍事件について市（区）町村長の処分を不当とする者（戸121条・4条）。

(b) 管轄裁判所 市役所（戸籍法4条に準用する同法121条の規定による場合にあっては区役所）又は町村役場の所在地を管轄する家庭裁判所（家手226条4号）。

(c) 申立手続費用 以下の費用が考えられる。

(イ) 収入印紙 800円（民訴費3条1項・別表第1の15項）。

(ロ) 予納郵便切手 1500円～3000円程度（各家庭裁判所の取扱いにより異なる）。

(d) 添付書類

(イ) 事件の関係人の戸籍謄本（全部事項証明書），当該届出の受理又は不受理証明書等。

(ロ) 処分を不服とする理由を証する資料がある場合，その資料。

(3) 審判手続

(a) 家庭裁判所の審理

(イ) 家庭裁判所は，不服の申立てを受けたときは，どのような審判をするかにかかわらず，当該市町村長（特別区の区長を含むものとし，地方自治法252条の19第1項の指定都市にあっては区長又は総合区長とする）の意見を聴かなければならない（家手229条2項）。

(ロ) 家庭裁判所は，市（区）町村長の処分が違法又は不当でないかを審理し，申立てに理由があるときは，当該市（区）町村長に相当な処分を命ずる審判をする（家手230条2項）。

(b) 審判の告知 認容，却下ともに申立人及び利害関係参加人，当該市（区）町村長に対して告知される（家手74条2項・230条1項）。

(c) 即時抗告 市（区）町村長に対して処分を命ずる審判については，当該市（区）町村長が（家手231条6号），市（区）町村長の処分に対する不服申立てを却下する審判については，申立人が即時抗告をすることができる（家手231条7項）。即時抗告期間は告知から2週間以内である（家手86条1項）。

(4) 審判後の手続

市（区）町村長の処分に対する不服申立てを理由があると認める審判が確定したときは，当該市（区）町村長は家庭裁判所に命じられた処分をすることになる。例えば，届出等を受理すべき旨を命ずる審判であれば，直ちに受理の手続をとらなければならない。

【石井　久美子】

第12　戸籍事件についての市町村長の処分に対する不服に関する手続　　*641*

書式144　市町村長の処分に対する不服に関する審判申立書

受付印	家事審判申立書　事件名（ 市町村長の処分に対する不服申立 ）
	（この欄に申立手数料として1件について800円分の収入印紙を貼ってください。）

収入印紙	800 円
予納郵便切手	円
予納収入印紙	円

（貼った印紙に押印しないでください。）
（注意）登記手数料としての収入印紙を納付する場合は、登記手数料としての収入印紙は貼らずにそのまま提出してください。

準口頭	関連事件番号　平成　　年（家　　）第　　　　　　　号

横浜　家庭裁判所　御中 平成　〇〇年　〇〇月　〇〇日	申立人 （又は法定代理人など） の記名押印	甲野太郎　　㊞

添付書類	（審理のために必要な場合は、追加書類の提出をお願いすることがあります。） 申立人の戸籍謄本（全部事項証明書）　1通 出生届（写し）1通　　不受理証明書　1通

申立人	本籍 （国籍）	（戸籍の添付が必要とされていない申立ての場合は、記入する必要はありません。） 神奈川　都道府㊣　鎌倉市〇〇町〇丁目〇番地	
	住所	〒〇〇〇-〇〇〇〇　神奈川県鎌倉市〇〇町〇丁目〇番〇号	電話　×××（×××）×××× （　　　　　　　　方）
	連絡先	〒　　-	電話　　（　　　） （　　　　　　　　方）
	フリガナ 氏名	コウノ　タロウ 甲野太郎	大正 昭和 平成　〇〇年〇〇月〇〇日生 （　28　歳）
	職業	会社員	

※	本籍 （国籍）	（戸籍の添付が必要とされていない申立ての場合は、記入する必要はありません。） 都道府県	
	住所	〒　　-	電話　　（　　　） （　　　　　　　　方）
	連絡先	〒　　-	電話　　（　　　） （　　　　　　　　方）
	フリガナ 氏名		大正 昭和 平成　　年　　月　　日生 （　　　歳）
	職業		

（注）　太枠の中だけ記入してください。
※の部分は、申立人、法定代理人、成年被後見人となるべき者、不在者、共同相続人、被相続人等の区別を記入してください。

申立ての趣旨

　〇〇市長に対し、平成〇〇年〇〇月〇〇日申立人がした長女△子の出生届出を受理すべきことを命ずるとの審判を求める。

申立ての理由

1　申立人は、平成〇〇年〇〇月〇〇日、〇〇市長に対し、長女の名を△子と定めてその出生の届出書を提出したが、名の字△は子の名に使用できる漢字に該当しないことを理由に、同日、届出書の受理を拒絶された。

2　確かに、△の字は法務省令に定める子の名に使用できる漢字に該当しないとされているが、しかし△は新聞紙上をはじめ日常使用される頻度も少なくなく、戸籍法50条1項の趣旨からしても名の字として使用することが不合理とはいえない。申立人は妻とともに熟慮の末に長女の名を決め、この名を使用させることが長女のためにも望ましいと確信しており、〇〇市長の不受理処分には不服がある。

3　よって、申立ての趣旨のとおりの審判を求める。

第13　性別の取扱いの変更許可手続

解　説

(1)　制度の趣旨

(a)　はじめに　　性同一性障害者が，自己の生物学的な性別を，他の性別に戸籍上の取扱いを変更するように求める手続で（性同一性障害3条），この申立ては家事事件手続法別表第1（126項）の審判事項である（家手232条）。

　人の法的な性別は，基本的には生物学的な性別によって決められているが，「性同一性障害者の性別の取扱いの特例に関する法律」（以下「法」という）により，性同一性障害者であって一定の要件を満たすものについては，家庭裁判所の審判により，その法令上の性別の取扱いについて，心理的性別である他の性別に変わったものとみなすこととした（法4条1項）。

(b)　性同一性障害者の定義　　性同一性障害者とは，生物学的には性別が明らかであるにもかかわらず，心理的にはそれとは別の性別であると，本人が持続的な確信をもち，かつ，自己の身体的及び社会的に他の性別に適合させようとする意思をもつ者である（法2条）。すなわち，自分は他の性である（例えば性別は，女性であるが男性である）との意識を，一時的なものではなく永続的に続く状態で，強くゆるぎなくもち，また自分の体を心理的な性別に合わせようとし，また，社会生活を心理的な性別に合わせて送ろうとする意思をもつ者である。したがって，文化的又は社会的理由による性役割の忌避や，もっぱら職業的利得などのために性別の取扱いの変更を求める者については，基本的には性同一性障害者にあたらない（自見武士「性同一性障害者の性別の取扱いの特例に関する法律の概要」家月56巻9号5頁）。

(c)　性同一性障害者であることの認定　　性同一性障害者を認定するにあたり，2人以上の医師により上記(b)の者につき性同一性障害者であるとの一致した診断結果が必要である。その診断を的確に行うためには，必要な知識及び経験を有する2人以上の医師の一般に認められている医学的知見に基づいて行う診断であることが必要である（法2条）。診断医は，心理的な性別の判断も伴っていることから，専門的な知識，経験を有する精神科医（わが国の医師法に基づいて医師免許を受けた者）が診断を行うものと考えられている（自見武士・前掲6頁）。

(d)　要　件　　性同一性障害者が性別の取扱いの変更審判を求める要件

は，次のとおりである（法3条1項）。

　(イ)　20歳以上であること。

　(ロ)　現に婚姻していないこと（法律婚で事実婚姻は含まない）。

　(ハ)　現に未成年の子（実子，養子）がいないこと。

　(ニ)　生殖腺がないこと又は生殖腺の機能を永続的に欠く状態にあること。

　(ホ)　その身体について他の性別に係る身体の性器に係る部分に近似する外見を備えていること。

　(e)　診断書の提出　　法3条2項により，診断書の提出が義務づけられている。診断書の内容は性同一性障害者であることの診断の結果と前記(d)(ニ)(ホ)の診断の結果並びに治療の経過のほか，厚生労働省令に定める事項の内容が必要である（「性同一性障害者の性別の取扱いの特例に関する法律第3条第2項に規定する医師の診断書の記載事項を定める省令」（平成16年省令第99号））。なお，診断書の記載要領と参考様式は厚生労働省のホームページ（http://www.mhlw.go.jp/general/seido/syakai/sei32/）で見ることができる。

　診断書は1通に2人以上の医師が連名して記載する。各医師が別々の診断書を作成してもよいが，その場合はそれぞれが全項目の記載をすることになる。

　(f)　手続行為能力　　申立人が成年被後見人となるべき者，あるいは被後見人であっても意思能力があれば，自ら有効な手続行為をすることができる（家手232条2項・118条）。

　(2)　**申立手続**

　(a)　申立権者　　性別変更を求める本人（法3条1項）。

　(b)　管轄裁判所　　申立人の住所地の家庭裁判所（家手232条1項）。

　(c)　申立手続費用　　以下の費用が考えられる。

　(イ)　収入印紙　　800円。

　(ロ)　予納郵便切手　　2400円程度。

　(d)　添付書類　　申立人の出生から現在までの連続した戸（除）籍謄本（全部事項証明書），厚生労働省令で定める事項が記載された医師の診断書。

　(3)　**審判手続**

　(a)　申立人が性同一性障害者であること　　上記(1)(d)の要件の有無を審理する。認定には医師の診断書が重要で，診断書の全項目について医師の記載が必要である。不備があれば，裁判所で医師に対し補正の照会等がなされる。

外国で性別適合手術を受けた場合には，外国の医師の施術の記録が性同一性障害者の診断に必要な場合もある。

(b) 告　　知　　審判の告知は，認容・却下にかかわらず送達の方法が相当とされる。認容審判は告知により効力が生じるが，戸籍嘱託に審判の効力が生じた日を記載する必要があるためである。

(c) 即時抗告　　却下の審判に対して，申立人は即時抗告ができる（家手232条3項）。

(4) 戸籍上の手続

変更認容審判が出されると裁判所書記官は，申立人の本籍地の戸籍事務管掌者に対し審判書謄本（戸籍の記載の原因を証する書面）を添付して，性の変更の戸籍嘱託をしなければならない（家手116条1号，家手規76条1項6号・4項）。

(5) 変更審判後の戸籍記載

戸籍記載の嘱託により申立人（性別を変更した者）の戸籍の父母との続柄は変更された性別を表す続柄に更正され，「長男」は「長女」に，「三女」は「三男」となる。申立人の戸籍に在籍者があるとき又は在籍者があったときは，申立人について新戸籍が編製され（戸20条の4），新戸籍において父母との続柄欄が更正される（平成16年6月23日法務省民一第1813号民事局長通達）。従前の戸籍にあった申立人の兄弟姉妹の続柄欄の記載は影響を受けず，父母の本来の長女たる妹は，兄が長女になったからといって二女になるわけではない。申立人の戸籍の身分事項欄には，「平成15年法律第111号3条による裁判発効」の記載がなされる。なお，変更された性に一致するよう名を変更したい場合は，家庭裁判所の名の変更許可審判が必要である。

(6) 変更審判の効果

性別の取扱いの変更の審判を受けた者は，民法その他の法令の適用については，法律に別段の定めがある場合を除き，他の性別に変わったものとみなされる（法4条1項）。その結果，変更された性による婚姻もできる。

なお，法律に別段の定めのある場合を除き，性別の取扱いの変更の効果は，過去に遡及しないので，審判前に生じた身分関係及び権利義務に影響を及ぼすことはない（法4条2項）。

【石井　久美子】

第13 性別の取扱いの変更許可手続　　645

書式145　性別の取扱いの変更許可審判申立書(1)——男を女に

	受付印	**家事審判申立書　事件名（ 性別の取扱いの変更 ）**
収入印紙　　800 円		（この欄に申立手数料として1件について800円分の収入印紙を貼ってください。）
予納郵便切手　　　円		（貼った印紙に押印しないでください。）
予納収入印紙　　　円		（注意）登記手数料としての収入印紙を納付する場合は，登記手数料としての収入印紙は貼らずにそのまま提出してください。

準口頭		関連事件番号　平成　　年（家　　）第　　　　　　　　　　　　　　　　号

千　葉　家庭裁判所 　　　　　　御中 平成 ○○年 ○○月 ○○日	申　立　人 （又は法定代理人など） の記名押印	甲　野　太　郎　　㊞

添付書類	（審理のために必要な場合は，追加書類の提出をお願いすることがあります。） 申立人の出生時から現在までの戸籍謄本（全部事項証明書），除籍謄本　　診断書　1通

	本　籍 （国　籍）	（戸籍の添付が必要とされていない申立ての場合は，記入する必要はありません。） 千葉　　　都道府㈱　八千代市○○町○丁目○番地
申立人	住　所	〒 ○○○－○○○○　　　　　　電話 ××× （×××）×××× 千葉県市原市○○町○丁目○番○号　　　　（　　　　　　方）
	連絡先	〒　　－　　　　　　　　　電話　　　（　　　） （　　　　　　方）
	フリガナ 氏　名	コウノ タロウ 甲　野　太　郎　　　　　　　大正 昭和 平成 ○○年○○月○○日 生（ ○○ 歳）
	職　業	会　社　員
※	本　籍 （国　籍）	（戸籍の添付が必要とされていない申立ての場合は，記入する必要はありません。） 　　都道 　　府県
	住　所	〒　　－　　　　　　　　電話　　　（　　　） （　　　　　　方）
	連絡先	〒　　－　　　　　　　　電話　　　（　　　） （　　　　　　方）
	フリガナ 氏　名	大正 昭和 平成 　年 　月 　日 生（ 　歳）
	職　業	

（注）　太枠の中だけ記入してください。
　※の部分は，申立人，法定代理人，成年被後見人となるべき者，不在者，共同相続人，被相続人等の区別を記入してください。

申　　立　　て　　の　　趣　　旨
申立人の性別の取扱いを男から女に変更する審判を求めます。

申　　立　　て　　の　　理　　由
1　申立人は，小学生のころから女の子と遊ぶのが好きで，乱暴な遊びや言葉は大嫌いで，女性の服や化粧に興味がありました。中学生のころからは，先輩や同級生の男性に恋愛感情をもち，自分が男性であることが大前提となることに非常に違和感や嫌悪感を感じました。また，自分が男性であることが嫌でたまらなくなることが度々あり，高校，大学と進んでもその気持ちは変わらずこっそり女装して化粧するが普段は引っ込み思案なので，外出して人と話すことが楽しみなくらいでした。大学を卒業後，就職をしましたが，「男性扱い」されることが非常に苦痛となり，職を転々としました。人前で裸の自分を見せるのは苦痛で，温泉や公衆風呂に入れず人には変わり者と呼ばれました。背広を脱いで女装すると，女性と扱われ，気持ちも楽になるので，そのうち恒常的に女装で通し，名前も通称で「美奈子」を使用しました。 　　しかし，父親はそのような申立人を認めることができず，口も聞かなくなってしまいました。 2　家族から認められず，精神的に不安定となったので，平成○年○月，○○大学附属病院神経精神科を受診し，「性同一性障害」と診断され，精神的なサポートを受け，女性ホルモンの投与を受け，平成○年○月○日及び同年○月○日に性別適合手術を受けました。乳房もふくらみ，女性型体型ともなり，心理的には女性であることを表明（カムアウト）し，家族の理解も得られています。現在は，繊維関係の会社に勤務していますが，上司の理解を得て申立人は女性社員として営業を任されており，同僚等は申立人を女性と思っています。また，別件で「太郎」から「美奈子」への改名の申立てをしています。 　　申立人は，このように外見も中身もまったく女性なのに，戸籍などの性別欄が男となっているため，社会生活上不便な思いをすることがあります。したがって，性別の取扱いを男から女に変更する審判を求めます。なお，申立人は，結婚もしていませんし，子供もいません。

646　第3編　各種審判手続の書式実例　第14章　戸籍法及び性同一性障害者の性別の取扱いの特例に関する法律に規定する審判事件

書式146　性別の取扱いの変更許可審判申立書(2)——女を男に

	受付印	**家事審判申立書　事件名（　性別の取扱いの変更　）**

（この欄に申立手数料として1件について800円分の収入印紙を貼ってください。）

収入印紙	800円
予納郵便切手	円
予納収入印紙	円

　　　　　　　　　　　　　　　　　　（貼った印紙に押印しないでください。）
（注意）登記手数料としての収入印紙を納付する場合は，登記手数料として
　　　　の収入印紙は貼らずにそのまま提出してください。

準口頭	関連事件番号　平成　　年（家　　）第	号

	千　葉　家庭裁判所 御中 平成　〇〇年　〇〇月　〇〇日	申　立　人 （又は法定代理人など） の 記 名 押 印	甲　野　正　巳　　　㊞

添付書類	（審理のために必要な場合は，追加書類の提出をお願いすることがあります。） 申立人の出生時から現在までの戸籍謄本（全部事項証明書），除籍謄本 診断書

申立人	本　籍 （国　籍）	（戸籍の添付が必要とされていない申立ての場合は，記入する必要はありません。） 千葉　都 道 　　　府 ㊝　八千代市〇〇町〇丁目〇番地		
	住　所	〒　〇〇〇−〇〇〇〇 千葉県市原市〇〇町〇丁目〇番〇号	電話　×××（×××）×××× 　　　　　（　　　　　　　　　方）
	連絡先	〒	電話　（　　　　　　　　　　） 　　　　　（　　　　　　　　　方）
	フリガナ 氏　名	コウノ　マサミ 甲　野　正　巳	大正 昭和 平成　〇〇年〇月〇〇日 生 （　〇〇　歳）
	職　業	会　社　員	

※	本　籍 （国　籍）	（戸籍の添付が必要とされていない申立ての場合は，記入する必要はありません。） 　都 道 　府 県	
	住　所	〒	電話　（　　　　　　　　） 　　　　　（　　　　　　　　　方）
	連絡先	〒	電話　（　　　　　　　　） 　　　　　（　　　　　　　　　方）
	フリガナ 氏　名		大正 昭和　　　年　　　月　　　日 生 平成 （　　　　　歳）
	職　業		

（注）　太枠の中だけ記入してください。
※の部分は，申立人，法定代理人，成年後見人となるべき者，不在者，共同相続人，被相続人等の区別を記入してください。

申　　立　　て　　の　　趣　　旨

　申立人の性別の取扱いを女から男に変更するとの審判を求める。

申　　立　　て　　の　　理　　由

1　申立人は，小学校5年生頃から，自分の性別に違和感を覚え，スカートをはくことを嫌い，中学校入学後もずっとズボンで通し，言葉は男性言葉を使ってきました。
2　平成〇〇年〇月から〇〇大学付属病院〇〇科に通い始め，平成〇〇年〇月に性同一性障害と診断され，それと同時にホルモン療法を開始し，平成〇〇年〇月及び平成〇〇年〇月に性別適合手術を受け，外形的にも男性的肉体となりました。
3　申立人は，3年前に戸籍上の名前「春子」を，通称として使用してきた「正巳」に名の変更許可の審判を受け改名しました。現在の勤務先では，完全に男性と認識されています。
4　申立人はこのように外見も中身もまったく男性なのに戸籍などの性別が女となっているため，社会生活上不便な思いをしています。したがって，性別の取扱いを女から男に変更する審判を求めます。

第1　請求すべき按分割合に関する処分手続（離婚時年金分割）　*647*

第15章

厚生年金保険法に規定する審判事件

第1　請求すべき按分割合に関する処分手続（離婚時年金分割）

解　説

(1)　制度の趣旨

(a)　概　　要　　公的年金には大きく分けて国民年金と厚生年金及び共済年金の3種類がある。国民年金は20歳以上60歳未満のすべての人を対象としており，夫婦は離婚の有無に関係なくそれぞれ個人で国民年金を受け取ることができる。

厚生年金は，厚生年金保険に加入する労働者が対象の年金である。共済年金は，国家公務員が加入する国家公務員共済組合，地方公務員が加入する地方公務員等共済組合，私立学校に勤務する教職員が加入する私立学校教職員共済組合があるが，共済年金が厚生年金に一元化（被用者年金の一元化）され，平成27年10月1日以降に受給権が発生する場合は，共済年金の長期給付はすべて厚生年金となった（平成27年9月30日以前に受給権が発生した場合は共済年金である）。

請求すべき按分割合に関する処分申立ては，厚生年金及び平成27年9月30日以前の共済年金（以下「旧共済年金」という）を対象とし，夫婦の一方又は双方が厚生年金（旧共済年金）に現に加入又は過去に加入していた場合は，その夫婦が離婚したときに厚生年金（旧共済年金）の被用者年金の記録を離婚時に分割の対象とするものである。

この申立ては年金分割の割合が当事者間で合意できない場合，家庭裁判所に按分割合を定めることを求める申立てで（厚年78条の2第2項），家事事件手続法別表第2（15項（平成30年民法等改正により16項になる））の審判事項である（家手233条）。調停，審判のいずれの申立てもできるが，最初から審判申立て

がなされることも多い。

(b) 年金分割制度の基本的しくみ　年金分割制度には「合意分割制度」と「3号分割制度」の2種類がある。

(イ) 合意分割制度　平成19年4月1日以後に成立した離婚等を対象として，当事者双方の合意又は合意がまとまらず当事者の2人又は1人からの請求によって，裁判所が裁判等で按分割合を定めた場合，婚姻期間中の標準報酬等（保険料の算定の基礎となった標準報酬月額及び標準賞与額）を当事者間で分割することができる制度である。合意ができず，当事者の一方からの申立てが，請求すべき按分割合に関する処分（年金分割）申立てである。

(ロ) 3号分割制度　平成20年5月1日以後に成立した離婚等を対象として一方が厚生年金（旧共済年金）の被保険者（被保険者であった者を含む）で，他方がその被扶養配偶者（平成20年4月1日以後当該特定被保険者の配偶者として国民年金法7条1項3号の被保険者であった者に限る）である場合に，被保険者が負担した保険料については，夫婦が共同して負担したものとみなし，離婚等をしたとき，又は厚生労働省令でその他これに準ずる定めた場合には，被扶養配偶者から厚生労働大臣に対する一方的請求（分割割合の合意又は裁判なくして）で，特定期間に係る被保険者期間の標準報酬等（特定被保険者及び被扶養配偶者の標準報酬をいう）につき被保険者の保険料納付実績記録を2分の1に分割する改定等を請求することができる制度である（厚年78条の14第1項・2項本文）。

上記適用は，平成20年3月31日以前の期間は算入されないので（厚年改正附則49条），この算入されない期間の標準報酬は，上記(イ)の合意分割に係る標準報酬として分割される。また，(イ)の合意分割の請求が行われた場合に，婚姻期間中に3号分割の請求期間の対象となる期間が含まれるときは，合意分割と同時に3号分割の請求があったものみなされる。

(c) 年金分割の対象　厚生年金（旧共済年金）の被用者年金（報酬比例部分）が離婚時の分割の対象となり，国民年金，国民年金基金，確定拠出金，厚生年金基金（厚生年金の代行部分を除く）確定給付企業年金は離婚時分割の対象とはならない。

当事者双方又は一方は，保険料納付記録の管理者（民間勤務の厚生年金期間分は一元化前後を問わず年金事務所，国家公務員は，各共済組合又は国家公務員共済組合連合会年金部，地方公務員は各地方公務員共済組合，私立学校教職員は私立学校振興・共済事業団共済事業部）に対し，標準報酬改定請求に必要な標準報酬額（標準報酬月

第1 請求すべき按分割合に関する処分手続(離婚時年金分割) 649

額,標準賞与額)につき按分割合の範囲等の情報提供の請求をすることができる。

　この申立てで分割されるのは,支給される年金自体を分け合うものではない。婚姻期間中の保険料納付記録を分け合いその割合を求めるものである。分割を受けた者が自身の年金の受給資格ができたときに,自らの年金として分割後の保険料納付実績を基礎として算定された額の年金の受給を受けることになる。

　(d) 申立期間　申立ては離婚した日の翌日から起算して2年以内である(厚年78条の2第1項ただし書)。2年を経過したときは,家庭裁判所に年金分割の割合を求める申立てはできない。2年を経過する前に申立てをすれば,分割審判が2年経過後に出されても問題はない。

　(e) 離婚以外に年金分割の請求ができる事情　次の場合は年金分割請求の対象となる。

①　法律上の婚姻が取り消された場合

②　事実婚の関係にあった者がその関係を解消した場合で,一方が被用者年金に加入し,他方がその被扶養者として国民年金法上の3号被保険者(国年7条1項3号)として認定されている者であること。なお,事実婚解消による分割の対象期間は,事実婚第3号被保険者期間である。

　事実婚関係にあった者がその後婚姻の届出を行い,その後離婚又は婚姻取消し状態になったときは,離婚又は婚姻取消しに該当した日の翌日から起算して2年以内に請求しなければならない。

(2) 申立手続

(a) 申立権者

　(イ)　離婚した夫又は妻。

　(ロ)　事実婚関係にあった元内縁の夫又は妻(ただし,当事者の一方が被用者年金に加入し,他方がその被扶養者として国民年金法上の第3号被保険者として認定された者であり,第3号被保険者の資格を喪失し,その事実婚関係を解消したと認められた者)

(b) 管轄裁判所　申立人又は相手方の住所地を管轄する家庭裁判所(家手233条1項),又は当事者が合意で定める家庭裁判所。

(c) 申立手続費用　以下の費用が考えられる。

　(イ)　情報通知　法律に定める対象期間1通につき収入印紙1200円(民

訴費3条1項・別表第1の15項の2）。

　　　(ロ)　郵便切手　　約3100円程度（内訳例：500円×4枚, 82円×9枚, 50円×2枚, 20円×4枚, 10円8枚, 2円10枚, 1円×5枚, 計3023円）。

　(d)　添付書類

　　(イ)　離婚後（事実婚の場合は, 事実婚解消後）に交付された年金分割のための情報通知書（離婚した夫婦については, 離婚日が記載されたもの）。

　　(ロ)　申立書の写し。

(3)　審判手続

　(a)　審　　理　　家庭裁判所は, 対象期間における保険料納付に対する当事者の寄与の程度その他一切の事情を考慮して, 分割の割合を定めることができる（厚年78条の2第2項）。分割割合の上限は各当事者の対象期間の保険料納付記録の総額の2分の1以下であり, 下限は各当事者の対象期間の保険料納付記録の総額の少ないほうの割合を超える範囲である。なお, 家庭裁判所の実務では, 特段の事情がない限り上限の50％で運用されている。

　本手続事件は, 別表第2事件なので家事審判の手続の特則が適用され, 申立書の写しを相手方に送付する。申立てが不適法であるとき又は申立てに理由がないことが明らかなときを除き, 家庭裁判所は当事者の意見を聴取しなければならない。しかし, 当事者の申出があるときは, 審判の期日において聴取しなければならないとする当事者からの審問の申出は認めていない（家手233条3項）。年金分割事件は実質的な審理の対象は, 対象期間における保険料納付に対する夫婦の寄与が同等でないとすべき特段の事情があるか否かである。そのため, 実務は相手方の聴取は, 書面照会が原則（必要があれば審問）である。なお, 別表第2審判事件なので, 家庭裁判所は調停に付すこともできる。

　(b)　審判の告知　　申立人及び相手方に送達の方法で告知される。

　(c)　即時抗告　　申立人及び相手方は, 按分割合に関する審判及びその申立てを却下する審判に対し即時抗告をすることができる。

(4)　終了後の手続

　年金分割の審判が確定したときは, 申立人は, 審判書謄本と確定証明書を添付して, 確定日から1ヵ月以内に年金事務所等（国家公務員の場合は共済組合, 組合員であった者又はその配偶者は共済組合連合会, 地方公務員の場合は各共済組合, 私立学校教職員は私学事業団）に標準報酬改定請求（離婚時特例適用請求）をしなけ

第1　請求すべき按分割合に関する処分手続（離婚時年金分割）　*651*

ればならない。調停が成立した場合も成立後1ヵ月以内に調停調書の謄本を
添付して同様の請求をしなければならない。

【石井　久美子】

652　第3編　各種審判手続の書式実例　第15章　厚生年金保険法に規定する審判事件

書式147　請求すべき按分割合を求める（年金分割）審判申立書

受付印	家事	□ 調停 ☑ 審判	申立書　（請求すべき按分割合）

（この欄に申立て1件について収入印紙1,200円分を貼ってください。）

収入印紙　1,200　円
予納郵便切手　　　　円

（貼った印紙に押印しないでください。）

横浜　家庭裁判所 御中 平成　〇〇年　〇〇月　〇〇日	申　立　人 （又は法定代理人など） の記名押印	甲　野　花　子	㊞

添付書類	審査のために必要な場合は，追加書類の提出をお願いする場合があります。 ☑ 年金分割のための情報通知書　1通（各年金制度ごとに必要）	準口頭

申 立 人	住　　所	〒〇〇〇-〇〇〇〇 横浜市泉区〇〇町〇丁目〇番〇号　　　　　　（　　　　　方）	
	フリガナ 氏　　名	コウノ　ハナコ 甲　野　花　子	大正 昭和　〇〇年〇〇月〇〇日 生 平成　　　（　　〇〇　　歳）
相 手 方	住　　所	〒〇〇〇-〇〇〇〇 横浜市港北区〇〇町〇丁目〇番〇号　　　　（　　　　　方）	
	フリガナ 氏　　名	オツヤマ　イチロウ 乙　山　一　郎	大正 昭和　〇〇年〇〇月〇〇日 生 平成　　　（　　〇〇　　歳）

申　立　て　の　趣　旨

申立人と相手方との間の別紙（☆）　　1　　記載の情報に係る年金分割についての請求すべき
按分割合 を，☑　0.5　／　□（＿＿＿＿）と定めるとの（　□調停　／　☑審判　）を求めます。

申　立　て　の　理　由

1　申立人と相手方は，共同して婚姻生活を営み夫婦として生活していたが，
　　（☑ 離婚　／　□ 事実婚関係を解消）した。
2　申立人と相手方との間の（☑ 離婚成立日　／　□ 事実婚関係が解消したと認められる日），離
　婚時年金分割制度に係る第一号改定者及び第二号改定者の別，対象期間及び按分割合の範囲は，別紙
　　1　のとおりである。

（注）　太枠の中だけ記入してください。　□の部分は，該当するものにチェックしてください。
☆年金分割のための情報通知書の写しをとり，別紙として添付してください。（その写しも相手に送付されます。）。

審　判　確　定　証　明　申　請　書

（この欄に収入印紙150円分を貼ってください。）

（貼った印紙に押印しないでください。）

本健に係る請求すべき按分割合を定める審判が確定したことを証明してください。

平成　　　年　　　月　　　日

申請人　　　　　　　㊞

上記確定証明書を受領した。 平成　　年　　月　　日 申請人　　　　　　㊞	上記確定証明書を郵送した。 平成　　年　　月　　日 裁判所書記官　　　　㊞

【備考】
　1．「別紙1」とは情報通知書のことである。2枚の情報通知書がある場合には「別紙1，2」
　　と記載する。

第1　児童の里親委託又は福祉施設収容の承認手続　　*653*

第16章

児童福祉法に規定する審判事件

第1　児童の里親委託又は福祉施設収容の承認手続

解　　説

(1)　制度の趣旨

　この申立ては，虐待を受けている児童について，都道府県知事がその保護
をはかるべく児童福祉法28条1項に定める，児童を小規模住居型児童養育事
業を行う者若しくは里親に委託し，又は乳児院，児童自立支援施設等の児童
福祉施設に入所させることの承認を求める申立てである。この申立ては家事
審判事項である（児福28条1項，家手別表第1の127項）。

　保護者がその児童を虐待し，著しくその監護を怠り，その他保護者に監護
させることが著しく当該児童の福祉を害する場合において，同法27条1項3
号の措置をとることが，児童の親権を行う者又は未成年後見人の意に反する
ときは，都道府県は家庭裁判所の承認を得て，上記の措置をとることができ
る（児福28条1項1号）。

　また，児童の保護者が親権者又は未成年後見人でないときは，当該児童を
親権者又は未成年後見人に引き渡すこと，ただしこれが，児童の福祉のため
不適当であると認めるときは，家庭裁判所の承認を得て，同法27条1項3号
の措置をとることができる（児福28条1項2号）。

　児童福祉施設には，上記のほか，助産施設，母子生活支援施設，保育所，
幼保連携型認定こども園，児童厚生施設，児童養護施設，障害児入所施設，
児童発達支援センター，情緒障害児短期治療施設，児童家庭支援センターが
ある。

(2)　申立手続

(a)　申立権者　　都道府県知事（児福28条1項），都道府県知事より委任を

受けた児童相談所長（児福32条）。

　(b)　管轄裁判所　　児童の住所地の家庭裁判所（家手234条）。

　(c)　申立手続費用

　　(イ)　収入印紙　　800円（民訴費3条1項・別表第1の15項）。

　　(ロ)　予納郵便切手　　410円（82円×5枚）程度。

　(d)　添付書類　　児童，親権を行う者，未成年後見人の各戸籍謄本（全部事項証明書），各住民票。

(3)　審判手続──関係者の意見聴取

　家庭裁判所は，申立てが不適法であるとき，又は申立てに理由がないことが明らかなときを除き，当該児童の現監護者，児童に対し親権を行う者，未成年後見人の陳述を聴かなければならない。また，当該児童が満15歳以上であるときは，その児童の陳述を聴かなければならない（家手236条1項）。

　これらの者（児童を除く）から聴取した陳述について，家庭裁判所は申立人に対して意見を求めることができる（家手236条2項）。

(4)　審判結果の告知

　家庭裁判所は申立てを相当と認めれば，承認の審判をする。

　審判結果は，当該児童の，現監護者，親権者，未成年後見人に告知される。審判結果については，認容の場合，現監護者，児童に対し親権を行う者，未成年後見人に告知される（家手237条）。承認審判の場合，上記の者から，却下の場合，申立人から即時抗告ができる（家手238条1号・2号）。

【緑川　正博】

第1　児童の里親委託又は福祉施設収容の承認手続　　*655*

書式148　児童の里親委託又は福祉施設収容の承認審判申立書

受付印	家事審判申立書　事件名（　児童の福祉施設収容の承認　）

（この欄に申立手数料として1件について800円分の収入印紙を貼ってください。）

収入印紙　　　800円
予納郵便切手　　　円
予納収入印紙　　　円

（注意）登記手数料としての収入印紙を納付する場合は，登記手数料としての収入印紙は貼らずにそのまま提出してください。

（貼った印紙に押印しないでください。）

準口頭	関連事件番号　平成　　　年（家　　）第　　　　　　号

千葉　家庭裁判所 御中 平成　○○年　○○月　○○日	申立人 （又は法定代理人など） の記名押印	○○市児童相談所長 甲野太郎　　㊞

添付書類	（審理のために必要な場合は，追加書類の提出をお願いすることがあります。） 事件本人，親権者の戸籍謄本（全部事項証明書），事件本人，親権者の住民票

申立人

本籍 （国籍）	（戸籍の添付が必要とされていない申立ての場合は，記入する必要はありません。） 　都道 　府県	
住所	〒○○○－○○○○ 千葉県○○市○○町○丁目○番○号	電話　×××（×××）×××× （　　　　　方）
連絡先	〒 ○○市児童相談所	電話 （　　　　　方）
フリガナ 氏名	コウ　ノ　タ　ロウ 甲野太郎	大正 昭和　○○年○○月○○日生 平成　　（○○歳）
職業	児童相談所長	

※児童

本籍 （国籍）	（戸籍の添付が必要とされていない申立ての場合は，記入する必要はありません。） 千葉　都道 　　府県　○○市○○町○丁目○番地	
住所	〒○○○－○○○○ 千葉県○○市○○町○丁目○番○号	電話　×××（×××）×××× （　　　　　方）
連絡先	〒　－	電話 （　　　　　方）
フリガナ 氏名	オツ　ノ　マサ　ハル 乙野政治	大正 昭和　○○年○○月○○日生 平成　　（○○歳）
職業		

（注）太枠の中だけ記入してください。
※の部分は，申立人，法定代理人，成年被後見人となるべき者，不在者，共同相続人，被相続人等の区別を記入してください。

※児童の親権者母の法定代理人

本籍	都道 　府県　事件本人の本籍と同じ	
住所	〒 事件本人の住所と同じ	（　　　　　方）
フリガナ 氏名	オツ　ノ　マサ　コ 乙野政子	大正 昭和　○○年○○月○○日 平成　　（○○歳）

（注）太枠の中だけ記入してください。※の部分は，申立人，相手方，法定代理人，不在者，共同相続人，被相続人等の区別を記入してください。

申立ての趣旨

申立人が児童を児童福祉施設に入所させることを承認するとの審判を求める。

申立ての理由

1　申立人は○○市児童相談所長である。
2　児童の親権者である実母政子は，以前より，児童に対し，躾と称して凄絶な暴行を加えている旨，近隣の住民より，平成○○年○○月○○日当所宛に通報がなされていた。
3　上記通報に基づき，調査した結果，実母政子に児童を監護させることは著しく児童の福祉を害するとの結論に達したので，児童を，親権者から引き離し，児童福祉施設に入所させる措置を講じたいが，親権者政子はこれに同意しない。
4　よって，児童福祉法第28条1項により，申立ての趣旨記載の審判を求めて本申立てに及ぶ。

656　第3編　各種審判手続の書式実例　第16章　児童福祉法に規定する審判事件

第2　児童の里親委託又は福祉施設収容の期間の更新についての承認手続

解　説

(1)　制度の趣旨

　この申立ては，虐待を受けている児童について，都道府県知事が，児童福祉法28条1項により，家庭裁判所の承認を得て，児童を小規模住居型児童養育事業を行う者若しくは里親に委託し，又は乳児院，児童自立支援施設等の児童福祉施設に入所させたが，さらにその期間の更新（延長）の承認を求める申立てである。この申立ては家事審判事項である（児福28条2項ただし書，家手39条・別表第1の128項）。

　保護者がその児童を虐待し，著しくその監護を怠り，その他保護者に監護させることが著しく当該児童の福祉を害する場合において，同法27条1項3号の措置をとることが，児童の親権を行う者又は未成年後見人の意に反するときは，都道府県は家庭裁判所の承認を得て，上記の措置をとることができるが，その後の保護者に対する指導措置の効果等に照らし，当該措置を継続しなければ保護者がその児童を虐待し，著しくその監護を怠り，その他著しく当該児童の福祉を害するおそれがあると認めるときは，都道府県は，その期間更新の承認を別途家庭裁判所に求めることができる（児福28条2項）。

　児童福祉施設には，上記のほか，助産施設，母子生活支援施設，保育所，幼保連携型認定こども園，児童厚生施設，児童養護施設，障害児入所施設，児童発達支援センター，情緒障害児短期治療施設，児童家庭支援センターがある。

(2)　申立手続

(a)　申立権者　　都道府県知事（児福28条1項），都道府県知事より委任を受けた児童相談所長（児福32条）。

(b)　管轄裁判所　　児童の住所地の家庭裁判所（家手234条）。

(c)　申立手続費用

　(イ)　収入印紙　　800円（民訴費3条1項・別表第1の15項）。

　(ロ)　予納郵便切手　　410円（82円×5枚）程度。

(d)　添付書類　　児童，親権を行う者，未成年後見人の各戸籍謄本（全部事項証明書），各住民票。

(3) 審判手続――関係者の意見聴取

家庭裁判所は，申立てが不適法であるとき，又は，申立てに理由がないことが明らかなときを除き，当該児童の現監護者，親権を行う者，未成年後見人の陳述を聴かなければならない。また，当該児童が満15歳以上であるときは，その児童の陳述を聴かなければならない（家手236条1項）。また，上記の者（児童を除く）から聴取した陳述について，家庭裁判所は申立人に対して，意見を求めることができる（家手236条2項）。

(4) 審判結果の告知

家庭裁判所は申立てを相当と認めれば，承認の審判をする。

審判結果は，申立人，当該児童の，現監護者，親権を行う者，未成年後見人に告知される（家手237条）。審判結果については，承認の場合，上記の者から，却下の場合，申立人から即時抗告ができる（家手238条3号・4号）。

【緑川　正博】

658　第3編　各種審判手続の書式実例　第16章　児童福祉法に規定する審判事件

書式149　児童の里親委託又は児童福祉施設入所措置期間の更新についての承認を求める審判申立書（児福28条2項ただし書）

収入印紙
800円

審判申立書

平成○○年○○月○○日

○○家庭裁判所　御中

申立人　　○○市児童相談所長　㊞

甲　野　太　郎　㊞

所在　　　○○県○○市○○町○丁目○番○号

申立人　　　○○市児童相談所長

甲　野　太　郎

本籍　　　○○県○○市○○町○丁目○番○号

住所　　　○○県○○市○○町○丁目○番○号

児　童　　乙　野　政　治

（平成○○年○○月○○日生）

本籍　　　○○県○○市○○町○丁目○番○号

住所　　　○○県○○市○○町○丁目○番○号

上記法定代理人親権者母

乙　野　政　子

（昭和○○年○○月○○日生）

申立ての趣旨

　申立人が児童を児童福祉施設に入所させる措置の期間の更新について，これを承認するとの審判を求める。

申立ての実情

1　申立人は○○市児童相談所長である。

2　児童の親権者である実母政子は，以前より，児童に対し，躾と称して凄絶な暴行を加えている旨，近隣の住民より，平成○○年○○月○○日

第2　児童の里親委託又は福祉施設収容の期間の更新についての承認手続　*659*

当所あて通報がなされていた。

3　上記通報に基づき，調査した結果，実母政子に児童を監護させることは著しく児童の福祉を害するとの結論に達したので，児童を，親権者から引き離し，児童福祉施設に入所させる措置を講じたいが，親権者政子はこれに同意しないので，申立人は児童福祉法28条1項により，申立ての趣旨記載の措置についての承認を家庭裁判所より得て入所措置をとったが，措置期間中の親権者政子は，過飲酒によるアルコール性中毒症状が徐々に進行しており，生活状況に改善の兆しはなく，治療に専念させるべきであり，現時点では児童と生活をともにできる状況ではないことから，本件措置を継続する必要があると判断し本申立てに及ぶ。

第17章

生活保護法に規定する審判事件

第1節　別表第1に掲げる審判事件

第1　被保護者の保護施設収容の許可手続

解　説

(1)　制度の趣旨

　この申立ては，生活保護実施機関が生活保護法30条3項に基づき，被保護者を福祉施設に入所させることの許可を求める申立てである。

　この申立ては家事審判事項である（生活保護30条3項，家手別表第1の129項）。

　生活保護法30条1項は，生活扶助は，被保護者の居宅において行うと定めている。ただし，これによることができないとき，これによっては保護の目的を達しがたいとき，又は，被保護者が希望したときは，被保護者を救護施設，更生施設若しくはその他の適当な施設に入所させ，若しくはこれらの施設に入所を委託し，又は私人の家庭に養護を委託して行うことができる。

　もっとも，被保護者の意に反してまで，上記の措置を強制し得ない（生活保護30条2項）。しかし，被保護者の親権者又は後見人がその権利を適切に行わない場合においては，生活保護実施機関は，その異議があっても，家庭裁判所の許可を得て，同条1項ただし書の措置をとることができるとしている（生活保護30条3項）。

　生活保護実施機関は，都道府県知事，市長，福祉事務所を管理する町村長である（生活保護30条1項・19条）。

(2)　申立手続

(a)　申立権者　　都道府県知事，市長，福祉事務所を管理する町村長（生

第1節　別表第1に掲げる審判事件　　第1　被保護者の保護施設収容の許可手続　*661*

活保護19条)。

　(b)　管轄裁判所　　被保護者の住所地の家庭裁判所（家手240条)。

　(c)　申立手続費用

　　(イ)　収入印紙　　800円（民訴費3条1項・別表第1の15項)。

　　(ロ)　予納郵便切手　　410円（82円×5枚）程度。

　(d)　添付書類　　被保護者，親権者，後見人の各戸籍謄本（全部事項証明書)，各住民票。

(3)　審判手続

　家庭裁判所は，審理に際し，申立てが不適であるとき，又は申立てに理由がないことが明らかなときを除き，被保護者に対し親権を行う者又は後見人の陳述を聴かなければならない。また，被保護者本人が満15歳以上であるときは，家庭裁判所は，当該被保護者本人の陳述を聴かなければならない（家手240条4項)。

(4)　審判結果の告知

　家庭裁判所は申立てを相当と認めれば，許可の審判をする。

　審判結果は，許可の場合，申立人，被保護者に対し親権を行う者，後見人に告知される（家手240条5項)。審判結果に対して許可の場合は被保護者に対し親権を行う者，後見人から，却下の場合は，申立人から，即時抗告の申立てができる（家手240条6項1号・2号)。

【緑川　正博】

662　第3編　各種審判手続の書式実例　第17章　生活保護法に規定する審判事件

書式150　被保護者の保護施設収容の許可を求める審判申立書

受付印	家事審判申立書　事件名 (被保護者の保護施設 収容の許可)

収入印紙　　　800 円	（この欄に申立手数料として1件について800円分の収入印紙を貼ってください。）
予納郵便切手　　　円	（貼った印紙に押印しないでください。）
予納収入印紙　　　円	（注意）登記手数料としての収入印紙を納付する場合は，登記手数料としての収入印紙は貼らずにそのまま提出してください。

| 準口頭 | 関連事件番号　平成　　年（家　　）第　　　　　　　　号 |

千　葉　　家庭裁判所 御中 平成 ○○ 年 ○○ 月 ○○ 日	申　立　人 （又は法定代理人など） の記名押印	○○市長 甲　野　太　郎　　㊞

添付書類	（審理のために必要な場合は，追加書類の提出をお願いすることがあります。） 戸籍謄本（事件本人，親権者）（全部事項証明書），住民票（事件本人，親権者）

申 立 人	本　　籍 (国　籍)	（戸籍の添付が必要とされていない申立ての場合は，記入する必要はありません。） 千葉　都道府県　○○市○○町○丁目○番地
	住　　所	〒　　－　　　千葉県○○市○○町○丁目○番○号　電話 ××× (×××)　　　　　　　　（　　　　　　　　　方）
	連　絡　先	〒　　－　　　　　　　　　　　　　　　　　　　電話　　（　　　　　　）　　　　　　　（　　　　　　　　　方）
	フリガナ 氏　　名	コウ　ノ　タ　ロウ 甲　野　太　郎　　　大正昭和平成 ○○ 年○○月○○日 生（　　○○　　歳）
	職　　業	○○市長

※ 事件本人 （被保護者）	本　　籍 (国　籍)	（戸籍の添付が必要とされていない申立ての場合は，記入する必要はありません。） 千葉　都道府県　○○市○○町○丁目○番地
	住　　所	〒　　－　　　千葉県○○市○○町○丁目○番○号　電話 ××× (×××) ××××
	連　絡　先	〒　　－
	フリガナ 氏　　名	オツ　ノ　マサ　ハル 乙　野　政　治　　　大正昭和平成 ○○ 年○○月○○日 生（　　○○　　歳）
	職　　業	

(注)　太枠の中だけ記入してください。 ※の部分は，申立人，法定代理人，成年被後見人となるべき者，不在者，共同相続人，被相続人等の区別を記入してください。

※ 事件本人の法定代理人親権者母	本　　籍	都道府県　事件本人の本籍と同じ
	住　　所	〒　　　　　事件本人の住所と同じ　　　　　　　　　　　（　　　　　　　　　方）
	フリガナ 氏　　名	オツ　ノ　マサ　コ 乙　野　政　子　　　大正昭和平成 ○○ 年○○月○○日（　　○○　　歳）

(注)　太枠の中だけ記入してください。※の部分は，申立人，相手方，法定代理人，不在者，共同相続人，被相続人等の区別を記入してください。

申　立　て　の　趣　旨

　申立人が事件本人を救護施設「○○所」に入所させることを許可するとの審判を求める。

申　立　て　の　理　由

1　事件本人の親権者である実母政子は，昨年来，体調を崩しており，生活に十分な収入を得ることができず，事件本人に対する，監護養育は，食事すら事欠く生活状況であり，極めて不十分である。

2　申立人は過日，事件本人を救護施設に入所させることを決定したが，事件本人の親権者政子は，これに異議を述べた。

3　よって，生活保護法第30条3項により，申立ての趣旨記載の審判を求めて本申立てに及ぶ。

第2節　別表第2に掲げる審判事件　第1　扶養義務者が負担する費用額確定を求める審判申立て　*663*

第2節　別表第2に掲げる審判事件

第1　扶養義務者が負担する費用額確定を求める審判申立て

解　説

(1)　制度の趣旨

　この申立ては，被保護者に対して扶養義務者があるときに，扶養義務者の負担すべき費用の額について，保護の実施機関と扶養義務者との間に協議が調わない等のため，その負担額を定めることを求める申立てである。この申立ては家事審判事項である（生活保護77条2項，家事別表第2の16項）。

　生活保護法によって保護を受けた者に扶養義務者がある場合，その義務の範囲内において，保護費を支弁した都道府県又は市町村の長は，その費用の全部又は一部を，その者から徴収することができる（生活保護77条1項）。

　実施機関と扶養義務者間で，扶養義務者の負担すべき額について，協議が調わないとき，又は協議をすることができないときは保護実施機関の申立てにより家庭裁判所がこれを定めるとされている（生活保護77条2項）。

　生活保護実施機関は，都道府県知事，市長，福祉事務所を管理する町村長である（生活保護30条3項・19条）。

(2)　申立手続

（a）　申立権者　　都道府県知事，都道府県知事より委任を受けた福祉事務所を管理する市町村長。

（b）　管轄裁判所　　扶養義務者の住所地の家庭裁判所又は当事者が合意で定める家庭裁判所（家手66条・240条2項）（扶養義務者が複数存する場合は，競合管轄となり，同人らの住所地を管轄するいずれかの家庭裁判所）。

（c）　申立手続費用

　（イ）　収入印紙　　1200円（民訴費3条1項・別表第1の15項の2）。

　（ロ）　予納郵便切手　　410円（82円×5枚）程度。

（d）　添付書類　　被保護者，相手方の戸籍謄本（全部事項証明書），住民票写し，保護実施機関の保護決定謄本，費用額の計算基礎となるような資料等。

(3)　審判手続

（a）　申立書写しの送付等　　家庭裁判所は，申立てが不適法であるとき又

は申立てに理由がないことが明らかなときを除き，申立書の写し（又は事件係属通知書）を相手方に送付しなければならない（家手67条1項）。

(b) 当事者からの陳述の聴取等　家庭裁判所は職権で，事実の調査及び証拠調べを行う（家手56条）。

併せて，当事者の陳述を聴き（家手68条），審理を終結する日を定め，併せて審判をする日を定める（家手72条）。

(c) 審判移行　本件が調停事件として申し立てられた場合，調停不成立により事件が終了した際は，家事調停の申立時に当該事項についての家事審判の申立てがあったものとみなされ，家事審判としての手続が開始する（家手272条4項）。

(4) 審判結果の告知

家庭裁判所は審理を経た後，申立てを相当と認めれば，相当額を認定し，審判する。

審判結果は，申立人，相手方に告知される（家手74条）。

金銭の支払，物の引渡し，登記義務の履行その他の給付を命ずる審判は，執行力のある債務名義と同一の効力を有する（家手75条）。

審判結果については，確定の審判及び却下の審判いずれの場合も，申立人及び相手方は即時抗告ができる（家手240条6項3号）。

【緑川　正博】

書式151 扶養義務者が負担する費用額確定を求める審判申立書

```
┌─────────┐
│ 収 入   │
│ 印 紙   │        審判申立書
│ 1200円 │
└─────────┘              平成○○年○○月○○日
```

○○家庭裁判所　御中

申立人　　○○市長
甲　野　太　郎　㊞

所在　　　○○県○○市○○町○丁目○番○号
申立人　　○○市長
甲　野　太　郎

本籍　　　○○県○○市○○町○丁目○番○号
住所　　　○○県○○市○○町○丁目○番○号
相手方　　乙　野　雅　治
（昭和○○年○○月○○日生）

本籍　　　○○県○○市○○町○丁目○番○号
住所　　　○○県○○市○○町○丁目○番○号
被保護者　乙　野　雅　子
（平成○○年○○月○○日生）

申立ての趣旨

　申立人が支弁した保護費につき，相手方が負担すべき生活扶助費用の額を決定する審判を求める。

申立ての実情

1　相手方は被保護者の祖父で，民法の定める扶養義務者であり，他に扶養義務者はいない。

2　被保護者は，生活保護法による生活扶助の方法として平成○○年○○月○日から同年○○月○○日まで更生施設○○○○に委託収容され，申立人はその保護費として毎月金○万円ずつ合計金○○万○○○○円を支弁した。

3　申立人は相手方に対し前記費用を徴収しようとしたが，その負担額について両者間に協議が調わないので，本申立てに及ぶ。

第18章

心神喪失等の状態で重大な他害行為を行った者の医療及び観察等に関する法律に規定する審判事件

第1 保護者選任の手続

解　説

(1) 制度の趣旨

　心神喪失等の状態で重大な他害行為を行った者の医療及び観察等に関する法律（以下，「医療観察法」という）2条2項に規定する対象者（以下，「対象者」という）について，家庭裁判所は，申立てにより，同人の扶養義務者（直系血族及び兄弟姉妹）の中から，保護者を選任することにより，同法所定の手続に関与させ，病状の改善及び対象者の同様の行為の再発を防止するとともに，もってその社会復帰の促進をはかっている（医療観察23条の2）。この申立ては家事審判事項である（家手別表第1の130項）。

(2) 申立手続

(a) 申立権者　　利害関係人（対象者の親族，都道府県知事，市町村長等）。

(b) 管轄裁判所　　対象者の住所地の家庭裁判所（家手241条）。

(c) 申立手続費用

　(イ) 収入印紙　　800円（民訴費3条1項・別表第1の15項）。

　(ロ) 予納郵便切手　　246円（82円×3枚）程度。

(d) 添付書類

　(イ) 申立人の戸籍謄本（全部事項証明書）。

　(ロ) 事件本人（対象者）の戸籍謄本（全部事項証明書）。

　(ハ) 保護者候補者の戸籍謄本（全部事項証明書）。

　＊　申立人が保護者候補者を兼ねる場合の戸籍謄本（全部事項証明書）等，同一の書面を複数用意する必要はない。

(3) 審判手続

(a) 保護者となる者の順位等　　対象者の，①後見人又は保佐人，②配偶者，③親権者，④配偶者及び親権者以外の扶養義務者で家庭裁判所による選任を受けた者が，上記の順で保護者となる（医療観察23条の2第2項）。

　したがって，法定の保護者（候補者）が1人である場合，その者が当然に保護者となるから，家庭裁判所の選任を改めて受ける必要はない。

(b) 欠格者等　　しかし，下記の者は，後見人等の地位にあっても，保護者となる資格を有しない（医療観察23条の2第1項）。

　①行方の知れない者，②当該対象者に対して訴訟をしている者又はした者並びにその配偶者及び直系血族，③家庭裁判所で免ぜられた法定代理人，保佐人び補助人，④破産手続開始の決定を受けて復権を得ない者，⑤成年被後見人及び被保佐人（禁治産者及び準禁治産者を含む），⑥未成年者。

(c) 保護者（候補者）の不存在等　　保護者（候補者）が不存在のときは対象者の居住地を管轄する市町村長が保護者となる（医療観察23条の3）。

(d) 保護者候補者に対する意見聴取　　保護者選任に際し，家庭裁判所は候補者の意見を聴くことを要する（家手241条2項2号）。

(e) 審　判　　審判にあたっては，裁判所は事件本人が医療観察法2条2項の対象者に該当するか否かを確認したうえ，同法23条の2第2項ただし書又は同項4号の規定により，保護者を選任する必要があるかを判断する。

　対象者であることの認定にあたっては，一定の対象行為に係る医療観察法上の処遇が終了し，事件本人が「対象者」の地位を失った後，別個の対象行為を行って新たに「対象者」となった場合等，前対象行為に係る保護者選任審判がすでに存在していても，新対象行為との関係では，新たに同選任審判を行う必要がある点に注意する。したがって，対象者に対して，すでに保護者選任審判がなされていることが判明した場合には，当該選任の前提となる前対象行為を確認する必要がある。

(4)　審判結果の告知

　審判結果は，保護者，申立人に告知される（家手74条）。審判結果については，申立却下の場合のみ，申立人は即時抗告をすることができる（家手241条3項）。これ以外の審判に対する抗告は許されない。

(5)　保護者の権限など

　保護者は，①審判期日に出席したり（医療観察31条6項），②意見の陳述及び資料の提出をしたり（医療観察25条2項），③弁護士を付添人に選任したり

（医療観察30条），④退院許可の申立て（医療観察50条），⑤処遇終了の申立て（医療観察55条）をすることができる。

　保護者の地位は，対象者の存在を前提とするため，その存続期間は，対象者の地位の始期と終期と一致することになる。

＊法改正の概要

　　精神保健及び精神障害者福祉に関する法律の一部を改正する法律（平成25年法律第47号）が平成26年4月1日から施行され，旧精神保健法の規定による保護者制度は廃止され，医療観察法の規定による保護者制度が新設された。これに伴い，新精神保健法の規定により，医療保護入院についての同意は，配偶者，親権者，扶養義務者，後見人又は保佐人（該当者がいない場合等は市町村長）のいずれかの者が行うこととなった。

【緑川　正博】

第1　保護者選任の手続　　**669**

書式152　保護者選任申立書

受付印	保　護　者　選　任　（等）　申　立　書

〔この欄に収入印紙を貼ってください。
　保護者選任のみの場合800円分
　保護者の順位の変更＋保護者の選任の場合1,600円分〕

収入印紙	800 円	
予納郵便切手	円	
予納収入印紙	円	

（貼った印紙に押印しないでください。）

準口頭		関連事件番号　平成　　年（家　　）第　　　　　　号

千　葉　家　庭　裁　判　所 御中 平成 ○○ 年 ○○ 月 ○○ 日	申　　立　　人 （又は法定代理人など） の　記　名　押　印	乙　野　花　子　　　㊞

添付書類	（同じ書類は1通で足ります。審理のために必要な場合は，追加書類の提出をお願いすることがあります。） ☑ 事件本人の戸籍謄本（全部事項証明書） ☑ 保護者候補者の戸籍謄本（全部事項証明書） ☑ 申立人の戸籍謄本（全部事項証明書）

申立人	住　所	〒○○○－○○○○　　　　　　　　　電話　×××（×××）×××× 千葉県○○市○○町○丁目○番○号　　　　　　（　　　　　　方）
	フリガナ 氏　名	オツ ノ ハナ コ 乙　野　花　子	大正 昭和 平成　○○年○月○○日生 （　○○　歳　）	職業	会社員
	事件本人 との関係	※　事件本人の……　1　直系尊属（父母・祖父母）2　直系卑属（子・孫）③　兄弟姉妹 　　　　　　　　　　4　市町村長　5　精神病院の管理者　6　その他（　　　　　）

事件本人	本　籍 （国　籍）	千　葉　都道 府県　○○市○○町○丁目○番地
	住　所	〒○○○－○○○○　　　　　　　　　電話　　（　　　） 千葉県○○市○○町○丁目○番○号　　　　　　（　　　　　　方）
	フリガナ 氏　名	コウ ノ イチ ロウ 甲　野　一　郎	大正 昭和 平成　○○年○○月○○日生 （　○○　歳　）	職業	な　し

（注）太枠の中だけ記入してください。　※の部分は，当てはまる番号を○で囲み，6を選んだ場合には，（　）内に具体的に記入してください。

申　　立　　て　　の　　趣　　旨
☑　保護者の順位の変更及び 　保　護　者　の　選　任　を　求　め　る。

申　　立　　て　　の　　理　　由	
申　　立　　て　　の　　原　　因	申　立　て　の　動　機
※ ①　保護者となる先順位の者（後見人・保佐人・配偶者・親権を行う者）がいない。 2　保護者となる先順位の者はいるが，その者が次の者に当たり保護者となれない。 　(1)　行方不明者　　　　　　　　　　(4)　破産者 　(2)　事件本人と訴訟をした者並びに　(5)　成年被後見人・被保佐人 　　　その配偶者・直系血族　　　　　(6)　未成年者 　(3)　家庭裁判所で免ぜられた法定代　(7)　その他 　　　理人，保佐人又は補助人	事件本人について，医療観察法★の手続において保護者の選任等が必要であるため。

扶　養　義　務　者（配偶者・親権者を除く。）　〔保護者として適任と思われる者を○で囲む。〕					
氏　　　名	住　　　　　　　　所	年　齢	事件本人 との関係	職　業
①　乙　野　花　子	千葉県○○市○○町○丁目○番○号	○○	妹	会社員
2　甲　野　二　郎	千葉県○○市○○町○丁目○番○号	○○	弟	会社員
3　甲　野　三　郎	千葉県○○市○○町○丁目○番○号	○○	弟	主婦
4				
5				

（注）太枠の中だけ記入してください。
　　　保護者の順位の変更も求める場合は，申立ての趣旨欄の□にチェックしてください。
　　　※の部分は，当てはまる番号を○で囲み，申立ての原因欄の2の(7)を選んだ場合には，〔　〕内に具体的に記入してください。
　　★医療観察法とは，「心神喪失等の状態で重大な他害行為を行った者の医療及び観察等に関する法律」のことをいいます。

第2　保護者の順位の変更・保護者選任の手続

解　説

(1)　制度の趣旨

心神喪失等の状態で重大な他害行為を行った者の医療及び観察等に関する法律（以下，「医療観察法」という）2条2項に規定する対象者（以下，「対象者」という）について，家庭裁判所は，申立てにより，同人の扶養義務者（直系血族及び兄弟姉妹）の中から，保護者を選任することにより，同法所定の手続に関与させ，病状の改善及び対象者の同様の行為の再発を防止するとともに，もってその社会復帰の促進をはかっている。なお，対象者の保護のために特に必要があると認められる場合には，家庭裁判所は申立てにより，同法所定の保護者となるべき者の順位を変更し，その他の扶養義務者の中から保護者を選任することができる（医療観察23条の2）。この申立ては家事審判事項である（家手別表第1の130項）。

(2)　申立手続

(a)　申立権者　　利害関係人（対象者の親族，都道府県知事，市町村長等）。

(b)　管轄裁判所　　対象者の住所地の家庭裁判所（家手241条）。

(c)　申立手続費用

(イ)　収入印紙　　1600円（民訴費3条1項・別表第1の15項）。ただし，順位変更又は選任のみの場合は800円。

(ロ)　予納郵便切手　　246円（82円×3枚）程度。

(d)　添付書類

(イ)　申立人の戸籍謄本（全部事項証明書）。

(ロ)　事件本人（対象者）の戸籍謄本（全部事項証明書）。

(ハ)　保護者候補者の戸籍謄本（全部事項証明書）。

(ニ)　先順位者が不適任であることを疎明する資料。

＊　申立人が保護者候補者を兼ねる場合の戸籍謄本（全部事項証明書）等，同一の書面を複数用意する必要はない。

(3)　審判手続

(a)　保護者となる者の順位等　　対象者の，①後見人又は保佐人，②配偶者，③親権者，④配偶者及び親権者以外の扶養義務者で家庭裁判所による選任を受けた者が，上記の順で保護者となる（医療観察23条の2第2項）。

しかし，後見人，保佐人がいない場合，先順位保護者（候補者）が，重篤な疾病，海外出張，勾留中である場合等，保護者としての適切な任務遂行が望めない事情が存する場合，保護者選任申立てとともに，同順位変更の申立てを同時に行う必要がある。

実務上，上記④の扶養義務者が上記②，③の配偶者，親権を行う者の優先順位を廃し，自ら保護者となるべく，申立てをすることが多い（なお，扶養義務者には絶対的扶養義務者（直系血族及び兄弟姉妹，民877条１項）と相対的扶養義務者（三親等内の親族，民877条２項）があり，後者を保護者に任命するには，別途扶養義務者設定の審判を受ける必要がある（家手別表第１の84項））。

(b) 保護者候補者に対する意見聴取　保護者選任に際し，家庭裁判所は候補者の意見を聴くことを要する（家手241条２項２号）。

(c) 審　判　審判にあたっては，裁判所は事件本人が医療観察法２条２項の対象者に該当するか否かを確認したうえ，同法23条の２第２項ただし書又は同項４号の規定により，保護者を選任する必要があるかを判断する。

対象者であることの認定にあたっては，一定の対象行為に係る医療観察法上の処遇が終了し，事件本人が「対象者」の地位を失った後，別個の対象行為を行って新たに「対象者」となった場合等，前対象行為に係る保護者選任審判がすでに存在していても，新対象行為との関係では，新たに同選任審判を行う必要がある点に注意する。したがって，対象者に対して，すでに保護者選任審判がなされていることが判明した場合には，当該選任の前提となる前対象行為を確認する必要がある。

(4) 審判結果の告知

審判結果は，保護者，申立人に告知される（家手74条）。審判結果については，申立却下の場合のみ，申立人は即時抗告をすることができる（家手241条３項）。これ以外の審判に対する抗告は許されない。

(5) 保護者の権限など

保護者は，①審判期日に出席したり（医療観察31条６項），②意見の陳述及び資料の提出をしたり（医療観察25条２項），③弁護士を付添人に選任したり（医療観察30条），④退院許可の申立て（医療観察50条），⑤処遇終了の申立て（医療観察55条）をすることができる。

保護者の地位は，対象者の存在を前提とするため，その存続期間は，対象者の地位の始期と終期と一致することになる。

＊法改正の概要

　精神保健及び精神障害者福祉に関する法律の一部を改正する法律（平成25年法律第47号）が平成26年4月1日から施行され，旧精神保健法の規定による保護者制度は廃止され，医療観察法の規定による保護者制度が新設された。これに伴い，新精神保健法の規定により，医療保護入院についての同意は，配偶者，親権者，扶養義務者，後見人又は保佐人（該当者がいない場合等は市町村長）のいずれかの者が行うこととなった。

【緑川　正博】

第2　保護者の順位の変更・保護者選任の手続　*673*

書式153　保護者の順位の変更及び保護者選任申立書

受付印	保　護　者　選　任　（等）　申　立　書
	この欄に収入印紙を貼ってください。 保護者選任のみの場合は800円分 保護者の順位の変更＋保護者の選任の場合1,600円分

収入印紙	1,600 円	
予納郵便切手	円	（貼った印紙に押印しないでください。）
予納収入印紙	円	

準口頭　　関連事件番号　平成　　年（家　　）第　　　　号

千　葉　家庭裁判所 御中 平成 ○○ 年 ○○ 月 ○○ 日	申立人 （又は法定代理人など） の記名押印	乙　野　花　子　　㊞

添付書類	（同じ書類は1通で足ります。審理のために必要な場合は，追加書類の提出をお願いすることがあります。） ☑ 事件本人の戸籍謄本（全部事項証明書） ☑ 保護者候補者の戸籍謄本（全部事項証明書） ☑ 申立人の戸籍謄本（全部事項証明書）

申 立 人	住　所	〒○○○－○○○○ 千葉県○○市○○町○丁目○番○号	電話 ×××（×××）×××× （　　　　　　　　方）
	フリガナ 氏　名	オツ ノ ハナ コ 乙　野　花　子	大正 昭和 平成　○○年○○月○○日生 （　○○　歳　）	職　業　なし
	事件本人 との関係	※ 事件本人の……　① 直系尊属（父母）・祖父母）　2 直系卑属（子・孫）　3 兄弟姉妹 　　　　　　　　　4 市町村長　5 精神病院の管理者　6 その他（　　　　　）

事 件 本 人	本　籍 （国籍）	都道 府県　申立人の本籍と同じ
	住　所	〒　　－ 申立人の住所と同じ	電話（　　）（　　方）
	フリガナ 氏　名	コウ ノ イチ ロウ 甲　野　一　郎	大正 昭和 平成　○○年○○月○○日生 （　○○　歳　）	職　業　会社員

（注）太枠の中だけ記入してください。　※の部分は，当てはまる番号を○で囲み，6を選んだ場合には，（　）内に具体的に記入してください。

申　立　て　の　趣　旨

☑ 保護者の順位の変更及び
保護者の選任を求める。

申　立　て　の　理　由

申　立　て　の　原　因	申　立　て　の　動　機
※ 1　保護者となる先順位の者（後見人・保佐人・配偶者・親権を行う者）がいない。 ②　保護者となる先順位の者はいるが，その者が次の者に当たり保護者となれない。 　(1) 行方不明者　　　　　　　(4) 破産者 　(2) 事件本人と訴訟をした者並びに　(5) 成年被後見人・被保佐人 　　　その配偶者・直系血族　　　(6) 未成年者 　(3) 家庭裁判所で免ぜられた法定　⑦ その他 　　　代理人，保佐人又は補助人 　　　〔配偶者と事実上離婚状態にあり，保護者の任務を行使できないため〕	事件本人について，医療観察法★の手続において保護者の選任等が必要であるため。

扶　養　義　務　者（配偶者・親権者を除く。）　〔保護者として適任と思われる者を○で囲む。〕

氏　　名	住　　　所	年　齢	事件本人 との関係	職　業
① 乙　野　花　子	千葉県○○市○○町○丁目○番○号	○○	母	なし
2 甲　野　二　郎	千葉県○○市○○町○丁目○番○号	○○	弟	会社員
3 甲　野　春　子	千葉県○○市○○町○丁目○番○号	○○	妹	主婦
4				
5				

（注）太枠の中だけ記入してください。
　　　保護者の順位の変更も求める場合は，申立ての趣旨欄の□にチェックしてください。
　　　※の部分は，当てはまる番号を○で囲み，申立ての原因欄の2の(7)を選んだ場合には，〔　〕内に具体的に記入してください。
　　　★医療観察法とは，「心神喪失等の状態で重大な他害行為を行った者の医療及び観察等に関する法律」のことをいいます。

674　第3編　各種審判手続の書式実例　第19章　破産法に規定する審判事件

第19章

破産法に規定する審判事件

第1　破産手続が開始された場合における夫婦財産契約による財産の管理者変更及び共有財産の分割手続

解　説

(1)　制度の趣旨

　夫婦の財産関係については，婚姻の届出前に夫婦財産契約を結ぶことができ，戸籍の筆頭者となるべき者の住所を管轄する登記所でその登記をした場合は（夫婦財産契約登記簿というものが用意されている），夫婦の承継人及び第三者に対抗することができる（民755条・756条）。

　そして，夫婦財産契約とその登記をした後，配偶者の財産を管理する者につき破産手続が開始された場合，他の一方は，自らその管理をすることを家庭裁判所に請求することができるとともに，共有財産の分割を請求することができる（破61条前段，民758条2項・3項）。

　この夫婦財産契約による財産管理者の変更及び共有財産の分割手続は，家事事件手続法別表第1に掲げる審判事件である（家手別表第1の131項）。

(2)　申立手続

（a）　申立権者　　夫又は妻（破61条前段，民758条2項・3項）。

（b）　管轄裁判所　　夫又は妻の住所地を管轄する家庭裁判所（家手242条1項1号）。

（c）　申立手続費用

　（イ）　収入印紙　　800円（民訴費3条1項・別表第1の15項）。

　（ロ）　予納郵便切手　　約3060円分（内訳：500円×2枚，82円×20枚，20円×5枚，10円×30枚，1円×20枚）。裁判所によって取扱金額が異なるので問い合わせること。

第1 破産手続が開始された場合における夫婦財産契約による財産の管理者変更及び共有財産の分割手続　　*675*

(d)　添付書類

(イ)　夫婦の戸籍謄本（全部事項証明書），戸籍附票。

(ロ)　住民票写し。

(ハ)　夫婦財産契約の登記事項証明書。

(ニ)　財産目録（家手規91条）。

(ホ)　不動産登記事項証明書。

(ヘ)　固定資産評価証明書。

＊　戸籍謄本（全部事項証明書），住民票写し及び不動産登記事項証明書等は，3ヵ月以内に発行されたもの。

(3)　審判手続

(a)　陳述の聴取　　家庭裁判所は，夫婦財産契約による財産の管理者の変更等の審判をする場合，夫及び妻（申立人を除く）の陳述を聴かなければならない（家手152条1項）。

(b)　事実の調査及び証拠調べ　　家庭裁判所は，職権で事実の調査をし，かつ，申立てにより又は職権で，必要と認める証拠調べをしなければならない（家手56条1項）。

事実の調査方法としては，家庭裁判所調査官による調査，関連機関等への調査嘱託等がある（家手58条・62条）。

証拠調べについては，民事訴訟法の規定が準用される（家手64条）。

(c)　審　　判　　家庭裁判所は，申立人の請求を認める場合，夫婦財産契約の財産管理者の変更とともに共有財産の分割請求の審判をする（家手73条1項）。

そして，家庭裁判所は審判において，夫又は妻に対し，金銭の支払，物の引渡し，登記義務の履行その他の給付を命ずることができる（家手154条2項2号）。

また，共有財産分割に関する処分の審判をする場合において，特別の事情がある場合は，分割方法として，一方に他方の当事者に対する債務を負担させて，現物の分割に代えることができる（家手155条）。

なお，財産管理者の変更等をしたときは，その登記をしなければ，これを夫婦の承継人及び第三者に対抗することができない（民759条）。

そして，この登記の申請は，財産管理者の変更等の審判があったことを証する情報を提供した上，当該夫婦の双方が共同してしなければならない（外

国法人等登記7条)。

　この点，登記義務の履行を命じた給付命令（家手154条2項2号）の審判が確定したときは，債務者に登記手続の意思表示があったものとみなされる（民執174条1項本文)。

　したがって，登記手続においては，この給付命令の審判により債務者の登記申請行為に代わるものとなり，債権者は単独で登記申請をすることができる。

　この給付命令は，執行力のある債務名義と同一の効力を有するため（家手75条)，執行文の付与は要しない。

　(d)　審判の告知　　家庭裁判所は，申立人及び相手方に対し，相当と認める方法で審判の告知をする（家手74条1項)。

　(e)　即時抗告　　夫又は妻は，夫婦財産契約による財産の管理者の変更等の審判及びその申立てを却下する審判に対し，即時抗告をすることができる（家手156条2号)。

　(f)　審判前の保全処分　　家庭裁判所は，財産を管理する必要があるときは，当該審判の申立人又は相手方の申立て若しくは職権で，財産の管理者の変更の申立てについての審判が効力を生ずるまでの間，財産の管理者を選任し，又は事件の関係人に対し，他の一方の管理する申立人所有の財産若しくは共有財産の管理に関する事項を指示することができる（家手158条1項)。

　また，家庭裁判所は，強制執行の保全等の必要があるときは，当該審判の申立人又は相手方の申立てにより，仮差押え，仮処分その他の必要な保全処分を命ずることができる（家手158条2項)。

　そして，財産の管理者の改任等については，第三者が成年被後見人に与えた財産の管理者の改任等の規定が準用される（家手158条3項・125条1項ないし6項)。

　財産の管理者の職務等については，不在者の財産の管理人の規定（民27条〜29条（民27条2項を除く))が準用される（家手158条3項)。

　なお，審判前の保全処分については，家事事件手続法105条以下にも定めがある。

【植田　智洋】

第1 破産手続が開始された場合における夫婦財産契約による財産の管理者変更及び共有財産の分割手続　　*677*

書式154　破産手続が開始された場合における夫婦財産契約による財産の管理者変更及び共有財産分割請求審判申立書

受付印	家事審判申立書　事件名（財産管理者の変更， 　　　　　　　　　　　　　　　　　　　　共有財産の分割　）

収入印紙　　800　円	（この欄に申立手数料として1件について800円分の収入印紙を貼ってください。）	
予納郵便切手　　　　　円	（貼った印紙に押印しないでください。）	
予納収入印紙　　　　　円	（注意）登記手数料としての収入印紙を納付する場合は，登記手数料としての収入印紙は貼らずにそのまま提出してください。	

準口頭　　　関連事件番号　平成　　　年（家　　）第　　　　　　　　　　　　　　　号

○○　　家庭裁判所 　　　　　　　　御中 平成　○○年○○月○○日	申　立　人 （又は法定代理人など） の記名押印	甲　野　花　子　　㊞

添付書類	（審理のために必要な場合は，追加書類の提出をお願いすることがあります。） 申立人の戸籍謄本（全部事項証明書），戸籍附票　各1通　　相手方の戸籍謄本（全部事項証明書），戸籍附票　各1通 住民票写し，夫婦財産契約登記事項証明書，財産目録，不動産登記事項証明書，固定資産評価証明書　各1通

申 立 人	本　籍 （国　籍）	（戸籍の添付が必要とされていない申立ての場合は，記入する必要はありません。） 　　　都　道 　　　府　県
	住　所	〒　○○○－○○○○　　　　　　　　電話　　03（×××）××× 東京都○区×××○丁目○番○号　　　　　　　（　　　　　方）
	連絡先	〒　　　－　　　　　　　　　　　　　電話　　　（　　　　　） 　　　　　　　　　　　　　　　　　　　　　　　（　　　　　方）
	フリガナ 氏　名	コウ　ノ　ハナ　コ 甲　野　花　子	大正 昭和 平成　○○年○○月○○日生 （　　○○　歳）
	職　業	主婦

※ 相 手 方	本　籍 （国　籍）	（戸籍の添付が必要とされていない申立ての場合は，記入する必要はありません。） 　　　都　道　申立人の本籍と同じ 　　　府　県
	最後の 住　所	〒　　　　申立人の住所と同じ　　　　　電話　　　（　　　　　） 　　　　　　　　　　　　　　　　　　　　　　　（　　　　　方）
	連絡先	〒　　　－　　　　　　　　　　　　　電話　　　（　　　　　） 　　　　　　　　　　　　　　　　　　　　　　　（　　　　　方）
	フリガナ 氏　名	コウ　ノ　タ　ロウ 甲　野　太　郎	大正 昭和 平成　○○年○○月○○日生 （　　○○　歳）
	職　業	飲食店経営

（注）　太枠の中だけ記入してください。
※の部分は，申立人，法定代理人，成年被後見人となるべき者，不在者，共同相続人，被相続人等の区別を記入してください。

申　立　て　の　趣　旨

1　申立人の財産に関する管理者を相手方から申立人に変更する。
2　申立人と相手方が共有する別紙財産目録記載の財産を2分の1の割合で分割をする。

申　立　て　の　理　由

1　申立人は，平成○年○月○日，飲食店を経営する相手方と婚姻しました。
2　申立人と相手方とは婚姻に際し，申立人が所有するアパートについて，婚姻後は相手方が管理するとの夫婦財産契約を結び，平成○年○月○日にその登記をしました。
3　また，申立人と相手方は，婚姻後双方同額の資金を出し合い，借入れをせず，老後の隠居生活用に，相手方の単独名義でマンションを購入しました。
4　しかるに，相手方は，事業に失敗し多額の負債を抱えたため，平成○年○月○○地方裁判所において破産手続の開始決定を受け，この決定が平成○年○月○日確定しました。
5　このような事情からすると，相手方が申立人の所有するアパートの管理を継続することは相当でなく，申立人の財産を危険にさらすものといえます。
　　また，婚姻後購入したマンションは，双方が同額の資金を出し合っていますから2分の1の共有であることは明らかであり，相手方名義のままにしておけば，破産手続の中で清算され，申立人は財産を失うことになります。
6　以上の事情から，申立人は，申立ての趣旨記載のとおりの審判を求めます。

678　第3編　各種審判手続の書式実例　　第19章　破産法に規定する審判事件

第2　親権を行う者について破産手続が開始された場合における管理喪失手続

解　説

(1)　制度の趣旨

(a)　はじめに　　親権を行う父・母につき破産手続が開始された場合，当該親権者は当然に子の親権を失うものではないが，子，その親族，未成年後見人，未成年後見監督人又は検察官は，管理権喪失の申立手続を請求できる。この申立ては，家事事件手続法別表第1の132項の審判事項である（破61条，民835条）。

管理権とは，親権の一部である財産管理権のことである。親権者である父又は母による子の身上監護面には問題がないものの，財産管理が不適当であるために，子の利益が害されたようなときは，親権のうちの管理権のみを失わせることが相当な場合があり，管理権喪失の審判がされる（民835条）。破産法は，親権を行う者につき破産手続が開始されたときにこれを準用するとしており（破61条），破産手続の開始を理由とする管理権喪失の請求がされれば，家庭裁判所は，当然に管理権喪失の審判をなすべきであるとされている（伊藤眞ほか『条解破産法』〔第2版〕471頁）。この点，親権者が破産手続の開始を受けたことが民法835条の要件にあたるかについて，家庭裁判所の個別判断を要するとの学説もあるが，父母につき破産手続が開始された場合には，その父・母は子の財産管理権につき，民法835条所定の要件を判断するまでもなく，当然に管理権喪失の原因となるとする裁判例がある（東京高決平2・9・17家月43巻2号140頁）。

(b)　管理権喪失後の効果　　共同親権者の一方が管理権を喪失すると，子の財産管理権は他の一方の親権者の単独行使となるが，身上監護については，父母の共同行使のままである。

(c)　手続行為能力　　行為能力の制限を受けている親権者も本審判手続につき法定代理人によらず，自ら審判手続に有効な手続行為をすることができる（家手168条3号・118条）また，子については，審判の結果が子に重大な影響を与えることから，子が意思能力を有する限り，手続行為能力を有する。

(2)　申立手続

(a)　申立権者　　子，その親族，未成年後見人，未成年後見監督人，検察

第2 親権を行う者について破産手続が開始された場合における管理喪失手続　　679

官（民835条，破61条）。

（b）　管轄裁判所　　子の住所地を管轄する家庭裁判所（家手242条1項2号）。

（c）　申立手続費用

　（イ）　収入印紙　　800円（子1名，親権者1名につき）（民訴費3条1項・別表第1の15項）。

　（ロ）　予納郵便切手　　約2000円程度。

（d）　添付書類　　子及び親権者の戸籍謄本（全部事項証明書），未成年後見人及び未成年後見監督人が申立人の場合は登記事項証明書。親権者父・母について破産手続が開始したことを証する資料（破産手続開始決定謄本等）。

（3）　審判手続

（a）　審　　理　　管理権喪失の原因となる親権者が破産開始決定を受けたか否かが審理の中心となる。

（b）　陳述聴取　　審判にあたって家庭裁判所は，親権者及び子（15歳以上の子に限る）の陳述を聴かなければならず，親権者の聴取については，その方法として審問期日において聴取しなければならない（家手169条1項）。

（c）　事件係属時における通報　　外国籍の未成年者が「領事関係に関するウィーン条約」に加入している派遣国の国籍の場合，その親権者について管理権喪失の審判の申立てがあった場合には，同条37条(b)の規定により，原則として，裁判所が領事機関に対する通報をする。

（d）　保全処分　　家庭裁判所（本案の家事審判事件が高等裁判所に係属する場合は，その高等裁判所）は管理権停止の申立てがあった場合は，子の利益のため必要があると認めるときは，申立人の申立てにより，管理権停止の審判の効力が生じるまで，親権者の職務の執行を停止し，又はその職務代行者を選任できる（家手174条）（第7編第1章第15参照）。

（4）　審判の告知

（a）　審判の告知　　管理権喪失審判は，申立人，審判を受けるものとなる親権者，利害関係参加人（家手74条1項），子（家手170条本文1号）に告知する。ただし，子については，子の年齢及び発達の程度その他一切の事情を考慮し子への告知が子の利益を害すると認める場合は，告知不要である（家手170条ただし書）。却下審判は，申立人に告知することによりその効力を生じる（家手74条3項）。

（b）　即時抗告　　認容の審判については，管理権を喪失する者及びその親

族（子もその親族に該当する）に即時抗告権が認められており（家手172条1項2号），却下の審判については，申立人，子及びその親族，未成年後見人，未成年後見監督人が即時抗告をすることができる（家手172条1項4号）。

即時抗告の期間は2週間で，その起算点は即時抗告をする者が審判の告知を受ける者である場合は，その者が告知を受けた日から（家手86条2項前段），即時抗告をする者が審判を受ける者でない者及び子については，認容審判の場合は管理権を喪失する者が審判の告知を受けた日（家手172条2項1号）から進行し，却下審判の場合は申立人が告知を受けた日から進行する（家手86条2項）。

(5) 戸籍上の手続と審判の効力

管理権喪失の審判が確定すると，裁判所書記官は戸籍事務管掌者に対し戸籍記載の嘱託をする（家手116条，家手規76条1項1号）。

共同親権者の一方が管理権を喪失した場合，他の一方の単独管理となる。共同親権者双方又は単独親権者が管理権喪失の審判を受けた場合，子について財産管理権を行う者がなくなるため未成年後見が開始となる（民838条・841条）。この場合，身上監護については管理権を喪失した親権者が引き続き行い，未成年後見人は財産管理に関する権限のみを有する（民868条）。

破産者が復権を得たときは（破255条・256条），管理権喪失の原因が消滅したものとして家庭裁判所に管理権喪失の審判の取消しの申立てをすることができる（本編第7章第7参照）。

【小林　敦子】

第2 親権を行う者について破産手続が開始された場合における管理喪失手続　681

書式155　管理権喪失を求める審判申立書——親権者破産の場合

受付印	

家事審判申立書　事件名（　　管理権喪失　　）

収入印紙　　　800　円
予納郵便切手　3,012　円
予納収入印紙　　　円

（この欄に申立手数料として1件について800円分の収入印紙を貼ってください。）

（貼った印紙に押印しないでください。）
（注意）登記手数料としての収入印紙を納付する場合は，登記手数料としての収入印紙は貼らずにそのまま提出してください。

準口頭	関連事件番号　平成　　年（家　　）第　　　　号

横浜　家庭裁判所 御中 平成 ○○ 年 ○○ 月 ○○ 日	申立人 （又は法定代理人など） の記名押印	甲野太郎　　㊞

添付書類	（審理のために必要な場合は，追加書類の提出をお願いすることがあります。） 本人・親権者の戸籍謄本（全部事項証明書）各1通，破産手続開始決定正本1通

申立人

本　籍 （国　籍）	（戸籍の添付が必要とされていない申立ての場合は，記入する必要はありません。） 都道 府県
住　所	〒○○○－○○○○　神奈川県鎌倉市○○町○丁目○番○号　電話 ×××（×××）××××　（　　　　　方）
連絡先	〒　　　－　　　　電話　　（　　）　（　　　　　方）
フリガナ 氏　名	コウノ　タロウ 甲野太郎　昭和・平成 ○○年○○月○○日生（　○○　歳）
職　業	な　し

※親権者（母）

本　籍 （国　籍）	（戸籍の添付が必要とされていない申立ての場合は，記入する必要はありません。） 神奈川　都道 府県　横浜市中区○○町○丁目○番地
住　所	〒○○○－○○○○　神奈川県藤沢市○○町○丁目○番○号　電話 ×××（×××）××××　（　　　　　方）
連絡先	〒　　　－　　　　電話　　（　　）　（　　　　　方）
フリガナ 氏　名	コウノ　ハナコ 甲野花子　大正・昭和・平成 ○○年○○月○○日生（　○○　歳）
職　業	な　し

(注)　太枠の中だけ記入してください。
※の部分は，申立人，法定代理人，成年被後見人となるべき者，不在者，共同相続人，被相続人等の区別を記入してください。

※未成年者

本　籍	（戸籍の添付が必要とされていない申立ての場合は，記入する必要はありません。） 都道 府県　親権者の本籍と同じ
住　所	〒　　　－　　　　親権者の住所と同じ　電話　　（　　）　（　　　　　方）
連絡先	〒　　　－　　　　電話　　（　　）　（　　　　　方）
フリガナ 氏　名	コウノ 甲野みゆき　大正・昭和・平成 ○○年○○月○○日生
職　業	中学○年生

(注)　太枠の中だけ記入してください。※の部分は，申立人，相手方，法定代理人，事件本人又は利害関係人の区別を記入してください。

申　立　て　の　趣　旨

親権者の未成年者に対する管理権を喪失させるとの審判を求める。

申　立　て　の　理　由

1　未成年者の父甲野一郎は平成○○年○月○日死亡し，未成年者は母である甲野花子の単独親権に服しています。
2　申立人は，未成年者の父方祖父です。
3　未成年者は，亡甲野一郎から相続した別紙目録記載の不動産と預金を有し，親権者である甲野花子が管理しています。
4　親権者は甲野一郎の死亡後，定職に就かず，パチンコに興じ，返済のあてもないのに消費者金融からの借金を重ねた結果，平成○○年○月○日横浜地方裁判所において破産手続開始決定を受け，同年○月○日同決定が確定しました。
5　このまま，親権者が未成年者の財産を管理することは，親権者が破産手続開始決定を受けた経緯から見て相当ではありません。
6　よって，申立ての趣旨どおり親権者の管理権を喪失させる旨の審判を求めます。

682 第3編 各種審判手続の書式実例 第19章 破産法に規定する審判事件

第3 破産手続における相続の放棄の承認についての申述手続

解 説

(1) 制度の趣旨

破産手続開始の決定前に破産者のために相続の開始があった場合に，又は破産者が破産手続開始の決定後に相続放棄の申述をし受理された場合に，破産管財人は破産者がした相続放棄の効力を承認することができる。この場合破産管財人は，破産者の相続放棄があったことを知った時から3ヵ月以内にその旨を家庭裁判所に申述しなければならない（破238条2項）。この申述手続は，家事事件手続法別表第1（133項）の審判事項である。

破産法238条1項は，破産手続開始の決定前に破産者のために相続が開始し，破産者が破産手続開始の決定後にした単純承認や相続放棄は限定承認の効力を有するとしている（破238条1項）。この法の趣旨は，破産手続開始決定後に，破産者が相続を承認したり，相続放棄をすることの自由を制約して，破産財団の利益を図り限定承認の効力を生じさせるものである。しかし，被相続人の相続財産が債務超過であることが明白な場合は，限定承認の効力を認めるより，破産管財人が相続人（破産者）がした相続放棄の効力を認め，破産財団から排除したほうが，破産債権者を害することがなく手続が簡便となる。そのため認められたのが，本申述手続である。なお，破産管財人が相続の放棄について承認を行うには，破産裁判所の許可が必要である（破78条2項6号）。

(2) 申述手続

(a) 申述権者 相続人の破産管財人（破238条2項後段）。

(b) 管轄裁判所 相続開始地の裁判所（家手242条1項3号）。

(c) 申述の方式 申述書には，当事者・法定代理人，相続放棄の承認をする旨及び次の事項を記載し，申述者が署名押印する（家手242条3項・201条5項，家手規121条1項・2項）。なお，当事者（「破産者○○○○破産管財人弁護士○○○○」）の肩書は「申述人」であり，破産管財人が申述権者である。したがって，その法定代理人は通常想定されていない。

① 被相続人の氏名及び最後の住所（家手規121条1項1号）

② 相続の放棄した者（破産者）の氏名及び住所（家手規121条1項2号）

③ 被相続人と相続の放棄した者との続柄（家手規121条1項3号）

④ 相続の放棄の申述を受理した裁判所及び受理の年月日（家手規121条1項4号）

⑤ 申述人が相続の放棄があったことを知った年月日（家手規121条1項5号）

なお，申述書の記載要件に違反する場合は，裁判長は相当の期間を定め，その期間内に不備を補正すべきことを命じなければならない。

(d) 申述の期間　破産管財人が，相続人である破産者が相続放棄の申述をしたことを知った時から3ヵ月以内である。

(e) 申述手続費用

(イ) 収入印紙　800円（民訴費3条1項・別表第1の15項）。

(ロ) 予納郵便切手　800円ほど（裁判所によって取扱金額が異なるので，管轄裁判所に問い合わせをするとよい）。

(f) 添付書類　相続放棄者の戸籍謄本（全部事項証明書），被相続人の死亡除籍記載事項証明書，相続放棄申述の受理証明書，破産手続開始決定謄本，破産管財人の資格証明書。

(3) 申述手続

(a) 家庭裁判所は申述が方式にかない，申述人の真意に基づいてなされたものか，また，相続放棄の承認を行うについて破産裁判所の許可があるか，被相続人の相続の開始が破産手続開始決定より前であるか，相続人（破産者）による相続放棄が破産手続開始決定後であるか，申述人（破産管財人）が相続人（破産者）が相続放棄の申述をしたことを知ったときから3ヵ月以内の相続の放棄を承認する申述かどうかについて審理する。受理するときは，申述書に受理する旨を記載する（家手242条3項・201条5項・7項）。受理されると裁判所書記官は申述人に対し受理通知（手続費用負担の告知を含む事例が多い）をする（家手規106条2項）。却下審判の場合は申述人に告知する（家手74条3項）。

(b) 申述人である破産管財人は，相続放棄の承認の申述を却下する審判に対して即時抗告をすることができる（家手242条2項）。

【石井　久美子】

684　第3編　各種審判手続の書式実例　　第19章　破産法に規定する審判事件

書式156　破産管財人からの相続放棄承認の申述書

受付印	家事審判申立書　事件名（ 相続の放棄承認申述 ）

収入印紙	800　円
予納郵便切手	円
予納収入印紙	円

（この欄に申立手数料として1件について800円分の収入印紙を貼ってください。）

（貼った印紙に押印しないでください。）

（注意）登記手数料としての収入印紙を納付する場合は，登記手数料としての収入印紙は貼らずにそのまま提出してください。

準口頭	関連事件番号　平成　　年（家　）第　　　　号

横浜　家庭裁判所　御中 平成　○○年○○月○○日	申　立　人 （又は法定代理人など） の記名押印	破産者　甲野　太郎 破産管財人弁護士　川山　哲　㊞

添付書類	（審理のために必要な場合は，追加書類の提出をお願いすることがあります。） 相続放棄をした者の戸籍記載事項証明書，被相続人の死亡除籍記載事項証明書，破産管財人の資格証明書

申述人

本　籍 （国　籍）	（戸籍の添付が必要とされていない申立ての場合は，記入する必要はありません。） 　　　　都　道 　　　　府　県
住　所（事務所）	〒○○○－○○○○　横浜市中区○○町○丁目○番○号　　電話　×××（×××）×××× （　　　方）
連絡先	〒　　　　　　　　　　　　　　　　　　　　　　　　　　電話　　（　　）（　　　方）
フリガナ 氏　名	カワヤマ　テツ 川　山　哲	大正 昭和 平成　○○年○○月○○日 生 （　○○　歳）
職　業	弁　護　士	

※相続放棄をした者

本　籍 （国　籍）	（戸籍の添付が必要とされていない申立ての場合は，記入する必要はありません。） 東京都　㊞道　府県　新宿区○○町○丁目○番地
住　所	〒　　東京都杉並区○○町○丁目○番○号　　電話　　（　　）（　　　方）
連絡先	〒　　　　　　　　　　　　　　　　　　　　　　　　電話　　（　　）（　　　方）
フリガナ 氏　名	コウノ　ケン 甲　野　健	大正 昭和 平成　○○年○○月○○日 生 （　○○　歳）
職　業	自　営　業	

(注)　太枠の中だけ記入してください。

※の部分は，申立人，法定代理人，成年被後見人となるべき者，不在者，共同相続人，被相続人等の区別を記入してください。

※被相続人

本　籍	東京　㊞道　府県　新宿区○○町○丁目○番地	
最後の住所	〒○○○－○○○○ 横浜市中区○○町○丁目○番○号	死亡当時の職業　会社役員
フリガナ 氏　名	コウノ　タロウ 甲　野　太　郎	平成○○年○○月○○日 死亡

(注)　太枠の中だけ記入してください。※の部分は，申立人，相手方，法定代理人，不在者，共同相続人，被相続人等の区別を記入してください。

申立ての趣旨

相続の放棄を承認する。

申立ての理由

1　申述人が相続の放棄があったことを知った年月日

　平成○○年○月○日

2　被相続人と相続の放棄をした者との続柄

　被相続人の長男

3　相続の放棄の申述を受理した家庭裁判所

　横浜家庭裁判所

4　相続の放棄の申述受理の年月日

　平成○○年○月○日

5　相続の放棄を承認する理由

　被相続人の相続財産が債務超過であり，限定承認の効力よりも相続放棄の効力を認めるほうが破産手続が簡便で，破産財団にも利益であるため。

第1　遺留分の算定に係る合意の許可手続　*685*

第20章

中小企業における経営の承継の円滑化に関する法律に規定する審判事件

第1　遺留分の算定に係る合意の許可手続

解　説

(1)　制度の趣旨

(a)　はじめに　　中小企業における経営の承継の円滑化に関する法律（以下「中小経営承継法」という）による遺留分の算定に係る合意は，経済産業大臣の確認及び家庭裁判所の許可を受けることにより効力が生じる。この家庭裁判所の許可の申立ては，家事事件手続法別表第1（134項）の審判事項である（中小承継8条1項・4条1項・5条・6条・7条，家手243条1項）。

(b)　除外合意，固定合意　　中小企業が事業を円滑に進めるためには，旧代表者（「代表者又は代表者であった者」をいう）の死亡等に起因する経営の承継が事業活動の継続に影響を及ぼすことから，旧代表者は，経営権である自社株式を後継者に集中できる状況を造ることが望ましいとされる。しかし，旧代表者が後継者に生前に自社株式等を贈与しても，後継者以外の相続人から遺留分の一部として自社株式等の請求を受けると，後継者に自社株式を集中できない状況が出てくる。これを解決するため，中小経営承継法により「遺留分に関する民法の特例」が定められ，推定相続人の一人が後継者である場合には，旧代表者の推定相続人（ただし，被相続人の兄弟姉妹は遺留分がないため，兄弟姉妹及びその子を除く）全員の合意を得ることを前提に，後継者が旧代表者からの贈与，又は特定受贈者からの相続，遺贈若しくは贈与により取得した自社株式等の全部又は一部について「その価額を遺留分の算定基礎財産に算入しないこと（除外合意）」，「遺留分算定基礎財産に算入すべき価額をあらかじめ固定（固定合意）すること（株式等の評価を合意時に固定し，その後の後継者による株式評価増加分を遺留分の対象としない合意）」ができることになった（中小承

継8条1項・4条1項1号・2号）。また，4条1項の合意をする際に，併せて後継者が旧代表者から贈与により取得した自社株式等を除く財産，又は，特定受贈者からの相続，遺贈若しくは贈与により取得した自社株式等を除く財産の全部又は一部についても，除外合意をすることができるようになった（中小承継5条）。除外合意をすることにより，自社株式等は遺留分算定基礎財産に算入されず，遺留分減殺請求（平成30年民法等改正により「遺留分侵害額の請求」）の対象にならないため，旧代表者の相続に伴い当該株式が分散することが防止できるようになった。また，旧代表者の推定相続人及び後継者は，4条1項の合意をする際，推定相続人と後継者との間の衡平及び推定相続人間の衡平を図るため，後継者以外の推定相続人が旧代表者からの相続，遺贈，贈与により取得した財産の全部又は一部について，その価額を遺留分を算定するための財産の価額に算入しない除外合意ができる（中小承継6条1項・2項）。

　4条1項の規定による合意（5条又は6条2項の合意にあっては4条1項及び5条又は6条2項の規定による合意）については，単に合意をすれば効力が生じるのではなく，7条1項の規定による経済産業大臣の確認を受けた者が，当該確認を受けた日から1ヵ月以内に家庭裁判所に合意を求め，許可を受けたときに限り，その効力を生ずる（中小承継8条）。

　なお，合意の対象となる中小企業者については中小経営承継法2条，3条1項，後継者については3条3項を参照されたい。また，対象となる中小企業や後継者等の範囲，合意書面の記載内容の経済産業大臣の確認の手続等は，中小企業庁のホームページで見ることができる。

　(2)　**申立手続**

　(a)　申立権者　　中小経営承継法7条1項による経済産業大臣の確認を受けた後継者（中小承継8条）。

　(b)　管轄裁判所　　旧代表者の住所地を管轄する家庭裁判所（家手243条1項）。

　(c)　申立手続費用

　　(イ)　収入印紙　　800円（民訴費3条1項・別表第1の15項）。

　　(ロ)　予納郵便切手　　1072円を申立人を含めた推定相続人の人数分，82円切手10枚，10円切手20枚程度（裁判所によって取扱いが異なるので，管轄裁判所に問い合わせをしてください）。

(d) 添付書類

(イ) 申立人・推定相続人全員の戸籍記載事項証明書（戸籍謄本），旧代表者の出生から現在までのすべての戸籍（除籍，改製原戸籍）謄本（全部事項証明書）（これら戸籍は経済産業省から還付されたものでも差し支えない）。

(ロ) 中小経営承継法７条１項の確認をしたことを証明する経済産業大臣の作成した書面（当該確認に係る合意の内容が明らかにされたものに限る）（家手規123条）。この書面としては経済産業大臣作成に係る「遺留分に関する民法の特例に係る確認証明書」の写しである。なお，審判書添付用に，確認証明書添付の合意書の写しを推定相続人（ただし，申立人，遺留分のない旧代表者の兄弟姉妹及びその子を除く）の人数分も必要である。

(3) 審判手続

家庭裁判所は審理にあたっては，経済産業大臣の確認証明書に添付された合意書が，推定相続人らの真意に基づいて出たものであること，申立てが７条による経済産業大臣の確認を受けたことから１ヵ月以内にされたものかを検討する。真意については，単に合意の意味をきちんと理解したというだけでなく，旧代表者からの不当な圧力の有無，代償の有無，本人の納得など各推定相続人の意思の合理性相当性についても考慮すべきとされている。

(4) 審判の告知

許可審判の告知は，申立人を含め当該合意に係る当事者全員（推定相続人全員）に行う（家手243条２項）。却下審判は申立人に告知する（家手74条３項）。

(5) 即時抗告

審判に対する即時抗告は，許可審判に対しては申立人を除く当事者全員（家手243条３項１号），却下審判に対しては合意の当事者全員から即時抗告をすることができる（家手243条３項２号）。

【石井　久美子】

書式157 遺留分の算定に係る合意の許可を求める審判申立書

	受付印

家事審判申立書 事件名 (遺留分算定に係る合意)

収入印紙 800 円
予納郵便切手 円
予納収入印紙 円

（この欄に申立手数料として1件について800円分の収入印紙を貼ってください。）

(貼った印紙に押印しないでください。)

（注意）登記手数料としての収入印紙を納付する場合は，登記手数料としての収入印紙は貼らずにそのまま提出してください。

準口頭	関連事件番号 平成 年（家 ）第 号

横浜 家庭裁判所 御中 平成 ○○ 年 ○○ 月 ○○ 日	申 立 人 （又は法定代理人など） の 記 名 押 印	甲 山 一 郎 ㊞

添付書類	（審理のために必要な場合は，追加書類の提出をお願いすることがあります。） 申立人・推定相続人全員の戸籍謄本(全部事項証明書)，旧代表者の戸(除)籍謄本(全部事項証明書)，遺留分に関する確認証明書(写し)

申 立 人	本 籍 （国 籍）	（戸籍の添付が必要とされていない申立ての場合は，記入する必要はありません。） 神奈川 都道府県 相模原市○○町○丁目○○番地
	住 所	〒 ○○○－○○○○ 神奈川県相模原市○○町○丁目○番○号 携帯電話 090 （××××）×××× （ 方）
	連絡先	〒 － 電話 （ 方）
	フリガナ 氏 名	コウヤマ イチロウ 甲 山 一 郎 大正 昭和 平成 ○○ 年○○月○○日 生 （ ○○ 歳）
	職 業	会 社 役 員

※ 旧 代 表 者	本 籍 （国 籍）	（戸籍の添付が必要とされていない申立ての場合は，記入する必要はありません。） 神奈川 都道府県 相模原市○○町○丁目○○番地
	住 所	〒 ○○○－○○○○ 横浜市中区○○町○丁目○番○号 電話 ××× （××××）×××× （ 方）
	連絡先	〒 － 電話 （ 方）
	フリガナ 氏 名	コウヤマ タロウ 甲 山 太 郎 大正 昭和 平成 ○○ 年○○月○○日 生 （ ○○ 歳）
	職 業	会 社 役 員

(注) 太枠の中だけ記入してください。

※の部分は，申立人，法定代理人，成年被後見人となるべき者，不在者，共同相続人，被相続人等の区別を記入してください。

申 立 て の 趣 旨

経済産業大臣が平成○○年○月○日付け中第○○○号をもって確認した遺留分の算定に係る合意を許可するとの審判を求める。

申 立 て の 理 由

1　申立人は旧代表者の長男です。旧代表者は株式会社甲山石材の代表取締役でしたが，平成○○年○月○日，申立人が旧代表者から同会社の代表権を受け継ぎ，それ以後，申立人が代表取締役を務めています。

2　申立人及び「遺留分に関する民法の特例に係る確認証明書」添付の「後継者以外の推定相続人目録」記載の旧代表者の推定相続人全員は，平成○○年○月○日，同会社の経営の承継の円滑化を図るために，上記証明書添付の合意書面の写しのとおり，中小企業における経営の承継の円滑化に関する法律4条1項（及び5条・6条2項）の遺留分の算定に係る合意をしました。

3　申立人は，平成○○年○月○日，経済産業大臣に対し，上記合意の確認申請を行い，同法7条1項の各号のいずれにも該当することについて，平成○○年○月○日にその確認を受けましたので，合意の効力を生じさせるため，申立ての趣旨のとおり審判を求めます。

書式索引（第Ⅰ巻）　689

書式索引（第Ⅰ巻）

い

遺言執行者の解任審判申立書〔書式126〕 …………………………………… *585*

遺言執行者の辞任許可審判申立書〔書式127〕 ……………………………… *588*

遺言執行者の選任審判申立書〔書式124〕 …………………………………… *578*

遺言書検認申立書〔書式122〕 ………………………………………………… *569*

遺言の確認申立書〔書式120〕 ………………………………………………… *562*

遺産の分割禁止審判申立書〔書式111〕 ……………………………………… *524*

遺産の分割禁止の審判の取消し・変更を求める申立書〔書式112〕 ……… *528*

遺留分の算定に係る合意の許可を求める審判申立書〔書式157〕 ………… *688*

遺留分の放棄の許可審判申立書〔書式130〕 ………………………………… *598*

う

氏の変更許可審判申立書(1)——永年使用の場合〔書式131〕 ……………… *601*

氏の変更許可審判申立書(2)——珍奇・難読の場合〔書式132〕 …………… *604*

氏の変更許可審判申立書(3)——婚氏・縁氏続称者の場合〔書式133〕 …… *607*

氏の変更許可審判申立書(4)——外国人父の氏へ変更する場合〔書式134〕 … *610*

氏の変更許可審判申立書(5)——外国人夫の通称氏へ変更する場合〔書式135〕 … *613*

か

鑑定人選任審判申立書——相続人不存在における存続期間不確定債権評価の場合
〔書式115〕 …………………………………………………………………… *544*

鑑定人選任申立書——遺留分算定の場合〔書式129〕 ……………………… *594*

鑑定人の選任審判申立書(1)——限定承認における条件付債権評価の場合〔書式104〕
……………………………………………………………………………… *494*

鑑定人の選任審判申立書(2)——限定承認における相続財産評価の場合〔書式105〕 … *498*

管理権喪失を求める審判申立書〔書式81〕 ………………………………… *399*

管理権喪失を求める審判申立書——親権者破産の場合〔書式155〕 ……… *681*

け

限定承認取消しの申述書〔書式108〕 ………………………………………… *511*

限定承認の申述書〔書式100〕 ………………………………………………… *471*

690 書式索引（第Ⅰ巻）

こ

後見開始審判の取消審判申立書〔書式28〕 ………………………………… 202

後見開始申立書〔書式1〕 …………………………………………………… 115

戸籍訂正許可審判申立書(1)——戸籍の記載に錯誤がある場合〔書式140〕 ………… 632

戸籍訂正許可審判申立書(2)——外国人配偶者の氏名記載に錯誤がある場合〔書式141〕 ……………………………………………………………………………… 633

戸籍訂正許可審判申立書(3)——戸籍の記載に遺漏がある場合〔書式142〕 …………… 634

戸籍訂正許可審判申立書(4)——創設的届出が無効な場合〔書式143〕 …………… 637

子に関する特別代理人選任審判申立書(1)——親権者と子の利益相反行為の場合（子の所有不動産に抵当権を設定する場合）〔書式76〕 ……………………………… 376

子に関する特別代理人選任審判申立書(2)——同一親権に服する子相互間の利益相反行為の場合（遺産分割協議の場合）〔書式77〕 …………………………………… 378

子の氏変更を求める審判申立書〔書式69〕 ………………………………… 346

子の監護者の指定及び子の引渡しを求める審判申立書〔書式67〕 ……………… 340

し

死因贈与執行者選任審判申立書〔書式125〕 ………………………………… 581

死後離縁の許可審判申立書〔書式73〕 ……………………………………… 359

市町村長の処分に対する不服に関する審判申立書〔書式144〕 …………… 641

失踪宣告審判申立書(1)——普通失踪の場合〔書式60〕 ……………………… 312

失踪宣告審判申立書(2)——危難失踪の場合〔書式61〕 ……………………… 316

失踪宣告審判申立書(3)——未帰還者の場合〔書式62〕 ……………………… 320

失踪宣告審判申立書(4)——不在者が外国籍の場合〔書式63〕 …………… 322

失踪宣告の取消審判申立書〔書式64〕 ……………………………………… 326

児童の里親委託又は児童福祉施設入所措置期間の更新についての承認を求める審判申立書（児福28条2項ただし書）〔書式149〕 ……………………………… 658

児童の里親委託又は福祉施設収容の承認審判申立書〔書式148〕 …………… 655

就籍許可審判申立書(1)——戸籍法110条1項による場合〔書式138〕 …………… 624

就籍許可審判申立書(2)——日本の領土でなくなった場合〔書式139〕 …………… 626

渉外遺言書の検認を求める審判申立書〔書式123〕 ………………………… 573

渉外限定承認の申述書——被相続人が韓国人の場合〔書式103〕 …………… 490

渉外後見開始申立書(1)——本人が韓国籍の場合〔書式2〕 ………………… 119

渉外後見開始申立書(2)——本人がフィリピン籍の場合〔書式3〕 ……………… 122

渉外相続財産管理人選任申立書——韓国籍の被相続人の相続人不存在の場合〔書式114〕 ……………………………………………………………………………… 540

渉外相続放棄の申述書——被相続人が韓国人の場合〔書式102〕 …………… 484

渉外未成年後見人選任審判申立書〔書式45〕 ……………………………… 258

書式索引（第Ⅰ巻）　*691*

渉外養子縁組許可審判申立書——フィリピン人未成年者を養子とする場合〔書式72〕 …………………………………………………………………………………… *355*

親権回復の許可審判申立書〔書式85〕 ……………………………………………… *413*

親権辞任の許可審判申立書〔書式84〕 ……………………………………………… *410*

親権者指定審判申立書(1)——離縁後に親権者となるべき者を指定する場合〔書式86〕 ………………………………………………………………………………… *416*

親権者指定審判申立書(2)——離婚後出生した子の親権者を父に指定する場合〔書式87〕 ………………………………………………………………………………… *420*

親権者指定審判申立書(3)——父が認知した子の親権者を父に指定する場合〔書式88〕 ………………………………………………………………………………… *424*

親権者変更審判申立書(1)——親権者が行方不明の場合〔書式89〕 ……………… *427*

親権者変更審判申立書(2)——親権者死亡の場合〔書式90〕 ……………………… *430*

親権喪失審判の取消審判申立書〔書式82〕 ………………………………………… *403*

親権喪失を求める審判申立書〔書式79〕 …………………………………………… *389*

親権停止審判の取消審判申立書〔書式83〕 ………………………………………… *407*

親権停止を求める審判申立書〔書式80〕 …………………………………………… *394*

す

推定相続人の廃除審判申立書(1)——生前の場合〔書式94〕 ……………………… *449*

推定相続人の廃除審判申立書(2)——遺言の場合〔書式95〕 ……………………… *450*

推定相続人の廃除の審判確定前の遺産の管理人の選任審判申立書〔書式98〕 ……… *460*

推定相続人廃除の審判の取消審判申立書(1)——生前の場合〔書式96〕 ………… *454*

推定相続人廃除の審判の取消審判申立書(2)——遺言による場合〔書式97〕 …… *455*

数人の成年後見監督人の権限の行使の定めの審判申立書——分掌の定めの場合〔書式23〕 ………………………………………………………………………………… *189*

数人の成年後見人の権限行使の定めの取消審判申立書〔書式24〕 ………………… *192*

数人の成年後見人の権限の行使についての定めの審判申立書(1)——共同行使の場合〔書式21〕 ……………………………………………………………………… *185*

数人の成年後見人の権限の行使についての定めの審判申立書(2)——分掌の定めの場合〔書式22〕 ……………………………………………………………………… *187*

せ

請求すべき按分割合を求める（年金分割）審判申立書〔書式147〕 ……………… *652*

成年後見監督人の解任審判申立書〔書式19〕 ……………………………………… *180*

成年後見監督人の選任審判申立書〔書式4〕 ……………………………………… *125*

成年後見に関する管理計算の期間の伸張審判申立書〔書式27〕 ………………… *198*

成年後見に関する財産目録の作成期間の伸長審判申立書〔書式20〕 …………… *182*

692　書式索引（第Ⅰ巻）

成年後見人に対する報酬付与を求める審判申立書〔書式12〕 ……………………147

成年後見人の解任審判申立書〔書式18〕 …………………………………………177

成年後見人の辞任許可審判申立書〔書式17〕 ……………………………………174

成年後見人の選任審判申立書——欠員補充の場合〔書式5〕 …………………129

成年後見人の選任審判申立書——増員の場合〔書式7〕 ………………………134

成年後見の事務監督の審判申立書〔書式25〕 ……………………………………194

成年被後見人の居住用不動産処分許可審判申立書〔書式9〕 …………………138

成年被後見人の死亡後の死体の火葬又は埋葬に関する契約の締結その他相続財産の

　保存に必要な行為（死後事務）についての許可を求める審判申立書〔書式16〕 …170

性別の取扱いの変更許可審判申立書(1)——男を女に〔書式145〕 …………645

性別の取扱いの変更許可審判申立書(2)——女を男に〔書式146〕 …………646

そ

相続財産管理人選任申立書——相続人不存在の場合〔書式113〕 ……………533

相続財産管理人に対する報酬付与審判申立書〔書式119〕 ……………………558

相続財産管理人の権限外行為許可を求める審判申立書〔書式117〕 …………551

相続財産の管理人選任審判申立書——相続人による遺産の管理が困難な場合〔書式

　106〕 ………………………………………………………………………………504

相続財産の分離を求める審判申立書(1)——第一種の財産分離の場合〔書式109〕 ……515

相続財産の分離を求める審判申立書(2)——第二種の財産分離の場合〔書式110〕 ……518

相続人捜索の公告を求める審判申立書〔書式116〕 ……………………………548

相続の承認・放棄の期間伸長の審判申立書〔書式101〕 ………………………475

相続放棄取消しの申述書〔書式107〕 ……………………………………………508

相続放棄の申述書〔書式99〕 ………………………………………………………466

た

第三者が子に与えた財産の管理者の選任を求める審判申立書〔書式78〕 …………383

第三者が成年被後見人に与えた財産の管理者の選任審判申立書〔書式26〕 …………196

と

特別縁故者に対する相続財産の分与を求める審判申立書〔書式118〕 ………556

特別代理人選任申立書(1)——遺産分割の場合〔書式10〕 ……………………141

特別代理人選任申立書(2)——後見人の債務につき被後見人不動産に抵当権を設定す

　る場合〔書式11〕 …………………………………………………………………143

特別代理人の選任審判申立書(1)——嫡出否認の場合〔書式68〕 ……………343

特別養子縁組審判申立書〔書式74〕 ………………………………………………365

書式索引（第Ⅰ巻）　　*693*

特別養子縁組の離縁審判申立書〔書式75〕……………………………………… *371*

な

名の変更許可審判申立書(1)──永年使用の場合〔書式136〕…………………… *616*
名の変更許可審判申立書(2)──同姓同名の場合〔書式137〕…………………… *619*

に

任意後見監督人選任審判申立書──新任の場合〔書式39〕……………………… *234*
任意後見監督人の欠員補充審判申立書〔書式6〕………………………………… *130*
任意後見監督人の職務に関する処分の審判申立書〔書式41〕…………………… *240*
任意後見監督人の増員審判申立書〔書式8〕……………………………………… *135*
任意後見契約の解除についての許可審判申立書〔書式42〕……………………… *243*
任意後見人の解任審判申立書〔書式40〕………………………………………… *237*

は

破産管財人からの相続放棄承認の申述書〔書式156〕…………………………… *684*
破産手続が開始された場合における夫婦財産契約による財産の管理者変更及び共有
　財産分割請求審判申立書〔書式154〕…………………………………………… *677*

ひ

被保護者の保護施設収容の許可を求める審判申立書〔書式150〕……………… *662*

ふ

夫婦財産契約による財産の管理者の変更及び共有財産の分割請求審判申立書〔書式
　66〕…………………………………………………………………………………… *334*
夫婦財産契約による財産の管理者の変更審判申立書〔書式65〕………………… *330*
不在者財産管理人選任審判申立書(1)〔書式54〕………………………………… *291*
不在者財産管理人選任審判申立書(2)──不在者が韓国籍の場合〔書式55〕…… *295*
不在者の財産管理人に対する権限外行為許可審判申立書〔書式57〕…………… *302*
不在者の財産管理人に対する担保提供命令審判申立書〔書式58〕……………… *304*
不在者の財産管理人に対する報酬付与審判申立書〔書式59〕…………………… *307*
不在者の財産目録作成・財産の状況報告・管理の計算命令の審判申立書〔書式56〕…… *299*
負担付遺贈遺言の取消審判申立書〔書式128〕…………………………………… *591*
扶養義務者が負担する費用額確定を求める審判申立書〔書式151〕…………… *665*

扶養義務者指定審判申立書——妻の母の扶養義務者に夫を指定する場合〔書式91〕····434

扶養の順位決定審判申立書——養親より実親の扶養の順位を先にする場合〔書式92〕····················438

扶養の順位決定の取消審判申立書〔書式93〕······················442

ほ

包括遺贈放棄の申述書〔書式121〕·······················565

保護者選任申立書〔書式152〕·······················669

保護者の順位の変更及び保護者選任申立書〔書式153〕·······················673

保佐開始及び代理権付与の審判申立書〔書式31〕·······················208

保佐開始審判の取消審判申立書〔書式29〕·······················203

保佐人に対する代理権付与の審判申立書〔書式33〕·······················215

保佐人の同意権拡張審判申立書〔書式32〕·······················212

保佐人の同意に代わる許可審判申立書〔書式34〕·······················217

補助開始及び同意権付与・代理権付与の審判申立書〔書式36〕·······················224

補助開始審判の取消審判申立書〔書式30〕·······················204

補助人の同意を得なければならない行為の定めの審判申立書〔書式37〕·······················227

み

未成年後見監督人の解任審判申立書〔書式51〕·······················280

未成年後見監督人の選任審判申立書〔書式46〕·······················262

未成年後見事務監督処分審判申立書〔書式52〕·······················283

未成年後見人選任審判申立書〔書式44〕·······················254

未成年後見人（未成年後見監督人）に対する報酬付与を求める審判申立書〔書式53〕·······················286

未成年後見人の解任審判申立書〔書式50〕·······················277

未成年後見人（未成年後見監督人）の辞任許可審判申立書〔書式49〕·······················273

未成年後見人の選任審判申立書(1)——欠員補充の場合〔書式47〕·······················266

未成年後見人の選任審判申立書(2)——増員の場合〔書式48〕·······················270

ゆ

郵便物等の配達の嘱達（回送嘱託）の取消しを求める審判申立書〔書式14〕·······················161

郵便物等の配達の嘱達（回送嘱託）の変更を求める審判申立書〔書式15〕·······················164

郵便物等の配達の嘱達（回送嘱託）を求める審判申立書〔書式13〕·······················156

書式索引（第Ⅰ巻）　695

よ

養子縁組許可審判申立書(1)——未成年者を養子とする場合〔書式70〕 ……………… *349*

養子縁組許可審判申立書(2)——後見人が被後見人を養子とする場合〔書式71〕 ……… *352*

養子の離縁後に未成年後見人となるべき者の選任審判申立書〔書式43〕 ……………… *247*

り

臨時保佐人の選任審判申立書〔書式35〕 ……………………………………………… *220*

臨時補助人の選任審判申立書〔書式38〕 ……………………………………………… *229*

■編集者

梶村　太市（かじむら　たいち）

　　　　弁護士（弁護士法人早稲田大学リーガルクリニック所属）

石田　賢一（いしだ　けんいち）

　　　　元小樽簡易裁判所判事

石井　久美子（いしい　くみこ）

　　　　元横浜家庭裁判所川崎支部庶務課長

家事事件手続書式体系Ⅰ〔第2版〕

2018年8月27日　第2版第1刷印刷
2018年9月13日　第2版第1刷発行

編集者　　梶　村　太　市
　　　　　石　田　賢　一
　　　　　石　井　久美子
発行者　　逸　見　慎　一

発行所　東京都文京区　株式　青林書院
　　　　本郷6丁目4-7　会社

振替口座　00110-9-16920／電話03(3815)5897〜8／郵便番号113-0033
ホームページ☞http://www.seirin.co.jp

印刷／藤原印刷　落丁・乱丁本はお取り替え致します。
ⓒ2018 梶村＝石田＝石井
Printed in Japan

ISBN978-4-417-01749-3

JCOPY〈㈳出版者著作権管理機構　委託出版物〉
本書の無断複写は著作権法上での例外を除き禁じられています。複写される場合は，そのつど事前に，㈳出版者著作権管理機構（電話 03-3513-6969，FAX 03-3513-6979，e-mail: info@jcopy.or.jp）の許諾を得てください。